KB233268

로 마 서

로 마 서

1권 – 믿음으로 의롭다 함

Romans 1~4

제임스 몽고메리 보이스

솔라
피데

로마서 1 믿음으로 의롭다 함(롬 1-4장)

재판 1쇄 인쇄 : 2011년 1월 30일
재판 1쇄 발행 : 2011년 2월 15일

저자 : 제임스 몽고메리 보이스   역자 : 김덕천
발행인 : 이원우 / 발행처 : 솔라피데출판사
주소 : (413-756)경기도 파주시 교하읍 문발리 535-13 파주출판문화정보산업단지
전화 : (031)955-4421 / 팩스 : (031)955-4431
Email : vsbook@hanmail.net
등록번호 : 제10-1452호
공급처 : 미스바출판유통
전화 : (031)955-4433 / 팩스 : (031)955-4432

Copyright ⓒ 2011 SolaFideBooks
Printed in Korea
값 25,000 원
ISBN 978-89-87613-14-7 04230(1권)
ISBN 978-89-87613-13-0 04230(전4권)

ROMANS

Volume I
Justification by Faith
Romans 1~4

JAMES

MONTGOMERY

BOICE

우리 죄를 사하기 위해
죽음에 넘겨지시고
우리를 의롭다 하시기 위해 부활하신
주님께 이 책을 드립니다.

머리말

바울이 로마인들에게 보낸 위대한 편지를 공부한다는 것은 만만찮으면서도 흥미로운 일입니다. 대략 4년 전에 이 편지를 공부하기 시작할 때 그런 심정을 느꼈는데, 그 심정은 지금도 여전합니다. 여러분도 로마서를 공부할 때 그런 심정을 느끼겠지요. 이 책을 들고 이 머리말을 읽을 때조차 그러할 줄로 압니다.

이런 심정이 생기는 데에는 그럴 만한 이유들이 많이 있습니다. 한 가지는 로마서가 역사상 어느 문서보다도 고도의 지식과 의욕을 갖춘 사람들이 매우 진지하게 연구해온 책이기 때문인 듯합니다. 물론 미국헌법 같은 문서도 사람들이 진지하게 연구해 왔습니다. 그러나 그만큼 중요한 문서에 대한 관심이 대개 한 나라에 국한되는 반면에, 로마서는 기독교가 전파된 모든 곳에서 깊은 관심을 불러일으켰습니다. 로마서는 거의 2천년 동안, 즉 로마서 저자이자 기독교 교회 최초의 대선교사인 사도 바울 시대부터 오늘날에 이르기까지 헤아릴 수 없이 많은 사람들이 연구했습니다.

로마서 주석가들 가운데 가장 오래 기억될 만하고 유익을 끼친 사람들의 목록이 사실상 기독교 역사입니다. 이 책을 공부한다는 것은 사도 바울의 발자취 뿐만 아니라 마르틴 루터, 존 칼빈, 로버트 홀데인, 찰스 하지, 마틴 로이드 존스 같은 수많은 신학과 목회의 거장들의 발자취를 따르는 것입니다.

그러나 내 견해로는 우리가 로마서를 펴들고 주춤하게 되는 이유는 이렇게 거목 같은 선배 증인들의 목록 때문이 아닌 듯합니다. 정말로 우리를 주저하게 만드는 이유는 로마서 공부가 우리를 철저하고도 돌이킬 수 없게 바꿔 놓을 것이라는 의심입니다. 어쨌든 그것이 로마서의 목적이기도 합니다. 그리고 그 목적은 이미 이루어져 왔습니다. 나는 첫장에서 고데 (F. Godet)의 글을 인용합니다. 그는 말하기를, 교회사에서 일어난 중요한 운동치고 원인과 결과를 로마서의 진리들과 관련지을 수 없는 운동은 없었고 앞으로도 없을 것이라고 했습니다. 옳은 말입니다. 그러나 로마서에 영향을 받은 것은 비단 교회사만이 아닙니다. 개인들도 예수 그리스도를 위해서라면 무슨 일이라도 할 만큼 감동 받을 정도로 이 위대한 서신서에 영향을 받았습니다. 그들이 그러했다면, 무엇이 우리로 하여금 이런 경험을 하지 못하게 막겠습니까?

우리는 모두 변화를 두려워합니다. 변화는 우리를 걱정하게 만듭니다. 그러나 우리에게 필요한 것은 바로 변화입니다. 영적인 빈사상태에 있다면 복음을 통하여 영적 죽음에서 영적 생명의 상태로 옮겨가야 합니다. 제자라는 신분을 잊고 잠들어 있다면, 깨어나 그리스도 안에서 거듭난 생명의 눈부신 면들을 바라보아야 합니다. 다른 사람의 영적 상태에 대해서 무관심하다면, 그들이 그리스도 없이 맞이할 위험을 절박하게 여기고 그들에게 복음을 전해야 합니다.

나는 혼자 공부하면서 깨닫고, 감동하고, 심지어 깊은 혼란을 느끼기도 했습니다. 무엇보다도 그동안 내가 복음을 얼마나 천박하게 이해하고 있었는지, 우리 복음주의 교회들 대부분, 특히 미국 교회들이 복음을 얼마나 천박하게 이해하고 있었는지를 알게 되었습니다. 나는 미국 기독교가 기껏해야 로마서 1장에서 4장까지 터득했고, 로마서 5장부터 8장까지는 알려고 시작하지도 않았으며, 나머지 부분은 더 이상 말할 것도 없다고 늘 이야기했습니다. 그러나 오늘 나는 과연 우리가 처음 네 장도 터득했는지 확신이 서지 않습니다. 인류 타락을 바울이 로마서 1장에서 말한 대로 논하는 것을 우리는 과연 얼마나 자주 듣습니까? 바울이 로마서 3장에서 말한 대로, 하나님의 관점에서 인류가 철저히 타락했다고 말하는 것을 과연 얼마나 자주 듣습니까? 로마서 3장 후반이 가르치는 중심 교리들인 대속, 구속, 칭의, 또는 믿음에 관한 설교들을 과연 얼마나 자주 듣습니까? 로마서 4장의 과제인, 이 진리들에 관한 구약 성서의 증거들에 관해서는 얼마나 많이 듣습니까?

우리는 오히려 인간 중심적이고 필요 지향적인 가르침에 매달립니다. 우리 교회들이 그런 모습을 보여줍니다! 큰 건물, 큰 예산 등 무엇이든 크면 최고라는 세상의 기준으로 보면 우리 교회들은 성공을 거두고 있습니다. 그러나 영혼은 가난에 찌들어 있습니다.

적어도 내 판단으로는, 이 모든 것은 이제 기독교의 기본적이고 삶을 변화시키는 교리들로 되돌아 갈 때가 되었음을 뜻합니다. 로마서를 재발견할 때가 되었다는 말과 같습니다. 나는 제1권과 다음에 이어 올 2, 3, 4권들을 통해서 나와 함께 로마서를 재발견할 것을 여러분께 권합니다. 내가 20년 동안 목사로서 섬겨온 필라델피아 제십장로교회(Tenth Presbyterian Church in Philadelphia)에서는 이미 이 일을 해오고 있습니다. 1986년 9월부터 1988년 6월까지 거의 2년 동안 주일 아침 예배 때 로마서를 설교하고 있기 때문입니다. 라디오를 통해서 바이블 스터디 아워(The Bible Study Hour)를 청취하신 분들은 이 내용이 1987년부터 1989년까지 방송되었다는 사실을 알 것입니다. 내 책 머릿글이 늘 그렇듯이, 나는 제십장로교회 제직들과 성도들에게 내가 이렇게 많은 시간을 내어 연구하고 이 설교를 준비할 수 있도록 배려해 준 데 대해서 감사한 마음을 전하고 싶습니다.

복음의 위대한 진리들을 다시 발견하고 그대로 살려고 할 때 하나님께서 우리를 위해서 무슨 일을 하실지 누가 압니까! 하나님께서 우리에게 대각성(A Great Awakeing)을 주시기를 간절히 기도합니다. 대각성이 절실히 필요합니다. 더 나아가 새로운 종교개혁(A New Reformation)을 주시기를 기원합니다.

펜실베이니아, 필라델피아
제임스 몽고메리 보이스

로마서 서론

예수 그리스도의 종 바울은 사도로 부르심을 받아 하나님의 복음을 위하여 택정함을 입었으니 이 복음은 하나님이 선지자들로 말미암아 그의 아들에 관하여 성경에 미리 약속하신 것이라.

이 아들로 말하면 육신으로는 다윗의 혈통에서 나셨고 성결의 영으로는 죽은 가운데서 부활하여 능력으로 하나님의 아들로 인정되셨으니 곧 우리 주 예수 그리스도시니라.

그로 말미암아 우리가 은혜와 사도의 직분을 받아 그 이름을 위하여 모든 이방인 중에서 믿어 순종케 하나니 너희도 그들 중에 있어 예수 그리스도의 것으로 부르심을 입은 자니라. 로마에 있어 하나님의 사랑하심을 입고 성도로 부르심을 입은 모든 자에게 하나님 우리 아버지와 주 예수 그리스도로 좇아 은혜와 평강이 있기를 원하노라

(롬 1:1-7)

거의 2천년 전 그리스의 번잡한 상업 도시 고린도에서 한 유대 그리스도인은 멀리 떨어진 로마에 사는, 한 번도 직접 본 적이 없는 신자들에게 위와 같은 능력 있는 서두로 편지를 시작한다. 얼마나 위대한 편지인가! 다른 사람이 다른 상황에서 쓴 편지라면 흔한 편지 쪼가리에 지나지 않았을 것이다. 그러나 이 편지 저자는 사도 바울이었고, 그가 성령의 인도를 받아 쓴 이 얇은 고문서는 그리스도인들에게 비류없이 큰 영향을 끼친 문서가 되었다.

여기 두 가지 예가 있다. 로마 말기 4세기의 저명한 신학자이자 철학자인 아우구스티누스(Augustinus)는 기독교의 진실성을 확신했다. 그는 뛰어난 지성과 인품의 소유자였다. 그러나 당시 수많은 이교도 지식인들과 마찬가지로 성적으로 문란한 생활을 하였으며, 그

런 옛 습성이 바이스(vise)처럼 그를 꽉 물고서 놓아 주지를 않았다. 그는 「고백록」(Confessions) 제8권에서 이 일을 이야기하면서, 기독교의 진실성을 알고 있으면서도 진실로 죄를 버리고 예수 그리스도께 헌신하는 일을 자꾸 미루고 있었다.

하루는 이탈리아 밀라노 근처에 있는 친구의 저택 정원에 있을 때 아이가 **톨레 레게, 톨레 레게**(Tole lege, tole lege; 집어 읽으라) 하고 노래하는 소리를 들었다. 전에 그런 노래를 들어본 적이 없었으므로 그것을 하나님이 주신 메시지로 받아들였다. 그 메시지에 순종하고서는 곧장 성경 사본이 있는 곳으로 가서 아무데나 펼치고는 놀라는 눈빛으로 그 내용을 읽었다. 로마서 13장이었다 : "낮에와 같이 단정히 행하고 방탕과 술 취하지 말며 음란과 호색하지 말며 쟁투와 시기하지 말고 오직 주 예수 그리스도로 옷입고 정욕을 위하여 육신의 일을 도모하지 말라"(롬 13 : 13-14). 훗날 그가 회고하는 대로, 성 아우구스티누스에게 꼭 필요한 말씀이었다. 이 말씀을 통해서 그는 회심하였고 훗날 그는 이렇게 썼다 : "마지막 문장을 읽고난 즉시 - 안도의 빛이 마음 가득히 배어들어 - 모든 의심의 그늘이 사라져 버렸습니다."[1] 아우구스티누스는 사도 바울과 마르틴 루터 사이의 기독교 교회에서 가장 위대한 인물이 되었다.

로마서의 영향을 크게 받은 두 번째 예는 프로테스탄트 종교개혁자 마르틴 루터(Martin Luther)이다. 그는 아우구스티누스처럼 방탕한 사람은 아니었다. 오히려 정반대였다. 루터는 경건하고 근실한 수사(修士)였고 명백한 그리스도인이었다. 그러나 영혼의 평화는 없었다. 하나님을 기쁘시게 해드리고 싶었고, 그분께 가납(可納)되기를 소원했다. 그러나 그러기 위해 노력을 하면 할수록 영혼의 구원은 점점 더 멀어져 가는 듯했다. 하나님께 더 가까이 가는 대신, 오히려 멀어져 가고 있는 자신의 모습을 보았다. 하나님을 사랑하는 대신, 그래야 하는 줄 알면서도 하나님께서 인간으로서는 명백히 불가능한 표준을 요구하신다는 생각에 그분을 미워하고 있는 자신의 모습을 보았다. 자포자기한 상태에서 **로마서**를 집어 들었고, **1장**을 읽다가 불과 **17절**에 이르러서 해답을 발견하였다 : "복음에는 하나님의 의가 나타나서 믿음으로 믿음에 이르게 하나니 기록된 바 오직 의인은 믿음으로 말미암아 살리라 함과 같으니라." 하나님께서 이 구절의 뜻을 열어 주시자, 루터는 자기가 필요로 하던 의가 자기 자신의 의가 아니라 하나님의 의(義), 곧 받고자 하는 모든 이에게 값없이 내리시는 하나님의 의(義)였다는 사실을 깨달았다. 더욱이 이 의(義)는 스스로 분발해서 내놓는 행위를 통해서가 아니라 **오직 믿음으로만**(Sola fide) 받을 수 있음을 깨달았다. 믿음은 하나님의 말씀을 받아들이고 그분을 믿는 것을 뜻하였다. 루터는 그렇게 했고, 그렇게 하는 순간 자신이 거듭나서 낙원에 들어가 있다고 느꼈다.

그가 술회하는 말을 들어보자 : "나는 죄인들을 벌하시는 거룩하고 공의로운 하나님을 사랑하지 않았습니다. 겉으로는 드러내지 않았지만 속으로는 하나님께 대한 분노가 가득했습니다. 그분을 미워했습니다. 율법과 인생의 비참한 것들을 가지고 우리 가련한 죄인들을 위협하는 게 싫어서였습니다. 이미 원죄로 멸망했는데 복음으로 여전히 고통만 가중시키시는 게 싫어서였습니다…그러나 하나님의 영께서 말씀을 깨우쳐 주셨을 때, 죄인들을 의롭다 하시는 일이 어떻게 믿음을 통해 우리 주님의 값없는 은혜에서 나오는 지를 배우게 되었을 때…새사람처럼 거듭났다는 느낌이 들었습니다… 실로 사도 바울의 이 말은 내게 참된 낙원의 문이었습니다."[2]

루터는 로마서를 가리켜 "신약 성서의 주요부이자 가장 순수한 복음"이라고 했다. 그는 "그리스도인이면 누구나 로마서를 구구절절이 알아야 하고, 암기해야 하고, 영혼의 양식으로 삼아 매일 묵상해야 한다"고 믿었다.[3]

영국 시인 사무엘 테일러 콜레릿쥐(Samuel Taylor Coleridge)는 로마서를 "지상에서 가장 심오한 책"이라고 했다.

훌륭한 스위스 주석가 고데(F. Godet)는 "교회에서 일어나는 모든 큰 신앙부흥은 그 원인과 결과가 이 책을 더욱 깊이 이해하는 것과 연관될 것이다"라고 썼다.[4]

기독교의 근본

그러나 그것이 사실일까? 우리는 의심의 시대에 살고 있으며, 이 시대에 그런 진술을 듣거나 읽는 수많은 사람들이 의문을 제기하리라는 것은 비합리적인 생각이 아니다. 우리는 하나님께서 로마서 13 : 13-14을 사용하여 성 아우구스티누스의 생을 변화시킨 사실을 알며, 아우구스티누스가 중세 교회에 준 충격으로 역사가 뒤바뀐 사실을 안다. 하나님께서 마르틴 루터를 쓰셔서 종교개혁에 불을 당기게 하셨다는 사실을 안다. 그러나 그것은 먼 과거의 일이었다. 아우구스티누스는 4-5세기에 걸쳐 살았고 루터는 1500년대에 활동하였다.

그후로 세상이 많이 변하였다. 오늘날 이 옛날 편지를 공부한다고 해서 비슷한 충격을 기대할 만한 이유가 있을까?

기대할 만한 충분한 이유가 있다. 그 주된 이유는 인류 역사에서 기독교는 가장 강력하고 변화를 일으키는 세력이었고, 로마서는 참된 기독교의 가장 근본적이고 가장 포괄적인 진술이기 때문이다.

물론 모든 사람들이 이 평가에 다 동의하는 것은 아니다. 이런 저런 신학자들이 이른바 순수한 예수님의 가르침으로 무장하고서 바울의 저서들을 너무 교리적이고, 너무 전문적이고, 또는 너무 가혹하다는 이유로 배척한 시대들도 없지 않았다. 그 신학자들은 우리가 할 일이란 사람들에게 하나님의 사랑을 전하는 것뿐이라고 말했다. 다른 이들은 주장하기를, "진정 문제가 되는 것은 무엇을 믿느냐가 아니라 무엇을 행하느냐"이다 라고 했다. 이런 관점에서 보자면 기독교의 핵심은 사회적인 가르침들이며, 교리는 분열시키는 반면에 윤리는 인생을 고결하게 하고 연합시킨다. 이런 견해들은 모두 지혜의 씨앗을 품고 있긴 하지만, 중요한 문제를 간과하고 있다.

인간의 근본 문제는 무엇이 올바른 행동인가를 아는 게 아니다. 대부분 이 사실을 잘 안다. 문제는 의무라고 알고 있는 바를 행치 않는 데 있다. 오히려 그것을 행할 능력이 아예 없는 듯이 보인다. 이것이 바로 아우구스티누스(Augustinus)가 그리스도를 떠나서 생을 개혁해 보려고 노력할 때 발견한 사실이다. 그렇다면 무엇이 문제인가? 우리는 하나님의 사랑을 종종 의심하지만 하나님께서는 우리를 사랑하신다는 사실을 알아야 하는 것도 문제가 아니다. 경건한 수사였던 루터(Luther)가 발견한 대로, 우리의 문제는 우리가 하나님을 사랑하지 않는다는 것이다. 우리는 하나님과 불화해 있어서 하나님을 미워한다. 하나님께서 조금이라도 우리 생을 지배하시는 것을 우리는 바라지 않으며, 그렇게 하시려는 의미 있는 노력을 일체 증오한다.

로마서는 하나님께서 어떻게 이 문제를 다루시는지를 보여 준다. 인간의 삶이 안고 있는 이 근본적인 딜레마를 하나님께서 어떻게 다루시는지를 말하기 때문에 다른 모든 문제들의 해답도 들춰낸다. 죄를 고백하고 진심으로 하나님을 사랑하게 될 때 올바르고 만족스런 삶의 비결을 발견하며, 사회에서 분열시키고 끄집어 내리는, 또는 그냥 무관심한 존재가 되기보다는 선에 보탬이 되는 존재가 된다.

로마서 개관

나는 제1권과 다음 여러 권들에서 이 위대한 고대 문서를 자세히 살필 생각이다. 그러나 이것은 서론적인 연구이기 때문에, 시작하는 이 순간에 편지 전체를 개관해 보는 것이 좋을 것이다. 로마서는 다음과 같은 부분으로 이루어져 있다 :

1. **사적인 변(辯)과 서론 (1 : 1-15).** 로마서는 서두와 결말이 전형적인 고대 편지체로 되어 있는 교리서이다. 그러나 대부분의 고대 저자들과 마찬가지로 바울은 서두를 그 뒤에 길게 이어나갈 주제를 도입하기 위한 들어가는 글로 시작한다. 그 주제란 "하나님의 복음"이다. 복음이란 "좋은 소식"이란 뜻이다. 이렇게 바울은 만유의 최고선(最高善)이신 분에게서 나오는 소식을 전하기 때문에 그냥 좋을 뿐 아니라 가장 좋은 소식을 선포하고 있다.

2. **주제에 관한 간략한 진술 (1 : 16-17).** 바울은 서론에서 복음이 하나님의 아들 주 예수 그리스도께 중심을 두고 있음을 보인다. 그러나 복음이란 구체적으로 무엇인가? 바울의 간략한 진술은 복음이 우리들의 행위와 무관하게 계시된 하나님 자신의 의(義)에 관련된다는 사실을 보인다. 바로 이 구절들이 마르틴 루터의 생애를 변화시켰다. 삶의 해답이 선행을 함으로써 하나님을 만족시키려고 노력하는 데서 오지 않고, 하나님께서 예수 그리스도 안에서 우리를 위해 완성해 놓으신 사역 안에 안식하는 데서 온다는 사실을 보이기 때문이다.

3. **인간 타락에 대한 분석과 그 필요를 채우신 그리스도의 사역에 관한 설명 (1 : 18-4 : 25).** 이 부분은 로마서의 맨 처음 주요부로서, 인간 본성을 하나님과의 관계에 비추어 그 어느 책보다 가장 철저하고 쉽게 분석하는 내용을 담고 있다. 바울이 보이는 첫 번째 사실은 사람들이 비록 자연을 통해서 신존재(神存在)에 대한 지식을 갖고 있더라도, 모두가 마치 참되신 하나님이 존재하지 않는 것처럼 행동한다는 점이다. 아니면, 말로는 하나님을 인정할지라도 곡해하여 창조주대신 사실상 피조물을 경배한다. 이러한 의도적인 무지를 하나님께서는 간과하지 않으셨다. 사람들로 하여금 죄를 자연스럽게 발산하도록 간과하심으로써 그 의도적인 무지를 벌해오셨기 때문이다. 이렇게 발휘되는 영적인 죄가 인류를 끌어내

리고, 보이지 않는 사슬로 묶는다.

모든 사람들이 이런 비참한 운명에 처해 있으며 이교도들도 그런 운명에 처해 있다. 윤리적으로 와해된 삶으로써 자기들이 죄의 권세에 붙잡혀 있음을 드러내기 때문이다. "윤리적인" 개인도 그런 운명에 처해 있다. 비록 좀더 높은 행동 표준에 동의할지라도 그 표준대로 살지 못하기 때문이다. 그는 아무렇게나 사는 사람들보다 더 큰 죄책감을 느끼며 산다. 단순히 종교적인 사람이 안고 있는 문제는 종교 활동만으로는 마음을 변화시킬 수 없다는 데 있다.

그러나 모든 사람들이 죄의 장막에 끌려들어갔을지라도 바로 이곳에 복음은 들어간다. 그러므로 바울은 구약 성서를 인용하여 우리를 이렇게 깨우칠 수 있었다 : "기록한 바 의인은 없나니 하나도 없으며 깨닫는 자도 없고 하나님을 찾는 자도 없고 다 치우쳐 한가지로 무익하게 되고 선을 행하는 자가 없나니 하나도 없도다"(롬 3 : 10-12). 하나님께서는 우리를 구원하시기 위해서 먼저 행동을 하셨다. 그리스도의 사역을 통해서 우리에게 없는 의를 마련해 주시되, 그 일을 기대할 수 있었던 유대인들에게 뿐만 아니라 이방인들에게도 그렇게 해주셨다. 이런 이유에서 영국 런던에서 활동하다가 작고하신 웨일스 출신 설교자 마틴 로이드 존스(D. Martyn Lloyd Jones)는 이 교리를 진술하는 로마서 3 : 21-31을 가리켜 "성경을 통틀어 가장 위대하고 가장 고상한 진술들"이라고 하였다.[5]

마찬가지로 이 부분에 포함되는 로마서 4장에서, 바울은 3장에서 설명한 복음이 언제나 길잃은 죄인들을 구원해 내시는 하나님의 방법이었음을 보인다. 하나님께서는 바울에게서 그리 멀지 않은 과거에 사신 예수 그리스도의 사역을 통해서 구원을 이루신 것이 사실이다. 그러나 시대는 중요하지 않다고 사도 바울은 말한다. **그리스도 이후에 산 사람들이 뒤를 돌아보면서 믿음으로 구원을 얻은 것과 똑같이, 그리스도 이전 사람들도 그분이 오실 것을 바라봄으로써 구원을 받았다.** 바울은 족장 아브라함과 왕 다윗에 관한 구약 성서 진술들을 가지고 이 사실을 증명한다.

4. **구원에 대한 포괄적인 개관** (5 : 1-8 : 39). 많은 주석가들은 이 편지의 두 번째 큰 부분에서 바울이 이신칭의 교리에서 성화 교리로 옮긴다고 생각한다. 그러나 로이드 존스(D. M. Lloyd Jones)는 바울이 하나님께서 이루어 놓으신 일의 "확실성, 충만성, 최종성… 을

보이고 있다"고 주장하는데, 참으로 옳은 주장이다.[6] 이 부분에 성화가 포함되는 게 사실이다. 그러나 저자는 하나님께서 그리스도 안에서 하신 일이 신자에게 지니는 뜻을 포괄적으로 바라보고 있다. 그 일은 신자에게 하나님 앞에서 새로운 신분과 새로운 특권들을 준다 (5 : 1-11). 의로운 새 생명을 흘러보내시는 살아계신 주 예수 그리스도와 그를 연합시킨다 (5 : 12-6 : 23). 율법으로 윤리적 성결을 얻으려는 고달픈 노력에서 해방시킨다(7 : 1-25). 성령의 권능으로 죄를 이기게 해준다(8 : 1-17). 하늘이나 땅에 있는 그 어느 것도 우리를 예수 그리스도 안에 나타난, 말로 다할 수 없는 하나님의 사랑과 권능에서 우리를 떼어놓을 수 없는 까닭에, 그 일은 우리를 영화롭게 하는 것으로 귀결된다(8 : 18-39).

5. 기독교 역사관 (9 : 1-11 : 36). 4장과 5장에서 주제가 변한다고 보는 사람은 8장과 9장에서는 더욱 큰 간격을 볼 수밖에 없다. 후자는 전자보다 훨씬 더 그릇된 오해이다. 훌륭한 주석가들 중에서도 많은 분들이 로마서 9-11장을 일종의 괄호로 간주하며, 이 괄호 부분에서 바울이 주제에서 완전히 벗어나 유대인들을 위한 하나님의 다르고 구별된 계획을 다룬다고 생각한다. 내가 믿기에는 9-11장이 앞에서 말한 내용의 연장으로 보는 것이 정확한 견해이다. 특히 8장에서 끝난 그리스도 안에서 신자가 지니는 영원한 안전 문제를 뒤에서도 계속 다루는 것으로 보는 것이다. 바울은 유대인들과 이방인들이 다같이 죄의 올가미에 걸려 있다고 주장한다. 그는 구원이 그리스도로 말미암는다는 것과 이 구원이 하나님께 거절될 가능성이 전혀 배제된 채 영원하다는 것을 보였다. 그러나 어떤 사람들은 하나님께서 고대에 선택한 백성의 경우는 어떠냐고 물었을 것이다. 대부분의 유대인들은 그리스도를 배척한 듯하다. 그것이 사실이라면 두 가지 일 중에서 한 가지는 반드시 따라오게 마련이다. (1) 어떤 사람들은 그리스도 없이 구원을 받을 수 있다(유대인들) - 바울은 이것이 불가능하다고 이미 말한 바 있다;아니면, (2) 하나님께서 유대인들과의 언약을 이미 명백히 파기하셨고, 따라서 신뢰할 수 없으므로 구원은 안전하지 않다.

바울은 하나님께서 이스라엘과의 신의를 저버리시지 않았다고 대답한다. 오히려 오늘날도 예전과 똑같이 일하고 계신다고 한다. 하나님께서는 철저히 일관되시다. 역사상 어느 시대에도 개인이 단지 유대인이라는 **이유만으로** 모든 유대인이 구원을 받은 때는 없었다. 오늘날도 교회에 출석한다고 해서, 윤리적인 사람이라고 해서, 박애주의자라고 해서, 미국인이라고 해서(혹은 다른 어느 나라 사람이라고 해서), 심지어 그리스도인 부모 슬하에 있는 자녀라고 해서 저절로 구원을 받는 사람은 없다. 구원은 은혜로 말미암아 믿음을 통해서 얻는 것인데 이 말은 구원이 하나님의 선택과 활동에서 흘러나온다는 것을 뜻한다. 결국 그것은 사람의 구원이 아니라 하나님의 구원이다. 그리고 하나님께서는 자기 백성의 구원에 관한 목적이 충분히 성취될 때까지 구원을 이루어 가실 것이며, 따라서 **지금도** 이루어 가고 계시다.

이것이 역사의 의미이다. 역사의 의미는 제국들의 흥망성쇠나 개인의 업적들에서 찾을 수 없다. 하나님께서 자기를 위해 한 백성을 택하신 일과, 그 백성을 온전케 하시고 결국에는 영화롭게 하시는 일에서 볼 수 있다. 바울은 이 생각이 너무 놀라운 나머지 편지 이 부분을 다음과 같은 굉장한 영광의 찬가로 끝을 맺는다(롬 11 : 33-36) :

> 깊도다, 하나님의 지혜와
> 　지식의 부요함이여,
> 그의 판단은 측량치 못할 것이며
> 　그의 길은 찾지 못할 것이로다.
> 누가 주의 마음을 알았느뇨.
> 　누가 그의 모사가 되었느뇨.
> 누가 주께 먼저 드려서
> 　갚으심을 받겠느뇨.
> 이는 만물이 주에게서 나오고 주로 말미암고 주에게로 돌아감이라.
> 　영광이 그에게 세세에 있으리로다. 아멘.

6. 개인과 민족의 삶에서 발휘하는 기독교 신앙 (12 : 1-15 : 13). 바울은 이론뿐인 신학자도 아니었고, 초속적(超俗的)인 신학자도 아니었다. 그의 편지들은 언제나 현실적이고도 개인적인 사려들을 담고 있고 주로 그런 사려들로 끝나는데 여기서도 마찬가지이다. 하나님께서 그리스도 안에서 값없이 구원을 베푸셨다는 복음을 설명하고 이 사실에 대한 모든 일리있는 반박들에 대답한 다음에, 하나님의 사역이 어떻게 개인과 민족의 구체적인 삶의 현장에서 불가피하게 넘쳐 흐르게 되는지를 보임으로써 결론을 맺는다. 그의 논지는 기독교가 삶에 차이를 일으키리라는 것 뿐만 아니라 – 비록 그렇겠지만 – 사실상 진정으로 세상

과 구분해 주는 유일한 매체가 되리라는 것이기도 하다.

7. 바울의 장래 계획과 마지막 인사들을 포괄하는 결론(15 : 14-16 : 27). 편지 형식으로 글을 시작한 사도는 이제 같은 방식으로 글을 맺는다. 이 부분에서는 로마 교회를 향한 자신의 소망들을 말하며, 먼저 유대인 신자들에게 줄 연보를 가지고 예루살렘을 들른 다음에 그들을 찾아가겠다는 좀더 자세한 계획을 밝히면 고린도 교회가 로마 교회에 보내는 인사들을 전한다. 끝으로 동역자들이 전하는 인사들과 축복으로 글을 맺는다.

바울의 일관된 가르침

사도행전 19장에서 역사가로서 누가는 바울이 전도 여행을 하는 동안 에베소에서 두 해를 머물면서 아시아에 사는 모든 사람들에게 "주의 말씀" 가르쳤다고 말한다(10절). 어떤 고대 사본에 실린 난외주에서는 바울이 하루에 다섯 시간씩 가르쳤다고 쓴다. 1주를 6일로 잡고 1년을 52주로 잡으면 바울이 가르친 시간은 3,120시간이 넘는 셈인데, 이것은 대부분의 신학사나 신학석사 과정보다 훨씬 더 긴 시간이다. 바울이 두 해 동안 아시아에 사는 사람들에게 무엇을 가르쳤을까? 내 생각에는 본질상 로마서에서 개요 형태로 기록한 내용, 즉 인류가 죄 때문에 멸망에 처해 있다는 점과, 예수 그리스도께서 그 멸망에 대한 완전하고도 영원한 대책을 마련하셨다는 점을 가르친 것 같다.

같은 사실을 달리 말하자면, 사도 바울이 만일 오늘날 우리들 곁에 있으면서 같은 시간을 할애할 경우 바로 그 내용을 가르칠 것이다.

로마서는 오늘날과 관계가 있는가? 온 인류, 문화, 민족이 죄 때문에 하나님과 멀어져 있는 동안에는 관계가 있다.

기독교와는 관련이 있는가? 기독교가 하나님을 위해 우리를 구속할 수 있고, 죄의 올가미에 걸린 사람들 속에서 성결함을 생산할 수 있고, 삶의 의미를 설명할 수 있고, 역사를 변화시킬 수 있는 한에서는 관계가 있다. 19세기의 위대한 로마서 주석가 로버트 홀데인(Robert Haldane)은 로마서의 가르침을 맨 처음 요약하면서 이렇게 말했다 : "인간의 지혜에서 다른 어떤 도움도 받지 않은 채 글을 쓰는 바울은 하늘의 진리의 샘에서 교훈을 길어오며, 예수의 제자들에게 의무들의 법전을 제시하는데, 인류가 이 법전을 규칙적으로 지키면 세상이 현실 – 투쟁과 질시와 분열의 무대 – 과는 판이하게 달라질 것이며, 죄가 들어오기 전의 상태, 즉 주님께서 찾아오시고 사람이 거하기에 적합한 낙원이 될 것이다."[7]

● 각주 ●

1. Saint Augustine, *Confessions*, trans. J.G. Pilkington, in *Basic Writings of Saint Augustine,* ed. Whitney J. Oates (New York : Random House, 1948), vol. I, p. 126.

2. J.H. Merle D'Aubign, *The Life and Times of Martin Luther*, trans. H. White (Chicago : Moody Press, 1958), pp. 55, 56.

3. Martin Luther, *Commentary on the Epistle to the Romans*, trans. J. Theodore Mueller (Grand Rapids : Zondervan, 1954), p. xi.

4. F. Godet, *Commentary on St. Paul's Epistle to the Romans*, trans. A. Cusin (Edinburgh : T. & T. Clark, n.d.), vol. I, p. 1.

5. D.M. Lloyd-Jones, *Romans : An Exposition of Chapter I, The Gospel of God* (Grand Rapids : Zondervan, 1985), p. 25.

6. Ibid.

7. Robert Haldane, *An Exposition of the Epistle to the Romans*(MacDill AFB : MacDonald Publishing, 1958), p. 14.

● 제1부 ●

서 설

1

그리스도 안에 있는 사람

로마서 1 : 1

예수 그리스도의 종 바울은 사도로 부르심을 받아 하나님의 복음을 위하여 택정함을 입었으니

리틀턴 경(Lord Lyttleton)과 길버트 웨스트(Gilbert West)는 19세기 영국의 법정 변호사들이었다. 불신자들이었던 두 사람은 어느 날 기독교를 논박하기로 결심했다. 서로 이 계획을 놓고 논의하는 동안 기독교 신앙에는 두 가지 주요 보루가 있다는 데 의견이 일치하였다. 그것은 예수 그리스도의 부활과 바울의 회심 및 사도직이었다. 웨스트는 예수의 부활을 논박하는 글을 쓰는 일을 맡았고, 리틀턴은 바울의 회심의 사실성을 논박하는 과제를 맡았다.

불신자들이 대개 그렇듯이, 두 사람은 사실들에 관한 지식에서는 다소 떨어졌다. 그래서 한 변호사가 다른 변호사에게, "이 문제를 정직하게 대하려면 적어도 증거 조사를 해야 하지 않겠나" 하고 말했다. 두 사람은 그렇게 하기로 합의하였다. 집필 준비를 하는 동안 많은 협의를 가졌고, 그중 한 협의에서 웨스트는 리틀턴에게 함께 나누고 싶은 생각이 있다고 말

했다. 그것은 예수 부활의 증거를 연구하는 동안 부활이 꽤 잘 증언된 것을 보고서 거기에 무언가 있다는 느낌이 들었다는 내용이었다. 웨스트의 말을 들은 리틀턴은 자기가 하고 싶은 말을 먼저 해주어서 고맙다고 대답했다. 리틀턴의 입장에서도 바울이 다메섹 도상에서 회심한 이야기에 일말의 진리가 있다고 느끼게 되었다는 것이다. 훗날 두 사람이 책을 다 집필하고서 다시 만났을 때, 리틀턴은 친구에게 이렇게 말했다 : "길버트, 증거를 연구하고 법적 증거에 관한 주요 법률들을 가지고 그것을 평가해 본 결과, 다소의 사울은 신약 성서가 말한 대로 회개를 했고, 기독교가 사실이라고 확신하게 됐다네. 내 책은 그런 관점에서 썼네." 웨스트도 비슷한 방법으로 예수의 부활이 사실임을 확신하게 되었고, 예수를 믿게 되었으며, 기독교를 변호하는 책을 쓰게 되었노라고 대답했다. 현재 그들이 쓴 책들은 여러 좋은 도서관들에서 찾아볼 수 있다.[1]

이 이야기에 놀라는 그리스도인들은 별로 없지만, 이 이야기에는 적어도 한 가지 특이한 요소가 있다. 예수 그리스도의 부활이 기독교의 토대라는 것은 엄연한 사실이기 때문에, 왜 웨스트 같은 불신자가 부활을 논박하는 책을 쓰려고 했는지는 쉽게 이해할 수 있다. 그러나 사도 바울이 회심하고 사도가 됐다는 것은 얼른 생각하면 그리 중요하지 않은 문제처럼 보일 수 있다.

하지만 다른 경우들에서처럼 여기서도 첫인상이 오해를 낳는다. 바울은 어떤 사람들의 말대로 "기독교 창시자"가 아니었다. 그 칭호는 예수님만 받을 자격이 있다. 그럼에도 바울은 최초이자 가장 위대한 기독교 선교사이며, 기독교 신학을 명료히 발표하고 체계화한 중요한 인물이기 때문에, 그리스도께 부르심과 가르침을 받았다는 그의 주장을 불신하면 기독교 자체를 심각하게 훼손시키게 될 것이다. 만일 바울이 본인의 주장과는 달리 다메섹 도상에서 부활하신 주님을 만난 결과로 회심을 하지 않았다면, 만일 예수 그리스도의 직접적인 계시로 복음을 받지 않았다면, 바울은 협잡꾼이었고, 그의 글들은 사실이 아니며, 기독교는 그리스도 이후에 등장한 가장 중요한 스승을 잃게 된다.

"바울" - 다소 사람

우리가 공부를 시작하자마자, 사실상 첫 단어에서 만나는 사람이 있다. 거의 모든 영역의

성경들에서도 그렇지만, 헬라어 성경에서는 가장 중요한 이 신약 책의 첫 단어가 "바울"이
다. 그 단어가 그 자리에 있다는 것은 기적이다. 바울은 물론 이 책의 저자이다. 그러나 이
책은 주로 이방인 교회에게 보내는 글이었다는 사실과, 원래 바울은 이방인 공동체, 특히 불
과 몇 년 전에 이스라엘의 하나님을 모독한 죄로 십자가에 못 박힌 사람을 주(主)로 주장하
는 공동체에 관해서는 거의 관심이 없는 열렬한 유대인이었다는 사실을 기억해야 한다.

바울은 누구였는가? 사도행전에서 바울은 예루살렘 주둔 로마군 사령관에게 호소하면
서, 자신을 길리기아 다소 사람이라고 밝히며, 겸손하게 그곳을 "소읍이 아닌" 곳이라고 한
다(행 21 : 39). 다소는 헬라 도시로서 당시 세계의 요충지였다. 바울이 유복한 가문 출신
이라는 게 분명하다고 볼 때, 그가 다소에서 뛰어난 헬라 또는 이교 교육을 받았다고 생각
해야 한다. 그는 때로 이교 시인들의 글을 인용함으로써 그 증거를 보이곤 한다.[2]

그러나 바울이 받은 이교 교육이 아무리 중요했다 하더라도, 그가 유대교 안에서 받은 교
육이 학문과 지적 발전에 주된 요인이었다는 데에는 의심의 여지가 없다. 본인의 말대로 예
루살렘에서 저명한 랍비 가말리엘에게 훈련을 받은 바울은 유대교 율법과 전승들을 철저히
터득하였다(행 22 : 3). 바리새인의 아들로서(행 23 : 6), 자신도 바리새인이 되었고, 의
(義)에 관한 바리새파의 이상에 큰 열정을 쏟은 나머지 그 이상에 장애가 된다고 믿은 초대
교회를 철저히 박해하였다(행 2 : 4-5; 빌 3 : 6). 이처럼 바울은 당시에 받을 수 있던 최고
의 세속 및 종교 교육의 혜택들을 받았던 바, 찰스 하지(Charles Hodge)는 로마서 주석에
서 그 점을 염두에 두고서 "모든 사도들 중에서 가장 유용한 그릇이었던 바울은… 철저한
교육을 받은 사람이었다"고 주장하였다.[3]

그것은 크게 부각시킬 만한 일이다. 때때로 기독교는 세속 교육, 심지어는 자연적 은사들
이나 재능들이 성령의 사역에 장애가 된다고 생각하고서 회의적인 태도를 보였으나, 그리
스도인들이 이런 식으로 생각한다는 것은 참으로 불행한 일이 아닐 수 없다. 이 문제는 세
가지 질문을 가지고 규명할 수가 있다. 첫째, 구약 시대에 하나님께서는 과연 어떤 사람을
가장 크게 쓰셨는가? 대답은 물론 "모세"이다. 둘째, 모세는 어떤 종류의 교육을 받았는가?
대답은 "세속 교육"이다. 당대 최고의 세속 교육을 받았고, 스데반의 말대로 애굽 사람의 학
술을 다 배웠다(행 7 : 22). 셋째, 예수 그리스도를 제외하고서 하나님께서 신약 시대에 누
구를 가장 많이 쓰셨는가? 물론 바울이다. 그는 당대에 받을 수 있는 최고의 교육을 다 받

았다. 먼저는 다소에서 이교 스승들 – 그들이 누가 되었든간에 – 에게서 배웠고, 다음에는 예루살렘에서 유대인 랍비이자 불신자 가말리엘에게 배웠다. 결론은 기독교 교육이든 세속 교육이든 그들이 받은 교육에는, 또는 선천적 은사들에는 잘못된 게 없었다. 오히려 재능은 하나님께서 주신 것이며, 교육은 그들을 향상시킬 수 있는 아주 큰 특권이다. 두 가지를 동시에 갖고 있다면, 그것을 주신 하나님께 감사를 드릴 수 있다.

더 나아가 **교육은 그 자체가 중립적이다.** 선한 데 쓰일 수도 있고 악한 데 쓰일 수도 있다. 문제는 하나님께 드려서 뜻대로 쓰시도록 하는가에 달려 있다. 바울은 초기에 교육과 열정을 기독교를 반대하는 데 사용하였다. 그리스도를 극적으로 만난 뒤에야 비로소 그 중요한 도구들을 올바로 쓸 수 있었다.

예수 그리스도의 종

위의 내용은 로마서의 다음 구절로 이어진다 : "예수 그리스도의 종." 앞에서 바울이 철저한 교육을 받은 사람임을 지적했다. 그러나 그것이 중요할지라도, 그가 철저히 회심한 사람이기도 했음을 덧붙여 말해야 한다. 바울은 예수 그리스도를 만났고, 그 순간부터 자행자지 않는 신실한 주의 종이었다.

20세기 초반에 고(故) 그레샴 메첸(J. Gresham Machen)은 프린스턴 신학교 신약 성서 문학과 해석학 교수로 일할 때 「바울 신앙의 기원」(The Origin of Paul' s Religion)이라는 고전적 연구서를 썼다. 이 책은 앞에서 소개한 리틀턴같이 기독교 사상 형성과 기독교 수립에 바울의 중요성을 인정하면서도 초자연적 예수를 인정치 않은 채 바울 신앙의 본질을 설명하려고 애쓰던 19세기 사람들이 기독교를 비판한 데에 대한 답변이다. 이 책에서 메첸은 특유의 철저함으로 자유주의 견해들을 분쇄하였다. 적극적인 면에서, 그는 바울이 다른 사도들을 접촉한 일에 관한 전승들이 확고하다는 점과 바울의 가르침이 주님의 가르침 뿐만 아니라 다른 사도들의 가르침과도 동일하였다는 점을 증명하였다. 아울러, 메첸은 바울이, 부활이 실제 사건이었음을 확신하였다는 점도 증명하였다. 소극적인 면에서, 메첸은 바울이 유대교 배경이나 이교주의에서 신앙 내용을 끌어올 수 없었다는 점을 증명하였다. "바울의 신앙은 한 사건에 뿌리를 박고 있었다… 그 사건은 그리스도가 죽음과 부활로 이룬 구속 사역이었다."[4]

학자의 시각으로 볼 때, 메첸은 그 책을 그 정도 선에서 마무리 지을 수도 있었을 것이다. 그러나 필자의 생각으로는, 「바울 신앙의 기원」의 진정한 가치는 위의 논지에서 한 걸음 더 나아가 바울이 부활이라는 위대한 교리를 포함하여 기독교 진리를 확신하였다는 점을 증명할 뿐만 아니라, 살아 계신 주 예수 그리스도께 정복되고 사로잡혔다는 점을 증명하였다는 사실에 있다. 바울은 예수 그리스도를 사랑하였고, 그의 평생 사역의 본질과 엄격함은 그리스도께 대한 사랑으로밖에 달리 설명할 길이 없다.

메첸은 이렇게 썼다 : "바울의 사상은 구주께 대한 사랑으로라야 설명할 수 있다… 바울의 신앙은 유대교나 이교주의에서 끌어온 복합적 사상에 기초를 두지 않고, 역사적 예수께 기초를 두었다. 그러나 기초를 둔 역사적 예수는 오늘날 재구성된 예수가 아니라, 신약 성서 전체와 기독교 신앙이 말하는 예수였다. 제자들의 기억 속에만 살아남은 스승이 아니라, 구속 사역을 마친 뒤에도 여전히 살아 계시고 여전히 사랑을 받으실 수 있는 구주셨다."[5]

위에 언급한 메첸의 책이 내리는 결론이 바로 "예수 그리스도의 종"이라는 로마서의 이 중요한 첫 구절에 담긴 요지이다. 바울은 어쨌든 최상의 성취자였고, 따라서 긴 업적을 열거함으로써 자신을 소개할 수도 있었다. 조상의 계보, 학위들, 교회 개척에 성공한 사례들, 심지어 저서들 - 로마서는 그의 첫 편지가 아닌 듯하기 때문 - 까지도 인용할 수도 있었다. 그러나 그렇게 하지 않았다. 왜 그랬을까? 그런 것들이 부끄러워서가 아니었다. 그 내용은 다른 편지의 적절한 문맥에서 언급한다. 그런 것들에 가치를 두지 않았기 때문도 분명히 아니다. 바울이 이런 업적들을 대수롭지 않게 본 것은 가장 크게 관심을 쏟던 것에 비할 때 대수롭지 않았기 때문이었다.

바울의 편지들은 무슨 내용을 쓰든 간에 언제나 예수님으로 가득차 있다. 로마서 같은 어떤 편지들은 본질상 신학적인 것들이다. 고린도전후서와 갈라디아서 같은 다른 편지들은 교회 안에서 일어난 문제들을 다룬다. 어떤 편지들은 개인적인 것들이고, 다른 편지들은 주변적인 것들이다. 바울은 주제와 목적이 무엇이든 간에 언제나 예수님에 관한 메시지를 생각하거나 말하고 있다.

로마서 서론에 해당하는 처음 일곱 절 가운데, 전반부에서는 예수를 이름, 대명사, 칭호, 또는 수식구를 사용하여 8번 언급한다 : "예수 그리스도"(1절), "그의 아들", "다윗의 혈통"

(3절), "하나님의 아들", "우리 주 예수 그리스도"(4절), "그"(5절), "예수 그리스도"(6절), "주 예수 그리스도"(7절).

이것은 우리 기독교를 증명하는 좋은 방법이 되어준다. 우리들 중 적어도 시간을 내서 로마서 연구서나 그외 성경 주석들을 읽는 사람들은 기독교의 진실성을 확신하는 사람들이다. 우리는 아마 바울보다 신앙 교리들을 더 분명하게 말할 수도 있을 것이다. 신학을 체계화할 수도 있다. 그러나 우리는 과연 예수님을 사랑하는가? 생각이 언제나 예수님으로 가득차 있는가? 예수님을 우선으로 생각하는가? 예수님을 중심에 모시는가? 예수님으로 시작하고 예수님으로 마치는가? 다른 사람과 이야기할 때 예수님에 관해 자주 말하는가? 그리스도의 종들로 알려질 수 있기 위해서라면 세상의 영예들도 흔쾌히 흘려보낼 수 있는가? 여기에 현대 기독교가 안고 있는 주된 잘못이 있다. 우리 신앙은 개성, 계획, 사업, 건축, 저서, 판매에 관계된 신앙이다. 이것은 예수님을 사랑하는 사람들의 신앙이 아니기 때문에 얕고 이기적이며, 문화 표준들의 기복에 따라 끊임없이 변한다. 은혜 안에서 성장해 가노라면 이런 일들은 점점 덜 생각하고 "… 나를 사랑하사 나를 위하여 자기 몸을 버리신…"(갈 2 : 20) 분을 더욱더 사랑하게 된다.

바울이 자신을 그리스도의 종이라고 표현한 것은 주목할 가치가 있는 다른 많은 일들도 성취한다 :

1. 바울은 자기를 그리스도의 종이라고 표현함으로써 편지를 받아 볼 사람들과 동일한 범주에 자신을 둔다. 달리 말하자면, 바울은 그로써 자신을 무엇보다도 그리스도인으로 밝힌다. 기독교 신학의 장대한 용어들 가운데 하나는 바울이 3장에서 복음을 설명하는 중요한 상황에 사용하게 될 "구속"(救贖)이란 단어이다. 당시에 이 단어는 시장에서 특히 노예를 사는 것을 뜻했다. 물론 그리스도의 노예가 된다는 것은 좀 특별한 성격을 띤다. 노예가 되되 실제로는 자유하게 되는 그런 것이다. 그럼에도 예수 그리스도의 종 또는 노예가 된다는 것은 그리스도인이 된다는 것을 적절히 표현한 말이다. 그렇기 때문에 바울은 고린도인들에게 이렇게 쓸 수 있었다 : "너희 몸은 너희가 하나님께로부터 받은 바 너희 가운데 계신 성령의 전인 줄을 알지 못하느냐. 너희는 너희의 것이 아니라 값으로 산 것이 되었으니 그런즉 너희 몸으로 하나님께 영광을 돌리라"(고전 6 : 19-20). 바울이 자기를 가리켜 "예수

그리스도의 종"이라고 하였을 때, 그는 다른 무엇보다도 "나는 여러분과 같은 사람입니다. 여러분과 같이 나도 그리스도께서 값을 주고 사신 사람이며, 그분을 따르는 사람입니다"라고 말하는 셈이다.

2. 바울은 자기를 예수 그리스도의 종이라고 표현함으로써 자기가 그리스도의 제자로서 맡은 주요 기능은 섬기는 일임을 강조한다. 이것은 주목할 가치가 있다. 오늘날 우리의 사귐에서 자주 빠지는 요소이기 때문이다.

얼마 전에 하나님께서 텍사스에 독립 교회를 개척하여 성공하게 하신 저명한 그리스도인과 말을 나눈 적이 있다. 그 교회는 25년 되었고, 내 친구에 따르면 개척한 지 15년 동안에는 그 교회가 그 도시에서 유일하게 참된(아니면 유일하게 좋은) 교회라는 확신과, 다른 교회 교인들이 그 교회를 떠나 이 교회에 가입하는 것이 그리스도를 가장 잘 섬기는 길이라는 확신을 모든 사람에게 심어주는 데 보냈다고 한다. 그 15년 동안 그 교회는 교인수가 60명에서 150명으로 늘었다. 그 무렵 그 교회 지도자들에게는 지금까지 써온 방법이 하나님께 그리 복을 받지 않았다는 생각이 들었고, 방법을 바꾸기로 결정하였다. 사람들에게 교회에 가입하여 사역을 도우라고 촉구하는 대신에, 종들의 교회를 만들기로 작정하였다. 그것은 선한 일이라면 어디서든 뛰어들겠다는 뜻이었고, 다른 사람들이 명성을 얻거나 명성을 얻기 위해 모교회를 떠나더라도 초조해하지 않겠다는 뜻이었다. 그 교회는 이러한 태도에 힘입어 성장하기 시작하였고, 그뒤 10년 동안 교인수가 2천 명 이상으로 늘었다.

이 일화에서, 그리고 종으로 자처하고 종의 역할을 한 사도 바울에게서 배울 점이 있다. 좀더 근본적으로 배우려면 다음과 같이 말씀하신 예수님께 배워야 한다 : "…너희 중에 누구든지 크고자 하는 자는 너희를 섬기는 자가 되고 너희 중에 누구든지 으뜸이 되고자 하는 자는 너희 종이 되어야 하리라 인자가 온 것은 섬김을 받으려 함이 아니라 도리어 섬기려 하고 자기 목숨을 많은 사람의 대속물로 주려 함이니라"(마 20 : 26-28).

3. 바울은 자신을 그리스도의 종이라고 표현함으로써 독자들에게 자기가 그리스도의 종이고 – 먼저는 그리스도의 종이고, 다음에는 사람의 종 – 이러한 자격으로 그들에게 편지를 쓴다는 점을 상기시킨다. 이것은 바울의 다음 구절들을 기대하게 한다.

사도로 부르심을 받아

사도란 무엇인가? 기독교 어휘에서 가장 덜 이해되고 심지어 가장 오해되는 단어가 바로 "사도"이다. 어떤 사람들은 "제자"라는 뜻으로 이해한다. 불행한 일이다. 왜냐하면 이 단어를 오해하면 기독교에 관한 많은 내용을 오해하게 되기 때문이다.

사도라는 단어를 이해하는 데 가장 좋은 본문은 사도행전 1 : 15-26이다. 여기서 열한 사도는 배반하고 죽은 유다를 다른 사람으로 교체하기 위해서 열두 번째 사도를 선출하였다. 베드로가 설명했듯이, 교체될 사람은 부활하신 주님을 알고, 주께서 친히 이 직위에 선출하신다는 사실이 필요했다. 제자들은 첫 번째 자격에 맞는 두 사람을 지명하였다. 요셉 바사바(유스도라고도 함)와 맛디아였다. 그런 뒤 사도들은 예수께서 친히 누구를 선택하실지를 알기 위해서 제비를 뽑았고, 맛디아로 결정되었다. 이 일화는 사도가 예수 그리스도의 부활의 증인이어야 하며, 예수께 이 직무에 선출되어 자격을 부여받아야 했음을 가르친다.

사도의 직분에는 그밖에도 더 많은 의미가 있었다. 잘 알다시피, 복음서들의 결말과 사도행전의 서두에서 주께서는 그리스도인들에게 우리가 지상명령이라고 부르는 명령을 내리셨다. 그것은 우리 모두가 그리스도의 증인들이 되어야 한다는 뜻이다. 그렇다고 한다면 사도직은 왜 특별한 것인가? 주님의 대표자들로 선출된 이들이 자신들의 직분을 이해하는 방법을 살펴보면 그 대답을 얻을 수 있다. 그들은 자신들을 단지 증인들로만 보지 않았다. 특별하고도 초자연적인 의미에서 증인이 되어야 한다고 알았다. 그들은 사도들이기 때문에, 하나님께서는 그들을 통해서 권위 있게 말씀하셨고, 따라서 그들이 사도로서 전한 말은 신적인 가르침, 즉 성경의 권세를 띠었다. 이 사실을 바울이 자신의 사도권을 변호하는 갈라디아서에서 명확히 보게 된다. 서두에서 바울은 "사람들에게서 난 것도 아니요… 오직 예수 그리스도와 및 죽은 자 가운데서 그리스도를 살리신 하나님 아버지로 말미암아 사도된 바울은"이라고 하면서, 자기 소명의 신적 기원을 강조한다(갈 1 : 1). 그런 뒤에 그 직무를 복음의 본질과 권위에 연관짓는다 : "형제들아 내가 너희에게 알게 하노니 내가 전한 복음이 사람의 뜻을 따라 된 것이 아니라 이는 내가 사람에게서 받은 것도 아니요 배운 것도 아니요 오직 예수 그리스도의 계시로 말미암은 것이라"(11-12절).

로마서에서 바울은 자신을 사도라고 부르면서, 자기가 일반인으로 편지를 쓰고 있는 게 아니라 모든 사람들이 하나님의 말씀으로 받아야 할 메시지를 받은 사람으로서 편지를 쓰고 있다는 것을 독자들에게 상기시킨다. 이 말은 우리에게도 관계가 있다. 로마서를 어떻게 받아야 유익을 얻을 수 있는지를 말해 주기 때문이다. 물론 로마서를 그냥 인간의 책으로 알고서 연구할 수도 있다. 그렇게 한다고 해서 나쁜 것은 아니다. 로마서는 훌륭한 글이며, 제한된 방법으로라도 연구할 만한 충분한 가치를 지닌 책이기 때문이다. 그러나 이 책에서 큰 유익을 얻으려면 실상 그대로 – 하나님께서 우리 마음과 정신에 준 메시지로 – 받아야 하며, 마치 하나님께서 우리에게 직접 말씀하시면 순종하지 않을 수 없게 되듯이, 그 가르침에 순종해야 한다.

하나님의 복음을 위하여 택정함을 입었으니

바울이 로마에 있는 그리스도인들에게 자신을 소개하기 위해서 사용하는 세 번째 구절은 "하나님의 복음을 위하여 택정함을 입었으니"이다. 이 구절은 서론에서 살핀 바울의 생애 개관으로 되돌아가게 한다. 바울은 다메섹 도상에서 그리스도를 만나기 전에 바리새인이었고, "바리새"라는 말은 "구별" 또는 "구별된 자"라는 뜻이다. 바로 이 단어를 바울은 자기가 복음에 헌신하게 된 데에 사용한다. 그리스도를 만나기 전에는 바리새 전승들에 헌신했다. 진정 자신을 숭엄하게 구별된 자로 여겼다. 바리새인들은 더러운 죄인이나 사악한 세리가 걸어오면 마주치지 않으려고 딴길로 갔다. 음식 규제법과 결례(潔禮)를 지켰다. 바리새인이 **하지 않으려고** 한 일들의 목록은 엄청나게 길다. 그러나 그리스도를 만났을 때 바울에게는 삶을 온통 뒤흔들어 놓는 변화가 생겼다. 이전에는 모든 행동 방법**으로부터** 구별되었고, 그 결과 자기 의를 내세웠고, 편협했고, 잔인했고, 강박관념에 쌓여 지냈다. 그리스도를 만난 뒤에는 어떤 것을 **향해서**, 즉 복음을 향해서 구별되었다. 적극적인 구별이었다. 폭넓고 기쁨이 있으면서도 겸손하였다. 바울은 신적으로 생긴 이 변화를 벗어나지 않았다.

여러분도 그 변화에서 벗어나지 말아야 한다. 여러분은 부정적인 율법주의에서 벗어나 긍정적인 기독교의 자유로 들어가는 게 무엇인지 알고 있는가? 바울의 새로운 부르심에는 그가 이전에 행치 않던 많은 일들이 있었다고 나는 확신한다. 그는 육체적 죄들을 저지를 욕구에 불타지 않았다. 거짓말을 하거나, 사기를 치거나, 도적질하거나, 간음하지 않았다.

그러나 이런 죄들을 배척해야겠다는 생각을 하지 않았다. 왜냐하면 좀더 나은 것에 마음을 두었기 때문이었는데 그것은 자신의 소명을 모든 특권들 중에서 가장 위대한 특권으로 간주한 위대한 헌신이었다.

● 각주 ●

1. Lord Lyttleton, "Observations on the Conversion and Apostleship of Saint Paul" and Gibert West, "Observation on the Resurrection of Jesus Christ" in *Lord Lyttleton on the Conversion of St. Paul and Gilbert West on the Ressurection of Jesus Christ* (New York : American Tract Society, 1929).

2. 사도행전 17 : 28에서 바울은 두 명의 헬라 시인들의 시를 인용하는 듯하다. 한 시인은 "우리가 그 안에서 살고 기동하며 존재한다"라고 말한 에피메니데스(Epimenides)이고, 다른 시인은 "우리는 그의 소생이라" (파이노메나)고 쓴 아라투스(Aratus)이다.

3. Charles Hodge, *A Commentary on Romans* (Edinburgh and Carlisle, Pa. : The Banner of Truth Trust, 1972), p. 4. (Original edition 1835.)

4. J. Gresham Machen, *The Origin of Paul's Religion*, the James lectures delivered at Union Theological Seminary in Virginia (Grand Rapids : Wm. B. Eerdmans, 1947), p. 316.

5. Ibid., p. 317.

2
하나님의 위대하고 유서깊은 복음
로마서 1 : 1-2

예수 그리스도의 종 바울은 사도로 부르심을 받아 하나님의 복음을 위하여 택정함을 입었으니 이 복음은 하나님이 선지자들로 말미암아 그의 아들에 관하여 성경에 미리 약속하신 것이라.

로마서 서론에서 가장 주요한 단어는 "복음"(Gospel)이다. 서론에만 이 단어가 6번 나오며(1, 2, 9, 15, 16, 17절), 이 단어는 로마서의 주제이기 때문에 중요하다. 로마서는 이 위대한 하나님의 복음을 더욱 폭넓게 알리기 위해서 기록되었다.

헬라어 본문에서는 불과 9글자로 되어 있는 1절에서 "복음"이란 단어를 맨 처음 본다. 바울은 그것을 "하나님의 복음"이라고 밝히고, 그것을 위해서 자기가 부르심을 받고 택정함을 입었다고 한다. 2절에서 그는 좀더 설명을 붙여서, 이 복음이 무엇인가를 정확히 설명하기 시작한다. 그것은 "하나님이 선지자들로 말미암아 그의 아들에 관하여 성경에 미리 약속하신" 복음이다. 즉, 주 예수 그리스도에 관한 복음이다. 9절에서는 복음을 "그의 아들의 복음"이라고 하고, 그것을 전심으로 전하고 싶다는 뜻을 덧붙이면서, 위의 정의를 확고히 굳히는 표현을 사용한다. 15-17절에서는 복음을 전하려는 간절한 의지를 다시 한번 밝힌다 : "그러므로 나는 할 수 있는대로 로마에 있는 너희에게도 복음 전하기를 원하노라. 내가 복음을 부끄러워하지 아니하노니 이 복음은 모든 믿는 자에게 구원을 주시는 하나님의 능력이 됨이라. 첫째는 유대인에게요 또한 헬라인에게로다. 복음에는 하나님의 의가 나타나서 믿음으로 믿음에 이르게 하나니…"

위대하고 좋은 소식

우리들 대부분은 복음(유앙겔리온; 헬라어)을 "좋은 소식"(Good News)이란 뜻으로 알고 있다. 그러나 나는 마틴 로이드 존스가 그의 주석에서 주장한 말, 즉 우리들 대부분은 그 정의에서 멈추며, 그 좋은 소식이 과연 얼마나 좋은 것인지 실제로 이해하지 못한다는 말이 옳다고 확신한다.[1]

복음이 좋다는 것을 이해하려면 기독교를 제외한 세계의 종교들이 전혀 좋은 소식들이 아니라는 사실에서 시작해야 한다. 오히려 다른 종교들은 아주 나쁜 소식들이자 짐이다. 세계의 다른 종교 지도자들 - 사제들, 승려들, 이슬람교 학자들, 힌두교 도사들, 그리고 모든 땅 모든 인류에게서 볼 수 있는 성인들 - 의 굳고 엄숙한 얼굴들만 봐도 이 사실을 알 수 있다. 이들은 행복한 사람들이 아니다. 이들이 가르치는 종교들은 추종자들에게 행복을 주는 종교들이 아니다. 그 이유는 찾기 어렵지 않다. 기독교 외에 세계의 다른 모든 종교들은 자력(自力) 또는 "행위" 종교들이다. 즉, 인간의 노력으로 신(神, 또는 평화, 행복 따위)을 찾는 방법을 말한다. 그 일이 가능하다면 대부분의 종교가 좋은 소식들일 것이다. 그러나 그것은 불가능한 과제이다. 하나님께서는 지극히 거룩하시고 우리 죄는 너무 깊어서 우리가 하나님께 가기에는 거리가 너무 떨어져 있다. 죄가 우리를 너무 꽉 붙잡고 있어서 우리가 갈망하는 행복을 잡을 길이 없다. 여러분이나 내가 할 수 있는 바에 기초를 둔 종교는 위안을 주지 못한다. 그 요구 사항들은 너무 무거워 들어올릴 수가 없기 때문이다.

바울이 발견한 것이 바로 이 사실이다. 그는 엄격히 정의된 선행들과 높은 도덕 표준들을 요구하는 종교를 따랐다. 그러나 이 종교는 그에게 평화를 주지 못했고, 진정한 성취감조차 주지 못했다. 이 서신서 후반에서 바울은 자기가 무슨 일을 해야 하는 지는 배웠으나, 그것을 행할 힘이 없었고, 따라서 자신이 아주 "곤고한 사람"임을 발견했다고 술회한다(롬 7 : 24).

오늘날 많은 사람들이 이 점을 인정하고서 "무종교(無宗敎)"의 종교에서 행복을 찾으려고 한다. 종교를 다른 사람들을 지배하는 도구로 간주하고, 따라서 계몽된 사회라면 반드시 떨쳐 버려야 할 것으로 간주하는 실천적인 무신론자들이 되었다. 처음에는 이 "무종교"가 좋은 소식으로 보인다. 그러나 그것에 관해 생각하기를 그치는 순간 그 좋음은 증발해 버린다. 만일 하나님이 안 계시고, 따라서 하나님의 권위에 대한 책임감이나 하나님의 형벌에 대한 생각이 없이 우리가 좋은 대로 자유롭게 행동한다면, 해방되어 기쁜 독립을 얻은 것 같은 느낌이 든다. 그러나 책임감이 없다면 책임질 사람도 없기 때문에, 이 커다란 "자유"를 가지고 행동하는 일이 무의미하게 된다. 더 나아가 우리가 하는 일이 무의미하다면, 우리 역시 무의미한 존재들이다. 이 깊고 깊은 우주에 우연히 생겼다가 곧 터져 잊혀질 물거품들이다.

"무종교"는 아무데로도 인도하지 않는다. 인간의 진보에 아주 좋은 소식이 되어 주는 듯하지만, 사실은 인간 존재의 덧없음에 절망하게 만든다.

바로 이런 곳에 기독교가 와서 참으로 좋은 소식이 무엇인지를 선포한다. 복음은 두 가지 이유에서 좋다. 첫째, 복음은 하나님께서 실제로 계신다고 말한다. 하나님께서는 단지 인간 상상이 빚은 허구가 아니라 실제로 존재하시며, 우리를 자신과 사귐을 갖게 만드셨으며, 우리로 하여금 행위에 대해 책임을 지게 하신다. 이것이 삶에 의미를 준다. 둘째, 복음은 하나님께서 우리를 사랑하시고 예수 그리스도의 사역을 통해서 우리를 구원하시려고 우리를 찾아오셨다고 말한다. 우리는 하나님께 갈 수 없다. 우리 죄가 우리를 하나님과 갈라놓았기 때문이다. 그러나 하나님께서는 그리스도를 통해서 우리 죄를 제거하시며, 그로써 이 험한 바다 위에 다리를 놓으셨다. 전에 우리는 하나님을 찾으려고 열망하였으나 찾을 수 없었다. 이제는 우리를 찾으신 분을 찬양한다.

이 마지막 말을 좀더 명확하게 설명하려고 한다. 찬양이 얼마나 기독교의 특징인지, 우리 예배의 대부분을 하나님께 드리는 찬양이 얼마나 차지하고 있는지 생각해 본 적이 있는가? 다른 종교들에도 찬양이 있다. 그러나 주로 예배자들을 좀더 "거룩하게" 만들거나 신에게 좀더 가까이 이끌기 위해서 고안한 성가로서, 그 자체가 종교적 체험이다. 그리스도인들은 찬양을 선행이나 영적 훈련으로 알고서 하지 않는다. 하나님을 찾을 목적으로 찬양을 하지 않는다. 우리가 하나님을 찬양하는 이유는 하나님께서 우리를 찾으셨기 때문이며 우리가 그 일로 행복을 느끼기 때문이다. 많은 찬송집들이 다음과 같은 찬송으로 시작한다 :

> 땅에 거하는 만민들아
>
> 기쁜 소리로 주를 찬양하라
>
> 두려움으로 주께 절하고, 주를 높이라
>
> 모두 주 앞에 나와 즐기라.

마틴 로이드 존스(D. Martyn Lloyd Jones)는 이렇게 묻는다. "복음이 그런 식으로 우리에게 왔는가? 복음이 전에 들을 수 없었던 가장 위대하고 가장 좋은 소식이라고 이 순간에 정직하게 말할 수 없다면, 우리는 무슨 신앙고백을 하든 상관없이 실제로 거듭나지 않았기 때문이다. 아니면 하나님을 가까이 모시고 살지 않기 때문에 복음을 제대로 이해하지 않았기 때문일 수도 있다.

"약속"된 복음

바울이 이 복음, 이 좋은 소식에 관해서 말하는 두 번째는 하나님께서 선지자들을 통해서 "미리 약속하신" 것이라는 점이다. 이것은 매우 중요하다. 왜냐하면 복음은 죄로 어두워진 이 세상에 처음 울려퍼졌을 때 아주 새로운 것이긴 했어도, 예수 그리스도의 사역을 통해 하나님께서 사람들을 구원하신다는 복음은 진기한 것이 아니었기 때문이다. 오히려 복음은 하나님께서 구약 시대에 내리신 모든 계시들이 지향한 목표였다. 현존하는 사도들의 모든 설교에서 이 사실을 확인하게 된다.

1. **바울의 설교.** 사도 바울은 복음에 관해서 말할 때 이러한 연관성을 보이는 데 싫증내지 않는 듯하다. 바울의 설교를 최초로 기록한 사도행전 13장에서 바울은 하나님이 약속대로 예수를 다윗 왕의 후손으로 보내신 사실과, 지상 사역 동안 예수께 발생한 모든 일이 성경을 이룬 것이라는 사실을 증명하기 위해서(로마서 1장에서와 마찬가지로) 이스라엘 역

사를 더듬어 내려온다. 예수님께서는 선지자들의 예언대로 정죄를 당하고 십자가에 못 박히셨다. 그 뒤 이 동일한 예언들에 따라 죽은 자 가운데서 살아나셨다. 이 설교 후반에서 바울은 그리스도의 신성을 증명하기 위해서 시편 2 : 7을 인용하며 – "⋯ 너는 내 아들이라 오늘 너를 낳았다⋯"(행 13 : 33) – 부활이 예언되었음을 증명하기 위해서 이사야 55 : 3과 시편 16 : 10을 인용한다 – "⋯ 내가 다윗의 거룩하고 미쁜 은사를 너희에게 주리라 하셨으니 그러므로 또 다른 편에 일렀으되 주의 거룩한 자로 썩음을 당하지 않게 하시리라 하셨느니라"(34-35절).

사도행전 13장 후반에서 바울은 하박국 1 : 5을 인용하여 불신앙의 위험을 경고하며("⋯ 내가 너희 때를 당하여 한 일을 행할 것이니 사람이 너희에게 이를지라도 도무지 믿지 못할 일이라⋯" 41절), 유대인들과 이방인들이 섞여 있는 청중에게 자신이 복음을 선포하는 것조차 이사야 49 : 6에 예언되었다고 선언한다("⋯ 내가 너를 이방의 빛을 삼아 너로 땅 끝까지 구원하게 하리라⋯" 47절).

다른 본문들에서도 똑같이 구약의 가르침들을 인용하는 것을 발견한다. 바울이 데살로니가에서 맨 처음 행한 설교를 전하는 본문에서는 다음과 같은 말씀을 읽는다 : "바울이 자기의 규례대로 저희에게로 들어가서 세 안식일에 성경을 가지고 강론하며 뜻을 풀어 그리스도가 해를 받고 죽은 자 가운데서 다시 살아야 할 것을 증명하고 이르되 내가 너희에게 전하는 이 예수가 곧 그리스도라"(행 17 : 2-3). 바울은 로마서 4장에서도 이 방법을 사용하여, 자기가 로마서 3장에서 아브라함과 다윗 왕에 관한 구약 본문들에 기초하여 설명한 복음을 증명한다.

2. **빌립의 설교.** 사도행전을 몇 장 거슬러 올라가서 약간 이른 교회사 시기에 이르면 집사 빌립의 사역을 만나게 된다. 하나님께서는 빌립을 쓰셔서 에티오피아 관리에게 복음을 전하게 하셨던 바, 빌립은 에티오피아인이 큰 소리로 읽으면서도 이해하지 못하던 이사야 53 : 7-8이 성취되었다고 단언하면서 그에게 복음을 전하였다 :

> ⋯ 저가 사지로 가는 양과 같이 끌리었고
> 털 깎는 자 앞에 있는 어린양의 잠잠함과 같이

> 그 입을 열지 아니하였도다
> 낮을 때 공변된 판단을 받지 못하였으니
> 누가 가히 그 세대를 말하리요
> 그 생명이 땅에서 빼앗김이로다.
> 행 8 : 32-33

본문은 "빌립이 입을 열어 이 글에서 시작하여 예수를 가르쳐 복음을 전하니"라고 말한다(35절).

3. 베드로의 설교. 사도행전 서두의 몇 장에는 베드로의 초기 설교 두 가지가 있다. 첫 번째는 오순절에 행한 것으로서 구약 본문들을 대강 인용한 설교인데, 인용 내용들은 설교 후반에 설명된다. 이 설교에서 베드로는 요엘 2 : 28-32(오순절 자체를 예언하는 그의 주요 본문), 시편 16 : 8-11(뒷부분인 행 13장에서 바울은 이 시편의 일부를 인용하며 설교한다), 그리고 시편 110 : 1(신약 성서에서 가장 자주 인용되는 구약 성서 구절)을 인용한다. 베드로의 설교(행 2 : 14-36)에는 11절의 구약 성서 인용문들과 12절의 서론, 설명, 적용이 있다.

사도행전 4 : 8-12에서 베드로는 시편 118 : 2에 대해서 설교하면서, 예수님께서 이스라엘에게 배척을 당하시지만 결국에는 하나님께서 그를 영화롭게 하실 것을 구약 성서가 예언했음을 증명한다. "이 예수는 너희 건축자들의 버린 돌로서 집 모퉁이의 머릿돌이 되었느니라"고 베드로는 말한다(11절). 이 구절은 베드로가 애용하는 본문이다. 그는 베드로전서에서도 이 구절을 이사야 8 : 14과 28 : 16과 연관지어 다시 사용한다.

4. 예수 그리스도의 설교. 이렇게 구약 성서를 가지고 복음에 접근하는 중요한 방법을 사도들은 어디서 배웠을까? 그 시대 사람들은 구약 성서를 이런 식으로 읽지 않은 듯하기에 궁금증은 더 커진다. 대답은 한 가지밖에 없다. 그들은 주 예수 그리스도로부터, 즉 자신의 생애를 구약 성서의 성취로 보시고 제자들에게도 그런 식으로 보라고 가르치신 그들의 스승으로부터 배웠다. 우리는 주님께서 부활하신 뒤 제자 두 사람과 함께 엠마오로 내려가실 때 그들이 구약 성서 저자들이 말한 바를 더디 믿는다고 꾸짖으신 일을 기억한다 : "미련하고 선

지자들의 말한 모든 것을 마음에 더디 믿는 자들이여, 그리스도가 이런 고난을 받고 자기의 영광에 들어가야 할 것이 아니냐." 본문은 계속 이어진다 : "이에 모세와 및 모든 선지자의 글로 시작하여 모든 성경에 쓴 바 자기에 관한 것을 자세히 설명하시니라"(눅 24 : 25-27).

이 점을 강조하고 싶다. 복음은 물론 좋은 소식이다. 그러나 그것만이 아니다. 복음은 하나님께서 맨 처음 인류를 대하기 시작하신 순간부터 구약 성서에 이르기까지 - 창세기 3 : 15(최초의 복음 선언)부터 말라기 4 : 5(엘리야가 그리스도의 길을 예비하기 위해서 올 일을 말하는)에 이르기까지 - 줄곧 선포해 오신 좋은 소식이다.

이 사실이 구약 전체를 이해하는 데 열쇠이고, 신약을 이해하는 데 열쇠이며, 역사 전체를 이해하는 데 열쇠이다. 즉, 하나님께서 "전에 선지자들을 통해서 성경에" 선포하신 대로, 자기 아들 주 예수 그리스도를 통해 사람들을 구원하신 것이다.

"성경에"

더욱이 이 선포가 이루어진 곳은 성경이다. "성경에"라는 말은 대단한 중요성을 갖는다. 왜냐하면 하나님의 위대한 복음 선포를 어디서 찾을 수 있는지를 밝혀 주고, 그 진수를 드러내기 때문이다.

첫째, 하나님의 복음 선포는 기록된 형태로, 즉 선지자들의 글로 되어 있다. 이것은 복음을 다른 곳에서 찾아서는 안 된다는 것을 뜻한다. 마치 하나님께서 신비스런 환상으로, 내적 암시로, 또는 그밖의 비성경적이거나 비객관적 방법으로 복음을 계시하시기로 정하셨다는 듯이 생각해서는 안 된다. 우리는 연구할 문서들과, 숙고하고 이해할 단어들을 가지고 있다. 둘째, 성경의 책들은 특별하고 거룩한 글들이다. 이것은 이 책들이 단지 인간의 작문들이 아니라 하나님께서 친히 하신 말씀들임을 뜻한다. 하나님께서 인류에게 하신 계시이다. 하나님께서 신약 성서를 주실 때 도구가 되었던 베드로 자신이 이렇게 썼다 : "먼저 알 것은 경의 모든 예언은 사사로이 풀 것이 아니니 예언은 언제든지 사람의 뜻으로 낸 것이 아니요 오직 성령의 감동하심을 입은 사람들이 하나님께 받아 말한 것임이니라"(벧후 1 : 20-21). 충실한 연구와 명상으로 말씀을 대해야 한다. 성경을 정말로 하나님의 성경으로 믿는다면 말이다.

존 웨슬리(John Wesley)가 설교 서론에서 말씀을 얼마나 갈망했는지 생각이 난다 :

나는 쏜살처럼 인생을 날아가는 덧없는 피조물입니다. 하나님께로부터 와서 잠시 큰 심연 위를 날다가 덧없이 하나님께로 돌아가 더 이상 보이지 않는 영혼입니다. 나는 불변의 영원 속으로 떨어집니다. 한 가지 알고 싶은 게 있습니다. 하늘로 가려면 어디로 가야 합니까? 그 행복의 해안에 어떻게 하면 안전히 상륙할 수 있습니까? 하나님께서 내게 길을 가르쳐 주시려고 친히 몸을 낮추셨습니다. 바로 이 목적 때문에 하늘에서 오셨습니다. 그것을 책에 쓰셨습니다. 그 책을 내게 주십시오! 값이 얼마이든 하나님의 책을 내게 주십시오! 그 책을 나는 가졌습니다. 여기 내게 필요한 충분한 지식이 담겨 있습니다. **호모 우니우스 리브리**(한 권의 책에 몰두하는 사람)가 되게 하소서. 숨쉴 새 없이 바삐 돌아가는 일상에서 이렇게 빠져 나와 있습니다. 이렇게 혼자 앉아 있습니다. 오직 하나님만 계십니다. 그분 앞에서 책을 펴들고 읽습니다. 하늘로 가는 길을 찾기 위해서 말입니다.[3]

예리한 주석으로 유명한 대학자 칼 바르트(Karl Barth)가 로마서 주석에서 **성경**이란 단어를 그냥 지나치는 것을 존 머리(John Murray)가 로마서를 연구하며 눈여겨 보았듯이, 나도 눈여겨 본다.[4] 바르트는 복음의 가치를 인정하지만, 복음이 담겨 있는 문서들의 본질을 충분히 평가하지 않는다. 이것이 그의 신학의 흠이다.

이런 흠이 여러분에게는 없기를 바란다. 바울처럼, 하나님께서 성경 안에서 우리에게 말씀하셨다고 인정하고, 성경을 조심스럽고 순종하는 태도로 공부하기로 결심하라. 프란시스 베이컨(Francis Bacon)이 인간의 위대한 책에 대해서 지녀야 할 태도 – '맛보고', '씹고', '삼키고', '소화하고', '온전히, 그리고 성실과 관심을 가지고' 읽는 태도 – 라고 말한 바를 성경에 적용하라.

하나님의 복음

바울이 로마서의 이 두 절에서 복음에 관해 주장한 마지막 사항은 사실상 바울이 출발점으로 삼는 사항이다. 즉, 그것이 **하나님의 복음**이라는 것이다. 복음은 하나님께서 선포하시고 성취하시고 사도들을 보내 전파하도록 하신 것이다. 하나님께서 복주시고 그것을 통해서 친히 사람들을 구원하시는 것이다. 이것을 문법적으로 말하는 방법은 소유격('하나님의')이 목적적 소유격이라기보다는 주격으로 말하는 것이다. 그것은 하나님께서 복음 선포의 대상이라기보다는 복음을 제정하시고 선포하신다는 것을 뜻한다.

로마서의 처음 몇 구절들에서 이 점이 얼마나 두드러지는 지를 눈여겨 보라. 성부 하나님께서는 "선지자들로 말미암아 그의 아들에 관하여 성경에 미리 약속"하셨다(2절). 이렇게 약속된 사역을 완수하기 위해서 아들이신 주 예수 그리스도를 보내셨고, 그 결과 복음은 그 아들에 관한 것이 되었다(3절). 마지막으로, 바울과 다른 사도들이 하나님께로부터 받은 소명을 발휘하는 가운데 모든 사람들에게 복음을 전하게 된 것은 "그로 말미암아… 그 이름을 위하여…" 된 일이다(5절).

하나님께서 복음에 이 정도 관심을 갖고 계신다면, 이 위대한 진리들이 선포되는 모든 곳에서 충분한 복을 내리시지 않겠는가?

그런 복에 관한 이야기를 하나 하고자 한다. 1816년 로버트 홀데인(Robert Haldane)이라고 하는 스코틀랜드인이 스위스로 갔다. 홀데인은 경건한 평신도로서, 친형제 제임스 알렉산더(James Alexander)와 함께 이미 스코틀랜드에서 주님께 많이 쓰임을 받았다. 그는 이 특별한 기회에 제네바의 한 야외공원 벤치에 앉아 있다가 한 무리의 청년들이 하는 말을 듣게 되었다. 듣는 가운데 두 가지를 알았다. 첫째, 이 청년들이 신학생들이라는 것이었고, 둘째, 이들이 참된 기독교에 무지하다는 것이었다. 홀데인은 학생들을 이렇게 만나 몇 마디 격려의 말을 건넨 다음 집으로 초대하여 로마서를 가르치기 시작하였다. 지금 우리가 하듯이, 한 절씩 공부해 갔다. 하나님께서 이 사역을 받으셨고, 성령께서는 이 청년들을 회심케 하심으로써 복을 주셨다. 그들은 한 사람씩 회심을 하였고, 결국에는 신앙 부흥운동을 일으키는 데 도구 역할을 하였던 바, 이 운동은 스위스에 영향을 주었을 뿐 아니라 프랑스와 네덜란드에까지도 확산되었다.

이 학생들 가운데 한 사람이 「16세기 종교개혁사」(History of the Reformation of the Sixteenth Century)라는 고전으로 명성을 얻은 멜 도비뉴(Merle d'Aubigne)였다. 영어권 세계에는 이 책이 「마르틴 루터의 생애와 시대」(The Life and Times of Martin Luther)[6]라는 축약본으로 소개되었다. 그 학생들 가운데 또다른 한 사람은 「테오프뉴스티아」(Theopneustia)라는 성경의 영감성을 다룬 책을 쓴 루이스 가우센(Louis Gaussen)이었다.[7] 홀데인의 로마서 강해를 듣고서 회심을 한 그외 사람들 가운데는 프랑스 자유교회를 조직하고 설립하는 데 앞장선 프레데릭 모노(Frederic Monod), 위대하고 저명한 신학자가 된 보니파스(Bonifas), 또다른 중요한 종교 지도자인 세자르 말랑(Cesar Malan)이 있다. 모두가 홀데인의 로마서 강해를 듣고서 회심하였다.

오늘날은 왜 그렇게 돼서는 안 되는가? 그것이 우리의 복음이라면, 우리는 아무것도 기대할 수 없다. 그러나 그것은 우리의 복음이 아니다. 하나님의 복음이다. "선지자들로 말미암아… 성경에 미리 약속하신", 그리고 주 예수 그리스도께서 대속적 죽음과 부활로써 우리에게 얻어 주신 위대하고 유서깊은 복음이다. 우리는 바울처럼 두려움 없이 열정을 가지고 이 복음을 전해야 한다.

● 각주 ●

1. D.M. Lloyd-Jones, *Romans : An Exposition of Chapter 1, The Gospel of God* (Grand Rapids : Zondervan, 1985), p. 55 : "만약 우리가 복음이 좋은 소식이란 뜻임을 안다고 말한다면, 정말로 중요한 질문은 복음이 우리에게 좋은 소식으로 왔느냐 하는 것이다. 우리는 과연 말로만 그치지 않고 정말로 그렇게 이해하고 있는가?"

2. Lloyd-Jones, *Romans : An Exposition of Chapter 1*, p. 58.

3. John Wesley, *The Works of Jones Wesley*, vol. 5, *First series of Sermons, 1 through 39* (Grand Rapids : Zondervan, n.d.), p. 3. (From the edition of 1872.)

4. Karl Barth, *The Epistle to the Romans*, trnas. Edwyn C. Hoskins(London : Oxford University Press, 1963), p. 28. (Original Edition 1933.) 참조. John Murray, *The Epistle to the Romans : The English Text with Introduction, Exposition and Notes*, 2 vols. in 1 (Grand Rapids : Wm. B. Erdmans, 1977), vol. 1, p. 5. (Original edition 1959, 1965.)

5. Francis Bacon, "Of Studies," *Essays or Councils Civil and Moral in Selected Writings of Francis Bacon*, ed., Hugh C. Dick (New York : Modern Library, 1955), p. 129.

6. J.H. Merle D'Aubign, *The Life and Times of Martin Luther*, trans. H. White (Chicago : Moody Press, 1958).

7. S.R.L. Gaussen, *Theopneustia : The Plenary Inspiration of the Holy Scripture* (Chicago : Moody Press, n. d.). (Original edition 1840.)

3
예수 그리스도의 복음
로마서 1 : 2-4

이 복음은 하나님이 선지자들로 말미암아 그의 아들에 관하여 성경에 미리 약속하신 것이라 이 아들로 말하면 육신으로는 다윗의 혈통에서 나셨고 성결의 영으로는 죽은 가운데서 부활하여 능력으로 하나님의 아들로 인정되셨으니 곧 우리 주 예수 그리스도시니라.

앞 장에서는 사도 바울이 로마서에서 설명하는 기독교가 독특한(unique) 종교임을 증명하려고 했고, 그렇게 말한 여러 이유들을 제시하였다. 이 장에서는 중요한 이유를 다루게 된다. 그것은 기독교가 주 예수 그리스도라는 독특한 인물 위에 세워졌기 때문에 독특하다는 것이다.

하지만 그 정도로는 충분치 않다. 기독교는 설립자가 독특하기 때문에 독특할 뿐 아니라, 주 예수 그리스도 없이는 기독교란 존재할 수 없다는 의미에서 독특하게 그분과 연관되어 있기 때문에 독특하다. 런던 대학교 **법대 학장** 앤더슨(J.N.D. Anderson)은 다른 종교들은 전혀 다르다고 언급했다:

유교와 불교에서는 종교를 처음 주창한 교사나 그의 생애 및 죽음에 관한 사실들보다는 공자와 부처의 가르침과 원칙들이 종교를 대표한다. 이슬람교에서도 마호메트라는 우뚝 선 인물이 그를 통해서 인류에게 주어졌다고 믿는 신적 계시를 가장 중요시한다. 신앙의 본질을 구성하는 것은 천사장 가브리엘이 그 선지자에게 전달하고, 후대에 그 선지자가 영감된 **수나**(sunna, 실천)로 제시한 더 자세한 가르침과 함께 코란경에 기록된 전능자의 입시시마 베르바(ipsissima verba, '바로 그 말')이다. 이슬람교도에게 구원의 매체가 무엇이냐고 묻는다면, 마호메트 자신보다는 경전과 전승들을 들 것이다.[1]

이와는 대조적으로 기독교는 곧 예수 그리스도이다. 존 스토트(John R.W. Stott)는 이렇게 썼다 : "그리스도의 인격과 사역은 기독교가 서 있는 반석이다. 만일 그리스도가 친히 말씀하신 그런 분이 아니라면, 만일 친히 오셔서 하시겠다고 말씀하신 일을 하지 않으셨다면, 그 기초는 훼손되고 건물은 모두 붕괴될 것이다. 기독교에서 그리스도를 빼면 심장을 들어내는 것과 같다. 사실상 남는 게 아무것도 없다. 그리스도는 기독교의 중심이다. 다른 모든 것은 주변일 뿐이다."[2]

예수 그리스도는 누구신가?

그러면 예수 그리스도가 누구신가 하는 질문이 자연히 생기며, "그의 아들"이라는 말에서 바울의 대답을 발견한다. 나사렛 예수는 하나님의 아들이시다.

오늘날은 주로 지난 세기의 종교적 자유주의의 여파로 "하나님의 아들"이란 용어가 주로 "인간"을 의미하는 등 주로 일반적인 의미로 이해된다. 자유주의 신학은 인류가 하나님의 아들들과 딸들이라고 주장한다. 그러나 이것은 오히려 새로운 이단설이며, 신약 성서의 그 어느 저자도 생각하지 않았던 것이다. 신약 성서 저자들이 "하나님의 아들"이라는 말을 쓸 때는 인류에게 내재한다고 추정되는 어떤 신적 특성들을 가리킨 게 아니며, 모든 인류가 하나님과 맺고 있다고 추정되는 특별한 관계를 가리킨 것은 더욱 아니었다. 그들은 신성 자체를 가리켰다. 하나님의 아들이라 불리우는 분이 독특한 신(神)이심을 뜻하였다. 즉, 그는 언제나 하나님이셨다.

마태복음 16장에 기록된 사도 베드로의 위대한 신앙고백을 예로 들어보자. 예수님은 사람들이 자기를 누구라고 하더냐고 제자들에게 물으셨다. 그들은 세례 요한, 엘리야, 예레미야, 선지자들 가운데 한 사람 등으로 알려져 있다고 대답했다.

"너희는 나를 누구라 하느냐" 하고 예수님은 물으셨다.

베드로가 제자들을 대표해서 "주는 그리스도시요 살아계신 하나님의 아들이시니이다" 하고 대답했다(마 16 : 16). 이 대답은 예수님을 백성이 생각하던 인간의 범주에서 구별해 놓았다. 그분을 신적 메시야로 정의한 대답이었다. 더 나아가 예수님은 그 칭호를 받아들이시면서, 베드로를 위시한 제자들에게 이러한 깨달음이 단순한 인간의 관찰에서 나온 게 아니라 성부 하나님의 특별한 계시에서 나온 것이라고 깨우쳐 주셨다. 베드로에게 이러한 커다란 깨달음을 주신 분은 하나님이셨다.

예수님은 자신이 누구신지를 명확히 가르치셨다 : "나와 아버지는 하나이니라"(요 10 : 30). 또한 말씀하시기를, "… 아브라함이 나기 전부터 내가 있느니라"(요 8 : 58)고 하셨다.

예수님이 부활하신 뒤 도마가 그분 앞에 엎드려서 "나의 주시며 나의 하나님이시니이다"(요 20 : 28) 하고 고백할 때, 예수님은 그 칭호를 받아들이셨다. 그런 뒤 부드럽게 도마를 책망하셨는데, 그 이유는 자신에게 예배를 해서가 아니라 이전의 불신앙 때문이었다.

이것이 바로 바울이 기독교 메시지의 내용을 설명하기 시작할 때 지닌 뜻이다. 바울은 하나님께서 이 위대한 구원 계획의 주체시라는 의미에서 그것을 "하나님의 복음"이라고 부른 바 있다. 이제 그는 복음이 "그(하나님)의 아들"에 관한 것이라고 덧붙여 말한다. 이것은 예수님이 독특한 하나님의 아들이시며, 이 신적 예수님의 인격과 사역이 복음의 본질임을 뜻한다. 우리는 바로 여기서 시작한다. 우리는 "그리스도 없는 기독교"라는 현대의 터무니없는 생각을 인정하지 않는다. 우리는 영원하신 하나님의 아들로부터 시작하며, 우리가 믿는 모든 것과 그리스도인으로 존재하는 모든 것이 그 독특한 개인의 인격과 사역에 중심을 두고 있다고 고백한다.

신인(神人)

그러나 예수님은 신성에서만 독특하신 게 아니다. 인류 역사의 특정 시점에 인간이 되시고 이제는 신인(神人)으로서 영원히 계신다는 점에서도 독특하시다. 아무도 그분과 같지 않다. 영원히 같을 수가 없다.

이 점을 생각하고 나면 바울의 로마서 서론이 얼마나 뛰어난 것인지를 새삼 느끼게 된다. 이 서론에서는 모든 단어를 정확히 선정하고 중대한 뜻을 담고 있는 까닭에, 사도의 자격으로 글을 쓴다는 바울의 주장을 제쳐 놓고 보더라도 로마서를 "단순한 인간의" 글 이상의 것으로 생각하지 않을 수 없게 만든다. 우선 땅 위에서 살다 가신 역사적 예수의 두 본성을 명확히 대조한다. 첫 번째는 그분의 인성(人性)이다. 헬라어 본문에서 그 단어는 "육신"으로 번역된 **사르크스**이다. 그러나 이 용어는 육신이란 단어가 뜻하듯이 우리의 물질적 몸만을 가리키는 데 한정되지 않는다. 오히려 "전인"(全人)이라는 뜻이다. NIV(새국제번역성경, the New International Version, 차후에는 NIV로만 표기함) 번역자들은 "그분의 인성에 관해서는"(as to his human nature)이라고 번역함으로써 정곡을 찌른다. 이 "본성"은 "성결의 영"으로 묘사된 그리스도의 신성과 대조된다. 이 구절은 성령을 가리키지 않고(비록 많은 사람들이 이렇게 해석하지만) 그리스도 자신의 거룩한 영적 또는 신적 본성을 가리킨다. 달리 말해서, 이 서론 부분에서 최초로 중요한 점은 예수님의 인성과 신성을 다같이 명확히 인식하는 것이다.

"다윗의 혈통"과 "하나님의 아들"이 대조되는 것도 눈여겨 보라. 이것은 앞에서 말한 대조와 상통한다. 왜냐하면 "다윗의 자손"은 예수님의 인성을 말하는 반면에(다윗의 계보에서 나신 사람으로서), "하나님의 아들"은 예수님의 신성과 관계되기 때문이다.

가장 흥미로운 점은 이 설명문의 첫부분에 사용된 동사 **이셨고**(NIV, was. 한글개역성경, '나셨고')와 두 부분에 사용된 동사 **선포되셨으니**(NIV, declared. 한글개역성경, 인정되셨으니) 간의 대조이다. 그러나 "이셨고"라는 단어는 바울이 실제로 사용한 단어의 뜻을 약하게 옮긴 것임을 지적할 필요가 있다. 헬라어에서 그 단어는 **기노마이**(ginomai)로서, "되다", "발생하다", "벌어지다", 또는 어떤 의미로는 "태어나다" 또는 심지어 "존재하다"라는 뜻이 있다. "이셨고"는 과거의 상태나 조건을 묘사하지만, 무시간적인 상태일 수도 있다. "되었다"는 과거에 존재하지 않았던 어떤 것이 존재하게 되었음을 나타낸다. 그리고 이것이 당연히 우리 주님의 성육신에 발생한 일이다. 예수님은 우리가 기독교 시대의 시작이라고 부를 무렵 마리아에게서 나시기 전에 하나님이셨고, 그 뒤로도 줄곧 하나님이셨다. (이런 이유에서 '선포되셨으니'라는 동사가 사용되었다. 예수님은 하나님이시라고 선포되셨다.) 그러나 예수님은 역사의 특정 과거 시점에 성육신하심으로써 사람이 **되셨다**.

28개의 헬라어 단어들로 이루어진 3, 4절의 간략한 메시지(한글개역성경은 21개의 단어)를 가지고 바울은 기독론(Christology)의 전모를 제시한다.

위대한 다윗에게서 난 더욱 위대한 자손

로마서를 연구해온 사람들 사이에는 바울이 편지를 쓰고 있는 교회가 주로 유대인들의 교회였는지, 이방인들의 교회였는지, 아니면 둘이 혼합된 교회였는지에 대해서 논쟁이 있다. 나는 그 교회가 주로 이방인 교회였고, 따라서 이 편지도 그런 시각에 따라서 이해해야 한다고 믿는다. 그러나 이전에 언급했듯이, 바울이 복음을 유대교의 뿌리에서 자라난 것으로 보았고, 그 점을 자주 강조한다는 것도 사실이다.

3절의 "다윗의 혈통"이란 구절에서 한 가지 예가 생긴다. 이 구절이 주 예수 그리스도의 두 본성을 표현하는 긴 문장에 나온다는 점을 미리 살펴보았지만, 그것은 사도가 당연히 말했으리라고 추측할 법한 내용을 넘어선다. 그리스도의 인성과 신성을 대조할 때, 바울로서는 "인성으로서는 **사람**[또는 **참된 사람**]이셨고"라고만 말할 수 있었을 것이다. 그것이 그 구절의 요지이다. 그러나 이렇게 말하는 대신에 "다윗의 혈통에서 나셨고"라고 말함으로써 예수님의 유대인 조상 문제 전체를 끌고 들어왔다.

왜 바울은 그렇게 했을까? 여러 가지 이유가 있다.

1. 바울은 예수님이 "다윗의 혈통"에서 나셨다고 함으로써 자신의 의도, 즉 예수님이 참된 인간이라는 주장을 부각시킨다. 예수님이 모호하고 신비스러운 방법으로 단순히 **평범한** 인간이셨다는 말이 아니라, 존재의 터를 특정 인간 조상에 둔 구체적인 사람이 되셨다는 말이다. 예수님이 어떻게 생기셨는지 우리로서는 알 길이 없지만, 만일 당시에 살면서 카메라를 가지고 있었다면 그분의 모습을 사진에 담을 수 있었을 것이다. 눈동자와 머리가 특정 색채를 띠셨다. 몸무게도 꽤 나가셨다. 예수님 뿐만 아니라 예수님의 부모 형제 자매, 그리고 친구들과도 이야기를 나눌 수 있었을 것이다. 그분의 친척에 관해서도 할 이야기들을 가지게

되었을 것이다.

　2. 바울은 예수님이 "다윗의 혈통"에서 나셨다고 함으로써 하나님이 "성경에 미리 약속하신" 내용들에 관한 구체적인 예를 제시한다. 그리스도께 관해서는 많은 내용들이 예언되었다. 태어나실 장소, 자기 백성에게 받으실 대접, 죽으실 경위, 부활의 사실이 모두 예언되었다. 그러나 중요한 약속들 가운데 하나는 다윗의 가문에서 나실 것과, 따라서 다윗의 보좌에 앉아 영원히 이스라엘의 진정한 왕으로 다스리기에 적합한 인물일 것이라는 약속이었다. 이사야는 이렇게 예언하였다 : "이새(다윗의 아버지)의 줄기에서 한 싹이 나며 그 뿌리에서 한 가지가 나서 결실할 것이요"(사 11 : 1).

　예레미야는 훨씬 더 분명하게 예언하였다 :

> "나 여호와가 말하노라 보라 때가 이르리니
> 　내가 다윗에게 한 의로운 가지를 일으킬 것이라
> 그가 왕이 되어 지혜롭게 행사하며
> 　세상에서 공평과 정의를 행할 것이며
> 그의 날에 유다는 구원을 얻겠고
> 　이스라엘은 평안히 거할 것이며
> 그 이름은 여호와 우리의 의라
> 　일컬음을 받으리라."
>
> 예레미야 23 : 5-6

　이 예언들이 성취된 방법은 아주 놀랍다. 왜냐하면 다윗의 보좌에 앉을 분을 배출할 가문에 관한 문제가 있는 듯했기 때문이다. 다윗 왕에게서 두 왕조가 나왔다는 데 어려움이 있었다. 한 왕조는 다윗이 죽은 뒤 아버지의 보좌에 앉아 다스린 솔로몬의 왕조였다. 정상적으로 솔로몬 가문의 장자가 다스렸으면 아무런 문제가 없었을 것이다. 그러나 다윗의 가문에서 날 "한 의로운 가지"를 예언한 장의 바로 앞 장인 예레미야 22 : 30은 솔로몬 왕 계열에서 나서 실제로 다스린 왕들 중 마지막 인물인 여호야긴이란 왕에 대해서 혹독한 저주를 선포한다 : "… 너희는 이 사람이 무자하겠고 그 평생에 형통치 못할 자라 기록하라. 이는 그 자손 중 형통하여 다윗의 위에 앉아 유다를 다스릴 사람이 다시는 없을 것임이니라." 하나님의 저주 때문에 그 계열에서 태어난 사람은 왕으로서 합법적으로 다스릴 수 없었다.

그러나 또다른 강력한 계보가 있었다. 솔로몬 왕에게는 형 나단이 있었는데, 만일 하나님께서 솔로몬에게 왕위를 주지 않으셨다면 그가 왕이 되었을 것이다. 나단도 자손들을 낳았지만, 이 계열에서 태어난 사람이 다윗 왕에게 약속된 언약의 유업을 주장하고 나섰다면 실제로 통치하던 계열의 자손들에게 즉각 도전을 받았을 것이다. 이런 딜레마를 어떻게 풀 수 있었을까? 한 계열에는 다스릴 왕들이 없고, 다른 계열에는 저주가 내려져 있었다.

하나님께서 이 문제를 푸신 방법은 너무나 간단해서 명석한 불가지론자들을 혼동에 빠뜨린다. 솔로몬의 계열은 여러 세기 계속 이어지다가 결국 요셉을 등장시켰던 바, 요셉은 동정녀 마리아와 정혼하고 나중에 결혼하였다. 결혼은 물론 마리아가 수태하여 주 예수 그리스도를 낳은 뒤에 했지만 말이다. 예수님은 요셉 계열에서 태어나지 않으셨다. 요셉 계열에서 태어나셨다면 그 계열에 내려져 있던 저주를 물려받으셨을 것이다. 그러나 요셉은 마리아를 보호하고 그로써 신적 아기의 양아버지가 되었을 때, 왕권을 그 아기에게 전가하였다. 그리고 예수님은 마리아의 자손이기도 하셨기 때문에 ─ 판명된 대로 마리아는 나단 계열을 이어받은 다윗의 자손이었다 ─ 두 계열의 왕권을 한몸에 받으셨고, 그로써 다른 이가 합법적으로 왕권을 주장할 가능성을 제거하셨다. 달리 말해서, 만일 예수님이 구약 성서의 예언들에 따라 다윗의 자손으로 오신 메시야가 아니시라면, 메시야란 존재할 수 없을 것이다. 왜냐하면 예수님은 육신의 자녀들을 두지 않으셨고, 형제들(예수님이 메시야가 아니실 경우 다른 메시야의 조상이 될 수 있었던 유일한 사람들)은 저주를 물려받았으며, 자녀들에게도 저주를 물려주었을 것이기 때문이다.[3]

로마서 1 : 3에서 바울은 예수님이 다윗의 혈통에서 나셨다는 사실을 아주 간략하게 말하고 지나간다. 그러나 다른 상황에서 가르칠 때는 위에 설명한 자세한 조상 문제를 틀림없이 훨씬 더 길게 설명했을 것이다.

3. 바울은 예수님이 "다윗의 혈통"에서 나셨다고 함으로써 이 위대한 문장 마지막에 '주'(主)라는 위대한 칭호를 붙일 근거를 닦는다. 사도가 이방인들을 상대로 한 선교 사역에서 부닥친 한 가지 문제는 많은 사람들의 눈에 그가 전하는 예수님이 법대로 처형된 단순한 범죄자로 비쳤고, 따라서 그 영광을 제대로 설명하기가 어려웠다는 점이다. 그러나 예수님은

실제로 위대한 왕 다윗의 자손이시라고 바울은 말한다. 게다가 더욱 중요한 것은 예언으로 공포된 왕, 즉 하나님의 아들이기도 한 왕이시라는 점이라고 한다. 그러므로 예수님은 단순히 유대인들의 왕이신 게 아니라, 만민의 왕이시라고 한다. 그분은 기독교의 본질인 주 예수 그리스도이시다.

권능의 아들

이런 내용에 비추어, 바울이 주님의 두 본성에 관해 길게 묘사한 문장의 후반부에서 예수님께 관해 말하는 바에 기초하여, 이 절들의 마지막 주제를 다루고자 한다. 바울은 예수님이 "죽은 가운데서 부활하여 능력으로 하나님의 아들로 선포되셨으니(한글개역성경, 인정되셨으니)"라고 말한다. 이 말을 어떻게 이해해야 할까? 구체적으로, "능력으로"라는 구절을 어떻게 이해해야 할까?

이 단어들을 이해하는 가장 평범한 방법은 "능력으로"를 "부활하여"란 말과 관련지어, 마치 바울이 부활을 하나님의 능력을 탁월하게 계시한 사건으로 생각하고 있는 것처럼 보는 것이다. 이런 방법을 사용하면, "성결의 영"이란 단어들은 성령을 가리키게 되며, 성령께서 부활을 성사시켰다고 보게 된다. 그러면 성령께서 이룩하신 이 능력의 부활을 그리스도의 신성의 증거로 보게 될 것이다. 물론 부활이 하나님의 능력으로 이룩되었으며, 그 자체가 그리스도의 주장들을 뒷받침하는 증거인 것이 사실이다. 그러나 성경은 사실상 성령께서 예수님을 죽은 자들 가운데서 살리셨다고 말하지 않는다. 그 일은 성부께서 하셨다고 한다. 더 중요한 것으로서, 우리는 이미 "성결의 영"이란 단어들이 삼위일체의 제3위를 가리키지 않고 그리스도의 신성 – 카타 사르카('육신으로는')에 대칭되는 카타 프뉴마('영으로는') – 을 가리킨다는 것을 보았다. 이것만으로도 "능력으로"란 말에 대한 가장 흔한 해석이 배제되는 듯하다.

두 번째 해석은 "능력으로"란 말을 그리스도의 신성의 선포와 관련짓는다. 이 해석은 바울이 목적을 달성한 능력 있는 또는 효과적인 선포를 생각하고 있는 것처럼 본다. 찰스 하지(Charles Hodge)와 고데(F. Godet)가 이 해석을 주장하였다.[4]

그러나 헬라어 본문에서 "능력으로"가 "하나님의 아들" 바로 다음에 와서 문자적으로는 다음과 같은 뜻이 된다는 게 의미심장하다 : "… 죽은 가운데 부활함으로써 성결의 영에 따라 능력으로 하나님의 아들로 선포되셨으니…" 이로써 이 문장을 놓고 진행되는 세 번째 해석이 등장한다. 이 관점에서는 "능력으로"라는 말이 "하나님의 아들"과 연관되며, 따라서 바울이 "능력있는 하나님의 아들"에 관해서 말하고 있다고 좀더 적절히 이해할 수 있다. 내가 보기에, 마틴 로이드 존스는 이런 바른 견해를 갖고서 이 문장을 다음과 같이 설명한다.

> 주 예수 그리스도는… 이전에 하나님의 아들이셨다. 그분은 언제나 하나님의 아들이시다. 성육신 이전에 그리고 영원 전부터 하나님의 아들이셨다… 그렇다면 변화는 어디서 생기는가? 그가 취하신 형상에서 생긴다. 우리가 3절에서 들은 말씀은 그분이 이 세상에 오셨을 때 능력있는 하나님의 아들로 오시지 않았다는 내용이다. 그렇다! 무기력한 아기로 오셨다… 그분은 하나님의 아들이셨다. 그렇다. 그러나 능력있는 하나님의 아들은 아니셨다. 달리 말해서, 그분이 아기로 오셨을 때 하나님의 아들의 능력은 육신 안에 감춰졌다… 그러나 사도는 그분이 부활함으로써 "능력 있는 하나님의 아들로 선포되셨다"고 말한다. 우리가 그분의 능력을 알 수 있는 것은 부활하신 상태에서이다.[5]

이 점을 좀더 명확히 설명하고자 한다. 바울은 부활이 하나님의 위대한 능력의 과시였다고 말한 게 아니었고, 부활이 그리스도의 주장들의 사실성을 강력히 입증해준 것이었다고 말한 것도 아니었다. 전혀 그렇지 않다. 오히려 그것은 주님 자신의 위격에 관한 강력한 선언이다. 바로 이것이 3절 전체의 목적이며, 바울이 말하고자 하는 요점이다. 예수님은 하나님의 권능의 아들이시며, 따라서 만민의 구주이실 뿐 아니라 "주"(主)시기도 하다.

이 부분의 결론은 1장 마지막에서 다시 대두되는 것으로써, 기독교의 진수인 예수 그리스도가 여러분의 주(主)이시라는 것과, 따라서 모든 죄에서 돌이켜 그분을 섬겨야 한다는 것이다. 여러분은 바울의 주장들을 논박할 수도 있다. 그러나 바울의 주장들이 사실이라면, 예수가 이 서신서와 다른 서신서들에서 사도 바울이 선포한 바로 그분이라면, 철저하고도 진실한 충성 외에는 다른 합리적인 또는 올바른 대안이 여러분에게는 없다. 지난 세기의 유명한 무신론자 로버트 잉거솔(Colonel Robert Ingersoll)은 기독교에 대해 우호적인 사람이 아니었다. 그러나 그는 몇 가지 사실들을 명확하게 보았으며, 비록 비판적인 시각을 갖긴 하였으나 한 경우에 대해서 다음과 같이 말했다 : "기독교는 다른 어떤 형태의 신앙과도 평화롭게 지낼 수 없다. 그 종교가 참되다면 구주도 한 분이고, 영감된 책도 한 권이고… 하늘에 이르는 길도 하나의 작고 협소한 길밖에 없다. 이런 종교는 비타협적일 수밖에 없다."[6]

이 말은 주 예수 그리스도가 비타협적이시기 때문에 정확한 말이다. 주님은 본질상 비타협적인 분이다. 그분이 여러분을 구원하기 위해서 사람이 되신 하나님의 영원하신 아들이신가? 그분이 주(主)이신가? 그렇다면 여러분은 그분의 부르심에, 복음의 소리에 귀를 기울이고 그분을 따라야 한다.

● 각주 ●

1. J.N.D. Anderson, *Christianity : The Witness of History* (London : Tyndale Press, 1970), p. 38.

2. John R.W. Stott, *Basic Christianity* (Downers Grove, Ill. : InterVasity Press, 1971), p. 21.

3. 족보들과 그 문제점들, 정당성과 중요성을 잘 다룬 책이 있다 : Donald Grey Barnhouse, *Man's Ruin,* vol. 1 of *Exposition of Bible Doctrines, Taking the Epistle of Romans as a Point of Departure* (Grand Rapids : Wm. B. Eerdmans, 1952), pp. 44-48. 나는 다른 책에서 이 문제를 더 자세히 다루었다 : James Montgomery Boice, *Standing on the Rock : The Importance of Biblical Inerrancy* (Wheaton, Ill. : Tyndale House, 1984), pp. 103-106.

4. Charles Hodge, *A Commentary on Romans* (Edinburgh and Carlisle, Pa. : The Banner of Truth Trust, 1972), pp. 19-20 (Original edition 1835). F. Godet, *Commentary on St. Paul's Epistle to the Romans,* trans. A. Cusin (Edinburgh : T. & T. Clark, n.d.), p. 130.

5. D.M. Lloyd-Jones, *Romans : An Exposition of Chapter 1, The Gospel of God* (Grand Rapids : Zondervan, 1985), pp. 115-116. Robert Haldane도 같은 입장을 취한다 : *An Exposition of the Epistle to the Romans* (McDill AFB : MacDonald Publishing, 1958), p. 26.

6. Quoted by Walter R. Martin, *Essential Christianity : A Handbook of Basic Christian Doctrines* (Grand Rapids : Zondervan, 1962), p. 23.

4
우리 주 예수 그리스도
로마서 1 : 4 하

…우리 주 예수 그리스도시니라.

NIV의 탁월한 점들 가운데 하나는 "우리 주 예수 그리스도"라는 단어들을 4절 말미까지 보류한 채 단어들을 배열한다는 점이다. 4절 말미에서 그 단어들은 자연스럽고도 효과적인 절정으로 등장한다. 이 점은 헬라어 본문을 따르지 않고 그 단어들을 미리 삽입한 KJV(흠정역, the King James Version, 차후에는 KJV로 표기함)보다 낫다.

내가 이 점을 강조하는 것은 "예수는 주이시다"라는 말이 초대 기독교의 신조를 구성하였고, 따라서 초대 교회에게 가장 중요한 의미를 띠었기 때문이다. 초창기부터 만일 누가 "예수는 주이시다" 하고 고백하면 그 사람에게 세례받을 자격을 인정하였다. 이것은 한편으로는 "… 성령으로 아니하고는 누구든지 예수를 주시라 할 수 없느니라"(고전 12 : 3)는 말씀 때문이고, 다른 한편으로는 "네가 만일 네 입으로 예수를 주로 시인하며 또 하나님께서 그를 죽은 자 가운데서 살리신 것을 네 마음에 믿으면 구원을 얻으리니"(롬 10 : 9)라는 말씀 때문이다. 후대에 이 기록을 읽는 우리로서는 "예수는 주이시다"(퀴리오스 예수스, 헬라어)라는 말이 우리의 영적 선배들에게 왜 그렇게 중요했는지 이상하게 보일는지 모르지만, 그들은 이 말의 의미에 온통 관심이 있었기 때문에 그리하였다.

예수님을 주시라고 하는 데에는 두 가지 뜻이 담겨 있다. 첫째, 예수님이 하나님이시라는 뜻이고, 둘째, 예수님이 구주시라는 뜻이다.

"주"

이 두 가지 뜻 가운데 첫 번째 것은 헬라어 구약 성서(칠십인역)에서 **퀴리오스**("주")가 히브리어로 된 하나님의 성호, 즉 야훼(또는 여호와)를 번역하는 데 사용된 데에 기인한다(칠십인역은 1세기 유대인 사회에 잘 알려져 있었고, 신약 성서 저자들 대부분이 성경을 인용할 때 이 번역 성경을 사용하였다). 대부분의 영어성경들이 **야훼**라는 성호 대신에 **주**(Lord)라는 단어를 사용하는 데에도 그런 이유가 있다. 그리스도의 제자들은 이 단어가 하나님의이 위대한 성호를 번역하는 데 거듭해서 사용되었다는 사실을 알았다. 그 사실을 알았으면서도 주저없이 그 성호를 예수님께 적용하였고, 그로써 자기들은 예수님이 여호와시라고 본다는 사실을 암시하였다.

물론 신약 성서에 사용된 "주"라는 단어가 모두 하나님께 사용된 것은 아니기 때문에, 이 점에서 주의할 필요가 있다. "주"라는 말은 영어의 경(卿, sir)이라는 말과 조금 비슷하다. 가장 낮은 단계에서는 다만 정중한 인삿말로 쓰일 수 있었다. 복음서들에서 명백한 불신자들이 예수님을 가리켜 자주 "주"라고 부른 것은 그런 이유에서였다. 예수님이 누구신지에 관해 그들이 갑자가 계시를 받은 게 아니라, 저명한 랍비에게 존대하듯이 예수님께 존대한 것일 뿐이다. 공손한 태도를 취한 것이었다. 반면에 "주"라는 칭호는 더 많은 것을 뜻할 수 있었다. 우리가 윈스턴 처칠 경(Sir Winston Churchill)이라고 할 때는 경을 칭호로 사용하는 것이다. 마찬가지로, 예수님을 "주"라고 부른 사람들은 때로 이 인사말로써 그분이 자기들의 "주인"이심을 고백하였다. 예수님이 부활하신 뒤 도마가 "나의 주시며 나의 하나님"(요 20 : 28)이라고 한 고백에서처럼 현저한 경우들에서는 "주"라는 단어가 초기 제자들이 갖고 있던 그리스도의 신성에 대한 신앙과 관련되었다.

이것이 신약 성서의 기독론 본문에 나오는 **퀴리오스**의 의미이기에 몇 가지 예들을 소개한다.

1. **고린도전서 8 : 4-6.** "… 우리가 우상은 세상에 아무 것도 아니며 또한 하나님은 한 분 밖에 없는 줄 아노라. 비록 하늘에나 땅에나 신이라 칭하는 자가 있어 많은 신과 많은 주(主)가 있으나 그러나 우리에게는 한 하나님 곧 아버지가 계시니 만물이 그에게서 났고 우리도 그를 위하며 또한 한 주 예수 그리스도께서 계시니 만물이 그로 말미암고 우리도 그로 말미암았느니라." 이 단락의 배경은 헬라 세계의 다신(多神) 숭배로써, 여기서 바울은 그 관행을 비판한다. 하나님은 한 분밖에 없으며, 그분은 예수님과 하나이시라고 주장한다. "만물이 그에게서 났고 우리도 그를 위하며"(성부 하나님께 적용됨)라는 구절과 "만물이 그로 말미암고 우리도 그로 말미암았느니라"(예수 그리스도께 적용됨)는 구절이 병렬되어 이 연합을 쉽게 이해하게 한다.

2. **누가복음 2 : 11.** 두 번째 예는 크리스마스 이야기에서 유래한다. 이 구절에서 천사는 목자들에게 "오늘날 다윗의 동네에 너희를 위하여 구주가 나셨으니 곧 그리스도 주시니라"고 전한다. 여기서 중요한 점은 "주"라는 단어가 소유격이라기보다는 "그리스도"란 단어와 마찬가지로 주격으로 쓰인다는 점이다. 만일 이 단어가 소유격이었다면 천사의 고지(告知)는 "주의 그리스도"에 관한 내용이었을 것이고, 그럴 경우 뜻은 완전히 옳지만 예수가 구약 성서의 왕들, 제사장들, 선지자들과 마찬가지로 특별히 선택된 사람이었다는 것 외에는 다른 뜻이 없었을 것이다. 이 단어는 주격으로 쓰이기 때문에 고지 내용은 사실상 그런 차원을 넘어서서 "주이신 그리스도"를 뜻한다.

3. **시편 110 : 1.** 마태복음 22 : 41-46에 기록된 사례에서, 예수님은 대적들에게 그리스도를 어떤 분으로 생각하느냐고 물으셨다. 그들은 "다윗의 자손"이라고 대답했다. 대답 자체는 옳았으나, 그들이 생각하고 있는 대상은 땅에서 난 인간 메시야였으며, 예수님은 그들이 좀더 멀리 보기를 바라셨다. 그러므로 이 구약 성서 본문을 언급하시면서 이렇게 물으셨다 : "그러면 다윗이 성령에 감동하여 어찌 그리스도를 주라 칭하여 말하되, 주께서 내 주께

이르시되 내가 네 원수를 네 발 아래 둘 때까지 내 우편에 앉았으라 하셨도다 하였느냐"
(43,44절). 만일 다윗이 메시야를 "주"라고 불렀다면 메시야가 단지 자기 자손들 가운데 한 사람 정도로 그치지 않기 때문이었다는 한 가지 이유밖에 없었다는 것이 예수님의 논지였다. 그분은 신적 메시아여야 하며, "주"라는 칭호는 바로 그 점을 가리킨다.

베드로는 공회 앞에서 말할 때 이 본문을 기억하였다 : "… [하나님이] 그[예수]를 오른손으로 높이사 임금과 구주를 삼으셨느니라"(행 5 : 31).

바울도 이 본문을 기억하고 다음과 같이 썼다 : "그러므로 너희가 그리스도와 함께 다시 살리심을 받았으면 위엣 것을 찾으라. 거기는 그리스도께서 하나님 우편에 앉아 계시느니라"(골 3 : 1).

히브리서 저자는 편지 서두에서(그리고 후반의 두 가지 논지에서) 이 본문을 사용하였다 : "… [아들은] 죄를 정결케 하는 일을 하시고 높은 곳에 계신 위엄의 우편에 앉으셨느니라"(히 1 : 3; 참조. 8 : 1; 12 : 2).

4. 빌립보서 2 : 5-11. 빌립보서 2장의 위대한 기독론 찬송은 "예수는 주시라"는, 즉 하나님과 하나시라는 점을 가장 명확하게 진술하는 본문이다.

> 너희 안에 이 마음을 품으라 곧 그리스도 예수의 마음이니
> 그는 근본 하나님의 본체시나
> 하나님과 동등됨을 취할 것으로 여기지 아니하시고
> 오히려 자기를 비어
> 종의 형체를 가져
> 사람들과 같이 되었고
> 사람의 모양으로 나타나셨으매
> 자기를 낮추시고 죽기까지 복종하셨으니
> 곧 십자가에 죽으심이라.
> 이러므로 하나님이 그를 지극히 높여
> 모든 이름 위에 뛰어난 이름을 주사
> 하늘에 있는 자들과 땅에 있는 자들과 땅 아래 있는 자들로
> 모든 무릎을 예수의 이름에 꿇게 하시고
> 모든 입으로 예수 그리스도를 주라 시인하여

하나님 아버지께 영광을 돌리게 하셨느니라.

"모든 이름 위에 뛰어난 이름"이 무엇인가? "예수"라는 이름이 영어권 독자에게는 비슷한 어감을 주긴 하지만 그 이름 자체가 아니다. 그것은 "주"라는 이름이다. 그것은 하나님 자신의 이름이고, 다른 어떤 이름도 그 이름보다 높을 수 없기 때문이다.

이 칭호의 의미는 왜 초대 그리스도인들이 "주"라는 이름을 다른 이에게 사용하지 않으려 했는지 그 이유를 보여 준다. 만일 다른 이에게 그 이름을 사용했다면 그것은 그리스도를 부인하는 일이 되었을 것이다. 유명한 일화가 있는데, 그것은 AD 156년 2월 22일에 순교한 연로한 서머나(Smyrna)의 감독 폴리캅(Polycarp)의 일화이다. 그가 원형경기장으로 끌려나갔을 때 연륜과 명성 때문에 그를 존경하던 그 도시의 관리 두 사람이 찾아와서 가이사(Caesar) 숭배령에 순응하라고 설득했다. "'가이사가 주이시다'라고 말하고서 향을 피우고… 그로써 목숨을 건지는 것이 뭐가 나쁘단 말입니까?' 하고 그들은 말했다. 폴리캅은 거절했다. 그리고는 원형경기장에서 자신의 입장을 설명하면서 이렇게 말했다 : "나는 86년을 [그리스도의] 종으로 살아왔는데, 그분이 내게 잘못하신 것이 하나도 없었소. 나를 구원하신 내 왕을 어찌 모독할 수 있단 말이오?" 폴리캅은 가이사를 "주"라고 부르기를 거절하였다. "주"는 "하나님"을 뜻했고, 하나님은 한 분밖에 있을 수 없기 때문이었다. 만약 폴리캅이 가이사를 "주"라고 불렀다면, 예수님은 폴리캅에게 "주"가 되실 수 없었을 것이고, 폴리캅은 그리스도인이 될 수 없었을 것이다.

폴리캅의 일화를 기록한 사람들도 그와 동일한 확신을 갖고 있었다. 이렇게 보는 이유는 그들이 다음과 같이 글을 맺었기 때문이다 : "그(폴리캅)는 트랄레스의 빌립(Philip of Tralles)이 대제사장이고 스타티우스 콰드라투스(Statius Quadratus)가 총독이었을 때, 그러나 우리 주 예수 그리스도께서 영원히 다스리고 계실 때에 헤롯에게 체포되었다. 주 예수 그리스도께 영광과 존귀와 위엄과 영원한 권세가 영원무궁히 있을지어다. 아멘."[1]

주와 구주

"주"라는 칭호에 담긴 두 번째 의미는 예수님이 구주시라는 것이다. 이것은 그분의 주 되심(lordship)과 연관되는데, 그 이유에 대해서 존 스토트(John R.W. Stott)는 이렇게 썼다.

> "주"라는 칭호는 그리스도가 악의 세력을 짓누르고 얻은 승리의 상징이다. 만약 예수님이 사실 그대로 모든 정사들과 악의 세력들을 짓누르고 높이 들리셨다면, 바로 그런 이유에서 그분은 주라고 일컬어져 왔다. 만약 예수님이 사실 그대로 주라 선포되셨다면, 그것은 이런 세력들이 그분의 발 아래 있기 때문이다. 십자가에서 그들을 정복하였고, 그러므로 우리의 구원 – 즉, 죄, 사단, 두려움, 죽음에서 건짐을 받은 것 – 은 그 승리 덕택이다.[2]

최근 복음주의 진영의 일각에서는 주이신 예수님없이 구주이신 예수님을 생각할 수 있다는 식으로 **그리스도의 주 되심**과 **구주 되심**을 **구분**하는 게 관습이 되어왔다. 이것은 과거에 달라스신학원장과 조직신학 교수를 지낸 찰스 라이리(Charles C. Ryrie) 같은 사람의 견해이다. 아더 핑크(Arthur W. Pink), 패커(J.I. Packer), 존 스토트가 다양한 출판물들을 통해서 피력한 진술들에 반대하여, 라이리는 "주이신 예수"를 "구주이신 예수"와 연결하려는 시도를 구원에서 "믿음"에 "헌신"을 보태는 것과 동일한 행위라고 주장한다. 이어서 다음과 같이 주장한다 : "오직 믿음에 관한 메시지와 믿음에 헌신을 더한 것에 관한 메시지가 한꺼번에 복음이 될 수 없기 때문에… 둘 중 하나는 거짓 복음이며, 복음을 왜곡하거나 다른 복음을 전하는 저주(갈 1 : 6-9)하에서 온다."[3]

이 주장에는 두 가지 중대한 오류가 있다. 첫 번째 오류는 라이리가 헌신과 구별하는 듯한 믿음의 내용에 관한 것이다. "믿음"에서 "헌신"을 뺀 것이 과연 참된 성경적 믿음일까? 결코 그렇지 않다! 성경적 믿음은 세 가지 요소를 포함한다 : (1) 믿음을 떠받치는 **지식**; (2) 신생(新生)의 결과로 나오는 **마음의 반응**; (3) **헌신** – 이것이 없다면 믿음은 귀신들의 동의("… 귀신들도 믿고 떠느니라"〈약 2 : 19〉)와 다를 게 없다. 헌신 없는 믿음은 참된 믿음이 아니다. 아무도 구원받지 못하는 죽은 믿음이다.

두 번째 오류는 훨씬 더 해롭다. 예수님 자신의 위격과 사역을 포함하기 때문이다. 우리를 우리 죄에서 구원하신 이분은 과연 누구신가? 바울이 말하는 대로 "예수 그리스도 우리 주"이시다. 진정한 그리스도인이라면 예수님의 완성된 사역에 무얼 보태려고 하지 않을 것이다. 보탠다는 것은 거짓 복음을 전파하는 것과 다름없다. 우리는 사람들을 주 예수 그리스도께 인도한다. 그럼에도 그분은 주 예수 그리스도이시다. 이 주께서 믿음의 대상이시요 믿음의 내용이시다. 다른 이가 없다. 결론으로 말해서, 만일 믿음이 주가 아닌 다른 대상을 향하고 있다면, 상상 속의 거짓 그리스도를 대상으로 향하고 있는 것이다. 그런 자는 구주가 아니며, 아무도 구원하지 못할 것이다.[4]

그분은 "우리의" 주이신가?

위 단계에서 주저앉아 건강한 신학을 가졌다고 자찬하기 쉽다. 물론 우리는 예수님이 분명히 주와 구주시라는 것을 안다. 물론 참된 믿음이 헌신을 포함한다는 것을 안다. 그러나 과연 예수님이 우리의 주이신가? 우리는 정말로 예수님께 헌신했는가? 앞에서 인용한 바, 존 스토트가 그리스도의 주 되심(lordship)에 관해 연구해 놓은 내용에는 다음 여섯 가지 함축된 의미들이 제시된다 :

1. **지적 의미.** 만일 예수님이 우리 주시라면, 그분이 우리 생각의 주가 되셔야 한다. 우리 정신의 주가 되셔야 한다. 한번은 주께서 제자들을 부르시면서 말씀하시기를, "… 나의 멍에를 메고 내게 배우라…"(마 11 : 29)고 하셨다. 제자들의 스승이 되시겠다는 뜻이었다. 그분이 오늘날 우리의 스승이 되셔야 한다.

제자들과 함께 땅에 계실 때처럼 육신으로 우리와 함께 하지 못하신다는 것을 아시는 예수께서 이 일을 어떻게 하실까? 대답은 성경을 통해서 우리를 가르치신다는 것이다. 그렇기 때문에 우리는 성경의 사람이 되어야 한다. 정말로 그리스도를 따르는 사람들이라면 말이다. 성경과 떨어져 살면 온갖 거짓 사상을 세상이 주는 대로 받아들이게 된다. 그러나 규칙적으로 성경을 읽고 공부하면서 성령께 그 뜻을 구하면, 그리고 이해한 바를 실천하면, 점차 그리스도가 생각하시는 대로 생각하게 되고, 우리가 세상에 대해 전혀 새로운 관점을 갖고 있는 것을 발견하게 될 것이다. 하나님의 관점에서 사람들을 보게 될 것이고, 세상의 거짓 사상들에 빠져들지 않을 것이다.

2. **윤리적 의미.** 앞에서 인용한 책에서 스토트(Stott)는 예수님이 단지 우리 정신의 주(主)시지만은 않다고 지적한다. 그분은 우리 의지와 윤리 표준의 주시기도 하다.

> 예수님의 주 되심 아래 오는 것은 우리가 믿는 내용 뿐만 아니라 우리가 행동하는 방법까지도 해당된다. 제자가 된다는 것은 순종한다는 것을 뜻하며, 순종한다는 것은 순종하는 데 필요한 절대적인 윤리적 계명들이 있다는 것을 뜻한다. 공손하게 예수님을 "우리 주"라고 말하는 것으로는 충분하지 않다. 그분은 여전히 우리에게 "너희는 나를 불러 주여 주여 하면서 어찌하여 나의 말하는 것을 행치 아니하느냐"고 말씀하신다. 상대성이라는 현대의 악영향 속에서도 우리는 주님의 절대적인 윤리 표준들을 부끄러워하지 말고 견지해야 한다. 더 나아가 예수님의 멍에가 쉽고 그 짐은 가볍다는 사실과, 예수님의 멍에는 속박이 아니라 자유와 안식이라는 사실을 계속해서 가르쳐야 한다.[5]

3. **직업적 의미.** 만일 예수님이 주님이시라면 우리 정신, 의지, 윤리의 주님이실 뿐만 아니라 우리 시간의 주님이기도 하시다. 그분이 우리 직업, 경력, 포부의 주님이라는 뜻이다. 우리는 마치 예수님과 우리의 관계가 그런 류의 계획들과 다소 떨어져 있고 무관한 것처럼 인생을 계획해서는 안 된다.

바울은 이 점에서 우리의 본이 된다. 그는 다메섹 도상에서 그리스도를 만나서 그 앞에 꿇어 엎드리기 전에 자기가 정한 소명을 추구했다. 그는 바리새인이었고, 그의 부모는 그가 유대교의 지식인 지배계층에서 입신양명하기를 바라고 그를 가르쳤다. 그는 자기가 어디로 향해 가고 있는지를 알았다. 그가 예수님을 만났을 때 이 모든 것이 거꾸로 돌아섰다. 예수님이 바울을 가로막고서 냉정하게 "사울아 사울아 네가 어찌하여 나를 핍박하느냐"(행 9 : 4)고 자신을 예수라고 밝히신 다음 맨 먼저 이런 말씀을 하셨다 : "네가 일어나 성으로 들어가라 행할 것을 네게 이를 자가 있느니라"(6절). 바울은 예수님께 순종했고 과연 자기가 해야 할 일을 지시받았다. 그는 이방인들을 위한 그리스도의 사도가 될 것이었다. 훗날 바울은 아그립바 왕 앞에서 자기 행위들을 변호할 때 주님께서 자기에게 하신 다음과 같은 말씀을 인용하였다 : "…내가 네게 나타난 것은 곧 네가 나를 본 일과 장차 내가 네게 나타날 일에 너로 사환과 증인을 삼으려 함이니, 이스라엘과 이방인들에게서 내가 너를 구원하여 저희에게 보내어 그 눈을 뜨게 하여 어두움에서 빛으로, 사단의 권세에서 하나님께로 돌아가게 하고 죄 사함과 나를 믿어 거룩케 된 무리 가운데서 기업을 얻게 하리라"(행 26 : 16-18). 그리고는 이렇게 결론지었다 : "아그립바 왕이여, 그러므로 하늘에서 보이신 것을 내가 거스리지 아니하고"(19절).

소명은 바로 이런 식으로 대해야 한다. 우리는 바울처럼 사도로 부르심을 받지 않을 수도 있다. 소수의 사람만 우리가 "구별된 신앙"이라고 부르는 일에 부르심을 받는다. 그러나 교회에서 일하든 공장에서 일하든, 병원에서 일하든 법률사무소에서 일하든, 조그만 상점에서 일하든, 주부든 가정을 세우는 사람들이든 – 우리의 소명이 무엇이든, 그것을 신앙 사역의 형태로 대해야 하고, 그것을 추구할 때 우리 주 예수 그리스도께 순종하고 있는 것임을 알아야 한다.

4. 교회적 의미. 예수님은 교회의 머리이기도 하시다. 이 진리는 우리를 두 가지 해악에서 건질 수 있다. 첫째는 무질서이다. 교인들이 성경에서 가르치는 교회 생활 지침을 존중치 않거나 주 안에서 형제 자매가 된 사람들을 올바로 평가하지 않고서 각각 자기 방식대로만 행동하면 – 교회의 방향에 대한 생각을 포함하여 – 무질서가 발생한다. 둘째는 성직자 중심주의(교권주의)이다. 이런 해악은 교회에서 평신도들이 하나님께 받은 역할들을 포기할 때, 또는 목사들이 그리스도의 종들일 뿐만 아니라 백성의 종들이기도 하다는 사실과, 예수께서 교회를 섬겼듯이 자기들도 교회를 섬겨야 한다는 사실을 인정치 않고서 교회를 자기들의 뜻대로 좌우할 때 발생한다.

5. 정치적 의미. 오늘날은 그리스도의 주 되심에 관해 말하면 두 면에서 전쟁을 치르게 된다. 한 면은 교회 내부에서 벌어지는 갈등이다. 이것은 앞에서 내가 그리스도의 구원 사역을 그분의 주 되심으로부터 분리하려는 시도들을 배척할 때 말한 전투이다.

그러나 또다른 전투가 있는데, 그것은 교회 외부에서 벌어지는 전투이다. 이것은 어떤 의미에서는 종교 관용을 상당히 인정하면서도 제 자리 – "조건이 딸린" – 에 두어야 한다고 주장하는 사람들, 즉 종교가 무엇보다도 국가 생활에 간섭해서는 안 된다고 주장하는 사람들 때문에 발생한다. 우리는 매일 이런 전투를 벌이고 있다. 그리고 우리는 예수님이 우리 개인의 주(主)실 뿐만 아니라, 친히 세우신 교회의 주시며, 민족들의 생명을 포함한 모든 생명의 주시기도 하시다고 말하고 있다 – 우리가 그렇게 말하고 있기를 **나는 기대한다** – 예수님은 단지 **우리의 왕이실 뿐만 아니라 왕들의 왕이시다. 우리의 주이실 뿐만 아니라 주들의 주이시다.**

그러므로 그리스도인들인 우리들은 이 세상에 대해 책임을 물을 자들로서 역사에서 그분의 대표자들로 서 있다. 우리가 섬기는 예수 그리스도께서 진정한 의가 무엇인가를, 그리고 자기를 무시하는 사람들은 참으로 위험한 일을 무릅쓰고 있는 것이며 장차 그에 대한 책임을 져야 한다는 것을 개인들과 민족들에게 알리라고 하늘에서 말씀하셨다는 사실을 세상에게 알려야 한다.

하지만 이 일은 정확히 해야 하는데 첫째, 겸손한 태도로 해야 한다. 우리들 가운데 완전한 사람은 아무도 없기 때문이다. 우리도 예수님 앞에 서야 할 사람들이다. 그리고 우리가 전하는 사람들은 결국 우리에게 책임을 지지 않고 예수님께 책임을 지기 때문이다. 둘째, 우리의 사명은 강제가 아닌 말과 행동으로 이루어져야 한다는 것을 알아야 한다. 그렇지 않으면 승리주의자(Triumphalist : 특정의 교리가 다른 종교나 교파의 교리보다 우수하다고 주장하는 자 – 역자)들이 될 우려가 있다. 주님께서 군대를 조직하러 오신 게 아니고, 정치 조직을 결성하러 오신 것은 더욱 아니며, 다만 **증거하는 공동체를 세우러 오셨다는** 점을 기억해야 한다. 교회가 이 분야에서 주님의 모범에서 벗어나면 언제나 해악을 초래하기 마련이다.

6. **세계적 의미.** 예수님이 우리 주(主)이시라면, 마지막 의미는 주님께서 자기의 권위에 기초하여 제자들을 전세계로 보내시면서 모든 곳에서 그리스도인들을 만들고 양육하라고 하신 지상명령(마 28 : 18-20)에서 흘러나온다. 예수님의 주 되심은 선교의 가장 강력한 동기이다. 주님께서는 우리 삶의 주(主)로서 우리에게 가라고 하신다. 우리는 그분이 주이심을 알기 때문에, 바로 그 일을 한다. 그분을 사랑하기 때문에 모든 사람들이 그분의 제자가 되기를 바란다.

이 몇 가지 의미를 나열하면서 제기했던 질문들을 가지고 글을 맺으려 한다. 예수님이 여러분의 주(主)이신가? 여러분은 정말로 그분께 헌신했는가? 만약 그렇다면 여러분의 생명은 그렇지 않았을 경우의 상태일 수가 없다. 그분이 여러분의 주(主)시라면, 다른 어떤 것도 그분의 자리를 대신해서 차지할 수가 없다.

● 각주 ●

1. "The Martyrdom of Holy Polycarp, Bishop of Smyrna" *in The Apostolic Fathers : An American Translation,* trans. Edger J. Goodspeed (New York : Harper & Brothers, 1950), pp. 250, 251, 255.

2. John R.W. Stott, "The Sovereignty of God the Son" in *Our Sovereign God : Address Presented to the Philadelphia Conference on Reformed Theology 1974-1976,* ed. James M. Boice (Grand Rapids : Baker Book House, 1977), p. 18.

3. Charles Caldwell Ryrie, "Must Christ Be Lord to Be Savior?" in *Balancing the Christian Life* (Chicago : Moody Press, 1973), p. 170. Ryrie는 다음 책에서 J. I. Packer의 진술들을 논박한다 : *Evangelism and the Sovereignty of God* (Downers Grove, Ill. : InterVarsity Press, 1967); John R. W. Stott in "Must Christ Be Lort to Be Savior?" *Eternity* (Sept. 1969); and an out-of-print work by Arthur W. Pink, *Prsent Day Evangelism.*

4. 이 주장들을 더 자세히 다룬 내용을 보려면, James Montgomery Boice, *Christ's Call to Dicipleship* (Chicago : Moody Press, 1986), pp. 19-21.

5. Stott, "The Sovereignty of God the Son," p. 22.

5
믿음의 순종
로마서 1 : 5

그로 말미암아 우리가 은혜와 사도의 직분을 받아 그 이름을 위하여 모든 이방인 중에서 믿어 순종케 하나니.

앞 장에서처럼, 그리스도의 주 되심에 관하여 쓰면서 그리스도인이 되려면 반드시 예수님을 따르고 그분께 복종해야 한다고 강조하면, 반드시 어떤 사람들이 일어나 그런 강조는 복음을 훼손한다고 하면서 반대하는데, 내게는 참으로 당혹스런 일이다. 만약 예수님이 주(主)시라면 "단순히" 믿음만으로는 구원을 받을 수 없다고 그들은 주장한다. 만약 반드시 그리스도를 따라야 한다고 주장한다면, 구원의 방도인 믿음에 행위를 섞지 않을 수 없게 되며, 그것은 "다른 복음"이라고 주장한다.

성경이 가르치는 진정한 믿음이 무엇인지 보이든 말든 말이다! 거듭난 사람에게는 믿음과 순종이 반드시 함께 흘러나온다는 사실을 어떻게 설명하든 관계없이 말이다!

나는 바울도 이런 문제를 갖고 있었으리라고 생각한다. 인간의 정신이란 모든 사람들 속에서 거의 비슷하게 작용하기 때문일 것이다. 나는 바울이 로마서 서두에서 자기 생각을 전개해 가는 방법 때문에 이런 어려움들을 겪었으리라고 믿는다. 헬라어 본문에서 로마서의 처음 일곱 절들은 하나의 긴 문장으로서, 좋은 헬라어 문체를 구사하던 저자들에게서 드물지 않게 보는 형식이다. 그렇지만 4절 후반의 "우리 주 예수 그리스도"라는 단어들에 자연스럽고도 의미있는 절정이 있었다. 앞 절들은 이 단어들을 향해 진행되었으며, 만약 바울이 문장을 거기서 마쳤어도 아주 훌륭한 헬라어 문장이 되었을 것이다. 그런데 왜 그렇게 하지 않을까? 왜 4절에서 매듭을 짓지 않고서 5절의 사상을 보태고, 6-7절에서 서론에 대한 결론을 맺을까? 답은 이러하다. 즉, 사도는 "주"이신 예수 그리스도께 관해 말해오다가, 이제 사람들이 그 사상에 부닥쳤을 때 어떻게 생각할 지를 알고서 진술을 확대할 필요를 느끼는 것이다.

사람이 구원을 받으려면 예수님께서 반드시 주가 되셔야 하는 것일까? 만약 주가 되신다면, 이것은 우리가 복음을 이해하고 세상을 복음화하라는 그리스도의 계명을 순종하는 방법에 영향을 미칠 것이다.

불순종과 순종

5절의 핵심이 되는 단어들은 NIV가 "믿음에서 나오는 순종"(to the obedience that comes from faith. 한글개역성경, 믿어 순종케)으로 번역한 구절이다. 이 구절은 두 가지로 해석할 수 있다. 첫째, 믿음이 낳는, 또는 믿음이 도달하는 순종이다. 나는 이것이 정확한 해석이라고 생각하지 않는다. 그러나 정확한 해석이 아닐지라도 내가 해온 주장이 여전히 분명하다는 점을 주목해야 한다. 바울은 진정 성경적 믿음이라면 순종을 내놓아야 한다고 말하는 것처럼 보이기 때문이다. 만약 사람이 갖고 있는 "믿음"이 그를 순종으로 인도하지 않는다면 그것은 성경이 예수 그리스도를 믿으라고 말할 때 가리키는 믿음이 아니다. 고도의 체제에 대한 지적(知的) 동의일 수는 있으나, 살아 있는 믿음은 아니다. 그것은 사람을 예수 그리스도께 연합시키지 않으며, 아무도 구원하지 못한다.

그렇지만 첫 번째 해석이 정확한 게 아니라는 더욱 강력한 근거가 있다. 왜냐하면 그 구절의 적당한 번역은 "믿음이 인도하는 순종"(첫번째 해석)이라기보다는 "믿음의 본질인 순종"(두 번째 해석)이기 때문이다. 아니면 돌려서 "믿음은 곧 순종"이라고 할 수 있다.

이것은 아주 중요한 쟁점이므로 왜 그것이 중요한지를 증명하기 전에 쟁점 자체를 좀더 충분히 설명하려고 한다. 나는 순종을 "믿음의 본질"로 보는 것이 대부분의 중요한 주석가들의 견해임을 보이려고 한다. 최근 사람들부터 거슬러 올라가는 식으로 몇 사람만 인용해 보자.

1. **마틴 로이드 존스** : "사도는 이 점을 밝히기 위해서 "믿음의 순종"을… 말한다. 즉, 그는 믿음을 구성하는 순종, 아니면 여러분이 동의한다면 믿음을 중심 원칙으로 삼는 순종에 관해서 말한다."[1]

2. **존 머리** : "'믿음'과 '순종'이 나란히 있는 것으로 받아들이고, 순종이 믿음을 구성한다고 이해하는 것이 알기 쉽고 적절하다. 믿음은 순종 행위나 그리스도의 복음에 대한 헌신으로 간주된다."[2]

3. **찰스 하지** : "믿음의 순종이란 믿음으로 구성되는 순종이거나 믿음이 통제 원칙이 되는 순종이다."[3]

4. **로버트 홀데인** : "복음은 믿는 사람을 개혁한다. 그러나 복음이 세상을 개혁하기 위해 전파되었다고 말하면 복음에 대한 불완전한 견해를 말하는 것이다. 복음은 사람들이 믿고 구원을 얻도록 전파되었다. 그렇다면 여기서 말하는 순종은 복음의 교훈에 순종하는 것을 뜻한다."[4]

5. **고데(F. Godet)** : "가능한 뜻은 믿음 자체를 **구성하는** 순종밖에 없다."[5]

6. **마르틴 루터**(바울의 요구를 인간의 논리들과 대조하면서) : "여기서 바울은 '믿음에 대한 순종'을 말하는 것이지, 먼저 이성과 경험의 논리들로 증명되어야 하는 지혜에 대한 순종을 말하는 것이 아니다. 바울의 의도는 자기 말을 증명하려는 것이 아니라, 독자들에게 신적 권위를 지니신 예수 그리스도를 명백히 의지하라고 요구하는 것이다."[6]

7. **존 칼빈** : "바울은 자기가 부르심을 받은 목적을 진술함으로써 로마인들에게 자신의 직분을 다시 상기시키는데, 마치 '내게 맡겨진 의무, 즉 말씀을 전하는 일을 이행하는 것이 내 의무이다. 만일 주님께서 내게 주신 소명을 여러분이 헛되게 하고 싶지 않다면, 말씀을 듣고 온전히 순종하는 것이 여러분의 의무이다' 하고 말하는 듯하다. 우리는 이 사실에서 다음과 같은 점을 추론할 수 있다. 즉, 하나님께 순종하게 만들려고 전파된 복음을 불순하게 경멸하

며 배척하는 사람들은 하나님의 권세를 완고히 뿌리치고 그분의 질서를 뒤집는 것이다."[7]

나는 이 문제를 다루기 위해서 많은 지면을 할애하였다. 왜냐하면 처음에 말한 대로 이것이 아주 중요한 문제이기 때문이다. 이것이 중요한 이유는 복음을 이해하는 방법과 그리스도의 복음 전파 명령에 순종하는 방법에 영향을 주기 때문이다. 오늘날은 전도가 주로 어떤 방식으로 이루어지는가? 복음은 사람들을 좋고 행복스럽게 해주지만, 그들에게 거절할 완전한 자유가 있다고 여기며 복음을 전하는 것이 (내 생각에는) 대부분 사람들의 방식이다. "성령은 점잖으신 분이어서 다른 사람들을 협박하지 않으신다"라는 말을 종종 듣는다. 이런 사고 구조에서는 죄가 나쁜 선택일 뿐이고, 믿음은 문제를 분명히 보기 시작하는 것을 뜻할 뿐이다. 이런 현세적 방법은 죄가 주로 불순종이고, 하나님께서 우리에게 회개하고 죄를 버리라고 명하신다는 점을 간과한다. 로이드 존스(D. M. Lloyd Jones)는 이렇게 말한다 : "죄란 그릇된 일과 차후에 비참한 느낌을 주는 일을 하는 그런 정도의 것이 아니다… 고작 내 인생을 망쳐놓고 초라함과 불행을 느끼게 하는 그런 정도의 것이 아니다… 나를 넘어뜨리고 나서 다시 일어서야겠다는 생각을 품게 하는 그런 정도의 것이 아니다." 그런 것이기도 하지만 그것을 훨씬 뛰어넘는 것이다. 죄는 주로 하나님께 대한 반역이다. "죄는 하나님의 음성 듣기를 거절하는 것이다. 하나님께 등을 돌리게 하고 자기 생각대로 하게 만드는 것이다."[8] 그러므로 복음을 전할 때는 충만한 삶을 체험하라거나 하나님의 초대를 받아들이라는 권고로 머물러서는 안 된다. 명령으로 전해야 한다(그렇기 때문에 바울은 자기가 사도로서, 즉 부르심을 받고 사명을 받은 하나님의 대사로서의 역할을 강조하기 위해 그렇게 애를 썼던 것이다.) 전도란 하나님께 불순종하는 죄악에서 돌이켜 주 예수 그리스도를 구주로 믿고 따름으로써 하나님께 순종하라고 명령하는 것이다.

바울은 그런 방법으로 복음을 전하였다. 우리는 유약한 방법 때문에 그 점을 자주 간과하지만 말이다. 바울이 아덴 사람들에게 행한 위대한 설교를 어떻게 맺었는지 기억하는가? "알지 못하던 시대에는 하나님이 허물치 아니하셨거니와 이제는 어디든지 사람을 다 명하사 회개하라 하셨으니 이는 정하신 사람으로 하여금 천하를 공의로 심판할 날을 작정하시고…"(행 17 : 30-31). 바울은 하나님의 이름으로 헬라인들에게 죄를 회개하고 예수님께 돌아오라고 명령한다.

로마서에서도 마찬가지이다. 로마서 6 : 17에서 바울은 로마의 그리스도인들이 복음에 대해 보인 반응을 이렇게 요약한다 : "하나님께 감사하리로다. 너희가 본래 죄의 종이더니 너희에게 전하여 준 바 교훈의 본을 마음으로 **순종하여**" 로마서 10장에서는 유대인들이 "… 하나님의 의를 복종치 아니하였느니라"(3절)고 주장한다. 16절에서는 "그러나 저회가 다 복음을 순종치 아니하였도다"[9]고 한다. 편지 말미에서는 큰 축복의 말에 이 사상이 다시 나타난다 : "나의 복음과 예수 그리스도를 전파함은 영세전부터 감취었다가 이제는 나타내신바 되었으며 영원하신 하나님의 명을 좇아 선지자들의 글로 말미암아 모든 민족으로 믿어 순종케 하시려고 알게 하신바 그 비밀의 계시를 좇아 된 것이니 이 복음으로 너희를 능히 견고케 하실 지혜로우신 하나님께 예수 그리스도로 말미암아 영광이 세세 무궁토록 있을지어다. 아멘"(롬 16 : 25-27).

현실의 기독교가 대체로 약해진 이유는 바로 이 점에서 결핍이 생겼기 때문이라는 것이 내 견해이다. 복음을 당연히 순종해야 할 명령으로 전하지 못함으로써 죄를 최소화하고, 제자의 직분을 시시한 것으로 만들고, 하나님께로부터 영광을 빼앗고, 일부 사람들로 하여금 사실은 그리스도가 없어서 망해가고 있는데도 자기들의 영혼이 안전하다고 생각하도록 미혹한다.

펠라기우스와 조나단 에드워즈

그러나 이 점에서 반대가 있을 수 있다. 반대는 신학을 아는 사람에게서 나온다. 바울이 로마서 말미에서 가르친 대로, 모든 사람이 죄의 함정에 깊이 빠져 있어서 비록 복음을 전해듣더라도 하나님의 은혜가 없으면 회개할 수도 없고 하나님의 명령에 순종할 수도 없다는 사실을 잘 아는 사람에게서 반대가 나온다. 이것이 펠라기우스(Pelagius)를 괴롭힌 문제이며, 그를 빗나간 신학으로 이끌어 성 아우구스티누스와 결별하게 만든 문제이다. 펠라기우스는 만일 우리가 무엇을 하라는 명령을 받는다면 그것을 행할 능력이 반드시 있어야 한다고 느꼈다. "당위"는 "능력"을 내포한다. 그러나 펠라기우스는 명령을 집어던지는 대신(오늘날 사람들은 대부분 그와 대조적인 태도를 보이는 듯하다) 무능력을 집어던지고서, 성령의 도움을 받지 않고도 죄에서 돌아설 수 있고, 그리스도를 믿을 수 있고, 스스로의 힘으로 순종할 수 있다고 주장하였다.

여기서 문제는 펠라기우스가 사람의 무능력의 본질을 간과하고 있다는 점이다. 그가 만일 순종하라는 명령에 좀더 주의를 기울였더라면 사람의 무능력을 좀더 잘 이해했을 것이다. 타락한 상태에서 사람의 무능력은 신체적 무능력이 아니다. 마치 하나님께서 불구자더러 일어나 걸어오라고 명령하시는 것 같은 게 아니다. 만일 그런 것이라면 불구자처럼 심한 손상을 입은 사람은 명령에 순종하지 못해도 변명할 구실이 있을 것이다. 그러나 그것은 올바른 유추가 아니다. 사람의 무능력은 신체적 무능력이 아니라 도덕적 무능력이다. 즉, 우리는 하나님께 순종하지 않는데, 이는 육체적으로 순종할 수 없기 때문이 아니라, 하나님께 순종할 의사가 없기 때문이다. 순종하라는 명령을 그렇게 중요하게 만들고 우리의 불순종을 그렇게 비난받을 만한 일로 만드는 것은 바로 이것이다.

한 가지 예화를 들겠다. 아마 미국이 낳은 가장 위대한 신학자인 조나단 에드워즈(Jonathan Edwards)는 "의지의 자유"(Freedom of the Will)에 관해서 매우 인상적인 논문을 썼는데, 논문 말미에서 성경 교리들이 불합리하다고 생각하는 사람들에게 다음과 같이 답변한다 :

다음 두 경우 사이에 과연 큰 차이가 있는지 상식적으로 생각해 보자. 첫째는 임금을 모독한 죄로 옥에 갇힌 사람의 경우이다. 그 사람이 옥에 갇힌 지 한참 지나서 임금이 그를 찾아와 나오라고 말한다. 나와서 자기 앞에 무릎을 꿇고 겸손하게 용서를 구한다면, 용서해 주고, 풀어주고, 큰 부와 명예를 내리겠다고 한다. 죄수는 임금을 모독한 어리석음과 악함을 진심으로 뉘우치고, 철저히 자기를 낮추고, 왕의 제의를 받아들인다. 그러나 실제로는 튼튼한 벽과 놋문과 쇠창살에 그냥 남는 편을 택한다. 둘째는 생각이 매우 비합리적이고, 거만하고, 감사할 줄 모르고, 고집이 센 사람의 경우이다. 더욱이 그 사람은 반역적인 원칙들로 교육을 받았고, 합법적인 임금에 대한 극단적이고도 뿌리깊은 증오심으로 가득차 있었다. 그는 반역죄로 옥에 갇힌 뒤 무거운 쇠사슬에 묶여 오랜 동안 비참하게 지냈다. 나중에 임금이 측은한 생각에 옥에 찾아와 간수에게 쇠사슬을 풀어주고 옥문을 활짝 열라고 지시한 뒤, 죄수더러 나와서 자기 발 앞에 조아리고 부당하게 반역죄를 범했노라고 인정하고 용서를 구하라고 했다. 만일 그렇게 하면 죄를 용서해 주고, 풀어 주고, 왕궁에서 큰 위엄과 부를 누리는 자리에 앉히겠다고 말했다. 그러나 그는 매우 완고하고 거만과 악의로 가득찬 사람이었기 때문에 임금의 제의를 받아들일 수 없었다. 뿌리 깊은 자존심과 악의가 그를 완전히 통제하고 있었고, 그의 마음을 단단히 묶고 있었다. 임금의 자비와 성의, 그리고 온갖 제의와 약속보다 마음을 장악하고 있는 반발심이 더 큰 영향력을 발휘한다. 이제 비난받을 일에 관한 한 두 죄수 사이에 무슨 차이가 있다고 주장하는 게 상식적인 일인가?[10]

이런 예화를 대할 때 맨처음 나오는 반응은 그것이 우리의 상황에 대한 정확한 기술이 아니라고 하는 것과, 우리는 완고한 죄수와 다르다고 하는 것이다. 그러나 성경은 그것이 바로 우리의 처지라고 가르친다. 결론적으로 말해서, 구원받지 않은 사람들에게 복음을 명령으로 전하는 것과, 만약 죄를 고집하고 우리의 합법적인 주 예수 그리스도 앞에 절하기를 거절한다면 하나님께서 그 책임을 물으실 것임을 강조하는 것이 중요하다.

하나님의 은혜를 전하는 사도

이 장을 마치기 전에 덧붙여 말할 것이 있다. 그것은 죄를 회개하고 주 예수 그리스도께 돌아오라는 요구가 비록 명령이긴 하지만, 그럼에도 복음에 실려서 오는 명령이라는 점이다. 그리고 복음은 나쁜 소식이 아니라는 점을 기억하자. 좋은 소식이다. 무엇보다도 하나님의 은혜를 전하는 좋은 소식이다.

그런 이유에서 5절에 은혜라는 단어가 사용되었으리라고 나는 추측한다. 이 편지에서 처음으로 말이다. 이 단어는 두 절 뒤인 7절에서 다시 나온다. 그리고 로마서 전체에서 22번 나온다. "은혜"는 로마서가 큰 사상을 담아 사용하는 중요한 단어이다. 내 생각에, 이 단어가 이곳에서 사용된 이유는 비록 바울이 그리스도의 주 되심과 복음의 요구대로 하나님께 순종할 필요성을 강조하고 있긴 하지만, 동시에 사람들이 복음에 순응하는 것은 하나님께서 이미 은혜로 그들 속에서 일하셨기 때문이며, 복음 자체가 하나님의 조건 없는 호의를 작용하게 하는 수단이기 때문이라는 사실을 선명하게 알고 있다.

이 "은혜"란 무엇인가? 은혜는 종종 무자격한 사람들을 향한 하나님의 호의로 정의되지만, 사실은 그 이상의 뜻을 갖고 있다. 만약 조나단 에드워즈의 완고하고 반역적인 죄수에 관한 예화를 이해한다면, 그것이 정반대의 처지에 떨어질 사람들을 향한 하나님의 호의임을 안다. 우리에게 적절한 대가는 지옥이다. 우리에게는 복음을 단 한 번이라도 들을 자격이 없다. 하물며 하나님께서 사람 안에서 행하시는 중생(重生)의 사역을 체험하고, 그로써 죄에서 돌이켜 예수님께 순종할 수 있게 될 자격은 더 말할 나위가 없다. 우리는 하나님의 진노를 받아도 당연한 사람들이다. 혹독한 정죄를 받아야 할 사람들이다. 그러나 진노 대신 은혜를 발견한다. 정죄를 받기는 커녕 우리를 대신해서 하나님의 심판을 받고 이제 살아 계셔서 우리를 다스리시는 분을 발견한다.

바울이 무슨 생각을 하면서 이 단어들을 썼는지 나는 잘 모른다. 내가 아는 것은 본문에 써 있는 내용뿐이다. 그러나 바울이 5절에서 자신의 사도직 문제를 다시 거론하면서, 자신이 "은혜와 사도의 직분을 받아 그 이름을 위하여 모든 이방인 중에서 믿어 순종케 하나니"라고 말할 때 과연 자기 개인이 체험한 하나님의 은혜를 생각했겠는가 하는 의심이 든다.

고린도전서에는 이 문제에 실마리가 되는 구절이 있다. 바울은 부활하신 그리스도께서 나타나신 일들에 관해서 쓰면서, 그분이 야고보와 다른 모든 사도들에게 나타나신 뒤 "만삭되지 못하여 난" 자기에게 나타나셨다고 덧붙여 말한다. 그런 다음 문맥상 꼭 필요하지 않는 말을 덧붙이는데, 아마 하나님께서 자기에게 베푸신 풍성한 은혜를 절실하게 의식한 데서 저절로 흘러나온 말인 듯하다 : "나는 사도 중에 지극히 작은 자라. 내가 하나님의 교회를 핍박하였으므로 사도라 칭함을 받기에 감당치 못할 자로라. 그러나 나의 나된 것은 하나님의 은혜로 된 것이니 내게 주신 그의 은혜가 헛되지 아니하여…"(고전 15 : 9-10).

진정으로 회심한 모든 사람들과 마찬가지로, 바울은 하나님의 은혜가 아니었더라면 자기가 어떤 처지에 있었을까 하는 것을 잊을 수 없었다.

그는 자기 의를 고집하였다.

잔혹하였다.

양심으로 하나님의 가시채에 대해 맞서 싸우고 있었다.

어린 교회를 박해함으로써 하나님의 일을 무너뜨리려 하고 있었다.

그러나 하나님께서는 그를 가로막으시고 제정신이 들게 하셨다. 그때까지 그는 하나님께 불순종하고 있었다. 그러나 다메섹 도상에서 예수님이 그에게 나타나셨을 때, 훗날 이방인의 사도가 된 그의 패역한 의지는 꺾였고, 예수님께 순종하는 종과 제자가 되었다. 어떻게 이런 일이 있을 수 있었는가? 어떻게 이렇게 패역한 자가 예수님 앞에 무릎을 꿇을 수 있었는가? 대답은 한 가지밖에 없다. 하나님의 은혜 때문이었다. 오직 하나님의 은혜만이 그런 변화를 일으킬 수 있었다. 오직 자비하신 하나님만 그런 변화를 일으켜 주고 싶어하셨다.

그렇다면 왜 우리는 복음을 전할 때 두 가지 잘못에 쉽게 빠지는가? 복음을 쉽고 간단하게 전하는 나머지 죄를 다루지 못하고 진정한 회개를 일으키지 못하는 것이 한 가지 잘못이다. 그리고 복음이 다만 하나님의 사랑이며 모든 사람들을 사로잡는 율법의 정죄가 아니라는 사실을 잊은 채 엄격한 복음을 전하는 것이 다른 한 가지 잘못이다.

그리고 한 가지 더 말할 것이 있다. 우리로 하여금 하나님의 대사들이 되게 만드는 것은 오직 하나님의 자비하신 사랑뿐이다. 우리는 바울처럼 사도들이 아니지만, 그에 상응하는 기능을 갖고 있다. 우리는 이 세상에서 하나님의 증인들이며, 바울처럼 민족들에게 복음을 전해야 한다. 무엇이 우리에게 이 일을 할 마음을 일으키며, 시련 속에서도 우리를 굳게 붙들어 줄 것인가? 한 가지밖에 없다. 처음 믿을 때 받은 하나님의 자비에 대한 기억이다. 바울은 이 사실을 고린도후서 5장에서 다음과 같이 말했다 : "그리스도의 사랑이 우리를 강권하시는도다. 우리가 생각건대 한 사람이 모든 사람을 대신하여 죽었은즉 모든 사람이 죽은 것이라. 저가 모든 사람을 대신하여 죽으심은 산 자들로 하여금 다시는 저희 자신을 위하여 살지 않고 오직 저희를 대신하여 죽었다가 다시 사신 자를 위하여 살게 하려 함이니라… 모든 것이 하나님께로 났나니 저가 그리스도로 말미암아 우리를 자기와 화목하게 하시고 또 우리에게 화목하게 하는 직책을 주셨으니"(고후 5 : 14-15, 18).

● 각주 ●

1. D.M. Lloyd-Jones, *Romans : An Exposition of Chapter 1, The Gospel of God* (Grand Rapids : Zondervan, 1985). pp. 137, 138.

2. John Murray, *The Epistle to the Romans,* 2 volumes in one (Grand Rapids : Wm. B. Eedmans, 1968), p. 13.

3. Charles Hodge, *A Commentary on Romans* (Edinburgh and Carlisle, Pa. : The Banner of Truth, 1972), p. 21. (Original edition 1835.)

4. Robert Haldane, *An Expositional of the Epistle to the Romans* (MacDill AFB : MacDonald Publishing, 1958). pp. 30, 31.

5. F. Godet, *Commentary on St. Paul's Epistle to the Romans,* trans. A. Cusin (Edinburgh : T. & T. Clark, n.d.), vol. 1, p. 135.

6. Martin Luther, *Commentary on the Epistle to the Romans,* trans. J. Theodore Mueller (Grand Rapids : Zondervan, 1954), p. 1.

7. John Calvin, *The Epistles of Paul the Apostle to the Romans and to the Thessalonians,* trans. Ross MacKenzie (Grand Rapids : Wm. B. Eerdmann, 1973), pp. 17, 18.

8. Lloyd-Jones, *Romans : An Exposition of Chaper 1,* p. 138.

9. The New International Version은 이 구절에서 hypekousan이란 단어를 부당하게 '받아들이다'로 바꾼다("온 이스라엘이 복음을 받아들이지 않았다"). 그러나 로마서 1 : 5을 포함한 다른 구절들에서는 이 단어를 '순종하다' 또는 '순종'으로 바르게 옮긴다.

10. Jonathan Edwards, "A Careful and Strict Inquiry into the Prevaling Notions of the Freedom of the Will," *The Works of Jonathan Edwards,* vol. 1, revised and corrected by Edward Hickman (Edinburgh and Carlisle, Pa. : The Banner of Truth Trust, 1976), p. 66.

6
로마의 그리스도인들
로마서 1:6-7

너희도 그들 중에 있어 예수 그리스도의 것으로 부르심을 입은 자니라. 로마에 있어 하나님의 사랑하심을 입고 성도로 부르심을 입은 모든 자에게 하나님 우리 아버지와 주 예수 그리스도로 좇아 은혜와 평강이 있기를 원하노라.

가끔 편지를 받아 읽다가 무슨 말인지 도대체 몰라서, '세상에 누가 이렇게 글을 쓴담?' 하고 생각하며 우선 맨 끝으로 - 아마 거의 해독할 수 없을 정도의 악필로 쓴 여러 장을 그냥 건너 뛰고서 - 가서 서명을 보는 경우가 있을 것이다. 나는 여러 번 이런 일을 겪었고, 그럴 때마다 편지 형식을 고대 저자들처럼 시작한다면 훨씬 읽기 쉬울 것이라는 생각을 했다.

고대 저자들은 세 가지 요소를 가지고 편지 문안을 시작했다 : (1) 쓰는 이의 이름, (2) 받는 이의 이름, (3) 인삿말. 이런 형식으로 시작하는 전형적인 고대의 편지는 사도행전 23장에 기록되어 있는 예루살렘의 로마 수비대장이 쓴 편지이다 : "글라우디오 루시아는 총독 벨릭스 각하에게 문안하노이다"(26절). 서문에서 첫 번째 요소인 "글라우디오 루시아"는 수비대장의 이름이다. 두 번째 요소는 "총독 벨릭스 각하"로서, 편지를 받는 이의 이름이다. 마지막으로 인삿말이 있는데, 이 경우에는 단순히 "문안하노이다"라는 말로 되어 있다. 편지 전체가 오늘날 사무실 직원들간의 메모처럼 시작한다. 이 공식적 요소들을 기록한 뒤, 수비대장은 본문으로 들어가 편지를 쓰게 된 경위를 설명한다.

바울이 로마인들에게 쓴 편지도 이런 방식으로 되어 있지만, 그러면서도 기본 주제 – 예수 그리스도께 중심을 둔 복음 – 에 아주 충실한 나머지 서문에 몇 가지 내용을 덧붙인다. 그냥 "그리스도 예수의 종 바울은…"이라고 시작해도 충분했을 것이다. 그러나 자기가 누구인지를 좀더 자세히 설명하기 시작하면서 – "사도로 부르심을 받아 하나님의 복음을 위하여 택정함을 입었으니" – **복음**이란 단어를 일단 쓰게 되자 문맥을 잠시 벗어나 하나님의 복음이 무엇인지를 설명한다. 그것은 "성경에 미리 약속하신" 하나님의 아들에 관한 복음으로서, 그 아들에 관해서 말하자면 "육신으로는 다윗의 혈통에서 나셨고 성결의 영으로는 죽은 가운데서 부활하여 능력으로 하나님의 아들로 인정"되신 분이다. 바울을 잘 모르면 아마 이 점에서 편지 본문으로 들어와 있다고 생각할 것이다. 그러나 복음을 설명하다가 다시 자신과 자신의 사도직 문제로 돌아오며, 이 점을 다음과 같이 진술하기 시작한다 : "그로 말미암아 우리가 은혜와 사도의 직분을 받아 그 이름을 위하여 모든 이방인 중에서 믿어 순종케 하나니." 이렇게 그는 다시 출발점으로 돌아와 고전적인 편지 서문의 다음 두 가지 요소에 맞춰 써간다 : "너희도 그들 중에 있어 예수 그리스도의 것으로 부르심을 입은 자니라. 로마에 있어 하나님의 사랑하심을 입고 성도로 부르심을 입은 모든 자에게 하나님 우리 아버지와 주 예수 그리스도로 좇아 은혜와 평강이 있기를 원하노라"(6,7절).

이 서문은 수학의 사인 곡선(sine wave)과 같다. 낮은 점에서 시작하여 정점까지 부풀어 오르다가, 다시 애정이 담긴 낮은 점 – 즉, 로마 그리스도인들에 대한 언급과 그들에게 대한 인사 – 으로 돌아온다.

그들은 어디서 왔는가?

그러나 이러한 결말은 지루하지 않다. 우선 그것은 로마 교회 자체 때문에 관심을 끈다. 이미 이 이른 시기에 – 바울은 예수 그리스도의 죽음과 부활 이후 30년이 채 안 된 AD 58년 또는 59년경에 이 글을 쓴다 – 이 교회의 믿음은 "온 세상에" 전파되고 있었다(롬 1 : 8).

우리가 잘 아는 대로, 훗날 로마 교회는 결국 부패하긴 했으나, 갈수록 영향력이 강해졌다. 심지어 오늘날도 로마 교회는 기독교 세계에서 강력한 세력으로 남아 있다.

이 교회는 어디서 유래했을까? 어떻게 출발했을까? 우리가 말할 수 있는 한 가지는 바울 자신이 그 교회를 세우지 않았다는 것이다. 하나님께서는 그를 이방인의 사도로 부르셨다. 로마는 이방 도시였다. 그럼에도 그가 13절에서 말하듯이, 비록 로마를 여러 번 방문하고 싶었어도 아마 과중한 선교 일정 때문이었는지 뜻을 이루지 못하였다. 바울은 훗날 로마에 갔고, 누가는 사도행전에서 그 일을 기록한다. 그러나 그 때는 이미 로마에 교회가 확고히 선 지 여러 해가 흐른 뒤였다.

가톨릭 전승은 로마 교회가 사도 베드로에 의해 설립되었고, 그가 최초의 교황이었다고 주장한다. 어떤 프로테스탄트 신학자들은 베드로가 로마에 간 적이 없다고 주장하지만, 나는 이 주장을 꼭 해야 한다고 생각하지 않는다. 오히려 나는 "클레멘스가 고린도인들에게 보낸 첫째 편지"(The First Letter of Clement to the Corinthians)라는 초기 교회의 문서를 생각한다. 이 문서는 베드로가 그곳에 있었음을 비록 명시하지는 않으나 암시는 한다.[1] 그러나 그렇다고 해서 베드로가 로마 교회를 세웠다는 말은 아니며, 그 점을 증명하는 일은 전혀 별개의 일이다. 로마서 마지막 장에 열거되는 많은 이름들에서 알 수 있는 것은, 바울이 비록 로마에 간 적은 없어도 그곳 교회를 상당히 잘 알고 있었다는 사실이다. 그러나 그 장이나 다른 장 어디서도 바울이 베드로를 언급하지 않는데, 만약 베드로가 로마에 있었거나 그가 로마 교회를 세웠다고 한다면 그것은 생각할 수도 없는 일이다. 게다가 바울은 "내가 그리스도의 이름을 부르는 곳에는 복음을 전하지 않기로 힘썼노니 이는 남의 터 위에 건축하지 아니하려 함이라"(롬 15 : 20)고 하면서 평소 자신의 생각을 밝힌다. 만약 로마 교회가 베드로에 의해 이미 세워졌고, 그에게 일찍이 가르침을 받았다면, 바울이 로마 교회에 이런 교리적인 편지를 어떻게 쓸 수 있었는지 생각하기 어렵다.

그렇다면 그 교회는 어떻게 세워졌을까? 우리로서는 알 수 없다는 게 대답이다. 그러나 사도행전 2장에는 일어났음직한 일에 대한 암시가 있다. 이 장은 오순절에 관해서 말하며, 그 날 예루살렘에 모인 사람들의 출신 지역들을 열거하는데, 그중에는 "… 로마로부터 온 나그네 곧 유대인과 유대교에 들어온 사람들"이 포함된다(10절). 그 본문이 "로마로부터 온 나그네"를 구체적으로 말한다는 점에서, 이들 대부분이 유대교 절기가 끝나고 제국의 수도로 돌아가 그곳에서 이탈리아 최초의 교회를 세웠다고 보는 것이 아마 옳은 듯하다. 이것이 사실이라면 로마 교회는 기독교 선교 초창기부터 존재한 셈이다.

더욱이 이것이 앞으로 계속될 전형이다. 고대 세계에는 우리가 생각하는 것보다 훨씬 더 많은 여행이 이루어졌다. 로마는 이 왕래의 중심지였다. 바울의 이방 전도로 그리스도를 믿게 된 사람들이 틀림없이 로마로 갔고 로마에서 왔을 것이며, 틀림없이 많은 수가 그곳에 정착했을 것이다. 이러한 상황에 힘입어 바울은 로마서 마지막 장에서 보여 주듯이 그렇게 많은 로마 그리스도인들을 알게 되었을 것이며, 자신의 예루살렘 여행을 위한 기도 지원과 서바나(Spain) 전도 여행 계획을 위한 재정 지원을 이 교회에게 서슴없이 부탁할 수 있었을 것이다(롬 15 : 24, 30-31).

또한 비록 로마 교회가 분명히 유대인들과 이방인들 모두로 구성되었음에도 바울은 그 성도들을 주로 이방인들로 간주하고서 편지를 쓸 수 있었던 것도 바로 그런 상황에 힘입은 결과였을 것이다. 이 사실은 5절에서 바울의 사명 – "모든 이방인 중에서 믿어 순종케 하나니" – 을 기술하는 가운데 "너희도"라는 말이 자연스럽게 도출되는 6절에서 일찌감치 볼 수 있다.

그러므로 맨 처음 가장 흥미있는 정보는 예수 그리스도의 진정한 추종자들의 집단 – 규모가 작든 크든(이 점을 우리는 알 길이 없다) – 이 다른 모든 지역들 중에서도 로마 제국의 수도에 존재했다는 것이다. 로마하면 가이사(Caesar)의 제국 도시, 찬란한 궁전들, 대리석 기념비들, 그리고 보물들을 생각하는 게 보통이다. 사실 그러했다. 그러나 로마는 가공할 죄들과 문란한 생활로 가득 찬 공포스러운 도시이기도 했다. 모든 곳에 악이 널려 있었다. 그럼에도 이렇게 죄로 찌든 도시에는 로마의 죄를 거부하고 대신에 전혀 다른 생활을 하는 사람들의 공동체가 있었다. 그것은 거룩하고, 서로 짐을 져주고, 사랑하고, 포악에 짓밟힌 사람들을 긍휼히 여기는 생활이었다. 썩어가는 옛 사람들의 시체 위에 하나님께서 심어준 새로운 인간성(New Humanity)이었다.

기독교는 언제나 그러했다. 그것은 세상의 썩어가는 문화에서 솟아난 부산물이 아니며, 돌연한 비약은 더욱이 아니다. 전혀 새로운 것이다. 여러분이 그리스도인이라면, 그리스도 안에서 "새로운 피조물"(고후 5 : 17)이라면, 그것이 바로 여러분이다. 여러분의 교회가 참된 성도들로 구성되어 있다면, 바로 그것이 여러분의 교회이다.

그들은 어떻게 해서 다르게 되었나?

로마서 서문의 두 번째와 세 번째 부분에서 흥미로운 또다른 점은 로마 그리스도인들의 영적 기원에 관해서 말하는 내용이다. 이들은 부패한 이교 사회의 한복판에서 살고 있으면서도 그 사회의 본류와는 전혀 달랐다. 어떻게 해서 다르게 되었을까? 어떻게 해서 그리스도인이 되었을까? 6-7절에서 바울은 초기 로마 교회에 관해 네 가지 중요한 점들을 말한다.

1. 로마의 그리스도인들은 다른 모든 그리스도인들과 마찬가지로 부르심을 받아 예수 그리스도께 속하였다. 이것은 그리스도인들에 대한 일반적인 묘사로서, 다음 절에 나오는 "성도로 부르심을 입은"이란 비슷한 구절과는 다르다. 어떤 사람들은 6절이 마치 그리스도인들을 "예수 그리스도에 의해 부르심을 입은" 사람들로 묘사하는 듯이 해석한다. 그 구절에 해당하는 헬라어는 그런 식으로 해석할 수 있기 때문이다. 그러나 이 점에서는 "… 께 속하도록"(to belong to)이라는 단어들을 삽입하는 NIV의 해석이 분명히 정확하다. 그 뜻은 예수님이 그리스도인들을 부르셨다는 게 아니라 - 그 일은 주로 성부 하나님께서 하신 일로 평가된다 - 하나님의 부르심의 결과로 그리스도인들이 예수께 속해 있고, 그 관계 속에서 진정한 믿음의 생활을 하고 있다는 것이다. 바울이 에베소서 2 : 1-3에서 말했듯이, 전에 그들은 "[그들의] 허물과 죄로" 죽었고, "본질상 진노의 자녀"였다. 이제는 하나님께서 부르신 결과로 "그리스도와 함께" 살리심을 받았고 "선한 일"을 할 일로 받았다(5, 10절).

기본적으로 그리스도인(그리스도의 사람)을 정의하자면 그렇다. 그리스도인은 예수 그리스도께 속한 사람이다. 이 사실이 그 사람을 다르게 만들며, 그렇기 때문에 그 사람은 마찬가지로 예수께 속한 다른 사람들의 무리를 당연히 찾는다. 성도의 삶에서 이것보다 더 중요한 것은 없다.

여러분은 이렇게 묘사되는가? 여러분은 예수 그리스도께 속하였는가? 그렇다면 그렇게 살게 될 것이다. 그렇지 않다면 여러분은 겉으로 어떤 고백을 하든 진정한 그리스도인이 아니다.

2. 로마의 그리스도인들은 다른 그리스도인들과 마찬가지로 성부 하나님께 사랑을 받았

다. 기분좋으라고 한 말이 아니다. 마치 바울이 사랑이란 하나님의 본성이고, 따라서 이들 로마 시민들이 다른 사람들처럼 하나님께 사랑을 받았다고만 선언한 것처럼 생각해서는 안 된다. 그것은 성경이 하나님의 사랑에 관해서 말하는 방법이 아니다. 성경이 말하는 하나님의 사랑은 선택하시고 구원하시는 사랑이다. 따라서 "하나님의 사랑하심을 입고"라는 말은 그리스도인들이 어떻게 해서 주 예수 그리스도께 속하게 되는지를 구체적으로 묘사한다.

정말로 어떻게 해서 그렇게 되었나? 어떤 이들은 사람이 자발적인 선택으로 성도가 된다고 생각한다. 마치 사람이 해야 할 일이 예수님을 의지하기로 결심하는 것인 듯이 말이다. 그러나 바울의 말대로 우리 각 사람이 "허물과 죄로" 죽었다면 어떻게 그런 일을 할 수 있는가? 죽은 사람이 어떻게 무엇을 결심할 수 있는가? 어떤 이들은 사람이 그리스도인이 되는 것은 하나님께서 그 전지(全知)하심으로 우리 안에서 한줌 선을 보시기 때문이라고 주장해 왔다. 그 "선"이 미미한 믿음의 씨앗이더라도 말이다. 그러나 나중에 바울이 깨우쳐 주듯이, 만일 "다 치우쳐 한가지로 무익하게 되고 선을 행하는 자는 없나니 하나도 없도다"(롬 3 : 12; 참조. 시 14 : 3)라는 말이 사실이라면, 하나님께서 어떻게 우리 안에서 선을 보실 수 있겠는가? 그렇다면 하나님께서는 왜 우리를 사랑하시는가? 그냥 우리를 사랑하시기 때문이다. 그밖에 더 할 말이 없다.

모세 시대에 하나님이 바로 이렇게 이스라엘을 사랑하신 것을 여러분은 기억하는가? "여호와께서 너희를 기뻐하시고 너희를 택하심은 너희가 다른 민족보다 수효가 많은 연고가 아니라. 너희는 모든 민족 중에 가장 적으니라. 여호와께서 다만 너희를 사랑하심을 인하여…"(신 7 : 7-8). 여호와께서 그들을 왜 사랑하셨는가? 그 유일한 이유는 그냥 그들을 사랑하셨기 때문이었다. 사랑, 다만 사랑 때문이었다.

우리가 그리스도인이라면 이것은 엄청난 일이다. 그냥 받아들일 수 없을 정도로 위대한 일이다. 마틴 로이드 존스(D. Martyn Lloyd Jones)는 이렇게 말한다 :

우리는 하나님께서 우리를 사랑하셨다는 한 가지 이유만으로 그리스도인들이다. 그 사랑이 우리를 세상과 사단의 지배에서 이끌어낸다… 그러므로 바울이 여기서 로마의 그리스도인들에게 이 위대한 일을 상기시키는 것은 이상한 일이 아니다. 세상은 그들을 미워하였다. 그들을 박해하였다. 그들은 황제가 된 잔인한 폭군의 기분에 따라 언제 잡혀갈지 몰랐고, 언제 사형판결을 받아 원형경기장에서 사자들에게 던져질지 몰랐다. 때로는 모든 사람들에게 미움을 받았다. 그래서 바울은 그들이 하나님께 사랑을 받은 자들임을, 그리스도 안에 있는 자들임을, 하나님께서 그리스도를 사랑하신 그 사랑으로 그들을 사랑하심을 깨우쳐 주려고 애썼다… '내게 필요한 것은 성화(聖化)에 대한 가르침이다' 라고 말하여 로마서 6,7,8장으로 성급히 넘어가지 말라. 사랑하는 친구들이여, 당연한 일이겠지만 만일 하나님께서 자기 아들을 사랑하신 그 사랑으로 여러분을 사랑하신다는 것을 깨닫기만 한다면, 로마서를 더 공부하지 않더라도 성화에 관한 가장 중요한 가르침을 배운 셈이다.[2]

가장 중요한 것은 하나님께서 우리를 사랑하셨다는 것이다. 그러므로 우리는 하나님을 사랑하고 섬겨야 한다.

3. 로마의 그리스도인들은 다른 모든 그리스도인들과 마찬가지로 하나님께 성도들로 부르심을 받았다. 이러한 사상은 "예수 그리스도의 것으로 부르심을 입은"이라는 앞 절에 이미 나타났다. 그러나 동사의 뜻이 같을지라도, 여기서 강조하는 바는 다르다. 앞 절은 그리스도인이 된다는 게 무엇을 뜻하는지를 강조했다. 그리스도인은 예수 그리스도께 속한 사람이다. 이것이 그의 신분이다. 이 절에서는 부르심 자체를 강조하며, 그리스도인들이 하나님께 사랑을 받았다는 진리에 이어 부르심이 따른다. 먼저 사랑을 받는 일이 있고, 그 다음에 부르심을 받는 일이 있다. 이 부르심은 신학자들이 말하는 바 "유효한 부르심"(effectual calling)이다.

복음이 전파되는 데에는 두 가지 종류의 부르심이 있다. 첫째는 일반적인 부르심으로써, 듣는 모든 사람들에게 죄를 버리고 예수 그리스도께 돌아오라고 부르시는 것을 뜻한다. 이 부르심은 내가 앞장에서 말한 순종의 요구와 상응한다. 복음을 듣는 사람이 모두 이 부르심에 응하지는 않는다. 모든 사람들이 다 순종하지는 않는다. 그럼에도 "수고하고 무거운 짐 진 자들아 다 내게로 오라. 내가 너희를 쉬게 하리라… 나의 멍에를 메고 내게 배우라…"(마 11 : 28, 29)는 그리스도의 말씀으로 부르면, 그것은 참된 부름이다. 하나님 편에는 아무런 장벽이 세워져 있지 않다. 그분께 가는 길에는 아무 것도 서 있지 않다. 동시에 이미 살펴본 대로, 사람들은 혼자 내버려두면 하나님께 순종하지 않는다. 아무도 하나님의 제의에 응하지 않는다. 아무도 원하지 않는다. 그러므로 하나님께서는 일부 사람들을 구원하시려고 일반적인 부르심(하나님의 종들이 길잃은 자들에게 전달하는)에다가 특별한 부르심, 즉 하나님께서 선택하신 사람들로 하여금 마음으로 듣고 반응하여 그리스도인들이 되게 하는 부르심을 보태신다. 이 상황은 예수께서 죽은 나사로를 부르신 것과 비슷하다. 우리는 혼자 내버려두면 너나할 것 없이 영적인 시체들이다. 아무 일도 할 수가 없다. 그러나 하나님께서 구원하시려고 부르시면, 그 영적 시체들 중에서 일부가 영적으로 살아나 하나님께서 명하시는 일을 한다. 하나님께 구원을 받은 사람이라면 어떤 방식으로든 이 부르심을 들었고, 그것에 반응하였다.

이 일은 지금도 종종 그렇지만 설교를 통해서 이루어진 듯하다. 말씀이 선포되면, 교회 본당 좌석에 구경꾼처럼 앉아 있던 사람이 하나님께서 친히 하시는 말씀을 듣는다. 그 사람은 이렇게 말한다 : "설교자가 내 말을 하고 있구나. 그게 바로 내가 필요로 하는 일이다. 내가 해야 할 일이다." 그리고 그 사람은 믿는다. 또 다른 사람에게는 "그리스도인이 되고 싶지 않니? 같이 기도하지 않을래? 예수님을 영접하지 않을래?" 하고 권하는 친구의 조용한 증거를 통해서 하나님께서 말씀하신다. 하나님의 말씀은 조용히 성경을 읽다가 들을 수도 있다. 기독교 영화, 신앙 서적, 소책자를 통해서 들을 수도 있다. 이런 체험들의 공통된 것은 하나님께서 사람을 부르셨고, 사람이 그 음성을 듣고서 예수 그리스도를 믿었다는 점이다.

내게는 스프라울(R.C. Sproul)이라는 좋은 친구가 있다. 그는 자기가 대학 1학년 때 회심한 이야기를 들려주었다. 어느날 밤 급우와 함께 복음을 듣고서 같이 예수님을 "영접"했다고 한다. 그 뒤부터는 삶이 예전과 같지 않았다. 전혀 딴사람이 되었고, 지금도 그렇게 남아 있다. 그러나 함께 믿은 급우는 다음날 아침 방에서 내려오더니, "어젯밤 우리가 한 일 그거 정신나간 짓 아니었니? 난 잠깐 홀린 것 같아. 너 이 일을 아무에게도 말하지 않을거지, 그렇지?"[3] 그 급우는 설교자의 부름만 들었을 뿐이다. 그러나 하나님께서는 스프라울을 부르셨고, 이 부르심은 친히 하나님께로부터 온 것이었으므로 신생(新生) 또는 중생을 통해서 새사람으로 태어나게 했다.

4. 로마의 그리스도인들은 다른 모든 그리스도인들과 마찬가지로 성도로 부르심을 받는

다. 여기서 "성도"란 말은 카톨릭 등에서 말하는 성인(聖人), 즉 일정 수준의 거룩한 경지에 올라 특별한 존경의 대상이 된, 또는 심지어 사람들의 기도의 대상이 된 사람을 뜻하지 않는다. 성경에서는 성도가 된다는 것 또는 성화된다는 것이 언제나 하나님과 그분의 사역을 위해 구별된다는 것을 뜻한다. 바울이 1절에서 자기에 대해 "… 하나님의 복음을 위하여 택정함을 입었으니"라고 말한 것이 바로 그 뜻이다. 로마의 그리스도인들은 다른 모든 그리스도인들과 마찬가지로 하나님께 사랑과 부르심을 받은 다음, 이 세상에서 하나님과 그분의 사역을 위해서 살도록 구별되었다.

이것이 바로 로마 그리스도인들의 믿음이 – 8절에서 바울이 말하는 대로 – "온 세상에 전파"되고 있던 이유이다. 그들은 하나님께 부르심을 받고 그분께 구별되었기 때문에, 주변에 있는 문화와 달랐다. 주변 사람들이 그 사실을 알아차렸다.

오늘날도 사람들이 그리스도인들이라고 고백하는 사람들에게서 차이를 발견하는가? 물론 간단히 대답할 수 없다. 대답이 종종 상대적이고, 이런 상황에서는 **그렇다**이다가 다른 상황에서는 **아니다**이기 때문이다. 그러나 이 두 절에 사용된 용어들이 서로 관련되어 있다는 점을 눈여겨 보라. 로버트 홀데인(Robert Haldane)은 신자들이 하나님께 **사랑을 받고**, 하나님께 **부르심을 받고**, 성도가 되는 것에 관해서 다음과 같이 말한다 : "그들은 부르심을 받았기 때문에 성도들이며, 하나님께 사랑을 받았기 때문에 부르심을 받았다."[4] 즉, 그들이 성도인 것은 선택받은 원인이 아니라 결과이다. 선택을 받았기 때문에 성도들, 즉 하나님께 구별된 사람들이 되었다. 그러므로 하나님께 구별되었다고 고백하면서도 실생활에서는 그분께 구별되지 않는 사람 – "완전한 생활을 하지 않는 사람"이라는 뜻이 아니라, "하나님께 시선을 두고 살지 않는 사람"이라는 뜻 – 은 구원을 받지 않았다. 그 사람은 그리스도인이 아니다. 하나님께 사랑을 받고 부르심을 받은 사람은 하나님께 순종하고 그분을 따른다.

험한 길을 오를 수 있게 하는 은혜

그렇지만 이 일에는 투쟁이 따른다. 이 험한 길을 한 발씩 오를 때마다 하나님의 은혜와 평화가 필요하다.

바울은 서언을 맺으면서 로마의 신자들이 "하나님 우리 아버지와 주 예수 그리스도로 좇아 은혜와 평강이 있기를" 기원할 때, 그냥 전통적인 기독교의 인삿말을 읊은 게 아니다. 그들이, 그리고 우리도 이 땅에 머물면서 매일 필요로 하는 것을 기원한다. 우리가 은혜에 힘입어 순간 순간마다 하나님께서 주신 좋은 공기를 마시고 살듯이, 영적으로도 하나님의 은혜로 살아야 한다. 예수님은 "… 나를 떠나서는 너희가 아무것도 할 수 없음이라"고 말씀하셨다(요 15 : 5). 사업상 살얼음판 같은 위기를 겪고 있던 사람이 있었는데, 얼마 전에 내게 말하기를, "내가 지금 이 위기를 지나가는 방법은 매일 아침 시간을 엄수하여 하나님과 사귐을 갖는 것밖에 없습니다"라고 했으며 그 일을 계속하고 있다. 더 중요한 것은 위기가 하나님이 살아계시다는 생각을 더 깊게 해주고, 오히려 힘을 더 북돋워 준다는 사실이다.

평화는 어떠한가? 우리는 언제나 평화가 필요하다. 오늘날은 평화로운 시대가 아니기 때문이다. 어리석은 사람들만 평화로운 시대라고 한다. 골치아픈 시대이다. 그러나 그리스도 안에 있어서 그분을 힘입어 사는 사람들은 이런 시대에도 평화스럽게 산다.

나는 바울이 위대한 로마 그리스도인들을 위해 드린 기도로 이 장을 맺으려 한다 : "하나님 우리 아버지와 주 예수 그리스도로 좇아 은혜와 평강이 있기를 원하노라." 얼마나 커다란 선물인가! 얼마나 절실한 선물인가! 얼마나 놀랍고 무궁무진한 공급원인가!

● 각주 ●

1. 4, 5장에서 클레멘스는 질투 때문에 고통을 당한 사람들을 나열한다. 먼저 고대 사람들부터 시작하여 자기 시대와 비교적 가까운 시대 사람들로 이어나간다. 가인과 아벨, 야곱과 요셉 등 두 사람씩 짝을 지어 소개한다. 마지막 쌍이 베드로와 바울인데, 클레멘스는 이들이 죽은 경위를 비교적 잘 알고 있었던 것 같다. 클레멘스는 로마에 살았고, 한 쌍 가운데 한 사람인 바울은 로마에서 순교하였다고 알려져왔기 때문에, 베드로도 그곳에서 순교하였다고 추론할 만한 이유가 있다. 이것이 고대 교회의 전승이기도 했기 때문에 더욱 그러하다. 참조. "The First Letter of Clement to the Corinthians" in Edgar J. Goodspeed, *The Apostolic Fathers : An American Translation* (New York : Harper & Brothers, 1950), pp. 51, 52.

2. D.M. Lloyd-Jones, *Romans : An Exposition of Chapter 1, The Gospel of God* (Grand Rapids Zondervan, 1985), pp. 159, 160.

3. R.C. Sproul은 자신의 소설에서 허구적인 방식으로 이 이야기들을 전한다 : *Jonney Come Home* (Ventura, Calif. : Regal Books/ GL Publications, 1984), chs. 4-6.

4. Robert Haldane, *An Exposition of the Epistle to the Romans* (Macdill AFB : MacDonald Publishing, 1958), p. 33.

7

받을 가치가 있는 명성
로마서 1 : 8

첫째는 내가 예수 그리스도로 말미암아 너희 모든 사람을 인하여 내 하나님께 감사함은 너희 믿음이 온 세상에 전파됨이로다.

세익스피어의 연극에 나오는 "온 세상은 무대이고, 모든 사람은 단지 배우일 뿐이다"라는 유명한 연설에서, 쟈크스 경(Lord Jaques)은 우울한 표정으로 군인을 "대포 아가리 속에서조차 거품 같은 명성을 얻으려 하는" 사람이라고 말한다(뜻대로 하세요〈As You Like It〉, 2막 7장). 이 연설에서 "명성"은 무가치하고 하찮은 것으로 묘사된다. 오델로(Othello)에서는 얼마나 다른가! 군인이지만 어리석고 비극적으로 행동하는 오델로는 "나는 명성을 잃어버렸어요! 선생님, 내 자신 중에서 불멸의 부분을 잃어버렸어요. 남은 거라곤 짐승의 본능뿐이라구요!"(2막 3장)라고 한다.

우리는 명성을 어떻게 생각해야 할까? 덧없는 거품과 같은 것인가, 아니면 불멸의 것인가? 가질 만한 가치가 있는 것인가, 아니면 아예 관심조차 가져서는 안 되는 것인가? 대답은 무슨 목적으로 명성을 갖느냐 하는 데에 달려 있다.

　로마서 첫장 가운데 두 번째이자 비공식적인 서문(8-15절)에서, 바울은 로마의 그리스도인들이 얻은 명성에 관해서 말하는데, 중요한 것은 그 명성 때문에 하나님께 감사한다는 점이다. 그들이 명성을 얻은 것은 믿음 때문이었고, 바울이 우리에게 말하는 것은 그들의 믿음이 온 세상에 전파되고 있다는 것이다. 물론 지구상의 모든 외딴 마을들이 로마 그리스도인들의 믿음에 관해 들었다는 뜻이 아니라, 그들의 믿음이 널리 알려지고 있다는 뜻이다. 당연히 다른 그리스도인들이 그것을 이야기하고 있기 때문이었다. "로마에 성도들의 무리가 있다는 걸 알고 계십니까?" "그들의 믿음이 얼마나 강한지, 그들이 그 악한 도시에서 예수 그리스도를 섬기려고 얼마나 충성스럽게 노력하고 있는지 들어보셨습니까?" 다른 지역 그리스도인들은 이렇게 소문을 전하고 있었다. 바울은 이 명성 때문에 하나님께 감사함으로써 말을 시작하기 때문에, 세속적인 사람들이 추구하는 세속적인 명성이 아무리 무가치하더라도, 이런 명성은 적어도 지닐 만한 가치가 있음이 분명하다.

　믿음 때문에 얻은 명성이 왜 지닐 만한 가치가 있는가? 본문은 네 가지 이유를 말한다.

순전한 믿음

　로마 그리스도인들이 얻은 명성이 지닐 가치가 있었던 첫 번째 이유는 그 토대가 된 믿음이 순전했기 때문이다. 참된 믿음이었다. 이것이 아주 중요한 출발점이다. 믿음 가운데는 비성경적이고 따라서 명성을 얻기에는 흠과 결핍이 있는 믿음이 많기 때문이다.

　어떤 사람들은 믿음을 하나님의 기록된 계시와 완전히 무관한 **주관적인 종교적 감정**이라고 생각한다. 한 청년과 대화를 나눈 적이 있다. 그 청년은 믿음을 그런 식으로 생각했다. 그리스도인이냐고 물었더니 그렇다고 대답했다. 그러나 대화 도중에 예수 그리스도의 신성, 그분의 육체적 부활, 우리 죄를 위한 희생적 죽으심, 그리고 그밖에 기독교의 중심 교리들을 믿고 있지 않다는 사실을 곧 발견했다. 그래서 기독교 신앙의 중심 교리들을 거부하면서 어떻게 자신을 그리스도인이라고 부를 수 있느냐고 물었더니, 그 질문에는 어떻게 대답해야 할지 모르겠으나, 아무튼 자기가 그리스도인임을 마음 깊이 믿는다고 대답했다. 그것은 자기 감정에 기초를 둔, 인생에 대한 가변적인 관점에 지나지 않았다.

　참된 믿음과는 거리가 있는 또다른 믿음은 **경신**(經信)이다. 어떤 것이 사실이기를 간절히 바라기 때문에 그것을 사실로 받아들이는 사람들의 태도이다. 때로 이런 류의 믿음은 선천성 심장 장애, 에이즈(AIDS), 암 같은 치명적인 질병이 기적으로 치유되기를 바라는 데 관심을 둔다. 그러나 경신은 병을 낫게 하지 못한다. 마음의 소원이 참된 믿음은 아닌 것이다.

세 번째 잘못된 믿음은 낙관주의이다. 노먼 빈센트 필(Norman Vincent Peale)은 「적극적인 사고의 능력」(The Power of Positive Thinking)이라는 베스트셀러를 통해서 이런 대체 신앙을 유행시켰다. 그는 믿음을 강하게 권장하는 신약 성서 구절들을 한데 모으고, 그 구절들을 암기하고, 잠재의식 속에 깊이 넣어두었다가 자신에 대한 믿음이 흔들릴 때마다 기억하여 암송하라고 권한다. "… 믿는 자에게는 능치 못할 일이 없느니라"(막 9 : 23). "… 너희가 만일 믿음이 한 겨자씨만큼만 있으면 이 산을 명하여 여기서 저기로 옮기라 하여도 옮길 것이요 또 너희가 못할 것이 없으리라"(마 17 : 20). 필은 이렇게 말한다 : "자신을 믿는 분량만큼, 자기 직업을 믿는 분량만큼, 하나님을 믿는 만큼, 그만큼만 얻을 것이다."[1]

그러나 이 말에서 자기에 대한 믿음, 직업에 대한 소신, 하나님께 대한 믿음은 분명히 다 동일한 것이며, 그것은 믿음의 대상이 무엇이 됐든 상관이 없다는 뜻이다. 존 스토트(John Stott)는 이러한 왜곡을 정확하게 비판한다 : "그[필]는 '걱정을 깨뜨리는 공식'의 일환으로 매일 아침 자리에서 일어나기 전에 큰 소리로 '나는 믿는다'를 세 번 외치라고 권한다. 그러나 무엇을 그렇게 확신을 가지고 반복해서 믿어야 할지에 대해서는 말하지 않는다. 그 책은 단순히 '그러므로 믿고 승리하는 생활을 하십시오'라는 말로 끝난다. 그러나 **무엇을** 믿으라는 것인가? **누구를** 믿으라는 것인가? 필 박사에게 믿음이란 사실상 자기 확신과 근거 없는, 낙관주의의 또다른 표현이다."[2] 물론 자신을 적극적으로 보는 게 어느 정도 가치가 있듯이, 삶을 적극적으로 보는 것은 어느 정도 가치가 있다. 그러나 그것이 성경적 믿음과 똑같은 것은 아니며, 사도 바울이 로마 그리스도인들을 대신하여 하나님께 감사한 그런 믿음은 아니다.

로마 성도들의 믿음이 왜 이런 잘못된 신앙관들과 대조적으로 순전한 믿음이라고 하는가? 두 가지 이유가 있다. 첫째, 그들은 예수 그리스도를 믿었고, 그분을 중심으로 삼는 복음을 믿었기 때문이다. 문맥을 볼 때 분명히 그렇다. 로마서의 처음 일곱 절에서 바울은 복음에 관해서 길게 말하면서, 그것을 "하나님이 선지자들로 말미암아 그의 아들[예수 그리스도]에 관하여 성경에 미리 약속하신 것"이라고 정의한 다음, 자기 사명은 "모든 이방인 중에서 믿어 순종케" 하는 것이라고 결론짓는다(2,3,5절). 그런 뒤 로마 그리스도인들의 믿음 때문에 하나님을 찬양하는데, 그가 염두에 둔 것은 바로 이러한 믿음임이 분명하다. 그들이 믿음 때문에 얻은 명성은 예수 그리스도를 하나님의 아들과 우리 구주로 믿는 참된 믿음이기 때문에 지닐 만한 가치가 있었다. 구원에 관한 한 다른 모든 "믿음들"은 무가치하다. 그런 믿음들은 아무도 구원하지 못한다.

둘째, 로마 그리스도인들의 믿음이 순전하다고 하는 이유는 그것은 하나님께서 직접 생기게 하신 믿음이고, 단순히 인간의 마음에서 우러나온 믿음이 아니기 때문이다. 그렇기 때문에 바울은 이 그리스도인들 때문에 하나님께 감사함으로 시작했지, 그들의 헌신 때문에 그들을 추켜세움으로 시작하지는 않았다. 믿음이 인간의 성취라면, 바울은 로마 그리스도인들을 칭송했어야 옳았을 것이다. "먼저 너희가 예수 그리스도를 믿은 것에 감사함은"이라고 하거나, "너희 믿음 때문에 너희를 칭송함은"이라고 했어야 옳았을 것이다. 그러나 바울은 그렇게 하지 않는다. 믿음은 하나님께서 중생의 결과로서 우리 속에서 이루어 주시는 것이다. 그러므로 바울은 로마 그리스도인들을 위해서 사람을 칭송하지 않고 하나님을 찬송한다.

로버트 홀데인은, 바울이 편지 수신자들의 믿음 때문에 하나님께 감사하는 가운데 "하나님을 복음의 저자로 인정한다. 하나님께서 그것을 전파하게 만드셨기 때문만 아니라, 믿는 자들에게 실제로 은혜를 주셨기 때문이다"라고 쓴다.[3]

칼빈은 이 절에 대해서 "믿음은 하나님의 선물이다"라고 말했다.[4]

이제는 여러분의 믿음이 이와 같은지를 물을 차례이다. 애매모호한 주관적 체험이나 스스로 해낼 수 있는 어떤 것에 대한 믿음이 아니라, 하나님께서 여러분 안에 일으키시고, 그로써 그의 아들 주 예수 그리스도를 여러분의 구주로 믿게 하시는 믿음을 여러분은 가지고 있는가? 그렇다면 여러분의 믿음은 명성을 얻을 만한 가치가 있다. 이런 믿음은 그것을 일으키신 하나님께 찬송을 돌릴 것이기 때문이다.

전염성이 있는 믿음

로마 그리스도인들의 믿음에 명성이 지닐 만한 것이었던 두 번째 이유는 전파하는 믿음이었기 때문이다. 이 말은 알려진 세계에 회자(膾炙)된 믿음이었을 뿐만 아니라, 다른 사람들이 받아들이고 다시 전파하는 믿음이기도 했다는 뜻이다. 이 믿음 때문에 로마 교회는 성장했고, 로마 회중의 복음은 널리 퍼져나갔다.

나는 17절이 이 점을 암시한다고 생각한다. 물론 그 절은 두 가지로 해석할 수 있다는 것을 알긴 하지만 말이다. 헬라어 본문에서는 17절의 한 구절에 **믿음**이라는 단어가 반복되는데, 그것을 문자적으로 옮기자면 "믿음에서 믿음으로"(에크 피스테오스 에이스 피스틴. 한글개역성경, 믿음으로 믿음에)라는 뜻이다. 이 구절은 NIV가 명확히 옮긴대로 "처음부터 끝까지 믿음에 의해"(by faith from first to last)라는 뜻으로 이해할 수 있다. 그러나 다음과 같은 뜻일 수도 있다(좀더 문자적인 번역은 이 뜻을 암시한다) : "그리스도를 믿은 사람의 믿음으로부터 먼젓번 그리스도인의 증거로 믿게 된 사람에게로."

"믿음에서 믿음으로"라는 구절이 반드시 이런 뜻이라고 단정할 수는 없다. 두 가지 번역이 모두 가능하기 때문이다. 그러나 나는 그런 뜻이라고 생각한다. 그리고 이것이 정확한 뜻이든 아니든 간에, 이것이 초기 기독교 시대에 로마 제국의 수도라는 요충지에 자리잡고 성장해 가던 교회로부터 복음이 확산되어 간(적어도 부분적으로라도) 방법이라는 데는 의심할 여지가 없다.

그 교회는 오늘날과 같이 자유자재로 "메시지를 쏟아낼" 매체가 없었다. 기독교 잡지들도 없었고, 신앙 서적들도 없었고, 텔레비전 설교자들도 없었다. 이들 초기 신자들이 현대의 의사전달 수단 없이 어떻게 성공할 수 있었다고 생각하는가? 마틴 로이드 존스(D. Martyn Lloyd Jones)는 이렇게 대답한다 :

부흥운동은 선전할 필요가 없다. 부흥운동 자체가 언제나 자체를 선전한다⋯ 교회사를 읽어보라. 작은 무리들 가운데 부흥운동이 일어날 때는 그들의 규모가 아무리 작든 상관이 없이 소식이 퍼지고 호기심을 일으키며, 사람들은 와서 '이게 무엇입니까? 우리도 여기에 참여할 수 있습니까? 어떻게 하면 우리도 당신들처럼 될 수 있습니까?' 하고 말한다. 사람이 그것을 선전할 필요가 없다. 저절로 알려지기 마련이다. 온 세상으로 퍼져나간다. 이미 이 땅에 그런 일이 발생했었다. 이것이 부흥운동이다! 이것이 오순절이다! 이것이 성령의 사역이며, 의사전달 수단이 빈약하고 선전 매체가 전무하던 고대 세계에서 그 소식은 요원의 불길처럼 번져나갔다. 이제는 신약 성서의 방식대로 생각해야 할 때가 되지 않았는가?[5]

만약 신약 성서의 방식대로 생각한다면, 우리 믿음의 질과 그 전염성 모두에 관심을 갖게 될 것이다. 사람들이 우리들과 동료 그리스도인들의 사는 모습을 보고서 기독교에 관해서 말하고 그리스도에 관해서 묻는 것에 관심을 갖게 될 것이다.

다른 사람들을 격려하는 믿음

로마 교회가 믿음의 명성을 지닐만 했던 세 번째 이유가 있다. 그것은 사도 바울 자신까지도 포함하여 다른 지역의 신자들을 격려하는 믿음이었다. 12절에서 바울은 이 격려를 자기가 계획하고 있는 로마 방문의 소득으로 말한다 : "… 너희와 나의 믿음을 인하여 피차 안위함을 얻으려 함이라." 이 기대는 아직 미래의 일이었다. 그러나 바울은 그것을 내다보고서 그 일이 있게 되기를 확신있게 말할 수 있었다. 왜냐하면 이미 로마 그리스도인들의 믿음에 관한 소식을 듣고서 틀림없이 격려를 받았을 것이기 때문이다.

바울에게 격려가 필요했을까? 그렇다고 확신할 수 있다. 물론 바울은 사도였고, 위대한 믿음의 사람이었다. 그러나 그는 사도로서는 처음으로 자신이 사역으로 인한 시련들과 짐들에 자주 심한 고통을 당한다고 말한다. 고린도전서에서 그는 자기가 고린도에 갔을 때 "… 약하며 두려워하며 심히 떨었노라"(고전 2 : 3)고 시인한다. 고린도후서에서는 이렇게 쓴다 : "우리가 사방으로 우겨쌈을 당하여도 싸이지 아니하며 답답한 일을 당하여도 낙심하지 아니하며 핍박을 받아도 버린 바 되지 아니하며 거꾸러뜨림을 당하여도 망하지 아니하고"(고후 4 : 8-9). 그럼에도 불구하고 이렇게 결론짓는다 : "모든 것을 너희를 위하여 하는 것은 은혜가 많은 사람의 감사함으로 말미암아 더하여 넘쳐서 하나님께 영광을 돌리게 하려 함이라"(15절). 같은 책 뒷부분에서 자기가 그리스도의 대사로서 견딘 온갖 박해, 고생, 위험을 길게 나열한 뒤, 이렇게 결론 짓는다 : "이 외의 일은 고사하고 오히려 날마다 내 속에 눌리는 일이 있으니 곧 모든 교회를 위하여 염려하는 것이라"(고후 11 : 28).

모든 사람들이 격려를 필요로 한다. 사단과 영적 전쟁을 벌이고 있는 사람들은 격려를 특히 더 필요로 한다. 그러나 무엇이 그들에게 격려가 되는가? 물론 하나님이시다. 그러나 하나님께서는 또한 인간 도구들을 통해서 일하시며, 하나님께서 기독교 사역자들을 격려하시는 가장 큰 방법은 다른 지역에 있는 사람들로부터 믿음이 순전하고 성장한다는 소식을 듣게 하시는 것이다.

내게는 이것이 격려가 된다. 여러분에게는 그렇지 아니한가?

가령 과거의 루마니아 같은 공산주의 국가들 속에서, 비록 그곳 성도들이 박해를 당하고 때로는 관료들에게 구타를 당하는 상황에서도 교회들이 튼튼히 서가고 있다는 소식을 들을 때 마음에서 감사가 우러나오지 않는가? 남아프리카 공화국에 사는 많은 성도들이 인종차별 정책에 용감히 맞서 싸운다는 소식을 들을 때 기운이 솟아나지 않는가?

우리 나라의 입법부, 행정부, 사법부에 몸담고 있는 고위 관료들이 정기적으로 기도와 성경공부 모임을 갖고서 우리나라를 잘 이끌고 갈 수 있도록 하나님께 인도를 구한다는 소식을 들을 때 어깨가 한결 가벼워지는 것을 느끼지 않는가?

우리 도시들의 각박한 이웃들 속에서 그리스도를 위해 일하고 있는 사람들의 소식을 들을 때도 격려를 받지 않는가?

한 사람이라도 누가 그리스도인이 되었다는 소식을 들을 때 기쁘지 아니한가?

한 가지 생각을 덧붙인다면, 바울이 로마의 성도들에게 한 말과 다른 지역 - 고린도, 갈라디아, 에베소, 빌립보, 또는 그가 방문한 다른 도시들 - 의 성도들에게 한 말을 구별시켜 주는 것은 그가 로마 교회를 설립하지 않았다는 사실이다. 그는 비록 로마를 방문하여 그리스도인들과 함께 믿음을 나눔으로써 격려를 받으려는 계획을 세워놓고 있었지만, 편지를 쓸 이 시점까지는 아직 그렇게 하지 못하였는데, 내 생각으로는 아마 그 이유 하나만으로도 그는 특별히 감사하게 생각했을 것이다.

내 개인 이야기를 하자면, 내가 전한 메시지나 말씀을 하나님께서 쓰셔서 다른 사람으로 하여금 그리스도를 믿게 하시는 일이 종종 일어나는데, 그럴 때 나는 격려를 받는다. 그리스도의 번영을 위해서 무슨 일을 하고 있을 때 나는 격려를 받는다. 그러나 다른 곳에서 다른 사람의 사역으로 하나님께서 복 주시는 일이 발생할 때 나는 특별히 격려를 받고 두 배나 힘을 얻는다. 왜 그럴까? 그것은 나 혼자 사역을 하고 있지 않음을 뜻하기 때문이다. 다른 병사들도 이 영적 전쟁에 참여하고 있으며 승리가 한분이신 우리의 진정한 지휘관의 강한 손에 있다는 뜻이기 때문이다. 나는 사도 바울의 생각도 이와 같았으리라고 확신하며, 그렇기 때문에 로마 그리스도인들을 그처럼 자랑스럽게 생각했으리라고 확신한다. 그는 어려울 때에 이들 그리스도인들을 알고, 이들의 믿음이 "온 세상에" 전파되고 있음을 아는 것만으로도 분명히 위로를 받았을 것이다.

믿음 : 핵심 조항

로마 그리스도인들의 명성이 지닐 만한 가치가 있었던 마지막 이유는 다른 재능이나 덕이 아닌 믿음이 삶의 본질적인 조항이었기 때문이다. 문제되는 것은 예수 그리스도께 대한 믿음이다. 지식은 좋은 것이며 기독교는 지식을 아주 중요하게 여긴다. 선행도 필요하며 선행 없이는 개인이 구원받았다고 믿을 만한 정당한 이유가 없다. 성령의 열매 ― 사랑, 희락, 화평, 오래 참음, 자비, 양선, 충성, 온유, 절제(갈 5 : 22-23) ― 도 우리가 생각할 수 있는 것이다. 그러나 핵심적인 것은 믿음 ― 그리스도를 주와 구주로 믿는 믿음 ― 뿐이다. "믿음이 없이는 기쁘시게 못하나니…"(히 11 : 6)라고 성경은 가르치기 때문이다. 믿음이 없이는 의롭다 함을 받을 수 없다.

나는 이 점에서 우리가 과연 바울과 동일한 정신을 가졌는지 의심이 든다. 이것이 과연 우리가 다른 그리스도인의 사역과 증거를 평가하는 방법인가?

내 생각으로는 우리의 평가 방법은 다르다. 우리는 먼저 **크기 기준**으로 다른 사람의 사역을 평가한다는 게 내 생각이다. 어떤 교회의 교인수가 만 명이라는 말을 들을 때, 교인수가 천 명인 교회에 대해서 들을 때보다 열 배나 놀란다. 교인수가 열 명인 교회에 대해서 들을 때는 어떤 반응을 보일까? 불을 보듯 뻔하다. 나는 대형 교회들을 반대하지 않는다. 훌륭한 교회들이라고 생각한다. 나는 대형 교회들은 작은 교회들이 할 수 없는 일들을 해낼 수 있다고 종종 말했다. 예를 들면, 전문화한 기독교 사역을 할 수 있고, 소수의 교인들에게 구체적인 관심을 쏟을 수 있는 소그룹 활동을 운용할 수 있다. 더욱이 대형 교회들은 캘리포니아 남부의 몇몇 대형 교회들처럼 강력한 강해 사역의 결과로 세운 경우가 종종 있고, 엄청난 규모의 한국 교회들처럼 교인들의 강한 믿음과 경건의 결과로 세운 경우도 종종 있다. 그러나 단지 교인수가 작다는 이유만으로 작은 교회는 하나님께 은혜를 입지 못했다거나, 신실하거나 강한 증거를 하지 못하고 있다고 생각해서는 안 된다. 예를 들어 중국의 가정 교회들은 어떻게 생각해야 하는가? 남아프리카 공화국의 투쟁하는 교회들은 어떠한가? 교인수가 증가하는 것에 하나님께 감사할 수 있지만, 특히 더 감사해야 할 것은 강한 믿음이다.

오늘날 우리 그리스도인들은 무엇 때문에 알려져 있는가? 강한 믿음 때문인가? 우리 믿음은 바울 당시의 로마 교회의 믿음처럼 온 세상에 전파되고 있는가?

또한 우리는 사업계획서 기준을 보고서 기독교 사역을 평가한다. 사업계획서의 내용이 많으면 많을수록 훌륭하게 여긴다! 아니면 독창적일수록 더 훌륭하게 여긴다. 특히 교인들 중 누군가 그것을 책으로 쓸 수 있다면 더 좋게 여긴다! 사업계획서에 대해서도 나는 반대하지 않는다. 올바른 사업계획서는 교인들을 올바로 목회하기에 유익하다. 그러나 그것이 교회들을 평가하는 적절한 방법인가? 사업계획서가 하나님의 복을 증명하는가? 대답은 여러분이 잘 알 것이다. 1세기 유아기의 로마 교회가 사업계획서를 많이 가지고 있었다고 생각하지 않으며, 우리가 사업계획서라고 말하는 그런 류의 것은 아예 가지고 있지 않았다고 생각한다. 그러나 로마 교회는 유명한 교회였고, 실제로 그러했다. 본질적인 것, 즉 믿음 때문에 알려졌기 때문이다.

우리는 믿음 때문에 알려져 있는가? 사람들이 우리더러 "저 사람들은 하나님과 예수 그리스도를 참으로 신실하게 믿는구나" 하고 말하는가?

우리들은 또한 큰 예산과 큰 건물에 감명을 받는다고 나는 생각한다. 애석하게도 거의 모든 사람들이 그러하다. 예산과 건물에 대해서도 나는 반대하지 않는다. 재정에 허덕이는 상태로는 가치있는 기독교 사역을 해낼 수 없고, 적절한 집회 장소가 없으면 중요한 활동이 크게 제약을 받는다. 루마니아 같은 나라들에서조차 교회 건물들을 철거하는 것이 공산정권의 주요 관심사였다. 하지만 예산과 건물에 적절한 관심을 기울이는 것은 예산 규모가 얼마나 큰가, 아니면 교회 건물이 얼마나 크고 현대적인가 하는 것에 기초하여 사역을 평가하는 것은 사뭇 다르다. 바울 당시의 로마 교회는 가정집들에서 집회를 가진 듯하다. 그럼에도 그 교회는 믿음이 온 세상에 퍼진 훌륭한 교회였다.

우리는 그런 믿음으로 알려져 있는가? 아니면 다른 그리스도인들이 우리에게 해줄 수 있는 최선의 말이라는 것이 우리 교회의 예산이 수십 억 대라든가 웅장한 교회당을 갖고 있다는 것인가?

본질적인 것은 교인수도 사업계획서도 아니고, 예산도 건물도 아니라, 믿음이다. 우리는 믿음으로 "모든 이론을 파하며 하나님 아는 것을 대적하여 높아진 것을 다 파하고 모든 생각을 사로잡아 그리스도에게 복종케"(고후 10 : 5) 한다. 사도 요한은 이렇게 말했다 : "대저 하나님께로서 난 자마다 세상을 이기느니라"(요일 5 : 4).

내게는 필라델피아 제십장로교회가 이렇게 알려졌으면 하고 기원하는 게 있다. 제십장로교회가 하나님께서 성경으로 우리에게 말씀하신 바를 믿고, 실제 생활중에 그 안에서 발견한 대로 살려고 노력하는 사람들이 모인 교회로 알려지기를 바란다. 예수 그리스도께 대한 강한 믿음으로 소문난 교회, 교인들이 사랑과 담대함으로 그리스도께 대해 말하기로 소문난 교회가 되기를 바란다. 이론적인 시간이나 공간이 아니라 하나님께서 우리를 두신 필라델피아라는 도시에서, 예수님이 도시 문제들에 해답이 되시고 이곳에 사는 사람들의 문제에 정답이 되신다고 증명해 보이는, 믿음으로 유명한 교회가 되기를 바란다. 제십장로교회가 번영 속에서 뿐만 아니라 역경 속에서도, 칭찬을 받을 때 뿐만 아니라 박해를 받을 때에도 바위처럼 믿음에 견고히 서 있기를 바란다.

여러분과 여러분의 교회에게 너무 지나친 요구인가? 그렇게 생각하지 않는다. 합리적인 목표요 지닐 만한 명성이라고 생각한다.

● 각주 ●

1. Norman Vincent Peale, *The Power of Positive Thinking* (New York : Prentice-Hall, 1952), p. 99.

2. John R.W. Stott, *Your Mind Matters* (Downers Grove, Ill. : InterVarsity Press, 1972), pp. 35, 36.

3. Robert Haldane, *An Exposition of the Epistle to the Romans* (MacDill AFB : MacDonald Publishing, 1958), p. 38.

4. John Calvin, *The Epistles of Paul the Apostle to the Romans and to the Thessalonians,* trans. Ross MacKenzie (Grand Rapids : Wm. B. Eerdmans, 1973), p. 20.

5. D.M. Lloyd Jones, *Romans : An Axposition of Chapter 1, The Gospel of God* (Grand Rapids : Zondervan, 1985). pp. 179, 180.

8
항상 위해서 기도함
로마서 1 : 9-12

내가 그의 아들의 복음 안에서 내 심령으로 섬기는 하나님이 나의 증인이 되시거니와 항상 내 기도에 쉬지 않고 너희를 말하며 어떠하든지 이제 하나님의 뜻 안에서 너희에게로 나아갈 좋은 길 얻기를 구하노라.
내가 너희 보기를 심히 원하는 것은 무슨 신령한 은사를 너희에게 나눠 주어 너희를 견고케 하려 함이니 이는 곧 내가 너희 가운데서 너희와 나의 믿음을 인하여 피차 안위함을 얻으려 함이라.

이

로마서 강해를 준비하기 시작할 무렵 인근 교회에서 창립기념예배 설교를 부탁하면서 그 제목을 "종교개혁을 대대로 전수하자"라고 잡아 주었다. 과거에 설교해 본 적이 없는 주제였으므로 어떻게 해야 할지 확신이 서지 않았다. 그 문제를 생각하고 있을 때 하나님께서 말씀 두 구절을 생각나게 해주셨다. 첫째 구절은 누가복음 2장 후반에 있고, 둘째 구절은 사도행전 2장에 있다. 첫째 구절은 예수님께 관한 것이다 : "예수는 그 지혜와 그 키가 자라가며 하나님과 사람에게 더 **호감을 얻어 가시더라**"(눅 2 : 52, 한글개역성경, 사랑스러워 가시더라). 둘째 구절은 초대 기독교 교회에 관한 것이다 : "날마다 마음을 같이 하여… 집에서 떡을 떼며 기쁨과 순전한 마음으로 음식을 먹고 하나님을 찬미하며 또 온 백성에게 **호감을 얻으니**…"(행 2 : 46-47, 한글개역성경, 칭송을 받으니…).

이 두 절에서 큰 인상을 준 것은 **호감**이란 단어이다. 기독교를 어떻게 전달해야 할지를 보여 주는 통찰이었기 때문이다. 달리 표현하자면 "본"이라고 할 수 있다. 예수님은 자기를 보는 사람들이 순전함을 보고서 호감을 갖고 따르게 할 만큼 믿음의 본이 되셨다. 초대 교회도 마찬가지였다. 초대 그리스도인들은 신앙고백의 본을 잘 보여줌으로서 자기들을 바라보는 사람들에게 호감을 얻었다. 사도행전 2장의 그 문장에 바로 이어서 "… 주께서 구원받는 사람을 날마다 더하게 하시니라"(47절)는 문장이 나오는 게 그리 놀라운 일이 아니다.

그것이 하나님께서 사역자들을 훈련시키시는 방법이다. 그들은 선배 사역자들이 보인 사역의 본을 보며, 그것을 따른다.

그것이 하나님께서 복음전도자들을 만드시는 방법이다. 그들은 이미 사역에 참여한 사람들에게서 배운다.

그것이 하나님께서 교회들을 발전시키는 방법이다. 한 교회가 효과적인 사역의 본을 보이면, 다른 교회들이 그것을 보고 배우며, 자기들도 똑같은 일을 한다.

나는 그 방식으로 시작한다. 왜냐하면 여기서 우리가 다루는 주제가 기도이며, 기도에 관해서 보아야 할 가장 중요한 사실은 로마서 본문이 기도의 본을 보여 주는 것이기 때문이다. 본문은 효과적인 사역을 위한 "방법"을 가르치지 않는다. 오히려 사도 바울 자신의 기도 생활을 – 성장해 가는 로마 교회 그리스도인들을 위해 그가 드린 기도의 형태를 – 엿보게 하며, 따라서 우리 자신의 기도 형태 또는 기도의 결핍을 생각할 때 우리에게 본이 된다.

사역과 기도

본문에 관해서는 말하고 싶은 내용이 참으로 많은데, 그중에 첫째는 이러한 내용이다 : 강한 기도 생활은 주님을 위한 열정적이고도 뜨거운 사역과 조금도 어긋나지 않는다.

물론 이 말은 불필요한 것인지도 모르나, 우리는 그 둘을 나누어 생각하는 경우가 많다. 어떤 사람은 사역에 부름을 받는다. "기도 부대"라고 하면 믿음은 강하지만 왕성하게 "일할" 능력은 없는 노부인들을 종종 생각한다. 아니면 입원해 있거나 몸져 누워있으므로 "오직" 기도밖에 할 수 없는 사람들을 생각한다. 물론 이 말에 오해하고 싶지는 않다. 아마 이런 상황들 때문에 기도라는 특별한 사역을 받은 사람들이 있음을 인정한다. 더 나아가 만일 여러분이 몸져 눕거나 겉으로 그리스도의 사역을 적극적으로 할 수 없게 되었을 경우에는 다른 사람들을 위해서 기도하는 데 더 많은 시간을 보내기를 권장한다. 활동력을 잃은 많은 분들이 나를 위해 기도해 주신다. 나는 체리오 그리들리(Cherrio Gridley)라는 여인을 생각한다. 이 분은 몇 년 전 공장에서 사고로 불구자가 되었는데, "바이블 스터디 아워"(The Bible Study Hour)란 방송을 듣고서 나와 내 가정, 내 교회, 그리고 우리 사역을 위해 정기적으로 기도하게 되었다. 기도 부대가 필요하다. 그러나 그렇다고 해서 기독교 사역(어떤 류의 일이 됐든)에 적극적인 사람들이 반드시 하나님의 인도와 복을 위한 기도에 강하지는 않다는 뜻은 아니다.

여기서 바울의 본이 도움을 준다. 사도행전의 관련 기록들에서 그의 생활을 알게 되며, 그가 서신서들에서 자기에 관해 말한 내용들에서 부가적인 통찰들을 얻는다. 그는 개척 선교사로서, 예수 그리스도의 복음이 들어가지 않은 지역에 들어가서 사역하였다. 그러는 동안 로마 세계의 많은 부분들을 전도하게 되었다.

그의 수고는 시리아에서 로마에까지 이어졌다.

그는 사막들을 건너고 큰 산들을 넘었다.

걷기도 하고 배도 타면서 여행하였다.

자주 매질을 당했고, 한 번 돌에 맞았으며, 여러 번 옥에 갇혔다.

파선도 당하였다.

그는 어디서든 교회를 세우고 확고히 틀을 다져놓은 뒤에는 언제나 그곳 신자들과 연락을 유지하면서 문제들을 잘 처리할 수 있도록 도와주었다. 한 곳에서는 그들에 관한 염려로 "매일 눌린다"고 말한다.

그만큼 괴롭힘을 많이 당한 사역자는 없었다.

그만큼 많은 짐을 진 사역자는 없었다.

그럼에도 바울은 강하고 꾸준한 기도 사역의 본이었다. 본문에서 그는 로마 교회 – 성장하고 있던 많은 교회들 가운데 한 교회이자 자신이 방문한 적이 없는 교회 – 를 "항상" "쉬지 않고" 기억했다고 말한다. 바울의 말이 과장일까? 나는 그가 과장하고 있다고 생각하지 않는다. 실제로 항상 기도했다고 생각하며, 이 점에서는 마르틴 루터, 존 칼빈, 조나단 에드워즈, 그밖에 유능한 기독교 사역자들이 그렇게 기도했다. 루터는 하루에 할 일이 너무 많아서 매일 아침에 하나님 앞에 3~4 시간 무릎을 꿇지 않으면 그 일을 해낼 수 없었노라고 말했다.

기도는 열정적인 사역과 모순되지 않는다. 오히려 로버트 홀데인(Robert Haldane)이 말한 대로, "기도와 사역은 함께 진행되어야 한다. 사역 없는 기도는 하나님을 조롱하는 것이요, 기도 없는 사역은 하나님께로부터 영광을 탈취하는 것이다. 이 둘이 결합할 때까지 복음은 본격적으로 성공을 거둘 수 없을 것이다."[1]

기도와 하나님을 향한 사역

이와 같이 우리는 바울의 본에서 뿐만 아니라 다른 사람들의 삶에서도 기도가 열정적인 기독교 사역과 조금도 모순되지 않는다는 사실을 본다. 그와 정반대이며, 이것이 두 번째 점이다 : 기도는 당연히 기독교 사역을 지향한다.

이 점에서도 사도 바울은 우리의 본이다. 기독교 사역에 참여하면서도 그것을 올바른 방법으로 해내지 않는 사람들의 예들을 생각할 수 있다. 그들은 세상의 결과들만 빚어내는 세상의 방법들을 사용하든가, 아니면 목표가 순수히 기독교적이라기보다는 세속적인 듯이 보인다. 이 장에서 바울이 자신의 기도 생활에 관해서 말하는 내용을 볼 때, 바울의 경우는 그렇지 않았다. 그는 자신의 사역에 관해서 기도하였고, 하나님께서는 그 기도를 들으시고 바울의 사역이 영적 방법으로 영적 목적을 위해 이루어지도록 인도하셨다.

1. 바울의 사역은 진실한, 즉 전심을 기울인 것이었다. 9절에 관한 옛 번역본들(한글개역 성경도 포함하여)은 헬라어를 문자적으로 옮겨 "내 심령으로 섬기는"(whom I serve with my spirit)이라고 한다. 그러나 NIV는 본문을 "내 전심으로 섬기는"(whom I serve with my whole heart)이라고 의역하는데, 이것이 정확한 번역인 듯하다. 초점은 바울이 자기 영혼을 사용하여 하나님을 섬겼다는 데 있지 않다. 물론 현대어 번역 성경들 중에서 그렇게 번역하는 성경도 있긴 하지만 말이다 : "내가 영혼의 겸손한 섬김을 드리는"(NEB). 오히려 바울이 자기 존재의 깊은 곳에서부터 – 즉, 전심으로 – 하나님을 섬겼다는 뜻이다. 뜻이 얼마나 명확하게 살아나는가! 많은 사람들이 그리스도를 섬긴다고 하지만 모두가 전심으로

하는 것은 아니다. 많은 사람들이 그 일에 게으르다. 많은 사람들이 주님보다는 사람들을 만족시키려고 힘쓴다. 바울은 이런 사람들을 잘 알았다. 그들을 가리켜서 "… 가증한 자요 복종치 아니하는 자요 모든 선한 일을 버리는 자니라"(딛 1 : 16) 하고 말했다. 그러나 바울은 달랐다.

무엇이 바울로 하여금 그런 함정들에 빠지지 않도록 지켜 주었는가? 틀림없이 그가 하나님과 맺은 관계였을 것이다. 끊임없고 열정적인 기도로 지속된 관계 말이다. 그가 기도로 하나님께 구하면, 하나님께서는 주 예수 그리스도를 전심으로 섬길 능력을 주셨다.

2. 바울의 사역은 복음 중심적인 것이었다. 이것이 바울의 자기 사역에 관해 말하는 두 번째 사항이다. 이 일은 "그(하나님)의 아들의 복음"(9절)을 전파하는 가운데 이루어졌다. 물론 우리는 복음에 관해서 안다. 복음을 알리는 것이 우리의 과제인 것을 안다. 그러나 이 중요한 일 대신에 다른 많은 일들이 끼어든다는 것은 참으로 놀라운 일이며, 그런 까닭에 우리의 사역은 복음 중심적인 것이 되지 못한다. 애초부터 그렇게 되려는 사람은 없다. 적어도 처음에는 복음을 전파하거나 알리려는 목적을 가지고 다른 과제들을 사용한다. 그러나 그 과제들이 독특한 성격과 일정을 띠며, 결국 그것으로 끝난다. 어떻게 하면 이러한 일탈에서 벗어날 수 있는가? 대답은 기도이다. 기도는 우리의 관심을 하나님과 복음에 맞추며, 그것은 이 편지 서두에서 분명히 드러나듯이 바울에게서도 뚜렷하다.

내 개인의 경험으로는 기도가 내게 해준 것은 다름아닌 그 일이었다. 기도는 내 관심을 재정돈하여서 하나님의 시각으로 사물들을 다시 보게 해주었다. 이런 일이 발생할 때는 내 인생에서 아주 괴로운 몇 가지 일들이 하찮게 되어 사라졌다.

3. 바울의 사역은 다른 사람들을 위한 것이었다. 이 점은 바울이 로마 그리스도인들을 위해서 드리는 기도에서 가장 분명하게 나타난다. 그는 그들의 삶에 복이 되기 위해서 그들과 함께 있게 되기를 기도해 왔다고 말하기 때문이다. 여기서는 세 가지 중요한 사상이 차례로 열거되는데, 그중 첫 번째가 기도이다. 첫째, 바울은 로마 그리스도인들을 만나볼 수 있게 해달라고 기도했다. 둘째, 그들에게 영적인 복을 주기 위해서 그들을 만나볼 수 있게 해달라고 기도했다. 셋째, 그들에게 영적인 복을 전해주고 그로써 신앙에 힘을 불어넣어 줄 수

있기 위해서 그들을 만나볼 수 있게 해달라고 기도했다. 바울은 어떤 방법으로 복을 전해주겠다고 제안했는가? 대답은 분명하다. 다른 사람들에게도 그랬듯이, 그들에게도 전심으로 복음을 전함으로써 복을 전해주겠다고 했다.

　여기서도 기도가 얼마나 중요한가를 봐야 한다. 그것을 보려면 그리스도인들이 다른 사람들을 섬기려는 의욕을 자주 잃는다는 것을 인식해야 한다. 그들은 여러 가지 방법으로 의욕을 잃는다. 비판이 섬기려는 의욕을 감퇴시킨다. 우리를 칭송하고 감사하게 생각하는 사람들보다는 비판하는 사람들을 섬기기가 훨씬 더 어렵다. 피곤도 의욕을 감퇴시킨다. 너무 지치면 섬길 기운이 없고, 어쩔 수 없이 다른 사람들보다는 자기 자신을 더 생각하게 된다. 죄도 다른 사람들을 섬기려는 의욕을 파괴한다. 죄는 올바른 동기와 의욕을 주는 원천이신 하나님과의 관계를 단절시키기 때문이며, 우리 자신에 관심을 집중시키기 때문이다. 죄는 이타적이라기보다는 이기적이다. 이런 요인들과 그밖에 다른 요인들이 우리가 그리스도의 상속자들로서 서야 할 자리에서 끌어내린다.

　무엇이 우리로 하여금 목표에 충일하게 해줄까? 이런 시험들에 걸려 넘어지지 않게 해주는 한 가지가 기도이다. 기도는 비판으로 받는 부당한 억압을 극복하게 해준다. 기도는 기운을 써야 할 데에 바로 쓰도록 방향을 잡아줌으로써 쉬이 지치지 않게 해준다. 기도는 지친 가운데서라도 해야 할 일을 할 수 있도록 힘을 불어넣어 준다. 기도는 시험에 빠지지 않게 해준다.

시련과 시험이 있습니까?
어딘가 고통이 있습니까?
좌절하지 마세요.
기도로 주께 맡기세요!
이렇게 신실한 친구가 다시 있을까요?
누가 우리 모든 슬픔에 함께할까요?
예수님이 우리 모든 약함을 아시니
기도로 주께 맡기세요.

약한 몸이 무거운 짐에 눌려 있습니까?

걱정으로 시달리고 있습니까?

귀하신 구주, 지금도 우리의 피난처시니

기도로 주께 맡기세요!

친구들이 당신을 경멸하고 버립니까?

기도로 주께 맡기세요!

주께서 팔로 당신을 안고 보호해 주시리니

그곳에서 위로를 찾을 것입니다.

조셉 스크리븐(Joshep Scriven), 1855

(한글통일찬송가 487장, '죄짐 맡은 우리 구주'로 번역됨)

강하고 효과적인 기도

본문의 세 번째 논지는 기도가 사역을 효과적으로 만들어 준다는 점이다.

이해력이 있는 사람은 여기서 바울이 로마를 방문하기 위해서 기도하지만, 그리고 그 기도가 참으로 고상한 것이긴 하지만, 아직까지 이렇다할 응답을 받지 못하였다는 사실을 관찰할 수 있다. 바울은 로마에서 멀리 떨어져 있었다. 로마에 있는 신자들이 무척 보고 싶고 (11절) 여러 번 찾아갈 계획을 세웠어도(13절) 찾아갈 수가 없었다. 이 글을 쓸 당시 로마로 가는 도중에 있었던 것조차 아니다. 그렇다고 치자! 우리 기도도 그런 경우가 종종 있다. 그러나 만일 그렇다면 기도하는 사람이 강한 사람이라거나, 기도가 기도하는 사람의 사역을 효과적으로 만들어 준다고 어떻게 정직하게 말할 수 있을까? 눈여겨 봐야 할 몇 가지 사실들이 있다.

첫째, 바울은 로마에 가서 그곳의 신자들을 직접 섬기는 것을 유일한 기도 주제로 삼지 않았다. 실제로 그가 말한 내용은 이러하다. (1) 기도할 때 그들을 항상 기억한다는 것. (2) 마침내 그들에게 갈 수 있는 길이 열리도록 기도한다는 것. 바울이 항상 그들을 기억하고서 기도할 때 로마 교회에 관해서 무엇을 기도했겠는가? 그들에게 안전히 갈 수 있게 해달라는 게 전부는 아니었을 것이다. 아마 그런 것과는 대체로 무관했을 것이다. 오히려 바울은 그들이 믿음에 장성하고, 사단의 간계와 공격에서 지키심을 받고, 온갖 타락과 악이 난무하는 제국의 대수도에서 복음을 효과적으로 전할 수 있게 되기를 기도했음직하다. 이런 기도들이 응답을 받았는가? 우리는 그런 줄로 안다 왜냐하면 바울은 로마 교회의 믿음이 온 세상에 전파되고 있다고 말하기 때문이다.

여러분이라면 다른 사람을 위해 기도할 때 하나님께서 **여러분**을 쓰셔서 그 기도를 이루어 주시지 않는다는 이유로 응답을 받지 않았다고 생각하는가? 하나님께서는 마음대로 쓰실 수 있는 무한한 방법을 갖고 계시다. 다른 사람들의 사역을 쓰셔서 여러분의 기도에 응답해 주실 수도 있다.

둘째, 바울은 로마로 가는 일이 열리도록 기도했을 때, 본인의 말대로 그 문이 "하나님의 뜻 안에서"(10절) 열리기를 기도했다. 즉, 바울은 먼저 하나님의 뜻이 이루어지기를 기도했고, 그 다음에 자기가 로마로 갈 수 있도록 기도했다. 그는 자기가 로마로 가는 것이 자기 생에 대한 하나님의 명확한 뜻일 경우에만 그곳에 가기를 원했다. 그 증거가 필요한가? 바울이 자기 계획을 가로막고 있는 것에 순순히 받아들이는 태도가 바로 그 증거이다. 바울이 매우 역동적인 사람이었고, 계획을 세웠으면 그것을 이루기 위해서 모든 힘을 다 기울였을 것임을 기억해야 한다. 더욱이 바울의 입장에서 로마 여행 계획은 그냥 스쳐가는 공상이 아니었다. 그가 이 일을 얼마나 중요하게 여기는지를 우리는 이미 살펴 보았다. 그러나 이 점을 보지 못했더라도, 15장의 여러 곳에서 자신이 로마에 가기를 간절히 원하고, 로마 교회의 지원을 받아 그곳에서 서바나로 가서 하나님의 말씀을 전하게 되기를 원한다고 말하면서 그 문제를 다시 부각시킨다. 틀림없이 바울은 로마 제국 이끝에서 저끝까지, 예루살렘에서 다시스까지 복음을 전하고 싶어했다. 그럼에도 계획이 가로막혔을 때 그에게서 짜증이나 좌절의 흔적을 찾아볼 길이 없다. 정반대로 그는 자기 생애에 대한 하나님의 뜻에 감사히 복종하고, 지체하게 된 것조차 가치가 있음을 인정하였다. 연기된 상황이 다른 아무 유익을 주지 않았다손 치더라도, 그리스와 아시아의 사람들에게 좀더 복음을 전할 시간을 갖게 된 것만큼은 분명하다.

셋째 – 이 점은 놓쳐서는 안 된다 – 바울은 결국 로마에 도착했다. 자기가 정한 때에 도착한 것이 아니었고, 자기가 정한 방법으로 도착한 것도 분명히 아니었다. 그렇지만 그곳에 **도착했고**, 하나님께서는 그를 **쓰셔서** 로마의 많은 사람들을 만나게 하셨다. 빌립보서에서 그는 자기가 옥에 갇혀 있을 때 복음이 시위대 안에 두루 퍼졌다고 말한다. 그리고 우리는 다른 자료들을 통해서 십자가의 메시지가 결국 정부의 상류계층에까지 전달되었다는 사실을 안다. 바울의 기도가 응답을 받았는가? 물론 그렇다. "… 의인의 간구는 역사하는 힘이 많으니라"(약 5 : 16).

기도가 사물을 – 또는 사람을 – 변화시키는가?

이 부분에서 여러분에게 보이고 싶은 마지막 사항이 있다. 기도는 예수 그리스도를 위한 적극적인 사역과 모순되지 않을 뿐만 아니라, 그 사역을 지향하고 효과있게 만든다. 기도는 기도하는 사람까지도 변화시켜서 하나님께서 자기 목적을 성취하는 데 쓰실 수 있는 사람이 되게 한다.

바울의 경우가 그러했다. 성격상 그는 특별히 관대한 사람이 아니었다. 적어도 내게는 그렇게 보인다. 초기에 그는 잔인한 사람이었다. 자기와 견해가 다른 사람들을 죽였다. 그리스도인이 된 뒤에도 옛날 성격이 되살아난 때가 있었다고 나는 확신한다. 예를 들어 요한 마가 문제로 바나바와 다투었다. 그럼에도 이 편지에서는 얼마나 관대한가! 로마를 방문하고 싶은 뜻을 적으면서 그 목적을 "… 무슨 신령한 은사를 너희에게 나눠 주어 너희를 견고케 하려 함이니"(11절)라고 밝힌다. 그러나 이 말을 마친 즉시 마치 자기가 로마의 신자들보다 우월하다는 듯이 자기를 그들 위에 세우지 않기 위해서 이런 말을 덧붙인다 : "이는 곧 내가 너희 가운데서 너희와 나의 믿음을 인하여 피차 안위함을 얻으려 함이라"(12절). 기도로 인생이 바뀌고 하나님께 크게 쓰이고 있는 사람의 면모를 엿보여 주는 말이다.

사람들은 때로 "기도가 사물을 변화시킵니까? 아니면 기도가 사람을 변화시킵니까?" 하고 묻는다. 좋은 질문이다. 그리고 대답은 "둘 다 변화시킵니다"일 것이다. 기도는 사물을 바꿔준다. 하나님께서 기도에 응답하시고 기도 때문에 상황을 자주 바꾸어 주시기 때문이다. 야고보는 "… 너희가 얻지 못함은 구하지 아니함이요"라고 함으로써 이 점을 지적한다 (약 4 : 2).

반면에, 나는 하나님께서 기도를 사용하여 **우리를** 훨씬 더 자주 변화시키신다고 확신한다. 기도를 통해서 우리를 하나님 앞에 세우시고, 우리 눈을 여셔서 영적인 실체들을 보게 하시며, 하나님의 관점을 우리의 관점으로 만들어 주시기 때문이다.

캘리포니아 팔로 알토에 있는 페닌슐라 바이블 교회의 저명한 목사 레이 스테드먼(Ray C. Stedman)는 그의 책 「내 아버지와 나누는 대화」(Talking to My Father)에서 선교사 부부의 이야기를 한다. 이 부부는 평생 아프리카에서 사역을 한 뒤 배를 타고 미국으로 돌아가고 있었다. 테디 루즈벨트가 대통령으로 있던 때였는데, 우연히도 루즈벨트가 그 배에 타고 있었다. 아프리카에서 사냥을 하고 돌아오는 길이었다. 대통령이 배를 타고 떠날 때에 대단한 환송 행사가 있었다. 군악대가 연주를 하였고, 유명인사들이 모습을 나타냈으며, 군중이 대통령을 보고 인사하려고 운집하였다. 배가 미국에 도착했을 때에는 더욱 성대한 행사가 열렸다. 루즈벨트는 갈채를 받았고, 정부 요인들이 그를 맞으러 나왔다.

선교사 부부에게는 아무도 관심을 보이지 않았다. 노선교사는 크게 실망했다. 두 사람은 몸도 다 망가졌고 받을 연금도 없었다. 당시에는 많은 연금을 받는 사람이 없었다. 부부는 갈 곳이 없어서 두려웠다. 노선교사는 아내에게 "참 공평하지 못하군요" 하고 말했다. "우리는 평생 하나님을 섬겼는데, 고향에 돌아오니 단 한 사람도 우리를 맞으러 나오지 않았어요. 우린 돈도 없고, 갈 곳도 없어요. 하나님께서 세상을 운영하신다면 이렇게 불공평한 일을 왜 그대로 두실까요?"

아내는 이렇게 말했다. "그러지 말고 침대에 가서 하나님께 말해보세요."

선교사는 그렇게 했고, 잠시 후에 나왔을 때 그에게는 큰 변화가 있었다. 아내가 말했다. "여보, 기분이 좀 나아지지 않았어요?"

"그렇군요" 하고 대답한 선교사는 이렇게 말을 이었다. "하나님께 기도하면서 세상이 왜 이렇게 불공평하냐고 말씀드렸지요. 대통령은 그렇게 성대한 환영을 받는데 우리는 아무 것도 받지 못한 것이 참 속상하다고 말씀드렸지요. 단 한 사람도 우리를 맞으러 나오지 않았으니 말이에요. 그러나 기도를 마치고 나니까 마치 주님이 내 어깨를 만지시면서 '그러나 너는 아직 고향에 돌아오지 않았다'(But you are not home yet) 하고 나직하게 말씀하시는 것 같았어요."[2]

참 옳은 말이다. 우리가 하고 있는 일을 아주 정확하게 바라본 관점이다. 그러나 이 사실을 보고 그런 태도로 사는 것은 오직 기도로 하나님과 사귐을 갖고, 그분을 의뢰하는 법을 배우며, 고향에 갈 날을 기다릴 때에야 비로소 가능하다.

● 각주 ●

1. Robert Haldane, *An Exposition of the Epistle to the Romans* (MacDill AFB : MacDonald Publishing, 1958), p. 40.

2. Ray C. Stedman, *Talking to My Father : What Jesus Teaches About Prayer* (Portland : Multnomah Press, 1975), pp. 25, 26.

9
응답받지 못한 기도
로마서 1 : 13

형제들아 내가 여러 번 너희에게 가고자 한 것을 너희가 모르기를 원치 아니하노니 아는 너희 중에서도 다른 이방인 중에서와 같이 열매를 맺게 하려 함이로되 지금까지 길이 막혔도다.

교회 다니는 사람치고 어린 아이가 성탄절에 자전거를 선물로 받게 해달라고 기도했다는 이야기를 모르는 사람은 거의 없다. 그의 집은 가난했으므로 성탄절 아침이 되었어도 자전거는 생기지 않았다. 그런 일에 별로 민감하지 않았던 한 이웃이 그 어린 아이에게 "자전거를 갖게 해달라는 네 기도를 하나님께서 들어주시지 않았구나" 하고 말했다.

어린 아이는 대답하기를, "예, 들어주시지 않았어요. 안 된다고 대답하셨어요"라고 했다.

우리는 '아니오'도 '예'와 마찬가지로 대답이라는 것을 알고 있다. 그러나 나는 그 어린 아이의 기도 이야기가 기도 문제의 정곡을 찔렀다는 생각이 들지 않는다. 자전거를 받는 것은 좋은 일일 수 있지만, 꼭 필요한 일은 아니다. 영적인 일도 아니다. 우리는 대개 자전거 같은 것들 - 더 나은 직장, 더 많은 돈, 사업의 성공, 또는 개인 문제 해결 - 을 위해 기도할 때 꼭 '예' 라는 대답만을 기대해야 할 이유가 없다는 것을 이해한다. 하나님께서는 우리가 구하는 것을 주실 수 있지만, 주시지 않을 수도 있다. 이 점을 우리는 인정한다. 그러나 진정으로 영적인 것을 구하는 기도들의 경우는 어떠한가? 이기심이 없는 (아니면 적어도 그렇게 보이는) 기도들의 경우는 어떠한가? 이런 기도들이 응답받지 못할 때 어떤 일이 생기는가? 기도에 관한 어려운 점은 바로 여기에 있으며, 이런 이유에서 기도 문제로 고민하는 사람이 – 얼른 예상되듯이 – 처음 기도하는 사람들이 아니라 교회의 성숙한 성도들인 이유도 바로 여기에 있다. 경건한 사람들이 그 문제로 힘겹게 씨름한다.

그래서 어떤 일이 생기는가? 불행하게도 어떤 사람들은 기도에 관해 숙명론적인 태도를 갖는다. 오스왈드 샌더스(J. Oswald Sanders)는 다음 말로 이 문제를 지적했다 : "기도에 관해서 숙명론자가 되기가 쉽다. 응답받지 못한 이유를 찬찬히 생각하기보다 응답받지 못한 자체를 하나님의 뜻으로 간주해 버리기가 쉽다."[1]

사도의 기도

로마서 1장에 기록된 바울의 기도는 바로 이 문제에 최상의 예가 된다. 왜 그것이 좋은 예가 되는가?

첫째, 사도가 드린 기도이기 때문이다. 물론 바울이 사도였다는 사실이 그에게 죄가 없었다는 뜻은 아니다. 바울의 모든 기도가 영적인 것이었다는 뜻도 아니다. 그는 서신서들을 쓸 때는 성령의 감동을 받았지만, 기도할 때는 그렇지 않았다. 실제로 그가 이방인 교회들의 선물을 가지고 예루살렘을 방문할 작정을 하고서 하나님의 뜻을 구한 것이 그 한 가지 예라고 나는 믿는다. 누가는 사도행전에서 그 일을 기록하는데, 그 기록에 따르면 하나님께서는 바울이 예루살렘에 가는 것을 원치 않으셨고, 그가 그곳에 간 뒤에도 주님께서는 그에게 나타나사 "속히 예루살렘에서 나가라…"(행 22 : 18)고 말씀하셨다. 그럼에도 바울은 떠나지 않았고 결국 체포되었다.

바울은 사도의 한 사람으로서, 죄가 없지 않았다. 그럼에도 그는 사도였으며, 그것은 어떤 것을 말해준다. 그런 사람이 적어도 한 번 이상 기도에 긍정적인 응답을 받지 못하였다는 것은 의미심장하다.

둘째, 바울의 기도는 정당한 기도였다. 나는 앞에서 로마서 1 : 8-12가 기도에 관한 신학적 해석을 제시한다는 뜻에서의 기도에 관한 논문이 아니라고 썼다. 그것은 기도의 모범이다. 게다가 그것은 정당한 기도였다. 예수 **그리스도**의 **구속** 사역에 기초하여 **성부**께 드린 기도이며, 비록 바울이 명시하지는 않았지만 의심할 여지 없이 **성령** 안에서 드린 기도였다. 바울은 기도와 관련하여 에베소서 2 : 18의 한 문장에 성삼위 하나님을 모두 언급한다 : "이는 저〔예수 그리스도〕로 말미암아 우리 둘〔유대인들과 이방인들〕이 한 성령 안에서 아버지께 나아감을 얻게 하려 하심이라."

세 번째로 기도에 관하여 볼 중요한 사항은, 바울의 기도가 의로운 일을 위한 기도였다는 점이다. 바울은 자기 명성이나 개인의 안위만을 증진시켜 줄 어떤 것을 위해 기도할 수도 있었다. 즉, 이기적인 마음으로 기도할 수도 있었다. 그러나 본문에서 보다시피 그렇게 하지 않았다. 바울은 로마로 가기를 기도했는데, 그 목적은 (1) "무슨 신령한 은사를… 나눠 주어" (2) 로마의 신자들을 "견고케" 하려는 것이었다(11절). 달리 말해서, 그는 로마 신자들의 영적 성장과 열매 맺는 일을 도와주고 싶었다.

이것은 매우 가치있고 영적인 동기였다. 그럼에도 이미 말했듯이 바울에게는 로마로 가는 길이 막혔다. 긍정적인 기도 응답을 받지 못한 것이다.

바울은 적어도 여기서는 왜 로마로 가고자 한 뜻이 가로막혔는지 설명하지 않는다. 다만 이렇게 말할 뿐이다 : "형제들아 내가 여러 번 너희에게 가고자 한 것을 너희가 모르기를 원치 아니하노니 이는 너희 중에서도 다른 이방인 중에서와 같이 열매를 맺게 하려 함이로되 지금까지 길이 막혔도다"(13절) 나는 바울이 기도 응답을 받지 못한 이유를 설명할 수도 있었다고 확신하며, 그 이유는 아마 여러 가지 였으리라고 생각한다. 그러나 그는 그렇게 하지 않았으며, 그 사실은 우리로 하여금 왜 그와 같은 기도들 – 우리가 최선을 다해 드린 기도를 포함하여 – 이 응답받지 못하는지를 생각해 보도록 추론의 문을 열어놓는다.

우리의 생각과는 달리 꼭 필요한 일이 아닐 수도 있다.

왜 정당한 기도가 응답을 받지 못하며, 그런 데서 무엇을 배울 수 있는 지 몇 가지를 제시하고 싶다. 첫째, 기도 응답을 받지 못하는 것은 우리가 기도하는 것이 우리 생각처럼 꼭 필요한 것이 아님을 하나님께서 가르쳐 주시는 방법일 수도 있다. 매우 중요한 사실이기 때문에 다시 한번 말한다. 기도 응답을 받지 못하는 것은 우리가 기도하는 것이 우리 생각처럼 꼭 필요한 것이 아님을 하나님께서 가르쳐 주시는 방법일 수도 있다.

이것은 바울의 경우에 분명했다. 그렇지 않은가? 바울은 로마 그리스도인들을 섬기고 견고케 할 목적으로 로마를 방문케 해달라고 기도하고 있었다. 그러나 이 의욕이 아무리 고상한 것이었더라도, 로마에 있는 신자들이 그 없이도 믿음 생활을 잘 해나가고 있었던 것도 틀림 없는 사실이다. 실제로 그들은 사도나 저명한 스승 없이도 잘 해나가고 있었다. 바울은 그들의 견고한 믿음이 온 세상에 전파되고 있다고 기록할 때 이 사실을 증거한다(8절). 물론 이 점에서 오해가 없어야 한다. 만일 바울이 로마 방문을 허락받았다면, 그곳 그리스도인들에게는 크나큰 복이 되었을 것이라고 나는 확신한다. 더욱이 그들도 바울의 가르침을 필요로 했음이 분명하다. 하나님께서 바울을 시켜 지금 우리가 배우고 있는 이 편지를 그들에게 쓰게 하셨기 때문이다. 우리도 목사들, 교사들, 다른 교회의 지도자들을 필요로 한다. 요지는 바울이 당시든 훗날에든 로마의 그리스도인들에게 유익을 줄 수 없었다는 게 아니라, 그 일에 꼭 필요하지는 않았다는 것이다. 하나님께서는 바울 개인의 사역 없이도 얼마든지 이 교회에 복을 주고 번성케 하실 수 있었다.

하나님께서 바울을 로마로 보내기를 거절하신 것이 사실일지라도, 바울 자신이 그 일에서 위와 같은 사실을 배워야 했다는 뜻은 아니다. 그러나 우리는 그것을 자주 배워야 한다. 내가 이 말을 하는 이유는 좋은 기도라고 하는 대부분의 기도들 – 이기적이거나 무지하거나 정욕으로 구하는 기도들 말고 선량한 기도들 – 이 자아를 중심에 두고서, 만일 하나님께서 응답해 주실 요량이면 반드시 우리를 대리인으로 쓰셔야 한다는 생각을 품고 있다고 판단되기 때문이다.

기도 응답을 받지 못하는 데서 한 가지 배울 것이 있다. 그것은 다른 사람들을 통해서 이루어지는 하나님의 사역이 잘 되기를 기도하는 법을 배우는 것이다. 몇년 전 서비스매스터 회사(the Servicemaster company)가 주최한 경영자 훈련 과정에서, 좋은 경영이란 "적절한 일들을 다른 사람들을 통해서 이루어지도록 하는 것"이라고 배웠다. 이것은 기도에도 그리 나쁜 정의는 아니다. 적어도 우리가 자주 실천해야 할 만한 일이다.

중국에서 사역한 대선교사 허드슨 테일러(Hudson Taylor)는 사역 초기에 기도의 이러한 기능을 배웠다. 그는 "아무에게든지 아무 빚도 지지 말라"(롬 13 : 8)는 말씀을 문자 그대로 받아들였고, 그리스도인들은 심지어 기독교 사역에서조차 빚을 져서는 안 된다고 믿었다. 그래서 재정적인 필요가 발생할 때는 하나님께 그것을 채워달라고 기도했다. 이것은 영국에서 신앙 고아원들을 세운 조지 뮬러(George Mueller)에게서 배운 교훈이었다. 테일러가 중국에 머문지 오래 되지 않았을 때, 중국의 11개 성(省)과 몽고에 각각 2명의 선교사(모두 24명)를 파송하는 문제로 기도할 마음이 생겼다. 그에게는 그들을 재정 지원할 방법이 없었으므로 기도밖에 충분한 자금 마련을 위한 뾰족한 방법이 없었다. 그들을 파송할 만한 변변한 단체조차 없었다. 그러나 테일러는 이 일을 위해서 기도했고, 하나님께서는 응답하셨다. 처음에는 원래 계획대로 24명의 선교사들을 파송할 수 있었고, 다음에는 중국내지선교회(the China Inland Mission)의 후원을 받아 후발로 중국에 들어온 수천 명의 선교사들을 파송할 수 있었다. 당시에 중국내지선교회의 발전은 큰 화젯거리였다.

이 사역에 테일러가 필요했던가? 어느 정도는 그러하다. 그의 기도가 필요했다. 그러나 그는 하나님의 복을 중국의 여러 성들에 직접 전달하는 매체는 아니었다.

다른 일을 하기를 바라심

정당한 기도가 응답받지 않을 수도 있는 두 번째 이유는 하나님께서 우리에게 다른 일을 하기를 바라시기 때문이다. 하나님께서 그 대사도를 일찌감치 로마로 보내지 않은 것은 주로(아마 유일하게) 이런 이유에서였던 것으로 보인다. 로마서 15장에서 바울은 자기가 멀리 떨어진 이방 도시들에서 사역한 것을 이사야 52 : 15를 성취한 것으로 말한다 : "… 그들이 아직 전파되지 않은 것[즉, 예수님]을 볼 것이요 아직 듣지 못한 것을 깨달을 것임이라." 그런 다음 예기치 않게 이런 말을 덧붙인다 : "그러므로 또한 내가 너희에게 가려 하던 것이 여러 번 막혔더니"(22절). 그가 로마 그리스도인들에게 가지 못했던 것은 아시아와 그리스 사람들에 대한 사역 때문이었으며, 그렇기 때문에 그는 하나님께서 길을 막으셔도 짜증을 내지 않았다. 로마에 가는 일이 지체되는 이유가 다른 곳의 기독교 선교를 위한 것임을 알았다. 우리도 이 점을 배우고, 그로써 만족할 줄을 알아야 한다. 몇 가지 예를 들겠다.

보수가 시원치 않아서 다른 직업을 찾으려 애쓰는 사람이 있다. 그는 주님께 현재 직업에 만족하지 않으며, 자기 생각에 하나님께서 주신 은사들을 사용하고 있지 못하며, 진보도 없으며, 아무 것도 성취하는 게 없다고 아뢴다. 그 내용이 다 옳을 수도 있다. 현재의 직업이 도대체 마음에 들지 않는 것일 수도 있다. 그러나 하나님께서는 새로운 직업을 주시지 않는다. 왜 그럴까? 우리는 그 이유를 구체적으로 말할 수 없으나, 아마 하나님께서는 아직도 그 사람을 써서 이 직업에서 하시려는 일이 있을는지도 모른다. 그가 이 사실을 보거나 믿지 못할지라도 말이다. 도와줘야 할 다른 직장 동료가 있을는지도 모른다. 해결해야 할 도덕적인 문제가 있을는지도 모른다. 복음을 듣고 예수 그리스도께 인도를 받아야 할 사람이 있는지도 모른다.

아직 결혼을 하지 못했으나 결혼을 하기를 바라는 여인이 있다. 이 여인은 하나님께 나아가, 결혼하면 훨씬 더 행복할 것이고, 직업을 가질 생각은 없으며(다른 많은 여인들은 그렇지 않을지라도), 혼자 늙고 싶지 않다고 말씀드린다. 모두 정당한 소원들이다. 그렇지만 하나님께서는 그 기도를 긍정적으로 대답해 주시지 않는다. 왜 그럴까? 하나님께서는 독신인 그 여인을 통해서 하시려는 일을 갖고 계실는지도 모른다. 독신 그리스도인으로서 관리자, 간호사, 교사, 사업가, 비서 등의 일을 하기를 바라실는지도 모른다.

하나님께 무엇을 구했는데 긍정적인 응답을 받지 못한다면, 현 상태에서 여러분이 할 수 있는 일을 구하고 그 일에 전념해 보라. 여러분이 궁극적으로 구하는 것을 하나님께서 주실 수 없다는 뜻이 아니라, 현 상태에서도 여러분은 선한 일을 계속 해갈 수 있다는 뜻이다.

영적 전쟁

한동안 기도 응답을 받지 못하는 다음과 같은 세 번째 이유는 가장 이해하기가 어렵다. 여러분과 내가 의식하지 못하는 영적 전쟁이 있을 수 있다. 성경에는 이에 해당하는 예들이 있다. 바울은 "너무 자고하지 않게 하시려고 내 육체의 가시 곧 사단의 사자를 주셨으니"(고후 12 : 7)라고 말한다. 그리고 그것이 자기에게서 떠나기를 세 번 기도했으나, 하나님께서는 "내 은혜가 네게 족하도다. 이는 내 능력이 약한 데서 온전하여짐이라…"(9절) 하고 대답하셨다. 두 번째 예는 다니엘이다. 그는 하나님께 무엇을 구했으나 3주 동안 응답을 받지 못했다. 마침내 응답을 받았을 때, 그 응답을 전해 준 천사가 설명하기를, 다니엘이 기도를 시작했을 때 하나님께로부터 응답을 받아가지고 길을 떠났으나, "바사국(國) 군(君)"이라고 하는 영적 존재에게 저항을 받는 바람에 늦었다고 했다. 다니엘은 천사장 미가엘의 도움을 받아 결국 기도 응답을 받을 수 있었다(단 10 : 1-14).

영적 전투들은 우리 눈에 보이지 않기 때문에 우리에게는 신비스런 일들이다. 그러나 영적 전투들은 엄연히 있으며, 그것을 알 필요가 있다. 우리 기도가 응답받지 못하는 데에는 그런 중요한 이유들도 있다.

기도가 사람을 변화시키는가?

앞 장에서 나는 "기도가 사물이나 사람을 변화시키는가?"라는 질문을 던졌다. 그리고는 "둘 다 변화시킨다"고 대답했다. 기도는 사물(또는 상황)을 변화시킨다. 왜냐하면 기도란 하나님께서 사물을 변화시키기 위해서 마련하신 방법이기 때문이다. 나는 "… 너희가 얻지 못함은 구하지 아니함이요"라는 야고보서 4 : 2 말씀에 기초하여 그렇게 말한다. 기도가 사물을 변화시키지 못한다면, 기도에 관한 많은 약속들은 허위에 지나지 않는다. 자크 엘룰(Jacques Ellul)은 비록 과감하긴 하지만 아주 정확하게 말한다 : "역사를 만드는 것은 기도이며 오직 기도뿐이다…기도한다는 것은 미래로 가는 것이다. 그것이 가능하리라고 기대하는 것인 동시에, 그것을 역사로 보는 것이다."[2]

그러나 앞에서 지적한 대로, 기도는 (아마 주로) 사람도 변화시킨다.

이에 그 점으로 돌아가려고 한다. 왜냐하면 앞에서 말한 여러 가지 이유들 외에도, 하나님께서 기도에 응답하지 않으시는 한 가지 중요한 이유는 우리의 결핍에 있기 때문이다. 그러므로 기도는 상황을 변화시키기 **전에** 먼저 우리를 변화시켜야 한다. 우리의 결핍이란 무엇인가? 우리는 어떤 점에서 변화해야 하는가?

1. **자백하지 않은 죄.** 성경에는 하나님께서 기도를 들어주시겠다는 구절보다는 듣지 않으시겠다는 구절들이 더 많은데, 응답받지 못하는 기도를 다루는 주요 구절들 가운데 하나는 죄에 관련된다. 이사야는 이렇게 썼다 : "여호와의 손이 짧아 구원치 못하심도 아니요 귀가 둔하여 듣지 못하심도 아니라. 오직 너희 죄악이 너희와 너희 하나님 사이를 내었고 너희

죄가 그 얼굴을 가리워서 너희를 듣지 않으시게 함이니"(사 59 : 1-2). 하나님께서 여러분의 기도에 응답하지 않으신다면 – 특히 기도 중 하나도 응답하지 않으신다면 – 여러분이 해야 할 일은 여러분이 어떤 죄를 품고 있는지를 묻는 일이다. 만약 죄를 품고 있다면 자백하여 완전히 사함을 받고 깨끗이 씻음을 받아야 한다.

2. **그릇된 동기.** 다음과 같은 야고보의 말은 이 점을 지적한다 : "구하여도 받지 못함은 정욕으로 쓰려고 잘못 구함이니라"(약 4 : 3). 영적인 일들을 구하는데도 잘못 구할 수 있을까? 물론 그렇다. 여인이 남편을 회심케 해달라고 기도할 수 있는데, 그러나 그릇된 동기를 가지고 기도할 수 있다. 남편의 유익을 위해서가 아니라, 즉 남편이 지옥에서 구원을 받아 현세에서 하나님과 사귐을 갖도록 하기 위해서가 아니라, 남편이 그리스도인이면 더욱 좋을 것 같아서, 또는 다른 그리스도인들이 자기를 더 좋게 생각할 것 같아서 구할 수도 있는 것이다.

목사도 잘못된 동기들을 가지고 기도할 수 있다. 예를 들면 부흥을 위한 기도가 그러하다. 어떻게 기도하면 그렇게 되는가? 부흥을 구하되, 주로 사람들이 구원을 받도록 하기 위해서가 아니라, 자기 교회가 성장하기 시작하고 다른 목사들로부터 유능한 교사와 전도자로 인정받기 위해서 구하면 그렇게 된다. 토리(R.A. Torrey)는 「기도의 능력과 능력의 기도」(The Power of Prayer and the Prayer of Power)에서, 부흥하여 교회를 잃지 않게 되기를 기도하는 한 목사 이야기와, 성령 세례를 받으면 보수를 더 많이 받을 것으로 생각하고서 성령 세례 받기를 기도하는 다른 목사 이야기를 한다.[3]

그릇된 동기들을 가지고 기도하고 있다면, 하나님께 바른 태도로 기도할 수 있게 해달라고 기도하여 변화를 받아야 한다.

3. **게으름.** 엘리야가 비가 오지 않기를 "간절히" 기도했더니 3년 6개월 동안 비가 오지 않았다고 성경은 말한다(약 5 : 17). 엘리야에게는 기도가 중대한 관심사였다. 우리 기도가 응답 받지 못하는 한 가지 이유는 기도를 정말로 진지하게 생각하지 않기 때문이다.

4. **너무 바쁜 생활.** 때로는 너무 바빠 "간절히" 기도할 시간이 없다. 그러나 누가 말했듯이,

"기도할 시간이 없을 정도로 바쁘면 도에 지나치게 바쁜 것이다." 우리는 모두가 하루에 똑같은 시간을 배당받는다. 기도할 시간이 없을 정도로 바쁘다고 한다면, 그렇게 바빠하고 있는 일을 기도보다 더 중요하게 여기고 있다는 말이다. 이것은 성경적으로 잘못된 생각이다.

5. **마음 속에 있는 우상들.** 이스라엘 장로들 몇몇이 에스겔과 함께 기도하기 위해서 찾아왔다. 그러나 주께서는 에스겔에게 이렇게 말씀하셨다 : "이 사람들이 자기 우상을 마음에 들이며 죄악의 거치는 것을 자기 앞에 두었으니 그들이 내게 묻기를 내가 조금인들 용납하랴"(겔 14 : 3). 우상이 여러분의 기도를 응답받지 못하게 막고 있는가? 그 우상이 사람인가? 남자친구인가? 여자친구인가? 아내인가? 남편인가? 자녀들인가? 직업인가? 생활 방식인가? 사회적 지위인가? 사회적 명성인가? 자아상인가? 여러분은 무엇보다도 "성공해 보겠다"고 결심했는가? 하나님 앞에 다른 무엇을 두는 것은 우상숭배이다. 이것은 보나마나 기도를 가로막는다.

6. **구제에 인색함.** 잠언 21 : 13은 "귀를 막아 가난한 자의 부르짖는 소리를 듣지 아니하면 자기의 부르짖을 때에도 들을 자가 없으리라"고 말한다. 달리 말하자면, 가난한 자에게 구제하지 않는 사람은 하나님께 무엇을 구해도 받지 못한다는 말씀이다. 예수님의 말씀을 들어보자 : "주라. 그리하면 너희에게 줄 것이니 곧 후이 되어 누르고 흔들어 넘치도록 하여 너희에게 안겨 주리라. 너희의 헤아리는 그 헤아림으로 너희도 헤아림을 도로 받을 것이니라"(눅 6 : 38). 뜻이 아주 명확한 말씀이다. 토리(Torrey)는 이렇게 썼다 : "이 구절에서 하나님께서는 우리가 다른 사람에게 은덕을 베푸는 양만큼 우리에게 은덕을 베푸신다고 말씀하신다. 어떤 사람은 구제하는 데 아주 인색하기 때문에 하나님께서도 그에게 복을 주시는 데 아주 인색하실 수밖에 없다."[4]

많은 그리스도인의 영적 생활은 "인색"이란 한 단어로 쓸 수 있다. 그들은 하나님께서 자비하심으로 구원하셨음을 알고서 관대한 마음으로 시작했다. 그러나 하나님께서 자기들의 생활에서, 또는 다른 성도들의 생활에서 하고 계신 일들에, 또는 자기들의 교회가 진행되어 가는 방식에 비판적인 생각을 갖게 되었다. 그래서 돈을 꼭 쥐고 있었다. 하나님께서도 더 이상 주지 않으셨다! 부(富)의 증가가 그쳤다. 하나님께서 더 많은 자산으로 맡기실 수 없었기 때문에 그들은 그냥 그 수준에 머물렀다.

7. 불신. 기도 생활에서, 그리고 변화가 가장 시급한 분야에서 실패하는 가장 큰 이유는 불신이다. 야고보는 당시 사람들에게 이렇게 말했다 : "오직 믿음으로 구하고 조금도 의심하지 말라. 의심하는 자는 마치 바람에 밀려 요동하는 바다 물결같으니 이런 사람은 무엇이든지 주께 얻기를 생각하지 말라"(약 1 : 6-7). 하나님의 말씀을 분명히 믿지 않으면서 어떻게 기도 응답을 받을 수 있을까? 그러고도 기도 응답을 받지 못하는 것이 이상한가?

기도하되 포기하지 말라

가설적인 상황을 소개하면서 이야기를 맺는다. 어떤 사람이 오랫 동안 무엇을 간절히 구했는데도 응답을 받지 못했다. 앞에서 본 대로, 긍정적인 응답이 지연되는 데에는 하늘에서 우리 죄나 불신에 대한 영적 전쟁이 있기 때문이라는 이유말고도 여러 가지 이유들이 있다. 그럴 때는 어떻게 해야 할까? 효과도 없는 기도로 하늘의 놋문을 계속 두드리고 있어야 할까? 아니면 하나님께서 거절하셨다고 체념해야 할까? 기도를 중단해야 할까?

대답은 예수님의 끈질긴 과부 비유에서 찾을 수 있다. 누가는 이 비유를 기록하면서 "항상 기도하고 낙망치 말아야 될 것…"(눅 18 : 1)을 가르친다. 기도는 우리를 변화시킬 수 있다. 역사를 변화시킬 수 있다. 그러나 어느 경우든 부단히 기도해야 한다.

바울은 부단히 기도했고, 결국 로마에 갔다.

조지 뮬러도 계속 기도했다. 뮬러가 청년이었을 때 세 명의 불신자 친구들이 있었다. 그는 친구들을 위해서 기도했다. 60년이 넘도록 매일 기도했다. 그 기도가 응답받지 않은 것처럼 보였다. 그러나 응답을 받았다. 그들 중 두 명은 뮬러가 죽기 직전에 회심하였는데, 그 중 한 명은 아마 뮬러가 드린 마지막 예배 때 회심한 듯하다. 나머지 한 친구는 뮬러의 장례식이 끝난 지 1년 안에 회심하였다. 여러분은 기도 응답을 받지 못하고 있는가? 그것이 응답받지 못한 채 남아 있을 것이라고 누가 장담하겠는가? 장담하지 못할진대 항상 기도하고 낙심하지 말아야 한다.

● 각주 ●

1. J. Oswald Sanders, *Effective Prayer* (Chicago : Moody Press, 1969), p. 19. (Original edition 1961).

2. Jacques Ellul, *Prayer and Modern Man,* trans. C. Edward Hopkin (New York:Seabury Press, 1970). p. 132.

3. R. A. Torrey, *The Power of Prayer and the Prayer of Power* (Grand Rapids:Zondervan, 1955), pp. 194,197.

4. Ibid, p. 210.

10

온세상을 위한 온전한 복음
로마서 1 : 14-15

헬라 인이나 야만이나 지혜 있는 자나 어리석은 자에게 다 내가 빚진 자라 그러므로 나는 할 수 있는 대로 로마에 있는 너희에게도 복음 전하기를 원하노라.

이 장의 제목은 두 부분으로 되어 있다 : (1) 온전한 복음, (2) 온 세상. 그러나 둘째 부분에 대부분의 지면을 할애하겠다. 이 부분에서 새로운 개념은 "온전한 복음"이 아닌 "온 세상"이기 때문이다. 복음에 관해서는 이미 로마서 서론에서 상당히 배웠고, 공부를 해가면서 더욱 배우게 될 것이다. 실제로 **로마서**는 모든 성경 중에서 "온전한 복음"을 가장 훌륭하게 기록한 책이다. 이 장에서 내가 강조하고 싶은 점은 이 완벽한 복음이 모든 사람을 위한 것이라는 점이다.

본문은 바울 개인의 경험에 비추어 이 복음을 설명한다. "헬라인이나 야만이나 지혜 있는 자나 어리석은 자에게 다 내가 빚진 자라. 그러므로 나는 할 수 있는 대로 로마에 있는 너희에게도 복음 전하기를 원하노라."

사실상 복음은 언제나 모든 사람들을 위한 것이었다. 톰 호플러(Thom Hopler)는 타문화권 전도 문제를 탁월하게 다룬 자신의 책 「다른 세상 : 문화 장벽을 넘어서 그리스도를 따르기」(A World of Difference : Following Christ Beyond Your Cultural Walls)에서 성경 전체를 훑어가며 위 사실을 증명한다. 복음이 최초로 아담과 하와에게 동시에 선포되는 창세기 3장에서부터 이미 복음이 남자와 여자 모두를 위한 것임을 보게 된다(창 3 : 15). 다니엘서에서는 복음이 박해받던 유대인들 뿐만 아니라 두려운 바벨론 사람들까지도 위한 것임을 발견한다. 예수 그리스도는 니고데모같이 좋은 집안에서 태어나 좋은 교육을 받은 특권층 뿐만 아니라 "세리와 죄인들"에게도 복음을 가르치셨다. 요한복음 4장에서는 사마리아 여인에게 복음을 깨우쳐 주셨다. 훗날 사도 시대에 하나님께서는 베드로에게 복음이 유대인들처럼 의식적(儀式的)으로 "깨끗한" 사람들을 위한 것일 뿐만 아니라 고넬료같이 이방인들인 로마군대 장교들을 위한 것이기도 하다는 사실을 기억케 해주셨다. 그 때 베드로는 다음과 같은 선언으로 그 사실을 명확하게 해두었다 : "… 내가 참으로 하나님은 사람의 외모를 취하지 아니하시고 각 나라 중 하나님을 경외하며 의를 행하는 사람은 하나님이 받으시는 줄 깨달았도다"(행 10 : 34-35) 예수님은 사도행전에 기록된 지상명령에서 복음 선포의 지리적 영역을 보여 주셨다 : "오직 성령이 너희에게 임하시면 너희가 권능을 받고 예루살렘과 온 유대와 사마리아와 땅끝까지 이르러 내 증인이 되리라"(행 1 : 8)[1].

그리스도인들이 이 사실을 얼마나 쉽게 잊어버리는가! 그들은 복음이 자기들 뿐만 아니라 다른 사람들을 위한 것임을 잊어버리거나 고의적으로 무시한다. 불신자들은 복음이 별종 인간들을 위한 것이라고 변명삼아 주장한다.

모든 곳의 지혜로운 사람들에게

로마서 1 : 14에서 바울이 복음의 대사로서 빚을 졌다고 말하는 맨 처음 사람들은 헬라인들로서, 그는 이들을 "비(非)헬라인들" 또는 좀더 직역을 한 번역 성경들에 따르면 "야만인들"(한글개역성경, '야만')과 대조한다.

이 문장에서는 두 번째로 "지혜있는 자"와 "어리석은 자"(또는 지혜롭지 못한 자)가 대조되는데, 이것은 첫 번째 대조 대상을 어떻게 이해해야 하는지를 암시한다. 바울이 헬라인들과 로마인들을 대조했다면 - 로마인들에게 편지를 하고 있기 때문에 그럴 가능성이 있다 -

헬라인들과 비헬라인들을 민족으로 구분한 것으로 이해해야 할 것이다. 만약 "지혜있는 자"와 "어리석은 자"를 언급하지 않은 채 "헬라인"과 "야만"을 대조하는 것으로 끝냈다면, 그 차이는 주로 인종적인 것이었으리라. 그러나 바울은 **지혜있는 자**와 **어리석은 자**란 단어들을 덧붙이며, 그로써 자신이 주로 생각하고 있는 것이 문화나 교육임을 보여 준다. 헬라인들은 그들의 언어 덕분에 과거의 위대한 역사, 서사시, 희곡, 그리고 무엇보다도 철학 저서들을 접하였다. 강력한 로마인들조차 이 언어를 통해서 교육을 받았다. 헬라 문화의 표준으로 볼 때 헬라어를 쓰지 않는 사람들은 학식이나 지혜가 있다고 볼 수 없었다.

그러므로 바울의 첫 번째 주장은 하나님께서 자기를 보내 선포하게 하신 복음이 이 세상의 지식인들을 위한 것이라는 내용이다. 복음은 헬라인이든 로마인이든 미국인이든, 아니면 대학 교수들 가운데 탁월한 지식인이든 지혜있는 자들에게 전해진 것이다.

여러분이 고학력자들이라면 복음은 여러분을 위한 것이다. 여러분에게는 이 고대 기독교의 복음이 필요하다. 학력 수준이 어떻든, 얼마나 지혜롭든, 여러분은 여전히 죄인이며, 여러분을 만드신 하나님께로부터, 장차 여러분의 많은 죄들을 직고해야 하는 그분에게서 떨어져 나가 있다. 여러분은 필멸의 존재들이고 장차 여러분은 죽을 것이다. 다른 사람들과 마찬가지로 여러분도 주 예수 그리스도와 함께 또는 그분 없이 영원한 세계에 들어갈 것이다.

이런 말을 하면 여러분이 어떻게 둘러대는지 나는 잘 안다. 나도 비슷한 학교들과 비슷한 대학에서 공부했기 때문이다. 학창 시절에 나는 여러 가지 변명들을 들었다. 여러분은 이렇게 말할 수 있다 : "사회학 시간에 종교들이란 모두 상대적이라고 배웠다. 종교들은 그것들을 태어나게 만든 문화적 세력들에 비추어 이해해야 한다. 여러분이 그리스도인인 이유는 다만 서양에서 종교개혁의 역사적 계보를 타고났기 때문이다. 만약 다른 곳에서 태어났다면 아마 불교 신자나 이슬람교 신자가 되었을 것이다." 물론 아주 옳은 말이다. 적어도 뒷부분은 정확하다. 그러나 문제는 여러분이나 내가 어디서 태어났느냐 하는 데 있는 것이 아니라, 하나님이 계시느냐(혹은 계시지 않느냐), 하나님이란 분이 기독교가 전파하는 그런 분이냐 하는 데 있다. 만약 하나님이 계시다면 분명히 어떤 특성을 갖고 계실 것이다. 모든 것이면서 동시에 아무것도 아닌 분이 아니다. 그분이 성경이 말하는 하나님이신가? 하나님이 과연 우리를 구원하시기 위해 자기 아들 예수 그리스도를 보내셨는가? 단순히 사회학적인 비교들만 가지고서 이런 질문들을 회피할 수 없다.

심지어 바울 당시에도 헬라인들은 그런 일을 하려고 노력하였다. 바울이 세계의 지적 수도인 아덴을 방문하여 예수 그리스도께 관해서 말했을 때, 헬라의 지식인들은 이 새로운 종교를 정중하게 즐겼다. 그들은 바울이 "외국 신들"을 선포하고 있다고 생각했다. 그러나 바울은 기가 꺾이지 않았다. 아무튼 참되신 하나님을 선포했다. "… 너희가 알지 못하고 위하는 그것을 내가 너희에게 알게 하리라"(행 17 : 23)고 말했다. 그리고 최후 심판에 관해서 말하고, 듣는 자들에게 죄를 회개하라고 명하는 것으로 연설을 마쳤다.

여러분도 그러해야 한다.

아마 여러분은 다른 방법을 가지고 복음에 담긴 뜻을 회피하려고 할 것이다. 기독교의 내용들이 주술적이거나 불합리하다고 생각하면서, 일부 아덴 사람들처럼 쉽게 배척해 버린다. 그리고 이렇게 항변한다. "오늘날 누가 기적을 믿을 수 있는가? 지식인치고 물위를 걷는 사람, 부활 따위를 믿을 수 있는 사람이 있는가?"

그러나 지식인들은 이런 일들을 **믿는다**. 오늘날 지식인들이 그러하며, 그들은 어느 시대나 그러했다. 게다가 그들은 지적이지 못한 사람들이 초자연적인 것을 배척한다고 확신한다.

"유식한" 반대를 또 한 가지 소개하겠다. 대학이나 대학원에서 종교학 강의를 선택하고 성경 자체를 비판하는 성경 관련 학문들에 관한 피상적인 지식들로 돌아설 만큼 충분히 알게 된 사람들이 있다. 그들은 "바울의" 구절들과 "베드로의" 신학에 관해서 말할 수 있다. 그런 내용들을 약간 알게 되었다는 이유만으로 자기들이 성경을 비판할 자리에 앉을 수 있게 되었다고 생각한다. "결국 바울은 한 사람의 남성 우월주의자에 지나지 않아"라거나, "만약 성경이 말하는 시대에 모세가 살았다면 모세오경을 기록하는 것은 말할 것도 없고 아예 쓸 줄조차 몰랐다"라고 말한다.

이런 비판적 이론들은 성경을 믿는 보수주의 신학자들에 의해 잘 논박되었는데, 그중 일부는 아주 결정적인 논박이었다. 그외에도 만약 정직하게 기독교에 관해 알고 싶다면, 왜 믿지 않는 교수에게 가서 기독교를 배우는가? 그것 자체가 회피가 아닌가? 참된 신앙은 한 때 여러분이 그리스도께 가도록 돕고 싶어하던 믿는 목사에게서 더 잘 배울 수 있지 않은가? 아니면 그렇게 오랜 세월을 여러분을 위해 기도해온 여러분의 어머니나 할머니에게서 더 많은 것을 배울 수 있지 않겠는가? 회의적인 태도가 정말 삶을 더 잘 이해하게 만들어 주었는가?

이 중요한 첫 번째 점을 다시 한번 말하고자 한다. 복음은 여러분을 위한 것이다. 여러분이 아무리 좋은 교육을 받고 아무리 높은 지적 능력을 갖고 있든 간에 말이다. 여러분의 지성과 교육은 큰 은사들이다. 그러나 그것들을 여러분에게 주신 이는 하나님이시다. 이런 은사들에 대해서 하나님께 감사하고 그분을 영화롭게 하는 데 그것들을 사용하지 않는다면, 지적 능력이 모자라는 사람들보다 더 큰 심판을 받아 마땅하다. 여러분에게는 구주가 필요하다.

사도 바울은 이스라엘의 종교 전승들 뿐만 아니라 헬라인들의 지혜까지 배우는 등 당대 최고의 교육을 받았다. 그는 로마 시민이기도 했다. 그러나 바울은 십자가에 못 박힌 하나님의 아들에 관한 복음만이 참된 지혜임을 배웠다. 그가 다음과 같은 글을 쓴 것은 한 중요한 헬라 도시에 사는 사람들에게 였다.

지혜 있는 자가 어디 있느뇨. 선비가 어디 있느뇨. 이 세대에 변사가 어디 있느뇨. 하나님께서 이 세상의 지혜를 미련케 하신 것이 아니뇨. 하나님의 지혜에 있어서는 이 세상이 자기 지혜로 하나님을 알지 못하는고로 하나님께서 전도의 미련한 것으로 믿는 자들을 구원하시기를 기뻐하셨도다. 유대인은 표적을 구하고 헬라인은 지혜를 찾으나 우리는 십자가에 못 박힌 그리스도를 전하니 유대인에게는 거리끼는 것이요 이방인에게는 미련한 것이로되 오직 부르심을 입은 자들에게는 유대인이나 헬라인이나 그리스도는 하나님의 능력이요 하나님의 지혜니라. 하나님의 미련한 것이 사람보다 지혜 있고 하나님의 약한 것이 사람보다 강하니라.

고린도전서 1 : 20-25

모든 곳에 있는 "평범한" 사람들에게

헬라인들은 헬라인이 아닌 사람들을 모두 "야만인"이라고 불렀다. 이들이 바로 바울이 복음에 빚졌다고 하는 두 번째 범주의 사람들이다.

"야만인"은 우리가 생각하는 것과는 달리 헬라인들에게는 그리 부정적인 어감을 갖고 있지 않았다. 이 단어는 사실상 언어 습관과 관련이 있다. 헬라인들은 "외국인들"이 말하는 것을 들을 때 그들이 말하는 게 마치 재잘대거나 더듬거리는 것처럼 - 가령, 바르, 바르, 바르 - 들렸기 때문이다. (야만인에 해당하는 헬라어 **바바로스**는 분명치 않은 말을 뜻하는 산스크리트어의 **바르베라**와도 관계된다.) 이처럼 야만인들이란 헬라어를 말하지 않는 사람들이었다. 그러나 그 단어가 우리 시대처럼 아주 부정적인 뜻을 갖고 있지 않긴 했어도 - 일부 "야만인들"은 문화 수준이 아주 높은 사람들이었다 - 그럼에도 어느 정도 그런 뜻을 담고 있었다. 헬라어는 교육받은 사람들의 언어였다. 역사, 서사시, 희곡이 헬라어로 씌었기 때문에, 야만인이 된다는 것은 이런 문화의 보고(寶庫)에서 단절되는 것을 뜻했다.

아마 여러분도 비슷하게 불이익을 당한 사람이라고 느끼는지도 모른다. 내 추측으로는 오늘날에는 사회의 본류에 참여해 있다고 느끼는 사람들보다 본류에서 단절되었다고 느끼는 사람들이 더 많다.

교육 기회가 부족했기에 단절감을 느낄 수도 있다. 참 많은 사람들이 대학을 나왔으나 여러분은 대학을 나오지 못했다. 그들이 읽고 토론한 책들을 여러분은 읽지 못했을 수도 있다. 지식인들이 쓰는 현학적인 전문 용어들(buzz words) - 가령 "현학적"이라는 말 자체나 "계면"(界面, interface), 또는 "실존적"(實存的, existential) 같은 말들 - 을 들으면 마음이 편지 못하다. 여러분은 교육받은 사람들처럼 말을 잘 하지 못한다. 아마 사투리를 쓰거나 문법에 실수가 많을 수도 있다.

인종 때문에 단절감을 느낄 수도 있다. 여러분의 인종 가운데 다른 사람들이 아무리 성공을 했어도 그런 단절감이 사라지지 않는다. 그들은 예외라고 생각한다. 여러분은 성공하지 못했고, 다른 인종에 속한 사람들이나 여러분의 인종에 속했더라도 크게 성공한 사람들을 생각하고서 자굴지심(自屈之心)에서 벗어나지 못한다.

여러분은 낮은 수입 때문에 단절감을 느낄 수도 있다. 수입이 적다는 사실이 여러분이 입고 있는 옷에, 함께 살고 있는 이웃에, 몰고 다니는 차에, 그리고 다른 많은 일들에 그대로 드러난다.

그밖에 이런저런 이유들 때문에 단절감을 느낄 수 있다. 그래서 세상이 "그리스도인들"이라고 부르는 사람들을 쳐다보고서 "저들은 **나와 같은** 사람들이 아니다. 나는 저들의 부류에 끼지 못한다. 기독교는 **저 사람들**의 종교이지, 내 종교는 아니다" 하고 말한다.

여기서 나는 20세기 교회의 가장 두려운 죄가 되어온 것에 대해 용서를 구하지 않을 수 없다. 많은 사람들이 신자들의 사귐에 적극 참여하지 못하고서 단절감을 느낀다. 복음이 사람들에게 들어가 그들을 변화시키는 데 성공하고, 새로운 차원의 기회들을 맞이하여 성취하게 함에 따라, 이러한 새로운 문화적 의미 - 여러분이 보아온 대로 - 를 갖게 되었다. 그리스도인들은 예수 그리스도께서 먼저 당대의 지식인들, 부자들, 유력한 시민들에게 가지 않으시고 언제 어디서 사는 사람이든 평범한 사람들에게 찾아가셨다는 사실을 자주 잊어버린다. 유력한 사람들은 이런 이유 때문에 예수님을 좋아하지 않았다. 그들은 예수님을 가리켜 주정뱅이들과 죄인들의 친구라고 불렀다. 그럼에도 불구하고 예수님께서 찾아가신 곳은 그런 곳이다. 그분의 친구들은 목수들, 어부들, 세리들, 그리고 먹고 살기 위해서 힘겹게 살아가던 사람들이었다. 예수님께서 죽으시고 부활하신 뒤 복음이 이스라엘의 경계를 넘어 전파되어 나가기 시작할 때, 복음이 가장 잘 들어간 곳은 노동자들 - 종종 노예들 - 사회였다.

기독교가 교육받고, 영향력 있고, 부유한 사람들만을 위한다는 인상을 준 그리스도인이 있다면, 나는 그를 대신하여 사과한다. 동시에 그런 잘못된 인상 때문에 예수 그리스도를 믿는 일을 포기하지 말라고 여러분께 권한다.

바울 당시에는 오늘날 대학 교육이라고 부를 만한 혜택을 받은 사람이 많지 않았다. 그러나 바울은 그렇게 교육을 받지 못한 사람들에게 쓰기를, 하나님께서 인간 지혜가 어리석은 것임을 드러내기 위해서 그들을 택하셨다고 한다 :

> 형제들아 너희를 부르심을 보라. 육체를 따라 지혜 있는 자가 많지 아니하며 능한 자가 많지 아니하며 문벌 좋은 자가 많지 아니하도다. 그러나 하나님께서 세상의 미련한 것들을 택하사 지혜 있는 자들을 부끄럽게 하려 하시고 세상의 약한 것들을 택하사 강한 것들을 부끄럽게 하려 하시며 하나님께서 세상의 천한 것들과 멸시받는 것들과 없는 것들을 택하사 있는 것들을 폐하시려 하시나니 이는 아무 육체라도 하나님 앞에서 자랑하지 못하게 하려 하심이라… 기록된 바 자랑하는 자는 주 안에서 자랑하라 함과 같게 하려 함이니라.
>
> 고린도전서 1 : 26-29, 31

모든 곳에 있는 종교적인 사람들에게

본문 로마서 1 : 14-15에서 바울은 복음이 필요한 사람들의 "범주들"을 헬라인들과 비헬라인들, 지혜 있는 자들과 어리석은 자들로 제한한다. 왜 이 점에서 멈추었는지 나로서는 모른다. 그러나 의미심장한 것은 바로 다음 절에서 유대인들과 이방인들을 구분하면서 또 다른 중요한 범주를 덧붙인다는 점이다(16절).

주로 이방인들이었던 로마인들을 염두에 두고서 그랬던 것 같다. 그러나 16절에서 자기 주장을 충분히 진술한 다음에 또다른 범주를 덧붙인 이유는 복음이 온 세상에 필요하다는 사실을 지적하기 위함이다.

바울이 구체적으로 유대인들을 거론할 필요를 느꼈다는 게 놀랍지 않은가? 복음은 나사렛 예수라는 유대인에 관한 것이다. 복음은 적어도 초기에는 유대인의 성경을 토대로 가르쳐졌다. 구약 성서는 유대인의 책이다. 사도들과 초기의 복음 전파자들은 모두 유대인들이었다. 그렇다면 왜 유대인들을 구체적으로 거론해야만 했을까?

대답은 유대인들 전체가 이방인들보다 훨씬 더 복음을 거절했다는 데 있다. 왜 그랬는가? 복음이 자기들의 강력한 종교 전승들에 맞지 않았기 때문이다. 복음은 그들이 옹호하는 바로 그 성경에 언약되었던 것이 사실이다. 그러나 그들은 성경에 자기들의 기대들을 부과하였고, 죄를 깨닫고 하나님께서 보내기로 약속하신 구주의 필요를 깨닫는 대신에 자기 의(自己義)를 세우려고 조정하였다. 그 결과 하나님께서 예수님을 보내셨을 때 그들은 예수님의 "독립적인" 정신에 분개하였고, 그분의 도덕적 완전함이 자기들의 깊은 죄를 드러내자 그분과 대립하였다.

오늘날도 예수 그리스도께서 전하시는 구원의 복음이 대부분 "종교적인" 사람들에 의해 거절당한다는 점에서 그 당시와 다를 바 없다. 모든 사람들 중에서 종교적인 사람들은 개인의 곤궁에 대한 의식을 거의 갖고 있지 않다. 특히 그들은 다른 사람들보다 자기들이 하나님의 표준에 도달하였고, 하나님께 칭찬을 받을 만하다고 생각한다. 자기들도 다른 사람들과 마찬가지로 죄인들이라고 가르치거나, 자기들도 구주가 필요하다고 가르치거나, 자기들도 단순한 믿음을 통해서 하나님께 나아가야 한다고 가르치면 분개한다. 그럼에도 예수님이 절실히 필요한 사람들이다.

여러분은 이런 사람들에 속하는가? 여러분의 종교 – 예수님이 없는 – 에서 안전을 느끼는가? 그렇다면 여러분은 어떠한 종교도, 심지어 기독교라도 여러분을 구원할 수 없음을 배울 필요가 있다. 오직 하나님만 여러분을 구원하실 수 있다.

하나님께서는 여러분을 위해 죽으신 자기 아들 예수 그리스도의 사역을 통해서 구원의 길을 마련해 놓으셨다. 그것이 복음이다. 그것이 여러분에게 필요한 것이다. 모든 사람에게 필요한 것이다.

모든 곳의 모든 사람들에게

바울은 헬라인들과 비헬라인들, 지혜 있는 자들과 어리석은 자들에게 자기가 빚진 자라는 말을 마친 다음에, "그러므로 나는 할 수 있는 대로 로마에 있는 너희에게도 복음 전하기를 원하노라"고 하면서 자신의 견해를 설명한다. "로마에 있는 너희"라고 말할 때, 그는 새로운 범주를 덧붙이는 게 아니다. 로마인들은 앞에서 거론한 헬라인들이나 비헬라인들, 지혜 있는 자들이나 어리석은 자들의 무리에 들기 때문이다.

로마 교회는 추론 가능한 모든 종류의 사람들을 포함하였고, 따라서 자체가 온 세상을 포괄하고 있었다. 그러므로 바울이 "로마에 있는 너희에게도 복음 전하기를 원하노라" 하고 말했을 때, 그 말은 사실상 "여러분이 누구든지 어디 속해 있든지 복음은 여러분을 위한 것이다" 하는 뜻이었다고 나는 생각한다.

나는 그 구절을 그런 뜻으로 여러분에게 소개한다.

여러분은 앞길이 구만리 같은 청년일지 모른다. 여러분은 원대한 계획을 가지고 있고, 그 계획에는 하나님께서 계실 자리가 거의 없을 수도 있다. 그렇다면 나는 복음이 여러분을 위한 것이며, 여러분은 다른 사람들과 똑같이 복음을 필요로 한다고 감히 말한다. 찰스 스펄전(Charles Haddon Spurgeon)은 어린이들과 대화를 나누면서 이런 말을 남겼다. "여러분은 아직 어리지요. 그러나 죄를 지을 만큼, 죽을 만큼 충분히 나이가 들었습니다." 이 말이 사실인 한 여러분에게는 구주가 필요하다.

여러분은 노인일지 모른다. 아주 연로한 노인일지도 모른다. 여러분은 인생이 거의 다 지나갔고, 위와 같은 결심은 어린 사람들이나 하는 것이라고 생각한다. 그러나 여러분에게는 복음이 특히 더 필요하다. 곧 여러분을 지으신 하나님 앞에 서게 될 것이고, 오랫 동안 살면서 지은 죄들을 낱낱이 아뢰어야 할 것이다. 여러분은 복음을 들었다. 하나님 앞에 서서 생전에 복음을 배척했고, 십자가에 못 박히신 하나님의 아들 주 예수를 통해 허락하신 은혜를 차버렸노라고 아뢸 것인가? 오늘이 여러분에게 구원의 날이 될 수 있다. 지금 하나님께 돌아서면 여러분의 마지막 여생이 평생 가장 중요하고 값진 것임을 발견하게 될 것이다.

여러분은 서구가 아닌 나라, 영어를 쓰지 않는 나라 사람일지 모른다. 미국에는 손님으로 와 있기 때문에, 또는 미국을 배우고 싶기 때문에 이 글을 부분적으로 이해할는지도 모른다. 지금 읽고 있는 내용이 미국 사람들에게나 해당되는 것이며, 배경이 다른 여러분에게는 해당되지 않는 것이라고 생각할는지 모른다. 나는 이 글이 여러분을 위한 것이라고 말한다. 이것은 한 분이신 하나님과 한 분이신 구주께 관한 복음이다. 이것은 이미 온 세상에 전파된 복음이다. 이것이 지금 여러분에게 전파되었다. 이제는 여러분이 예수님을 믿을 때이다.

여러분이 미국 사람일지도 모르며, 이른바 기독교 국가에서 태어났다는 이유만으로 이미 그리스도인이라고 생각하고 있는지도 모른다. 미국 사람이라는 사실이 여러분을 구원하지 못한다. 기독교 전승을 갖고 있거나 심지어 그리스도인 부모 밑에서 자라났다고 해서 구원을 받는 것도 아니다. 교회에 소속되어 있다고 해서 구원을 받는 것도 아니다. 복음이 필요하다. 예수 그리스도를 여러분의 주와 구주로 믿어야 한다.

복음은 필라델피아에서 사는 사람들을 위한 것이다. 뉴욕에서 사는 사람들을 위한 것이며 파리나 봄베이나 베이징이나 몸바사(케냐의 항구도시)나 보고타에서 사는 사람들을 위한 것이다. 여러분이 어떤 사람들이든지 여러분에게는 복음이 필요하다. 온 세상에 복음이 필요하다. 세상에 필요한 복음은 하나님께서 예수 그리스도의 속죄의 죽음을 통해서 죄인들에게 베푸신 은혜의 온전한 복음이다.

여러분이 그리스도인이 아니라면 이 말을 듣고 여러분의 주와 구주이신 예수 그리스도께로 나가야만 한다.

여러분이 그리스도인이라면 이 위대하고 좋은 소식을 다른 사람들에게 알려야 한다. 바울처럼 말이다.

● 각주 ●

1. Thom Hopler, *A World of Difference : Following Christ Beyond Your Cultural Walls* (Downers Grove, Ill. : Inter Varsity Press, 1981). Hopler는 이 책 중간 장들에서 성경 자료들을 개관한다.

● 제2부 ●

성경적 신앙의 핵심

11
편지의 주제
로마서 1 : 16-17

내가 복음을 부끄러워하지 아니하노니 이 복음은 모든 믿는 자에게 구원을 주시는 하나님의 능력이 됨이라. 첫째는 유대인에게요 또한 헬라인에게로다. 복음에는 하나님의 의가 나타나서 믿음으로 믿음에 이르게 하나니 기록된 바 오직 의인은 믿음으로 말미암아 살리라 함과 같으니라.

로마서 1장 16,17절에서는 이 편지에서 그리고 아마 모든 글을 통틀어 가장 중요한 문장들을 만나게 된다. 이 문장들은 이 편지의 주제이며, 기독교의 정수이다. 성경적 신앙의 핵심이다.

그러한 이유는 사람이 어떻게 하나님과 화목하게 될 수 있는가를 말하기 때문이다. 우리 스스로는 하나님과 화목하지 못하다. 이것이 바로 원죄 교리가 가르치는 요지이다. 우리는 하나님께 반역해 있다. 하나님께 반역해 있다면 하나님과 화목할 수가 없다. 정반대로 하나님께 심판을 받아야 한다. 더군다나 우리는 우리 죄로 오염되어 있다. 심한 병에 걸려 악취를 풍기는 사람이 다른 사람들에게 불결하게 보이듯이, 하나님 보시기에 우리는 아주 불결하며, 죽을 때는 그런 상태로 하나님 앞에서 영원히 추방당한다.

어떤 일이 이루어져야 하는가? 우리 측에서는 아무 것도 할 수 있는 일이 없다. 그렇지만 위에 인용한 본문에서 바울은 하나님께서 어떤 일을 하셨다고 말한다. 사실상 하나님께서는 아주 긴요한 일을 하신 셈이다. 우리에게 정말로 필요한 의(義)를 베푸셨다. 그것은 신적인 의며, 완전한 의다. 이 의는 의로운 행위들로 받는 게 아니라(행위로는 결코 그 의를 충분히 이룰 수 없다), 단순한 믿음으로 받는다. 하나님께서 우리에게 말씀하시는 것을 단순히 믿음으로써 받는다.

의인은 하나도 없다

다음 장에서는 로마서의 이 중요한 부분을 계속 공부하는 동안 바울이 왜 복음을 부끄러워하지 않았는지를 설명하겠다. 그러나 여기서는 이 두 절에 담긴 중요한 사상, 즉 복음 안에 하나님의 의가 나타났다는 사상과, 이 의는 믿음으로 받는다는(그리고 언제나 믿음으로만 받아왔다는) 사상을 집중해서 생각하고 싶다. 우선 우리가 이 의를 소유하고 있지 않다는 사실에서부터 시작한다.

우리가 진정한 의를 소유하고 있지 않다는 말에는 반대의 여지가 없다. 왜냐하면 바울은 이 점에서부터 정식으로 논의를 시작하기 때문이다. 즉, 바울은 16-17절에 담긴 자신의 논지를 진술한 직후에 1 : 18-3 : 20까지 계속되는 부분을 시작하는데, 이 부분에서 그는 사람들이 하나님 앞에 의롭기는커녕 아주 부패해 있고 따라서 하나님의 당연한 진노와 정죄의 대상들임을 증명한다.

나는 이런 방법으로 설명해 간다. 17절에서 바울은 "하나님의 의가 나타나서"라고 말한다. 그런 다음 3 : 21에서는 사실상 똑같은 말을 다시 한번 반복한다 : "이제는 율법 외에 하나님의 한 의가 나타났으니 율법과 선지자들에게 증거를 받은 것이라." "율법과 선지자들"은 앞에서 바울이 선지자 하박국의 말을 인용한 것에 해당한다 : "기록된바 오직 의인은 믿음으로 말미암아 살리라 함과 같으니라." 그러므로 1 : 17에서 바울이 도입한 내용은 3 : 21에서야 비로소 충분히 해석되기 시작한다.

그러면 그 중간 부분을 채우고 있는 내용은 무엇인가? 이 의가 없어서는 안 된다는 사실을 진술하는 내용으로서, 위 두 진술을 비교하되 신중히 대조해 가는 식으로 되어 있다. 바울은 이 부분을 시작하면서 의에 대한 계시를 언급하는 대신 다음과 같이 선언한다 : "하나님의 **진노**가 불의로 진리를 막는 사람들의 모든 경건치 않음과 불의에 대하여 하늘로 좇아 나타나나니"(18절, 고딕은 필자의 표기).

바울이 로마서 1 : 18-3 : 20에서 말하는 내용은 모든 사람들을 포괄한다. 그러나 그는 생각을 점진적으로 펼쳐간다. 우선 노골적으로 하나님을 대적하고 악한 사람들을 묘사한 다음에, 스스로 윤리적이라고 여기고서 자신의 선행을 가지고 하나님께 인정을 받으려는 사람들과, 스스로를 종교적이라고 여기고서 종교 행위를 가지고 하나님께 인정을 받으려는 사람들을 묘사해 간다.

모든 사람들에게 다 해당되는 한 가지 사실이 있다. 사람은 혼자 버려두면 이교의 생활 습관을 따르든지, 도덕적 우월성을 내세우든지, 자기 종교를 내세움으로써 참되신 하나님 을 배척하든지 한다는 것이다. 바울은 하나님께 관한 특정 사실들은 자연을 통해 모든 사람 들에게 계시되었다고 말한다. 그러나 사람은 그 계시에서 하나님을 배우고 그 결과 하나님 을 찾으려고 노력하는 대신에, 악한 생활 방식을 그대로 유지하기 위해서 하나님께서 주신 계시를 억누른다. 바로 이런 이유에서 하나님께서는 사람에게 진노하신다. 사람이 할 수 없 는 일을 하려고 하다가 실패했거나, 생판 모르는 것을 믿기를 거부했기 때문에 진노하시는 게 아니라, 갖고 있는 지식을 악함을 추구하기 위해서 거절했기 때문이다. 그러므로 바울은 이 부분의 말미에 가서는 구약 성서를 길게 인용하면서 아주 적절한 결론을 내린다 :

기록한 바
의인은 없나니 하나도 없으며
　깨닫는 자도 없고
　하나님을 찾는 자도 없고
다 치우쳐
　한가지로 무익하게 되고
선을 행하는 자는 없나니
　하나도 없도다.
저희 목구멍은 열린 무덤이요
　그 혀로는 속임을 베풀며
그 입술에는 독사의 독이 있고
　그 입에는 저주와 악독이 가득하고
그 발은 피 흘리는데 빠른지라.

> 파멸과 고생이 그 길에 있어
> 평강의 길을 알지 못하였고
> 저희 눈앞에 하나님을 두려워함이 없느니라.
> 로마서 3 : 10-18

자신을 이렇게 묘사하는 게 싫을 것이다(누가 좋아하겠는가?) 그러나 이것이 우리 부패한 삶과 문화에 대한 하나님의 정확한 평가이다.

하나님께로부터 나온 의(義)

어떠한 문학에서도 바울이 요약해 놓은 이 부분처럼 인류를 생생하고, 엄하고, 절망적으로 묘사해 놓은 것을 찾아볼 수 없다. 그럼에도 이 부분은 복음의 영광스러움을 한결 더 드러나게 하는데, "하나님의 의"(A Righteousness from God)가 나타난 것은 바로 이러한 인류의 배경이 있었기 때문이다.

이 점에 관해서 여러가지 중요한 점들을 볼 필요가 있다.

1. 이 하나님의 의는 주 예수 그리스도의 의다. 1 : 17과 3 : 21에서 바울은 의가 "예수 그리스도를 믿음으로 말미암아" 오는 것이라고 한다. 그러나 바울이 편지 서두에서(그리고 다른 부분에서) 말한 내용에 비추어 볼 때, 이것이 바로 하나님께서 우리에게 주신 그리스도의 의라는 점을 덧붙여 말하는 게 옳다. 의는 복음에 계시된다. 바울은 그렇게 말한다. 그러나 복음은 예수 그리스도께 관련된다(1 : 2-3). 그러므로 이 의를 지닌 분은 그리스도시며, 우리가 이 의를 배우고 받는 것도 그리스도를 통해서이다.

예수님은 두 가지 의미에서 의를 소유하고 계신데, 두 가지 모두 중요하다. 첫째, 예수님은 본래부터 의로우시다. 즉, 하나님이시기 때문에 절대 성결하시고 죄가 없으시다. 그렇기 때문에 육체로 계실 때 "… 내가 항상 그[즉, 하나님]의 기뻐하시는 일을 행하므로…"(요 8 : 29)라고 말씀하실 수 있었고, 대적들에게는 "너희 중에 누가 나를 죄로 책잡겠느냐…"(요 8 : 46) 하고 말씀하실 수 있었다. 이런 말씀들로 그들을 입다물게 만드셨다.

예수님은 땅에 계시는 동안 하나님의 율법에 순종하심으로써 완전한 의를 성취하셨다는 의미에서도 의로우시다. 예수님이 세례를 베풀어 달라고 요청하셨을 때 세례 요한이 "내가 당신에게 세례를 받아야 할 터인데 당신이 내게로 오시나이까"라고 말하자, 예수님은 "이제 허락하라. 우리가 이와 같이 하여 모든 의를 이루는 것이 합당하니라"고 대답하셨다(마 3 : 14-15). "모든 의"를 이루기 위해서 세례를 받는 것이 합당하다는 말씀으로써 자신이 우리들 가운데 살 동안 율법의 요구를 이루시려 한다는 뜻을 보이셨고 실제로 그렇게 하셨다. 마틴 로이드 존스(D. Martyn Lloyd Jones)는 이렇게 썼다 :

> 그분은 율법에 온전히 순종하셨다. 손톱만큼이라도 남김없이 지키셨다. 어떤 점에서도 실패하지 않으셨다. 하나님의 율법을 철저히, 완전히, 절대적으로 성취하셨다. 그것만이 아니다! 율법이 모든 죄에 대해서 규정해 놓은 형벌을 처리하셨다. 여러분과 나의 죄책을 짊어지셨고, 그 형벌을 받으셨다. 율법의 형벌이 그분께 적용되었고, 그로써 그분은 율법을 철저히, 적극적이면서도 부정적으로, 능동적이면서도 수동적으로 율법을 존중하셨다. 율법이 더 이상 요구할 수 있는 것은 없다. 그분은 그것을 모두 만족시키셨다.[1]

바울이 하나님의 의가 복음에 나타났다고 말할 때, 그 의미는 우리가 그 필요한 의를 어떻게 얻을 수 있는지를 복음이 보여 준다는 것이다. 그러나 이것은 이 의의 존재와 본성이 그리스도의 인격 안에서도 나타난다는 진리를 배제하지 않는다. 우리는 그리스도 안에서 의가 실제로 존재하며 하나님에 의해 우리에게 제시될 수 있음을 볼 수 있다.

2. 하나님께서는 사람 편에서 그 의를 얻기 위해서 노력할 필요 없이, 예수 그리스도의 이 의를 값없이 주신다. 물론 이것이 좋은 소식의 핵심이다. 하나님께서 이 의를 우리에게 주시려고 하거나 실제로 우리에게 주시지 않는다면, 단지 온전한 의가 존재한다는 사실은 모든 사람에게 좋은 소식이 될 수 없다. 그렇다면 정반대로 나쁜 소식일 것이다. 정죄의식만 더 가중시킬 것이기 때문이다.

마르틴 루터가 변화하여 종교개혁을 시작할 수 있었던 것은 바로 이 진리를 발견했기 때문이었다. 루터는 예수님이 완전한 의를 나타내 보이셨고, 이것이 하나님께서 모든 인류에게 요구하시는 인격의 표준이라는 사실을 알고 있었다. 그러나 루터는 이 의를 갖고 있지 않았다. 사실상 이 의를 얻으려고 노력하면 노력할수록 더욱 더 쉽게 빠져나갔다. 문제를 일으킨 것은 루터의 경건이었다. 그는 종교적인 사람이 되고 싶었다. 하나님을 기쁘시게 해 드리고 싶었다. 그러나 하나님을 기쁘시게 해드리려고 노력하면 할수록 하나님을 기쁘시게 해드리는 일이 단지 어떤 일은 하고 어떤 일은 거부하면 되는 것이 아니라는 것을 더욱더 알게 되었다. 본질적으로 하나님을 사랑해야 할 필요를 절감하게 되었고, 자기가 하나님을 사랑하지 않는다는 사실을 알았다. 실제로는 하나님께서 의의 표준을 실천 불가능하게 만든 데 대해서 미움을 품고 있었다.

이 책 첫 장에서 소개했듯이, 루터는 이렇게 썼다 : "나는 죄인들을 벌하시는 거룩하고 공의로운 하나님을 사랑하지 않았습니다. 겉으로는 드러내지 않았지만 속으로는 하나님께 대한 분이 가득했습니다."[2]

그러나 루터는 그런 뒤에 이 의의 본질과 존재를 나타내신 하나님의 의도를 자기가 오해 했음을 알았다. 이 의는 루터 같은 사람들이 얻기 위해 추구하다가 결국 루터처럼 실패하여 절망에 빠지라고 계시된 것이 아니다. 그리스도를 알게 된 사람들로 하여금 무익한 노력을 중단하고 그리스도 안에서 안식하도록 그리스도 안에서 하나님의 값없는 선물로 계시되었 다. 그들은 자기들을 대신하여 죽으신 속죄의 죽으심 안에 안식할 수 있게 되었다. 그리스 도께서 그들의 죄에 대한 형벌을 받으시고 죄가 그들을 다시 압도하지 못하도록 그 죄값을 충분히 치루셨기 때문이다. 하나님께서 이것을 주셨고, 따라서 이제는 자기 의가 아닌 - 자 기 의는 애당초 의가 아니다 - 그리스도의 의 안에서 하나님 앞에 설 수 있게 되었다는 사실 을 알고서 의에 거할 수 있게 되었다.

그리스도의 의를 죄인들에게 적용하는 것을 가리키는 용어는 "전가"(轉嫁, imputation) 이다. 이것은 우리의 빈 은행계좌에 주 예수 그리스도라는 도덕적 자본금을 예치해 놓은 것 과 같다. 하늘의 부를 우리 마음대로 쓸 수 있도록 소유하는 것이다. 루터가 이 사실을 알았 을 때, 이것은 마치 하늘의 문들이 열리고 이제는 "낙원의 진정한 문"으로 들어갈 수 있게 된 것 같았다.[3]

3. **믿음은 죄인들이 그리스도의 의를 받는 통로이다.** 바울은 종교개혁이 일어나기 십 수

세기 전에 살았으나, 로마서 이 부분에서와 복음을 받을 때 믿음의 역할을 자세히 다룬 3 : 21-31에서 믿음을 모두 강조함으로써 구원에서 믿음의 역할을 놓고 벌어진 16세기의 전투들을 예견한 듯하다. 로마서 1 : 17에서 그는 하박국 2 : 4을 인용하여 "복음에는 하나님의 의가 나타나서 **믿음으로 믿음**에 이르게 하나니 기록된 바 오직 의인은 **믿음으로** 말미암아 살리라 함과 같으니라" 하고 말한다. 3 : 21-31에서는 "믿음"을 여덟 번 말한다.

믿음이란 무엇인가? 루터는 초기에 믿음을 일종의 행위라고 생각했고, 따라서 획득해야 할 어떤 것으로 엄격하게 생각했다. 그러나 믿음은 행위가 아니고 하나님을 믿는 것이다. 하나님이 내미시는 그리스도의 의를 받기 위해 손을 벌리는 것이다.

믿음은 세 가지 요소로 구성된다. 첫째, **지식**으로 구성된다. 단지 정신의 태도가 아니다. 내용을 포함한다. 믿음의 "내용"을 갖고 있어야 한다. 구원의 경우에서 그 내용(지식의 대상)은 하나님께서 예수 그리스도 안에서 우리를 위해서 하신 일에 관한 계시이다.

둘째, 믿음은 복음에 대한 **마음의 반응**으로 구성된다. 믿음은 사실이긴 하나 우리와 무관한 원칙에 동의하는 것이 아니기 때문이다. 믿음은 자기 아들 예수 그리스도의 죽음을 통해서 우리를 구원하신 일에 나타난 하나님의 사랑을 포함한다. 이 사랑이 우리 마음을 건드리고 감동시키기 전에는 복음을 진정으로 이해했다고 할 수 없다.

마지막으로, 믿음은 **헌신**, 즉 그리스도께 대한 헌신으로 구성된다. 이 점에서 예수님은 단지 추상적인 뜻에서 구주가 되시지 않고, 다른 사람의 구주가 되시지도 않으며, 나의 구주가 되신다. 도마와 같이 나는 이제 그분을 "**나의 주시며 나의 하나님**…"(요 20 : 28, 고딕은 필자의 표기)이라고 즐거이 고백한다.

위대한 침례교 설교가 찰스 스펄전(Charles Haddon Spurgoen)은 「**은혜의 모든 것**」(All of Grace)이라는 탁월한 소책자에서 이렇게 썼다 : "믿음은 맹목적인 것이 아니다. 믿음은 지식과 함께 시작하기 때문이다. 사색적인 것도 아니다. 확실한 사실들을 대상으로 삼기 때문이다. 비실제적이고 꿈과 같은 것도 아니다. 계시에 관한 진리를 의지하고 그것에 운명을 걸기 때문이다… 믿음은… 바라보는 눈이다… 믿음은 잡는 손이다… 믿음은 그리스도를 양식으로 삼는 입이다."[4]

어떤 사람은 로마서 10 : 8("… 말씀이 네게 가까와 네 입에 있으며 네 마음에 있다…")을 읽고서 "제게 숟가락과 젓가락과 기회를 주옵소서" 하고 외쳤다. 그에게는 생각이 들어차 있었다. 복음을 인격적으로 받을 준비가 되어 있었다.

이렇게 생각이 들어찬 또다른 사람이 진젠되르프 백작(Count Zinzendorf)이었다. 그가 믿음으로 하나님의 의를 받음으로써 얻는 칭의를 주제로 지은 위대한 찬송시는 존 웨슬리(John Wesley)의 번역으로 우리에게 전달된다 :

> 예수여, 당신의 보혈과 의는
> 내 아름다움이며, 내 화려한 옷입니다.
> 이 불타는 세상에서
> 즐거이 고개를 들겠나이다.
>
> 주님의 크신 날에 담대히 서겠나이다.
> 내 죄과를 누구에게 두리이까?
> 죄와 두려움, 죄책과 부끄러움에서
> 나는 온전히 건짐을 받았습니다.
>
> 죽은 자들로 이제 주의 음성을 듣게 하소서.
> 주께서 쫓아낸 자들에게 기뻐하라고 말씀하소서.
> 그들의 아름다움, 그들의 찬란한 옷은
> 예수여, 당신의 보혈과 의(義)로소이다.

진젠되르프가 무엇을 의지하여 심판 날에 하나님 앞에 서고 그분께 가납되기를 기대했는가? 그리스도의 완성된 사역과, 하나님을 믿는 사람들에게 선물로 주신 그리스도의 의를 믿는 믿음이었다.

"빈손 들고 앞에 가"

이것이 바울의 기대이자 체험이기도 했다. 그는 빌립보서에서 자기가 체험한 하나님의 은혜에 관해서 이야기한다.

바울은 도덕적으로 탁월한 사람이었다 : "… 만일 누구든지 다른이가 육체를 신뢰할 것이 있는 줄로 생각하면 나는 더욱 그러하리니, 내가 팔 일 만에 할례를 받고 이스라엘의 족속이요 베냐민의 지파요 히브리인 중의 히브리인이요 율법으로는 바리새인이요 열심으로는 교회를 핍박하고 율법의 의로는 흠이 없는 자로라"(빌 3 : 4-6). 그러나 바울은 자신이 성취한 것들을 아무것도 아닌 것으로 여겼다. 그 이유를 이렇게 말한다 : "… 그리스도를 얻고 그 안에서 발견되려 함이니, 내가 가진 의는 율법에서 난 것이 아니요 오직 그리스도를 믿음으로 말미암은 것이니 곧 믿음으로 하나님께로서 난 의라"(8-9절). 이것은 로마서 서두에서도 밝힌 생생하고도 개인적인 진술이다.

빌립보서에서 바울은 훌륭한 은유를 사용하여, 그리스도를 만나기 전에는 종교란 평생의 대차대조표 같은 것이라고 생각했다고 말한다. 구원받는 것은 부채 항목보다는 자산 항목에 기록할 게 더 많은 것을 뜻한다고 생각했다. 자신은 자산 항목이 상당히 컸으므로 아주 유복하다고 느꼈다.

자산 항목 가운데 어떤 것들은 유산으로 물려받았다. 유대인의 가정에서 태어났다는 것과, 유대인의 율법에 따라 난지 8일만에 할례를 받았다는 것이 그 안에 들어 있었다. 살다가 할례를 받은 개종자도 아니었고, 13살에 할례를 받은 이스마엘 같은 사람도 아니었다. 양친 모두 유대인이었으므로 순수한 혈통의 유대인이었다("히브리 인 중의 히브리 인이요"). 이스라엘 사람으로서 하나님의 언약의 백성 가운데 한 분자였다. 베냐민 지파 출신이었다. 더욱이 자산 항목에는 스스로 성취한 것들도 있었다. 그는 유대인의 종교 집단들 중에서 가장 엄격하고 가장 충실한 집단인 바리새파 소속이었다. 교회를 박해함으로써 증명한 열정적인 바리새인이었다. 그리고 율법에 관한 자신이 이해한 세부 조항들을 충실히 지켰기 때문에 책잡힐 것이 없는 것으로 여겼다.

인간적인 관점에서는 이런 것들이 커다란 자산이었다. 그러나 하나님께서 바울에게 예수 그리스도라는 분을 통해서 하나님 자신의 의를 계시하신 날이 찾아 왔다. 그가 예수님을 보았을 때, 그는 난생 처음으로 진정한 의가 무엇인가를 이해했다. 더욱이 사람들이 자기더러 의롭다고 한 것이, 즉 자기 의라는 것이 전혀 의가 아니고 더러운 넝마조각이었을 뿐임을 알았다. 자산 항목에 속할 것이 전혀 아니었다. 사실상 부채였다. 왜냐하면 진정한 의를 유일하게 찾을 수 있는 분에게 가지 못하도록 차단하였기 때문이다.

바울은 자신이 소중하게 여기던 긴 자산 항목들을 마음 속으로는 부채 항목으로 옮겨놓았다. 원래 부채 항목에 들어가 있어야 할 것들이기 때문이었다. 그리고 자산 항목에는 예수 그리스도만 적어 놓았다.

아우구스투스 톱레이디(Augustus M. Toplady)는 "만세반석 열리니"라는 찬송에서 이 점을 참으로 잘 밝혀놓았다.

빈손 들고 앞에 가
십자가를 붙드네
의가 없는 자라도
도와주심 바라고
생명샘에 나가니
맘을 씻어 주소서.
만세반석 열리니
내가 들어갑니다.

(한글통일찬송가 188장)

하나님께 살리심을 받은 사람들이 스스로 의를 얻으려고 노력하는 데서 - 다만 자기들을 정죄하는 그 노력에서 - 돌아서서 구원의 믿음으로 주 예수 그리스도를 붙들 때, 하나님께서는 그들의 죄가 그리스도 안에서 그 값을 치렀고 그리스도의 완전한 의가 그들에게 전가되었다고 선언하신다.

● 각주 ●

1. D.M. Lloyd Jones, *Romans : An Exposition of Chapter 1, The Gospel of God* (Grand Rapids : Zondervan, 1985), p. 302.

2. J.H. Merle D'Aubign, *The Life and Times of Martin Luther*, trans. H. White (Chicago : Moody Press, 1958), p. 55에서 인용. 나는 이 책 12, 13쪽에서 그것을 충분히 거론하였다.

3. Ibid., p. 56.

4. Charles Haddon Spurgoen, *All of Grace* (Chicago : Moody Press, n.d.), pp. 46, 47, 50, 51.

12
부끄러워하지 않음
로마서 1 : 16-17

내가 복음을 부끄러워하지 아니하노니 이 복음은 모든 믿는 자에게 구원을 주시는 하나님의 능력이 됨이라. 첫째는 유대인에게요 또한 헬라 인에게로다. 복음에는 하나님의 의가 나타나서 믿음으로 믿음에 이르게 하나니 기록된 바 오직 의인은 믿음으로 말미암아 살리라 함과 같으니라.

일견으로는 바울이 복음을 "부끄러워하지 아니하노니" 하고 말했다는 것은 참 특이한 일이다. 이 말을 읽을 때는 "그러나 누가 됐든 왜 복음을 부끄러워 해야 하나? 심지어 사도라는 사람이 그런 위대한 일을 왜 부끄러워할 수도 있다고 생각한 것일까?" 하는 의문이 생긴다. 이런 질문들은 그리 깊지도 정직하지도 않다. 왜냐하면 우리 모두 한때는 복음을 부끄러워했기 때문이다.

그 이유는 세상이 하나님의 복음을 반대하고 조롱하기 때문이며, 우리 모두가 생각보다 세상에 훨씬 더 적응되어 있기 때문이다. 바울 당시에 복음은 경멸을 받았다. 로버트 홀데인(Robert Haldane)은 다음과 같이 정확하게 썼다 :

이교도들은 하나님의 복음을 무신론으로 낙인찍었고, 유대인들은 율법을 변질시키고 방종을 조장한다고 여기고서 증오하였던 바, 유대인들과 이방인들 모두가 그리스도인들을 공공 안녕을 어지럽히고, 주제넘는 태도로 자기들을 나머지 인류와 구별하는 자들로 보았다. 그외에도 십자가에 달린 구주가 이 사람에게는 걸림돌이요 저 사람에게는 어리석음이었다. 십자가 교리는 모든 곳에서 반발을 무릅쓰고 전파되었고, 그리스도인으로서 사도 바울의 견고한 태도는 자신의 증언대로 주 예수의 이름을 위해서 개인적인 위험과 심지어 죽음에까지 직면해서도 조용히 참되게 나타났다. 그의 용기는 아테네와 로마 같은 대도시들에 들어갈 때 자기를 기다리고 있는 모든 경멸과 조롱에 하등 구애받지 않은 채 그곳으로 감연히 들어갔을 때도 드러났지만, 그보다는 "나는 주 예수의 이름을 위하여 결박받을 뿐만 아니라 예루살렘에서 죽을 것도 각오하였노라" 하고 결심을 하였을 때 훨씬 더 명확하게 나타났다.[1]

그 상황이 우리의 현실과 다를까? 오늘날의 문화는 종교적 관용이라는 겉치레를 잘 드러내기 때문에 고등 교육이나 좋은 교육을 받은 사람들은 그리스도인들을 공개적으로 경멸하지 않으려고 주의한다.

그러나 세상은 여전히 세상이며, 하나님께 대한 적대감은 여전히 상존한다. 만약 여러분이 복음을 부끄러워한 적이 없다면, 그 이유는 마틴 로이드 존스(D. Martyn Lloyd Jones)가 지적한 대로 여러분이 "특출한 그리스도인"이기 때문이 아니라, "기독교 메시지에 대한 여러분의 이해가 명확하지 않기 때문"이다.[2]

바울도 우리처럼 실제로는 복음이 부끄러운 적이 있었을까? 그럴 가능성이 있다. 디모데가 그랬다는 것을 우리는 안다. 왜냐하면 바울이 그에게 복음을 부끄러워하지 말라고 쓰기 때문이다(딤후 1 : 8). 그러나 본문에서 바울은 복음을 부끄러워하지 않았던 바, 그는 그 이유를 이렇게 쓴다 : "… 이 복음은 모든 믿는 자에게 구원을 주시는 하나님의 능력이 됨이라. 첫째는 유대인에게요 또한 헬라인에게로다. 복음에는 하나님의 의가 나타나서 믿음으로 믿음에 이르게 하나니 기록된 바 오직 의인은 믿음으로 말미암아 살리라 함과 같으니라."

이 장에서는 마틴 로이드 존스의 주장[3]대로 이 복음(Gospel)을 부끄러워해서는 안 될 8가지 이유를 제시하고 싶다.

복음은 "좋은 소식"이다

복음을 부끄러워하지 말아야 하는 첫번째 이유는 복음(Gospel)이란 단어의 의미 자체 때문이다. 복음이란 "좋은 소식"이란 뜻이며, 생각이 있는 사람이라면 바람직한 선포를 부끄러워해서는 안 된다.

물론 왜 사람들이 나쁜 소식을 전하는 데 주저하는지 이해할 수 있다. 경찰관이 어떤 사람을 불러서 아들이 이웃집에 침입하여 도둑질을 한 혐의로 체포되었다고 알려야 하는 상황을 우리는 이해할 수 있다. 아버지가 이 슬픈 소식을 접할 때 얼마나 낙심할지 이해할 수 있다. 아니면 의사가 환자에게 검사 결과들이 나쁘게 나왔다고 말하거나 오래 살지 못할 것이라고 말할 때 얼마나 마음이 언짢을 지를 이해할 수 있으며, 도덕적으로 큰 과오를 저지른 사람이 그것을 고백할 때 얼마나 부끄러울 지를 이해할 수 있다. 그러나 복음은 이와 같지 않으며 정반대이다. 나쁜 소식이 아니라 좋은 소식이다. 하나님께서 예수 그리스도 안에서 우리를 위해 하신 일을 알리는 좋은 소식이다. 상상가능한 최선의 소식이다.

구원의 길

복음을 부끄러워하지 말아야 할 두 번째 이유는 "구원"에 관한 것이기 때문이다. 게다가 다른 사람의 구원에 관한 것이 아니라, 우리 자신이 구원받는 것에 관한 것이다.

복음이 갖는 이런 측면의 배경은 사람이 홀로 남겨질 때는 절망적인 고민에 빠지게 되기 때문이다. 사람은 하나님과 다른 사람들과 자신에게서 소외되어 있기 때문에 고민한다. 앞날에 대해서도 고민한다. 좌절과 절망만 늘어가는 길에 들어서 있고, 결국에는 하나님의 정당한 진노와 정죄를 만나야 하기 때문이다. 차디찬 대양에서 헤엄치는 사람과 같으며, 깊은 모래 수렁으로 빨려들어가는 탐험가와 다를 바 없다. 캄캄한 우주 공간에서 길을 잃은 우주 비행사들과 다를 바 없다. 처형될 날만 기다리는 죄수들과 다를 바 없다.

그러나 좋은 소식이 있다! 하나님께서 우리를 구원하시려고 개입하셨다. 자기 아들 예수 그리스도의 사역을 통해서 말이다. 첫째, 우리와 화목하셨다. 그리스도께서 십자가에서 우리 죄를 친히 짊어지고서 우리를 위해서 죽으심으로써 그렇게 하셨다. 둘째, 우리를 다른 사람들과 화목하게 하셨다. 이제 우리는 자유롭게 되어 예수님께서 우리를 사랑하신 것처럼 우리도 다른 사람들을 사랑할 수 있게 되었다. 셋째, 하나님께서는 우리를 우리 자신과 화목하게 해주셨다. 예수 그리스도 안에서(그리고 성령의 능력에 힘입어) 하나님께서 언제나 우리를 향해 어떤 마음을 품고 계시는지를 알 수 있게 되었다.

이것을 달리 말할 수도 있다. 구원은 우리를 죄의 책임, 죄의 세력, 죄의 오염에서 건져준다. 죄 때문에 멀어져 있던 하나님과 다시 사귐을 갖게 해준다. 그리고 참으로 놀라운 운명을 맞이하게 한다. 바울은 다른 곳에서 이것을 "… 하나님의 영광을 바라고…"라는 말로 표현한다(롬 5 : 2). 고린도전서 1 : 30에서는 이 진리들을 다음과 같이 다소 알기 쉽게 쓴다 : "… 그리스도 예수… 는 하나님께로서 나와서 우리에게 하나님께로서 온 지혜 – 즉, 우리의 의로움과 거룩함과 구속함이 되셨으니"(한글개역성경, "…우리에게 지혜와 의로움과 거룩함과 구속함이 되셨으니"). 바울은 복음을 부끄러워하지 않았다. 왜냐하면 복음은 참된 구원 – 죄와 죄의 세력으로부터의 구원 – 에 관한 것이었고, 하나님과의 화목에 관한 것이었기 때문이다.

하나님께서 내신 구원의 방법

바울이 복음을 부끄러워하지 않은 세 번째 이유는 그것이 하나님께서 내신 구원의 방법이지 사람이 고안한 방법이 아니기 때문이다. 바울이 어떻게 죄악된 사람의 능력에 뿌리를 둔 것을, 아니면 단지 사람의 사상의 굴레 안에 있는 것을 자랑할 수 있었겠는가? 세상에는 그런 사상을 찾아볼 길이 없다. 세상에는 구원을 위한 수많은 방안들과 수많은 자립적인 계획들이 있다. 그러나 모두 어리석고 부적절한 것들이다. 필요한 것은 사람에게서 나온 것이 아니라 하나님에게서 나온 구원의 방법이다. 우리가 기독교에서 가지고 있는 방법이 바로 그것이다. 기독교는 죄인들이 하나님을 붙잡으려고 손을 내미는 게 아니라, 하나님께서 멸망하는 사람들을 구원하시려고 손을 내미시는 것이다.

바울은 두 가지 큰 방법으로 이것에 관해서 말한다. 한편으로는 하나님의 구원 방법과 우리 스스로 율법을 지키려는 노력을 대조하며, 다른 한편으로는 하나님의 구원 방법과 우리 스스로 단지 인간의 지혜에 힘입어 하나님을 알려고 하는 노력을 대조한다.

율법에 관해서 바울은 이렇게 말한다 : "율법이 육신으로 말미암아 연약하여 할 수 없는 그것을 하나님은 하시나니 곧 죄를 인하여 자기 아들을 죄 있는 육신의 모양으로 보내어 육신에 죄를 정하사 육신을 좇지 않고 그 영을 좇아 행하는 우리에게 율법의 요구를 이루어지게 하려 하심이니라"(롬 8 : 3-4). 이 말씀은 우리가 율법이 요구하는 바를 지킴으로써는 하나님을 기쁘시게 할 수 없지만, 하나님께서는 우리로 하여금 당신을 기쁘시게 하도록 만들 수 있는 바, 첫째로는 예수 그리스도의 사역을 통해서 우리 안에 있는 죄를 정죄하심으로써 그렇게 하시고, 둘째로는 성령의 능력을 통해서 의로운 생활을 할 수 있는 능력을 주심으로써 그렇게 하신다.

지혜에 관해서 바울은 이렇게 쓴다 : "하나님의 지혜에 있어서는 이 세상이 자기 지혜로 하나님을 알지 못하는 고로 하나님께서 전도의 미련한 것으로 믿는 자들을 구원하시기를 기뻐하셨도다"(고전 1 : 21).

하나님의 능력

이것은 바울이 복음을 부끄러워하지 않은 네 번째 이유로 이어진다. 이것이 그가 본문에서 주로 강조하는 문제이다. 즉, 복음에는 능력이 있다는 것이다. 좋은 소식일 뿐만 아니라, 구원의 문제와, 하나님께서 내신 유일한 구원의 길이며, 하나님의 목적을 성취하기에, 즉 우리를 죄의 오염에서 구원하기에 넉넉한 능력이기도 한 것이다.

여기에 내포된 뜻을 이해하는 게 중요하다. 그렇지 않으면 바울의 가르침을 오해하기 쉽기 때문이다. 바울이 "이 복음은… 구원을 주시는 하나님의 능력이 됨이라"고 했을 때, 그가 말하는 것은 하나님의 능력에 관한 것이라는 게 아니다. 마치 우리의 한계를 벗어나는 능력을 가리키고 마는 것처럼 말이다. 또한 복음이 우리가 소유하고 우리 자신을 구원하는 데 사용할 수 있는 능력의 원천이라는 말도 아니다. 복음이 하나님의 능력에 관한 것이라는 뜻도 아니고, 능력이 발휘되는 통로라는 뜻도 아니며, 오히려 그 **자체**가 능력이라는 뜻이다. 즉, **복음은 능력**이다. 하나님께서 구원 과정에 있는 사람들 속에서 구원을 성취하시는 수단이다.

바울이 이렇게 말하기 때문에 존 칼빈(John Calvin)의 견해에 동의하는 게 옳다. 칼빈은 본문에서 말하는 복음이 단지 하나님께서 예수 그리스도 안에서 행하신 사역이나 그 사역에 대한 계시가 아니라, 복음을 실제로 "입으로 전파하는 것"[4]임을 강조한다. 하나님의 능력이 사람을 구원하는 일에서 역력히 나타나는 것은 구체적인 복음 전파를 통해서라는 뜻이다.

앞 단락에서 나는 "전도의 미련한 것"(고전 1 : 21)이라는 말을 인용했다. 바울 자신이 이런 표현을 사용했기 때문에, 우리는 그 표현을 바울 자신으로서도 만일 인간의 관점만 가지고 복음 전도를 평가할 때 그것이 얼마나 어리석은 것인지를 알고 있었다는 증거로 볼 수 있다. 몇년 전에 개혁 신학에 관한 주제로 열린 주말 집회의 7차례 강의 중 한 번을 "전도의 미련한 것"에 관해 설교하게 되었다. 내 시간은 기나긴 토요일의 점심 시간 바로 다음이었다. 나는 이런 말로 강의를 시작했다. 만약 전도의 어리석음보다 더 어리석은 게 있다면 그것은 이미 저명한 설교자들에게 장시간 강의를 들은 뒤에 점심을 먹고난 청중에게 설교의 어리석음에 관해 설교하는 것이라고 말이다. 이 말은 설교자라면 누구나 보통 사람들의 정신에는 아주 어리석은 메시지를 전하려고 강단에 설 때, 무덤에서 송장들에게 도덕 개혁을 외치는 것만큼 청중에게 아무런 유익도 줄 수 없는 - 하나님께서 일하시기 전에는 - 메시지를 전하려고 강단에 설 때 관심을 끌기 위해서 사용하는 방법이었다.

그러나 그것이 바로 핵심이다. 하나님께서는 이 복음 전도를 통해서 일하신다. 전도를 위한 전도 말고, 하나님께서 예수 그리스도 안에서 죄인들을 구원하신다는 충실한 선포 말이다.

이것은 아주 중요한 것이므로 좀 다른 방법으로 말하겠다. 사도행전 1장에는 주 예수 그리스도께서 제자들에게 복음을 맡겨 세상으로 보내시면서 하신 말씀이 있다 : "오직 성령이 너희에게 임하시면 너희가 권능을 받고 예루살렘과 온 유대와 사마리아와 땅끝까지 이르러 내 증인이 되리라"(8절). 그 전에 제자들은 하나님의 나라에 관해서 예수께 질문한 바 있다. 물론 그들이 높은 가치를 두고 희망하던 지상의 정치적 왕국을 생각하고서 드린 질문이다. 그러나 예수님은 훨씬 더 큰 것을 가리키면서 대답하셨다. 자신의 왕국은 영적 왕국이라고 하셨다. 현실성이 없다는 뜻에서 영적이 아니라, 성령께서 친히 능력으로 세우실 왕국이라는 뜻에서 영적이었다. 그러면서 제자들에게 자신의 증인들이 되라고 하셨다. 더욱이 그들이 증인들로 일할 때 그들에게 임하실 성령께서 그들의 선포에 복을 주시고 많은 사람들을 믿음으로 인도하실 것이라고 말씀하셨다.

그리고 그 말씀대로 되었다. 오순절에 3천명이 믿었고 그 뒤 다른 기회에 수천 명이 더 믿었다.

오늘날도 다를 바가 없다. 세상은 이 신적 사역을 이해하지 못하지만, 그럼에도 어느 시대를 막론하고 세상에서 이루어지고 있는 가장 중대한 일은 바로 복음 전도이다. 세상에서 성령께서 일하고 계시기 때문이다. 세상에서 수많은 사람들이 죄의 멍에를 벗고 영적 자유를 얻는다. 삶이 변화한다. 그리고 이 모든 게 하나님의 능력으로 이루어진다. 마틴 로이드 존스(D. Martyn Lloyd Jones)가 말한 대로이다 : "파악해야 할 점은 사도가 복음을 부끄러워하지 않는다고 말하는 이유는 복음이 하나님의 권능의 사역이기 때문이라는 점이다. 이 사역을 하나님께서 친히 하고 계시다. 그냥 말씀만 하고 계신 게 아니다. 복음을 통해서 이런 방식으로 그 사역을 하고 계신다."[5]

모든 사람을 위한 복음

바울이 이 복음을 부끄러워하지 않은 다섯 번째 이유는 이것이 모든 사람을 위한 복음이기 때문이었다 - "모든 믿는 자에게." 먼저는 유대인을 위한 것이고, 다음으로는 이방인들을 위한 것이기도 하다.

"첫째는 유대인에게요 또한 헬라인에게로다"라는 말은 "이방인들보다 우월한 유대인들에게" 또는 "단지 유대인이라는 이유에서, 따라서 다른 사람들보다 훨씬 더 중요하다는 이유에서 유대인에게"라는 뜻으로 비칠 수도 있다. 그러나 물론 이것은 바울의 의도가 아니다. 본문에서 바울은 예수께서 사마리아 여인에게 "… 구원이 유대인에게서 남이니라"(요 4 : 22) 하고 말씀하실 때 지니셨던 의도와 동일한 의도를 지닌다. 두 분 모두 연대순을 염두에 두고 말씀하신다. 두 분 모두 복음의 체계적인 계시에서 유대인이 우선적이고 중요한 자리를 차지한다는 뜻을 내포하신다. 왜 그러할까? 그 이유는 바울이 로마서 후반에서 잘 설명한다 : "… 저희에게는 양자됨과 영광과 언약들과 율법을 세우신 것과 예배와 약속들이 있고 조상들도 저희 것이요 육신으로 하면 그리스도가 저희에게서 나셨으니…"(롬 9 : 4-5). 복음을 위한 이런 역사적 준비를 무시하고서는 복음을 충분히 이해할 수 없다.

그러나 본문에서 바울이 유대인들을 이방인들보다 우월한 자리에 두는 것은 아니다. 또한 대조로써 오히려 이방인들을 유대인들보다 우월한 자리에 두는 것도 아니다. 바울이 지적하는 것은 복음이 유대인들과 이방인들 모두를 위한 것이라는 점이다. 복음은 모든 사람들을 위한 것이다.

왜 그러한가? 복음은 하나님의 능력이기 때문이며, 하나님께서는 사람을 차별하지 않으시기 때문이다. 복음이 사람의 능력에서만 나온 것이라면, 인간의 관심사들과 능력들에 제약될 것이다. 어떤 사람들에게는 해당되지만 다른 사람들에게는 해당되지 않을 것이다. 강한 자들을 위한 것이지만 약한 자들을 위한 것은 아닐 것이다. 지식인들을 위한 것이지만 무식한 사람들을 위한 것은 아닐 것이다. 아니면 어리석은 자들을 위한 것이지만 지혜로운 사람들을 위한 것은 아닐 것이다. 귀족들이나 좋은 교육을 받은 사람들이나 감수성이 예민한 사람들이나 가난한 사람들이나 부자들을 위한 것이되, 이 범주들에 들지 않은 사람들에게는 해당되지 않을 것이다.

그러나 복음은 모든 사람들을 위한 것이다. 요한은 이렇게 썼다. "하나님이 세상을 이처럼 사랑하사 독생자를 주셨으니 이는 저를 **믿는 자마다** 멸망치 않고 영생을 얻게 하려 하심이니라"(요 3 : 16). 오순절에 베드로는 "누구든지 주의 이름을 부르는 자는 구원을 얻으리라" 하고 선언하였다(행 2 : 21; 참조. 욜 2 : 32). 성경 자체가 이 점을 강조하면서 끝난다 : "성령과 신부가 말씀하시기를 오라 하시는도다. 듣는 자도 오라 할 것이요 목마른 자도 올 것이요 또 원하는 자는 값없이 생명수를 받으라 하시더라"(계 22 : 17).

아주 존경할 만한 사람들 뿐만 아니라 아주 악하고 깊은 절망에 빠져 있는 사람들에게까지 희망을 건네주는 복음을 어찌 부끄러워할 수 있는가? 이렇게 영광스럽고 우주적인 사실 앞에서 어찌 부끄러워할 수 있는가?

죄인들에게 나타난 구원

바울이 복음을 부끄러워하지 않은 여섯 번째 이유는 하나님께서 이 구원의 방법을 우리에게 알려주셨기 때문이다. 복음은 하나님께서 계시하지 않으셨더라도 놀라운 것이었으리라. 그러나 만약 계시하지 않으셨다면 우리는 복음을 알 수 없었을 것이고, 구원받지 못한 사람들과 똑같이 비참한 인생관을 가지고 살게 되었을 것이다. 그러나 복음은 **계시됐다.** 이제 우리는 그 좋은 소식에 관해서 알 뿐만 아니라 하나님의 계시를 선포할 수도 있게 되었다.

또한 이러한 것도 있다. 즉, 하나님의 복음이 계시되었다고 바울이 말할 때, 그 안에는 우리가 오직 계시에 의해서만 복음을 알 수 있다는 뜻이 담겨 있다. 사람이 그런 것을 어떻게 창안할 수 있었겠는가? 사람은 종교를 고안할 때 선행이나 지혜로 스스로를 구원할 수 있다고 생각하고서 스스로를 의롭게 만드는 것을 고안하거나, 아니면 원하는 대로 악을 행할 수 있도록 자기들의 행위를 변명하는 것을 고안한다. 복음은 이 두 가지 다 내놓지 않는다. 율법주의자들을 내놓지 않는다. 왜냐하면 구원은 인간의 성취로 말미암지 않고 그리스도의 성취로 말미암기 때문이다.

그리스도인들은 언제나 "빈손들고 앞에 가 / 십자가를 붙드네" 하고 찬송을 해야 한다. 그러나 동시에 그들은 주 예수 그리스도로 말미암아 구원을 받았고 그분의 성령이 그들 안에 계신다는 이유만으로도 세상이 꿈조차 꿀 수 없는 실제적인 의의 수준에 도달하려고 노력해야 하고 또 도달해야 한다.

하나님께로부터 온 의(義)

바울이 복음을 부끄러워하지 않은 일곱 번째 이유는 복음이 앞 장에서 가장 길게 생각한 내용, 즉 하나님께로부터 온 의 – 우리에게 필요한 – 에 관한 것이기 때문이다. 우리 스스로는 손톱만큼도 의롭지 않다. 정반대로 죄로 썩었고 하나님께 반역하고 있다. 진노에서 구원을 받으려면 하나님 자신의 본성에 속한 의, 하나님께로부터 와서 하나님의 요구들을 충분히 만족시키는 의가 필요하다. 바로 이런 의를 우리가 갖고 있는 것이다. 바울이 3장에서 "이제는 율법 외에 하나님의 한 의가 나타났으니 율법과 선지자들에게 증거를 받은 것이라"(21절) 하고 선언함으로써 복음을 해석하기 시작할 수 있었던 것은 바로 이런 이유에서였다(앞에서 언급한 대로, 이 절은 로마서 1 : 17에 처음 제시된 논지의 반복이다.)

믿음으로 믿음에 이르게 하나니

사도 바울이 복음을 부끄러워하지 않은 여덟 번째이자 마지막 이유는 이 영광스러운 선물을 우리의 것으로 만들어 주는 것이 믿음이기 때문이다. 이것은 "믿는 모든 사람"이 구원을 받을 수 있다는 뜻이다.

바울은 에크 피스테오스 에이스 피스틴(ek pisteos eis pistin, 문자적으로는, "믿음으로 믿음에")라고 쓰는데, 이것이 무슨 뜻일까? NIV가 암시하는 대로 "전적으로 믿음으로만"(즉, "처음부터 끝까지 믿음으로")이라는 뜻일까? "구약 성서의 믿음에서 신약 성서의 믿음으로"라는 뜻일까? 아니면 거의 비슷하긴 하지만 "유대인들의 믿음에서 이방인들의 믿음으로"라는 뜻일까? 분명한 존 칼빈의 견해인 "약한 믿음으로부터 강한 믿음으로"라는 뜻일까?[6] 내 견해로는 하박국에서 인용한 문장이 에크 피스테오스(ek pisteos)라는 단어를 이해하는 데 실마리가 된다고 본다. 그 문장은 "믿음에 의해서"라는 뜻이다. 즉, "믿음에 의해서 얻는 의"에 관련된다. 이런 뜻이라면, 즉 이것이 첫 번째 "믿음에서"라는 말의 뜻이라면, 그 구절의 뜻은 믿음에 의해서 얻은 의(첫 번째 '의')가 신자들의 깨닫는 믿음(두 번째 '믿음')에 계시된다는 뜻이다.[7] 이것은 복음이 여러분에게 여러분을 위해서 계시된다는 뜻이다. 여러분이 받아들이기만 하면 말이다.

● 각주 ●

1. Robert Haldane, *An Exposition of the Epistle to the Romans* (MacDill AFB : MacDonald Publishing, 1958), p. 45.

2. D.M. Lloyd-Jones, *Romans : An Exposition of Chapter 1, The Gospel of God* (Grand Rapids : Zondervan, 1985), p. 206.

3. Lloyd-Jones는 네 장을 할애하여 이 이유들을 전개한다(*Romans : An Exposition of Chapter 1*, chs. 20-23, pp. 256-309).

4. John Calvin, *The Epistles of Paul to the Romans and to Thessalonians,* trans. Ross MacKenzie (Grand Rapids : Wm. B. Eerdmann, 1973), p. 27.

5. Lloyd-Jones, *Romans : An Exposition of Chapter 1*, p. 291.

6. Calvin, *The Epistles of Paul the Apostle*, p. 28.

7. 이것이 F. Godet의 견해이다 : *Commentary on St. Paul's Epistle to the Romans*, trans. A. Cusin (Edinburgh : T. & T. Clark, n.d.), vol. 1, pp. 160, 161; Haldane, *op. cit.*, p. 49; Lloyd-Jones, *op. cit.*, pp. 307, 308. 홀데인은 그것을 "믿음으로 받는… 의는 믿음에, 또는 믿음의 대상이 되기 위해서 계시된다."

13

마르틴 루터의 본문
로마서 1 : 17

복음에는 하나님의 의가 나타나서 믿음으로 믿음에 이르게 하나니 기록된 바 오직 의인은 믿음으로 말미암아 살리라 함과 같으니라.

1920년에 프랭크 보햄(Frank W. Boreham)이라는 영국의 설교자는 위대한 성경 본문들에 관한 설교 모음을 펴냈다. 편집 방법은 각 본문을 위대한 그리스도인들의 신앙 역정과 관련짓는 것이었다. 그는 이 책에 「역사를 만든 본문들」(Texts That Made History)[1]이라는 제목을 붙였다. 데이비드 리빙스턴(David Livingstone)의 본문인 마태복음 28 : 20("볼지어다 내가 세상 끝날까지 너희와 항상 함께 있으리라")이 실렸다. 존 웨슬리의 본문인 스가랴 3 : 2("이는 불에서 꺼낸 그을린 나무가 아니냐")도 실렸다. 이 책에는 23편의 설교들이 실렸고, 보햄은 생시에 비슷한 책을 4권 더 펴냈다.

위대한 그리스도인들의 생애와 관련된 모든 본문들 중에서 로마서 1 : 17만큼 어떤 한 사람의 인생을 분명하게 밀어주고 형성해준 본문은 없다. 그 책에서 그 본문의 주인공은 물론 마르틴 루터(Martin Luther)이다.

나는 로마서 1 : 17을 루터의 생애에 비추어 공부해볼 것을 제안한다. 우리는 이미 로마서 1 : 16-17이 성경에서 이 중요한 책의 주제 절들임을 보았다. 이 절들을 두 가지 관점에서 공부했다. 한 장에서는 주요 사상에 초점을 맞추었다. 그 사상은 하나님께로부터 온 의가 있는데, 그 의는 하나님께서 인류에게 값없이 주시는 것이며, 그 의만이 하나님 앞에서 의롭다 하심을 받는 데 기초가 된다는 것이 그 내용이다. 이 의는 믿음으로 받는다.

다음 장에서는 이 절들을 자세히 살펴보았으며, 하나님의 복음이 부끄러운 게 아니라고 바울이 말할 수 있었던(그리고 오늘날도 진정한 신자들이라면 여전히 그렇게 말할 수 있는) 8가지 이유를 생각했다. 이 장에서는 마르틴 루터라는 한 사람의 생애에서 복음이 어떻게 작용했는지를 보고 싶다.

에르푸르트 수도원에서

마르틴 루터는 아버지의 뜻을 따라 법학을 공부하면서 학문 생활에 첫발을 디뎠다. 학과 성적이 좋았고 그 분야에서 성공을 보장받았으나, 영혼으로는 큰 번민에 빠졌다. 장차 어느 날에는 하나님을 만나 그 앞에서 직고해야 한다는 생각에 큰 혼란에 빠졌다. 어렸을 때는 만스펠트 소교구 교회의 스테인드 글라스 창에 장식된, 얼굴을 찡그리고 있는 예수상(像)을 보고서 두려움에 떨었었다. 대학 시절에 아주 친했던 친구 두 명이 죽자 루터는 더욱 두려움에 떨었다. 언제일지 모르나 자기도 한 번은 죽을 것이고, 예수님이 자기를 심판하실 것이라고 생각했다.

1505년 8월 17일 루터는 돌연히 대학교를 떠나 에르푸르트에 있는 아우구스티누스회 은수자(隱修者) 수도원(the Augustinian hermits)에 들어갔다. 22살 때의 일이었다. 그가 훗날에 한 말에 따르면, 수도원에 들어간 이유는 신학 공부를 하기 위해서가 아니라 자기 영혼을 구하기 위해서였다고 한다.

당시 수도회들에는 구도하는 영혼에게 하나님을 찾게 해주기 위해 고안된 여러 가지 방법들이 있었다. 루터는 그의 인생 전체를 특징지운 결의와 추진력을 가지고 아우구스티누스회의 계획에 엄격히 헌신하였다. 금식하며 기도하였다. 천한 일들도 마다하지 않고 하였다. 무엇보다도 고해성사에 전념하여 아주 사소한 죄라도 여러 시간을 계속 자백하였는데, 결국에는 상급 수사들이 그의 행위에 지쳐서 고해할 가치가 있는 죄를 지을 때까지는 고해를 중단하라고 명령할 지경까지 되었다. 루터는 경건으로 가장 귀감이 되는 수사라는 명성을 얻었다. 훗날 그는 작센의 공작에게 다음과 같이 썼다 :

> 나는 참으로 경건한 수사였고, 내가 표현할 수 있는 것보다 더욱 엄격하게 수도회의 규율들을 지켰습니다. 수사가 수사로서의 행위들로 하늘을 얻을 수 있다면, 내게는 틀림없이 하늘을 얻을 자격이 부여되었을 것입니다. 이 점은 나를 아는 모든 탁발수사들이 증언할 수 있습니다. 그런 생활을 좀더 끌고 나갔다면 아마 철야, 기도, 독서, 그밖의 노동의 방법으로 이루어진 고행으로 아마 죽었을지도 모릅니다.[2]

그러나 루터는 이런 행위로도 여전히 평안을 얻지 못했다.

당시 수도원은 선행을 함으로써 하나님의 의의 요구를 만족시키라고 가르쳤다. '그러나 무슨 선행을 하라는 말인가?' 하고 루터는 생각했다. '나같은 마음에서 무슨 선행이 나올 수 있단 말이냐? 원천이 썩어버린 행위들을 가지고 거룩하신 내 재판장 앞에 어떻게 설 수 있단 말이냐?'[3]

번뇌하던 루터의 영혼에 하나님께서는 아우구스티누스회 수도원 총대리(總代理) 요한 스타우피츠(John Staupitz)라는 지혜로운 영적 아버지를 보내셨다. 스타우피츠는 루터의 어려운 문제들을 해결해 주려고 노력하였다. "마르틴 수사, 표정이 왜 그렇게 슬픈가?" 어느날 스타우피츠가 물었다.

"장차 내가 무엇이 되려는지 모르겠습니다" 하고 루터는 깊이 한숨을 내쉬며 말했다.

"나는 거룩하신 우리 하나님께 수천 번도 더 경건하게 살기로 서약하였으나 한 번도 지킨 적이 없다네" 하고 스타우피츠는 말했다. "이제 나는 더 이상 서약하지 않지. 아무리 엄숙히 서약해도 지킬 수 없다는 것을 아니까 말일세. 만약 하나님께서 그리스도의 사랑을 보시고 내게 자비를 베푸셔서 이 세상을 떠날 때 행복하게 떠나도록 해주지 않으신다면, 내가 했던 모든 서약과 모든 선행을 내어 놓더라도 하나님 앞에 설 수 없을 걸세. 멸망하고 말 게야."

루터는 하나님의 공의에 대한 생각에 전율하고서 총대리에게 자기의 두려움을 털어놓았다.

스타우피츠는 자기가 어디서 평화를 찾았는지를 알고 있었고, 그것을 이 청년에게 가르쳐주었다 : "왜 이런 사색들과 이런 고도의 생각들을 가지고 스스로를 괴롭히는가?… 예수 그리스도의 상처를 바라보게나. 자네를 위해 흘리신 그 피를 보게. 하나님의 은혜는 거기서 나타난다네. 죄 문제로 스스로를 괴롭히지 말고, 구주의 팔에 내맡기라구. 그 의로운 생명을, 죽음으로 이루신 속죄를 의지하라구. 뒷걸음질치지 말게. 하나님께서는 자네에게 화를 내지 않으신다네. 화를 내는 건 자네지. 하나님의 아들의 말씀을 듣게나."[4]

그러나 루터는 그 일을 어떻게 할 수 있었을까? 스타우피츠는 어디서 하나님의 말씀을 들을 수 있다고 말한 것인가? 그 총대리는 "하나님의 말씀에서"라고 말했다. 이렇게 해서 성경이라곤 수도원에 들어오기 직전 대학 시절에 처음 본 루터는 그때부터 성경공부를 하기 시작했다.

그는 로마서를 공부했다. 우리가 공부하는 이 책을 숙고하는 동안 진리가 그에게 동트기 시작했다. 거룩하신 하나님 앞에 서기 위해서 필요한 의는 우리가 달성할 수 있는 의가 아니다. 그것은 애당초 인간의 의가 아니다. 신적인 의이고, 하나님께서 값없이 주셔서 우리의 것이 된다. 우리 편에서는 단지 믿음으로 받고 하나님의 약속을 믿고서 살면 된다. 이러한 새로운 빛으로 인도를 받은 루터는 성경과 성경을 비교하기 시작했고, 그렇게 하는 동안 과거에는 경고의 의미로 다가왔던 성경 구절들이 이제는 위안을 주는 사실을 발견했다.

보햄은 루터의 본문을 가지고 설교하면서 순례의 이 단계에 섰던 루터를 묘사한 유명한 그림을 소개한다. 배경은 아침을 맞이한 에르푸르트 수도원 도서관이며, 화가는 이십대 초반의 젊은 수사 루터가 끊어진 쇠사슬이 매달려 있는 성경 사본을 열심히 연구하는 모습을 그린다. 격자창을 뚫고 들어온 여명이 펼쳐진 성경과 삼매에 빠진 독자의 얼굴을 비치고 있다. 젊은 수사가 열중해서 공부하고 있는 부분은 "오직 의인은 믿음으로 말미암아 살리라" 하는 구절이다.[5]

로마로 가는 길

1510년, 그러니까 수사가 된지 5년이 흐르고, 신설 비텐베르크대학교에서 성경을 가르

치기 시작한지 2년이 흐른 때에 루터는 수도회에 의해 로마로 파견되었다.[6]

도중에 볼로냐에 있는 베네딕투스회 수도원에 들어가 잠시 쉴 때 중병에 걸리게 되었고, 다시 옛날처럼 영적 문제로 깊은 좌절에 빠져들었다. 도비뉴(D' Aubigne)는 이렇게 썼다 : "독일에서 멀리 떨어진 타향에서 이렇게 죽으면 얼마나 비참한 운명인가!… 에르푸르트에서 느꼈던 좌절이 새로운 기운으로 되살아왔다. 죄책감이 그를 괴롭혔다. 하나님의 심판에 대한 생각이 다시 한번 공포감에 함몰시켰다. 그러나 이런 공포감이 절정에 달한 순간에 '오직 의인은 믿음으로 말미암아 살리라' 하는 사도 바울의 말이 기억 속에 강하게 되살아나 마치 하늘에서 쏟아진 빛처럼 그의 영혼을 밝게 비추었다."[7] 루터는 믿음으로 사는 법을 배우고 있었고, 그것이 로마서의 그 본문이 가르치고 있던 바였다. 위로를 받고 결국 건강을 되찾은 그는 다시 여로에 올라 무더운 이탈리아 평야들을 가로질러 로마로 갔다.

"지극히 거룩한 너 로마여"

루터가 로마에 파견된 것은 교회일 때문이었다. 그럼에도 불구하고 그는 순례자의 심정으로 이 고대 제국 도시에 도착하였다. 남쪽으로 내려가다가 처음으로 로마를 본 순간 그는 흥분하여 손을 펼쳐들고서 "안녕, 로마여, 순교자들의 피 때문에 지극히 거룩한 너 로마여" 하고 외쳤다. 로마에 들어가 성유물들, 성소들, 교회들을 둘러보았다. 미신적인 이야기들도 들었다. 한 소예배당에서는 그곳에서 집례되는 미사의 효능에 대해서 듣고는 부모가 죽었더라면 하고 생각할 뻔했다. 왜냐하면 그 순간에 자기의 행동으로 부모를 연옥의 고통에서 면제받게 할 수 있었기 때문이다.[8]

그렇지만 로마는 루터가 생각한 것만큼 빛과 경건의 중심지는 아니었다. 이 당시에는 미사 – 사제들이 죄를 씻기 위한 제물로 예수의 살과 피를 드린다고 생각한 – 가 루터의 예배의 중심이었고, 그는 종종 로마에서 집례되던 미사를 말했다. 루터는 미사를 드리는 데 필요하다고 생각한 엄숙함과 위엄을 가지고서 그 예식을 집전하였다. 그러나 로마의 사제들은 그렇지 않았다! 그들은 촌티나는 독일 수사의 순박함을 비웃었다. 한번은 루터가 미사를 반복하고 있을 때, 옆 제단에 있던 사제들 일곱명이 달려오더니 다짜고짜 라틴어로 "빨리 끝내요. 우리 성모를 그 아들에게 빨리 돌려보내요" 하고 다그쳤다. 또 한 번은 미사를 드리고 있는 동안 겨우 복음서 부분에 이르렀을 때 곁에서 감독하던 사제가 중단시켰다. "파사, 파사"(passa, passa) 하고 루터에게 소리쳤다. "그만 끝내시오."

루터는 저명한 성직자들의 모임들에 초대를 받았다. 그곳에서 사제들은 종종 기독교 전례(典例)들을 헐뜯고 조롱했다. 농담과 자만이 완연한 태도로, 그들은 자기들이 제단 곁에 서서 빵과 포도주를 주님의 살과 피로 변하게 할 축사를 반복할 때 (의심할 여지없이 엄숙한 어조로) "파니스 에스, 엣 파니스 마네비스; 비눔 에스, 엣 비눔 마네비스"(Panis es, et panis manebis; vinum es, et vinum manebis. "당신은 빵이시니 빵으로 남으시라; 당신은 포도주이시니 포도주로 남으시라") 말하곤 했던 일을 늘어놓았다. 루터는 도무지 믿기지가 않았다. 훗날 그는 이렇게 썼다 :

"로마에서 어떤 죄와 가증스런 일들이 자행되는지 아무도 상상치 못할 것이다. 직접 보고 듣지 않으면 도무지 믿기지 않는 일들이다. 그들은 습관적으로 '지옥이 있다면 로마는 그 위에 서 있다. 이곳은 악이란 악은 모두 뿜어내는 심연이다' 하고 말한다." 그리고는 이렇게 결론지었다 : "로마로 접근할수록 더 많은 악한 기독교인들을 만나게 된다."[9]

그런 뒤 로마에서는 훗날 루터의 아들 파울 루터 박사(Dr. Paul Luther)가 전하고 루돌프 쉬타트 도서관에 소장된 한 사본에 기록되어 있는 한 유명한 사건이 발생했다. 로마의 성 요한 라테란 교회에는 중세에 제작된 돌층계가 있다. 이 돌층계는 원래 예수께서 밟으셨던, 예루살렘에 있는 빌라도의 관저까지 이어졌던 것이라고 한다. 이런 이유에서 이 돌층계에는 스칼라 상타(Scala Sancta), 즉 "거룩한 층계"라는 이름이 붙었다. 루터 같은 순례자들에게는 이 돌층계를 무릎으로 기어 올라가면서 기도하는 게 관습이었다. 돌층계에 시기는 분명치 않으나 그리스도의 상처에서 피가 흘러서 생겼다고 하는 얼룩이 있었다. 경배자는 층계 이 부분에서 엎드려 입맞추고는 오래 기도한 다음 고통스럽게 다음 층계로 올라간다. 이 경건한 의식을 행하는 사람들에게는 연옥에서 여러 해 동안 받을 형벌이 면제될 것이라는 약속이 제시되었다.

루터는 다른 사람들처럼 이 의식을 시작했다. 그러나 층계를 오르는 동안 우리가 생각하고 있는 로마서 본문이 마음에 강하게 와닿았다 : "오직 의인은 믿음으로 말미암아 살리라."

"오직 의인은 믿음으로 말미암아 살리라", "오직 의인은 믿음으로 말미암아 살리라" 하고 말씀이 점점 더 큰 소리로 반복되며 울려퍼지는 듯했다. 그는 두려움을 가지고 살고 있었다. 옛 미신적인 교리들과 새로운 성경적 신학이 속에서 투쟁을 벌이고 있었다.

"두려움으로" 하고 루터가 말했다.

"믿음으로!" 하고 사도 바울이 말했다.

"두려움으로" 하고 중세 가톨릭 스콜라 교부들이 말했다.

"믿음으로!" 하고 성경은 말했다.

"두려움으로" 하고 루터 곁에서 층계를 오르던 사람들이 말했다.

"믿음으로!" 하고 하나님 아버지는 말씀하셨다.

몸을 질질 끌며 층계를 오르던 루터는 마침내 깜짝 놀라 몸을 일으켰고, 자신이 미신과 우매에 젖어 있는 사실에 전율하였다. 이제는 하나님께서 믿음을 통해서 그리스도의 의로 자신을 구원하셨음을 깨달았다. 믿음을 발휘하고, 그 의를 받고, 하나님을 의지하며 사는 것이 자기가 할 일임을 깨달았다. 지금 자기가 하고 있는 일은 그런 일이 아니었다. 루터는 서서히 몸을 일으켜 빌라도의 층계에서 방향을 바꾸어 아래로 내려왔다. 비텐베르크로 돌아갔고 - 파울 루터의 말에 따르면 - "'오직 의인은 믿음으로 말미암아 살리라' 라는 구절을 자신의 모든 교리의 근거로 삼았다."[10]

이것이 종교개혁의 진정한 시작이었다. 루터의 종교개혁은 기독교 세계의 여느 종교개혁보다 앞섰기 때문이다. 그의 종교개혁은 1517년 10월 31일 비텐베르크에 있는 성당의 정문에 "95개 논제"를 붙임으로써 시작되었다.

19세기의 위대한 종교개혁 역사가 멜 도비뉴(J.H. Merle D'Aubigne)는 이렇게 썼다 :

이 강력한 본문이 루터의 생애에 신비스러운 영향을 끼쳤다. 그것은 종교개혁자와 종교개혁 모두에게 창조적인 문장이었다. 하나님께서 당시에 하신 말씀은 "빛이 있으라 하시매 빛이 있었고"라는 말씀이었다⋯ 빌라도의 층계에서 무릎을 꿇고 있던 루터가 15세기 전 바울이 바로 이 메트로폴리스의 시민들에게 편지한 그 말들에 흥분과 놀라움에 벌떡 일어섰을 때, 교회에서 족쇄에 채여 음울한 포로로 있던 진리도 가차없이 일어났다.[11]

"제가 여기 섰습니다"

루터가 **스칼라 상타** 층계에서 일어섰을 때, 그의 긴 역정의 절정 – 보름스 제국의회 앞에서 신앙을 철회하기를 거절한 순간 – 은 아직 11년이나 떨어져 있었다. 그러나 루터는 이미 이렇게 도전할 준비가 되어 있었다. 언제라도 자기 입장을 변호할 의지가 있었다. 왜냐하면 이제는 개인의 업적이 아무리 경건한 것이라도, 교회 공의회들이나 교황들의 선언들이 아무리 열정적인 것이라도 그것들을 가지고는 하나님 앞에 설 수 없으며, 전능하신 하나님의 은혜와 능력에 힘입음으로써만 하나님 앞에 설 수 있다는 사실을 깨달았기 때문이다. 그리고 만약 사람이 은혜로 하나님 앞에 설 수 있다면, 그는 사람들 앞에서도 설 수 있다는 사실을 깨달았다.

루터는 갓 선출된 황제 칼 5세(Charles V)에 의해 제국의회에 소환되었다. 그러나 그를 소환한 주체는 사실상 로마 교황청이었고, 로마의 권력자들이 그의 유죄를 확보하기 위해서 참석했다. 루터는 4월 17일 오후 4시에 보름스 의사당에 도착하여 회의장에 쌓여 있는 많은 책들이 자신의 책들인지를 심문받았다. 교회에 만연한 부패들에 대한 개혁을 요구하고, 개개의 그리스도인이 사제의 속박에서 해방될 권리를 주장하고, **믿음으로 의롭다 함**을 얻는다는 근본 교리를 재확증하는 것을 골자로 한 그 책들의 내용을 철회할 의사가 없는지 질문을 받았다.

루터는 책들의 제목들을 낭독해 달라고 요청했다. 그런 다음 "지극히 자애로우신 황제시여! 관대하신 왕자들과 영주들이시여! 황제께서는 제게 두 가지 질문을 하셨습니다. 첫 번째 질문에 대해서, 저는 방금 거명된 책들이 제것임을 인정합니다. 그것을 부인할 수 없습니다. 두 번째 질문에 대해 답변하자면, 그것은 믿음과 영혼 구원에 관한 질문이고, 하늘과 땅을 통틀어 가장 귀한 보물인 하나님 말씀과 관련된 질문이기에 만약 깊은 생각 없이 대답하면 참으로 무례한 일이 될 것입니다… 그런 이유에서 겸손한 마음으로 황제께 간절히 청하건대, 제가 하나님 말씀을 범하지 않고 대답할 수 있도록 시간을 주십시오."

아주 중대한 문제였기 때문에 적절한 요청이었다. 이런 이유 외에도 대답할 시간을 충분히 가지고서 자기 입장을 더욱 확고히 증명할 생각이었다. 이 요청을 놓고 논쟁이 있었으나, 결국 루터에게는 답변을 준비하도록 24시간이 허락되었다.

다음날 회의장에 출두했을 때 똑같은 질문을 받았다 : "책들 전부를 변호하겠는가, 아니면 그중 일부를 철회하겠는가?"

루터는 자기가 저술한 책들을 구분하면서, 의회를 논쟁으로 끌어들여 참된 복음을 전할 기회를 얻으려고 노력하였다. 그의 책들 가운데 몇 권은 모든 사람들이 읽을 수 있는 언어로 기독교 신앙을 다루었다. 이 책들을 부정한다는 것은 예수 그리스도를 부정하는 것이나 다름 없었다.

두 번째 부류는 교황청의 오류들과 폭정을 비판한 책들이었다. 이 책들을 부정한다면 교황청의 폭정에 힘을 보태줄 것이고, 따라서 독일인들에게 죄를 짓게 될 것이었다. 세 번째 부류는 개인들과 그들의 가르침들을 다룬 책들이었다. 여기서 루터는 조급하거나 지혜롭지 못하게 말했을 수도 있다고 고백했다. 그러나 그럴지라도 정적들에게 당시 자행되고 있던 악들을 상기시키는 게 필요했다. 루터는 만약 자기 글들에서 이런 저런 오류를 증명해 낼 수 있다면 자기가 먼저 책을 불에 던지겠다고 말했다.

"그러나 당신은 제시된 질문에 대답하지 않았소" 하고서 의장은 말하였다. "철회할 생각이오, 철회하지 않을 생각이오?"

이 질문에 루터는 서슴없이 대답했다 : "냉철하고 유능하신 의장께서 내게 명쾌하고 단순하고 정확한 대답을 요구하시므로 대답을 하겠습니다. 나는 교황이나 공의회들에게 내 신앙을 굴복할 수 없습니다. 왜냐하면 교황과 공의회들이 자주 오류를 범했고 서로 모순되었다는 것은 내게 대낮처럼 환한 사실이기 때문입니다. 그러므로 나는 성경의 증거에 의해 깨닫기 전에는, 혹은 아주 명쾌한 사유(思惟)에 의해 깨닫기 전에는 – 내가 인용한 구절들에 의해서 내가 설득되기 전에는 – 그로써 내 양심이 하나님의 말씀에 의해 묶이기 전에는 내 신앙을 철회할 수도 철회할 생각도 없습니다. 그리스도인이 자기 양심에 거슬리는 말을 하는 것은 온전치 못한 일이기 때문입니다."

그런 뒤 자기 생명을 손아귀에 쥐고 있는 로마 교황청의 권력자들을 둘러보고는 이렇게 기도했다 :

"제가 여기 섰습니다(Here I Stand). 달리 해볼 도리가 없습니다. 하나님 저를 도와주십시오." 이렇게 독일 수사는 470 여년이나 지난 오늘날에도 여전히 우리들의 가슴을 떨게 하는 말을 남겼다.[12]

모든 교리들의 주인

생애 말기에 루터는 믿음으로 의롭다 함을 얻는다는 교리에 관해 많은 내용들을 썼는데, 그 교리는 로마서 1 : 17에서 얻은 것이었다. 그는 이 교리를 "다른 모든 교리들의 유래가 된 주요 신조"라고 부르곤 했다. 이 교리를 "다른 모든 교리들에 대한 주인, 왕, 주, 지배자"라고 불렀다. 그는 말하기를, "칭의 신조를 잃어버리면 모든 기독교 교리들을 동시에 잃게 된다"고 했고, "칭의 신조만이 하나님의 교회를 낳고, 양육하고, 세우고, 보존하고, 방어하며, 그것이 없다면 하나님의 교회는 한 시간이라도 존재할 수 없다"고 주장했다.[13]

얼마나 큰 유산인가! 유약한 현실 기독교에게 얼마나 큰 질책인가!

믿음으로 의롭다 하심을 얻는다는 것이 교회가 서기도 하고 넘어지기도 하는 교리라면, 현대 교회가 쇠퇴하고 있는 주된 이유는 의심할 여지가 없이 이 교리를 이해하고, 받아들이고, 그대로 사는 데 실패했기 때문이다. 오늘날 현대 교회는 세상 앞에서 꼿꼿이 서지 못한다. 그 앞에 자세를 낮춘다. 그리스도인들은 조롱을 당당히 견뎌내지 못하고 도피한다. 하나님의 의에 힘입어 하나님 앞에 서는 법을 진정으로 배운 적이 없기 때문이 아닐까? "…만일 하나님이 우리를 위하시면 누가 우리를 대적하리요"(롬 8 : 31)라는 진리를 올바로 터득한 적이 없기 때문이 아닐까? 현대 교회는 이 확신에 굳게 선 충실한 사람들로 연합되기 전에는 강해질 수가 없다.

● 각주 ●

1. F.W. Boreham, *A Bunch of Everlastings or Texts That Made History* (Philadelphia : The Judson Press, 1952). (Original edition 1920).

2. J.H. Merle D' Aubign, *The Life and times of Martin Luther*, trans. H. White (Chicago : Moody Press, 1958), p. 31.

3. Ibid., p. 32.

4. Ibid., pp. 37, 38.

5. Boreham, *A Bunch of Everlastings*, p. 19.

6. 어떤 사가들은 이 여행 시기를 1511년이나 1512년으로 잡는다.

7. D' Aubign , *The Life and Times of Martin Luther*, p. 50.

8. Thomas M. Lindsay, *A History of the Reformation*, vol. 1, *The Reformation in*

Germany from Its Beginnings to the Religious Peace of Augsburg (Edinburgh : T. & T. Clark, 1962), p. 07. (Original edition 1906.)

9. D' Aubign , *The Life and Times of Martin Luther,* pp. 52, 53.

10. F.W. Boreham, *A Bunch of Everlastings,* p. 20.

11. D' Aubign, *The Life and Times of Martin Luther,* p. 55.

12. 루터의 말은 D' Aubigne의 *The Life and Times of Martin Luther* (pp. 423-434)에서 인용했다.

13. Martin Luther, *What Luther Says : An Anthology,* compiles by Edwald M. Plass, vol. 2, Glory-Pray (St. Louis : Concordia Publishing House, 1959), pp. 70-704.

● 제3부 ●

멸망에 처해 있는 인류

14
진노하시는 하나님
로마서 1 : 18

하나님의 진노가 불의로 진리를 막는 사람들의 모든 경건치 않음과 불의에 대하여 하늘로 좇아 나타나나니.

오늘날의 설교는 여러 가지 점에서 결핍되어 있다. 그러나 "하나님의 진노"를 소홀히 생각하는 것보다 신약 성서의 가르침에 분명히 부적합하고 심지어 명백히 모순되는 것은 없다. 하나님의 진노는 성경의 주된 가르침이며, 로마서에서 바울이 복음에 대한 정식 설명을 시작하는 출발점이다. 그러나 대부분 현대 기독교의 형태들에 비추어 판단하건대, 하나님의 진노는 중요하지 않은 난처한 교리이거나, 아니면 깨어 있는 그리스도인이라면 당연히 버려야 할 아주 그릇된 개념이다.

현대 전도의 유약함

대부분의 그리스도인은 다른 사람들에게 복음을 전할 때 어디서부터 시작하는가? 오늘날 대부분의 기독교 "전도"는 어디서부터 시작하는가?

많은 사람들이 이른바 "느낌상의 필요", 즉 듣는 이가 수긍할 만한 결핍이나 기대를 가지고 시작한다. 그 필요는 부적절한 감정들을 뜻할 수도 있고, 개인의 인간관계나 직업, 또는 포부에서 생기는 문제들에 대한 인식을 뜻할 수도 있으며, 단순히 악습을 뜻할 수도 있다. 기본적인 문제는 고독일 수도 있고, 자제할 수 없는 욕구들일 수도 있다. 이런 이론에 따르면 전도는 필요를 느낌으로써 시작해야 한다. 왜냐하면 필요를 느껴야만 듣는 사람과 접촉점을 마련하고 그로 하여금 듣게 할 수 있기 때문이다. 실제로 그러한가? 그것이 가르치는 자와 듣는 자 사이에 접촉점을 마련해 줄 수 있는 게 사실이다. 그러나 듣는 자와 하나님 사이에 접촉점을 마련해 주는 것 – 전도란 이런 게 아닌가? – 과 같지는 않다. 듣는 자와 진리 사이에 접촉점을 마련해 주지도 않는다. 느낌상의 필요들은 사실상 사람의 진정한 필요가 아닌 경우가 많기 때문이다. 오히려 그들을 짓누르는 수단일 수가 있다.

바울은 다른 편지에서 느낌상의 필요에 대해서 다음과 같은 식으로 말한다 : "때가 이르리니 사람이 바른 교훈을 받지 아니하며 귀가 가려워서 자기의 사욕을 좇을 스승을 많이 두고"(딤후 4 : 3). "귀가 가려워서"라는 게 느낌상의 필요에 해당하는 고전적인 예다. 이 구절에서 사도는 디모데에게 그런 필요를 채워주면 안 된다고 경계한다. 사도 자신이 그런 "필요들"을 중심으로 복음을 전하지 않았다.

오늘날 복음 전도에 널리 사용되는 또다른 방법은 약속들을 사용하는 것이다. 듣는 자가 예수를 영접해야만 줄 수 있는 일종의 당근 같은 보상으로 복음을 전달한다. 이런 방법에 따르면 그리스도인이 된다는 것은 기본적으로 무엇을 갖는 방법으로 나타난다. 때로는 이것이 아주 비성경적인 방법과 혼동되어 "성공 복음"으로 나타난다. 하나님께서 믿는 자들에게 부(富), 건강, 성공을 반드시 주신다는 식으로 말이다.

오늘날 복음 전도에 공통되게 사용되는 또다른 방법은 예수께서 우리를 위해 무엇을 해 주셨음을 강조하고, 그 이유에서 복음을 다른 사람에게 전하도록 권장하는 개인 체험 방법이다.

지금 말하고 있는 방법을 바울은 로마서에서 사용하지 않는다. 이 문제에 대해서 그는 적절하게 질책한다. 마틴 로이드 존스(D. Martyn Lloyd Jones)는 이렇게 말한다 :

그(바울)는 왜 복음을 로마나 다른 곳에서 전하려고 하는가? 그는 그 이유를 그들〔로마인들〕중 많은 사람들이 실패하는 생활을 하고 있기 때문이라거나, 그들을 승리하게 해줄 무슨 할 말을 갖고 있기 때문이라고 말하지 않는다. 그는 로마인들에게 이렇게 말하지 않는다 : "내가 로마에 있는 너희에게 가서 복음을 전하고 싶어하는 이유는, 내가 놀라운 체험을 했는데 이것을 너희에게 말해주어 너희도 같은 체험을 하도록 해주고 싶어서이다. 너희가 원하면 이 체험을 할 수 있다. 너희를 위해 준비되어 있다."
바울은 이런 식으로 말하지 않는다… 본문에는 체험에 관해서는 일언반구도 없다. 바울은 그들의 행복이나 특정한 정신 상태, 또는 그들의 관심을 끌 만한 어떤 것도 말하지 않는다. 오히려 깜짝 놀라서 어리둥절하게 만드는 것, 즉 하나님의 진노를 말한다! 그것을 먼저 말한다. 서슴 없이 말이다.[1]

물론 그 이유는 바울이 사람에게 중심을 두지 않고 하나님께 중심을 두었기 때문이며, 중심되는 일에 관심을 쏟았기 때문이다. 우리들 대부분은 이 점에서 유약하고, 모호하고, 잘못되어 있다. 바울은 최후에 문제가 되는 것은 우리가 좋은 느낌을 갖는가, 아니면 의미있는 체험으로 곤궁을 채움받는가 하는 것이 아님을 알았다. 문제는 하나님과 바른 관계를 갖게 되는가에 달려 있다. 그런 일이 있기 위해서는 우리가 하나님과 바른 관계에 있지 않다는 진리에서부터 시작해야 한다. 정반대로 우리는 하나님의 진노 아래 있고, 그분의 손에 영원히 정죄를 당할 위험에 놓여 있다.

진노 : 성경적 개념

물론 이 점에는 문제가 있다. 그 문제는 사람들 대부분이 성경을 가지고 생각하기보다는 사람의 범주들을 가지고 생각한다는 점이다. 사람의 범주를 가지고 생각하면, "진노"란 변덕스러운 인간의 분노나 악의를 뜻하게 된다. 하나님의 진노는 당연히 인간의 분노와 같지 않다. 그러나 이 사실을 이해하지 못하기 때문에 하나님의 진노 개념 자체를 거북스러워 하며, 그것이 하나님의 성격으로는 합당치 않다고 생각한다. 그렇게 해서 쟁점에서 멀리 벗어난다.

성경 저자들은 그렇게 침묵하지 않았다. 그들은 하나님의 진노에 대해서 자주 말했고, 그것을 분명히 하나님의 완전한 속성들 가운데 하나로 보았다. 패커(J.I. Packer)는 이렇게 말한다 : "성경에서 아주 현저한 것들 가운데 하나는 신구약을 막론하고 저자들이 하나님의 진노의 사실성과 두려움을 열정적으로 강조하는 것이다."[2] 아더 핑크(Arthur W. Pink)도 이렇게 썼다 : "성구사전을 주의해서 보면 성경에는 하나님의 사랑과 자애에 관한 구절들보다 하나님의 노, 격노, 진노에 관한 언급들이 더 많음을 알게 될 것이다."[3]

구약 성서에서는 하나님의 진노를 가리키는 데 20개가 넘는 단어들이 쓰인다. (인간의 분노에 관해서는 아주 다른 단어들이 쓰인다.) 하나님의 진노에 관해서는 중요한 구절만 해도 거의 6백 개나 된다. 이 구절들은 서로 떨어져 있거나 무관한 한 상태로 있지 않다. 따라서 후대의 어떤 음울한 편집자가 구약 성서에 그런 구절들을 덧붙였다고 보기가 힘들다. 성경의 아주 중요한 주제들과 사건들에 기초가 되고 뗄 수 없이 연관되어 있다.

하나님의 진노에 관한 초기의 언급들은 시내 산에서 율법을 주신 일과 관련된다. 최초의 언급은 하나님께서 십계명을 주신 기사 내용 다음에 두 장 건너 뛰어 바로 나온다 : "〔여호와께서... 이르시되〕 너는 과부나 고아를 해롭게 하지 말라. 네가 만일 그들을 해롭게 하므로 그들이 내게 부르짖으면 내가 반드시 그 부르짖음을 들을지라. 나의 노〔진노〕가 맹렬하므로 내가 칼로 너희를 죽이리니 너희 아내는 과부가 되고 너희 자녀는 고아가 되리라"(출 22 : 22-24).

출애굽기의 10장 뒤에는 이스라엘이 금송아지를 만들어 경배한 죄를 전하는 아주 중요한 단락(우리는 나중에 이 단락을 다시 다루게 된다)이 나오는데, 여기서 하나님과 모세는 진노를 놓고 대화한다. 하나님께서는 이렇게 말씀하신다 : "그런즉 나대로 하게 하라. 내가 그들에게 진노하여 그들을 진멸하고 너로 큰 나라가 되게 하리라." 그러나 모세는 이렇게 탄원한다 : "… 여호와여, 어찌하여 그 큰 권능과 강한 손으로 애굽 땅에서 인도하여 내신 주의 백성에게 진노하시나이까. 어찌하여 애굽 사람으로 이르기를 여호와가 화를 내려 그 백성을 산에서 죽이고 지면에서 진멸하려고 인도하여 내었다 하게 하려 하시나이까. 주의 맹렬한 노를 그치시고 뜻을 돌이키사 주의 백성에게 이 화를 내리지 마옵소서"(출 32 : 10-12).

형성기에 속하는 이 초기에 모세는 백성이 무죄하다는 근거를 가지고 하나님께 탄원하지 않았다. 백성은 무죄하지 않았고, 모세도 이 사실을 잘 알고 있었다. 진노가 하나님의 성품에 걸맞지 않다는 상상을 가지고 탄원하지도 않았다. 오히려 하나님의 심판이 오해를 살 우려가 있고, 하나님의 이름이 이교도들에게 업신여김을 받을 우려가 있다는 점을 근거로 탄원하였다.

신약 성서에는 진노에 관련하여 주로 쓰이는 두 가지 단어가 있다. 하나는 **튀모스**(thymos)로서, "격렬하게 쫓아가다", "맹렬한 열기 안에 있다", "격렬하게 호흡하다"라는 뜻의 어근에서 유래한 단어이다. "숨가쁜 격노"라는 표현으로 그 개념을 파악할 수 있다. 다른 하나는 **오르게**(orge)로서, "무엇을 할 정도로 무르익다"라는 뜻이다. 이 단어는 진노를 마치 큰 댐에 모인 물처럼, 오랜 세월에 걸쳐 이룩되는 어떤 것으로 묘사한다. 레온 모리스(Leon Morris)는 그의 책 「**십자가의 사도적 선포**」(The Apostolic Preaching of the Cross)에서 언급하기를, **튀모스**라는 단어는 하나님께서 최후의 진노를 남김없이 쏟아부으실 일을 기록하는 요한계시록을 제외하고는 오직 한 군데서만 하나님의 진노를 가리키는 데 사용된다고 한다. 다른 곳에서 쓰이는 단어는 **오르게**이다. 모리스는 이렇게 주장한다 : "성경 저자들은 하나님의 진노를 가리키는 단어를 쓸 때 급하게 타올랐다가 꺼져버리는 격정이란 뜻으로 쓰지 않고, 하나님의 본성 자체에 반역하여 일어난 모든 악에 대해서 강력하면서도 차분한 반발이란 뜻으로 습관적으로 쓴다."[4]

존 머리(John Murray)도 다음과 같은 고전적인 정의를 내릴 때 정확히 모리스와 같은 방법으로 쓴다 : "진노는 하나님의 거룩하심에 모순되는 것에 대해 하나님의 존재에서 우러나오는 거룩한 반발이다."[5]

하나님의 진노를 이런 식으로 이해하는 것을 로마서에서 보게 된다. 바울은 이 편지에서 진노를 10번 언급한다.[6] 그러나 매 경우마다 그가 쓰는 단어는 **오르게**이며, 그의 논지는 하나님이 순간적으로 자신을 모욕한 어떤 것에 조급하게 분노를 터뜨리신다는 것이 아니라, 모든 악에 대한 하나님의 확고하고도 무서운 혐오가 쌓여가고 있으며, 장차 그리스도의 의로 의롭다 하심을 받지 않은 모든 사람들을 영원히 정죄하시는 것으로 발산되리라는 것이다. 로마서 1 : 17은 하박국 2 : 4에 기초를 두고서 "… 오직 의인은 믿음으로 말미암아 살리라" 하고 말한다. 그러나 믿음으로 말미암아 **살지 않는** 사람들은 그 날에 생명을 부지하지 못하고 영원히 멸망하고 말 것이다. 그러므로 로마서 2 : 5에서 바울은 이렇게 쓴다 :

"다만 네 고집과 회개치 아니한 마음을 따라 진노의 날 곧 하나님의 의로우신 판단이 나타나는 그 날에 임할 진노를 네게 쌓는도다."

나타나고 있는 진노

그러나 하나님의 진노가 마지막 날에 최종적으로 한꺼번에 쏟아부어지기 위해 "쌓여가고" 있는 것만은 아니다. 이 진노는 현실에서 나타나기도 하는데, 이것이 바로 바울이 본문에서 미래 시제가 아닌 현재 시제를 사용하여 말하고 있는 내용인 듯하다 : "하나님의 진노가 불로 진리를 막는 사람들의 모든 경건치 않음과 불의에 대하여 하늘로 좇아 **나타나고** 있으니(한글개역성경, 나타나나니)." 진노가 어떻게 나타나는가? 오늘날에는 하나님의 진노가 어떤 방식으로 나타나고 있는가?

로마서 주석가들은 죄에 대한 하나님의 진노가 나타나는 방식들을 열거하면서 이 점에 대해 여러 가지 견해들을 내놓는다. 찰스 하지(Charles Hodge)는 "죄에 대한 구체적 형벌", "비참한 결과를 빚는 도덕적 악의 내재된 성향", "양심의 소리"로 세 가지 방법을 말한다.[7]

마틴 로이드 존스(D. Martyn Lloyd Jones)는 "양심", "질병과 질환", "피조물의 상태", "죽음의 보편성", "역사" 그리고(바울이 주로 염두에 두었다고 본 문제인) "십자가"와 "그리스도의 부활"을 열거한다.[8]

로버트 홀데인(Robert Haldane)은 다음과 같이 포괄적으로 진술한다 :

하나님의 진노는… 최초의 사형판결이 선언되었을 때, 땅이 저주를 받고 사람이 지상 낙원에서 추방되었을 때 나타났고, 그 뒤에는 홍수와 하늘에서 불을 내려 평지의 도시들을 파괴하는 형벌들로 나타났으나, 특히 죽음이 온 세상을 지배하는 것으로 나타났다. 그것은 모든 범과(犯過)에 대한 율법의 저주로 선포되었고, 제사 제도와 모세 시대의 모든 의식들로 암시되었다. 이 서신서 8장에서 사도는 모든 피조물이 썩어질 것에 예속되어 함께 탄식하며 고통해 오고 있는 사실을 성도들에게 환기시킨다. 바로 이 피조물이 하나님의 계심을 선포하고 그분의 영광을 드러낸다는 사실도 하나님께서 죄의 원수이고 사람들의 범죄를 벌하시는 분임을 입증한다… 그러나 하나님의 진노가 가장 분명히 나타난 것은 하나님의 아들이 하나님의 성품을 드러내시려 세상에 내려오셨을 때, 그리고 하나님께서 지난 날 죄에 대한 불쾌감의 증표로 내리신 모든 징벌들보다 더욱 두려운 방법으로 진노가 그 아들의 고난과 죽음에 나타났을 때였다.[9]

현실에 나타난 하나님의 진노에 대한 이런 설명들은 하나하나가 다 정확하다. 그러나 내 견해로는 바울이 본문에서 훨씬 더 구체적인 것을 염두에 두고 있다고 보는데, 찰스 하지(Charles Hodge)만이 그것을 구체적으로 언급한다 : "비참한 결과를 빚는 도덕적 악의 내재된 성향." 이 점을 바울은 로마서 1장에서 이야기해 가고 있다. 21-32절에서 바울은 인류의 타락하는 경향을 말하며, 그 경향 때문에 세상은 하나님을 배척하고 그로써 법적으로 하나님께 버림을 받은 상태에서 악에게 굴복해 있다고 한다. 세상은 왜곡들로 향하다가 선을 악이라 하고 악을 선이라 하는 가치전도에서 막히는 길에 서 있다. 인간의 타락과 비참함이 곧 하나님의 진노가 나타난 결과이다.

여러 해 전에 랄프 케이퍼(Ralph L. Keiper)는 흐리터분하게 사는 히피족과 그들의 생활에 대해서 대화를 나누었다. 그 사람은 하나님의 존재와 기독교 진리들을 부인하였지만, 무디거나 지각이 없는 사람은 아니었다. 그래서 케이퍼는 로마서 1장을 펼쳐 주면서, 그것이 히피족의 상태를 분석한 것이라고 소개했다. 그 사람은 그 내용을 자세히 읽고나서 "선생님이 어디로 몰아가고 있는지 이제 알겠군요. 내가 그 계시의 실증 자료라는 말씀이군요" 하고 대답했다.

정확한 대답이다! 현실에 나타나는 하나님의 진노는 비록 범위가 제한되어 있긴 하지만, 우리가 과연 진노의 자녀이고 현재의 악한 길에서 떠나 구주께 가야 할 사람임을 보여 주는 증거로 받아들여야 한다.

하나님의 진노를 가라앉힘

여기서 다시 앞에서 언급한 바 있는 위대한 구약 성서 이야기로 돌아간다. 그 이야기는 이렇게 시작했다 : "나는 너를 애굽 땅, 종 되었던 집에서 인도하여 낸 너의 하나님 여호와

로라. 너는 나 외에는 다른 신들을 네게 있게 말지니라. 너를 위하여 새긴 우상을 만들지 말고 또 위로 하늘에 있는 것이나 아래로 땅에 있는 것이나 땅 아래 물 속에 있는 것의 아무 형상이든지 만들지 말며 그것들에게 절하지 말며 그것들을 섬기지 말라. 나 여호와 너의 하나님은 투기하는 하나님인즉 나를 미워하는 자의 죄를 갚되 아비로부터 아들에게로 삼,사 대까지 이르게 하거니와 나를 사랑하고 내 계명을 지키는 자에게는 천대까지 은혜를 베푸느니라"(출 20 : 2-6). 하나님께서 이 말씀을 하고 계신 동안에 노예 상태에서 구원을 받은 그 백성은 하나님께서 금하고 계신 바로 그 일을 하고 있었다. 그뿐 아니라 거짓말하고, 시기하고, 부모를 존경치 않고, 간음을 하고, 그외 다른 모든 계명들을 범하고 있었다.

하나님께서는 이 백성을 즉각 철저히 심판하시겠다는 뜻을 밝히셨고, 모세는 앞에서 언급한 말로 그들을 중재하고 나섰다(출 32 : 11-12).

마침내 모세는 백성을 처리하기 위해서 산을 내려갔다. 하나님의 은혜에 대한 생각을 떠나서 사람의 차원에서라도 죄는 반드시 심판을 받아야 한다. 그래서 모세는 자기가 알고 있는 최선의 방법으로 죄를 처리하였다. 먼저 아론을 공식적으로 꾸짖었다. 그런 다음 아직 하나님 편에 남아 있는 사람들은 다른 사람들에게서 떨어져 나와 자기 곁에 서라고 말했다. 레위 족속이 반응을 보였다. 모세의 명령에 따라 그들은 진중을 다니면서 반란 주모자들을 처단했다. 남자 3천명이 죽었는데, 이것은 출애굽한 남자 60만 명 가운데 0.5%에 해당하는 수였다(출 32 : 28; 참조. 12 : 37 - 여자들과 어린이들의 수를 합하면 2백만 명 남짓한 듯하다). 모세는 금송아지도 파괴했다. 그것을 빻아 가루로 만들고 물에 섞어 백성에게 마시게 했다.

인간의 입장에서 모세는 죄를 처리했고 지도자들도 처단되었다. 아론은 질책을 당했다. 백성의 충성도 적어도 일시적으로는 재확인되었다. 그러나 모세는 하나님께 대해서는 이스라엘의 대표자로서, 백성에게 대해서는 그들의 지도자로서 각각 특별한 관계를 맺고 있었다. 하나님께서는 산에서 여전히 진노하신 채 기다리고 계셨다. 모세는 어떻게 해야 했을까?

초속적(超俗的)이거나 이론뿐인 신학자들에게는 하나님의 진노라는 개념이 흥미있는 사색거리 정도로 비칠는지 모른다. 그러나 모세는 이론뿐인 신학자가 아니었다. 하나님과 대화를 나누었고 그분의 음성을 들었다. 그분의 율법을 받았다. 비록 당시에 모든 율법이 다 내려진 것은 아니었지만, 모세는 이미 받은 율법만으로도 죄가 얼마나 무서운 것인지, 하나님의 의가 얼마나 타협의 여지가 없는 것인지를 충분히 알고 있었다. 하나님께서 "너는 나 외에는 다른 신들을 네게 있게 말지니라"고 말씀하지 않으셨던가? 죄에 대해서는 불순종한 사람들의 삼,사대까지 징벌하겠다고 약속하지 않으셨던가? **자신**이 내린 심판이 그렇게 거룩한 하나님을 만족시킬 것이라고 생각한 모세는 누구였던가?

밤이 지나고 아침이 찾아오자 모세는 다시 산으로 올라가야 했다. 그는 밤새껏 어떻게 하면 하나님의 진노를 돌릴 수 있을지를 생각했다. 그는 히브리 족장들이 드렸던 제사들과 새로 제정된 유월절 의식을 기억했다. 이미 하나님께서는 당연히 죽어야 할 죄인들을 대신하여 죽을 무죄한 대상을 받을 준비가 되어 있음을 그런 제사들을 통해서 보이셨다. 하나님의 진노는 때로 그 무죄한 대상에게 내릴 수 있었다. 모세는 "**혹시 하나님께서 받으실른지 모른다**…"고 생각했다.

아침이 찾아오자 모세는 큰 각오를 하고서 산으로 올라갔다. 봉우리에 다다른 뒤에 하나님께 아뢰기 시작했다. 큰 번민 속에서 아뢰었을 것이 분명하다. 이렇게 보는 이유는 히브리어 본문이 고르지 않고, 모세의 두 번째 문장이 결말 없이 갑자기 끝나기 때문이다(출애굽기 32 : 32 중간에 표기된 "-" 기호가 이 점을 암시한다). 이것은 자기가 심판을 받음으로써 자기가 사랑하는 백성들을 구원할 수만 있다면 대신 자기를 저주해 달라고 구하는 사람의 복받치는 호소였다. 본문은 이렇게 전한다 : "여호와께로 다시 나아가 여짜오되 슬프도소이다. 이 백성이 자기들을 위하여 금신을 만들었사오니 큰 죄를 범하였나이다. 그러나 합의하시면 이제 그들의 죄를 사하시옵소서 - 그렇지 않사오면 원컨대 주의 기록하신 책에서 내 이름을 지워버려 주옵소서"(출 32 : 31-32). 모세는 백성을 대신하여 자기가 심판을 받겠다고 제의하고 있었다.

그 전날 모세가 산을 내려가기 전에 하나님께서는 모세에게 큰 시험이 될 수도 있는 말씀을 하셨다. 만약 동의한다면 백성을 진멸하고 모세에게서 새로운 유대 민족을 다시 이루겠노라고 하셨다(출 32 : 10). 그 당시에도 모세는 그 제의를 거절하였다. 그러나 그 뒤 산을 내려가 자기 백성과 함께 있으면서 그들에 대한 사랑을 재확인한 뒤에는 대답이 한층 더 확고해진다. 하나님께서는 "내가 백성을 진멸하고 너를 구하겠다"고 말씀하신 바 있다.

이제 모세는 "차라리 나를 진멸하고 그들을 구하옵소서" 하고 대답한다.

모세는 하나님의 계시가 내리기 시작한 시대에 살았고, 그 당시로서는 하나님의 계획에 대해 매우 한정된 이해를 갖고 있었을 것이다. 그는 자신이 기도한 것이 이루어질 수 없는 것임을 우리만큼 알지 못했다. 자기 백성을 대신해서 지옥에 들어가겠다고 제의한 것이다. 그러나 모세는 이스라엘은 고사하고 자기 한 몸도 구원할 수 없는 존재였다. 그 역시 죄인이었다. 그 역시 구주가 필요했다. 다른 사람들을 대신해서 죽을 수가 없었다.

그러나 그렇게 하실 수 있는 분이 계시다. 그러므로 성경은 이렇게 말한다 : "때가 차매 하나님이 그 아들을 보내사 여자에게서 나게 하시고 율법 아래 나게 하신 것은 율법 아래 있는 자들을 속량하시고 우리로 아들의 명분을 얻게 하려 하심이라"(갈 4 : 4-5). 그분이 하나님의 아들 예수시다. 그분은 하나님의 진노를 받아 마땅한 사람들을 대신해서 죽으셨다. 그분의 죽음은 아주 적합한 것이었다. 죄가 없으셨기 때문에 자기 죄를 위해서 죽으실 필요가 없었기 때문이었고, 하나님이셨기 때문에 행동이 무한한 중요성을 갖고 있었기 때문이었다.

그것이 바로 바울이 이 로마로 보낸 서신서에서 설명할 메시지이다. 그것이 좋은 소식(Good News), 곧 복음이다. 그러나 출발점은 여러분 자신의 선행이 아니다. 여러분에게는 선행이라는 게 없기 때문이다. 오히려 자신이 하나님의 진노의 대상으로서 결국 죄로 멸망할 사람이며, 죄인들을 위해서 죽으신 예수 그리스도의 긍휼에 전적으로 의지하기 전에는 그 상태에서 벗어나지 못한다는 사실을 아는 것이 출발점이다.[10]

● 각주 ●

1. D.M. Lloyd-Jones, *Romans : An Exposition of Chapter 1, The Gospel of God* (Grand Rapids : Zondervan, 1985), p. 325.

2. J. I. Packer, *Knowing God* (Downers Grove, Ill. : InterVarsity Press, 1973), pp. 134, 135.

3. Arthur W. Pink, *The Attributes of God* (Grand Rapids : Baker Book House, 1975), p. 82.

4. Leon Morris, *The Apostolic Preaching of the Cross* (Grand Rapids : Wm. B. Eerdmanns, 1955), pp. 162, 163.

5. John Murray, *The Epistle to the Romans* (Grand Rapids : Wm. B. Eerdmann, 1968), p. 35.

6. 1 : 18; 2 : 5, 8; 3 : 5; 4 : 15; 5 : 9; 9 : 22; 12 : 19; 13 : 4,5.

7. Charles Hodge, *A Commentary on Romans* (Edinburgh and Carlisle, pa. : The

Banner of Truth Trust, 1972), p. 35. (Original edithon 1935.)

8. Lloyd-Jones, *Romans : An Exposition of Chapter 1,* pp. 342–350.

9. Robert Haldane, *An Exposition of the Epistle to the Romans* (MacDill AFB : MacDonald Publishing, 1958), pp. 55, 56.

10. 이 장의 내용은 때로 James Montgomery Boice의 *Foundations of the Christian Faith : A Comprehensive and Readable Theology* (Downers Grove, Ⅲ. : InterVarsity Press, 1968, pp. 246-55)와 거의 비슷하다.

15

자연 계시
로마서 1 : 18-20

하나님의 진노가 불의로 진리를 막는 사람들의 모든 경건치 않음과 불의에 대하여 하늘로 좇아 나타나나니 이는 하나님을 알 만한 것이 저희 속에 보임이라. 하나님께서 이를 저희에게 보이셨느니라. 창세로부터 그의 보이지 아니하는 것들 곧 그의 영원하신 능력과 신성이 그 만드신 만물에 분명히 보여 알게 되나니 그러므로 저희가 핑계치 못할지니라.

하나님의 진노에 대해서 말하고 싶어하는 사람은 없다. 특히 자기 자신을 결부시킬 때는 더 그러하다. 그러나 로마서 1 : 18-20을 공부하면서 그 문제를 의무적으로 생각지 않을 수 없는 상황에서 사람들의 반응은 대체로 다음 두 가지 중 하나로 나타난다 : (1) 진노란 하나님의 본성에 붙은 얼룩처럼 부적합한 것이며, 따라서 생각이 바른 사람이라면 반드시 버려야 할 잘못된 개념이라고 주장한다. 혹은 (2) 자신이 하나님의 진노를 받을 만한 사람임을 부정한다.

두 번째 반응은 첫 번째보다 더 심각하다. 그러므로 바울은 복음이 모든 사람들에게 필요하다는 논지를 전개하면서 그 문제를 가지고 씨름한다.

로마서 1 : 18-20에는 세 가지 중요한 개념들이 담겨 있다. 이 개념들은 모두 사람들에 대한 하나님의 진노가 왜 정당한지를 설명한다. 첫 번째 개념은 **진노** 자체이다. 두 번째 개념은 사람이 하나님께 관한 진리를 막는(억누르는) 것이다. 이 개념은 21-23절에 다시 거론되어 더욱 충분히 다뤄진다. 세 번째 개념은 하나님께서 자신에 관한 진리를 억누르는 사람들에게 자신에 관해서 이미 해주신 계시이다. 그러나 이 개념들은 순서를 바꾸어 공부할 필요가 있다. 역순으로 - 계시, 막는 것, 진노 - 생각하면 그 개념들은 다음과 같은 사실을 가르치게 된다. 즉, 하나님께서는 생각이 바른 사람이면 누구나 충분히 자기를 발견하고 예배할 수 있을 만한 자신에 대한 계시를 본래대로 놓아 두셨지만, 사람들은 그렇게 하는 대신 이 계시를 막는다. 계시를 부인하고, 계시가 인도하는 대로 따라가지 않는다. 하나님의 진노가 그들에게 임하는 것은 이렇게 하나님께 관한 진리를 고의적이고도 부도덕하게 억누르기 때문이다.

자연에 나타난 하나님의 계시

신학자들이 "자연 계시"(natural revelation)라고 부르는 것에 관해서는 아주 많은 논쟁이 있었다. 따라서 이 주제를 논하기 전에 우선 몇 가지 중요한 사항들을 정의하고 구분하는 게 긴요한 일이다.[1] 첫째, 정의를 내리자면, 자연 계시는 말 그대로 자연에 나타난 하나님의 계시를 뜻한다. 때로는 모든 사람들에게 해당되는 것이므로 "일반 계시"(general revelation)라고도 하며 자연 계시는 "특별 계시"(special revelation)와 구분된다. 특별 계시는 자연 계시를 넘어서는 것으로써, 예수 그리스도의 생애와 사역, 성경, 그리고 성령을 의지하여 읽는 사람들이 갖는 성경의 의미에 대한 계시 안에서 발견하는 계시이다.

바울이 본문에서처럼 사람들에게 분명히 알려진 하나님께 관한 지식을 말할 때, 그가 염두에 두고 있는 것은 특별 계시가 아니라 일반 계시 또는 자연 계시이다.

여기서 정의하고 넘어가야 할 두 번째 개념은 "하나님께 관한 지식"이다. 알다 또는 지식이라는 단어들을 다른 방식으로 사용할 수 있기 때문에 정의가 필요하다.

1. **자각**(Awareness). 가장 낮은 수준에서 시작하자면, 우리가 무엇을 안다고 말할 때 그것은 존재를 자각하고 있다는 정도의 말일 수 있다. 이런 의미에서 우리는 누가 어디서 사는지, 또는 세상 어디에서 어떤 일들이 벌어지고 있는지를 안다고 말할 수 있다. 이것은 참된 지식이긴 하지만, 포괄적인 지식은 아니다. 그리 큰 영향을 끼치지 못하는 지식이며 사

람 개인을 포함하지 않는다.

2. **무엇에 관해서 앎**(Knowing about). 무엇에 관해서 안다는 것은 한 단계 더 나아간다. 왜냐하면 이런 뜻에서의 지식이란 구체적이고, 포괄적이며, 중요한 것일 수도 있기 때문이다. 가령 물리학자가 물리학에 관해서 갖고 있거나 의사가 의학적 사실들에 관해서 갖고 있는 지식이 이런 류의 지식이다. 좀더 구체적으로 말하자면, 신학자가 하나님께 관한 지식을 갖고 있을 수 있고, 그 신학으로 고도의 지식인이라고 평가를 받으면서도 여전히 구원을 받지 못한 상태로 있을 수 있다.

3. **경험**(Experience). 알다라는 단어는 경험으로 터득한 지식을 가리키는 데도 쓰일 수 있다. 앞의 두 범주로 거슬러 올라갔을 때, 이를테면 우리가 어떤 사람과 사실상 같은 집에 살았다면 그 사람이 어디서 사는가 하는 따위의 지식을 가질 수 있다. 한 가지 예를 더 들자면, 의사가 어떤 질병을 치료하거나 수술함으로써 직접 경험할 때는 이런 종류의 지식을 가질 수 있다. 질병을 직접 대해보고 얻은 지식은 그 질병의 원인과 증후와 요법을 책으로만 익히는 것과는 아주 다르다.

4. **개인적**(Personal). 마지막 종류의 지식은 가장 높고 중요한 차원의 지식이다. 이것은 개인적 지식이라고 부를 수 있는 것으로써, 하나님께 대해서, 우리 자신에 대해서, 다른 사람에 대해서만 가질 수 있는 종류의 지식이다. 성경이 구원의 방법으로서 하나님을 아는 것에 관해서 말할 때는 항상 이 지식을 전제한다. 이 지식은 죄인인 우리 자신에 관한 지식과 거룩하고 자비로우신 하나님께 관한 지식을 포함한다. 하나님께서 우리를 구원하시려고 그리스도 안에서 우리를 위해 이루신 일에 관한 지식과, 예수 그리스도를 앎으로써 실제로 하나님을 알고 사랑하게 되는 것을 포함한다. 머리의 지식을 포함하지만, 가슴의 지식도 포함한다. 이 지식은 경건, 예배, 헌신으로 표출된다. 예수께서 다음과 같이 기도하실 때 말씀하신 것이 이런 지식이다 : "영생은 곧 유일하신 참 하나님과 그의 보내신 자 예수 그리스도를 아는 것이니이다"(요 17 : 3).

어떤 사람들은 이런 식으로 정의를 내리는 것을 참지 못하고 그냥 성경을 해설하기를 바란다. 그러나 이 경우에는 구분하는 일이 필요하다. 그렇게 해야만 하나님께서 사람들로 하여금 자연에서 얻을 수 있게 하고 그로 말미암아 책임을 물으시는 지식이란 것이 어떤 종류의 것인가를 구분할 수 있기 때문이다.

본문이 말하는 지식은 위에 언급한 네 가지 지식들 가운데 마지막 것이 아니다. 만일 그것이라면 모든 사람들이 구원을 받게 될 것이다. 하나님께 관한 지식(매우 제한된 의미인 경우를 제외하고는)도 아니고, 경험에 의한 지식도 아니다. 기본적으로 그것은 자각이다. 자연은 우리가 성경에서 얻는 하나님께 관한 특별 계시가 없더라도 모든 사람들이 적어도 하나님께서 존재한다는 사실과 자기들이 그분께 경배해야 한다는 사실을 **자각**하게 되는 방법으로 하나님을 계시한다. 이렇게 하나님을 자각하는 것이 사람을 구원하지는 못한다. 그러나 만약 사람이 할 능력도 있고 당연히 해야 하는 대로 자연의 인도를 따르지 않고 참되신 하나님을 계시된 대로 찾지 않을 때는 그 지식만으로도 정죄당할 충분한 요건이 된다.

영원하신 능력과 신성(神性)

사도는 여기서 자연 계시에 무엇이 포함되는지를 구체적으로 설명한다. 자연 계시는 두 요소로 이루어져 있다. 첫째, "하나님의 영원하신 능력"이고, 둘째는 하나님의 "신성"이다(20절). 둘째는 단순히 하나님이 계신다는 것을 뜻한다. 다른 말로 해서, 사람들에게는 무신론자가 될 구실이 없다는 뜻이다. 첫째는 하나님 – 사람들이 계신 줄을 아는 – 께서 전능하신 능력을 갖고 계시다는 뜻이다. 사람들은 이것을 명제로 알고 있다. 왜냐하면 전능하지 않은 신이란 사실상 신이 아니기 때문이다. 이 두 개념은 "지고자"(至高者, Supreme Being)란 철학 용어로 표현할 수 있다. "자"(Being. 대문자가 씌인 것에 주의)는 하나님의 존재를 가리킨다. "지고"(Supreme)는 하나님의 궁극적 능력을 가리킨다. 바울이 말하는 것은 자연에는 지고자의 존재에 대한 명확하고도 확실한 증거가 있다는 것이다. 하나님은 계시고, 우리는 그 사실을 안다. 그것이 바울의 논지이다. 그러므로 사람들이 (우리가 하듯이) 하나님을 인정하고 예배하기를 거부할 때, 문제는 하나님 안에 있는 것도 아니고 존재를 뒷받침할 만한 증거가 부족한 데 있는 것도 아니라, 하나님을 알지 않겠다는 사람의 비이성적이고 단호한 결심에 있는 것이다.

이 점에서 몇 가지 중요한 점들을 덧붙이고 싶다. 첫 번째는 자연 계시가 비록 불충분한 계시이긴 하지만 포괄적이라는 사실에 관한 것이다. 나는 앞에서 자연에 나타난 하나님의 계시가 하나님의 존재와 지고의 권능에 대한 **제한된** 표출이라는 점을 지적한 바 있다. 자연에는 구원을 받기 위해서 하나님을 아는 데 필요한 하나님의 긍휼, 성결, 은혜, 사랑, 그리고 그밖의 많은 속성들에 대한 계시가 없다. 하지만 이 제한된 계시를 최소한의 것으로 생각해서는 안 된다. 마치 그 제한된 성격이 변명할 구실이 된다는 듯이 말이다. 성경에 따르면 하나님께 대한 이 자연 계시는 비록 제한되긴 했지만 그럼에도 포괄적이며 압도적인 힘을 갖고 있다.

구약 성서에서 로마서 1 : 18-20에 상응하는 위대한 본문은 시편 19편 전반부(1-6절)이다. 이 부분은 하늘에 나타난 하나님의 계시에 관해서 말한다 :

하늘이 하나님의 영광을 선포하고
　궁창이 그 손으로 하신 일을 나타내는도다.
날은 날에게 말하고
　밤은 밤에게 지식을 전하니
언어가 없고
　들리는 소리도 없으나
그 소리가 온 땅에 통하고
　그 말씀이 세계 끝까지 이르도다.

하나님이 해를 위하여 하늘에 장막을 베푸셨도다.
　해는 그 방에서 나오는 신랑과 같고
　그 길을 달리기 기뻐하는 장사 같아서
하늘 이 끝에서 나와서
　하늘 저 끝까지 운행함이여
　그 온기에서 피하여 숨은 자 없도다.

이 시가 자연에 계시되었다고 말하는 것은 하나님의 "영광" 또는 엄위이다. 그러나 이 시가 강조하는 것은 계시의 내용이라기보다는 계시의 보편성이다. 이 계시는 모든 인간의 "말"과 "언어"에서 들린다. "온 땅"과 "세상 끝"까지 알려진다.

구약 성서 중에서 자연 계시에 관한 또다른 고전적인 본문은 욥기 38,39장에 기록된 욥에 대한 질문이다. 질문자는 하나님이시고, 질문 요지는 욥이 주제넘게 하나님께 질문할 정도로, 또는 자기 길을 평가할 정도로 무지하다는 것이다. 그 부정적인 어조 속에서 – "무지한 말로 이치를 어둡게 하는 자가 누구냐" – 하나님께서는 욥이(그리고 온 땅의 만민이) 마땅히 알아야 하고 그 앞에서 경탄해야 할 당신의 지혜, 능력, 큰 영광의 증거들을 위엄있게 열거하신다 :

> 내가 땅의 기초를 놓을 때에 네가 어디 있었느냐.
> 　네가 깨달아 알았거든 말할지니라.
> 누가 그 도량을 정하였었는지,
> 　누가 그 준승(準繩)을 그 위에 띄웠었는지 네가 아느냐.
> 그 주초는 무엇 위에 세웠으며
> 　그 모퉁이 돌은 누가 놓았었느냐.
> 그 때에 새벽 별들이 함께 노래하며
> 　하나님의 아들들이 다 기쁘게 소리 하였었느니라.
>
> 바닷물이 태에서 나옴 같이 넘쳐 흐를 때에
> 　문으로 그것을 막은 자가 누구냐.
> 그 때에 내가 구름으로 그 의복을 만들고
> 　흑암으로 그 강보를 만들고
> 계한을 정하여 문과 빗장을 베풀고
> 이르기를 네가 여기까지 오고 넘어가지 못하리니
> 네 교만한 물결이 여기 그칠지니라 하였었노라.
>
> 욥 38 : 4-11

하나님께서 욥에게 하시는 질문은 이런 형태로 두 장에 걸쳐 계속된다. 그런 뒤 욥이 자신의 무지를 자백한 다음 하나님께서는 비슷한 형태의 질문을 한 장 더 시작하신다. 이 장들은 하나님께서 전지전능하심을 강조하는데, 이런 신적 속성들을 위해 제시하는 증거는 바로 자연이다.

자연에 나타난 하나님의 호의

여기서 자연 계시를 지나치게 많이 주장하지 않으려고 조심은 하지만, 또 한 가지 언급할 만한 것이 있다. 바울과 바나바가 제1차 전도여행 때 루가오니아 지방의 루스드라에 들어갔을 때, 사람들은 두 사람이 행하는 기적을 보고서 그들을 신으로 생각한 나머지 그들에게 경배하려고 했다.

바울은 사람들의 오류를 꾸짖고 더 나은 내용을 가르치시 시작했는데, 그중 한 부분에서는 하나님께서 자연에 자신을 계시하신 일을 다음과 같이 말한다 : "… 너희에게 복음을 전하는 것은 이 헛된 일을 버리고 천지와 바다와 그 가운데 만유를 지으시고 살아 계신 하나님께로 돌아오라 함이라. 하나님이 지나간 세대에는 모든 족속으로 자기의 길들을 다니게 묵인하셨으나 그러나 자기를 증거하지 아니하신 것이 아니니 곧 너희에게 하늘로서 비를 내리시며 결실기를 주시는 선한 일을 하사 음식과 기쁨으로 너희 마음에 만족케 하셨느니라"(행 14 : 15-17).

만약 이 말씀을 액면 그대로 받아들여야 한다면 – 그런 식으로 받아들여서 안 될 이유가 없다 – 하나님께서 호의를 자연에 계시하셨다는 말이기도 하다. 신학자들은 이것을 일반 은혜(common grace)라고 한다. 하나님께서는 우리 모든 사람들을 얼마든지 지옥으로 보내실 만한 권한이 있으시지만, 우리 모든 사람들을 공통적으로 돌보신다. 그 방법은 대부분의 사람들에게 먹을 양식을 주시고, 입을 옷을 주시고, 생활할 수 있는 거처를 주시는 등 매우 일반적인 것이다.

이 세상에는 태풍, 무서운 질병들같이 악한 것들도 있다. 일반 은혜의 증거는 어느 모로나 희미하지 않다. 그러나 세상은 대체로 쾌적한 장소이다. 그러므로 성경에 따르면 우리가 자연에서 보는 것은 하나님의 영광, 능력, 지혜만이 아니다. 하나님의 선하심과 호의도 보며, 그렇기 때문에 하나님을 찾아 그분께 감사하고 예배하려는 노력을 중단할 때는 죄책이 그만큼 더 커진다.

내면의 자각

여기서 덧붙일 필요가 있는 두 번째 개념은 하나님께서 자연에 나타내신 당신에 관한 계시가 당신의 존재, 능력, 지혜, 호의 – 앞에서 언급한 속성들 – 같은 외적 증거로 멈추지 않고, 내적 또는 주관적 요소라고 할 수 있는 것도 아울러 지니고 있다는 것이다. 즉, 하나님께서는 자신의 존재에 관한 증거만 제시하신 것이 아니라, 그 증거를 이해하고 받아들일 능력까지도 주셨다. 비록 사람들이 그렇게 하기를 거절하지만 말이다. 본문은 말하기를, "하나님을 알만한 것이 **저희에게 명확한지라**(한글개역성경 : 속에 보임이라). 하나님께서 이를 **저희에게 명확하게 하셨느니라**(한글개역성경 : 보이셨느니라)" 하고, "창세로부터 그의 보이지 아니하는 것들 곧 그의 영원하신 능력과 신성이 그 만드신 만물에 **분명히 보여** 알게 되나니…"라고 한다(19-20절, 고딕은 필자의 번역).

찰스 하지(Charles Hodge)는 이 구절들에 관해서 이렇게 쓴다 : "바울이 말하는 것은 단지 외적 증거에 관한 것이 아니라, 모든 사람들이 본성으로 갖고 있는 하나님의 존재와 속성들에 관한 증거에 관한 것이기도 하다. 그 증거에 힘입어 사람은 하나님께서 이루어 놓으신 사역들 속에서 하나님의 현시(顯示)를 이해할 수 있다."[2]

존 칼빈(John Calvin)은 말하기를, 우리는 하나님의 계시에 대해서는 "**눈이 멀었지만**", 완고하다는 질책을 당하지 않은 채 무지를 호소할 수 밖에 없을 정도로 **심하게 눈이 멀지는 않았다.**"[3]

예화를 한 가지 들겠다. 차를 몰고 시내로 내려가다가 "돌아가시오 – 좌회전"이라는 표지판을 보았다고 가정하자. 그러나 표지판을 무시한 채 그대로 차를 몰다가 마침 그곳에 서 있던 교통경찰관이 차를 세운 다음 범칙금 용지를 작성하기 시작한다. 여러분은 이런 때 무슨 변명을 할 것인가? 표지판을 보지 못했다고 말할 수도 있다. 그러나 표지판이 잘 볼 수 있는 곳에 큼직하게 세워져 있다면 그런 변명은 정당한 이유도 되지 않을 뿐만 아니라 해봐야 아무런 소용도 없다. 운전대를 잡고 있는 동안에는 표지판을 보고 따라야 할 의무가 있다. 게다가 만일 표지판을 무시하고 가다가 자신이나 승객 또는 재산에 손상을 입혔다면 책임을 져야 한다.

바울의 가르침은 이 예화와 잘 어울린다. 첫째, 그는 표시(sign)가 있다고 말한다. 그 표시란 하나님께서 자연에 해두신 당신에 관한 계시이다. 둘째, 사람들에게는 "시력"이 있다고 한다. 비록 시력을 크게 상실하긴 했지만, 그럼에도 계시를 볼 수 있다. 그러므로 만약 그 계시를 무시하기로 결정하면 그에 따르는 재앙은 그 사람 자신의 잘못이다. 사람들이 느끼는 죄책감에는 충분한 이유가 있다.

이 점을 다시 설명하겠다. 바울은 과학자가 자연의 신비스러운 점들을 주의깊게 탐사하면 하나님을 알 수 있을 만큼 자연에는 하나님에 관한 충분한 증거가 있다고 말하지 않는다. 칼 사강(Carl Sagan)이란 사람이 이 일을 했으나 어떠한 지고자도 인정하지 않는다. 바울은 표시가 있으나 감추어 있다고 말하지 않고, 자세히 보아야만 발견할 수 있다고 말하지도 않는다. 표시가 **분명하다고** 말한다. 그것은 게시판이다. 사실상 이 세상은 게시판들로 이루어져 있다. 아무리 정신력이 약하고 하찮은 사람일지라도 그 표시를 보지 못했다고 변명할 수가 없다.

심지어 꽃 한 송이에도 어린이 뿐만 아니라 과학자라도 하나님께 예배하게 만들 만한 충분한 증거가 담겨 있다. 나무 한 그루, 조약돌 하나, 모래 한 줌, 지문 하나에도 하나님께 영광을 돌리고 감사하게 할 만한 충분한 증거가 있다. 이것이 참된 지식을 얻는 방법이다. 그러나 사람들은 이 일을 하지 않는다. 그 계시를 배척하고, 자연 자체나 그 부분들을 하나님으로 대체하며, 그로써 마음이 점점 더 어두워진다.

존 칼빈(John Calvin)은 다음과 같이 올바른 결론을 내린다 : "그러나 비록 사람에게 하나님을 투명하고 뚜렷하게 알 수 있는 자연적 능력은 없을지라도, 우둔함의 잘못은 사람 속에 있기 때문에 변명의 여지가 전혀 없다. 그리고 양심이 저급함과 배은망덕함을 항상 지적하기 때문에 몰랐다는 듯이 행세할 수가 없다."[4]

진리를 막음

칼빈이 말한 저급함과 배은망덕함은 바울이 로마서 이 부분에서 주장한 두 번째 논지, 즉 하나님의 진노가 정당한 것임을 입증하고 설명하는 것으로 이어지는데 이 점에 관해서는 앞에서 이미 말했다. 그것은 하나님께서 주신 계시를 인간이 배척하는 것이다.

자연 계시에 관해 해온 일에 대해서 사도 바울은 "불의로 진리를 막는 사람들"(18절)이라는 구절로 표현한다. "막다"라고 번역된 단어는 헬라어로는 **카테케인**(katechein)으로서, "취하다", "잡다", "단단히 붙잡다", "억제하다", "붙들어 두다", "제지하다", "억누르다"라는 뜻이다. 이 단어는 긍정적인 뜻으로는 선한 어떤 것을 붙잡는다는 뜻으로 쓸 수 있다. 마치 바울이 생명의 말씀을 붙드는 일(빌 2 : 16 한글개역성경 난하주. 본문에서는 '밝혀')에 관해서 말할 때처럼 말이다. 부정적인 뜻으로는 어떤 것을 그릇되게 억누르거나 제지하는 것을 뜻한다.

본문에서 바울이 사용하는 것은 부정적인 뜻이다. 그런 이유에서 새로운 번역 성경들은 로마서 1 : 18의 해당 구절을 "불의로 진리를 억누르는"(NASB), "악함으로 진리를 가두어 두는"(Jerusalem Bible), 또는 진리를 "질식시키는"(NEB)으로 옮긴다. 왜 진리에 대해서 이런 태도를 취하는가? 악하기 때문이고, 하나님의 계시를 따라 사는 것보다 죄를 짓는 것을 좋아하기 때문이다.

이 점은 우리가 다음 장에서 공부할 내용, 즉 스프라울(R.C. Sproul)이 "무신론의 심리"(The Psychology of Atheism)[5]라고 부르는 것으로 이어진다. 왜 자연 계시 자체가 우리를 적극적으로 하나님께 인도하는 식으로 작용하지 않는지를 설명하는 데로 이어진다.

그러나 그 주제로 나가기 전에 해야 할 말이 있다. 바울이 주장한 대로, 만약 자연에 나타난 하나님의 계시가 그것을 보고도 참되신 하나님께 예배하고 섬기지 않는 사람들을 정죄하는 데 충분히 적합하다면, 자연 계시에 힘입어 하나님께 나아갈 기회가 있을 뿐만 아니라 전국 방방곡곡에서 언제라도(라디오와 텔레비전을 통해서) 성경을 구할 수 있고 그 진리의 선포를 들을 기회까지 있는 엄청난 수의 사람들, 특히 우리 나라 사람들의 경우는 얼마나 더 두렵고 떨리는 것이겠는가! 핑계 거리가 없을까?

바울은 로마인들에게 핑계할 수 없다고 하는데, 그들에게는 자연밖에 제시된 것이 없었다. 성경도 없었다! 교회들도 없었다! 설교자들도 없었다! 이 모든 것을 다 가지고 있는 우리들은 어떠한가? 만약 우리가 하나님께서 우리에게 하시는 말씀을 배척한다면, 우리의 죄책은 천 배나 더 무겁다.

핑계할 수 없다!

"우리가 이같이 큰 구원을 등한히 여기면 어찌 피하리요…"(히 2 : 3).[6]

● 각주 ●

1. 자연 계시에 관해서 최근에 일어났으면서도 고전적인 논쟁은 자연 계시의 유효성을 부정한 칼 바르트(Karl Barth)와 그것을 긍정한 에밀 브루너(Emil Brunner)라는 스위스의 유명한 신학자들 간에 벌어졌다.

2. Charles Hodge, *A Commentary on Romans* (Edinburgh and Carlisle, Pa. : The Banner of Truth Trust, 1972), p. 36. (Original edition 1935).

3. John Calvin, *The Epistles of Paul the Apostle to the Romans and to the Thessalonians,* trans. Ross MacKenzie (Grand Rapids : Wm. B. Eerdmans, 1973), p. 31.

4. John Calvin, *Institutes of the Christian Religion,* 2 vols., ed. John T. McNeill, trans. Ford Lewis Battles (Philadelphia : Westminster Press, 1960), pp. 68, 69.

5. R.C. Sproul, *If There Is a God, Why Are There Atheists? A Surprising Look at the Psychology of Atheism* (Minneapolis : Dimension Books, 1978). (Originally The Psychology of Atheism.)

6. 이 장의 부분은 James Montgomery Boice의 *Foundations of the Christian Faith : A Comprehensive and Readable Theology* (Downers Grove, Lii. : InterVarsity Press, 1986, pp. 19-34) 중 "Knowing God"과 "The Unknown God" 부분을 약간 바꾸어 인용하였다.

16
무신론의 심리
로마서 1 : 18-20

하나님의 진노가 불의로 진리를 막는 사람들의 모든 경건치 않음과 불의에 대하여 하늘로 좇아 나타나나니 이는 하나님을 알 만한 것이 저희 속에 보임이라. 하나님께서 이를 저희에게 보이셨느니라. 창세로부터 그의 보이지 아니하는 것들 곧 그의 영원하신 능력과 신성이 그 만드신 만물에 분명히 보여 알게 되나니 그러므로 저희가 핑계치 못할지니라.

1974년에 신학자 스프라울(R. C. Sproul)은 책을 한 권 펴냈는데, 그 책의 제목을 이 장의 제목으로 삼았다. 그 제목은 「무신론의 심리」(The Psychology of Atheism)이다. 스프라울의 책 「만약 하나님이 계신다면 왜 무신론자들이 존재하는가?」(If There Is a God, Why Are There Atheists? ; 라는 제목으로 나중에 재발행됨)은 왜 사람들이 철학적 무신론자들이 되어 철학적으로 하나님을 배척하든지, 아니면 실천적 무신론자들이 되어 실제적으로 하나님을 배척하든지 하는 이유를 이해하려고 쓴 책이다. (실천적 무신론자들이란 하나님을 믿기는 믿되 행동은 마치 하나님께서 계시지 않은 것처럼 행동하는 사람들을 가리킨다.) 스프라울의 대답은 무신론이란 사람들이 하나님을 모르는 것(사실은 모르는 체하는 것)과 관계가 있는 게 아니라 - 왜냐하면 로마서 1장에 따르면 모든 사람들이 하나님을 알기 때문이다 - 사람들이 하나님을 싫어하는 것과 관계가 있다는 것이다. 사람들은 하나님을 "모르지" 않는다. 다만 알고 싶어하지 않을 뿐이다. 스프라울(Sproul)은 이렇게 쓴다 :

> 신약 성서는 불신앙이 지적 원인들에서 나온다기보다 도덕적이고 심리적 원인들에서 나온다고 가르친다. 문제는 이성적인 존재들에게 하나님의 존재를 납득시킬 만한 충분한 증거가 없다는 데 있는 것이 아니라, 이성적인 존재들이 선천적으로 하나님의 존재에 대해 반감을 갖고 있다는 데 있다. 한 마디로 하나님(적어도 기독교의 하나님)의 본성은 사람에게 **맞지** 않으며, 욕구나 소원의 대상이 아니다. 사람의 욕구는 여호와께서 존재하시는 것보다는 존재하지 않으시는 것을 바란다.[1]

주재(主宰)이신 하나님

하지만 사람은 왜 그렇게 단호히 하나님을 배척하는 것일까? 우리는 앞에서 로마서 1 : 18-20을 공부하면서 세 가지 큰 개념을 보았다 : (1) 사람들의 모든 경건치 않음과 불의를 겨냥한 하나님의 **진노**; (2) 하나님께서 자연에 계시하신 자신에 관한 진리를 사람들이 **막음**(억누름); (3) 하나님께서 만드신 만물을 통해서 자신의 영원한 능력과 신성을 일찍이 **계시하심**. 그러나 앞에서 본 대로 이 개념들의 역사적 순서는 위에 열거한 순서와 정반대이다. 첫째, 하나님께서는 자신을 계시하셨다. 둘째, 사람들은 그렇게 계시된 진리를 거절하였다. 셋째, 이렇게 거절하므로 하나님의 진노가 그들에게 내린다.

하지만 문제는 아직 그대로 남아 있다. 이른바 이성적인 존재들이 왜 그렇게 명백히 비이성적인 방법으로 반응할까? 하나님께 관한 진리가 로마서 1 : 18-20이 주장하는 대로 평이하게 이해되는데, 왜 그것을 억누르는 것일까? 물론 대답은 내가 앞 장에서 말하기 시작하고 이 장에서 스프라울의 제목을 빌어 더욱 구체적으로 설명하려고 하는, 사람들이 하나님을 배척하는 이유는 그분을 싫어하기 때문이다라는 것이다. 사람들은 스스로 상상해낸 신, 자기들과 같은 신을 좋아하고, 따라서 하나님을 좋아한다고 말할는지는 모른다. 그러나 사실상 그들은 참되신 하나님을 좋아하지 않는다.

이렇게 보편적으로 하나님을 싫어하는 것을 가리켜 바울은 "경건치 않음"과 "불의"라고 한다(18절). "경건치 않음"은 사람들이 하나님을 반대하는 것을 뜻한다. 그들은 하나님과 같지 않으며, 하나님을 좋아하지 않는다. "불의"는 사람들이 이러한 고집스런 반대 때문에 행하는 바를 가리킨다. 하나님께 관한 진리를 배척하고, 그로써 하나님을 멀리 쫓아버리려고 노력한다.

사람들은 어떤 점들에서 하나님을 싫어할까? 대답은 거의 모든 점에서 싫어한다는 것이다. 하나님의 속성들 중에서 가장 중요한 몇 가지를 예로 들어 그 점을 증명하겠다.

사람들이 하나님께 관해서 싫어하는 첫 번째 점은 하나님의 가장 기본적인 속성인 하나님으로서의 주권(主權)이다. 하나님께서 주재(主宰)가 아니시라면 하나님께서는 하나님이 아니다. 주권은 통치를 가리키는 데 하나님께 그 말이 쓰일 때는 만유의 주재이신 존재를 가리킨다. 역대상 29 : 10-13에 기록된 위대한 기도에서 바울이 말하고 있는 것이 바로 하나님의 주권이다.

우리 조상 이스라엘의 하나님 여호와여
　주는 영원히 송축을 받으시옵소서.
여호와여 광대하심과 권능과 영광과
　이김과 위엄이 다 주께 속하였사오니
　천지에 있는 것이 다 주의 것이로소이다.
여호와여 주권도 주께 속하였사오니
　주는 높으사 만유의 머리심이니이다.
부와 귀가 주께로 말미암고
　또 주는 만유의 주재가 되사
손에 권세와 능력이 있사오니
　모든 자를 크게 하심과 강하게 하심이 주의 손에 있나이다.
우리 하나님이여 이제 우리가 주께 감사하오며
　주의 영화로운 이름을 찬양하나이다.

하나님께서는 물질계를 창조하시고 정하신 법칙에 따라 그것을 다스림으로써 물질계에 대한 주권을 나타내신다. 때로는 기적들을 통해서 주권을 나타내신다. 인간 의지에 대해서 주권을 나타내시며, 따라서 인간의 행위들을 제어함으로써 주권을 나타내신다. 바로의 마음을 완악하게 하시고, 따라서 바로는 이스라엘 백성이 애굽을 떠나도록 허락하기를 거부한다. 그리고 하나님께서는 바로(Pharaoh)를 심판하신다. 반대로 하나님께서는 어떤 개인들의 마음을 녹여서 예수께로 이끄신다.

그러나 사람들은 하나님의 주권에 대해 왜 그렇게 반발하는가? 문제를 피상적으로 보면 모든 사람들이 하나님의 주권을 아주 자연스럽게 환영하리라고 생각할 수 있다. "어쨌든 세상 만물이 외견과는 무관하게 하나님의 통제하에 있다는 것과, 궁극적으로는 하나님께서 만사를 경영해 가신다는 것을 아는 것보다 더 좋은 게 어디 있는가?" 하고 주장할 수 있다. 그러나 이렇게 생각할 수 있는 것은 외관들을 볼 때나 그러하다. 안을 들여다 보면 우리 모두가 자율(自律)에 대한 욕구 때문에 하나님께 반역하고 있음을 발견하게 된다.

이것이 아담의 문제였다. 그것이 죄의 뿌리였다. 하나님께서는 아담더러 우주의 다른 피조물처럼 자유롭게 될 것이라고 말씀하셨다. 아담은 하나님을 위해 세계를 다스려야 했다. 더욱이 그는 가고 싶은 데를 마음대로 갈 수 있었고, 하고 싶은 일을 마음대로 할 수 있었다. 먹고 싶은 것도 마음대로 먹을 수 있었는데, 다만 한 가지 조건이 있었다. 그가 자율적이지 못하다는 사실과, 그가 여전히 하나님의 피조물이며 생명, 건강, 재산, 궁극적인 충성을 모두 하나님께 의존하고 있다는 사실을 나타내는 상징으로서 에덴 동산 중앙에 서있는 나무의 실과를 먹는 것이 금지되었다. 그 나무만 빼고 동서남북에 있는 모든 나무의 실과를 먹을 수 있었다. 그러나 그 한 나무의 실과만은 먹는 것이 금지되었고, 먹는 행위에는 죽음의 형벌이 부과되어 있었다. "네가 먹는 날에는 정녕 죽으리라" 하고 하나님께서는 경고하셨다.

아담에게는 그 나무의 실과를 따먹는 것보다 더 비이성적인 일이 없었다. 하나님께서 그에게 거짓말을 하신 적이 없었고, 따라서 그는 하나님의 말씀을 믿을 수 있었다. 더욱이 아담은 이 문제만이 아니라 다른 모든 문제에서도 곧이곧대로 하나님께 순종을 해야 했다. 그 밖에도 그는 그 실과를 따먹으면 죽으리라는 경고를 받아놓고 있었고 그 실과를 따먹음으로써 얻을 것이란 아무것도 없었다! 잃는 것밖에 없었다! 그런데도 아담은 나무를 볼 때 불쾌한 마음이 들었다. 그 나무는 자기의 욕구를 제한하기 위해서 서 있었고 자기에게 하도록 허락되지 않은 어떤 것을 상징하고 있었다. 그래서 아담은 사실상 이렇게 말하였다 : "저 나무는 내 자율을 가로막고 있어. 동서남북에 널려 있는 모든 나무들의 실과를 먹을 수 있어봐야 무슨 소용인가. 저 나무에 손대지 않고 있는 한 인간 이하의 감정이 든다. 웬지 왜소해지는 것 같다. 그러므로 이제 저것을 먹고 죽으련다. 죽는다는 것이 무엇이든 말이다."

이렇게 해서 아담은 선악을 알게 하는 나무의 실과를 따먹었고, 죄에 대한 형벌로 인류에는 죽음이 임했다.

그것이 모든 사람들의 마음 상태이다. 우리는 하나님의 주권을 경원한다. 스스로 주권을 갖고 싶기 때문이다. 인생을 한번 마음대로 살아보고 싶기 때문이다. 자유롭게 떠돌아 다녀보고 싶고, 제약이라는 걸 모르고 지내고 싶기 때문이다. 제약들이 있다는 것을 발견할 때는 그로 인해 하나님을 미워한다.

시편 2편에 나오는 열국의 군주들과 같은 반응을 보인다 : "세상의 군왕들이 나서며 관원들이 서로 꾀하여 여호와와 그 기름받은 자를 대적하며 우리가 그 맨 것을 끊고 그 결박을 벗어 버리자 하도다"(2-3절).

"이런 하나님이 우리를 다스리게 할 수 없다"고 말한다.

거룩하신 하나님

그러나 선천적인 죄인의 상태에서 반감이 드는 것은 하나님의 주권만이 아니다. 우리는 하나님께서 거룩하시다는 이유에서도 하나님을 배척한다. 한 가지 이유는 분명하다. 우리가 거룩하지 않기 때문에 거룩함을 미워하는 것이다. 하나님의 거룩하심이 우리의 죄악을 들춰내며, 우리는 이렇게 들춰지는 것을 싫어한다. 그러나 그 이상의 이유가 있는데 그 이유를 설명하겠다.

거룩은 하나님의 대표적인 속성이며, 예배 진술들에 세 번이나 거듭해서 사용된 유일한 속성이다("거룩하다 거룩하다 거룩하다 만군의 여호와여…"〔사 6 : 3; 참조. 계 4 : 8〕). 우리는 거룩을 철저한 의로 생각하여 하나님께서 잘못 행하지 않으신다고 생각한다. 그러나 거룩이란 말이 의라는 뜻이기도 하지만 그보다 훨씬 많은 뜻을 담고 있으며, 본질상 윤리적인 용어가 아니다. 거룩의 기본 개념은 "구별"이다. 예를 들어 성경을 거룩하다고 말하는 이유(the Holy Bible)는 죄가 없어서가 아니라 – 물론 맞는 말이긴 하지만 – 다른 책들과 구별되는 책이기 때문이다. 종교적 대상들이 거룩한 이유는 예배를 위해 구별해 놓은 것들이기 때문이다. 하나님과 관련해서, 거룩은 그분을 피조물과 구별하는 속성이다. 거룩에는 적어도 네 가지 요소들이 담겨 있다.

1. **엄위**(Majesty). 엄위는 "위엄", "주권적 능력을 지닌 권위", "장중함", "숭엄함"이란 뜻이다. 그것은 강력한 군주들의 특성이고, 만유를 다스리시는 하나님의 특성이다. 엄위는 거룩을 주권과 연결짓는다.

2. **의지**(Will). 거룩의 두 번째 요소는 의지이다. 주권을 지닌 주체의 의지 말이다. 이것이 거룩을 추상적이고 수동적이라기보다는 개인적이고 능동적으로 만든다. 더 나아가, 만약 우리가 하나님의 뜻이 주로 어디에 있는지를 묻는다면, 그 대답은 당신을 "전적 타자"(全的他者, Wholly Other)로 선포하시고, 그로써 당신의 영광이 사람들의 불순종이나 교만에 의해 훼손되어서는 안 된다고 못 박아 두신 데 있다. 거룩에 딸린 이 요소는 성경이 하나님께서 당신의 영예를 위해 발휘하시는 정당한 "질투"를 언급할 때 가장 근접하게 표현된다. "의지"는 하나님께서 사람들이 자신을 어떻게 대하는지에 무관심하지 않으신다는 사실을 뜻한다.

3. **진노**(Wrath). 진노가 거룩의 일부인 이유는 거룩하신 하나님께서 자신을 대적하는 모든 사람들에 대해서 지니시는 자연스럽고도 정당한 태도이기 때문이다. 그것은 하나님께서 어느 누구에게도 당신의 지위를 찬탈하도록 방관하지 않으실 만큼 하나님으로서의 책임을 신중하게 생각하고 계심을 뜻한다.

4. **의**(Righteousness). 이것은 앞에서 언급한 문제이다. 이것이 거룩에 포함된 이유는 거룩이란 단어를 가장 충분히 이해하도록 만들어 주기 때문이 아니라, 거룩하신 하나님께서 도덕적인 영역 안에서 의지를 정하시기 때문이다.

여기에 우리의 문제가 있다. 거룩이 추상적이거나 수동적인 개념이 아니라, 하나님께서 반역을 벌하시고 의를 세우시는 데 발휘하시는 적극적이고 역동적인 속성이라는 바로 그 이유에서, 거룩하신 하나님을 직접 대면한다는 것은 치명적으로 위험한 일이 된다. 우리가 잘 모르는 일에 덤벼들었다가 당혹하게 되듯이, 거룩도 우리를 당혹하게 만든다. 우리는 거룩에 흥미를 갖는다. 그러나 동시에 거룩에 대면함으로써 멸망당할 위험에 처하며 멸망당하는 것을 두려워한다. 위에서 언급한 본문에서 이사야가 거룩하신 하나님을 만났을 때, 그는 두려움에 휩싸인채 이렇게 부르짖었다 : "화로다 나여, 망하게 되었도다. 나는 입술이 부정한 사람이요 입술이 부정한 백성 중에 거하면서 만군의 여호와이신 왕을 뵈었음이로다"(사 6 : 5).

하나님께서 하박국에게 나타나셨을 때, 그 선지자는 그 경험을 이렇게 전한다 : "내가 들었으므로 내 창자가 흔들렸고 그 목소리로 인하여 내 입술이 떨렸도다…내 뼈에 썩이는 것이 들어왔으며 내 몸은 내 처소에서 떨리는도다"(합 3 : 16).

욥은 이렇게 말했다 : "그러므로 내가 스스로 한하고 티끌과 재 가운데서 회개하나이다"(욥 42 : 6).

베드로는 예수님의 거룩하심을 얼핏 바라봤는데도 이렇게 외쳤다 : "… 주여 나를 떠나소서. 나는 죄인이로소이다"(눅 5 : 8).

내가 말하려고 하는 요지는 이런 것이다. 즉, 거룩하신 하나님을 대면하는 것이 대부분의 사람들 – 예를 들면 성경 역사에 등장하는 성인들과 선지자들 – 에게 내키지 않고 두려운 일이라면, 거듭나지 못한 철저한 죄인들에게는 거룩하신 하나님께서 얼마나 더 위협적인 분이겠는가. 그들에게는 그것이 존재 자체를 함몰시키는 체험임에 틀림없다. 그러니 그들이 하나님을 배척하고, 경시하고, 존재 자체를 부인하는 것이 이상한 일이 아니다. 토저(A.W. Tozer)는 이렇게 썼다 : "우리가 하늘의 높은 뜻과 결별하면서 받은 도덕적 충격은 우리 본성 전체에 영향을 주는 항구적인 상처를 남겨 놓았다."[2] 옳은 말이다. 그러므로 하나님의 주권 뿐만 아니라 하나님의 거룩하심도 우리를 하나님으로부터 쫓아버린다.

전지(全知)하신 하나님

스프라울은 무신론을 연구한 책에서 한 장을 할애하여 하나님의 "전지"를 훌륭하게 설명해 놓았다. "전지"라는 용어는 하나님께서 우리들 뿐만 아니라 우리들에 관련된 모든 것을 다 알고 계신다는 뜻이다. 스프라울이 지적하는 대로, 우리는 이것을 좋아하지 않는다. 그는 알려지는 것의 두려움, 심지어 다른 사람들에게 알려지는 것의 두려움을 현대인이 어떻게 처리하는지 그 유형을 네 가지 예시함으로써 자신의 논지를 증명한다.

첫째 유형은 프랑스의 실존주의자 장 폴 사르트르(Jean Paul Sartre)의 태도이다. 사르트르는 다른 사람에게 관찰되는 것의 두려움을 여러 글에서 분석했는데, 그중 가장 잘 알려진 것이 「출구는 없다」(No Exit)라는 그의 희곡이다. 이 희곡에서는 등장인물 네 사람이 한 방에 갇혀 있다. 이들은 서로 아무런 관계가 없으나 서로 말을 나누고 서로를 관찰하는데 이것은 지옥의 상징이다. 이것은 그 희곡의 마지막 대사들에서 뚜렷해진다. 여기서 등장인물들 가운데 한 사람인 가르셍(Garcin)은 벽난로 앞에 서서 놋 동상을 손으로 두드리면서 이렇게 말한다 :

그래, 지금이 그 순간이야. 벽난로에서 이것을 지켜보고 있는데, 이제 내가 지옥에 있다는 것을 깨달았어. 네게 말하는데, 모든 것이 전에 다 생각했던 거야. 저 사람들은 나를 빤히 지켜보면서 내가 벽난로 곁에 서서 놋 동상을 두드리고 있는 것을 알았지. 마치 삼킬 듯이 나를 쳐다보았어. (갑자기 한바퀴 휭 돈다.) 뭐라고? 너희 두 사람뿐이라고? 내 생각에는 더 많았어. 훨씬 더 많았다구. (웃음.) 그래서 이게 지옥이야. 난 원래 지옥이란 걸 믿지 않았지. 넌 우리가 고문실들, 불과 유황, "초열(憔熱)같은 지옥의 고통"에 관해서 들은 걸 다 기억하지. 다 노파들의 이야기들이야! 포카초(草)(red-hot pokers. 아프리카 남부에서 자라는 식물 – 역자)가 필요가 없지. 지옥은 있어 – 다른 사람들이 바로 지옥이야!³

마지막 무대연출 지시서에는 등장인물들이 각각 소파에 몸을 깊이 묻고, 웃음은 사라지고, 서로를 "응시"한다고 써 있다.

다른 사람들에게 알려지는 것에 대한 두려움을 다룬 두 번째 유형은 줄리우스 파스트(Julius Fast)의 「육체 언어」(Body Language)라는 책에서 볼 수 있다. 이 책은 입을 통하지 않고 주고받는 의사전달, 즉 고개를 끄덕이고, 한쪽 눈을 찡그리고, 팔 동작을 하는 등 다양한 신체 동작으로 자신의 의사를 표현하는 방법을 연구한 책이다. 응시하는 것을 논하고, 사물들이나 동물들은 오랫동안 응시해도 괜찮지만, 사람을 응시하는 것은 용인되지 않는다고 주장한다. 사람을 응시하면 그 사람을 당황케 하거나 반감을 갖게 한다. 왜 그럴까? 응시하는 것은 곧 엿보는 것으로 받아들여지기 때문이고, 누가 자기 생각이나 행위를 엿보기를 바랄 사람은 없기 때문이다.

인간의 노출에 대한 두려움의 의미에 관한 세 번째 현대의 연구는 데스몬드 모리스(Desmond Morris)의 「벌거벗은 원숭이」(The Naked Ape)다. 벌거벗은 원숭이란 물론 털이 없는 유일한 짐승인 사람이다.

스프라울이 연구한 네 번째 사람은 덴마크 철학자 쇠렌 키에르케고르(Søren Kierkegaard)이다. 그는 감추고 혼자 있고 싶어하는 인간 욕구에 관해서 썼다.

노출에 대한 현대인의 태도를 다룬 이들 연구서들에서 떠오르는 것은 이상한 양면성이다. 우리는 한편으로는 사람들이 우리를 봐주고 주시해 주기를 바란다. 사람들이 우리를 무시하면 소외감이 들거나 마음이 언짢아진다. 다른 한편으로는 사람들이 너무 오래 또는 의도적으로 쳐다보면 당황하거나 기분이 상한다. 자신의 모습이 부끄러워지기 때문이며, 다른 사람들이 우리를 너무 잘 아는 것을 원치 않기 때문이다. 우리를 엿보더라도 사실은 깊이 알 수 없는, 그리고 우리와 마찬가지로 죄인들인 다른 사람들에 대해서도 이런 반응을 보인다면, 모든 마음들을 열어보시고 모든 욕구들을 환히 보고 계시는 전지하신 하나님께 알려진다는 것은 얼마나 더 치명적인 일인가?

이렇게 노출되는 것은 참을 수 없는 일이다. 그러므로 사람들은 하나님께 대한 지식을 억누른다. 하나님의 다른 속성들 외에도 특히 그분의 전지하심 때문이다.

불변하시는 하나님

스프라울의 책 맨 뒤에는 간단한 "결론"이 나온다. 앞에서 상당량의 연구 결과를 기록한 저자는 이 부분에서 뉴 잉글랜드(New England)의 위대한 설교자이자 신학자인 조나단 에드워즈(Jonathan Edwards)의 "사람들은 선천적으로 하나님의 원수들이다"(Men [Are] Naturally God's Enemies)라는 설교[4]를 기억했다. 스프라울은 자기가 다루어온 주제를 에드워즈가 어떻게 다루었는지 몹시 궁금했다. 그래서 당장 그 설교를 읽다가, 에드워즈가 사람들은 하나님이 "무한히 거룩하시고, 순결하시고, 의로우신 분"이기 때문에 하나님을 미워한다고 말하는 것을 발견한다. 사람들은 하나님의 전지가 "거룩한 전지"이고, 그분의 전능이 "거룩한 전능"이기 때문에 그분을 미워한다.[5] 여기까지는 에드워즈가 스프라울 자신과 똑같은 주장을 하고 있는 것처럼 보였다.

다음 순간 에드워즈는 "그들은 하나님의 불변성을 좋아하지 않는다"고 말했다.

불변성이라고? 스프라울은 생각했다. **왜 불변성을?**

불변성은 하나님께서 변하지 않으신다는 것을 뜻한다. 그러나 사람들이 왜 그 일로 하나님을 좋아하지 않는다는 것일까? 에드워즈는 "이 불변성으로 인해서 무한히 거룩하신 하나님으로만 계실 뿐, 결코 다르게 되시지 않기 때문"이라고 설명했다.[6] 이 점을 생각하면서 스프라울은 이 위대한 신학자가 무얼 말하고 있는지 감이 잡히기 시작했다. 사람들은 불변성 때문에 하나님을 미워한다. 왜냐하면 그것은 하나님께서 다른 모든 속성들을 그대로 갖고 계실 뿐, 결코 다르게 되시지 않기 때문이다.

만일 하나님께서 은퇴하는 부서의 장처럼 주권을 포기하는 때가 온다면, 하나님의 주권은 사람들에게 특별히 나쁘게 보이지 않을 것이다. 우리는 영원한 피조물들이기 때문이다. 하나님께서 물러나실 때를 기다릴 수 있기 때문이며 은퇴하시면 우리가 그 자리를 차지할 수 있기 때문이다.

또한 하나님이 거룩하심을 포기하는 때가 온다면, 하나님의 거룩하심은 사람들에게 그리 큰 반감을 사지 않을 것이다. 지금 금하시는 것들을 장차 어느날에는 철회하실 것이기 때문이다. 내일이나 다음 주나 다음 달에 가서는 달리 생각하실 수도 있고 마음을 바꾸실 수도 있으니 우리는 참으면서 계속 죄를 지을 수 있다.

전지하심은 어떻게 될까? 하나님의 기억이 쇠퇴하기 시작하여 우리에 관해서 알고 계신 나쁜 일들을 잊어버리실 날이 올 것이다. 우리는 그 기대를 가지고 살 수 있다.

그러나 만약 하나님께서 불변하시다면 어떻게 될까! 만약 하나님께서 불변하시다면, 하나님께서는 오늘 주재(主宰)이실 뿐만 아니라, 내일도 다음 날도 그 다음 날도 주재이실 것이다. 항상 주재이실 것이다. 동시에, 하나님께서 오늘만 거룩하시지 않다. 언제나 거룩하실 것이다. 오늘만 전지하시지 않다. 언제나 전지하실 것이다. 이 큰 속성들 가운데 어느 하나도 바꾸지 않으실 것이다. 그분은 주재이시고, 거룩하시고, 전지하시고, 불변하신 하나님이시다. 언제나 그러실 것이고, 여러분이나 나나 다른 사람들 누구든 이 사실에 대해서 할 수 있는 것이 아무것도 없다.

악의를 가지고 "이런 하나님에게 우리를 다스리도록 맡기지 않겠다"고 하면서 하나님의 주권을 배척함으로써 그분께 관한 진리를 억누를 수 있을는지 모른다. 그러나 하나님의 다스리심을 옳게 평가하든 그릇되게 평가하든 우리에게 필요한 것은 바로 하나님의 주권이다. 우리에게는 제멋대로 발산되는 우리의 열정을 가라앉히고, 파괴적인 충동들을 제어하고, 우리를 구원하실 수 있는 하나님이 필요하다. 하나님께서 거룩하시기 때문에 그분을 미워할는지 모른다. 그러나 그분을 미워하든 미워하지 않든 간에, 우리에게는 거룩하신 하나님이 필요하다. 우리에게는 정직한 표준이 필요하며, 우리가 거기에 도달할 때까지 일을 쉬지 않으실 분이 필요하다. 하나님께서 전지하시기 때문에 그분을 미워할는지 모른다. 그러나 우리를 머리끝부터 발끝까지 철저히 아시고, 이유를 불문하고 우리를 사랑하시는 하나님이 필요하다. 우리에게 무엇이 필요한지를 아시는 하나님이 우리에게 필요하다. 하나님께서 불변하시다고 해서 그분을 미워할는지 모른다. 다른 모든 속성들에서 요지부동하게 갖고 계시기 때문이다. 그러나 우리에게는 의지할 수 있는 하나님이 필요하다.

● 각주 ●

1. R.C. Sproul, *If There Is a God, Why Are There Atheists? A Surprising Look at the Psychology of Atheism* (Minneapolis : Dimension Books, 1978), pp. 56, 57. (Originally The Psycholgy of Atheism.)

2. A.W. Tozer, *The Knowledge of the Holy* (New York : Harper & Row, 1961), p. 110.

3. Jean-Paul Sartre, *No Exit and Three Other Plays* (New York : Vintage Books, 1949), p. 47.

4. Jonathan Edwards, *The Works of Jonathan Edwards* (Edinburgh and Carlisle, Pa. : The Banner of Truth Trust, 1976), vol.2, pp. 130-141.

5. Ibid., p. 131.

6. Ibid.

17
핑계치 못함
로마서 1 : 20

창세로부터 그의 보이지 아니하는 것들 곧 그의 영원하신 능력과 신성이 그 만드신 만물에 분명히 보여 알게 되나니 그러므로 저희가 핑계치 못할지니라.

사람은 아무도 무한하지 않다. 무한은 하나님께만 속한다. 그러나 사람은 본성이 유한한데도 어떤 것들에 대해서는 거의 무한한 능력을 갖고 있는 듯하다. 그중 하나가 잘못을 저지르고서도 핑계를 대는 기술이다. 어떤 일을 추궁하면, 잘못이 분명한데도 즉각 "그건 내 잘못이 아니에요", "아무도 내게 말해주지 않았어요", "원래는 좋은 의도였어요", "그렇게 나쁘게만 보지 마세요" 따위의 말로 자기를 변호한다. 영어에서 가장 적게 사용되는 단어를 둘만 고른다면 아마 "내 잘못입니다"와 "미안합니다"일 것이다.

어떤 사람들은 변명할 필요조차 부인함으로써 그냥 뭉개고 앉으려고 한다. 월트 휫먼(Walt Whitman)은 이렇게 썼다 : "나는 내 영혼을 변호하거나 정당화하려고 고민하지 않는다." 프랑스어에는 비슷한 뜻을 지닌 말이 있다 : "핑계를 대는 사람은 자기를 고소하는 사람이다"(Qui s'excuse, s'accuse).[1] 그러나 이 말도 그 자체가 핑계이다. 왜냐하면 그 말 뜻은 그 사람이 너무 위대해서 사과할 필요를 느끼지 못한다는 것이기 때문이다.

본문은 우리가 핑계를 대는 데는 거의 무한한 능력을 갖고 있다 하더라도, 살아계신 하나님을 찾고, 예배하고, 감사하지 않기 때문에 모두가 "핑계할 수 없다"고 말한다.

"나는 하나님이 계신 줄 몰랐어요"

사람들이 대는 핑계들 가운데 첫째 것은 하나님이 계신 줄을 모른다는, 아니면 적어도 확실히 알지 못한다는 것이다. 모든 시대마다 하나님을 찾고 예배하지 않는 데 대한 나름대로의 핑계들이 있었지만, 우리 "과학 시대"에는 이것이 매우 보편적인 핑계이다. 구(舊) 소련의 우주비행사 유리 가가린(Yuri Gagarin)이 우주 공간에서 잠시 체류한 뒤 지구로 돌아왔을 때 무신론자의 전형적인 거만한 태도로 "나는 하나님을 보지 못했다"고 말한 것을 기억한다. 그는 자기가 하나님을 볼 수 없었던 사실을 하나님이 계시지 않는 증거로 생각했다. 불행하게도 가가린이 한 말은 동구의 공산주의 사회든 서구의 자본주의 사회든 우리 시대 수많은 사람들의 전형적인 생각이다. 그것은 과학이 하나님의 존재를 논박했거나 아니면 그분의 존재를 확증할 만한 증거를 찾지 못했다는 주장이다.

그러나 여기서 분명히 밝히고 넘어갈 것은, 만약 그리스도인들의 주장대로 성경이 하나님께로부터 온 것이라면, **우리가** 그 문제에 관해 무엇을 생각하든간에 하나님께서는 적어도 우리의 평가에 동의하지 않으신다는 사실이다.

우리는 "하나님이 계시다는 증거가 없다"고 하거나, "하나님이 계시다는 충분한 증거가 없다"고 한다.

하나님께서는 정반대라고 말씀하신다. 자연이 "분명히" 보이고 충분히 "알게" 할 만한 방대한 증거를 제공한다고 말씀하신다. 달리 말하자면 무신론을 위한 구실이 없다는 것이다.

오늘날 제기된 대안은 물질이 영원하기 때문에 우주가 영원하고, 우리가 보는 모든 것은 아주 오랜 기간 동안 우연이나 무작위에 의해 발생한 결과로 존재하게 되었다는 것이다. 이것이 물질의 영원성을 주장한 칼 사강(Karl Sagan)의 견해이다. 그 문제를 차근차근 생각해 보자. 우리가 보고 있는 것들이 원래는 단지 물질이었으나 오랜 세월이 지나면서 진화했다고 가정해 보자. 이 복잡한 우주가 덜 복잡한 어떤 것에서 유래했고, 그 덜 복잡한 어떤 것은 다시 그보다 덜 복잡한 어떤 것에서 유래했다고 가정해 보자. 영원하다고 추정되는 "단순한 물질"에 이를 때까지 모든 것을 거꾸로 추적한다고 가정해 보자. 인간은 과연 그 문제를 풀었는가? 결코 그렇지 않다! 물질의 복합적 형태들을 오늘날 인간이 알고 있는 대로 설명하려고 노력하고 있지만, 그러나 과연 이 형태들은 어디서 유래했는가? 어떤 사람들은 우리가 보는 형태나 목적은 시작 단계에 해당하는 것일 뿐이라고 말할는지 모른다. 그러나 만약 그렇다면 우리가 말하고 있는 물질은 더이상 "단순한 물질"이 아니다. 그것은 이미 목적, 조직, 형태를 가지고 있으며, 따라서 우리는 이렇게 아주 의미있는 요소들이 어떻게 존재하게 되었는가를 질문하지 않을 수 없다. 어느 시점에서는 목적을 설정한 존재, 조직을 부여한 존재, 형태를 부여한 존재를 필연적으로 찾게 된다.

더욱이 문제가 되는 것은 단지 형태만이 아니다. 우주에는 인격체들이 있다. 우리 사람들이 인격체들이다. 우리는 단순한 물질이 아니며, 물질의 복합체도 아니다. 우리는 생명을 갖고 있고, 우리 자신이 자의식, 감정, 의지를 소유한 실체들임을 안다. 원래 인격과 무관한 우주에서 그런 것들이 어떻게 유래할 수 있었을까? 프란시스 쉐퍼(Francis Schaeffer)는 이렇게 썼다 : "우주가 인격과 무관하게 시작되었다는 추정은 우리가 주변에서 보는 인격체들을 적절히 설명할 수 없으며, 원래 비인격적인 기초에서 사람을 설명하려고 하면, 사람은 곧 사라지고 만다."

최근까지 이 진리들에서 가장 크게 퇴보한 주장은, 현상이 단순한 물질에서 진화하였다고 추정하는 데 아무리 큰 어려움이 있더라도, 무한대의 시간과 우연적인 발생을 전제하면 가능하다는 주장이다. 그러나 이 주장에는 두 가지 문제가 있다.

첫째, 우연이란 무엇인가? 사람들은 마치 우연이 우주에 발생할 수 있는 실체라는 듯이 말한다. 그러나 우연은 실제로는 존재하지 않는 수학적 추상일 뿐이다. 동전을 던져놓고 "앞 면이 나올 가능성은 얼마나 되나?" 하고 묻는다고 가정해 보자. 답은 50%이다(동전이 진흙에 떨어져 똑바로 설 가능성을 무시할 경우). 실제로 동전을 던져서 앞 면이 나왔다고 가정해 보자. 무엇이 동전 앞 면이 나오게 만들었을까? 우연이란 것이 그렇게 만들었을까? 물론 아니다. 앞 면이 나오게 만든 것은 동전에 가한 손가락의 힘, 동전 무게, 공기 저항, 손에서 지면까지의 거리, 그리고 그밖의 변수들이다. 이런 변수들을 낱낱이 알고서 조절할 수 있다면, 동전이 앞 면이 나올지 뒷 면이 나올지를 정확하게 말할 수 있을 것이다. 다만 그 변수들을 모를 뿐이다. 그러므로 "우연이란 동전 앞 면이 나올 가능성이 50%라는 것이다" 하고 말한다. 그러나 내가 말하는 것은 우연이 그 일을 하지 않았다는 것이다. 그러므로 우주가 우연에 의해서 만들어졌다고 말하는 것은 우주가 무(無)에 의해 만들어졌다고 말하는 것과 같으며, 그것은 무의미한 말이다.

무한이라는 시간이 있다면 어떠한가? 앞에서 지적했듯이, 시간이 무한대로 있더라도 형태나 목적을 지닌 것은 원래 형태나 목적을 부여한 존재를 떠나서는 존재할 수 없다. 그러나 그것이 가능하다고 추정해 보자. 그럴지라도 우주를 설명할 수 있는 것은 아니다. 우주가 무한하게 존재해오지 않았기 때문이다. 과학은 우주가 150만 년 또는 200만 년 되었다고 한다. 우주가 대폭발(Big Bang)로 존재하기 시작했다고 말한다. 150만 년이나 200만 년은 우리가 이해할 수 있는 것보다 훨씬 더 긴 시간임에 틀림없다. 그러나 무한한 것은 아니다! 그것이 문제이다. 만약 우주의 나이가 무한하지 않다면, 무한에 호소하더라도 이 복잡한 우주의 존재를 설명하지 못한다.

"나는 하나님이 계신 줄 몰랐어요"라는 말은 어떤가? 자연에 있는 하나님의 존재에 대한 증거를 눈앞에 두고서 정말로 그렇게 말할 수 있는 사람이 있을까? 성경은 그렇게 말할 수 없다고 말하며, 자연의 증거들을 세속적인 시각에서 분석해 보더라도 성경의 진술이 입증된다. 무지는 하나님을 찾아 예배하지 못한 데 대한 핑계가 되지 못한다. 사람은 무지하지 않기 때문이다.

"내게는 의문점들이 너무 많아요"

앞에서 한 말을 이해하고 대부분 동의하면서도, 기독교에 대해서는 여전히 많은 의문점들이 있다는 이유로 변명하는 사람들이 있다. 그들은 우리가 말하는 하나님이 "불특정한 신"이 아니라 성경에 자신을 계시하신 하나님임을 인정한다. 그리고 그 점을 생각하면서 많은 의문을 품는다. 그리고 이런 의문들이 하나님을 배척할 만한 정당한 구실들이 된다고 생각한다. 그 의문들을 간단히 살펴보면 다음과 같다 :

1. 그리스도를 들어본 적이 없는 아프리카의 가련하고도 무죄한 원주민은 어떻게 되는가? 모든 전도자들이 이 질문을 받는다. 사실상 이것이 그리스도인들과 비그리스도인들 모두가 가장 자주하는 질문일 것이다. 그러나 우리가 공부하고 있는 로마서 1 : 18-20이 그 질문에 대답을 한다. 이 질문에 깔린 의도는 "무죄한" 원주민이 해볼 기회가 없던 어떤 일, 즉 주 예수 그리스도를 자기의 구주로 믿는 일을 하지 못했다는 이유로 지옥에 던져진다는 것과, 하나님께서 "무죄한" 원주민을 정죄할 정도로 부당하다면 하나님이실 수 없다는 것이다. 말인즉슨 옳다! 하나님께서는 공의로워야 하고, 만약 하나님께서 해볼 기회도 없던 일을 하지 못했다는 이유로 정죄한다면 공의롭지 못하신 셈이 될 것이다.

그러나 그러한 논리는 이른바 아프리카의 무죄한 원주민의 경우에 해당되지 않는다. 만약 그 원주민이 예수께 관해 듣지 못했다면 예수를 믿지 않은 데 대해서는 책임이 없다. 그러나 원주민이나 예수께 관해 들어보지 못한 사람이 정죄를 당하는 것은 그런 이유 때문이 아니다. 로마서 1장이 말하듯이, 그 원주민은 본인이 마땅히 해야 할 일인 줄을 알면서도, 즉 자연에 계시된 하나님을 찾고, 예배하고, 감사하는 일을 해야 하는 줄 알면서도 하지 않기 때문에 정죄를 당한다. 모든 사람들이 여기에 미치지 못한다. 세계 도처에 깔린 종교 현상을 증거로 제시하면서, 원주민이 실제로는 하나님을 찾고 있다고 말하는 사람이 있을 것이다. 사람은 **호모 렐리기오수스**(종교적 인간, homo religiosus)라고 제대로 일컬어져 왔다. 그러나 그것도 핑계가 되지 못한다. 바울이 다음 장에서 증명하겠지만, 종교의 보편성이란 사실은 사람의 불신을 드러내는 증거이기 때문이다. 왜 그러한가? 사람들이 창안한 종교들은 사실상 참되신 하나님 앞에 서는 것을 회피하려는 시도들이기 때문이다. 사람이 종교를 만드는 것은 하나님을 찾기 위해서가 아니라, 멀리 도망하기 위해서이다.

지난 두 장에서 살펴본 내용을 다시 요약하면 다음과 같다 : (1) 모든 인간들은 하나님께서 자연을 통해서 자신을 나타내셨으므로 하나님을 안다. (2) 우리는 그 계시를 통해서 하나님께 나아가는 대신에, 그것을 억누르고 상상으로 만든 가짜 신들을 참 하나님의 자리에 둔다. 앞에서 본 대로, 그 이유는 (3) 우리들이 자연 계시가 가리키는 하나님을 좋아하지 않기 때문이다.

2. 성경은 모순으로 가득 차 있지 않은가? 자주 듣게 되는 핑계이지만, 첫째 핑계처럼 허

술하지 않다. 과학의 자료들이 제시됨에 따라 성경 안에는 합리적인 사람이라면 그것을 참된 하나님의 계시라고 믿을 수 없는 오류들이 많이 발견되었다는 말을 듣는다. 이 말 뒤에는 성경이 기껏해야 통찰력 있는 인간의 글들의 모음이며, 따라서 "성경 계시"를 기초로 삼아서는 기독교를 이지적으로 받아들일 수 있는 사람이 없다는 말이 붙는다.

이 주장의 문제는 그 전제에 있다. 역사적 과학적 사실들이 축적되면서 본문상(textual)의 문제들을 비롯한 점점 더 많은 문제들이 들춰졌다는 것이 그 전제이지만, 실제로는 정반대이다. 수십 년에 걸쳐, 특히 지난 몇십 년 동안 제시된 자료들은 성경을 입증하는 경향을 띠었다. 「타임」(Time)지는 1974년 12월 30일자 머릿기사에서 이 점을 확인한다. 그 기사에는 "성경은 얼마나 참된가?"라는 제목이 붙었다. 이 기사에서 편집자들은 얼마 전까지 가장 급진적인 비판자들이었던 사람들 - 알베르트 슈바이쳐(Albert Schweitzer), 루돌프 불트만(Rudolf Bultmann), 마르틴 디벨리우스(Martin Dibelius), 그리고 그밖의 사람들 -의 견해를 검토했으나 다음과 같은 결론을 내렸다 :

이 모든 성경 연구가들의 폭, 세련됨, 다양성은 인상적이지만, 한 가지 질문을 자아낸다. 그것이 성경을 더 신뢰할 만하게 만들었는가, 아니면 덜 신뢰할 만하게 만들었는가? 언어학자들은 어떤 구절의 신빙성이 도전을 받을 때 근거 자체가 흔들리는 느낌을 받고서 성경의 신빙성이 타격을 입었다고 말할 것이다. 의심의 씨앗이 뿌려졌고, 믿음은 위기에 처하게 되었다고 할 것이다. 그러나 성경에서 다른 어떤 것을 기대하는 신자들은 당연히 성경의 신빙성이 증진되었다고 결론지을 것이다. 성경은 두 세기 이상 과학이라는 온갖 대포들이 쏘아대는 엄청난 위력의 포탄 세례를 받은 뒤에도 살아남았으며, 아마 그 공격 때문에 더 견고해진 듯하다.
비판자들의 말을 빌더라도 - 역사적 사실임 - 성경은 합리주의자들이 공격을 시작했을 당시보다 지금이 더 받아들일 만하게 보인다.[3]

성경이 가르치는 하나님을 찾고 예배하지 않는 것을 핑계하기 위해서 흔히 성경에 있다고 하는 "모순들"을 들먹이기란 쉽지 않다. 특히 그 증거를 철저히 조사해보고 난 뒤에는 더욱 그러하다.

3. 만약 하나님이 계시다면, 그리고 그 하나님이 선하신 하나님이라면, 왜 악을 그대로 방치해 두시는가? 이 주장은 두 가지 형태를 띤다. 첫째는 철학적인 형태로서, 자비로운 하나님께서 창조하고 다스리는 세상에 어떻게 악이 들어올 수 있었나를 묻는 것이다. 둘째는 개인적이고 실제적인 형태로서, 왜 내가 좋아하지 않는 일들이 발생하는가, 또는 왜 하나님께서는 내가 기도한 것을 이루어 주시지 않는가 하고 묻는 것이다.

철학적 문제는 어렵다. 원래 완전한 세상에 어떻게 악이 발생할 수 있느냐고 묻는다면, 이 어려운 문제를 적절하게 대답한 사람은 내가 아는 한에는 아무도 없다. 만일 하나님께서 아담과 하와를 포함하여 모든 선한 것들을 만드셨다면, 그래서 어떤 것도 선천적으로 악한 성향을 갖고 있지 않았다면, 아담과 하와, 또는 다른 완전한 존재가 어떻게 악을 행할 수 있는지를 알기란 어렵다(불가능하지는 않더라도). 그러나 그리스도인들이 악의 기원을 납득할 만하게 설명할 수 없다 하더라도(적어도 신학 사상사의 이 시점에서만큼은), 이 점에서 우리가 겪는 어려움은 불신자들이 겪는 어려움에 절반도 되지 않는다는 점을 강조하지 않을 수 없다. 불신자들은 악의 기원을 설명해야 하는 문제를 갖고 있을 뿐만 아니라, 선의 기원까지 설명해야 하는 문제를 갖고 있기 때문이다. 어떤 경우에도 악의 기원을 이해하지 못한다고 해서 악의 존재가 논박되는 것이 아니며, 하나님의 존재가 논박되는 건 더욱 아니다.

이 문제가 지닌 두 번째 형태는 개인적이고도 실제적이다. 아마 대부분의 사람들을 괴롭히는 것은 이 형태일 것이다 : "하나님께서는 왜 악을 관용하실까? 특별히 내 인생에 왜 악을 관용하실까? 왜 내게 나쁜 일들이 생길까? 하나님께서는 왜 내 기도를 내가 바라는 대로 응답해 주시지 않을까?"

이 문제에 대한 대답의 일부는, 만약 우리가 받을 가치가 있는 만큼만 받는다면 지금 겪고 있는 악들만 당하고 말 게 아니라, 거듭나지 못한 자들이 지옥에서 받아야 할 몫인 영원한 형벌도 받아야 한다. 달리 말하자면, "왜 내게 나쁜 일들이 생길까?" 하고 말하기보다는 "왜 내게 좋은 일들이 생길까?" 하고 말해야 한다. 우리에게 돌아와야 할 것은 악뿐이다. 우리 삶에 좋은 것이 하나라도 있다면, 그 좋은 것(아무리 사소한 것이라도)에 힘입어 모든 좋은 것들을 내신 하나님을 바라봐야 한다. 그렇지 않으면 오히려 하나님의 경영에 불평함으로써 죄책만 늘려간다. 로마서 1 : 18에서 바울이 우리의 상태라고 선언하는 것(경건치 않음과 불의)이 바로 그것이다.

이것이 어떻게 작용하는지 예를 들겠다. 나는 이 책 제1권 16장("무신론의 심리")에 인쇄된 설교를 마친 뒤 익명의 쪽지를 받았다. 자연인이 하나님의 주권을 미워한다는 내 설교를 반대하는 글이 적혀 있었다 : "설교를 라디오 청취자에게 하지 말고 회중에게 하세요. 어려운 문제들을 다루세요. 내가 주권을 갖고 있지 못하다는 데 어려움이 있지 않고, 하나님의 주권이 선해보이지 않는다는 데 어려움이 있지요. 아무리 기도를 해도 아무런 응답이 없을 때, 나는 하나님을 어떻게 생각해야 하지요? 그 문제나 다뤄보시지요."

보다시피 글의 어조가 약간 무례했다. 그러나 문제는 그 내용이 나를 모욕했다는 데 있지 않았다. 하나님을 모욕하고 있다는 데 문제가 있었다. 더욱이 내가 설교한 요지를 비판하고 있었다. 하나님의 주권이라는 개념은 이해하기 어렵지 않지만, 하나님께서 하시는 일 – 만일 하나님이 계시다면 – 을 이해하기는 어렵다는 말이었다. 그러니 그게 하나님의 주권에 도전한 것이 아니고 무엇이란 말인가? 그 쪽지에 적힌 글은 이렇게 말하는 것과 다름이 없었다 : "하나님, 만일 당신이 높은 보좌에서 내려와 여기 내 앞에 서서 내 질문에 대답하지 않는다면 당신을 믿지 않을 겁니다. 만약 직접 내게 설명하지 않는다면 당신을 인정하지 않을 겁니다." 이보다 더 거만한 태도가 있을 수 있을까? 하나님보고 당신의 경영을 우리에게 설명하라는 건가? 아니면 하나님께서 설명하신다면 그것을 이해할 수 있다는 건가? 욥은 하나님의 주권에 도전하지 않았다. 오직 이해를 구하고 있었을 뿐이다. 그러나 하나님께서 우주를 어떻게 창조하고 유지하는지 설명할 수 있느냐고 욥에게 묻자 주눅이 든 욥은 더듬거릴 정도로 말을 하지 못했다. "내가 스스로 한하고 티끌과 재 가운데서 회개하나이다"(욥 42 : 6)라고 할 뿐이었다.

재미있게도 나는 하나님보고 우리로 믿게 하려면 먼저 우리 수준에 서서 자신을 설명하라고 요구한 그 쪽지를 받은 그 주일에 내용이 전혀 다른 편지를 받았다. 그 사람은 지난 주간에 겪은 아주 끔찍한 일을 적었다. 그러나 그러고 나서는 이렇게 말했다 : "상황을 하나님의 주권에 비추어 바라보고 난 뒤에야 나는 비로소 화를 냈던 것을 용서해 달라고 구할 수 있었고, 하나님께서 다음과 같은 사실, 즉 내 삶이 자주 "혼란스럽게" 될 것이지만, 하나님께서는 그대로 방치해 두시 않으신다는 사실을 깨우쳐 주시려 한다는 것을 눈을 떠서 보게 되었습니다." 두 편지의 차이점을 알 수 있겠는가?

하나님께서 하시는 일에 대해서 왜 그렇게 하시느냐고 의문을 품는 것이 정당한 일인가?

물론이다! 그런 의문을 품지 않는 사람이 어디 있겠는가? 믿은 다음 이해를 구하는 것은 정당한 일이다.[4] 그러나 어떤 일들을 이해하지 못한다는 것을 핑계 삼아 알고 있는 것에 반응하지 않는다면, 그것은 바울이 본문에서 말하는 대로 진리를 의도적으로 막는 것이다.

"그게 중요하다고 생각지 않았습니다."

가장 근거가 희박한 핑계는 "나는 그게 중요하다고 생각지 않습니다"라는 말이다. 그것은 명백한 잘못이다. 만약 하나님께서 계시고 우리 모두가 장차 그분을 만나 각자의 행위에 대해서 고백해야 한다면 말이다. 모든 관계들 가운데 가장 기본적인 관계, 즉 하나님과의 관계를 올바로 갖는 것보다 더 중요한 것이란 있을 수 없다. 그럼에도 이런저런 이유에서 - 아마 살면서 겪게 되는 여러 가지 압박들이 더 중요하게 보이기 때문에 - 가장 중요한 이 문제를 미뤄놓는다.

마지막 날에 하나님 앞에 설 때 다음과 같은 소리가 어떻게 들릴 것 같은가?

"그게 중요하다고 생각하지 않았습니다."

"당신이 중요하다고 생각하지 않았습니다."

"당신께 대한 진리를 막는 것이 문제가 된다고 생각하지 않았습니다."

로마서 조금 뒷부분에서 바울은 마지막 날에 일어날 일을 말한다. 남자와 여자들이 하나님 앞에 서서 각각 핑계를 대지만, 모두가 입을 다물게 될 것이고, 온 세상이 하나님의 심판 아래 있게 될 것이라고 한다(참조. 롬 3 : 19). 바울이 로마서 1 : 20에서 선언하듯이, 현재에도 유효한 핑계는 없다. 그러나 그 날에는 더욱 핑계를 댈 수 없을 것이다. 모든 사람들이 - 가장 작은 자부터 가장 큰 자까지 - 불신앙의 죄책을 갖고 있다는 것이 명확하게 드러날 것이기 때문이다.

현재는 아직 그 마지막 날이 아니기 때문에, 유한한 정신들과 죄악된 의지들을 하나님을 거역하게 만드는 교만함에서 돌이킬 시간이 아직 남아 있다.

므두셀라를 기억하는가? 그는 969세를 향유함으로써 누구보다도 오래 살았다. 그의 이름은 "그가 죽을 때 그것이 오리라"는 뜻이다. "그것"은 하나님의 심판인 대홍수였다. 그 홍수는 그 이전 세상을 멸망시켰다. 그러나 내가 므두셀라와 그의 장수를 거론한 이유는 죄인들을 오래 참으시는 하나님의 큰 인내의 표상이기 때문이다. 므두셀라의 인생 초기에 하나님은 인류를 죄에서 돌아서게 만들기 위해서 에녹이라는 전도자를 보내셨다. 에녹은 그 심판이 오고 있다고 전파했다 : "… 보라 주께서 그 수만의 거룩한 자와 함께 임하셨나니 이는 뭇사람을 심판하사 모든 경건치 않은 자의 경건치 않게 행한 모든 경건치 않은 일과 또 경건치 않은 죄인의 주께 거스려 한 모든 강퍅한 말을 인하여 저희를 정죄하려 하심이라"(유 14-15). 에녹이 죽은 뒤 노아가 그 뒤를 이어 전도했다. 므두셀라의 전생애인 969년 동안 홍수는 오지 않았다. 하나님께서는 자비하셔서 "… 오래 참으사 아무도 멸망치 않고 다 회개하기에 이르기를"(벧후 3 : 9) 원하셨다. 이렇게 오래 참으셨으나 죄에 무관심하지는 않으셨으며, 마침내 므두셀라가 죽자 진노가 찾아왔다.

우리도 비슷한 시대에 살고 있다. 오늘은 하나님의 은혜의 날이다. 그러나 진노가 쌓이고 있다. 불어가는 홍수처럼 그것이 쌓이고 있는 것을 본다. 그 진노에 엄몰될 때까지 기다리지 말라. 핑계대지 말라. 하나님 앞에서는 핑계치 못한다는 것을 인정하고 구주께 속히 피하라.

● 각주 ●

1. 인용문들의 출처는 다음 책이다 : *Roget's International Thesaurus* (New York : Thomas Y. Crowell, 1953), pp. 637, 638.

2. Francis A. Schaeffer, *Genesis in Space and Time* (Downers Grove, Ill. : InterVarsity Press, 1972), p. 21.

3. *Time,* 1974.12.30, p. 41.

4. 이것은 중세의 위대한 철학자 안셀무스(Anselm)의 철학으로서, 그는 이것을 *fides quarens intellectum* ("이해를 추구하는 믿음")이라는 라틴어로 표현하였다.

18
비열한 배은망덕
로마서 1 : 21

하나님을 알되 하나님으로 영화롭게도 아니하며 감사치도 아니하고 오히려 그 생각이 허망하여 지며 미련한 마음이 어두워졌나니.

망은 번역 성경들에서 로마서 1장 21절은 새 문단으로 시작하며, 그것이 옳은 일이다. 앞 절들에서 바울은 전능하신 하나님의 진노에 노출되어 있는 사람들의 두려운 상태를 설명했고, 왜 그것이 우리의 상태인지를 설명했다. 우리가 하나님의 진노의 대상인 이유는 하나님께 관한 지식을 배척했기 때문이다. 그 지식은 하나님께서 자연 만물에 광범위하게 자신을 나타내신 결과로 우리가 소유하게 된 지식이다. 이제 바울은 사람이 하나님께 관한 지식을 배척함으로 맞이하게 된 비참한 결과들을 보임으로써 인류를 좀더 상세히 묘사하려고 한다.

그렇지만 앞 문단과 이 문단은 뗄 수 없이 연결되어 있다. 왜냐하면 바울이 자기가 궁극적으로 말하려고 하는, 하나님을 배척한 결과들을 곧바로 말하지 않기 때문이다. 그러기 전에 우선 사람들이 죄책으로 지고 있는 두 가지 사실을 더 언급한다. 그러므로 사람의 죄책은 모두 세 가지가 되는 셈인데, 그중 하나는 이미 공부했고, 앞으로 두 가지를 여기서 공부하게 된다. 첫째, 우리는 자연에 나타난 계시가 인도하는 대로 하나님께 가기를 거절함으로써 하나님께 관한 진리를 억눌렀다. (이것이 지난 장에서 자세히 공부한 죄이다.) 둘째, 우리는 하나님을 영화롭게 하기를(또는 예배하기를) 거절했다. 하나님께 대한 분명한 지식에도 불구하고 말이다. 셋째, 우리는 감사하기를 잊었다. 하나님을 안다는 것은 우리가 그분의 피조물임을 알고, 그로써 우리가 소유하고 누리는 모든 것이 그분에게서 나왔다는 것을 아는 것이다. 그러나 우리는 정신에서부터 하나님께 대한 지식을 일부러 가로막기 때문에, 당연히 하나님을 하나님으로 영화롭게 하지도 않고 감사하지도 않는다.

배은망덕! 존 밀턴(John Milton)은 "비열한 배은망덕"에 관해서 말했다(코머스 〈Comus〉, 776행). 윌리엄 세익스피어(William Shakespeare)는 "불어라, 불어라, 너 겨울바람아. 그래도 너는 사람의 배은망덕만큼 쌀쌀하지는 않구나"(좋으실 대로〈As You Like It〉, 2막 7장). 러시아 작가 표도르 도스토예프스키(Fyodor Dostoyevsky)는 사람에 관해서 이렇게 말했다 : "사람은 만약 명청하지 않다면 지독히 배은망덕한 존재이다! 나는 사람이 배은망덕한 짐승이라고 하는 것이 최고의 정의라고 믿는다."[1]

찬송도, 영광도 드리지 않음

그러나 인간의 이 세 가지 잘못은 서로 연결되어 있다. 그러므로 하나님께 대한 배은망덕을 이해하기 위해서는 하나님을 "하나님으로 영화롭게" 하지 않았다는 점을 먼저 이해해야 한다. 바울은 배은망덕을 그렇게 진술한다.

영화롭게 하다와 영광을 돌리다라는 단어들의 어근이 되는 영광이란 단어는 매우 흥미롭다. 헬라어에서는 어근이 되는 단어들이 도케오(dokeo, 동사)와 독사(doxa, 명사)로서, 이 단어들에서 송영(頌榮, doxology)이라는 단어가 나왔다. 원래 그 동사는 "나타나다" 또는 "보이다"라는 뜻이며, 이 동사에서 파생한 명사는 "견해"라는 뜻이다. 어떤 사람 또는 사물에 대한 한 사람의 견해는 그 사람 또는 사물이 그것을 관찰하는 사람에게 나타나는 방법이다. 독사라는 단어에서 영어의 오쏘독스(orthodox, "엄격한 또는 정확한 견해"라는 뜻), 헤테로독스(heterodox, "다른 또는 그릇된 견해"라는 뜻), 파라독스(paradox, "반대되는 또는 모순되는 견해"라는 뜻) 같은 단어들이 나왔다. 한때는 **독사와 도케오**가 어떤 것에 대한 좋은 견해 또는 나쁜 견해와 관련되었다. 그러나 결국에는 좋은 견해만 가리키게 되었다. 오늘날은 명사(**독사**)가 그런 좋은 견해의 대상이 되는 존재에게 돌아가는 "찬양" 또는 "영예"를 뜻하게 되었고, 동사(**도케오**)는 개인에게 그런 영예를 돌리는 것을 가리키게 되었다. 왕들은 백성에게 그런 찬양을 받을 가치를 갖고 있었기 때문에 "영광"을 소유하였다. 그 단어는 시편 24편에서 이런 뜻으로 쓰이는데, 여기서는 하나님을 영광의 왕으로 말한다 : "영광의 왕이 뉘시뇨. 만군의 여호와께서 곧 영광의 왕이시로다"(10절).

오늘날은 **영광** 또는 **영광을 돌리다**라는 단어들을 하나님께 사용하는 효과를 쉽게 볼 수 있다. 누가 하나님을 "영화롭게" 할 수 있는가? 하나님께 대해 올바른 견해를 가진 사람만, 즉 하나님의 속성들을 알고 합당한 태도를 보이는 사람만 그렇게 할 수 있다. 하나님만이 주재이시고, 거룩하시고, 전지하시고, 불변하시고, 사랑이 많으시고, 자비로우신 분인 줄 아는 사람 – 이런 일들 때문에 그 전능자를 찬양하는 사람 – 이 그분을 영화롭게 한다.

그리고 다음과 같은 것도 있다 : 영어에는 "**글로리**"(glory, 영광)와 뜻은 거의 같고, 만약 프랑스어 **글르와르**(gloire)가 일상 언어에서 "**글로리**"란 단어를 대체하지 않았다면 그 단어 대용으로 넉넉히 쓰였을, 형태가 전혀 다른 단어가 있다. 이것은 앵글로색슨어인 **워스**(worth)로서, 개인 고유의 가치 또는 특성을 가리키기도 하는 단어이다. 사람의 가치는 사람의 특성이다. 하나님의 가치는 하나님의 영광이다. 이제 이 단어를 사용해서 하나님께서 자신의 특성을 계시하신 대로 인정할 때 무슨 일이 발생하는가? 하나님의 유가치(有價値, worth-ship)를 인정하거나, 하나님을 "예배"(worship)한다. "유가치"(Worth-ship)란 쓰기 어려운 말이다. 그러므로 그것을 줄여서 하나님을 "예배한다"고 말하거나, 아니면 앵글로색슨어를 포기하는 대신 라틴어로 바꾸어 하나님을 "영화롭게 한다"고 말한다.

내가 주장하는 바는 이 세 가지 개념 각각이 동일하다는 것이다. 언어상으로 하나님께 대한 **예배**, 하나님께 대한 **찬양**, 하나님께 영광을 **드림**이 동일한 말이다.

물론 이것이 바로 바울이 인류가 해오지 않았다고 말한 일이다. 더욱이 하나님을 예배하거나 영광을 드리는 일을 하지 않는 것은 하나님께 대한 지식을 억누르는 데서 자연스럽게 파생한다. 우리는 앞에서 사람이 하나님께 관한 진리가 인도하는 하나님을 좋아하지 않기 때문에 하나님께서 계시하신 것들을 배척한다는 사실을 보았다. 사람은 하나님의 주권 때문에 하나님을 좋아하지 않는다. 하나님의 주권이 사람의 자율성을 부정한다는 이유에서이다. 하나님께서 거룩하시기 때문에 좋아하지 않는다. 하나님의 거룩하심이 우리 죄를 배척하고 정죄하기 때문이다. 하나님께서 전지(全知)하시기 때문에 좋아하지 않는다. 사람은 노출되는 것을 두려워하기 때문에 하나님의 전지하심이 사람을 두렵게 만드는 것이다. 하나님께서 불변하시기 때문에 좋아하지 않는다. 하나님께서 불변하시다는 말은 언제나 그 속성들을 변치 않고 갖고 계실 것임을 뜻하기 때문이다. 이런 진리들을 사람은 견디지를 못 한다. 그러므로 그 진리들을 억누르고, 그 진리들의 존재를 부정한다. 분명한 것은, 사람이 이런 일을 하면 위와 같은 특성들로 인해 하나님을 찬양하는 일을 하지 않게 된다는 것이다.

반대로, 사람은 유대인들이 애굽에서 건짐을 받았으나 금송아지를 만듦으로써 하나님께 반역했을 때 하던 일을 하고 있다. 오직 하나님께만 속한 속성들을 취하여 그것들을 우상들에게 주면서 "이스라엘아 이는 너희를 애굽 땅에서 인도하여 낸 너희 신이라"(출 32 : 8)고 한다. 앞으로 로마서 1장 후반을 공부하면서 사람이 어떻게 그런 일을 하는지 더욱 자세하게 살펴볼 것이다.

감사하지 않음

대표적인 성경 주석가들의 글을 연구하는 과정에서 매우 실망할 때가 있는데, 다음은 그 중 한 경우이다. 바울이 인류가 저지른 세 번째 중대한 잘못이라고 언급하는 것은 배은망덕인데 – "감사치도 아니하고"라고 한다 – 그럼에도 대표적인 성경 주석가들은 이 중요한 개념을 거의 다루지 않는다. 거의 모든 면에서 뛰어난 주석가인 홀데인(Haldane)은 이 문제에 9줄밖에 할애하지 않는다.[2] 고데(Godet)는 5줄을 할애한다.[3] 심지어 존 칼빈(John Calvin)마저도 다음과 같이 말하는 것으로 그친다 : "바울이 아무런 의미 없이 감사치도 아니하고라는 말을 덧붙인 것은 아니다. 하나님의 무한한 친절에 빚지지 않은 사람은 없으며, 이 이유만으로도 친히 우리에게 자신을 계시하시기 위해서 자신을 낮추심으로써 우리를 무한히 빚지게 하셨기 때문이다."[4]

나는 이 개념을 가지고 공부하는 동안 영국 저자 오스 귀네스(Os Guinness. 지금은 미국에서 살고 있음)가 「두 정신에서」(In Two Minds)라는 저서에서 "의심"에 대해서 쓰면서, 한 장 전체를 배은망덕을 다루는 데 할애한 것을 발견하고서 참 기뻐했다. 그는 배은망덕을 의심에 빠지게 하는 주요 원인으로, 따라서 믿음에서 떨어져 나가는 한 단계로 보는데, 나는 이것이 올바른 견해라고 믿는다.

귀네스의 이론에 따르면 의심이란 불신이라기보다는 신앙과 불신앙의 중간 지대이다. 그러나 그 중간 지대는 불안정하다. 만약 의심을 하면 오랫동안 의심만 하게 되지 않는다. 의심에서 강한 신앙 쪽으로 움직이든가, 아니면 의심에서 불신앙 쪽으로 움직이게 된다. 어느 쪽으로 움직이는가 하는 것은 불안정하게 만드는 것을 어떻게 다루는가 하는 데 달려 있다. 귀네스는 불안정하게 되는 원인들을 다음과 같은 것들로 본다 : 배은망덕, 잘못된 신관(神觀), 약한 기초, 헌신 부족, 성장 부족, 일정치 못한 감정, 믿음에 대한 두려움. 그는 이것들을 가리켜 "일곱 가지 의심 군(群)"이라고 한다. 그는 의심의 원인인 배은망덕을 가지고 시작한다.

배은망덕이 왜 그렇게 위험한가? 하나님께 관한 가장 기본적인 사실들을 알면서도 의식하지 않는 데 토대를 두고 있고, 하나님과의 바른 관계가 되어 있지 않는 데 토대를 두고 있기 때문이다. 달리 말해서, 바울이 가르치고 있는 바로 그 문제 때문이다.

로마서 1 : 18-20은 하나님의 존재가 자연에 무한히 나타나 있다고 가르친다. 물론 이것은 하나님께서 존재하신다는 뜻일 뿐만 아니라, 우리가 누리고 보고 소유하는 모든 것이 하나님에 의해 존재하게 되었다는 뜻이기도 하다. 하나님께서는 만물의 창조주이시다. 그러므로 우리가 생명을 갖고 있다면 그것은 하나님께로부터 온 것이다. 건강을 갖고 있다면 하나님께로부터 온 것이다. 음식을 먹고 있다면, 옷을 입고 있다면, 친구들과 교제하고 있다면 – 모든 선한 것은 하나님께로부터 온 것이다. 이 점에 감사하지 않는다면, 그것은 하나님을 참으로 인정하지 않거나 하나님과의 올바른 관계를 거부하기 때문이다. 다음과 같이 말할 사람도 있을 것이다. "그러나 우리는 때로는 나쁜 일들도 경험합니다. 고통과 배고픔도 겪습니다. 병에도 걸립니다. 결국에는 죽습니다." 그러나 이 말조차도 배은망덕함을 드러낸다. 왜냐하면, 우리가 마땅히 받아야 할 대로 받는다면 모두가 지옥에 떨어질 것이라는 사실을, 우리가 그러한 죄인들이라는 사실을 부정하고 있기 때문이다. 죄인들로서 생존하고 있다는 사실만으로도 하나님의 주권, 성결, 전지, 그밖에 내가 언급한 모든 속성들로 인해 하나님을 찬송해야 할 뿐만 아니라, 무한하신 자비로 인해서도 찬송해야 한다. 그러나 우리는 이 점을 의식하지 않는다. 그래서 진리를 막고 하나님께 경배하기를 거절한 과거의 죄들에다 배은망덕을 세운다.

귀네스는 로마서 1 : 21을 들어 다음 사실을 엄격히 상기시킨다 : "하나님을 반역하는 것은 단호한 무신론과 함께 시작하는 게 아니라, "감사합니다"라는 말에 인색한 사람의 자만심과 함께 시작한다."[5]

다른 주석가들에 비해서 배은망덕을 약간 길게 다루는 마틴 로이드 존스(D. Martyn Lloyd Jones)는 이렇게 쓴다 :

> 사람은 자비하시고, 선하시고, 우리를 섭리로 인도하시는 하나님께 감사하지 않는다. 햇볕을 당연한 것으로 생각한다. 햇볕이 들지 않으면 짜증스러워 한다. 비를 당연한 것으로 생각한다. 우리는 이런 선물들과 은총들로 인해 하나님께 얼마나 감사를 드렸는가!… 하나님께서는 "모든 선하고 완전한 선물을 주시는 분"이시다. "한량없이 자비로우신 아버지"이시다. 그런데도 사람들은 이 세상에서 장수를 누리면서도 하나님께 감사하지 않는다. 하나님을 철저히 무시한다. 사람들이 하나님께 보이는 태도란 그런 것이다. 이런 식으로 하나님께 관해서 계시된 진리를 억누른다.[6]

기억하고 감사를 드림

귀네스는 배은망덕에 관한 장에서 또한가지 중요한 기여를 하는데, 그것은 "기억하고 감사를 드린다"는 성경 주제를 강조하는 것이다. 그는 이것을 가리켜 "크나큰 강조"라고 한다. "믿음이 있는 사람이란 감사하는 사람이다. 반면에 믿음이 없는 사람이란 퉁명스럽고 감사함도 없는 기억을 지닌 사람이다."[7]

이스라엘 백성은 애굽을 떠나 약속의 땅으로 여행할 때 참으로 큰 복을 많이 받았다. 노예 상태에서 건짐을 받았고, 바로의 군대가 추격해 올 때 보호를 받았고, 물과 만나를 공급받았으며, 낮에는 강렬한 햇볕을 차단하는 거대한 구름 기둥으로, 밤에는 빛과 열기를 동시에 제공하는 불 기둥으로 인도를 받았다. 하나님께 천만 번이라도 감사해야 할 백성이 있었다면 바로 그들이었다. 그런데도 감사하지를 않았다. 그들은 자유를 구했다. 그러나 자유를 얻고나서 그것이 자기들이 바라던 바로 그 자유가 아닌 것을 알고는 모세를 제거하고 방향을 돌려 애굽으로 돌아가려고 했다. 만나를 받았을 때도 좀 색다른 음식을 달라고 아우성을 쳤다. 하나님께서 무슨 일을 하시든 그들은 언제나 어떤 다른 것을 원했다.

　모세는 그런 배은망덕이 어디로 이어질 지를 알았다. 감사할 줄 모르는 태도가 하나님을 반역하는 데로 이어질 것임을 알았다. 그래서 이 위대한 지도자는 유대 민족에게 항상 과거를, 하나님께서 그들에게 주신 복들을, 그리고 하나님께 감사해야 할 이유들을 상기시켰다. 바로의 군대가 추격해 오던 상황에서 백성이 구원을 받은 뒤, 모세는 다음과 같은 노래를 지었다.

> 내가 여호와를 찬송하리니
> 　그는 높고 영화로우심이요
> 말과 그 탄 자를
> 　바다에 던지셨음이로다.
>
> 여호와는 나의 힘이요 노래시며
> 　나의 구원이시로다.
> 그는 나의 하나님이시니 내가 그를 찬송할 것이요
> 　내 아비의 하나님이시니 내가 그를 높이리로다.
>
> 여호와여 신 중에 주와 같은 자 누구니이까
> 　주와 같이
> 　거룩함에 영광스러우며
> 　찬송할 만한 위업이 있으며
> 　기이한 일을 행하는 자 누구니이까.
>
> 출 15 : 1-2, 11

　모세는 이스라엘이 과거에 하나님께서 베푸신 복들을 기억하기를 바랐다. 훗날 하나님께서 십계명과 율법의 나머지 부분들을 주실 때, 모세는 "너는 조심하여 너를 애굽 땅 종되었던 집에서 인도하여 내신 여호와를 잊지 말고"라고 말했다(신 6 : 12).

　다윗도 감사할 필요를 절실히 느끼고서 그런 내용으로 글을 많이 썼다. 언약궤가 예루살렘으로 다시 돌아왔을 때, 다윗은 다음과 같이 시작하는 시를 썼다. "너희는 여호와께 감사하며 그 이름을 불러 아뢰며 그 행사를 만민 중에 알게 할지어다"(대상 16 : 8; 참조. 시 105 : 1). 다윗은 이렇게도 말했다. "내가 대회 중에서 주께 감사하며 많은 백성 중에서 주를 찬송하리이다"(시 35 : 18). 시편 106, 107, 118, 136편도 감사의 말로 시작한다. "여호와께 감사하라 그는 선하시며 그 인자하심이 영원함이로다."

"감사의 시"라는 제목이 붙은 시편 100편은 이렇게 말한다.

> 온 땅이여 여호와께 즐거이 부를지어다.
> 기쁨으로 여호와를 섬기며 노래하면서
> 그 앞에 나아갈지어다.
> 여호와가 우리 하나님이신 줄 너희는 알지어다.
> 그는 우리를 지으신 자시요 우리는 그의 것이니
> 그의 백성이요 그의 기르시는 양이로다.
> 감사함으로 그 문에 들어가며
> 찬송함으로 그 궁정에 들어가서
> 그에게 감사하며 그 이름을 송축할지어다.
> 대저 여호와는 선하시니 그 인자하심이 영원하고
> 그 성실하심이 대대에 미치리로다.

구약 시대에 살던 사람들에게 참된 것은 신약 시대에 사는 사람들에게도 참되다. 예수께서 문둥병자 열 명을 고쳐 주셨으나, 그중 한 명만 제사장에게 자기 몸을 보인 다음 예수께 다시 찾아와 감사를 드렸다. 예수님은 물으셨다. "열 사람이 다 깨끗함을 받지 아니하였느냐. 그 아홉은 어디 있느냐. 이 이방인 외에는 하나님께 영광을 돌리러 돌아온 자가 없느냐"(눅 17 : 17-18). 예수님은 은혜를 모르는 나머지 아홉 사람 때문에 언짢으신 듯했다. 마찬가지로 바울은 빌립보인들에게 기도를 가르치면서 감사하는 것을 강조한다. "아무 것도 염려하지 말고 오직 모든 일에 기도와 간구로 너희 구할 것을 **감사함으로** 하나님께 아뢰라. 그리하면 모든 지각에 뛰어난 하나님의 평강이 그리스도 예수 안에서 너희 마음과 생각을 지키시리라"(빌 4 : 6-7, 고딕은 필자의 표시). 바울은 하나님께 새로운 것들(정당한 것들)을 구하는 순간에도 하나님께 이미 받은 것에 대해 감사하는 것을 잊지 말기를 바랐다.

내가 하고 싶은 말은, 감사란 하나님을 참으로 아는 사람들이 내놓는 표식이라는 것이다. 감사하기를 잊는 때도 간혹 있긴 하지만 말이다. 반대로 감사치 않는 것은 하나님께 관한 진리를 억누르는 사람들의 표식이다.

우리는 감사하는 마음으로 사는가?

이 장에서는 하나님을 반역하는 사람들의 심리와 행위들을 공부하고 있긴 하지만 – 로마서 1 : 18-32을 중심으로 – 그 내용은 하나님을 안다고 고백하는 사람들에게도 고스란히 해당된다. 두 가지 적절한 질문이 있다. 우리는 하나님을 알고 감사한 마음으로 사는가? 또한 입으로 감사를 표시하는가?

세계의 많은 언어들에서 "감사하다"라는 말이 기본적으로 적어도 한 가지 기도어의 뜻을 갖고 있다는 것은 흥미로운 일이다. 헬라어에는 기도에 해당하는 매우 중요한 단어가 있는데, 그것은 유카리스테오(eucharisteo)이다. 이 단어에서 영어의 전례(典禮) 용어인 유카리스트(eucharist)가 유래하였다. 유카리스트는 주의 만찬에서 그리스도의 대속의 죽음을 인해 하나님께 감사하는 부분에 해당된다. 유카리스테오는 "감사하다"라는 뜻이다. 라틴어에서 가장 중요한 단어들 가운데 하나는 그라티아(gratia)로서, 이 단어에서 프랑스어와 영어의 그레이스(grace, 은혜)라는 단어가 유래하였다. 이 단어에는 두 가지 뜻이 있다. 한편으로는 하나님의 "값없이 베푸시는 호의"를 뜻한다. 영어에서는 이것이 가장 보편적인 뜻이다. 이것이 "어메이징 그레이스"(Amazing Grace, 한글통일찬송가 405장, 나같은 죄인 살리신)라는 찬송의 뜻이다. 그러나 그라티아는 "감사"라는 뜻도 갖고 있는데, 영어권에서는 식사 전의 감사기도라는 뜻으로 여전히 그레이스라는 말을 쓴다. 기도라는 뜻을 지닌 이렇게 많은 단어들이 감사를 뜻한다는 게 흥미롭지 않은가? 하나님께 기도로 마음을 열 때 주로 해야 하는 일이 감사라는 것이 의미심장하지 않은가?

그러나 말은 그렇게 하더라도 진심으로 감사하는 일은 얼마나 드문가! 기도는 많이 하지만 "하나님, 저와 제 아내, 아들 존과 며느리, 이렇게 네 식구에게만 복을 주옵소서. 아멘"이란 내용을 조금씩 바꾼 것에 지나지 않을 때가 참 많다.

아니면 요청을 가지각색 나열한다 : "이것을 주시고 저것을 주시고, 이것을 속히 주시고 저것을 속히 주옵소서."

기도는 경배(Adoration), 자백(Confession), 감사(Thanksgiving), (그런 뒤에야) 간구

(Supplication)의 순서로 해야 한다(이 넷을 이합체〈離合體〉로 ACTS라고 한다). 하나님께 무엇을 구하려면 이미 주신 것에 감사한 다음에 구해야 한다.

우리 모두가 하나님의 영광을 인정하고 예배하며 감사하는 법을 실제로 배운다면 기도가 얼마나 달라질까! 르우벤 토리(Reuben A. Torrey)의 적절한 글이 생각난다 :

> 이미 받은 복들에 감사를 하면 믿음이 커지고 새로운 담대함과 새로운 확신을 가지고 하나님께 나아갈 수 있게 된다. 많은 사람들이 기도를 하면서도 믿음이 없는 이유는 보나마나 하나님께 받은 복들을 차분히 생각하고 감사하지 않기 때문이다. 이미 받은 기도 응답들을 차분히 생각하면 믿음은 더욱 커지고 담대해지며, 마음 깊은 곳에서 주께는 어려운 것이 없다는 확신을 느끼게 된다.[8]

이것이 바로 오스 귀네스가 말하는 바가 아닌가! 의심은 신앙과 불신앙 사이에 있는 중간 지대이다. 그러나 하나님께서 주신 많은 복들을 기억하고 감사하는 법을 배운다면, 의심에서 반역으로 나가는 대신에 반드시 의심에서 믿음으로 나가게 된다.

● 각주 ●

1. Fyodor Dostoevsky, "Notes from Underground" in *Existentialism from Dostoevsky to Sartre,* ed. Walter Kaufmann (New York : Meridian Books, 1956), p. 74.

2. Robert Haldane, *An Exposition of the Epistle to the Romans* (MacDill AFB : MacDonald Publishing, 1958), p. 61.

3. F. Godet, *Commentary on St. Paul's Epistle to Romans.* trans. A. Cusin (Edinburgh : T. & T. Clark, n.d.), vol. 1, pp. 173, 174.

4. John Calvin, *The Epistles of Paul the Apostle to the Romans and to the Thessalonians,* trans. Ross MacKenzie (Grand Rapids : Wm. B. Eerdmans, 1973), p. 32.

5. Os Guinness, *In Two Minds : The Dilemma of Doubt and How to Solve It* (Downers Grove, Ill. : InterVarsity Press, 1976), p. 72.

6. D.M. Lloyd-Jones, *Romans : An Exposition of Chapter 1, The Gospel of God* (Grand Rapids : Zondervan, 1985), p. 382.

7. Guinness, *In Two Minds,* p. 75.

8. R.A. Torrey, *How To Pray* (New York : Fleming H. Revell, 1900), p. 76.

19
미련한 사람들
로마서 1 : 21-23

하나님을 알되 하나님으로 영화롭게도 아니하며 감사치도 아니하고 오히려 그 생각이 허망하여 지며 미련한 마음이 어두워졌나니 스스로 지혜 있다 하나 우준하게 되어 썩어지지 아니하는 하나님의 영광을 썩어질 사람과 금수와 버러지 형상의 우상으로 바꾸었느니라.

나는 첫 사람이 하나님께 반역한 일을 종종 말하면서, 비록 여자가 사단에게 속아 하나님께 불순종하면 자기와 남편이 유익한 결과를 얻을 것이라고 생각하게 된 반면에, 남자는 속지 않았고, 따라서 자기가 무슨 짓을 하고 있는지 알았다는 점을 지적했다. 아담은 의도적으로 하나님을 외면하였다. 사실상 다음과 같이 말한 것이나 다름 없다 : "저 나무가 에덴 동산 중앙에 서 있고 내가 그 과실을 따먹을 수 없는 한에는 인간으로서의 존엄성을 훼손당하고 있다는 느낌이 사라지지 않는다. 나는 자율적이지 못한 존재이다. 따라서 무슨 결과를 당하든 저 과실을 먹고 죽으련다." 아담은 자기가 무슨 일을 하는지 알고 있었기 때문에 그의 죄는 하와의 죄보다 더 컸다.

그렇지만 아담의 경우에도 "속은" 면이 어느 정도 있다. 그는 교묘하게 속아 넘어갔다. 아담의 행위를 달리 어떻게 설명할 수 있을까? 아담은 무식쟁이가 아니었다. 자기가 하나님을 반역하고 있는 줄을 알았으며, 하나님께서 계시해 주신 자신과 세계에 관한 진리를 거역하고 있는 줄을 알았다. 아담은 하나님과 그분의 진리에 무엇을 대신 놓으려는 생각이었을까? 하나님 대신에 자기 자신을 놓고 싶어했다! 두말할 나위 없는 사실이다. 진리 대신에 스스로 고안한 "진리"를 놓고 싶어했음이 분명했다.

이것은 사실상 사단이 일찌감치 하와에게 제의했던 것이다. 대사기꾼인 뱀에게 하와가 선악을 알게 하는 나무에 관해서 말하면서, 자기와 남편은 죽지 않으려면 그 과실을 먹거나 만져서는 안 된다고 했을 때, 사단은 이렇게 공언했다 : "뱀이 여자에게 이르되 너희가 결코 죽지 아니하리라. 너희가 그것을 먹는 날에는 너희 눈이 밝아 하나님과 같이 되어 선악을 알 줄을 하나님이 아심이니라"(창 3 : 4-5). 아, "하나님과 같이" 되다니! 아담과 하와는 그렇게 되고 싶었다. 하나님께서는 주재(主宰)이신 하나님이시고, 그분의 주권에 딸린 한 면은 규율을 제정하시는 것이다. 아담은 독자적인 규율들을 만들고 싶었다. 자신이 직접 무엇이 참되고 무엇이 그릇된지를 말하고 싶었다. 그러나 하나님을 반역했을 때 주재도 되지 못했고 갑자기 큰 지혜가 생기지도 않았다. 정반대로 기존에 갖고 있던 능력과 지혜마저 잃어버렸다. 사단이 여자에게 약속한 대로 하나님과 같이 되기는커녕, 사단과 같이 되었다. 진리를 자신의 욕구에 맞게끔 다시 쓰는 대신에, 자기 뒤에 올 인류를 이끌고 하나님의 진리에서 돌이켜 거짓으로 나가는 길에 접어들었다.

대체와 도덕적 어리석음

인류 역사의 시초에 아담에게 일어난 일이 오늘날 모든 사람들에게 해당된다고 바울은 로마서 1장에서 말한다. 앞에서 로마서 1 : 18-21을 공부하면서, 사람들이 하나님과의 관계에 대해서 무슨 일을 해왔는지를 살펴보았다. 사람들은 (1) 하나님께 대한 진리를 막았고, (2) 하나님을 영화롭게 하거나 예배하기를 거절하였으며, (3) 감사하는 데 등한히 했다. 이런 첫째 범과(犯過) 때문에, 그리고 아마 둘째와 셋째 범과 때문에 하나님의 진노가 이미 사람들에게 내리기 시작했다.

그러나 하나님께 대한 사람의 관계만 문제가 되는 것이 아니다. 거룩하시고 사랑이 많으신 창조주와 그분의 이성적인 피조물들 간에 반드시 있어야 할 관계를 끊음으로써 발생하는 부차적인 결과도 문제가 된다. 아담이 하나님을 거역했을 때, 끊어진 것은 하나님과의 관계만이 아니다. 하와와의 관계도 끊겼고, 이것 역시 인류사에 영향을 끼쳤다. 아담은 어리석은 짓을 했고, 어리석은 자가 되었다. 인류 전체를 이끌고 그렇게 되었다. 그러므로 바울은 인류가 하나님을 거역한 우주적 반란에 대해서 말하면서, 계속해서 이렇게 선언한다 : "하나님을 알되 하나님으로 영화롭게도 아니하며 감사치도 아니하고 오히려 그 생각이 허망하여지며 미련한 마음이 어두워졌나니 스스로 지혜 있다 하나 우준하게 되어 썩어지지 아니하는 하나님의 영광을 썩어질 사람과 금수와 버러지 형상의 우상으로 바꾸었느니라"(21-23절). 이 말에 따르면 사람이 하나님을 반역한 최초의 결과는 사람 자신에 관한 한 어리석은 자가 되었다는 것이다. 그의 마음은 어두워졌다.

이 단락에 쓰인 세 단어들은 표현이 아주 뛰어나며, 따라서 주의해서 볼 만한 가치가 있다.

1. **디알로기스모이스**(Dialogismois). 이 단어는 NIV에서는 "생각"(thinking)으로, KJV에서는 "상상들"(imaginations)로, 필립스(J.B. Phillips)의 주석에서는 "논거들"(argumentations)로 번역한다. 계시를 떠난 인간 정신의 작용을 가리키는 단어이다. 영어에서는 **대화**(dialogue)라는 단어로 남아 있다. 요지는 이렇다. 즉, 사람들은 하나님께서 자연을 통해(그리고 훗날에는 주 예수 그리스도와 성경을 통해서) 계시하신 당신께 관한 진리를 배척함으로써 자기들의 정신 구조만 가지게 되었는데, 하지만 그것은 실재를 이해하고 발견하기에는 부적합하다. 사람들은 하나님을 모시려 하지 않는다. 그래서 하나님을 배척하고 난 다음에는 오류를 재배열하는 데만 정신을 사용할 수 있을 뿐이다.

2. **소포이**(Sophoi). 대부분의 번역 성경들은 이 단어를 "지혜"(wise)라고 번역한다. 그러나 이 단어의 효력은 궤변(sophistry), 세련된(sophisticated), 대학 2년생(sophomore), 철학(philosophy), 철학자(philosopher), 철학적(philosophical) 같은 단어들에 사용됨으로써 나타난다. 철학자란 지혜를 사랑하는 사람이다. 세련된 사람은 자신이 세상물정에 아주 밝은 사람이라고 생각한다. 하나님께 관한 진리를 배척하는 사람들이 스스로 그렇게 되었노라고 생각하는 것이 바로 그것이다. 아담은 자기가 그렇게 되었다고 생각했다. 우리도 스스로를 매우 이지적이고 세련된 사람들로 생각한다.

이 점에 대해 마틴 로이드 존스(D. Martyn Lloyd Jones)의 글을 인용하겠다 :

> 그들은 계시를 받아들이는 대신에 철학자들이 되었다. 철학자란 어떤 사람인가?
> 모든 것을 회의적으로 보면서 출발한다고 공언하고, 자신을 불가지론자라고 공언
> 하는 사람이다. 그는 이렇게 말한다 : "나는 저 자료를 취한 다음 그것을 내 정신에
> 적용하겠다. 그것을 사유(思惟)하고 이해하겠다." 철학자들이 바로 이런 일을 하는
> 데, 이들은 사유, 사고, 추측, 사색, 가정에서 어리석고 악하게 된다. 그 원인은 무엇
> 인가? 바울은 "허망"(虛妄)이란 단어를 사용하는데, 이것은 어리석음만 뜻하는 것
> 이 아니라 악함도 뜻한다. 문제 전체의 원인은 악함에 있었고, 지금도 그 원인은 악
> 함에 있다.[1]

바울의 논지는 그런 사람들은 자기들이 다루고 있다고 주장하는 자료에 정직하지 않다
는 것이며, 그들이 자료에 정직하지 않은 이유는 자료가 지시하는 방향을 좋아하지 않기 때
문이라는 것이다. 그러므로 그들은 진리를 인정하고 추구하는 데 정신을 사용하지 않고, 자
기 행위들을 철학적으로 정당화하는 데 사용한다.

3. 에모란테산(Emoranthesan). 이것은 긴 헬라어이지만, 그 안에 담긴 간단한 어근에서
유래한다. 그 어근은 **모로스**(moros)로서, "우둔한"이라는 뜻이다. 이 단어는 "스스로 지혜
있다 하나 우준하게 되어"(22절)이란 문장에 쓰인다.

어떤 종류의 어리석음인가? 헬라어에서는 "우둔함"이 단지 지적 우둔의 죄책만 뜻하지
않는다. 지적 오류를 포함하긴 하지만, 도덕적 어리석음이나 악함의 죄책도 포함한다. 성경
이 이 단어를 하나님의 존재를 부인하는 일과 자주 연결짓는 것은 바로 그런 이유 때문이다
(가령, 시 14 : 1, "어리석은 자는 그 마음에 이르기를 하나님이 없다 하도다…"). 어리석다
는 게 그렇게 질책을 당할 만한 표현인 것도 그런 이유 때문이다(참조. 마 5 : 22). 만약 "어
리석음"이 지성의 부족만 가리킨다면, 적어도 하나님과의 관계에서만큼은 나쁜 것일 수가
없다. 하나님을 충분히 알 수 있는 사람은 아무도 없다. 무한히 우리를 초월해 계시기 때문
이다. 그러나 만약 어리석음이라는 단어가 도덕적 또는 윤리적 요소를 포함한다면, 그것은

참으로 나쁜 것이며, 실제로 그러하다. 왜냐하면 그것은 하나님께 관해서 어떠한 지식을 얻을 수 있든간에 의도적으로 배척하는 것을 가리키기 때문이다.

어리석음은 죄책을 구성한다. 기존의 반역죄에 위선죄를 덧붙이기 때문이다. 사람은 하나님께서 우리에게 계시하신 당신에 관한 지식을 배척함으로써 하나님을 반역하였다. 거기에 덧붙여서, 진리를 의도적으로 냉소하는 가운데 하찮은 주장들을 큰 지혜로 격상시킨다.

미끄러운 내리막길

바울은 24절부터는 인류가 하나님께 등을 돌림으로써 내리막길에 접어들었고, 그 길은 필연적으로 중대한 도덕적 또는 윤리적 타락으로 이어지게 된다고 역설한다. 앞으로 그 구절들을 다룰 때 그런 방면의 인류 타락을 자세히 살피게 될 것이다. 그러나 이 단락에서도 계시로 받은 진리의 높은 수준에서 떨어졌으나 다시 그곳을 향해 올라가지 않는 인류의 상태를 이야기한다.

이 사실을 아는 것이 중요하다. 세상은 완전히 거꾸로 알고 있기 때문이다. 세상은 인류가 맨처음 "동물"로 시작하여 꾸준히 언덕길을 올라왔고, 현 시대의 종교들과 철학들은 이전 시대의 종교들과 철학들에서 한 단계 올라온 상태라고 가르치려고 한다. 우리는 인류의 원시 시대에는 물활론(物活論, animism)이 두드러졌고, 물활론이 다신론(多神論)으로 발전하였으며, 다신론이 결국 일신론(一神論)이 되었다고 배웠다.

그러나 실제 과정은 그렇지가 않다. 몇년 전에 로버트 브라우(Robert Brow)라는 비교종교학 학자가 「종교 : 기원들과 사상들」(Religion : Origins and Ideas)이라는 책을 펴냈다. 이 책에서 브라우는 종교가 진화적인 발전을 해왔다는 이러한 통설이 사실과는 맞지 않다고 올바로 주장했다. 오히려 인류학자들의 연구 결과에 따르면 맨처음 종교 형태는 일신론이었고, 오늘날 특정 "원주민들"에게서 보게 되는 다신론이나 물활론적 종교들은 훨씬 더 높은 표준에서 떨어진 것들임을 암시한다. 브라우는 이렇게 쓴다 : "연구 결과는 부족들이 역사가 동튼 이래로 변하지 않은 채 남아왔기 때문에 물활론적 성격을 띠는 것이 아니다. 오히려 증거는 하나님께 대한 참된 지식에서 타락한 것임을 암시한다."[2]

브라우는 순서를 재구성하면서, 참되신 하나님께 대한 지식이 맨처음에 왔고, 동물 제사들이 다음에 왔다고 주장한다. 동물 제사들은 예배자들이 하나님께 범죄한 사실과 자기들의 범죄를 속할 필요를 인정하는 방법이었다. 그런 다음 다신론이 들어와서 남신들과 여신들의 만신전(萬神殿, pantheon)을 이루어 놓았다. 사람들이 다신(多神)을 숭배한 것은 참되신 하나님보다 더 높고 위대하다고 생각했기 때문이 아니라, 하나님보다 못하고 따라서 두려움도 그만큼 덜하기 때문이었다. 이 시점에 사제(司祭)들이 등장하여 제사의 책임을 맡았고, 종교들은 한층 더 타락했으며 이런 식으로 지속되어갔다. 브라우에 따르면, 이른바 원시 부족인이 문명화하고 세련된 현대인들보다 사실상 종교의 진리에 더욱 가깝다고 한다.[3]

만약 이 말이 사실이라면 - 물론 성경도 그렇다고 선언하지만 - 현대인들이 종교가 발전한 것처럼 주장하는 것은 사람의 크나큰 악과 어리석음의 반증에 지나지 않는 셈이다. 우리는 지혜롭다고 주장하지만 실상은 우둔한 사람들이 되었다. "썩어지지 아니하는 하나님의 영광"을 우리 스스로 고안한 신들과 바꾼 것보다 더 큰 어리석음은 없기 때문이다.

충격, 억압, 대체

바울은 이 중요한 구절들 사이에 또다른 단어를 소개하는데, 이 단어는 비성경적 종교들의 본질과 인간 심리를 이해하는 데 아주 중요하다. **바꾸어**라는 단어이다. 지금 공부하고 있는 본문에 나오는 단어로서, 본문에서 바울은 이렇게 말한다 : "썩어지지 아니하는 하나님의 영광을 썩어질 사람과 금수와 버러지 형상의 우상으로 **바꾸었느니라**"(23절). 이 단어는 두 절 건너뛰어 다시 나온다 : "이는 저희가 하나님의 진리를 거짓 것으로 **바꾸어** 피조물을 조물주보다 더 경배하고 섬김이라. 주는 곧 영원히 찬송할 이시로다. 아멘."(25절).

이 단어는 왜 인류가 참되신 한 분 하나님께 대한 예배를 대체할 종교들을 고안하는 데 그렇게 확고한 태도를 보여 왔는지를 설명한다. 오늘날 특히 잘 이해하도록 갖춰진 표현으로 그 점을 설명한다.

심리학에는 인간이 공통으로 겪는 경험들의 유명한 순서가 있는데, 그것은 **충격**(trauma), **억압**(repression), **대체**(substitution)이다. 이 개념들이 사용되는 한 가지 예를 들겠다 : 어떤 사람이 자기 일에 집중하는 데 어려움을 갖고 있고, 그것 때문에 불면증에 시달리고 있다고 가정해 보자. 왜 그런지 잘 모르면 정신과 의사를 찾아가서 도움을 청한다. "도무지 일에 집중이 안 돼요. 내 일에 만족하고, 특별히 압박을 받는 것도 없습니다. 그러나 일손이 잘 안잡히고 밤에는 잠을 잘 수 없어요. 무언가 잘못되어 있어요. 그게 뭔지 모르겠어요. 좀 도와주십시오." 정신과 의사는 도와주겠노라고 말한다. 그리고 그 사람에게 자신에 관해서 이야기해 보라고 한다. 맨처음 집중이 안 될 때가 언제였는가? 그 당시에 어떤 생활을 하고 있었나? 아내와의 관계는 어땠는가? 자녀들과의 관계는 어땠는가? 가정에서도 집중이 잘 안 되었나? 당시에 마음을 뒤흔들어 놓을 만한 일이 일어났는가?

의사는 진찰 기간 동안 환자가 자기 집에 대해서 이야기할 때마다 주름살이 생기고 대답도 짧아지는 것을 눈치챘다. 이런 일이 여러 번 일어났고, 이런 일을 관찰하는 데 훈련된 의사는 이렇게 물었다.

"가정에 무슨 나쁜 일이 있었습니까? 혹시 나쁜 기억이 남아 있습니까?"

환자의 이마에 주름살이 잡히더니 "아니오"라는 대답이 나왔다.

"언짢은 일이 분명히 없습니까?"

환자는 그런 일이 없다고 의사에게 분명히 말했다. 그렇지만 의사는 이 문제를 파헤치면서 그 사람이 자기 직업 때문에 고민하기 시작할 무렵 집에 강도가 들었고, 아내와 함께 강도에게 협박을 당했다는 사실을 알게 되었다. 그밖에도 강도가 잡히지 않았고, 그 사람은 철저한 도난방지 장치를 해두었으며, 그래도 마음이 놓이지 않아 수시로 집에 전화를 한다는 사실을 의사가 알게 되었다고 가정해 보자. 이런 사실들이 드러난 이상 정신과 의사로서는 일어난 일을 설명하기가 어렵지 않다. 강도가 들고 아내가 협박당한 사건은 이 사람에게 너무 큰 충격을 주어서 그 뒤부터 강도가 다시 들까봐(아니면 그보다 더 악한 일이 생길까봐) 한시도 안심할 수 없게 만들었다. 그 사람은 이 두려움들을 인정하지 않았다. 그 경험이 되살아나지 못하게 억눌렀다. 겁에 질린 유약한 인상을 보여서는 안 된다는 생각에서였던 것 같다. 그러나 그 충격은 그대로 남아 있으며, 그가 일에 몰두할 수 없었던 것은 그 문제가 적절히 처리되지 않았다는 한 가지 증거이다. 그렇다면 의사로서는 그 사람에게 그 때의 경험을 이야기하게 하고, 두려움을 회피하지 말고 처리하게끔 만들어 줄 것이다.

그 사람이 경험한 일은 내가 앞에서 말한 충격, 억압, 대체라는 세 단계이다. 강도가 든 사건은 너무나 충격적인 일이었기 때문에 그 사람은 그 기억을 억눌렀다. 그러나 충격은 사라지지 않았다. 그 사건에 대한 기억은 억눌려 있었을 뿐이다. 따라서 부자연스런 행동들이 공백을 메꾸었다.

바울은 바로 이런 일이 인류에게 발생했다고 말한다. 인류는 아담 안에서 맨처음 하나님과 결별한 뒤 죄 속에서 살고 있기 때문에, 자연에서(또는 예수 그리스도, 성경, 기독교 전도, 또는 무엇이든) 하나님께 관한 계시를 체험할 때마다 최초의 충격이 되살아나는 것을 느끼고, 불가피하게 그것을 억누르려고 한다. 그러나 그 충격은 지워질 수 없으며, 따라서 대체 신들을 참되신 하나님의 자리에 둠으로써 "종교적"이 되는 대체 행위가 발생한다.

지구 어느 곳을 가든 종교를 발견할 수 있는 데에는 그런 이유가 있다. 사람들이 종교적이라는 사실이 그들 모두가 하나님을 찾고 있다는 점을 증명하는 것은 아니다. 오히려 정반대이다. 그 사실은 사람들이 한결같이 하나님께로부터 달아나고 있음을 증명한다. 사람들은 하나님을 알려는 마음도 없고 그분을 원하지도 않지만, 그럼에도 하나님 없이 지낼 수는 없으며 따라서 스스로 고안한 대체 신들을 가지고 그 공백을 메꾸려고 노력한다.

스프라울(R.C. Sproul)은 앞에서 소개한 「만약 하나님이 계신다면 왜 무신론자들이 존재하는가?」(If There Is a God, Why Are There Atheists?)라는 책에서 이 점을 잘 다루었다. 그는 다음과 같이 쓴다 :

하나님의 계시의 경우 사람은 충격적이고 불길한 위협 같은 것을 만난다. 하지만 그 충격에 관한 기억을 생생한 위협으로 남겨두지 않고 억누른다. 그 기억은 무의식 속에 "억눌려" 있거나 "갇혀" 있다. 억눌려 있긴 하나 말살되지는 않는다. 그 기억은 무의식 영역에 묻어두더라도 고스란히 남아 있다. 하나님께 관한 지식은 사람이 못 받아들일 만한 것이 아니고, 그 결과 사람은 그 지식을 지워버리거나, 아니면 적어도 위협적인 성격을 감추거나 무디게 하는 방법으로 위장하려고 애를 쓴다. 그러나 불행하게도 그 지식은 지울 수도 없고 말살할 수도 없다. 무의식 깊은 곳에 가라앉아 있더라도 원래 모습 그대로 남아 있다.

대체-교환 과정에서, 억압된 지식은 위장된 또는 가려진 형태로 드러난다. 원래의 지식은 위협적이지만, 위장된 형태로는 위협적인 성격이 훨씬 덜하다… 신학 용어를 사용하자면, 하나님께 대한 지식을 억압한 결과는 호전적인 무신론으로 나타나거나, 아니면 덜 호전적인 불가지론으로 나타나거나, 아니면 하나님을 실제보다 덜 위협적인 분으로 삼는 종교로 나타난다. 무신론이든 종교든 어떤 선택이든간에 진리를 거짓으로 바꾼 것이다.[4]

어둠에서 빛으로

이 장을 마치기 전에 봐야 할 단어가 하나 더 있다. 어둠이란 단어이다. 21절에 그 단어가 나온다 : "하나님을 알되 하나님으로 영화롭게도 아니하며 감사치도 아니하고 오히려 그 생각이 허망하여지며 미련한 마음이 어두워졌나니." 물론 마음이 어두워졌다는 것은 은유이다. "그들의 생각이 쓸데없이 되었다"라든가, "그들이 어리석게 되었다"라든가, "불멸하신 하나님의 영광을 필멸의 사람과 새들과 짐승들과 파충류들의 형상들로 바꾸었다"라는 말과 같은 뜻이다.

사람들은 하나님께로부터 등을 돌렸으나 물론 이 사실을 인정하지 않는다. 그대신 "명료한 새 사상들", "계몽", "빛을 봄"에 관해서 말한다. 한두 세기 전에 유럽 철학계에서 일어난 큰 운동을 계몽운동이라 불렀다. 그러나 하나님께서 유일한 빛의 원천이시기 때문에, 하나님을 떠난 어떠한 계몽 사상도 망상일 뿐이다. 우리에게 필요한 것은 스스로 선택한 어둠에서 이끌고 나가 하나님의 빛으로 인도할 하나님의 계시와 능력이다.

그런 일이 그리스도인들에게 발생하였다. 사람 자신에게는 하나님의 빛을 다시 찾을 만한 능력이 없다. 하나님께서 우리 안에서 일하시기 전에 우리는 다른 사람들과 다름 없이 어둠 가운데 있었다. 바울은 에베소서에서 사람이 구원받지 않은 상태가 어떤지에 대해서 쓰는데, 로마서에서 이교도들에 관해서 쓴 내용과 맥락이 같다 : "저희 총명이 어두워지고 저희 가운데 있는 무지함과 저희 마음이 굳어짐으로 말미암아 하나님의 생명에서 떠나 있도다"(엡 4 : 18). 그러나 하나님께서 빛을 비추신 결과, "너희가 전에는 어두움이더니 이제는 주 안에서 빛이라…"(엡 5 : 8). 정신의학에서 우리 자신의 예로 돌아가자면, 하나님께서는 그리스도인들에게 큰 영적 충격의 원인이 무엇인지를 밝혀 주셨다. 우리가 하나님께서는 계시를 배척한 일(그밖의 모든 죄들 뿐만 아니라)을 우리에게 알려 주시고, 그 죄를 그리스도 안에서 처리해 주셨다. 그런 뒤 우리를 당신과 화목케 하셔서 더 이상 우리가 두려워하거나 도망하지 않고서 당신의 빛을 받을 수 있게 해 주셨다.

또한 우리는 하나님의 빛을 의지하여 살아야 한다. 위에 인용한 에베소서 구절에서 바울은 다음과 같이 말을 이어가기 때문이다 : "… 빛의 자녀들처럼 행하라. 빛의 열매는 모든 착함과 의로움과 진실함에 있느니라. 주께 기쁘시게 할 것이 무엇인가 시험하여 보라"(엡 5 : 8-10). 빛에 속하였다면 빛을 의지하여 살아야 한다. 하나님을 안다면 하나님을 닮아감으로써 그 사실을 드러내야 한다.

● 각주 ●

1. D.M. Lloyd Jones, *Romans : An Exposition of Chapter 1, The Gospel of God* (Grands Rapids : Zondervan, 1985), p. 377.

2. Robert Brow, *Religion : Origins and Ideas* (Chicago : InterVasirty Press, 1966), p. 11.

3. 물론 프레더릭 고데(Frederick Godet)는 같은 사실을 그보다 일찍 보고 다음과 같이 묘사하였다 : "다신론은 유일신론으로 가는 첫걸음이 아니라, 정반대로 본래의 유일신론이 퇴보하고 변질된 결과로서, 정신과 마음이 어두워진 것이며, 가장 저급한 물신숭배로 귀결되어 왔다. 오늘날 철저히 연구된 종교사는 바울의 관점이 정당했음을 충분히 입증한다… 그것은 모든 이교들과 신화들의 뿌리에 본래의 유일신론이 놓여 있음을 입증하는 바, 유일신론은 모든 인류의 종교 역사에서 출발점이 된다"(*Commentary on St. Paul's Epistle to the Romans,* trans. A. Cusin [Edinburgh : T. & T. Clark, n.d.], vol. 1, p. 176). 그는 플라이더러(Pfleiderer)의 *Jahrbuecher fuer protestantische Theologie* (1867)라는 타종교들에 관한 논문을 인용한다.

4. R.C. Sproul, *If There Is a God, Why Are There Atheists? A Surprising Look at the Psychology of Atheism* (Minneapolis : Dimension Books, 1978), pp. 76, 77. (Originally *The Psychology of Atheism.*)

20
하나님이 저희를 내어버려두사
로마서 1 : 24-28

그러므로 하나님께서 저희를 마음의 정욕대로 더러움에 내어버려두사 저희 몸을 서로 욕되게 하셨으니 이는 저희가 하나님의 진리를 거짓 것으로 바꾸어 피조물을 조물주보다 더 경배하고 섬김이라 주는 곧 영원히 찬송할 이시로다 아멘

이를 인하여 하나님께서 저희를 부끄러운 욕심에 내어버려두셨으니 곧 저희 여인들도 순리대로 쓸 것을 바꾸어 역리로 쓰며 이와 같이 남자들도 순리대로 여인 쓰기를 버리고 서로 향하여 음욕이 불일 듯하매 남자가 남자로 더불어 부끄러운 일을 행하여 저희의 그릇됨에 상당한 보응을 그 자신에 받았느니라

또한 저희가 마음에 하나님 두기를 싫어하매 하나님께서 저희를 그 상실한 마음대로 내어버려두사 합당치 못한 일을 하게 하셨으니

오스카 와일드(Oscar Wilde)가 "신들은 사람을 벌하고 싶을 때 사람의 기도에 응답한다"[1] 라고 말했을 때 신의 본성을 더 반영했는지 아니면 사람의 본성을 더 반영했는지 잘 모르겠다. 그러나 로마서에 따르면 그 두 가지를 다 반영한 듯하며, 두 경우 모두 정확했다.

지금까지는 로마서를 공부하면서 사람이 하나님을 반역한 일을 집중해서 생각했으며,

바울이 분명히 말한 대로 이 반역 때문에 하나님의 진노가 사람들에 대해서 "하늘로 좇아" 나타난다는 점을 살펴보았다. 하나님께서는 어떤 방식으로 진노를 나타내실까? **우리가 무**슨 일을 해왔는지는 분명하다. 우리는 (1) 하나님께 관한 진리를 억압했고, (2) 하나님을 영화롭게 하거나 예배하기를 거부했고, (3) 감사하기를 싫어했다. 그 결과 생각이 "어두워졌다." 모두 미련하게 되었다. 그럼에도 바울은 이 부분까지는 하나님께서 사람들에게 진노를 쏟으시기 위해 구체적으로 어떤 일을 하셨는지 따로 말하지 않았다. 이제는 그 점을 이야기하기 시작한다. 로마서에서 처음으로 – 연속해서 세 번 – 하나님께서 사람들을 패역한 행위에 버려두셨다고 말한다. 24, 26, 28절에 그 말이 나온다.

그러나 여기에 아이러니가 있다. 내가 오스카 와일드의 글을 인용한 이유가 여기에 있다. 사람에게 가해진 형벌은 하나님께 버림을 당한 것이다. 그러나 물론 이것이 에덴 동산에서 아담이 맨처음 반역한 이래로 사람이 항상 투쟁해온 목적이기도 하다. 사람은 하나님을 제거하고 싶어했고, 자기 인생 밖으로 밀어버리고 싶어했다. 요즘 말로 하자면, "하나님, 제발 나를 내버려두세요. 저기 있는 의자에 가 앉아 있으세요. 아무 말 마시고 내 인생을 내 마음대로 살도록 내버려두세요" 하는 것과 같다.

그래서 하나님께서는 그렇게 하고 계신 것이다!

탕자의 아버지처럼 반항하는 자녀를 내버려두시고, 자신의 많은 재산을 가지고 먼 나라로 떠나도록 허용하신다.

하나님의 우주에서 표류함

자, 이게 우리가 바라던 것이 아닌가? 그렇다. 그게 우리가 바라던 것이다. 그러나 문제는 우리 기대대로 되지 않는다는 데 있다. 결과는 정반대로 나타난다. 우리는 하나님께서 행복을 주시는 데 인색하여 우리를 행복하게 해줄 수 있는 모든 것을 빼앗아 간다고 생각한다. 하나님에게서 멀리 도망치면 행복하고, 확 트이고, 자유로울 것이라고 생각한다. 그러나 멀리 도망쳐도 그런 일은 생기지 않는다. 발견하는 것은 행복이 아니라 비참함이다. 자유가 아니라 무기력화하는 죄의 속박이다.

오랫동안 성경을 공부한 사람이라면 내가 KJV에서 인용한 구절을 안다. 그러나 이 구절에서는 KJV보다는 현대어 번역 성경들이 오늘날에 더 적절한 의미로 옮긴다. KJV는 "하나님이 저희를 포기하사"(God gave them up)라고 옮긴다. KJV 번역자들도 물론 그 말의 의미를 알았다. 반역한 인류에 대해서 하나님께서 벌로 그들을 유기(遺棄)하셨다는 뜻이다. 그러나 불행하게도 현대인들에게는 그 번역이 단순한 포기처럼 들려서, 사람들이 마음껏 행동할 수 있는 자유를 얻은 것 같은 인상을 준다. 본문은 그런 뜻이 아니다. "하나님이 저희를 포기하사"라는 말은 마치 하나님께서 도자기 주전자를 우주 공간에 버리시듯, 사람들을 그냥 허무한 데에서 표류하도록 내버려두셨다는 말로 들린다. 실제 개념은 NIV에 훨씬 잘 나타난다. 하나님께서는 인류를 허무한 데 버려두시지 않고, 인류가 취해온 반역적이고 죄악된 방향의 결과들에 넘겨 주셨기 때문이다.

마치 도자기 주전자를 우주 공간에 버리지 않고 땅에 버리는 것과 같다. 주전자를 버릴 때 그것은 정처 없이 표류하지 않는다. 주전자를 손에서 놓으면 그것은 중력의 법칙에 따라 땅에 떨어지고, 만약 떨어뜨린 곳이 높고 땅이 굳어 있다면 주전자는 깨진다.

주전자가 깨지는 이유는 물체들의 본질이 그렇기 때문이며, 한 물체가 다른 물체가 될 수 없다는 사실 때문이다. 이 사실을 알아야 한다. 만약 여러분이나 내가 하나님이라면, 별다른 결과들 없이 반역이나 죄를 대충 처리할 수 있을 것이다. 우리가 바라는 대로 우주를 움직일 수 있을 것이다. 그러나 우리는 하나님이 아니므로 그런 일을 할 수 없다. 물리적이고 도덕적인 모든 법칙들을 지닌 우주는 기정 사실(a given)이다. 하나님께서 기정 사실이기 때문이다. 하나님께서는 다른 분이실 수 없기 때문에 우주는 언제나 우주로 존재한다. 그리고 이것은 여러분과 내가 하나님을 반역할 경우 사안의 본질상 우리 자신의 조건과 법칙보다는 하나님의 조건과 법칙에 따라야 함을 뜻한다. 우리는 하나님에게서 도망칠 때 우리 길이 오르막길이 될 것이라고 생각한다. 그렇게 되기를 바라기 때문이다. 그러나 실제로는 내리막길이다. 도덕적 중력의 법칙에 의해 밑으로 끌려 내려간다. 하나님께서 끌려 내려가도록 허락하실 때 말이다.

내리막길

이 점은 하나님에게서 도망치려고 한 선지자 요나의 경우에 잘 나타난다. 그는 니느웨로 가서 복음을 전하라는 하나님의 부르심을 거역하고서 지중해 저 끝에 있는 다시스행 배를 탔다. 그러나 가려고 하던 곳에 도착하지 못했고, 하나님께서 그를 돌려세워 니느웨로 가게 하실 때까지 그의 길은 항상 내리막길이었다. NIV보다 이 점을 좀더 분명히 밝히는 KJV는 그 선지자의 길이 내리막길이었다는 것을 네 번에 걸쳐 말한다. 요나가 "욥바로 **내려갔다**" (down to Joppa)고 하고, 다시스로 가는 배를 발견하고서는 "그 안으로 **내려갔다**"(down into it, 욘 1 : 3, 한글개역성경, 배에 올랐더라)고 한다. 그 다음에는 요나가 "… 배 밑층에 **내려갔다**"(down into the side of the ship)고 한다(5절). 또한 요나는 배 밖으로 던져진 뒤 에 "내가 산의 뿌리까지 **내려갔사오며**…"(I went down to the bottoms of the mountains, 욘 2 : 6)라고 말하면서 자기 체험을 술회한다(고딕은 필자의 표기.)

내려가고, 내려가고, 내려가고, 내려갔다! 참 슬픈 인생 역정이다. 그러나 이것이 하나님 에게서 도망친 모든 사람들의 경험이며, 바울은 모든 사람들이 우주를 자기들의 욕구에 맞 게 재배열하기 위해서 하나님에게서 도망쳤다고 말한다.

로마서에서 바울은 인류가 북유럽의 나그네쥐들처럼 한꺼번에 다 내리막길로 내려간 일 을 세 단계로 설명한다.

1. "**그러므로 하나님께서 저희를 마음의 정욕대로 더러움에 내어 버려두사 저희 몸을 서 로 욕되게 하셨으니**"(24절). 바울이 인류의 도덕적 내리막길을 추적하기 시작할 때, 왜 성 적(性的) 죄들을 집중적으로 거론하는지 나는 잘 모르겠다. 다른 죄들도 얼마든지 거론할 수 있었기 때문이다. 아마 성적인 죄들이 가장 눈에 띄었기 때문이었을 수도 있고(영적 죄 들은 찾아내기가 더 어렵다), 이 분야에서의 손상이 아주 현저했기 때문일 수도 있으며, 아 니면 이것이 당시에 가장 썩어 문드러진 분야여서 이 편지를 받아볼 사람들이 금방 이해할 만한 것이었기 때문일 수도 있다. 그 이유가 무엇이든간에 – 위에서 말한 것보다 더 많은 이 유들이 있을 수 있다 – 성적 죄들은 아주 현저한 예였다.

성(性)은 하나님께서 인류에게 내리신 놀라운 선물이다. 누려야 할 선물이다. 그러나 결 혼이라는 관계 밖이 아닌 안에서 누려야 하며, 무엇보다도 일시적인 관계로 누려서는 안 된 다. 만일 성을 결혼 바깥에서 누리면 그 결과는 언제나 바울이 선포한 것, 즉 "더러움"과 육 체를 "욕되게" 함이 될 것이다.

로마서 1장의 내용을 이 시대 문화에 적용할 때, 이 성적 죄들만큼 이 시대와 잘 부합하는 것은 없다. 오늘날 우리는 심지어 세속 대중매체에 의해서까지 "신쾌락주의"(the new hedonism)라고 불러온 광적인 쾌락 추구를 목격한다. 우리 문화는 난교(亂交)와 그밖의 일시적인 쾌락을 이상으로 삼는 악한 문화이다. 그리고 그것은 많은 사람들이 구체적으로 실행하는 이상이다! 그래서 어떤 결과들을 거두었는가? 탕자는 쾌락 추구의 길에 처음 들어서는 순간 그 자유분방함에 가슴이 벅찰 것이다. 이제는 새롭게 생각하고 새롭게 경험할 수 있는 자유를 얻었다고 말하면서, 지난 날 자신을 얽매던 고리타분한 죄책감을 벗어던질 것이다. 그러나 시간이 지나면서 감정이 변하기 시작하여, 자기가 이용당하고, 불결하게 되었고, 배반당했다는 느낌이 찾아온다.

얼마 전에 CBS 텔레비전 방송사는 캘리포니아 주에서 이루어지고 있던 자유분방한 생활 방식을 주제로 특집 프로그램을 방영한 적이 있다. 그런 생활에 빠져든 많은 여성들과 인터뷰한 내용이 포함되었다. 흥미로운 것은, 인터뷰에 응한 대부분의 여성들이 성(性) 혁명에 기만을 당했다고 대답한 사실이다. 한 여성은 이렇게 말했다 : "모든 남성들이 우리에게 원한 것은 우리 육체였어요. 그런 거라면 과거에도 평생을 누릴 만큼 가지고 있었는데 말이에요."

이 여성들이 말하는 내용이 곧 바울이 25절에서 말하는 바가 아닐까? 바울은 이런 식으로 행동하는 사람들을 보고서 "하나님의 진리를 거짓 것으로 바꾸어"라고 말하는 것이다. 세상이 이 사실을 깨닫기 시작하였으므로, 좀더 분명하게 말해보자 : "신쾌락주의"(the new hedonism)와 "성 혁명"(the sexual revolution)은 기만이다!

그러나 이것으로 끝나지 않는다. 쾌락 추구의 길에는 두 번째 내리막길이 있다….

2. "이를 인하여 하나님께서 저희를 부끄러운 욕심에 내어버려두셨으니 곧 저희 여인들도 순리대로 쓸 것을 바꾸어 역리로 쓰며 이와 같이 남자들도 순리대로 여인 쓰기를 버리고 서로 향하여 음욕이 불일 듯하매 남자가 남자로 더불어 부끄러운 일을 행하여 저희의 그릇됨에 상당한 보응을 그 자신에 받았느니라"(26-27절).

나는 바로 위에서 바울이 이 위대한 로마서 1장에서 쇠망하는 사회를 묘사한 내용만큼 이 시대 문화에 잘 부합하는 것이 없다고 말했다. 이것은 이 시대에 일어난 신쾌락주의와 성 혁명만 봐서도 분명히 알 수 있었다. 불행하게도 이 쇠망은 바울이 성적 도착(倒錯), 즉 여성들과 남성들의 동성애에 관해서 아주 노골적으로 말하면서 훨씬 더 분명해진다. 서구 사회에서는 이 문제가 수 세기 동안 언급되지 않았다. 일부 사람들이 이런 행위를 한 것이 분명한 사실이지만, 그들은 철저히 비난을 받아서 도덕적인 사람은 그런 행위를 입밖에도 내지 않았을 뿐만 아니라 심지어 그런 행위가 무엇인지조차 몰랐다. 그러나 오늘날은 어떠한가? 오늘날 미국에서는 사실상 모든 신문과 잡지에 동성애 관련 기사들이 실린다. 초등학교에 다니는 어린이들이 그 문제를 논한다. 그런 문제로 충격을 받지 않는 건 고사하고 내심 즐기게 되었다. 마치 그런 문제가 정직한 정신의 자연스런 표현인 것처럼 말이다.

여기서는 "순리(順理)대로"라는 단어가 중요하다 - 바울은 27절에서 이 단어를 쓰며("순리대로"), 26절에서는 "역리(逆理)로"라는 반대말을 쓴다. 왜냐하면 "순리대로"라는 단어는 이 단계가 도덕적 내리막길에서 더욱 깊이 내려간 단계인 이유를 설명하기 때문이다.

바울의 이 진술을 좀더 자세히 생각해 보자. 간통과 간음(24절에 거론된)은 "순리를 거스른" 죄들이 아니다. 본성을 거스른 죄들이 아니기 때문이다. 물론 하나님의 도덕법을 어겼기 때문에 죄들임에는 틀림없다. 바울이 말한 대로 이 죄들은 우리 육체를 더럽히고 욕되게 한다. 그러나 순리를 거스른 죄는 아니다. 오히려 어떤 의미에서는 아주 순리에 맞는 죄다. 상대방의 육체를 순리대로 사용함으로써 이루어진다. 동성애와는 전혀 다르다! 동성애는 순리를 거스르는 행위이며, 상대방의 육체를 역리(逆理), 즉 본성을 거슬러가며 사용함으로써 이루어진다. 간통과 간음의 경우에는 그것이 잘못된 것이라고 가르치는 성경 말씀을 들을 필요가 있다. 대중가요는 "옳은 일처럼 보이는데 왜 잘못일 수 있나요?" 하고 묻는다. 그러나 동성애의 경우에는 이 특별 계시조차 필요로 하지 않는다. 신체의 성기관을 보더라도 그것이 정상적인 행위가 아님을 금방 알 수 있다. 신체는 그런 행위에 맞게 이루어져 있지 않다.

아마 이런 이유 때문에 바울은 사람들이 하나님을 배반함으로써 얻은 결과들을 논할 때 다른 부분이 아닌 바로 이 부분에서 하나님의 구체적인 심판이 그 죄에 내린다고 말하는 듯하다 : "… 남자가 남자로 더불어 부끄러운 일을 행하여 저희의 그릇됨에 상당한 보응을 그 자신에 받았느니라"(27절). 바울은 이 점을 이야기하기 전에는 하나님께서 이런 저런 죄들에 특정한 형벌을 내리신다고 말하지 않고, 그대신 사람들이 죄를 짓도록 버려두신 것 자체가 형벌이라고 말했다. 즉, 하나님께서는 사람들이 하고 싶은 대로 하도록 버려두심으로써 그들을 벌하신다. 그러나 이 점에 이르러서는 그 정도로 그치지 않는다. 여기서 바울은 사람들이 그런 식으로 죄를 지음으로써 "상당한 보응"을 받는다고 말한다.

바울이 후천성 면역 결핍증(AIDS)에 관해서 말하고 있는가? 그렇지 않다! 적어도 일부 다른 성병들을 생각했을지는 몰라도, AIDS에 관해서는 들어본 적이 없었다. 바울이 말하는 것은 죄에는 반드시 결과들이 따르고, "순리를 거스른" 죄들은 특별히 "순리를 거스른" 결과들이 따른다는 것이다.

사실상 바울만 이 말을 하는 것이 아니다. 얼마 전에 「타임」(Time)지에는 "대한파(The Big Chill) : AIDS 공포"라는 제목으로 특집 기사가 실렸다. 이렇게 현저히 세속적인 잡지도 이 기사만큼은 종교적으로 썼다. 이 잡지는 AIDS를 가리켜 "구약 성서 방식의 모호한 보응"이라고 했다. 그리고 노벨문학상 수상자이자 「쾌락의 공포」(Fear of Flying)의 저자로서, 과거에 성적 방종을 주창했던 에리카 정(Erica Jong)이라는 여성의 다음과 같은 말을 인용했다 : "상대에게 동성애 경험이 있는지, 마약 사용 경험이 있는지를 알아내고, 혈액검사 결과를 요구하고 콘돔을 사용케 하지 않고서는 매력적인 독신 남성들을 찾기가 하늘의 별따기가 되었다. 차라리 성 생활을 포기하고 수도원에 들어가는 것이 더 쉽지 않을까?" 「타임」지는 로스앤젤레스의 한 연예 작가의 글도 인용했다 : "AIDS는 일부일처제를 다시 최상위에 올려놓았다."[2]

왜 이런 일이 생길까? 왜 세속 잡지들과 신문들마저 선지자들 같은 소리를 내기 시작하는 것일까? 정해진 질서 때문이며, 우리가 살고 있는 우주의 변경 불가능한 물리적 도덕적 성격 때문이다. 사람들은 이것을 좋아하지 않을 수도 있다. 실제로 대부분이 좋아하지 않는다. 할 수만 있으면 변경하고 싶어한다. 그러나 사람에게는 그럴 능력이 없다. 이 우주는 하나님의 우주이다. 변하지 않는다. 그러므로 현명한 방법은 그것을 현실로 받아들이고, 죄를 회개하고, 하나님께서 내신 길을 따라 하나님께로 돌아가는 것밖에 없다. 하나님께서 내신 길이 무엇인가? 예수 그리스도가 우리를 위해서 자신을 희생하신 것을 믿는 것이다.

그러나 내리막길은 그것으로 끝나지 않는다…

3. "또한 저희가 마음에 하나님 두기를 싫어하매 하나님께서 저희를 그 상실한 마음대로

내어버려두사 합당치 못한 일을 하게 하셨으니"(28절). 나는 로마서 이 부분에서 "하나님께서 저희를 내어버려두사"라는 문장이 이렇게 세 번 반복된 점을 처음 생각하기 시작할 때는 순서에 뭔가 잘못이 있는 것이 틀림없다는 인상을 받았다. 바울은 하나님께 대한 인류의 반역으로 귀결되는 내리막길을 추적해 가고 있다. 그렇지만 여기서는 순서가 내리막길을 따라가는 것 같지 않다. 사람들이 하나님을 버렸을 때 하나님께서는 그들을 버리셨는데, 첫째는 성적 불결에 버리셨고, 둘째는 성적 도착(倒錯)에 버리셨다. 이 점을 우리는 이해할 수 있다. 이것은 분명히 내리막길이다. 그러나 이제는 하나님께서 그들을 "상실한 마음대로" 버려두셨다는 것을 발견한다. 이것은 맨먼저 와야 할 것이 아닌가? 죄는 마음에서 유래하는 것이 아닌가? 세 가지 중에서 첫째가 다른 둘 앞에 와야 하는 게 아닌가?

　나는 바울이 쓰고 있는 "상실한 마음"이 단지 죄악된 마음이 아니라 ― 바울은 이미 앞에서 모든 사람의 미련한 정신과 어두워진 마음에 관해서 말했다 ― 평생 이 두려운 길을 계속 내려가면서 생긴 "상실한 마음"이라는 사실을 알기 전까지는 왜 순서가 이렇게 되었는지 이해하지 못했다. 종국에는 마음이 미련하거나 오류가 있게 되는 것에 그치지 않고 상실된다. 나쁜 것은 좋은 것이고 좋은 것은 나쁜 것이라고 생각할 정도로 철저히 상실된다. 그게 뭔지 말해도 될까? 그것은 귀신의 마음이다. "너희가 그것을 먹는 날에는 너희 눈이 밝아 하나님과 같이 되어 선악을 알 줄을 하나님이 아심이니라"(창 3 : 5)라는 유혹에 넘어가 추구하기로 작정한 것이 바로 그 마음이다. 아담은 선악을 알게 되긴 했으나 "하나님과 같이" 되지는 않고, "사단과 같이" 되었다. 사단과 같이 되었으므로 미구에는 선을 악이라 하고 악을 선이라 하게 되었다. 사람이 모든 선한 선물의 원천이신 분(참조. 약 1 : 17)에게서 끊임없이 도망치는 일을 달리 어떻게 설명할 수 있겠는가?

　타락의 이 바닥 단계의 증거가 로마서 1장의 마지막 절인 32절에 드러난다 : "저희가 이 같은 일을 행하는 자는 사형에 해당하다고 하나님의 정하심을 알고도 자기들만 행할 뿐 아니라 또한 그 일을 행하는 자를 옳다 하느니라." 여기에는 "옳다 하느니라"는 새로운 단어가 나온다. 사람이 죄악된 행위만 하고 마는 것이 아니다. 사실 사람은 그런 행위를 할 수 있고, 그런 뒤 부끄러워하면서 회개할 수 있다. 그러나 법적으로 유기된, 이 두려운 내리막길의 바닥에서는 죄악된 행위에 연루된 개인들이 악한 것을 옳다 하는 데에 도달한다.

　이 지경에 이른 사람에게 어떻게 선을 호소할 수 있겠는가? 사용 가능한 모든 논리가 그 사람에게는 모두 뒤집힐 것이다. 아주 절망적인 상황이다.

"내가 어찌 너를 놓겠느냐"

절망적이라고? 그렇다. 그러나 하나님께는 절망적이지 않다. 만약 절망적이라면 어찌하여 바울이 이 편지를 쓰고 있었겠는가? 절망적이었다면 이 편지를 쓰지 않았을 것이다. 바울이 여러 서신서들에서 상기시키듯이, 그 자신이 원래는 아주 절망적인 사람들 가운데 하나였기 때문이다.

우리는 여기서 "하나님께서 저희를 내어버려두사"라는 개념에 초점을 맞추고 있다. 나는 이렇게 말하고 싶다. 즉, 어떤 의미에서는 하나님께서 인류에게 패역한 생활을 자연스럽게 발산하도록 버려두셨지만 – 그 자체가 심판이다 – 다른 의미에서는 결코 버리신 것이 아니라고 말이다. 적어도 하나님께서는 사랑을 베풀기로 작정하신 사람들에 대해서는 버려두시지 않았다. 하나님께서 패역한 민족 이스라엘에게 하신 말씀이 생각난다 :

> "에브라임이여 내가 어찌 너를 놓겠느냐.
> 이스라엘이여 내가 어찌 너를 버리겠느냐.
> 내가 어찌 너를 아드마 같이 놓겠느냐.
> 어찌 너를 스보임 같이 두겠느냐.
> 내 마음이 내 속에서 돌아서
> 나의 긍휼이 온전히 불붙듯 하도다.
> 내가 나의 맹렬한 진노를 발하지 아니하며
> 내가 다시는 에브라임을 멸하지 아니하리니."

호세아 11 : 8-9

하나님께서 실제로는 인류를 영원히 버리셨다면, 모든 사람들이 절망에 빠질 것이고 주 예수 그리스도께서 오지 않으셨을 것이다. 우리 죄를 위해서 죽으시는 일도 없었을 것이다. 복음도 없었을 것이다. 그러나 그렇지 않았다. 예수께서는 오셨고 복음이 있다. 영원하고, 주재이시고, 거룩하신 하나님께로 돌아가는 길이 열려 있다. 이것이 복음이다. 할렐루야!

더 이상 말할 필요가 있을까? 복음이 있다면, 지금이 여전히 하나님의 은혜의 날이라면,

하나님께서 우리를 영원히 버려두지 않으셨다면 – 비록 장차 그렇게 하실 날이 올 것이지만 – 우리는 다른 사람들에 대해서도 포기해서는 안 된다. 만약 은혜라는 불로장생약을 맛본 사람이라면 어떻게 다른 사람에게 대해서 포기할 수 있겠는가?

　우리는 상대방의 죄가 우리의 죄와 다를 경우 그를 포기하는 경향이 있다. 상대방의 죄가 지나치게 깊다고 생각한다. 마치 회개의 범위를 넘어서 죄를 지은 듯이 말이다. 아니면 참으로 두려운 일이지만, 그들의 죄를 하나님께서 그들을 영원히 버리신 증거로 생각한다. 많은 사람들이 동성애 행위들을 그런 태도로 대해왔다. 많은 사람들이 AIDS를 그 죄에 대한 하나님의 심판으로 간주하고서, 그런 병에 걸린 사람들을 동정하거나 그들이 알고 있는 유일한 구원을 전하기를 주저한다. AIDS가 심판인가? 죄에 대한 다른 많은 보응들과 마찬가지로 그것도 심판이라고 나는 믿는다. 그러나 최후의 심판은 아니다. 그리고 최후의 심판이 우리 인류에게 임하기 전까지는 여전히 은혜의 날이며, 복음을 알고 그것을 길잃은 자들에게 전하라는 그리스도의 음성에 순종하는 모든 사람들이 희망을 가질 수 있는 날이다.

　어떤 사람이 존 뉴턴(John Newton)에게 자기가 가망 없다고 간주하는 사람에 관해서 말하며 그에게 절망감을 느낀다고 했다. 과거에 노예 상인이었고 그 이전에는 "노예들의 노예"였던 뉴턴은 대답하기를, "하나님께서 나를 구원하셨기 때문에 나는 어떤 사람에게 대해서도 절망하지 않습니다" 하고 말했다. 우리도 다른 사람에 대해서 절망하지 말아야 한다. 죄의 결과들은 참으로 참담하다. 그러나 그 참담한 결과들 때문이라도 우리는 하나님의 큰 은혜와 화해의 대리자들로서 나서야만 한다.

● 각주 ●

1. Roget's *International Thesaurus* (New York : Thomas Y. Crowell, 1953), p. 532.
2. *Time*, 1987.2.16, p. 51.

21
지옥의 뚜껑을 열어본즉
로마서 1 : 29-31

곧 모든 불의 추악 탐욕 악의가 가득한 자요 수군수군하는 자요 시기 살인 분쟁 사기 악독이 가득한 자요 비방하는 자요 하나님의 미워하시는 자요 능욕하는 자요 교만한 자요 자랑하는 자요 악을 도모하는 자요 부모를 거역하는 자요 우매한 자요 배약(背約)하는 자요 무정한 자요 무자비한 자라.

우리는 앞의 여러 장을 할애하여 모든 문헌 중에서 죄에 물든 인류를 가장 두렵게 묘사한 부분을 공부했다. 로마서 1 : 18-32에 기록된 사도 바울의 글이다. 이 부분은 모든 사람들이 하나님을 배척한 일에서 시작하여 하나님께서 사람들을 버려 두신 일로 진행하며, 그 결과 사람들이 자기들 뿐만 아니라 다른 사람들까지도 해치는 부패의 늪으로 급속히 빠져든 일로 귀결된다.

이제 보게 된 로마서 1장의 마지막 구절들에서, 바울은 죄악들의 목록을 가지고 말을 마무리한다. 21가지 항목들이 포함된 긴 목록이다. 그러나 이것을 어떻게 다룰 수 있을까? 가면을 벗은 우리의 추악한 모습을 어떻게 대면할 수 있을까? 물론 어떤 사람들은 아예 대면하지 않으려고 할 것이다. 심지어 많은 설교자들도 그렇게 하려고 하지 않는다. 이 구절들은 신학자들이 "전적 부패"(total depravity)라고 말하는 바를 상술하며, 사람들은 이 내용을 듣고 싶어하지 않는다. 많은 설교자들이 이 내용을 현대 문화에 맞게 고쳐서 전한다. 인간의 선함, 향상할 수 있는 잠재력, 복음의 위로를 말한다. 복음이 치유하는 그런 중병들은 말하지 않은 채 말이다.

예수께서는 이렇게 말씀하셨다 : "네 마음을 다하고 목숨을 다하고 뜻을 다하여 주 너의 하나님을 사랑하라" 그리고 "… 네 이웃을 네 몸과 같이 사랑하라"(마 22 : 37, 39). 그러나 어느 신학자는 이렇게 말한다 : "죄인인 사람은 하나님을 미워하고, 사람을 미워하고, 자기를 미워한다. 할 수 있다면 하나님을 죽이려고 한다. 할 수 있을 때 사람을 죽인다. 그리고 매일 자기 생명에 대해서 영적인 자살을 한다."[1]

그러나 흥미로운 것은 설교자들이 사람의 부패 사실에는 입을 다물고 선포하지 않는 반면에, 세속 작가들은 그렇지 않았다는 점이다. 그들은 마치 선한 남자나 정숙한 여자를 만난 적이 없다는 듯이 쓴다. 정신과 의사들은 인간 문화와 체면의 얇은 허울을 닦아내고 그 안을 들여다 보면 마치 "지옥의 뚜껑을 연 것"[2]과 같을 것이라고 말한다.

온갖 종류의 불의

이 단락을 시작하면서 바울은 "하나님의 진노가 불의로 진리를 막는 사람들의 모든 경건치 않음과 불의에 대하여 하늘로 좇아 나타나나니"(18절)라고 썼다. 이 구절에서 두 번째로 쓰인 "불의"라는 단어는 사람이 하나님께 관한 진리를 억압한 것을 가리킨다. 그러나 "불의"라는 단어가 처음 쓰인 구절 서두에서, "불의"는 "경건치 않음"과 구분된다. 경건치 않음과 불의는 인간 악의 두 가지 큰 범주들을 가리키는 데 사용된다. 첫째 범주는 하나님께 저질러진 모든 죄들, 즉 율법의 첫째 돌판에 속한 죄들을 포괄한다. 둘째 범주는 사람이 사람에게 지은 죄들, 즉 율법의 둘째 돌판에 속한 죄들을 포괄한다. 일반적으로 말해서, 이것은 우리가 지금까지 보아온 "불경건"에 속하는 죄들이다. 바탕이 되는 죄들이다. 그러나 이 마지막 구절들에서 바울은 인간의 "죄악"의 예들을 열거한다.

1. 불의(wickedness). 이것은 바울이 화제를 두 번째 범주의 죄들로 옮겨가고 있음을 암시하는 듯하다. 29절의 "불의"는 18절에 쓰인 단어와 똑같은 것이기 때문이다. 헬라어에서

이 단어는 "아니다"라는 뜻의 부정관사(아(a))에 "의"(義, 디카이오스⟨dikaios⟩)라는 뜻의 긍정적인 단어가 붙어서 이루어진, 부정적인 뜻의 합성어이다. 문자적으로는 "의롭지 않은" 또는 "불의한"이란 뜻이다. "의"는 하나님의 속성이나 율법에 의해 결정되기 때문에, 이 용어는 하나님의 법이나 속성에 반대되는 모든 것을 가리킨다. 이 용어는 아래 사항들을 포괄한다.

2. 추악(Evil). 헬라어로는 **포네리아**(poneria)로서, 악함을 가리키는 일반적인 용어이다. 어떤 주석가는 이렇게 말한다 :

"이것은 이교도들 사이에 팽배해 있으면서 악하고 무익한 행위로 쾌락을 추구하게 만드는 일반적인 악의 성향이다."[3] 그러나 모든 사람들을 가리켜 이교도들이라 하기 전에는 이교도들만 악한 건 물론 아니다. 우리도 역시 악하다.

3. 탐욕(Greed). 헬라어로는 **플레오넥시아**(pleonexia)로서(영어로는 covetousness라고도 번역된다), 하나님께서 십계명의 제10계명으로 금하신 것이지만, 그럼에도 서양 경제의 명백한 기초를 이루고 있는 것이기도 하다.

탐욕은 언제나 조금 더 가지려는 욕구이다. 물론 정당한 욕구도 있다. 자기를 향상시키려는 것도 정당한 욕구이고, 특히 남들에게 유익을 주려는 것도 정당한 욕구이다. 그러나 탐욕이란 말은 그런 걸 뜻하지 않는다. "더 소유하려는 열정"이고, 다른 사람들을 희생시키면서까지 자신을 향상시키려는 정욕이다.

4. 악의(Depravity). 이 단어는 다른 사람들에게 손해를 끼치는 것을 즐기는 의도적인 불의를 가리킨다(영어로는 'maliciousness'라고도 번역된다).

앞에서 언급했듯이, 이 구절들에는 21가지 악들이 열거되며, 여기서 말한 것은 처음 네 가지뿐이다. 그러나 바울은 이 네 가지를 인류에게 "가득하다"고 말하면서 한데 붙여 열거한다. 왜 이 네 가지를 한데 붙였을까?

이것들은 주로 사람이 다른 사람들의 재산에 대해 저지르는, 따라서 그들의 안녕에 대해서도 저지르는 악들을 묘사하기 때문이다.

동료 인간에 대한 미움

로마서 1장 앞부분에서 사람들이 하나님을 미워하고 만약 할 수만 있다면 하나님을 죽이려고 한다는 것을 보여준 바울은, 이제 그들이 동료 인간들을 어떻게 미워하고 멸망시키려고 하는지를 보여준다. 다른 말로 해서, 처음 네 단어들은 다른 사람들의 재산과 안녕에 대해서 저지르는 죄들을 묘사한다. 다음 다섯 단어들을 가지고는 다른 사람들의 인격 자체에 대해서 저지르는 죄들을 자세히 열거한다. 그 죄들은 시기, 살인, 분쟁, 사기, 악독이다.

5. 시기(Envy). 앞에서 바울은 탐욕에 대해서 말하면서, 사람들은 이미 소유한 것에는 만족하는 법이 없고, 더 많은 것을 욕심내며, 다른 사람들을 희생시켜서라도 더 많은 것을 가지려 한다는 점을 암시했다. 여기서는 좀더 깊이 들어간다. 시기는 탐욕과 관계가 있지만, 탐욕을 넘어선다. 왜냐하면 탐욕의 주된 요인이 다른 사람들이 더 많이 소유하고 있다는 사실을 질시하는 것임을 보여 주기 때문이다. 탐욕보다 더 악한 것이다. 사실은 그들도 적게 소유했으나 단지 시기심 때문에 그들의 소유에 대해 탐욕을 품을 수가 있다. 고대 그리스에 아리스티데스(Aristides)라는 사람이 있었다. 참으로 위인이어서 사람들은 그를 "의인(the Just) 아리스티데스"라고 불렀다. 그러나 많은 정직한 사람들이 누명을 쓰듯이 그도 어떤 일로 누명을 쓰게 되었다. 그가 아리스티데스인 줄 모르고 있는 한 아테네 시민이 그에게 와서 아리스티데스 추방건을 놓고 투표를 할 것을 요구했다. 아리스티데스는 "그런데 아리스티데스가 당신에게 무슨 해로운 일을 했습니까?" 하고 물었다.

그 사람은 "없습니다. 단지 그를 '의인 아리스티데스'라고들 하는 말에 질렸을 뿐입니다" 하고 말했다. 이것은 가장 파괴적인 형태로 나타난 시기심이다.

6. 살인(Murder). "살인"에 해당하는 헬라어(포누⟨phonou⟩)는 "시기"(프토누⟨phthonou⟩)라는 단어와 비슷하게 들린다. 이 두 단어가 고대 본문에서 함께 나오는 예가 많은 것은 아마 그 때문인 듯하다. 그러나 두 단어는 서로 자연스럽게 관련되어 있는 것도 사실이다. 살인은 시기에서 흘러나오는 경우가 종종 있기 때문이다. 역사상 최초의 살인자인 가인이 아우 아벨에게 저지른 살인이 그 한 가지 예다. 요한은 이렇게 묻는다 : "저〔가인〕는…

그 아우를 죽였으니 어찐 연고로 죽였느뇨. 자기의 행위는 악하고 그 아우의 행위는 의로움이니라"(요일 3 : 12). 또다른 초기의 예는 자기에게 상해를 입힌(아마 말로써〈한글개역성경은 '창상' 으로 옮김〉) 소년을 죽인 다음 자기 행위를 자랑한 라멕이다(창 4 : 23). 여기서도 우리는 단지 겉으로 생명을 취하는 행위만 살인이 아니라는 예수님의 말씀을 기억해야 한다. 살인으로 이끌고 가는 것은 마음 속에 있는 미움이기도 하다(참조. 마 5 : 21-22).

7. 분쟁(Strife). 이 단어의 어근은 "토론"이라는 뜻이다. 그러나 토론의 나쁜 면인 논쟁, 불화, 말다툼을 뜻하게 되었다.

8. 사기(Deceit). 바울은 3장에서 인간의 부패를 요약할 때, 악인의 "혀"가 이런 악을 저지른다고 말하면서 다시 이 단어를 사용한다. 이 단어는 개인의 이득을 위해서 부주의한 상태에 있는 상대방을 말로 곤경에 빠뜨리는 것을 뜻한다. 서양 세계에서는 사업의 많은 부분이 이런 방법으로 이루어진다.

9. 악독(Malice). 이 단어는 두 개의 헬라어에서 유래했다. 하나는 **카코스**(kakos)로서 "나쁜", "악한", "무가치한", 또는 "유해한"이란 뜻이고(영어에는 **불협화음**이란 뜻의 cacophony란 단어로 남아 있다), 다른 하나는 **에토스**(ethos)로서, "습관", "관습", 또는 "용례"라는 뜻이다. 따라서 이 단어는 관습적인 또는 습관적인 악이라는 뜻을 갖고 있다. 악독한 사람은 평상시 다른 사람들을 적대시하고, 그들을 해하려는 사람이다.

핵심적인 죄들

바울이 다루는 이 죄악들을 따로 논리를 가지고 구분하기란 어려운 일이며, 그가 몇 가지씩 무리지어 구분하는 것에서 특별한 의미를 찾으려 하는 것은 잘못인 듯하다. 그럼에도 처음 네 가지 용어들이 타인의 재산이나 안녕을 해치는 죄들을 무리지어 놓은 것이고, 나머지 다섯 가지 용어들이 다른 사람들의 인격 자체에 대해서 저지르는 죄들을 무리지어 놓은 것이라고 한다면, 그 다음에 오는 여섯 가지 용어들은 어떤 주석가의 주장대로 "자만심을 중심으로 삼는 죄들"[4]일 것이다. 그 죄들은 이런 악들 가운데서도 특히 해로운 것들에 속한다.

10. 수군수군함(Gossips). 어떤 언어든지 묘사하는 내용과 소리가 비슷한 단어들이 있으며, 이 단어가 그런 경우에 속한다. 예를 들면 hiss(쉿 소리를 내다), buzz(윙윙 거리다), thump(탁 때리다), bang(쾅 하는 소리) 같은 단어들이 있다. 수군수군함에 해당하는 헬라어는 **프시투리스타스**(psithuristas)로서, 속삭이는 소리와 비슷하고, 실제로 "속삭임"으로 번역되는 경우도 있다. 이 단어는 종종 비밀리에 퍼져 상대방의 명예를 훼손하는 뒷공론을 가리킨다. 아주 나쁜 악이다. 재미있게도 히브리어에서 뱀을 길들이는 사람의 중얼거리는 소리를 뜻하는 단어가 칠십인역(the Septuagint)에서는 이 단어의 동사형(속삭이다)으로 번역된다.

11. 비방하는 자들(Slanderers). 비방은 뒷공론에서 한 걸음 더 나간다. 뒷공론은 비밀리에 퍼지지만, 비방은 공공연하게 이루어지기 때문이다. 이 단어에 해당하는 헬라어는 문자적으로는 누구를 "비난하다" 또는 "명예를 훼손하다"라는 뜻이다.

12. 하나님을 미워하는 자들(God-haters. 한글개역성경, '하나님의 미워하시는 자'). 얼른 보자면 이 단어는 이 목록에서 빠져야 할 것처럼 보인다. 왜냐하면 여기서는 사람이 사람에 대해서 짓는 죄를 다루는 데 반해, "하나님을 미워하는 자들"은 사람이 하나님을 배척하는 행위를 말한 앞 구절들에 더 적절하게 보이기 때문이다. 이런 이유 때문에 어떤 사람들은 이 단어를 "하나님께 미움을 받는"이란 수동의 의미로, 즉 완고한 죄인들을 가리키는 표현으로 받아들인다. 그러나 인간의 죄악들을 열거하는 부분에서 그런 뜻으로 쓰였을 리가 없다. 실제로 이 단어는 이 부분에 속한다. 왜냐하면 비방의 죄와 교만의 죄 중간에 오기 때문이다. 사람이 "비방"으로 다른 사람들만 비방할 뿐 아니라, 심지어 전능자께 대해서도 함부로 말함으로써 하나님까지도 비방한다고 바울은 말하고 있는 것 같다. 그것이 사도가 다음 항목들에서 말하는 능욕과 교만의 본질이다.

자기가 하나님을 미워한다는 사실을 인정할 사람은 그리 많지 않을 것이다. 오히려 하나님께 대해서 관대한 편이라고 생각할 것이다. 그러나 이렇게 짐짓 관대한 체 하는 태도에서

만큼 하나님께 대한 미움을 잘 나타내는 경우도 없다. 현재의 상황을 한꺼풀 벗겨낸 다음 그들이 부당하거나 불공평하다고 생각하는 어떤 것을 그들의 삶에 집어넣으면 하나님께 대한 미움이 즉시 끓어오른다. "하나님이 어떻게 내게 이런 일을 생기게 하실 수 있는가?" 하면서 따지고 든다. 만약 할 수만 있다면 하나님을 없애버리고 싶어한다.

13. **거만함**(Insolent. 한글개역성경, 능욕). 헬라어로는 **후브리스**(hubris)로서, "자존심"이란 뜻이다. 그러나 이건 특별한 종류의 자존심이다. 사람을 하나님께 반역하게 만드는 자존심이다. 그리스인(Greek)들은 이것을 신들이 용서치 않을 가장 큰 결함으로 간주하였다. 영어에는 원어의 의미를 충분히 함축한 단어가 없지만, NIV는 "거만함"이라는 꽤 적절한 단어를 선정한다.

14. **교만**(Arrogant). 오늘날 사람들은 대부분 교만을 적대적인 사회에서 살아남기 위한 당당한 태도로 여김으로써 일종의 덕으로 생각한다. 그러나 악의 목록에 포함되었고, 이것은 당연한 일이다. 교만은 우월감을 가지고 다른 사람들을 낮게 보는 데서 생긴다. 로버트 홀데인(Robert Haldane)은 교만이란 단어를 특성짓기를, "자신감에 의기양양하는" 사람들과, 다른 사람들을 "마치 자기와 상관할 자격이 없다는 듯이 경멸하는 태도로" 대하는 사람들을 묘사하는 단어라고 한다.[5]

15. **자랑**(Boastful). 자랑은 자존심에서 싹튼다. 실제로는 도달하지도 못하고 소유하지도 못한 것을 도달했거나 소유했다고 주장함으로써 칭찬받기를 바라는 것이 자랑이다.

악의 창조자들

지금까지 언급한 악들은 모두 헬라어로는 한 단어로 열거되었다. 그러나 이제 바울은 다음 악들을 묘사하기 위해서 두 단어가 필요하다고 본 듯하다. 예를 들면, "악을 도모하는 자"(에퓨페타스 카콘〈epheupetas kakon〉)와 "부모를 거역하는 자"(고뉴신 아페이테이스〈goneusin apeitheis〉) 등이다.

16. 악을 도모하는 자요(They invent ways of doing evil). 진정한 창조력은 하나님께만 있다. 사람은 기껏해야 하나님을 모방하여 하나님께서 하신 생각들을 할 수 있을 따름이기 때문이다. 그러나 여기서 바울은 역설적인 방법으로, 사람의 창조력이 하나님을 능가하는 한 가지 분야가 악을 행하는 새로운 방법들을 고안하는 것이라고 주장한다. 사람은 기존의 방법들로는 충분하지 않다고 여긴다. 기존의 방법들은 너무 더디고, 너무 비효율적이고, 너무 비생산적이고, 너무 둔감하다고 여긴다. 따라서 더 많은 방법을 고안하기 위해 노력을 쏟는다. 이것이 「마카베후서」(2 Maccabees. 구약 외경에 실린 책) 저자가 안티오쿠스 에피파네스(Antiochus Epiphanes)를 묘사할 때 사용한 용어이고, 타키투스(Tacitus)가 세야누스(Sejanus)를 묘사할 때 사용한 용어이다. 시편에서 "그들의 고안들로(한글개역성경, 그 행위로) 주를 격노케 함"(시 106 : 29 KJV)이라고 할 때 그 고안들이란 바로 이것을 가리킨다.

17. 부모를 거역하는 자요(They disobey their parents). 자녀들이 부모의 뜻을 철저히 무시하는 것만큼 이 시대를 특징짓는 일은 없다. 그러나 이런 일은 고대에도 흔했다. 성경에서 그런 행위를 책망하는 구절들이 참으로 많이 나오는 것을 보면 그 사실을 알 수 있다. 십계명의 제5계명, 즉 두 번째 돌판의 첫째 계명은 "네 부모를 공경하라…"(출 20 : 12)는 것이다. 바울은 에베소서에서 이 계명을 언급하면서, 이것이 약속이 붙은 첫계명이라고 말한다 : "… 이것이 약속 있는 첫계명이니 이는 네가 잘 되고 땅에서 장수하리라"(엡 6 : 2-3).

무감각, 무신(無信), 무정(無情), 무자비

불순종(17번째로 열거된 악)에 해당하는 헬라어는 "아니다"라는 뜻의 접부사 아(a)로 시작하는 합성어이다. 마치 29절의 "불의"(wickedness)에 사용된 "의롭지 않은"이란 용어와 마찬가지다. 바울은 분명히 이 단어에 자극을 받고서 비슷한 단어 네 개를 연속해서 열거하는데, 이 단어들이 이 처참한 목록을 마감한다 : 아시네투스(asynetous), 아신테투스(asynthetous), 아스토르구스(astorgus), 아넬레모나스(aneleemonas). NIV는 원어의 맛을 조금 살려 이 네 단어를 무감각, 무신, 무정, 무자비로 번역한다(한글개역성경. 우매, 배약(背約), 무정, 무자비).

18. **무감각**(Senseless. 한글개역성경, 우매). 대부분 사람들은 "무감각"을 무의식으로 알고 있는 듯하다. 그러나 여기서는 그것으로 의미가 충분하게 드러나지 않는다. "이해력이 없는"(즉, 우매)이 더 충분한 번역이지만, 그 경우도 어떤 종류의 이해력이 없는지 명시할 필요가 있다. 홀데인(Haldane)은 다음과 같이 올바로 말한다 : "바울이 무감각하다고 묘사한 사람들은 현세의 물정들에 대한 이해력이 부족한 사람들이 아니다." 현세 물정에 대해서는 "가장 지적이고 깨인" 사람들일 것이다. 바울이 묘사하는 사람들은 오히려 다음과 같은 사람들이다 : "도적적인 의미에서, 또는 하나님께 속한 일들에 관해서 지적이지 못하고 어리석은 사람들… 모든 사람들은 선천적으로 하나님께 속한 일들을 분변하지 못하며, 이 점에 관한 한 결코 예외가 없다."[6]

19. **무신**(無信, Faithless. 한글개역성경, 배약(背約)). 이 단어의 어근은 믿음에 해당하는 헬라어(피스티스(pistis)) – 하나님께 대한 신앙 또는 신뢰와 관계되는 – 와는 상관이 없다. 오히려 어근은 티테미(tithemi, '두다' 또는 '놓다')이며, 바울이 사용하는 이 용어는 사실상 약속 또는 계약을 어기는 일과 관계된다. "신뢰를 저버리다"라는 것이 본뜻이다. 사람이 엄숙하게 서약한 것이 신뢰를 얻지 못한다는 뜻이다.

20. **무정**(無情, Heartless). 이 단어는 문자적으로는 "자연스럽게 우러나오는 애정 없이"라는 뜻이다. 고의로 낙태하거나 자녀를 내다 버리는 어머니에게서, 또는 가정을 버리는 아버지에게서 볼 수 있는 태도이다.

21. **무자비**(Ruthless). 헬라어로는 "자비가 없이"라는 뜻이다. 고데(Godet)는 이렇게 쓴다 : "이 단어는 고대에 원형극장에 모인 대도시 사람들을 생각나게 한다. 그들은 검투사들의 대결을 보려고 운집하여 사람의 피를 보면 광적으로 환호하고, 대결에서 진 검투사가 고통스럽게 죽어가는 모습을 보고서 황홀해 했다. 이것은 이방 사회 전체가 이렇게 말로 다할 수 없는 완악한 상태로 전락했음을 보여주는 비근한 예다."[7] 그러나 슬프게도 사람들에게 자비가 메마른 것은 고대 세계만이 아니다. 이 시대는 특히 무자비한 시대이다. 우리는 다른 사람들이 무자비하다고 생각하며, 그들이 우리를 냉혹하게 대할 때는 더욱 그렇게 생각

한다. 그러나 그런 냉혹함은 가장 점잖은 사람의 마음에도 자리잡고 있다.

주석가인 존 머리(John Murray)는 이 죄악의 목록을 검토하면서 관찰한 바를 이렇게 쓴다 : "바울이 하나님을 배반한 인간 본성의 부패상을 아주 예리하게 바라보는 것과, 사람들의 도덕 상황을 아주 혹독하게 평가하는 것과, 폭넓은 지식으로 사람의 부패가 표출되는 구체적인 방법들을 꿰뚫는 것에 경탄을 금할 수 없다."[8]

지옥으로 난 길

나는 인간 죄악들에 대한 이 대단한 목록보다 더 두려운 것을 상상하기 어렵다는 말로 이 단락을 시작했다. 죄악들 하나하나가 두려운 것이기 때문이기도 했지만, 그것들이 우리 주변에 흔히 깔려 있는 것들이기 때문이기도 했다. 이와 같은 목록을 공부한다는 것은 누구나 이런 악들을 빠짐없이 저지른다는 뜻도 아니고, 어느 시대나 예외 없이 이런 악들이 현저하게 드러났다는 뜻도 아니다. 그러나 이런 악들은 우리의 관습의 표피 바로 아래 있으며, 우리의 죄악된 인간 본성을 건드리거나 그 표피를 긁을 때면 금방 드러난다.

우리는 이렇게 두려운 상황에서 살고 있지만, 그러나 지옥 자체에 비한다면 지옥을 조금 미리 맛보는 정도에 지나지 않는다. 지옥이란 이 구절들에 묘사된 것들만 존재하는 곳으로서, 그 상태가 영원히 지속되는 곳이기 때문이다. 로이드 존스는 쓰기를, "지옥은 하나님과 그분의 거룩함으로 말미암는 모든 억제들을 떠나서 삶이 이루어지는 상태이다"라고 했다.[9] 로마서 이 단락이 묘사하는 것이 바로 그것이다. 이 단락의 기본 논지는 인류가 하나님을 배제한 채 자신의 길을 선택했다는 것과, 이 선택의 결과로 하나님은 죄악된 선택의 결과들에 인류를 내어버려두셨다는 것이다. 우리는 땅을 지옥으로 만들어 온 것이다! 장차 이 지옥과 함께 지옥으로 들어갈 것이고, 지옥을 이미 있던 상태보다 훨씬 더 지옥답게 만들 것이다. 우리와 지옥은 점점 더 지옥처럼 되어 가는 상태로 영원토록 지속할 것이다.

우리가 선택한 것이 얼마나 두려운 것인가! 복음이 얼마나 영광스러운 것인가!

나는 몇 주 전에 "무신론의 심리"(The Psychology of Atheism)에 관해서 설교한 뒤에 이 설교를 했는데, 그렇게 가혹한 메시지를 전할 수 있느냐고 지역 신문으로부터 거센 비판을 받았다. 마치 내 설교에서는 사랑이라는 단어를 찾아볼 수 없다는 투였다. 그 설교에 하나님의 사랑이 마땅히 나타나야 할 만큼 명확하게 나타나지 않았을 수도 있으며, 만일 그렇다면 나로서는 그 잘못을 고쳐야 할 것이다. 그러나 복음을 이해할 수 있으려면 우리 죄가 얼마나 두려운지를 알아야만 한다. 만약 우리가 기본적으로 하나님 앞에서 의롭다고 생각한다면 어떻게 될까? 만약 우리 자신이 선하다고 생각한다면 어떻게 될까? 그러면 복음이 필요 없다고 생각할 것이다. 하나님 없이도 잘 살 수 있다고 생각할 것이다. 본문이 묘사하는 죄가 바로 그런 것이다.

온갖 핑계들을 제거하고 인류의 부패 – 우리가 기여한 – 가 드러날 때라야 비로소 복음의 영광이 밝히 빛나고, 로마서 1 : 16-17절이 마르틴 루터처럼 우리에게도 "낙원의 문"으로 깨달아진다. 그래야만 복음이 "모든 믿는 자에게 구원을 주시는 하나님의 능력"으로 보이게 된다. 아무리 죄가 많고 아무리 부패한 사람에게라도 말이다.

우리는 이 복음을 받을 자격이 없다. 어떻게 자격이 있겠는가? 심지어 그것을 고안할 수도 없었다. 그러나 하나님께서는 우리와 같지 않으시기 때문에 – 하나님께서는 "불의", "추악", "탐욕", "시기", "무감각(우매)", "무신(배약)", "무정", "무자비" 따위와 아무 관계도 없으시기 때문에 – 그것을 창안하실 수도 없었고, 창안하시지도 않았다.

● 각주 ●

1. John Gastner, "The Atonement and the Purpose of God" in James Montgomery Boice, ed., *Our Savior God : Man, Christ and Atonement* (Grand Rapids : Baker Book House, 1980), p. 107.

2. Ibid.

3. Robert Haldane, *An Exposition of the Epistle to the Romans* (MacDill AFB : MacDonald Publishing, 1958), p. 67.

4. F. Godet, *Commentary on St. Paul's Epistle to the Romans*, trans. A. Cusin (Edinburgh : T. & T. Clark, n.d.), vol. 1, p. 184.

5. Haldane, *An Exposition of the Epistle to the Romans,* p. 69.

6. Ibid., p. 70.

7. Godet, *Commentary on St. Paul's Epistle to the Romans,* p. 185.

8. John Murray, *The Epistle to the Romans* (Grand Rapids; Wm. B. Eerdmans Publishing Company, 1968), p. 50.

9. D.M. Lloyd-Jones, *Romans : An Exposition of Chapter 1, The Godpel of God* (Grands Rapids : Zondervan, 1985), p. 392.

22
얼마나 낮게 내려갈 수 있는가?
로마서 1 : 32

저희가 이같은 일을 행하는 자는 사형에 해당하다고 하나님의 정하심을 알고도 자기들만 행할 뿐 아니라 또한 그 일을 행하는 자를 옳다 하느니라.

나는 여러 해 동안 내가 훨씬 어렸을 때 누가 내게 대답해 주었더라면 좋았으리라고 생각한, 그리스도인의 삶에 관한 질문들을 모아 왔다. 그중 한 가지는 "왜 약간이라도 죄를 지어서는 안 되는 걸까?" 하는 질문이다. 나는 이것이 중요한 질문이라고 생각한다. 왜냐하면 이런 질문을 자주 하게 되기 때문이다. 대부분의 사람들은 중요한 문제들에서는 죄를 짓고 싶어하지 않는다. 우리는 죄가 파괴적이라는 사실을 안다. 인생에서 철저한 난파를 당하기를 원치 않는다. 그러나 왜 "약간"이라도 죄를 지어서는 안 되는지 때로 궁금한 생각이 든다. 물론 하나님께서는 모든 죄를 금하신다. 그러나 모든 죄가 다 똑같이 두려운 것은 아니다. 가끔씩 죄에 발만 잠깐 담그고 욕구를 충족시키고 난 다음에, 다시 발을 빼고 "정직한" 그리스도인의 생활을 해가는 것이 왜 그리 나쁘단 말인가?

우리는 로마서 1장을 거의 다 공부했으므로 그 질문에 대답할 줄 알아야 한다. 죄에 잠깐 발만 담그는 것에 따르는 문제는 죄가 그 선에서 멈추지 않는다는 데 있다. "약간" 죄를 짓고 마는데 따르는 문제는 죄를 조금 짓게 되면 조금 더 짓게 되고, 그렇게 하다가 삶의 지평에서 하나님을 추방하고 모든 것을 파멸시키는 데까지 나가게 되기 때문이다.

내리막길

이런 일이 생기는 경위는 이미 우리가 공부한 대로 "하나님께서 저희를 내어버려두사"라는 삼중 반복 구절로 진행되는 로마서 1장 후반에서 진술된다. (24, 26, 28절에 그 구절들이 나온다.) 바로 앞에서 바울은 우리가 하나님을 어떻게 배척했는지를 보여주었다. 우리는 자연에서 얻은 하나님께 관한 지식을 억누름으로써, 그리고 우리 인생에서 하나님께서 계셨던 공백을 다른 대체물들로 채움으로써 하나님을 배척한다. 이렇게 할 때 사실상 다음과 같이 말하는 셈이다(비록 대개는 그 점을 부인하지만 말이다) : "하나님, 우리는 당신을 원치 않습니다. 우리 인생에서 떠나시고 우리를 그냥 내버려두셨으면 좋겠습니다. 간섭받지 않고 우리가 하고 싶은 일을 하고 싶습니다."

그래서 하나님께서는 그렇게 하신다. 물론 절대적인 의미에서 우리를 내어버려 두시지는 않는다. 이 세상은 여전히 하나님의 세상이고, 우리는 여전히 이 세상에서 살면서 원하든 원치 않든 이 세상의 법칙들에 순응해야 하기 때문이다. 그러나 하나님께서는 억제 수단들을 거둬들이신다는 의미에서 우리를 우리 마음대로 살도록 내어버려두신다. 그냥 우리 방식대로 살도록 내어버려두시고, 법적으로 죄의 결과들을 곧이곧대로 당하게 하신다.

그 길은 분명히 내리막길이다!

다른 길일 수 없는 것이 자명한 사실이다. 만약 성경이 선언하는 대로 하나님께서 모든 선의 원천이시라면, 하나님을 버리는 것은 선을 버리고 갈수록 악의 농도가 짙어지는 길로 들어서는 것이다. 만약 진리이신 하나님을 소유하지 않는다면, 거짓을 만나게 된다. 거룩하신 하나님을 찾지 않는다면 왜곡된 것들을 찾게 될 것이다. 모든 실체의 근원이신 하나님을 소유하지 않는다면, 허구를 소유하게 될 것이다. 뜬구름 같은 환상들을 쫓다가 환멸을 느끼게 될 것이다.

여기서 앞의 내용을 다시 살펴보는 것이 적절한 듯하다. 바울은 하나님이 우리 마음대로 살도록 내어버려두셨다고 선언하면서, 그로써 우리가 걷게 된 내리막길을 다음과 같이 묘사한다.

1. **하나님께서는 저희를 성적 더러움에 내어버려두셨다**(24절, 한글개역성경, 마음의 정욕대로 더러움에). 성적 더러움은 간음과 간통 두 가지를 가리키는 것으로서, 바울은 그것이 두 가지 결과를 가져온다고 말한다. 첫째, 우리 육체를 더럽히는 결과를 가져온다. 성행위 상대가 다양한 사람들에게서 이 사실을 종종 보게 된다. 둘째, 선하고 참된 것을 악하고 기만된 것으로 바꾸는 결과를 가져온다. 바울은 그것을 가리켜 "거짓 것"이라고 한다. 또한 성적 실험을 통해서 만족을 얻으려고 하는 많은 사람들은 "자유로운" 삶의 약속들이 기만이라는 사실을 입증해 보인다. 약속된 만족과 포만감은 실현되지 않는다.

2. **하나님께서는 저희를 부끄러운 정욕에 내어버려두셨다**(26절, 한글개역성경, 부끄러운 욕심에). 이것은 성적 도착(倒錯), 주로 동성애 행위를 가리키며, 성적 실험에서 한 걸음 아래로 내려간 단계이다. 그 이유는 이런 성적 도착 행위들이 단지 악하기 때문이 아니라 "순리를 어긴" 행위들이기 때문이다. 즉, 본성을 거스르는 행위들이다. 육체는 이런 식으로 기능하도록 지어지지 않았다. 그러므로 이런 식으로 죄를 짓는 사람들은 신구약에 나타난 하나님의 계시를 어길 뿐만 아니라, 창조 질서 자체도 어긴다.

3. **하나님께서는 저희를 상실한 마음대로 내어버려두셨다**(28절). 앞에서 이 구절을 생각하면서, 왜 이것이 앞의 두 항목보다 한 단계 더 내려간 것인지를 물은 바 있다. 어쨌든 마음의 죄들이 육체의 죄들보다 앞선다. 무얼 실행하려면 먼저 생각을 해야 하기 때문이다. 그렇다면 왜 이것이 첫째 항목이 아니라 셋째 항목이어야 할까?

앞에서 본 대로, 바울이 생각하고 있는 것은 마음의 부패가 아니라는 데에 대답이 있다. 대개는 악에 관한 생각이 악한 행위보다 앞서는 것이 사실이다. 그러나 여기서 바울이 말하는 것은 사람으로 하여금 선한 것을 악하게(자신이 보기에), 악한 것을 선하게(자신이 보기에) 간주하도록 만드는 사고(思考)의 왜곡이다. 이것은 로마서의 이 위대한 장을 끝맺는 구절로 연결된다. 32절은 이 지경까지 가라앉은 사람들에 관해서 다음과 같이 말한다 : "저희가 이같은 일을 행하는 자는 사형에 해당하다고 하나님의 정하심을 알고도 자기들만 행할 뿐 아니라 또한 그 일을 행하는 자를 옳다 하느니라." 여기서 핵심 표현은 "옳다 하느니라"(approve)이다. 이 사람들이 악과 악행자들을 모두 인정한다는 뜻이다.

도덕적 착란

이것은 물론 착란이다. 도덕적 착란이다. 그러나 하나님을 배척하고 하나님께 관한 진리를 억압함으로써 도달하게 된 상태가 바로 이것이다.

여기서 다니엘서 앞 장들에 나오는 바벨론 왕 느부갓네살 이야기를 생각하는 것이 도움이 된다. 다니엘서의 주제는 지극히 높으신 하나님의 정체이며, 이 주제는 느부갓네살이 예루살렘을 정복한 뒤 예루살렘에 있는 하나님의 성전에서 기구(器具)들을 가져다가 "시날 땅 자기 신의 묘(廟)에 이르러 그 신의 보고(寶庫)에"(단 1 : 2) 둔 사건을 전하는 서두에서 부각된다. 느부갓네살의 생각에는 자기 신이 유대인의 하나님보다 강했다는 말이다. 상황이 그렇게 보게도 됐다. 느부갓네살은 예루살렘을 정복했다. 그는 하나님께서 거듭 예고하신 대로 불순종하는 자기 백성을 징치하시기 위한 도구로 자기를 쓰셨다는 사실을 몰랐다.

그러나 느부갓네살은 자기 신(神)이 유대인의 하나님보다 강하다는 것을 입증하는 데는 사실상 관심이 없었다. 느부갓네살의 신은 그 자신의 **피사체, 즉 제2의 자아**였을 뿐이며, 따라서 다니엘서에 기록된 진정한 투쟁은 느부갓네살 자신과 여호와 간의 투쟁이었다. 달리 말해서, 그것은 바울이 로마서에서 죄악된 인류와 하나님 간의 투쟁으로 묘사하는 바로 그 투쟁이다. 느부갓네살은 하나님을 인정하기를 원치 않았다. 바울이 **우리가** 하나님을 인정하기를 원치 않는다고 말한 것과 똑같이 말이다. 스스로 자기 생애를 꾸려가고, 성취하고 싶은 것을 성취하고, 그런 성취들을 가지고 자기 영예를 한껏 뽐내고 싶었다.

이 반역 – 다니엘서 4장에 기록됨 – 은 느부갓네살이 궁전 지붕에 올라가 바벨론을 내려다 보면서 하나님의 영광을 가로채며 다음과 같이 말할 때 절정에 달하였다 : "이 큰 바벨론은 내가 능력과 권세로 건설하여 나의 도성을 삼고 이것으로 내 위엄의 영광을 나타낸 것이 아니냐"(단 4 : 30). 이것은 세속적 인본주의자의 외침이다. 이것은 인생이 사람에게 속하고, 사람에 의해서 운용되고, 사람의 영광을 위해 존재하는 것으로 묘사한다.

내가 이 예화를 소개한 목적은 강력하되 거만한 이 황제에게 어떤 심판이 선고되었느냐 하는 데서 나타난다. 하나님께서 내리시는 심판의 내용을 생각할 때 다소 무원칙하게 행동하시지 않느냐는 생각이 들 때가 종종 있다. 마치 특정 죄인에게 어떤 형벌을 남겨 놓았는지를 보기 위해서 단지 형벌 목록을 읽어 내려가시는 것처럼 말이다. 목록을 유심히 들여다 보시면서 "자, 좀 볼까? 느부갓네살이라? 어떤 형벌이 남아 있더라? 문둥병은 아니고, 신장결석도 아니고, 중풍도 아니고, 갑상선종도 아닌데… 아, 여기 있군. 정신병. 이게 느부갓네살에게 사용해야 할 거로군" 하고 생각하신다는 인상을 받을 수도 있다. "하늘에서" 다음과 같은 소리가 들렸다는 말씀을 읽을 때 그런 식으로 생각할 수도 있다 : "… 느부갓네살 왕아 네게 말하노니 나라의 위(位)가 네게서 떠났느니라. 네가 사람에게서 쫓겨나서 들짐승과 함께 거하며 소처럼 풀을 먹을 것이요 이와 같이 일곱 때를 지내서 지극히 높으신 자가 인간 나라를 다스리시며 자기의 뜻대로 그것을 누구에게든지 주시는 줄을 알기까지 이르리라"(단 4 : 31-32).[1]

그러나 일은 그런 식으로 되지 않았다. 하나님께서는 무원칙하시지 않다. 목록을 검색하여 선택하는 식으로 행동하지 않으신다. 하나님께서 하시는 모든 일은 의미가 있다. 따라서 하나님께서 느부갓네살을 인간 긍지와 영화의 정점에서 정신병자의 저급함으로 낮추셨을 때, 그것은 하나님께 관한 진리를 막고 하나님의 영광을 갈취하는 모든 사람들에게 그런 일이 발생한다는 점을 하나님께서 말씀하시는 방법이었다. 그 길은 오르막길이 아니다. 내리막길이며, 선한 것을 악하다 하고, 악한 것을 선하다고 하게 되는, 그런 도덕적 착란에까지 내려간다.

짐승과 같은 행위

그러나 느부갓네살에게서 보는 것은 착란이 전부가 아니다. 느부갓네살이 "들짐승과 함께 거하며 소처럼 풀을 먹을 것이요" 하고 선고하는 말씀에서 짐승과 같은 행위가 적나라하게 묘사되어 있는 것도 본다. 실제로 느부갓네살에게 발생한 일은 훨씬 더 나빴다. 성경은 이렇게 말한다 : "그 동시에 이 일이 나 느부갓네살에게 응하므로 내가 사람에게 쫓겨나서 소처럼 풀을 먹으며 몸이 하늘 이슬에 젖고 머리털이 독수리 털과 같았고 손톱은 새 발톱과 같았었으니라"(단 4 : 33). 두려운 상(像)이다. 그러나 그것은 바울이 로마서에서 묘사하고 있는 것에 대한 구약 성서식 극적 묘사 방법일 뿐이다. 즉, 하나님을 모시지 않으면 하나님과 같이 되지 못한다("하나님과 같이 되어 선악을 알 줄", 창 3 : 5). 정반대로 짐승들과 같이 되어 짐승들처럼 살게 될 것이다.

이 점을 이야기할 때는 언제나 시편 8편 3-7절이 생각난다 :

주의 손가락으로 만드신
　주의 하늘과
주의 베풀어 두신 달과 별들을
　내가 보오니
사람이 무엇이관대 주께서 저를 생각하시며
　인자가 무엇이관대 주께서 저를 권고하시나이까.
저를 천사보다 조금 못하게 하시고
　영화와 존귀로 관을 씌우셨나이다.
주의 손으로 만드신 것을 다스리게 하시고
　만물을 그 발 아래 두셨으니
곧 모든 우양과 들짐승이며.

이 구절들은 사람을 창조계에서 매우 흥미로운 자리, 즉 천사들(또는 천상의 존재들)보다는 못하지만 짐승들보다는 높은, 그 둘 중간에 있는 자리에 둔다.[2] 토마스 아퀴나스(Thomas Aquinas)가 사람을 중재적 존재(mediating being)로 묘사할 때 염두에 둔 것이 바로 그것이다. 사람은 영혼을 지닌다는 점에서는 천사들과 비슷하지만, 육체를 지닌다는 점에서는 짐승들과 비슷하다. 천사들은 영혼은 지니되 육체는 지니지 않는 반면에, 짐승들은 육체는 지니되 영혼은 지니지 않는다.

그러나 여기에 문제가 있다. 사람은 천사들과 짐승들의 중간에 자리잡도록 지음을 받은 중재적 존재이긴 하지만, 시편 8편에서는 짐승들보다 조금 높은 존재로 묘사되기보다는 천사들보다 조금 낮은 존재들로 묘사된다. 달리 말하자면, 사람은 비록 천사들과 짐승들의 중간에 자리잡고 있지만, 아래로 짐승들을 내려다 보도록 지음을 받은 것이 아니라 위로 천사들과 그들을 넘어서 하나님을 바라보고 꾸준히 그분을 닮아가도록 지음을 받았다. 만약 위를 쳐다보고 꾸준히 하나님을 닮아가지 않는다면 어쩔 수 없이 밑을 내려다 보고 짐승들을 닮아가게 될 것이다. 느부갓네살처럼 짐승과 같이 될 것이다.

나는 지난 십여 년 동안 우리 문화에 관한 아주 흥미로운 점을 눈여겨 보아왔다. 사람은 결국 "짐승들일 뿐"이라는 근거에서 인간의 동물적 행위를 정당화하거나 아니면 적어도 설명하는 경향을 띤 기사들(그리고 때로는 책들)을 많이 보아왔다. 사람들은 왜곡들을 갖고 있지만, 짐승들도 역시 왜곡들을 갖고 있다는 것이다.

몇년 전에 한 과학 정기간행물에서 특정 종류의 오리에 관한 기사를 본 적이 있다. 과학자 두 사람이 시간을 두고 이 오리떼를 관찰한 다음 이 오리떼에서 일어난 이른바 "윤간"(輪姦)에 관해서 보고했다. 나는 그들이 이런 불가피한 비교에 의해서 사람들 사이에서 저질러지는 이런 범죄를 변명하고 싶어했다고 생각하지 않는다. 그러나 나는 그들의 논지가 인류의 조상이 짐승이라는 점을 감안할 때 사람들 사이에서 벌어지는 윤간은 적어도 이해할 만한 행위라는 것이었다고 생각한다.

이 과학자들은 진화론적이고 자연주의적인 배경을 갖고 있었으므로, 나는 그들이 "결국 윤간은 심지어 오리들도 하는 것임을 감안할 때 놀라운 일이 아니다" 하고 말하고 있었다고 생각한다.

비슷한 이야기가 1982년 9월 6일자 「뉴스위크」(Newsweek)지에도 실렸다. 비비(baboon, 개코 원숭이)라는 동물이 아기 비비를 죽이고 있는 듯한 그림이 실렸고, 그림 위에는 다음과 같은 표제가 붙었다. "생물학자들은 유아살해가 성충동처럼 정상적인 것이라고 말한다 - 그리고 사람을 포함한 모든 동물들이 그 일을 한다." 제목이 모든 것을 다 말해 준다. 사람을 동물로 구분하고, 이런 구분에 입각하여 사람의 행위를 정당화한다.

그 논리는 이런 것이다. (1) 사람은 동물이다. (2) 동물들은 자기가 낳은 새끼들을 죽인다. (3) 따라서 사람들이 자기 자녀들을 죽이는 것은 정당한 일이다(아니면 적어도 이해할 만한 일이다). 그러나 이것은 물론 불합리한 논리이다. 대부분의 동물들은 자기 새끼들을 죽이지 않는다. 어린 것들을 보호하고 보살펴 준다.

동물들이 자기 새끼를 죽이는 경우가 아주 드물게 있긴 하지만, 사람들이 자기 자녀들에 대해서 저지르는 범죄에 비하면 조족지혈이다. 예를 들어 미국의 경우 사람들은 매년 낙태로 150만 명이 넘는 아기들을 죽인다. 그것도 대부분 엄마의 편의를 위해서 말이다.

짐승만도 못한 사람들

그러나 나는 한 단계 더 깊이 들어가고 싶다. 그러기 위해서 다음과 같은 이야기를 소개한다. 피츠버그 신학교 명예교수 존 게스너(John Gerstner)는 사람의 부패에 관해서 강의하고 있었고, 어떤 주장을 하기 위해서 사람들을 쥐들과 비교하였다. 강의를 마친 뒤 질문 시간이 있었는데, 그 비교에 마음이 상한 학생이 게스너에게 사과하라고 요구했다. 게스너는 사과하였다. "사과합니다. 진심으로 사과합니다. 쥐들과 비교한 것은 참으로 상스러운 일이었습니다." 이렇게 말한 다음, 쥐들이 하는 일을 설명하면서, 쥐들은 하나님의 선물들에 힘입어 쥐들처럼 행동한다고 말했다. 그것은 죄가 아니라고 했다. 그러나 우리가 쥐처럼 행동할 때는 그것은 저급하고 쥐만도 못한 행동이라고 했다. 우리는 "짐승들"만도 못하게 행동하는 것이다.

오리들이 강간을 저지르는가? 나는 오리떼가 그런 일을 하는 것을 본 적이 없으며, 과연 그런 일을 하는지 하지 않는지 모른다. 아마 하지 않을 것이다. 그러나 동물 세계에서 강간이 일어난다면 그것은 드문 일이라는 것을 나는 안다. 사람과 같지 않은 것이다. 인류에게는 강간이 끔찍할 정도로 보편화된 행위이다. 또한 나는 비비가 자기 새끼를 실제로 죽이는지를 알지 못한다. 죽일는지도 모른다. 그러나 사람처럼 자기들의 편의를 위해서 체계적으로 새끼들을 죽이지는 않는다.

과연 바닥이 있는가?

지금까지 내가 말해 온 것은 인류가 하나님을 등진 이래로 걸어내려온 내리막길에 관한 것이었다. 그 근거는 바울 편지의 이 위대한 첫장 마지막 절인 로마서 1 : 32에 두었다. 이 절은 인간 타락의 바닥을 묘사한다. 나는 그것을 바닥, 즉 내리막길의 가장 열악한 단계라고 했다.

그러나 그것이 정말로 바닥인가? 아니면 과연 바닥이 있는가? 죄가 더 이상 나갈 데가 없는 지점이 과연 있는가?

나는 몰락하는 서양 문화를 생각하면서 때때로 이 마지막 질문을 해왔다. 절대적인 의미보다는 우리 국민의 도덕적 감수성에 의거하여 말이다. 나는 이렇게 질문해 왔다 : "이렇게 급속도로 쇠퇴해 가다가 '여기가 우리가 멈춰야 할 곳이다. 두려운 곳이다. 더 이상 갈래야 갈 수 없는 곳이다' 하고 말하며 돌아서게 될 지점이 있는가?" 우리 문화에 그런 지점이 있는가?

만약 있더라도 간음은 분명히 아니다. 이미 우리 사회에는 간음이 넘쳐 있다.

매춘도 아니다. 어떤 지역에서는 사실상 매춘이 합법적 행위이다.

포르노 매체도 아니다. 비록 어떤 지역들에서는 그리스도인들이 포르노 매체들을 효과적으로 배척해 왔지만 말이다.

우리 문화가 더 이상 가고 싶어하지 않는 지점이 어디일까?

나는 최근 몇 년 동안 어린이들을 대상으로 성도착적 행위들이 가해지는 곳을 그 지점으로 정의하려는 시도가 있었던 것을 주목해 왔다. 그 주장은 이렇게 펼쳐진다 : "어른들에게는 어떤 일을 하기를 서로 원하거나 동의하는 한 그것을 금지하기란 불가능하다. 그러나 이런 일들이 어린이들에게 가해지는 것은 용납해서는 안 된다. 포르노 매체? 좋다, 그러나 어린이 포르노 작품은 안 된다. 매춘? 좋다, 그러나 어린이 매춘은 안 된다." 물론 그럴 듯한 말이다. 우리가 관대하고 - 하나님은 편협한 것을 금하신다 - 도덕적이라는 느낌을 주는 말이다. 그러나 크나큰 위선이다. 나는 맨 처음 이런 방식으로 생각하기 시작할 무렵에 목격한 일을 기억한다. 어린이 포르노 작품과 어린이 매춘에 항의하는 기사들이 등장하고 있을 바로 그 순간에 브룩 쉴즈(Brooke Shields)가 출연하는 영화가 개봉되었다. 브룩 쉴즈는 당시 열두 살밖에 되지 않았으나 20세기 초 뉴올리언스의 한 갈보집을 무대로 어린이 창녀로 출연했다. 제목은 귀여운 아기(Pretty Baby)였다. 특정 대중매체들은 이 어린 여배우가 체험을 통해서 "성숙"해졌음을 암시했다.

내가 무슨 말을 하고 있는지 알겠는가? 우리는 내리막길을 미끌어져 내려갈 때 약간 더 죄에 빠질 뿐이라고, 아니면 적어도 우리가 가지 않을, 결코 건너지 않을 지점들이 있다고 스스로를 속인다. 그러나 허튼 망상일 뿐이다. 내리막길로 접어들면 더 이상 가지 않을, 결코 건너지 않을 지점이란 건 없다. 만약 오래 살게 된다면 말이다. 심지어 죽더라도 지옥(내가 앞 장에서 말한 대로)은 이렇게 비참하고, 파괴적인 내리막길이 영원히 이어져 있는 곳일 뿐이다.[3]

회복된 하나님의 형상

그러나 나는 이 장을 바닥없는 무서운 함정 언저리에서 마치고 싶지 않다. 우리는 하나님을 배척함으로써 짐승들을 바라보게 되고 끊임없이 그들을 닮아가게 된 것이 사실이고 – 심지어는 짐승들보다 더 악하게 되었다 – 타락을 향한 이 처참한 내리막길에는 끝이 없는 것도 사실이다. 그러나 복음 – 로마서는 이것을 위해서 쓰였다 – 은 하나님께서 우리를 홀로 버려 두지 않으셨다고 말한다. 멸망 과정에서도 그리스도 안에서 본래 우리를 지으신 목적을 회복하시기 위해서 하나님께서는 일해 오셨다.

나는 이것을 다섯 단계로 본다.

1. 우리는 하나님의 형상으로 지음을 받았다.
2. 우리는 아담 안에서 하나님을 배척했고, 그로써 그 형상을 상실했다.
   우리는 선과 악을 아는 일에 하나님처럼 되지 않고 사단처럼 되었다.
3. 하나님의 형상을 상실하고 하나님을 닮아가는 일을 중단한 우리는
   짐승들처럼 되었고, 이 장에서 내가 지적한 대로 심지어 짐승들보다 더 악하게 되었다.
4. 그리스도께서 스스로 인간의 형상을 입으사 우리들처럼 되셨다.
5. 그분이 우리를 위해 죽으시고 자신의 형상을 닮아 새로워질 수 있는 가능성을
   열어 주셨다.

바울은 고린도후서 3장에서 이 점에 관해서 쓰는데, 먼저는 우리와 하나님 사이에 놓였던 수건에 관해서 말한 다음 이렇게 덧붙여 말한다 : "그러나 언제든지 주께로 돌아가면 그 수건이 벗어지리라… 우리가 다 수건을 벗은 얼굴로 거울을 보는 것같이 주의 영광을 보매 저와 같은 형상으로 화하여 영광으로 영광에 이르니 곧 주의 영으로 말미암음이니라"(16, 18절).

그리스도께로 나가면 "얼마나 낮게 내려갈 수 있느냐?" 하는 것이 문제가 아니다. 그 문제는 이미 해결했다. 문제는 "얼마나 높이 올라갈 수 있느냐?" 하는 것이다. 그 질문에도 대답은 마찬가지이다. 한계가 없다는 것이다. 우리는 영원이라는 시간을 두고서 주 예수 그리

스도를 꾸준히 닮아가야 한다.

● 각주 ●

1. 이것은 분명히 정신병을 묘사한 것으로서, 당시에는 정신병을 이렇게 묘사하는 관습이 있었음이 분명하다. 왜냐하면 나중에 느부갓네살은 자신이 '정신'(한글개역성경, 총명)을 되찾았다고 말하기 때문이다(단 4 : 34).

2. 4-6절은 히브리서 2장에서 예수 그리스도에 관해 사용되는 것이 사실이다. 그러나 시편 8편에서 그 구절들은 보통 사람들에게 사용되며, 히브리서에서 그 구절들이 예수께 사용된 것도 예수님이 사람이 되셨기 때문이다. 즉, 예수님은 우리와 같이 되시기 위해서 "잠간 동안(또는, 조금) 천사보다 못하게" 되셨다. 이런 방식으로 그분은 우리의 '형제'가 되셨다(참조. 히 2 : 11).

3. 느부갓네살과 그의 몰락이 내리막길로 치닫는 인류에 관해 가르치는 내용을 좀더 깊이 공부하려면 다음을 참조하라 : James Montgomery Boice, *Daniel : An Expositional Commentary* (Grand Rapids : Zondervan, 1989), chs. 1-6.

23

첫 번째 핑계 : 도덕성
로마서 2 : 1-3

그러므로 남을 판단하는 사람아 무론 누구든지 네가 핑계치 못할 것은 남을 판단하는 것으로 네가 너를 정죄함이니 판단하는 네가 같은 일을 행함이니라 이런 일을 행하는 자에게 하나님의 판단이 진리대로 되는 줄 우리가 아노라 이런 일을 행하는 자를 판단하고도 같은 일을 행하는 사람아 네가 하나님의 판단을 피할 줄로 생각하느냐

얼른 보기에 로마서 2장의 서두는 앞에서 본 내용을 되풀이하고 있는 것처럼 보인다. 하나님께서 자연에 계시하신 하나님께 관한 진리를 사람들이 어떻게 억압해 왔는지를 설명한 바울은 로마서 1 : 20에서는 "… 그러므로 저희가 핑계치 못할지니라"는 말로써 결론을 내린다. 2장에서도 누가 됐든 그들이 무슨 일을 했든(또는 하지 않았든) 모든 사람들이 하나님의 심판 아래 있다는 주장을 계속 해나가는 과정에서 "네가 핑계치 못할 것은"이라는 똑같은 말을 한다.

앞으로 보겠지만, 바울은 말을 중복하고 있지 않다. 그러나 설령 중복할지라도 중복 사항은 문맥에 아주 적합하다. 바울은 이 중복으로써 인류가 자기들의 잘못을 곧이곧대로 승복할 수 없으며 자기들의 악행을 변명하는 데 지치지 않는다는 사실을 한층 더 부각시킨다. 데일 카네기(Dale Carnegie)는 변함없는 베스트셀러 「친구들을 얻고 사람들을 움직이는

법」(How to Win Friends and Influence People)에서 사람들은 잘못을 인정하지 않으며, 따라서 그들을 비판해봐야 소용이 없다는 전제하에 사람 관리법을 다루어 간다. 그가 이 책에서 즐겨 인용하는 내용은 시카고 암흑가의 우두머리이자 연방수사국(FBI)이 지명한 "공적 제1호"(Public Enemy Number One)였던 알 카포네(Al Capone)가 남긴 말이다. 카포네는 아주 사악한 사람으로서 냉혹한 살인자였다. 그러나 그는 자신에 관해서 이런 말을 남겼다 : "나는 사람들에게 큰 기쁨을 주고, 좋은 시간을 갖도록 도우면서 최상의 생애를 보냈다. 그런데 내가 받은 대접이란 사냥꾼들의 추적을 피해 간신히 목숨이나 부지하는 터무니없는 것이다."[1]

　카네기의 주장 – 그리고 그건 내 주장이기도 하다 – 은 사람들이 습관적으로 자기들의 잘못을 변명하려고 한다는 것이다. 만약 알 카포네 같은 완악한 사람이 자신을 좋게 생각했다면, 우리 사회의 정상적이고 "도덕적으로 정직한" 사람들은 자신들을 얼마나 좋게 생각하겠는가!

유대인인가 이방인인가

　이것이 바로 로마서 2장이 기록된 이유이다. 로마서 1장에서 바울은 인류가 자기의 길을 추구하기 위해서 하나님께로부터 돌아섰다는 점과, 우리가 행하고 우리에 관해서 보는 두려운 일들은 그 결과라는 점을 지적했다. 모든 것이 이 반란의 부분이 되었다. 나중에(롬 3 : 10-11) 바울은 다음과 같이 결론지을 것이다 :

> 기록한 바
> 의인은 없나니 하나도 없으며
> 　깨닫는 자도 없고
> 　하나님을 찾는 자도 없고
> 다 치우쳐
> 　한 가지로 무익하게 되고
> 선을 행하는 자는 없나니
> 　하나도 없도다.

그러나 이 사실을 인정하려고 하는 사람은 아무도 없다. 그래서 바울이 인류에 관해서 말하는 바가 사실이라고 인정하는 대신에 변명을 일삼는다. 바울의 말이 다른 사람들, 특히 아주 저급한 사람들이나 이교도들에게는 사실일는지 모르나 자기들에게는 해당되지 않는다고 주장한다. "그 정도는 우리도 잘 알고 있으며, 우리 행동은 그것보다 더 낫다"고 말한다. 로마서 2장에서 바울은 이런 잘못된 생각들을 깨우쳐 준다.

그러나 누가 이런 식으로 생각하는가? 바울이 1절에서 다음과 같이 말하는 대상은 구체적으로 어떤 사람들인가? "그러므로 남을 판단하는 사람아, 무론 누구든지 네가 핑계치 못할 것은 남을 판단하는 것으로 네가 너를 정죄함이니…"

주석가들 사이에서는 이 문제를 두고 상당한 논의가 오갔다. 어떤 이들은 로마서 2 : 1-16에서 바울이 "고결한 이교도들", 즉 그 사회에서 특히 도덕적이고 정직한 사람들에게 편지를 하고 있다고 주장한다. 다른 이들은 바울이 유대인들을 염두에 두고 있다고 주장한다. 물론 바울은 결국에는 구체적으로 유대인들을 언급하지만 - "유대인이라 칭하는 네가…"(17절) - 문제는 2장을 시작할 때도 유대인들을 생각하고 있는가 하는 것이다. 만약 그렇지 않다면 바울은 세 부류의 사람들을 다루고 있는 셈이다. (1) 1장에서는 이교도들; (2) 2 : 1-16에서는 도덕적인 또는 고결한 사람들; (3) 2 : 17-29에서는 종교적인 사람들, 즉 유대인들. 만약 유대인들을 생각하고 있다면, 두 부류의 사람들을 다루고 있는 셈이다 : (1) 1장에서는 이방인들; (2) 2장에서는 유대인들.

존 칼빈(John Calvin)을 비롯한 종교개혁자들은 앞의 관점을 취했다. 칼빈은 이렇게 썼다 : "이 질책은 겉으로 거룩한 체 함으로써 관심을 끄는, 그리고 심지어 자기들이 하나님을 충분히 만족시켜 드려 하나님께 가납되었다는 듯이 상상하는 위선자들을 겨냥한 것이다." 칼빈은 "경건한 체하는 사람들"과 "추악한 죄들"을 짓는 사람들을 구분한다.[2]

오늘날 대부분의 주석가들은 바울이 비록 한참 뒤에야 유대인들을 구체적으로 거론하긴 하지만, 2장 전체에 걸쳐 유대인들을 생각하고 있다고 믿는다. 존 머리(John Murray)가 그중 한 사람이다. 그는 이렇게 봐야 하는 네 가지 이유를 든다.

1. "이방인들의 종교적 도덕적 죄들을 판단하는 경향은 특히 유대인들에게 두드러진 것이었다."

2. "편지를 받는 사람은 '하나님의 인자하심과 용납하심과 길이 참으심의 풍성함'에 참여한 사람이며", 이것은 이방인들보다는 유대인들에게 해당한다.

3. "바울의 논리는 특권과 유익이 하나님의 심판에서 면제해 주지 않는다는 것이다." 이것은 먼저 유대인들에게 해당한다.

4. "17절은 구체적으로 유대인을 거론하는데, 여기서 맨처음 유대인을 거론하는 것이라면 흐름이 매우 돌발적인 것이 된다. 반면에 만약 앞 절들에서 유대인들이 전제되었다면 17절에서 좀더 분명히 밝힌 것은 퍽 자연스럽다."[3]

앞에서 말했듯이 오늘날은 이 견해가 상당한 지지를 받는다. 그럼에도 나는 아직 충분한 확신이 서지 않는다. 존 머리는 유대인들에게 특히 이방인들을 판단하는 경향이 있었다고 주장한다. 그러나 그것이 사실일지라도 비판이란 인간의 기본적인 성향이 아닐까? 유대인들이 이방인들을 비판했듯이, 이방인들도 서로를 비판하는 성향을 갖고 있었다. 또한 존 머리는 "그의 인자하심과 용납하심과 길이 참으심의 풍성함"이 이방인들보다는 유대인들을 묘사한다고 생각한다. 그러나 1장의 흐름에 비추어 볼 때 바울이 말하는 대상을 유대인으로 한정하기에는 너무 좁다는 생각이 든다. 1장이 언급한 사람들이 아직 지옥에 들어가지 않고 여전히 생명을 누리고 있는 이유는 하나님의 길이 참으심 때문이다. 마찬가지로, 존 머리가 셋째 논지에서 언급한 "특권"은 나중에 유대인들을 생각하는 부분에 가서야 거론된다고 주장하고 싶다. 17절의 유대인들에 관한 언급이 너무 돌발적이라는 넷째 논지에 대해서도, 내가 느끼기에는 1절에서 "남을 판단하는 사람"이 등장하는 방식보다 덜 돌발적인 것 같다.

내가 보기에 바울은 유대인들과 이방인들을 망라하여 먼저 자신을 다른 사람들보다 우월하게 생각하는 사람들을 거론한 다음, 2장 중반에 가서는 자기들의 종교적 이점들에 의지하는 사람들 – 이번에는 특히 유대인들 – 을 거론하는 듯하다.

그러나 어떤 의미에서는 이것이 큰 문제가 아니다. 만약 바울이 1-16절에서 유대인들을 생각하고 있다면, 적어도 도덕적 우월감을 내세우는 유대인들의 태도를 생각하고 있는 셈이다. 우리는 비록 이방인들이지만, 이 점에서는 제외되지 않는다. 한편 바울이 만약 이방인들을 생각하고 있다면, 적어도 마찬가지로 그릇된 생각에 빠져 있을 수 있던 유대인들을 포함해서 생각하고 있는 셈이다.

도덕성에 무슨 잘못이 있는가?

바울은 인류가 하나님의 진노 아래 있다고 설명했고, 인류가 얼마나 깊이 하나님을 반역하는 데까지 갔는지를 보여 주었다. 그렇게 하는 동안 완곡한 표현을 쓰지 않았다. 인류의 처지를 이렇게 노골적으로 말했다 : "모든 불의, 추악, 탐욕, 악의가 가득한 자요 시기, 살인, 분쟁, 사기, 악독이 가득한 자요 수군수군하는 자요 비방하는 자요 하나님의 미워하시는 자요 능욕하는 자요 교만한 자요 자랑하는 자요 악을 도모하는 자요 부모를 거역하는 자요 우매한 자요 배약하는 자요 무정한 자요 무자비한 자라"(롬 1 : 29-31). 참으로 무서운 추궁이다. 이 점에 대해서 어떤 사람들은 – 아마 모든 사람들은 – 이런 악의 묘사가 다른 사람들에게는 해당될는지 모르나 자기에게는 분명히 해당되지 않는다면서 반박하고 나서며 "나는 이와 같지 않다"고 말할 것이다.

이렇게 반박하는 사람에게 만약 바울이 다음과 같이 대답했다면 완벽한 대답이 되었을 것이다. 즉, 중요한 문제는 위에 구체적으로 거론한 악행들을 했는가의 여부가 아니라, 하나님의 완전한 표준에 도달했는가의 여부라고 말이다. 하나님께서는 완전하시므로 완전에 못 미치는 것에는 만족하지 않으신다. 바울이 얼마든지 주장할 수도 있었을 이 중요한 점은 우리가 이 신적 표준에 이르지 못하며 따라서 얼마나 선하든간에 심판을 받을 수밖에 없음을 뜻한다.

그러나 바울은 그런 식으로 대답하지 않는다. 위에 거론한 죄악들에 대해서 무죄할 수도 있다고 다소 마지못해 하는 태도로 인정하여 고삐를 풀어주면서 더 높은 표준인 하나님의 의에는 이르지 못한다고 주장하지 않는다. 정반대로 반대자가 바로 그런 일들에 죄책이 있다고 주장한다. 아마 그 사람이 깔보는 이교도들보다 죄책이 더 크다고 주장할 것이다. 스스로 도덕적이라고 생각하는 이 사람이 반대를 하고 있다는 사실 자체가 그에게 일종의 도덕 의식이 있다는 사실을 보여 준다. 그는 다른 사람들의 행동이 자신의 선한 행동과는 달리 악하다고 말함으로써 "남을 판단" 한다. 그러나 그렇다고 해서 그가 다른 사람들을 보고 정죄하는 내용에 대해서 그 자신이 무죄하다는 뜻은 아니다. 정반대로 그는 바로 그런 행위들에 대해서 죄책이 있다 : "… 남을 판단하는 것으로 네가 너를 정죄함이니 판단하는 네가 같은 일을 행함이니라"(1절).

바울은 나름대로 도덕적이라고 여기는 사람들을 판단하기 위해서 하나님의 표준에 의거하지 않는다. 얼마든지 그렇게 할 수 있지만 말이다. 오히려 무엇이 됐든 그들이 내세우는 표준에 의거한다.

어떤 표준으로도 정죄를 당함

이것은 깊이 생각할 만한 가치가 있는 문제이다. 여러분과 내가 다른 사람들의 죄를 판단할 때 의거할 만한 표준이 무엇인가?

1. 십계명(The Ten Commandments). 적어도 서양에서 도덕 표준으로 가장 널리 인정을 받는 것은 출애굽기 20장에 기록된 십계명이다(참조. 신 5 : 6-21). 많은 세속법들이 십계명에 근거를 둔다. 예를 들어, 어린이들이 일정 연령에 도달할 때까지 부모에게 순종하도록 규정한 법은 "네 부모를 공경하라…"(12절)는 제5계명을 인정한 것이다. 살인 - 심지어 고속도로에서 과속으로 저지르는 살인까지도 - 금지법은 "살인하지 말지니라"(13절)는 제6계명을 인정한 것이다. 우리 사회는 결혼을 보호하고 간음을 막는 법들, 타인의 재산을 훔치는 일을 막는 법들, 위증을 막는 법들 따위를 갖고 있다. 이 법들은 십계명에 나타난 도덕 원칙들에 대한 공동된 인식에서 발생한 것들이다.

어떤 사람은 이렇게 말한다 : "좋습니다. 그게 지금 우리가 말하고 있는 바지요. 바울이 로마서 1장에서 정죄한 내용은 멀리 떨어진 이교도 사회를 전제로 할 때 적합한 것으로 받아들일 수 있습니다. 그러나 우리에게는 적용되지 않습니다. 우리는 십계명을 갖고 있고, 이교도들이 정죄를 당하는 그런 일을 하지 않습니다."

우리가 정말로 그런 일을 하지 않는가? 여러분은 정말로 그런 일을 하지 않는가?

여러분은 부모를 공경하라고 요구하는 제5계명에 항의한다. 그러나 여러분은 부모를 거역한 적이 없는가? 부모의 명예를 깎아 내리는 식으로 말한 적이 없는가? 그런 식으로 행동한 적이 없는가? 언제나 부모에게 제대로 감사하고, 존경하고, 순종하는가?

여러분은 살인을 금하는 제6계명에 항의하며, 실제로 아무도 죽인 적이 없기 때문에 이 점에서는 안심한다. 그러나 여러분은 하나님께서 마음을 감찰하시고 행동들 뿐만 아니라 생각들과 소원들을 가지고 심판하신다는 사실을 잊었는가? 어떤 사람을 죽이고 싶을 정도로 미워한 적이 없는가? 예수님은 남을 비방하는 말을 한 것만으로도 이 계명을 어긴 데 따른 하나님의 진노를 일으키기에 충분하다고 말씀하셨다(마 5 : 21-22).

여러분은 제7계명에 항의한다. 그러나 이 점에서 여러분은 죄책이 없는가? 이 계명은 간음을 금한다. 그러나 많은 사람들이 간음을 범해 왔고, 그렇지 않으면 마음으로 욕망을 갖거나 정욕을 생각해 왔다. 예수님은 다른 사람에 대해 음욕만 품어도 간음한 것이라고 말씀하셨다(마 5 : 28).

여러분은 도둑질해 본 적이 있는가? 세금을 덜 내기 위해서 수입액을 낮춰 신고한 적은 없는가? 받을 액수보다 더 많이 받았을 때 그냥 묵인한 적은 없는가? 무엇을 빌린 다음 나중에 기억이 났어도 되돌려 주지 않는 적은 없는가?

거짓말한 적은 없는가? 진리를 잘못 진술한 적은 없는가?

내가 언급하지 않은 계명들에 대해서는 어떠한가? "탐내지 말지니라"고 하는 제10계명에 대해서는 어떠한가? 탐낸다는 것은 다른 사람이 가지고 있는 것을 자기에게 필요해서 가지고 싶어한다는 뜻이다. 우리 사회에서 이 계명에 대해 무결한 사람은 아무도 없다. 우리 사회의 광고와 판매 산업 전체가 탐심을 기초로 수립되어 있기 때문이다.

하나님과 그분께 예배할 책임을 다루는, 첫째 돌비의 제4계명에 대해서는 어떠한가? 하나님 앞에 다른 신을 둔 적이 없는 사람이 누구인가? 어떤 것을 우상으로 가져본 적이 없는 사람이 누구인가? 하나님의 이름을 망령되이 일컬어 본 적이 없는 사람이 누구인가? 모든 안식일은 말할 것도 없고 단 하루의 안식일이라도 거룩하게 지켜본 적이 있는 사람이 누구인가?

만약 여러분이 "내 표준은 십계명의 윤리입니다" 하고 말한다면, 여러분은 이 표준에 의해 정죄를 받는다.

2. **산상보훈**(The Sermon on the Mount). 지금까지 내 주장에 동의했으나 핑계를 대는 것이 얼마나 무모한 일인지 아직 납득하지 못하는 사람들이 있을 수 있다. 그들은 십계명에

기초하여 내리는 심판들의 힘을 아마 인정할 것이다. 그러나 이렇게 말할는지 모른다 : "십계명은 다른 시대의 것이고 특별히 까다로운 표준들 이었지요. 우리는 지금 기독교 시대에 살고 있으며, 인자하신 예수님의 가르침들에 의해서 살고 있습니다."

만약 누가 이런 식으로 생각한다면, 그 사람은 그리스도의 설교를 실제로 얼마나 빈약하게 이해하고 있는지를 그대로 드러내고 있는 셈이다. 산상보훈은 구약의 표준들을 약화하지 않는다. 오히려 그 표준들을 되살린다. 나는 앞에서 살인과 간음을 제대로 해석하기 위해서 마태복음 5장을 인용하면서 그 점을 분명히 해두었다. 산상보훈은 하나님께서 율법을 단지 외면적으로 고수하는 것으로 만족하지 않으시고 내면적인 순종까지도 요구하신다는 사실을 보여준다. 마음과 정신도 깨끗해져야 하는 것이다.

그러나 대부분의 사람들은 산상보훈에 항의할 때 그 서두에 해당하는 팔복(the Beatitudes)을 염두에 두는 듯하다. 예수님은 이렇게 말씀하셨다 :

> 심령이 가난한 자는 복이 있나니
> 　천국이 저희 것임이요
> 애통하는 자는 복이 있나니
> 　저희가 위로를 받을 것임이요
> 온유하는 자는 복이 있나니
> 　저희가 땅을 기업으로 받을 것임이요
> 의에 주리고 목마른 자는 복이 있나니
> 　저희가 배부를 것임이요
> 긍휼히 여기는 자는 복이 있나니
> 　저희가 긍휼히 여김을 받을 것임이요
> 마음이 청결한 자는 복이 있나니
> 　저희가 하나님을 볼 것임이요
> 화평케 하는 자는 복이 있나니
> 　저희가 하나님의 아들이라 일컬음을 받을 것임이요
> 의를 위하여 핍박을 받은 자는 복이 있나니
> 　천국이 저희 것임이라.

마 5 : 3-10

"도덕적인" 사람들은 대부분 이런 표현에 비추어 자신을 바라본다. 자기들이 온유하고,

긍휼심이 있고, 청결하고, 화평케 하는 자들이라고 생각한다. 실제로 의에 목말라 하고 심지어 의 때문에 때로 핍박을 당한다고 상상한다. 그러나 실제로 이런 덕성들을 구현하는 사람이 누구인가? 여러분이 아는 사람들 중에 그런 사람이 있는가? 찾기 어려울 것이다! 이 덕성들을 실제로 구현했던 유일한 분은 그 덕성들을 말씀하신 장본인인 나사렛 예수시다. 그분은 심령이 가난하셨다. 죄 때문에 애통해 하셨다. 온유하셨고, 긍휼심이 있으셨고, 청결하셨다. 그분만이 의를 구현하셨다. 그리고 의를 위해서 고난을 당하셨다.

내가 말하고자 하는 것은 이런 것이다. 즉, 예수께서 만약 산상보훈의 표준들을 지키는 것이 무슨 의미인지를 보이셨다고 한다면, 그것을 지킨 사람은 아무도 없었다. 그리고 만약 산상보훈을 다른 사람들을 판단하는 척도로 삼고 우리를 다른 사람들보다 낮게 여긴다면, 바울이 지적한 대로 우리는 스스로를 정죄하고 있는 셈이다.

3. **황금률**(The Golden Rule). 어떤 사람은 가로막고서 이렇게 말한다 : "잠깐만요. 지금 팔복을 예수님의 가르침의 중요한 부분이라고 말하셨는데, 그건 옳습니다. 그러나 예수님이 가르치신 건 심지어 산상보훈에서도 그게 전부가 아니지요. 산상보훈의 '심장'인 황금률은 어떨까요. 다음과 같은 황금률을 가지고 판단의 척도로 삼는 데 무슨 잘못이 있습니까? '그러므로 무엇이든지 남에게 대접을 받고자 하는 대로 너희도 남을 대접하라. 이것이 율법이요 선지자니라'(마 7 : 12)".

여러분은 이 말씀을 가지고 다른 사람들을 판단하고 스스로도 판단을 받고 싶다는 말인가? 여러분은 언제나 남에게 대접을 받고자 하는 대로 남을 대접했는가? 남들에게 짜증을 낸 적이 없는가? 남들에게 부당하게 화를 낸 적이 없는가? 남들을 부당하게 비판한 적이 없는가? 남들의 약점을 이용한 적이 없는가? 예수님이 가르치신 대로 만약 황금률이 율법의 완성이라면, 그것은 여러분을 당연히 고소한다.

4. **공명정대한 행동**(Fair Play). 예를 한 가지만 더 들겠다. 어떤 사람들의 말대로 "영국인의 덕성"을 표준으로 삼으면 어떨까? 공명정대한 행동이라는 단순하고 기초가 확고한 표준을 판단의 척도로 삼으면 어떨까? 언제든지 어느 면에서든지 다른 사람들에게 공명정대한 사람은 없다.

죄인들에게 회개하라고 부르심

여러 해 전에 토마스 해리스(Thomas A. Harris)는 「나도 괜찮고, 너도 괜찮다」(I'm O.K., Yor're O.K.)라는 대중 심리에 관한 책을 썼다. 그 책이 출판된지 얼마 되지 않았을 때 필라델피아개혁신학협의회(the Philadelphia Conference on Reformed Theology)의 연차 회의가 인간의 타락에 관한 주제로 열리고 있었다. 연사 중 한 분은 피츠버그 신학교 명예교수 존 게스너(John H. Gerstner)였다. 게스너는 그 책을 다음 이야기의 출발점으로 사용했다.

게스너는 아내와 함께 카슈미르에 간 적이 있다. 한 번은 해변에서 큰 배 옆에 정박만 해 두고 사용하지 않던 작은 배를 빌려 타고 여기저기 다니며 장을 봐가지고 오고 있었다. 배를 대려는 순간 무엇과 부딪혔고, 물이 튀어 올랐다. 배주인은 매우 흥분하여 두 사람에게 내리라는 신호를 했다. 게스너는 아내에게 "참 성격이 급한 친구로군. 물좀 뒤집어 썼다고 저 난리니. 당신은 아주 큰 일이나 난 줄 알았겠군." 배주인은 점점 더 흥분했다. 게스너는 "괜찮아요, 쿠스라. 괜찮아요" 하고 말했다.

그때까지 게스너가 알아들을 수 없던 방언을 쓰던 배주인은 마침내 너무나 흥분한 나머지 "안 괜찮아요!"(It's no okay!) 하고 소리쳤다.

그때야 게스너 부부은 무슨 말인지 알아듣고서는 해변으로 올라갔다. 그러자 배주인은 자기 손자를 게스너 부부에게 던져주고는 자기도 황급히 올라왔다. 그들이 돌아서서 배를 바라봤을 때 배는 온데간데 없었다. 배에 구멍이 난 데다 썰물이 배를 휩쓸고 간 것이다. 그 여파로 나머지 여섯 척의 배가 크게 요동하고 있었다. 만약 게스너 부부가 조금만 지체했더라면 배와 함께 가라앉았을 것이다.[4]

이것이 바로 로마서의 첫 장들이 전하는 메시지이다 : "나는 괜찮지 않다. 여러분도 괜찮지 않다. 아무도 괜찮지 않다." 우리가 괜찮지 않다는 사실을 인정하고 그 정황을 잘 아시고 구원의 길을 제시하시는 분께 빨리 돌아갈수록 좋다. 예수님은 우리에게 다른 구실을 대지 않고서 우리를 용서하신다. 그분은 우리를 죄인들이라고 부르신다. 그럼에도 "내가 의인을 부르러 온 것이 아니요 죄인을 불러 회개시키러 왔노라"(눅 5 : 32)고 말씀하신다. 인생에서 가장 중요한 것은 예수님이 여러분을 죄에서 구원하실 능력이 있다는 사실을 아는 것이다. 둘째로 중요한 것은 여러분에게 구원이 필요하다는 사실을 아는 것이다.

● 각주 ●

1. Dale Carnegie, *How to Win Friends and Influence People* (New York : Cardinal edi-tion, Pocket Books, 1963), p. 20.

2. John Calvin, *The Epistles of Paul the Apostle to the Romans and to the Thessalonians,* trans. Ross Mackenzie (Grand Rapids : Wm. B. Eerdmann, 1973), p. 40.

3. John Murray, *The Epistle to the Romans* (Grand Rapids : Wm. B. Eerdmann, 1968), pp. 55, 56. 이 견해는 찰스 하지, 프레데릭 고데, 로버트 홀데인도 주장했다.

4. 게스너가 한 말은 James Montgomery Boice의 *Our Savior God : Studies on Man, Christ and the Atonement* (Grand Rapids : Zondervan, 1989)의 "Man the Sinner" (pp. 56, 57)에 실려 있다.

24
길이 참으시는 하나님
로마서 2 : 4

혹 네가 하나님의 인자하심이 너를 인도하여 회개케 하심을 알지 못하여 그의 인자하심과 용납하심과 길이 참으심의 풍성함을 멸시하느뇨.

필라델피아에 있는 내 서재에는 하나님의 속성들(attributes)을 다룬 책들이 많다. 내가 아끼는 책들이다. 이를테면 하나님을 아는 문제를 다룬 토저(A.W. Tozer)의 책들인 「하나님을 찾아」(The Pursuit of God)와 「하나님께 관한 지식」(The Knowledge of the Holy)이나[1], 하나님의 성품을 연구한 아더 핑크(Arthur Pink)의 「하나님의 속성들」(The Attributes of God)과 「하나님께 관해 깨달은 지식들」(Gleanings in the Godhead)이 생각난다.[2] 무거운 신학 저서들도 있다. 이를테면 에밀 브루너(Emil Brunner)의 「기독교 신론」(The Christian Doctrine of God)[3] 헤르만 바빙크(Herman Bavinck)의 「신론」(The Doctrine of God)[4] 여러 권으로 된 칼 헨리(Carl F. H. Henry)의 「하나님, 계시 그리고 권위」(God, Revelation and Authority)[5]가 그런 책들이다. 패커(J.I. Packer)의 「하나님을 알아감」(Knowing God)[6]이라는 대중의 인기를 얻는 책도 있다.

나는 이 책들을 공부하면서 우리가 공부하게 될 세 가지 속성들(인자, 용납, 길이 참으심) 가운데 두 가지가 다뤄져 있지 않다는 사실을 발견했다. 그것은 용납(tolerance, 관용)과 길이 참으심(patience, 인내)이다. 왜 이 두 가지가 다뤄져 있지 않을까? 아더 핑크는 이 문제에 주의를 환기시키면서 이렇게 말한다 : "이유를 제시하기가 쉽지 않다… 왜냐하면 하나님의 인내는 하나님의 지혜, 권능, 또는 성결과 마찬가지로 하나님의 완전한 속성들 가운데 하나이며, 다른 속성들과 똑같이 우리가 흠모하고 존경해야 하는 속성이기 때문이다."[7]

많은 사람들이 이 두 속성을 지나치는 이유는 본문에서 바울이 다음과 같은 질문으로 암시하는 바로 그것일 가능성이 있다 : "혹 네가 하나님의 인자하심이 너를 인도하여 회개케 하심을 알지 못하여 그의 인자하심과 용납하심과 길이 참으심의 풍성함을 멸시하느뇨." 우리가 하나님의 관용과 인내를 종종 간과하는 이유는 죄에 대해서 무감각하고 죄에서 돌이키기를 주저하기 때문이다.

하나님의 인자하심

앞에서 나는 본문에 언급된 세 가지 속성들 가운데 두 가지 - 관용과 인내 - 가 자주 무시된다고 말했다. 그러나 세 가지 속성들 가운데 첫째 속성인 "인자하심"(KJV, 선하심⟨goodness⟩, NIV, 인자하심⟨kindness⟩)은 대개 무시되지 않는다. 인자하심은 하나님의 본성 가운데 매우 호감이 가는 부분이기 때문이라고 생각된다. "하나님"에 해당하는 영어의 "God"은 그런 뉘앙스를 풍긴다. 이 단어는 앵글로색슨어에서 유래했는데, 그 언어에서 "God"은 원래 "Good"이라는 뜻이었다. 이것은 아주 중요한 통찰이다. 앵글로색슨족 사람들의 마음에는 하나님이 단지 만물 가운데 "가장 위대한 분"(the Greatest)에 그치지 않고 "가장 선하신 분"(the Best)이기도 했다는 뜻이기 때문이다. 존재하는 모든 선함은 하나님 안에서 나온다. 그런 이유에서 사도 야고보는 다음과 같이 쓸 수 있었다 : "각양 좋은 은사와 온전한 선물이 다 위로부터 빛들의 아버지께로서 내려오나니 그는 변함도 없으시고 회전하는 그림자도 없으시니라"(약 1 : 17). 철학 용어로 하나님께 관한 모든 정의들 가운데 가장 간단한 것은 **숨뭄 보눔**(summun bonum), 즉 최고선(最高善)이란 용어이다.

　　그럼에도 바울이 로마서 2장에서 하나님의 선하심 곧 인자하심에 관해서 말할 때, 주로 하나님의 본연의 모습과 관계가 있는 것으로 생각하지 않고 우리를 향하신 하나님의 행위들과 관계가 있는 것으로 생각한다. NIV가 헬라어 **크레스토테스**(chrestotes, 훗날에는 chrestos로 변함)라는 용어를 KJV처럼 "선하심"(goodness)라고 번역하지 않고 "인자하심"(kindness)라고 번역한 데는 그런 이유가 있는 듯하다.

　　1. **창조**(Creation). 하나님의 선하심은 창조에서 맨 먼저 나타난다. 하나님께서는 여러 날에 걸쳐 만물을 창조하실 때 하늘과 땅, 바다와 육지, 그리고 바다에 살고 땅에 거하고, 하늘을 나는 모든 생물들을 만드신 다음에 "좋다"(It is good)고 말씀하셨다. 창조된 세상은 실제로 좋았고, 그 뒤로도 여전히 좋았다. 인간의 죄 때문에 세상이 갈수록 훼손되어 감에도 불구하고 말이다.

　　우리 주위에 펼쳐져 있는 세상은 좋으며, 이것은 하나님의 선하심을 드러내는 커다란 증거이다. 우리는 매순간 하나님의 좋은 공기를 들이쉼으로써 이 선하심에 얼마나 크게 의존하며 사는지를 역력히 드러낸다. 집을 짓고 옷을 만들고 식량을 재배하기 위해 세상의 자원들을 사용할 때마다 하나님께서 우리에게 인자하시다는 사실을 드러낸다. 우리 육체는 어떠한가? 손은 유익한 일을 하기에 얼마나 적합한가! 팔다리는 얼마나 유용한가! 눈은 얼마나 놀라운 것인가! 정신은 참으로 신기한 것이 아닌가! 인간 육체의 신비로움 - 세포, 뼈, 피부, 운동 - 을 연구한 폴 브랜드(Paul Brand)의 「두려울 정도로 신비스럽게 창조됨」(Fearfully and Wonderfully Made)[8]이라는 책은 하나님의 이 인자하심의 일면을 집중 조명한다.

　　2. **섭리**(Providence). 하나님의 인자하심은 섭리, 즉 세상과 세상의 사건들을 선한 쪽으로 끊임없이 다스려 가시는 것에서도 나타난다. 섭리는 신학자들이 "일반 은혜"(common grace)라고 부르는 것에서 나타난다. 예수님은 "… 하나님이 그 해를 악인과 선인에게 비춰게 하시며 비를 의로운 자와 불의한 자에게 내리우심이니라" 하는 사실을 관찰하실 때 이 은혜에 관해 말씀하셨다(마 5 : 45).

3. 복음의 부르심(The Gospell Call). 그러나 하나님의 인자하심은 물리적인 창조와 섭리에만 나타나는 게 아니다. 많은 영적 문제들에도 나타난다. 무엇보다도 광범위하게 이루어지는 복음 전도에서 나타난다. 물론 복음은 모든 곳에 다 전파되지는 않았다. 아직 예수께서 자기들을 사랑하고 위해서 죽으셨다는 말을 듣지 못한 사람들이 수없이 많다. 그러나 여러분은 들었다! 여러분은 적어도 복음에 나타난 하나님의 인자하심 만큼은 안다.

19세기 영국의 위대한 설교자 찰스 스펄전(Charles Haddon Spurgoen)은 로마서 2 : 4에 대해서 이렇게 썼다 :

> 무수한 동료 인간들이 그리스도를 알 기회를 가져본 적이 없었습니다. 그들이 살던 도시들에는 선교사들의 발자국이 찍힌 적이 없었고, 따라서 그들은 어둠 속에서 죽었습니다. 지금도 수많은 사람들이 아래로 아래로 내려가고 있습니다. 그러나 그들은 위로 올라가는 길을 모릅니다. 그들의 마음은 하나님의 말씀에 관한 교훈으로 밝게 비친 적이 없었고, 따라서 그들은 죄책감에 그리 시달리지 않는 채 죄를 짓습니다. 여러분은 기독교의 빛 한복판에 서 있습니다. 그러면서도 악을 따릅니다. 이것을 생각하지 않습니까? 성경을 구입하기 위해서 장정이 수년간 일해야 할 때가 있었습니다. 그런 고생을 하고서도 한 권도 살 수 없던 시절이 있었습니다. 오늘날은 하나님의 말씀이 여러분의 탁자에 놓여 있고, 거의 방마다 성경 사본들이 있습니다. 하나님께서 주신 은혜 아닙니까? 어디 가나 성경을 구할 수 있고, 어디 가나 하나님의 말씀을 들을 수 있습니다. 여러분은 풍성히 드러난 하나님의 인자를 뚜렷이 목격하고 있습니다. 이 풍성한 자비를 멸시하는 것입니까?… 이게 작은 일입니까?[29]

하나님의 인자는 작은 일이 아니다. 바울이 말한 대로 그것을 감히 멸시해서는 안 된다.

하나님의 관용

본문이 말하는 하나님의 두 번째 속성은 관용이다. 앞에서 쓴 대로, 이것은 자주 간과된다. 헬라어로는 아노케스(anoches)로서, "관용"(tolerance), "자제"(forbearance), "보류"(holding back), "연기"(delay), "중단"(pause), 또는 "관대"(clemency) 등으로 다양하게 번역된다.

이 용어가 도입하는 새로운 개념은, 사람이 하나님의 선하심을 모욕하였고, 이 행위는 즉각적이고도 혹독한 심판을 받을 만한 것이었는데도 하나님께서는 참으신다는 것이다. 하나님의 이 덕성은 성경 서두에서 보게 된다. 하나님께서는 아담에게 먹지 말라고 한 나무의 실과를 먹는 날에는 죽을 것이라고 경고하셨다(창 2 : 17). 그러나 우리 시조는 불순종했고, 하나님께서 그 불순종을 추궁하시러 우리 시조가 있는 동산으로 찾아오셨을 때, 사실상 그 형벌을 집행하지 않으셨다. 어떤 사람은 아담과 하와가 영적으로 죽었다고 주장하면서, 그 증거는 하나님께서 찾으러 오셨을 때 두 사람이 하나님을 피해서 숨은 사실에서 나타난다고 말한다. 사실이다. 그러나 적어도 육체적으로는 즉시 죽지 않았다. 영원히 죽지도 않았다. 왜냐하면 하나님께서는 그들에게 오사 장차 사단을 무찌를 구원자를 통해서 구원을 제시하셨고, 두 사람은 당시에 그 말씀을 믿고 의지했기 때문이다. 최초로 죄가 발생했을 때 하나님께서 그것을 처리하신 일은 하나님의 인자를 보여 준다.

그것은 우리 모두에게도 마찬가지이다. 우리는 죄를 짓지만, 하나님께서는 즉시 심판을 내리시지 않으신다. 우리가 그 위대하신 엄위와 성결을 모독한 것을 그냥 참으신다. 그리고 우리에게 구원을 제시하신다!

참으로 아이러니한 것은 우리가 이것을 이해하지 못하고 하나님께서 어떤 죄를 잠시 참으시는 것을 오히려 하나님을 비판하는 기회로 삼는다는 것이다. 주 예수님께서 땅에 계실 때 어떤 사람들이 몇 가지 비참한 사건들을 목격하고서 예수님께 던진 질문을 기억하는가? 어떤 갈릴리 사람들이 예루살렘에 찾아와 성전에서 예배를 드리고 있었다. 그들이 예배를 드리고 있던 도중 빌라도가 보낸 군인들이 그들을 덮쳐 그중 몇 사람을 죽였다. 또한 비슷한 시기에 망대가 무너져 주위에 있던 18명의 사람들이 깔려 죽었다. 그것을 지켜본 사람들은 공의로우면서도 자비로우신 하나님께서 다스리시는 세상에서 어찌 이런 일이 생길 수 있느냐고 예수님께 질문했다. 죽은 사람들이 다른 사람들보다 죄가 더 컸기 때문인가? 아니면 하나님께서 그런 비극들을 막을 만한 힘이 없으시거나 관심이 없으시기 때문인가?

예수님께서는 이렇게 대답하셨다 : "너희는 이 갈릴리 사람들이 이같이 해받음으로써 모든 갈릴리 사람보다 죄가 더 있는 줄 아느냐. 너희에게 이르노니 아니라. 너희도 만일 회개치 아니하면 다 이와 같이 망하리라. 또 실로암에서 망대가 무너져 치어 죽은 열 여덟 사람이 예루살렘에 거한 모든 사람보다 죄가 더 있는 줄 아느냐. 너희에게 이르노니 아니라. 너희도 만일 회개치 아니하면 다 이와 같이 망하리라"(눅 13 : 2-5).

예수님의 논지는 질문을 하는 방식이 아주 잘못되었다는 것이었다. 문제는 다른 사람들이 멸망하는데 하나님께서 왜 "팔짱만 끼고" 계신가 하는 것이 아니라, 우리 같은 죄인들을 하나님께서 왜 살려 두셨는가 하는 것이다. 만약 우리가 얼마나 죄가 많은 사람들인지를 이해할 수 있다면, 그 군인들이 얼마든지 우리를 죽일 수 있었고, 망대가 우리에게 넘어질 수 있었다는 것을 이해할 수 있다. 원래 우리는 이 순간에 죽어서 지옥에 들어가 있어야 할 사람들이다. 우리가 지옥에 들어가 있지 않다는 사실은 하나님께서 관용하신다는 증거이다. 하나님께서는 아직 우리가 마땅히 받아야 할 형벌을 내리지 않으셨다.

하나님의 관용을 발견했으면 늦기 전에 회개해야 한다.

하나님의 길이 참으심

이 세 가지 속성들 가운데 마지막 것은 본문의 시각에서 볼 때는 가장 위대한 속성이다. 이것은 하나님께서 오래 기다리시면서 회개하라고 부르시는 것과 연관되기 때문이다. 헬라어 **마크로튀미아**(makrothymia)는 흥미로운 단어이다. 그 절반인 **마크로**(makro)는 하나님의 길이 참으심, 또는 인내가 얼마나 위대한지를 강조하기 때문이다.

이 세 단어를 한꺼번에 놓고 비교할 만한 좋은 자리가 있다. 먼저 로버트 홀데인(Robert Haldane)의 글을 인용한다. 그는 내 생각과는 달리 이 단어들이 명백히 유대인들에게 적용된다고 생각한다. 그럼에도 그가 제시하는 정의들과 대조들에는 깊은 의미가 있다 : "인자하심은 하나님께서 유대인들에게 내리신 유익들을 내포한다. 용납하심은 하나님께서 그들에게 즉각 진노를 쏟지 않으시고 참으신 일을 - 형벌을 유예하신 일을 - 가리킨다… 길이 참으심은 그렇게 용납하신 세월의 길이를 의미한다."[10] 이번에는 찰스 하지(Charles Hodge)의 글을 인용한다 : "첫째는 호의를 베푸실 때 나타나는 인자하심을 뜻하고, 둘째는 인내를, 셋째는 형벌 집행을 자제하시는 관용을 뜻한다."[11]

나는 이 세 가지 단어를 하나님의 선하심에 따르는 양상들로 정의하고 싶다. 첫째는 죄와 구체적인 관계 없이 사람에게 선하신 양상이고, 둘째는 죄의 중대성에 관련하여 선하신 양상이며, 셋째는 죄의 지속과 관련하여 선하신 양상이다. 스펄전(Spurgeon)은 이런 생각을 갖고서 다음과 같이 썼다 : "용납은 죄의 중대성과 관련이 있고, 길이 참으심은 죄의 번식성과 관련이 있다."[12]

"인내"는 하나님께서 죄를 오래 참으시는 것을 뜻한다. 그 몇 가지 예를 들어보자 :

첫째, 하나님께서 대홍수 이전 시대에 죄를 지은 사람들에게 길이 참으셨다. 그 때는 악이 특히 관영했다. 그중 일면이 창세기 4장에 묘사되는데, 이 본문은 가인이 동생 아벨을 죽인 일에서 시작하여 라멕이 자기에게 상처를 입혔다는 이유만으로 사람을 죽이고서 자랑하는 일로 마친다. 창세기 6 : 5은 그 시대의 악을 이렇게 요약한다 : "여호와께서 사람의 죄악이 세상에 관영함과 그 마음의 생각의 모든 계획이 항상 악할 뿐임을 보시고." "항상 악할 뿐"이라니 얼마나 통렬한 말인가. 두려운 시대였다. 이렇게 악이 관영했음에도 하나님께서는 그 대홍수 이전 세대를 길이 참으셨다. 노아가 방주를 건조하고 그 안에 실을 것을 싣던 120년 동안 그 세대를 참으셨다. 노아와 그밖에 에녹 같은 대홍수 이전의 전도자들을 통해서 분명히 경고를 하신 다음에야 비로소 대홍수가 발생했다.

두 번째 예는 이스라엘이다. 하나님께서는 이스라엘을 유별나게도 오래 참으셨다. 바울이 안디옥에서 유대인들과 이방인들에게 설교하면서 상기시키시는 대로("광야에서 약 사십 년간 저희 소행을 참으시고", 행 13 : 18), 하나님께서는 광야에서 유대인들을 사십 년간 참으셨다. 훗날 이스라엘 백성이 약속의 땅에 들어가서 주변 부족들의 저급한 관습과 종교를 모방했을 때, 하나님께서는 즉시 그 백성을 징벌하지 않으시고 대신에 긴 계열의 구원자들을 보내셨다. 그들의 죄가 워낙 커서 외국에게 침략을 당하고 포로로 잡혀가는 일이 불가피하게 되었을 때도 하나님께서는 여전히 대대로 선지자들을 보내셔서 이스라엘과 유다 모두에게 죄를 버리고 회개하라고 경고하셨다.

우리들은 어떠한가? 아더 핑크(Arthur Pink)는 이렇게 쓴다 :

오늘날 하나님께서 세상에 대해서 길이 참으시는 것이 얼마나 놀라울 정도인가. 사람들은 모든 방면에서 과감하게 죄를 짓는다. 하나님의 법은 짓밟히고 하나님마저 공공연하게 모욕을 당한다. 이렇게 대담하게 하나님을 모욕하는 자들을 하나님께서 즉각 처단하지 않으시는 것이 참으로 놀라운 일이다. 아나니아와 삽비라를 처단하시듯이 왜 거만한 불신자들과 대담한 신성모독자들을 당장 처단하지 않으시는가? 다단과 아비람을 처단하시듯이 왜 땅을 갈라 자기 백성을 박해하는 자들을 삼키게 하고, 그들로 산 채로 지옥에 들어가게 하지 않으시는가? 온갖 가능한 형태의 죄를 그리스도의 신성한 이름 아래 관용하고 시행하는 배교한 기독교계는 왜 가만히 두시는가? 왜 하늘의 의로운 진노를 내려 그런 가증스런 일들을 끝장내지 않으시는가? 대답은 하나밖에 없다. 하나님께서는 "멸망에 합당한 진노의 그릇들을 풍성한 인내로" 관용하시기 때문이다.[13]

회개할 것인가 멸망할 것인가

나는 아더 핑크를 높이 평가하며 우리 시대 사람들에 대한 하나님의 길이 참으심을 참으로 잘 묘사했다고 생각하지만, "대답은 하나밖에 없다"는 그의 말에 대해서는 옳다고 생각하지 않는다. 핑크는 "하나님께서는 왜 모든 행악자들을 즉시 멸하지 않는가?" 하고 묻고는 "하나님께서는 멸망에 합당한 진노의 그릇들에 대해 오래 참으시기 때문이다" 하고 대답한다. 말하자면 하나님께서는 오래 참고 계시기 때문일 뿐이라는 것이다. 죄인들은 어쨌든 멸망할 것이지만, 하나님께서는 그럼에도 오랫동안 관용하신다는 것이다.

물론 그것이 대답의 일부이다. 하나님께서는 결국 멸망할 사람들을 오랫 동안 관용하신다. 그러나 만약 하나님의 인자하심, 용납하심, 길이 참으심을 힘주어 말하는 본문이 의미가 있다면, 하나님께서 길이 참으시는 데에는 **또다른 목적**이 있는 것이 분명하다. 바울은 그것이 우리를 인도하여 회개케 한다고 말한다.

물론 우리가 갈 수 있는 길은 두 갈래이다. 바울은 그것을 분명히 밝힌다. 하나는 성경이 권하는 회개의 길이다. 다른 하나는 하나님의 인자하심을 무색케 하는 반항의 길이다.

여러분은 어떤 길을 가려는가? 여러분은 하나님께 반항할 수 있다. 하나님의 주권, 성결, 전지, 불변 같은 속성들 뿐만 아니라 그분의 인자하심, 용납하심, 길이 참으심에도 도전할 수 있다. 그러나 왜 그래야 하는가? 앞에서도 지적했지만 자기 죄를 버리고 싶어하지 않는 죄인이 하나님의 거룩하심을 미워하는 것은 아주 이해함직한 일이다. 반역하는 백성이 하나님의 주권을 증오하는 것은 자명한 일이다. 하지만 대체 왜 "그의 인자하심과 용납하심과 길이 참으심의 풍성함을 멸시"하는가? 마음을 끄는 덕성들인 인자하고, 용납하고, 길이 참으시는 하나님은 선하신 하나님이다. 하나님이 좋은 결과를 바라고서 여러분에게 이런 덕성들을 발휘하신다는 것을 대체 왜 깨닫지 못하는가?

이런 덕성들 앞에서 회개하고 더 이상 하나님의 선하심을 멸시하지 말아야 할 세 가지 이유를 제시하고 싶다.

첫째, 만약 하나님께서 선하신 하나님이라면, 타락한 상태에서 어떻게 뒤집어 생각하든 간에 그분을 찾는 것이 여러분에게 가장 선한 것을 찾는 것이 될 것이다. 여러분은 평상시에 이 길을 생각하지 않는다. 여러분 자신의 의지가 선하다고 생각한다. 지금 필요하다고 생각하는 것에서, 절실히 원하는 것에서 돌아선다면 비참하게 되리라고 생각한다. 사람을 비참하게 만드는 것은 여러분의 죄악된 생활이고, 여러분 같은 수많은 사람들의 죄악된 생활이라는 사실을 모르는가? 비참하게 만드는 것은 하나님이 아니다. 하나님은 선하시다. 모든 선의 근원이시다. 만약 다른 사람들 뿐만 아니라 여러분에게도 선한 것을 찾고 싶다면, 그 길은 지금 여러분을 꽉 움켜쥐고 있는 것에서 돌이켜 하나님을 찾는 데 있다. 하나님께서는 자기 아들 주 예수 그리스도의 죽음을 통해서 당신께 나아갈 수 있는 길을 마련해 놓으셨다. 주 예수 그리스도는 하나님께 들어가는 문을 열어놓으시려고 여러분의 죄를 위해 죽으셨다.

얼마 전에 한 소녀와 대화를 나눈 적이 있다. 소녀는 권위가 있는 거의 모든 사람들에게 대드는 바람에 결국 문제아 보호소에 들어가게 되었고, 그곳에서 매우 괴로운 시절을 보냈다. 그러나 소녀는 상담과 소그룹 활동을 통해서 중요한 것을 배웠다. 대화 도중에 소녀는 이렇게 말했다 : "내 원수라고 생각했던 사람들이 사실은 친구들이라는 사실을 배웠어요. 내게 진리들을 말해준 분들이기 때문이지요. 그리고 내 고통이 다른 사람들 때문에 생기는 것이 아니라는 것도 배웠어요. 내가 스스로 일으킨 것이지요. 나는 변하지 않으면 성공하지 못할 겁니다."

고통의 원인을 하나님께 돌리며 하나님께 도전하는 많은 사람들에 비할 때 소녀는 상당한 지혜를 갖게 된 셈이다. 만약 어리석은 사람이 되지 않고 지혜로운 사람이 되려면 하나님의 인자하심에 힘입어 회개해야 할 것이다.

둘째, 만약 하나님께서 여러분을 용납하신다면, 그 이유는 하나님께서 여러분을 구원하실 뜻을 갖고 계시기 때문이다. 애당초 여러분을 정죄하길 원하셨다면 이미 오래 전에 그리하셨을 것이다. 지금 용납하고 계신다는 것은 만약 그분께 가면 여러분을 버리지 않으실 것이라는 뜻이다. 어떤 주석가는 이렇게 썼다 : "만약 하나님께서 매정하고 배은망덕한 사람에게조차 인자하시다면, 회개하는 사람에게는 하나님의 자비에 들어가는 문이 활짝 열려 있는 셈이다."[14]

셋째, 만약 하나님께서 숱한 사악한 행동에도 불구하고 여러분을 길이 참으신다면, 그 이유는 여러분에게 구원의 기회를 주고 계시기 때문이다. 사도 베드로는 이렇게 썼다 : "주의 약속은 어떤 이의 더디다고 생각하는 것같이 더딘 것이 아니라 오직 너희를 대하여 오래 참으사 아무도 멸망치 않고 다 회개하기에 이르기를 원하시느니라"(벧후 3 : 9). 만약 하나님께서 선하시지 않다면, 이 말씀을 의심할 여지가 있을 수 있다. 하나님께서 마치 쥐를 데리고 노는 고양이처럼 행동하신다고 생각할 수 있다. 그러나 사실은 그렇지 않다. 만약 하나님께서 인자하심 가운데 오래 참으신다면, 그렇게 하시는 이유는 선을 행하시려는 것임이 분명하다. 하나님의 오래 참으심은 여러분에게 돌아올 기회를 주시는 것이 분명하다. 하나님께서 관용하신다고 해서 죄를 심판하지 않으신다고 오해해서는 안 된다. 반드시 죄를 심판하실 것이다. 길이 참으시기도 하지만, 공의로우신 분이기 때문이다. 그러나 지금은 참으시는 기간이며, 만약 하나님께서 여러분에게 이십, 사십, 또는 심지어 팔십이나 구십 년을 더 살도록 허락하신다면, 죽어서 구원의 기회가 영원히 사라지기 전에 지금 곧 당신께 나오도록 하시기 위함이다.

바울은 하나님의 선하심이 여러분을 "회개"로 인도한다고 말한다. 그 선하심으로 여러분을 인도하시는 하나님께서는 자기를 따르는 자를 저버리지 않으실 것이다.

● 각주 ●

1. A. W. Tozer, *The Pursuit of God* (Harrisburg, Pa. : Christian Publications, 1948) and *The Knowledge of the Holy* (New York : Harper & Row, 1961).

2. Arthur W. Pink, *The Attributes of God* (Grand Rapids : Baker Book House, 1975) and *Gleanings in the Godhead* (Chicago : Moody Press, 1975). 제2권은 제1권 외에도 부가적인

자료를 다룬다.

3. Emil Brunner, *The Christian Doctrine of God, Dogmatics : Vol. 1* (Philadelphia : The Westminster Press, 1950).

4. Hermann Bavinck, *The Doctrine of God* (Edinburgh and Carlisle, Pa. : The Banner of Truth Trust, 1977).

5. Carl F. H. Henry, *God, Revelation and Authority* (Waco, Rex. : Word Books, 1976–1979).

6. J.I. Packer, *Knowing God* (Downers Grove, Ill. : InterVarsity Press, 1973).

7. Pink, *The Attributes of God,* p. 61.

8. Paul and Philip Yancey, *Fearfully and Wonderfully Made* (Grand Rapids : Zondervan, 1980).

9. Charles Haddon Spurgeon, "Earnest Exposition" in *Metropolitan Tabernacle Pulpit,* vol. 29 (Edinburgh and Carlisle, Pa. : The Banner of Truth Trust, 1971), p. 196. (Originally published in 1884.)

10. Robert Haldane, *An Exposition of the Romans* (MacDill AFB : MacDonald Publishing, 1958), p. 77.

11. Charles Hodge, *A Commentary on Romans* (Edinburgh and Carlisle, Pa. : The Banner of Truth Trust, 197), p. 48. (Original edition 1935.)

12. Spurgeon, "Earnest Expostulation," p. 197.

13. Pink, *The Attributes of God,* p. 64.

14. William S. Plumer, *Commentary on Romans* (Grand Rapids Kregel Publications, 1979), p. 86. (Original edition 1870).

25

쌓이는 진노

로마서 2:5

다만 네 고집과 회개치 아니한 마음을 따라 진노의 날 곧 하나님의 의로우신 판단이 나타나는 그 날에 임할 진노를 네게 쌓는도다.

로마서 2:5에서 우리는 하나님의 진노를 두 번째로 생각하게 된다. 여기서 다시 한번 진노는 하나님의 정당한 성품임을 변호할 필요가 있다. 꼭 이렇게 하지 않으면 안 되는 상황이 이상스럽다.

여러 해 전에 필라델피아 북부에서 "공포의 집"이 발견되었다는 기사가 신문들에 실린 적이 있다. 게리 하이드닉(Gary Heidnik)이라는 사람이 매춘부들과 떠돌이 여자들을 자기 집으로 유인하여 감금한 뒤 온갖 고문을 가한 끝에 몇 명을 죽였다. 그의 범죄 사실이 밝혀 졌을 때, 여자 두 명은 지하실 벽에 사슬로 묶여 있었고, 다른 여자들의 시체 덩어리들은 하이드닉의 냉장고에서 발견되었다. 물론 하이드닉은 미친 상태에서 범행을 한 것이다. 그러나 이 사건에서 흥미로웠던 것은 분노의 화살이 미친 것이 분명한 이 사람에게 뿐만 아니라 경찰에게도 쏟아졌다는 사실이었다. 일찍부터 이웃 주민들이 이 집에서 이상한 일들이 벌어지고 있다고 신고하였으나, 경찰은 아무 조치도 취하지 않았다는 것이다. 경찰은 그 집에 있다가 탈출한 여성이 하이드닉을 신고하기 전까지는 개입할 "상당한 근거"가 없었다고 항변했다.

물론 경찰의 입장은 기술적으로나 법적으로는 정당하다. 그러나 내가 말하고자 하는 것은 악에는 개입과 응징이 필요하다는 것이 사람들의 자연스런 감정이며, 이렇게 되지 않을 때는 크게 분노한다는 점이다. 아무런 조치가 취해지지 않거나 오랫동안 상황이 아무런 제재 없이 방치된다면 분노는 한층 커지게 마련이다.

우리는 하나님의 진노도 마찬가지라는 사실을 왜 인정하지 않으려고 할까? 이유는 한 가지밖에 없다. 우리의 죄들과 다른 사람들의 죄들을 용서 가능한 것으로 생각하기 때문이다. 거룩하신 하나님께서 보시기에는 그 죄들이 게리 하이드닉의 죄와 크게 다르지 않다는 사실을 잊은 채 말이다. 우리 죄들은 우리 자신의 상대적이고 가변적인 선악의 표준으로 척량되지 않고 하나님의 절대적이고 철저히 공정한 표준으로 척량된다.

나타난 진노

로마서에서 하나님의 진노를 맨처음 다룬 것은 이 편지의 위대한 서두에서였다. 그 부분에서 바울은 이렇게 말했다 : "하나님의 진노가 불의로 진리를 막는 사람들의 모든 경건치 않음과 불의에 대하여 하늘로 좇아 나타나나니"(롬 1 : 18). 이것은 주제가 되는 절이므로 아주 중요하다. 하나님의 진노가 오랜 세월이 지난 뒤 하나님의 심판 날까지 그냥 쌓여만 가는 것이 아니라 지금이라도 나타나는 것이라고 말하기 때문이다. 물론 로마서 2 : 5은 장차 올 진노의 날이 있다고 말하지만, 바울이 하나님의 진노에 관해서 맨 처음 말하는 것은 그것이 이미 하늘로부터 나타나고 있다는 것이다.

이것은 하나님의 진노가 매우 현실적인 것임을 뜻한다. 더욱이 과거와 현재에 나타난 진노를 봄으로써 장차 진노의 날이 분명히 있으리라는 것을 알 수 있다.

하나님의 진노는 어떤 식으로 나타나 왔는가? 로버트 홀데인(Robert Haldane)은 이렇게 말한다.

진노는 최초의 사형 선고가 내리고, 땅이 저주를 받고, 사람이 지상 낙원에서 쫓겨났을 때 나타났고, 그 뒤에는 대홍수을 통한 형벌과 하늘에서 불이 내려서 평지에 있는 도시들을 멸망시킨 형벌 등으로 나타났다… 그러나 무엇보다도 하나님의 진노는 하나님의 아들이 이 땅에 오사 하나님의 성품을 드러내셨을 때, 그리고 하나님께서 과거에 죄에 대한 불쾌감의 표증으로 내리신 모든 진노보다 훨씬 더 두려운 방법으로 진노하사 그 아들을 고난과 죽음에 몰아넣으셨을 때 나타났다. 그외에도 악인들에게 미래에 그리고 영원히 내릴 형벌이 과거와는 비할 수 없이 엄숙하고 명확한 표현으로 선포되고 있다. 새로운 시대에는 두 가지 계시가 하늘에서 내려온다. 하나는 진노에 관한 계시이고, 다른 하나는 은혜에 관한 계시이다.[1]

홀데인처럼 하나님의 계시의 본질을 철저하고 정확하게 말한 사람을 보지 못했다. 그럼에도 로마서 1장에서 바울은 죄에 붙잡혀 무력하게 저급한 생활로 끌려 내려가는 데서 하나님의 진노가 주로 나타난다고 말한다. 우리는 죄를 지을 때 "약간만 더" 지을 수 있다고 생각한다. 그러나 그럴 수가 없다! 그런 식으로 계속 죄를 짓게 되면, 죄가 우리를 꽉 붙잡고 무정하게 끌고 내려가 결국 선한 것을 악하다 하고, 악한 것을 선하다 할 지경까지 만들어 놓는다. 그리고 우리는 철저히 멸망한다.

이 사실에 비추어볼 때, 세상 - 우리 개인의 세계를 포함하여 - 의 혼란과 혼돈은 하나님의 진노가 지어낸 말이 아니라는 증거이다. 이것은 심각하게 고려해야만 할 일이다.

당연한 진노

로마서 2 : 5에서 바울은 진노에 대해서 좀더 다른 사항들을 말하며, 그 첫 번째 요지는 사람들의 죄에 대한 하나님의 진노가 정당한 것이라는 점이다. 물론 이것은 적어도 로마서 1장의 논지를 이해했다면 이 부분에서는 당연히 알아야 할 점이다. 하나님의 진노가 당연한 이유는 우리가 의도적으로 하나님을 멸시했기 때문이고, 의도적으로 하나님을 찾고 예배하기를 거절했기 때문이다. 우리는 이미 하나님께서 자신의 존재와 권능을 자연에 나타내셨다는 사실과, 그것만으로도 지구상에 사는 모든 남녀노소가 하나님께 감사를 드려야 할 만한 충분한 이유가 된다는 사실을 보았다. 그러나 우리는 그 일을 하고 있지 않으며, 우리가 그 일을 하고 있지 않는 것은 그 일을 원치 않는다는 증거이다.

그러나 그것보다 훨씬 더 강력한 이유가 있다. 바울은 그 이유를 로마서 2장에서 주로 가르친다. 로마서 1장은 자연에 나타난 하나님의 존재 증거 – 사람들이 인정하기를 거부하는 – 에 기초하여 하나님의 진노를 공포했다. 2장은 그 선을 넘어서서 지금 우리가 살피고 있는 5절에서는 사람이 회개하기를 완고히 거부하기 때문에 하나님의 진노가 임한다고 말한다.

회개라는 단어는 4절을 다시 생각하게 한다. 바울은 4절에서 하나님의 인자하심과, 용납하심과, 길이 참으심의 결과로 사람들에게 두 가지 길이 열려 있다고 말했기 때문이다. 한 가지 길은 하나님의 복들을 경멸하는 길이고, 다른 한 가지 길은 바울이 권하는 회개의 길이다. 바울은 하나님의 인자하심과 용납하심, 그리고 길이 참으심이 우리를 회개하는 데로 인도해야 한다고 주장한다. 그러나 이런 일이 발생할 것인가? 지금 발생하고 있는가? 대답은 5절에 나타난다. 여기서 바울은 우리의 "고집"과 "회개치 아니한" 마음에 관해서 말한다. 분명한 것은 하나님의 인자하심과 용납하심과 길이 참으심 자체가 사람들을 회개로 인도할 만한 힘을 갖고 있지 않다는 것이다. 정반대로, 이미 하나님께서 자연에 나타내신 진리를 억누른 사람들은 원래의 악에다 마음을 완고하게 하여 자기들의 유익을 위해 내리신 호의를 거절하는 악을 덧 보탠다.

그래서 하나님께서 인류에게 내리시는 진노는 두 가지 이유에서 정당하다. (1) 사람들은 자연 계시를 배척해 왔다. (2) 사람들은 하나님의 인내와 인자하신 행위들을 경멸해 왔다.

죄에 따라 정도를 달리하여 내리는 진노

나는 이 구절에서 가장 중요한 것은 하나님의 진노가 사람들의 죄에 따라 정도를 달리하여 내린다는 것이라고 생각한다. 죄를 많이 지은 사람들은 많이 형벌을 받고 죄를 적게 지은 사람들은 적게 형벌을 받는다는 의미에서 말이다. 이것은 불신자들이 예수 그리스도를 영접하기를 완고히 거부한다는 이유에서만 지옥의 형벌을 받는다고 생각한 일부 그리스도인들에게 문제가 되어 왔다. 그들은 그 죄 – 그것은 확실히 큰 죄이다 – 가 모든 사람들에게 동일하므로 지옥의 형벌도 동일해야 한다고 느낀다.

그러나 이것은 옳지 않다. 첫째, 기본 전제가 잘못 되어 있다. 모든 사람들이 예수 그리스도께 관해 들을 기회를 갖는 것이 아니며, 따라서 모든 사람들이 그분을 믿기를 거부했다는 이유로 형벌을 당할 것이 아니기 때문이다. 이 점은 로마서 1장에서, 멀리 떨어진 섬의 정글에 사는 원주민들처럼 복음을 들을 기회를 가져보지 못한 사람들을 하나님께서 정죄하시는 것이 공정한가 하는 문제를 다루면서 살펴보았다. 거기서 우리는 하나님을 아는 것이 의무인지 조차 알지 못했다는 이유로 사람들을 정죄하시지 않고, 그들이 갖고 있는 계시를 따르지 않았다는 이유로 정죄하신다는 사실을 보았다. 원주민은 그들이 들어보지 못한 예수님을 믿지 않았다는 이유로 정죄를 당하지 않고, 자연에서 볼 수 있는 하나님께 관한 계시에 근거하여 하나님을 찾지 않았다는 이유로 정죄를 당한다.

그러나 만약 이것이 사실이라면, 어떤 사람들은 다른 사람들보다 죄가 더 크며, 따라서 더 큰 형벌을 당하게 되는 셈이다. 원주민은 비록 아주 저급한 예배와 부도덕한 행위들을 저지르긴 하지만, 그럼에도 죄가 적을 것이다. 예수께 관해서 들었으나 예수 그리스도를 통해서 하나님께 나가기를 거절하는 사람은 죄가 더 크다. 그는 계시의 원천을 한 가지만 배척하는 것이 아니라 두 가지를 배척한다. 즉, 자연에 나타난 계시뿐 아니라, 하나님께서 주 예수 그리스도 안에서 베푸신 은혜에 관한, 성경에 기록된 복음이라는 특별 계시까지도 배척한다.

우리들처럼 복음을 반복해서 듣고 그 능력이 다른 사람들의 생활에서 역력히 나타나는 것을 본 사람들은 어떻게 될까? 만약 반복해서 전파되고 입증된 그 계시를 거부한다면, 우리는 그 누구보다도 죄가 클 것이다.

이 점에서 바울의 용어에는 흥미로운 상(像)이 암시되어 있다. 그는 완고하고 회개하지 않는 사람이 하나님의 심판의 날을 위해 "진노를 쌓는다"고 말하기 때문이다. 그것은 재산을 부지런히 쌓아가나 기대와는 정반대로 재산 때문에 멸망하게 될 욕심 많고 인색한 사람의 상이다. 그 사람은 막대한 금화를 모아놓고 그것을 침대 위 더그매(지붕과 천장 사이의 공간 : 고미다락)에 감춰둔 다음, 아무도 그것을 찾아내지 못하리라 생각하고서 안심한다. 이 엄청난 양의 금화를 여러 해 동안 보관해 둔다. 그러나 어느 날 그가 잠을 자고 있을 때 그 무거운 금화들이 침실 천장을 뚫고 떨어져 침대를 덮쳤고, 그는 죽고 말았다. 그는 재산을 구원이라고 생각했으나 실은 죽음이었다.

죄에 죄를 쌓고 하나님의 인자하심을 멸시하는 사람의 장래가 이와 같다. 그들은 자기 죄들이 장래의 행복과 자유를 건축해 준다고 생각한다. 그러나 실은 죄 하나하나가 진노를 쌓아간다. 홀데인은 말하기를, "사람은 소유하고 있는 재산만큼 부유하다. 마찬가지로 악인들은 그들이 지은 죄의 수효와 정도에 따라 형벌을 받게 될 것이다"라고 한다.[2]

이것은 하나님께 선한 것을 받은 뒤 그것에 합당한 감사를 드리지 않은 채 누리는 일에도 해당된다.

죄를 조금씩 묵과하는 것은 진노의 동전을 쌓아가는 것이다.

다른 사람들을 무시하는 것 하나하나가 진노의 주화를 쌓아가는 것이다.

성난 말, 이기적인 생각, 저급한 말대꾸, 악한 행동 하나하나가 진노의 보물을 쌓아가는 것이다.

하나님께 진심으로 감사하지 않고 낙을 누리는 것 하나하나가 진노를 세워가는 것이다.

하나님의 신속하고도 즉각적인 심판을 격지 않고서 매년 매일 은혜를 누리는 것 하나하나가, 매순간 하나님의 자비에 무관심한 것 하나하나가 진노를 축적해 가는 것이다.

하나님을 무시하면서도 여태껏 평탄한 삶을 누려 왔다면, 여러분은 죄책을 늘리고 장래 심판의 보고(寶庫)를 건축해 왔을 뿐이다.

확실한 진노

5절에는 진노에 관한 또다른 생각이 있다. 그것은 죄에 대한 하나님의 진노가 확실하다는 생각이다. 하나님의 인내를 멸시하는 사람들은 종국에는 자유를 얻고 형벌을 피하게 될 것이라고 생각할 것이다. 이것이 바울이 이 장에서 염두에 두고 있는 사람들의 사고 방식이다. 그들은 도덕적으로 저급한 이교도들의 행위들을 바라보고 나서, 자기들은 그런 일들에서 이교도들보다 우월하므로 진노를 피하게 될 것이라고 단정한다. 그러나 그렇지 않다고 바울은 말한다. 사실은 정반대이다. 그들은 고도의 도덕 표준을 알고 있는데다 회개하고 하나님께 가기를 거부함으로써 죄책을 심화하고 최종적인 정죄를 기정사실화한다.

진노의 확실성은 "진노의 날"이라는 표현에 나타난다. 하나님의 진노가 쏟아부어질 때를 가리켜 왜 "날"이라고 했을까? 내 견해로는 어느 작가가 역사상 가장 길었던 날이라고 한 제2차 세계대전 때 노르망디 상륙작전이 있던 날처럼, 24시간으로 이루어진 날을 가리킨

것 같지는 않다. 성경은 상당한 기간에 걸쳐 전개될 다양하고 여러 차례에 걸친 심판들을 말한다고 나는 생각한다. "진노의 날"이란 구절에서 "날"이란 단어가 사용된 것은 "예수 그리스도의 날"이란 구절에서 "날"이란 단어가 사용된 것과 비슷하다. 후자에서 그 단어는 삼십삼 년간의 사역에 일어난 사건들을 망라한다.

그렇다면 하나님의 진노의 날을 "날"이라고 했을까? 가령 사람이 1941년 12월 7일 처럼 어느 날을 언급하듯이 그 날이 하나님의 달력에 고정되어 있기 때문이다. 그 날은 결정되어 있는 것이다. 따라서 달력이 다 떨어지고 마침내 그 날이 되었을 때 사람들이 아무리 정반대로 소원하든간에 하나님의 진노는 반드시 쏟아 부어질 것이다.

발터 뤼티(Walter Luethi)라는 독일의 위대한 설교자는 이렇게 썼다 :

> 마침내 사람들이 검은 것을 희다고, 흰 것을 검다고 증명하는 날이 오면, 선한 것을 악하다고, 악한 것을 선하다고 증명하는 날이 오더라도(이런 일들은 오늘날도 벌어진다), 우주의 근본적인 도덕 원칙들을 무효화하여 사람들이 더 이상 죄를 미워하지 않게 하고 악에 대한 소원을 품는 날이 오더라도, 여전히 악이 미움을 당할 보루가 있을 것인 바, 그것이 하늘이다. 그 날이 오더라도 세상에서 마지막 피 한 방울을 흘릴 때까지 악과 싸우기로 맹세하는 분이 있을 것인 바, 그분이 하나님이시다. 그분의 "진노가 불의로 진리를 막는 사람들의 모든 경건치 않음과 불의에 대하여 하늘로 좇아" 나타난다.[3]

의로운 진노

로마서 2 : 5은 진노에 관해서 또다른 사실을 가르치는데, 이것 역시 주시할 필요가 있다. 하나님의 진노는 의로운 진노로서, 독단적이거나 까다로운 것이 아니라 "의로운 판단"에 따른 것이다. 바울은 하나님의 판단을 말할 때 하나님의 율법에 관한 생각들을 제시하고 하나님의 판단이 율법에 따라 이루어진다는 사실을 상기시킨다. 그가 뒷 부분에서 가르치는 대로, 선을 행한 사람들은 - 만약 그런 사람들이 있다면 - 하나님께로부터 선한 것을 받고, 악을 행한 사람들은 악한 것을 받게 될 것이다.

죄와 관련하여 생기는 한 가지 큰 문제는 죄가 자기의(自己義)를 갖게 한다는 점이다. 그래서 언짢은 일이 생기면 즉각 부당한 결과라는 생각이 들며, 우주를 다스리시는 하나님께 불평을 하게 된다. 반역하는 마음의 외침은 항상 동일하다 : "내가 하나님께 바라는 건 공의뿐이다."

하나님께서는 여러분이 하나님으로부터 공의로운 대접을 받게 되지 않도록 오히려 막으신다.

하나님의 공의는 여러분을 정죄할 것이다. 하나님께서 참으로 공의로운 분이라는 사실은 생각만으로도 공포를 준다. 아브라함이 잘 이해한 대로, 온 땅을 다스리시는 하나님께서는 공의를 행하신다(참조. 창 18 : 25). 죄는 대부분 현세에서 징벌을 받으며, 내세에서 충분하고도 적절하게 징벌을 받을 것이다. 하나님께 공의를 구하지 말라. 자비를 구하라. 하나님의 진노에서 구원을 받을 수 있는 유일한 곳에서 자비를 구하라.

남김 없이 부어진 진노

구원을 어디서 찾아야 할까? 만약 하나님의 진노가 우리에게 당연하고, 우리 죄의 정도에 따라 임하고, 달력처럼 확실하고, 공의롭고, 심지어 부분적으로는 현세에서 죄의 결과들을 자연스럽게 드러내는 가운데 나타나기도 한다면, 현재 죄인들인 우리들이 그 진노를 어떻게 피할 수 있을까?

피할 곳은 우리를 위해 하나님의 진노를 남김 없이 받으신 그리스도뿐이다. 하나님의 진노가 실제적이고 두려운 것임을 의심하는가? 만약 의심한다면 십자가에 못 박히시기 몇 시간 전에 예수님이 어떤 모습을 보이셨는지만 보면 된다. 그분은 생명을 앗아갈 독을 조용히 마셔버린 소크라테스와 같지 않았다. 예수님의 영혼은 "걱정"에 휩싸였고(요 12 : 27, 한글 개역성경, "내 마음이 민망하니"), 겟세마네 동산에서 고뇌하시면서 하나님이 자기를 위해 준비하신 "잔"이 거둬지기를 구했다(마 26 : 36-44). 예수님은 죽음을 두려워하지 않으셨다. 그 점에서는 소크라테스에 못지 않은 용기를 갖고 계셨다. 예수님이 죽음 앞에서 두려워하신 이유는 자신의 죽음이 단순한 인간들의 죽음과 같지 않을 것이기 때문이었다. 다른 사람들을 위해서 죽으실 작정이었다. 사람들이 받아야 할 하나님의 진노를 한 몸에 다 받으실 작정이었다. 진노의 잔을 마지막 한 방울까지 다 마실 작정이었다. 하나님의 공의를 만족시키고 죄인들을 용서하기 위해서였다.

그리고 뜻하신 대로 되었다.

예수님이 십자가에 못 박히러 끌려가실 때가 왔다. 십자가에, 땅과 하늘 사이에서 죄인들과 거룩하신 하나님을 잇는 다리인 그 십자가에 달리셨다. 그곳에서 죄를 알지도 못하신 몸으로 우리 대신 죄가 되셨다. 그곳에 하나님의 진노가 쏟아졌다.

수 세기 동안 사람들이 쌓아온 진노가 잔뜩 축적되어 있었다. 더그매(고미다락)에 감춰 둔 금화들이나 큰 댐으로 가둬둔 물처럼 말이다. 과거에는 어느 작은 지역에 대해서 하나님의 인내가 한계에 다달았을 때 하나님의 심판의 물이 꼭대기에서 조금씩 넘친 적이 있었다. 그래서 소돔과 고모라가 멸망했고, 예루살렘이 함락되었다. 그러나 하나님의 진노는 거의 대부분 축적되기만 하면서 점점 높아지고 넓어지고 깊어지고, 갈수록 흉용해 갔다. 그러다가 예수님께서 죽으셨다. 죽으실 때 댐의 수문이 열렸고, 꼭대기까지 축적되어 있던 하나님의 진노가 예수님께 쏟아져 내렸다. 예수님은 우리를 위해서 하나님의 진노를 당하셨다. 가둬져 있던 맹렬한 분노를 우리 대신 당하셨다. 그 의로우신 영혼이 속죄의 과업 앞에서 위축되지 않으신 것은 당연한 일이었다. 티끌만한 죄도 범하신 적이 없으셨다. 한 점 흠도 책망받을 일도 없으셨다. 그럼에도 예수님은 무흠하셨기 때문에, 하나님이셨기 때문에 우리를 위해 형틀에 서실 수 있었으며 우리의 구원을 확보하실 수 있었다.

하나님께서는 예수님께서 그 일을 이루어 내셨음을 역력하게 나타내 보이셨다. 예루살렘에는 성전이 있었는데, 성전의 핵심 부분에는 지성소라 하는 방이 있었다. 그곳에 하나님께서 상징적으로 거하신다고들 이해했다. 지성소 정면에는 두꺼운 휘장이 드리워져, 죄가 거룩하신 하나님과 죄인들인 우리들 사이에 장벽을 쌓았음을 상징하고 있었다. 누구든 휘장 안으로 들어가면 즉사하게 되어 있었고, 경우에 따라 그런 일들이 발생했다. 이는 거룩하심을 침범하는 죄를 하나님의 진노가 반드시 불사르고 말기 때문이다. 예수께서 죽으셨을 때 그 휘장이 두 조각으로 찢어졌다. 수 세기 동안 그 자리에 드리워져 있으면서 하나님께서는 거룩하시고, 사람은 죄인이며, 하나님께 나가는 길은 따라서 꽉 막혔다는 사실을 선포하고 있던 휘장이었다. 그러나 이제 예수께서 자기를 의지하고 자신이 드린 제사의 유익을 받으려는 사람을 대신하여 죄를 위해 죽으시고, 하나님의 진노가 다 쏟아져 내리고, 휘장 안으로 들어가는 길이 열린 다음에는 하나님의 큰 사랑과 인자밖에 남은 것이 없었다.

이것이 복음이다. 여러분에게 바로 이런 길이 열려 있다. 만약 자기 행위를 의지하지 않고 – 행위는 여러분을 정죄할 수 있을 뿐이다 – 그리스도께서 여러분을 대신하여 하나님의 진노를 받으셨다는 사실을 의지하고서 하나님께 나가려고 작정하면 그런 길이 열려 있는 것이다.

하나님의 진노는 최후 심판의 날을 향해 치닫는 역사의 중간기에 벼락처럼 내리치고 있다. 만약 여러분이 예수 그리스도 안에서 하나님 앞에 서 있지 않다면 장차 어느 날 그 벼락이 반드시 여러분을 내리칠 것이다. 마르틴 루터는 하나님의 진노에 대한 두려움 때문에 영적 순례를 시작하였고, 그리스도 안에서 평화를 발견하였다. 그러나 최후 심판의 실체를 잊지 않았으며, 청중에게 언제나 그리스도께 가서 그 심판을 피하라고 경고하였다. 한 곳에서는 이렇게 말하였다 : "최후의 날은 진노와 자비의 날, 고통과 평화의 날, 멸망과 영광의 날이라 불리웁니다."[4] 루터의 말이 옳다. 이것 아니면 저것이다. 여러분에게 그 날이 진노와 고통의 날이 되지 않고 자비와 평화의 날이 된다면, 그것은 분명히 여러분이 지금 그리스도를 의지하고 있기 때문이다.

● 각주 ●

1. Robert Haldane, *An Exposition of the Epistle to the Romans* (MacDill AFB : MacDonald Publishing, 1958), pp. 55, 56.

2. Ibid. pp. 79, 80.

3. Walter Luethi, *The Letter to the Romans : An Exposition,* trans. Kurt Schoenenberger 9Edinburgh and London : Oliver and Boyd, 1961), pp. 20, 21.

4. Martin Luther, *Luther's Works,* vol. 25, *Lectuers on Romans,* ed. Hilton C. Oswald)St. Louis : Concordia, 197), p. 176.

26

선에는 선으로 악에는 악으로

로마서 2 : 6-11

하나님께서 각 사람에게 그 행한 대로 보응하시되 참고 선을 행하여 영광과 존귀와 썩지 아니함을 구하는 자에게는 영생으로 하시고 오직 당을 지어 진리를 좇지 아니하고 불의를 좇는 자에게는 노와 분으로 하시리라 악을 행하는 각 사람의 영에게 환난과 곤고가 있으리니 첫째는 유대인에게요 또한 헬라인에게며 선을 행하는 각 사람에게는 영광과 존귀와 평강이 있으리니 첫째는 유대인에게요 또한 헬라인에게라 이는 하나님께서 외모로 사람을 취하지 아니하심이니라.

확신컨대, 여러분은 잘못을 저지르고 즉시 변명하기 시작하는 상태를 경험해 본 적이 있다. 그 때 비판을 받으면 "원래 그럴 의도는 아니었는데" 라고 말하거나, "그러나 이런 일은 처음입니다" 라고 말하거나, 아니면 "그 때 내 처지를 이해하지 못할 겁니다" 라고 말하기 마련이다.

실제로 동기나 상황 때문에 잘못을 저지른 "무고한" 경우도 있을 수 있다. 이 한 가지 이유 때문에 우리의 사법 체계는 형사 사건들이 일어날 때 그 동기들과 정황들을 파악하느라 많은 애를 먹는다. 그러나 변명이 말 그대로 변명인 경우가 대부분이며, 그 변명들은 실상에 비추어 살펴볼 필요가 있다. 이것은 우리와 하나님 사이의 관계에서 특히 그러하다. 하나님께서는 우리가 당신께 관한 진리를 억누르고 당신의 도덕법을 어기되, 심지어 이런 소행 때문에 다른 사람에게 심판을 내리고 계신 동안에 그런 죄를 짓는 것을 지적하신다. 그 말씀을 듣자마자 우리는 변명을 늘어놓기 시작한다. 하나님께서 우리에게 요구하시는 것이 무엇인지를 몰랐다고 주장하든가, 그런 일을 하지 않았다고 잡아 떼든가, 아니면 동기는 사실상 선했다고 내세운다. 이런 변명을 할 때마다 로마서 2장이 설명하는 하나님의 의로운 심판에 관한 원칙들을 재발견할 필요가 있다.

한 가지 중요한 원칙은 하나님의 심판이 **진리에 따라**(2절) 이루어진다는 것이다. 이 원칙만으로도 우리에게 죄가 있음이 드러난다. 다른 사람들이 했으면 당장 비판하고 나설 만한 일을 우리 자신이 하고 있다고 진리의 하나님께서 선언하시기 때문이다.

다른 원칙은 하나님의 심판이 **우리의 행위에 따라**(6절) 이루어진다는 것이다. 하나님께는 당시의 상황들을 고려해 달라고 호소할 수가 없다. 하나님께서 문제 삼으시는 것은 우리가 하고 있는 일이기 때문이다. 이 원칙이 6-11절에 제시되며, 12-15절에서 더 자세히 설명된다.

두 갈래 다른 길

이 구절들은 두 갈래 다른 길에 관해서 말한다. 한 길은 선행의 길로서, 그 끝은 영광, 존귀, 평강, 영생이다. 다른 길은 악의 길로서, 그 끝은 노, 분, 환난, 곤고이다. 사람은 이 길에 서든지 아니면 저 길에 서기 마련이라고 이 구절들은 가르친다.

이쯤 돼서, 특히 앞에서 5절을 공부한 터에서 생각할 때, 하나님의 심판이 완전한 행복이라는 이끝에서 환난과 곤고라는 저끝까지를 망라하여 정교하게 등급을 매겨 놓을 것이고, 대부분의 사람들은 그 중간 어디 쯤에 떨어지게 될 것이라고 결론지을 사람도 있을 수 있다. 죄의 정도에 따라 형벌을 내린다는 심판의 원칙 – 우리가 5절에서 "진노를 쌓는다"는 개념에서 발전시킨 원칙 – 때문에 그런 결론을 내리는 사람이 생긴다. 사람들을 보면 어떤 사람들은 다른 사람들에 비해 선하고, 어떤 사람들은 비교적 악하다. 그러므로 우리는 내세에서도 어떤 사람들은 좋은 대접을 받고, 다른 사람들은 나쁜 대접을 받으며, **그 차이는 상대적이라고** 생각한다. 이런 논리에 따라 생각하는 사람은 장차 우리가 천국이나 지옥에서 (무엇이 됐든) 맞이할 존재가 현세에서의 존재와 비슷한 점이 있을 것이라고, 즉 대부분의 사람들에게는 선과 악이 뒤섞여 있게 될 것이라고 결론지을 수도 있다.

본문은 이러한 오류를 배격한다. 본문에 따르면 두 갈래 길은 서로를 배척한다고 한다.

의로운 자들의 길

첫 번째 길은 선을 행하는 사람의 길이다. 바울은 본문의 두 곳에서 그 사람들에 관해서 말한다. 두 절을 연결하면 다음과 같이 된다 : "참고 선을 행하여 영광과 존귀과 썩지 아니함을 구하는 자에게는 [하나님께서] 영생으로 하시고… 선을 행하는 각 사람에게는 영광과 존귀와 평강이 있으리니 첫째는 유대인에게요 둘째는 헬라인에게라"(7, 10절).

의로운 자들이 행하는 일을 여기서는 두 가지로 묘사한다 : (1) 선을 행하는 사람들과 (2) 참고 선을 행하는 사람들. 이 사람들의 주요 동기로 꼽히는 세 가지 것들이 있다. (1) 영광, (2) 존귀, (3) 썩지 아니함(불멸). 바울의 다른 편지들에서 이 단어들은 그리스도인의 궁극적인 대망을 가리키는 데 사용된다.

"영광"(Glory)은 신자가 하나님의 아들의 형상으로 변하여 하나님의 영광이 그 사람 안에 반사될 것을 가리킨다(참조. 롬 5 : 2; 8 : 18, 30; 9 : 23; 고전 2 : 7; 15 : 43; 고후 3 : 12-18; 4 : 17). "존귀"(Honor)는 하나님께서 신자들을 인정하시는 것을 가리키며, 세상이 그들을 멸시하고 심지어 조롱하는 것과 대조된다(참조. 히 2 : 7; 벧전 1 : 7). "썩지 아니함"(Immortality)은 하나님의 백성이 지니는 부활의 소망을 가리킨다(참조. 고전 15 : 42, 50, 52-54).

어떤 주석가는 이렇게 쓴다 : "바울이 이 세 가지 용어를 사용할 때는 명백히 구속(救贖)과 관련된 의미들을 지니며, 이 점만 고려하더라도 종말에 대한 대망을 구속적 계시가 주는 소망이 아닌 다른 것이라고 생각할 수 없게 만든다. 이 세 용어는 종말에 대한 대망을 그리스도인의 소망 중 가장 높은 위치에 있는 것으로 규명한다."[1]

마찬가지로, 하나님께서 그 사람들에게 그런 대망을 품고 산 보상으로 주시는 네 가지 것이 있다 : (1) 영생, (2) 영광, (3) 존귀, (4) 평강. "영생(Eternal life)"은 구원, 즉 멸망을 받지 않고 하늘에서 하나님과 함께 사는 생명을 가리킨다. "영광"과 "존귀"는 그 사람들이 얻으려고 투쟁하는 목표들 가운데 두 가지이다.

마지막 용어인 "평강(Peace)"은 "썩지 않음"과 병행되는 듯하며, 따라서 그리스도께서 우리를 위해 죽으시고 우리를 의롭다 하심으로써 우리가 현세에서 누릴 수 있는 "하나님과의 화목"을 가리키지도 않고, 심지어 "모든 지각에 뛰어난" 하나님께 속한 초자연적 평강

(빌 4 : 7)을 가리키지도 않으며, 하늘의 평강을 가리킨다. 이것은 죄와 죄에 대한 투쟁에서 건짐을 받는 것이다.

그러나 여기서 큰 문제가 생긴다. 과연 자의로 이 길을 선택한 뒤 자기 힘으로 이 길을 걸은 사람이 있었던가? 누가 과연 복음을 듣지 않고서도 명실상부한 선을 행하고 그 상태를 일관되게 견지하는가?

나는 이 길을 걷는 사람이 품은 소망이 "그리스도인의" 소망이라고 말했다. 그러므로 이 길은 그리스도인들이 걷는 길이다.

그러나 내가 묻는 질문은 과연 우리가 이 길을 선택하는가, 그리고 그리스도를 믿음으로 죄에서 떠나게 하시고 우리를 그리스도와 연합시키시는 성령의 사역에 힘입지 않고서 **우리 스스로** 그 길을 일관되게 걷고 있는지 하는 것이다. 이제는 우리가 그 질문에 대답할 줄 알 것이라고 나는 기대하지만 대답은 아니라는 것이다. 아무도 선(하나님께서 정의해 놓으신 선)을 행하겠다고 선택하거나, 엄격한 도덕성으로 영광, 존귀, 또는 썩지 않음을 구하지 않는다. 그것이 실상이다. 바울이 인간의 상태를 정리하는 로마서 3 : 10-12에서 그 사실을 본다 :

기록한 바
의인은 없나니 하나도 없으며
　깨닫는 자도 없고
　하나님을 찾는 자도 없고
다 치우쳐
　한가지로 무익하게 되고
선을 행하는 자는 없나니
　하나도 없도다.

이 첫 번째 길은 만약 누가 실제로 그 길을 걸을 수만 있다면 참으로 놀라운 길일 것이다. 그러나 그 길을 걸을 능력이 있는 사람은 아무도 없다! 그러므로 하나님께서 사람들의 소행을 정확하고도 포괄적으로 조사하여 그들을 심판하실 때는 - 하나님께서는 장차 이 일을 하시겠다고 말씀하신다 - 모든 사람들이 정죄를 당할 것이다. "이는 하나님께서 외모로 사람을 취하지 아니하심이니라"(롬 2 : 11).

죄인들의 길

두 번째 길은 모든 사람들이 하나님의 간섭을 떠나 자연스럽게 걷는 길이다. 그것은 멸망의 길이다. 본문에서 바울은 이 길에 대해서도 두 절을 할애하여 말한다. 함께 연결해 놓으면 다음과 같다 : "오직 자기를 추구하고(한글개역성경, 당(黨)을 지어) 진리를 좇지 아니하고 불의를 좇는 자에게는 노와 분으로 하시리라. 악을 행하는 각 사람의 영에게 환난과 곤고가 있으리니 첫째는 유대인에게요 또한 헬라인에게며"(8-9절).

이 구절들에는 악인들의 죄성을 드러내는 네 가지 점이 언급된다. 첫째, 그들은 "자기를 추구한다." 이것은 첫째와 둘째로 큰 계명과 반대된다 : "네 마음을 다하고 목숨을 다하고 뜻을 다하여 주 너의 하나님을 사랑하라… 네 이웃을 네 몸과 같이 사랑하라"(마 22 : 37, 39). 이것은 "… 나 자신을 지존자로 삼으리라"(사 14 : 14. 한글개역성경, … 지극히 높은 자와 비기리라) 하고 말한 사단의 죄이다. 둘째, 그들은 "진리를 좇지 아니한다." 로마서 앞 장들의 문맥에서는 물론 이것이 자연에 나타난 하나님께 관한 진리를 배척하고 거기서 흘러나오는 진리를 배척하는 모든 행위들을 가리킨다. 셋째, 그런 사람은 "악을 행한다." 로마서 1 : 29-31은 이 말이 무슨 뜻인지를 설명한 말씀이었고, 나중에 그와 비슷한 본문들이 또 나온다(참조. 롬 3 : 13-18). 넷째, 그들은 "불의를 좇는다." 이 말은 단순히 그들이 악을 행한다는 뜻일 수도 있지만, 9절에 그 말이 다시 나온다는 점에서 중복된다. 아마 1 : 18-32에 묘사된, 끊임없는 악의 내리막길을 가리키는 듯하다.

이런 선택을 내린 결과는 무엇인가? 여기에도 네 가지 사항이 있다 : "노와 분" 그리고 "환난과 곤고." 처음 두 가지와 나중 두 가지가 서로 밀접하게 병행되며, 처음 쌍과 나중 쌍 사이에는 서로 관계가 있다. "노와 분"은 모두 하나님께서 모든 악을 혹독하고 절대적으로 배척하시는 것에 관련된다. "환난과 곤고"는 하나님께서 행악자들에게 심판을 내리심으로써 생기는 결과를 가리킨다. 이 단어들은 내세에서 악인들이 당할 고난을 가리키는 데 자주 사용된다(참조. 사 8 : 22; 습 1 : 15, 17).

경건치 않는 사람들에게는 바로 이런 것이 기다리고 있으며, 그렇기 때문에 자기를 남보다 낫게 생각하는 사람들에게까지 복음이 필요하다.

성경에 나타난 두 길

많은 사람들은 로마서의 이 부분을 아주 어렵게 여긴다. 구원이 선행으로 말미암는다고 말하는 듯하기 때문이다. 만약 선을 일관되게 행하면 구원을 얻을 것이지만, 악을 행하면 멸망할 것이라는 인상을 준다. 그러나 물론 이것이 로마서 2 : 6-11이 가르치는 바는 아니다. 예수 그리스도의 사역과 그분께 대한 믿음으로 말미암지 않고는 아무도 구원을 받지 못한다. 그럼에도 영감을 받은 사도가 두 가지 길에 관해서 말하는 것은 의미심장한 일이다. 그는 실제로 의의 길에 서 있지 않으면서 영생의 목적지에 도달할 수 있다고 생각하도록 격려하지 않는 것이다.

이 말씀에 움츠러들어야 할까? 그렇지 않다.

이것은 시편 1편의 메시지이다. 이 본문은 의인에 관해서 말하기를, "… 악인의 꾀를 좇지 아니하며 죄인의 길에 서지 아니하며 오만한 자의 자리에 앉지 아니하고" 대신에 "여호와의 율법을 즐거워하여 그 율법을 주야로 묵상하는 자로다" 하고 말한다. 악인에 대해서도 말하는데, 그는 "… 바람에 나는 겨와 같도다" 하고 말한다(1-2, 4절). 모두 현재적인 의미들을 함축하고 있다. 그러나 바울이 로마서에 쓴 비슷한 생각들과 마찬가지로, 시편 1편은 영원한 의미들도 함축하고 있다. "그러므로 악인이 심판을 견디지 못하며 죄인이 의인의 회중에 들지 못하리로다"(5절). 그리고 "… 악인의 길은 망하리로다"(6절).

마태복음 19 : 16-21은 "선생님이여 내가 무슨 선한 일을 하여야 영생을 얻으리이까" 하고 묻는 부자 청년에게 예수께서 비슷한 용어들을 사용하여 대답하신 말씀을 기록하고 있다.

우리 같았으면 예수님 자신을 믿어야 한다고 대답하시리라고 기대했을지도 모른다. 그러나 예수님은 계명들을 지키라고 말씀하셨다 : "살인하지 말라, 간음하지 말라, 도적질하지 말라, 거짓 증거하지 말라, 네 부모를 공경하라, 네 이웃을 네 몸과 같이 사랑하라."

청년은 자기가 이미 이런 계명들을 지켰다고 생각했다. 그래서 "이 모든 것을 내가 지켰나이다" 하고 말했다.

이번에도 예수님은 자신에 대한 믿음을 말씀하시거나 청년이 실상은 하나님의 의도대로 이 계명들을 지키지 않았노라고 말씀하시지 않고, 청년의 취약점인 재물에 대한 애착을 상기시키셨다 : "네가 온전하고자 할진대 가서 네 소유를 팔아 가난한 자들을 주라. 그리하면 하늘에서 보화가 네게 있으리라. 그리고 와서 나를 좇으라"(21절).

선한 사마리아 사람의 비유도 서두가 비슷한 내용으로 시작한다. 어떤 율법 전문가가 젊은 부자 관원이 던진 것과 비슷한 질문을 하여 예수님을 시험하려고 했다 : "… 선생님 내가 무엇을 하여야 영생을 얻으리이까"(눅 10 : 25).

예수님은 그에게 율법을 언급하셨다 : "네 마음을 다하며 목숨을 다하며 힘을 다하며 뜻을 다하여 주 너의 하나님을 사랑하고 또한 네 이웃을 네 몸과 같이 사랑하라"(27절). 그뒤에 이어 하신 비유는 누가 이웃인가 하는 것과, 이웃을 사랑하는 것이 무엇인가를 보이기 위해 제시되었다.

예수님이 두 길을 설정하여 하신 말씀 가운데 가장 현저한 것은 십자가에 못 박히시기 전에 하신 최후의 위대한 설교, 즉 감람산에서 하신 설교의 마지막 부분이다 :

(예수께서 가라사대) 인자가 자기 영광으로 모든 천사와 함께 올 때에 자기 영광의 보좌에 앉으리니 모든 민족을 그 앞에 모으고 각각 분별하기를 목자가 양과 염소를 분별하는 것같이 하여 양은 그 오른편에 염소는 왼 편에 두리라

그때에 임금이 그 오른 편에 있는 자들에게 이르시되 내 아버지께 복 받을 자들이여 나아와 창세로부터 너희를 위하여 예비된 나라를 상속하라 내가 주릴 때에 너희가 먹을 것을 주었고 목마를 때에 마시게 하였고 나그네 되었을 때에 영접하였고 벗었을 때에 옷을 입혔고 병들었을 때에 돌아보았고 옥에 갇혔을 때에 와서 보았느니라

이에 의인들이 대답하여 가로되 주여 우리가 어느 때에 주의 주리신 것을 보고 공궤하였으며 목마르신 것을 보고 마시게 하였나이까. 어느 때에 나그네 되신 것을 보고 영접하였으며 벗으신 것을 보고 옷 입혔나이까. 어느 때에 병 드신 것이나 옥에 갇히신 것을 보고 가서 뵈었나이까 하리니

임금이 대답하여 가라사대 내가 진실로 너희에게 이르노니 너희가 여기 내 형제 중에 지극히 작은 자 하나에게 한 것이 곧 내게 한 것이니라 하시고

또 왼 편에 있는 자들에게 이르시되 저주를 받은 자들아 나를 떠나 마귀와 그 사자들을 위하여 예비된 영영한 불에 들어가라 내가 주릴 때에 너희가 먹을 것을 주지 아니하였고 목마를 때에 마시게 하지 아니하였고 나그네 되었을 때에 영접하지 아니하였고 벗었을 때에 옷 입히지 아니하였고 병들었을 때와 옥에 갇혔을 때에 돌아보지 아니하였느니라 하시니

저희도 대답하여 가로되 주여 우리가 어느 때에 주의 주리신 것이나 목마르신 것이나 나그네 되신 것이나 벗으신 것이나 병드신 것이나 옥에 갇히신 것을 보고 공양치 아니하더이까

이에 임금이 대답하여 가라사대, 내가 진실로 너희에게 이르노니 이 지극히 작은 자 하나에게 하지 아니한 것이 곧 내게 하지 아니한 것이니라 하시리니

저희는 영벌에, 의인들은 영생에 들어가리라 하시니라.

마 25 : 31-46

내가 구원의 방도를 믿음에서 선행으로 대체하고 있다고 생각하는 사람이 없기를 바란다. 그렇게 하고 있지 않다. 만약 구원의 근거로 믿음을 선행으로 대체하는 것은 고사하고 믿음에 선행을 덧붙이기만 해도 그것은 거짓 복음이 되며, 바울이 그런 오류에 대해서 선포한 저주(갈 1 : 8-9)를 받아 마땅한 일이 된다. 구원은 구원받을 모든 사람들을 위해 그리스도께서 성취하시는 것이며, 단순히 그분과 그분의 사역을 믿음으로써 그들의 것이 된다. 그러나 이 점에서도 하나님을 만홀히 여겨서는 안 된다. 믿음으로 구원을 받을 수 있다고 생각하고서 예전부터 걸어온 길을 그대로 걸으면서 선행을 하지 않는다면 그것은 바울이 입증하는 대로 똑같은 오류이다. 그런 일을 하는 사람은 무슨 고백을 하든지 간에 구원을 받지 못했다.

여기에 기독교 복음의 위대함이 있다. 한편으로 구원은 오직 은혜로 말미암아 믿음으로 받는다. 그 믿음조차도 은혜로 말미암는 것이다(참조. 엡 2 : 8). 구원받은 사람은 아무것도 자랑할 수 없다. 오직 예수께서 우리 대신 죽으셨다는 유일한 근거에서만 구원을 받기 때문이다. 그러나 믿음으로 말미암아 은혜로 구원을 받는 사람들은 의의 길에 세워지고, 그 길을 걸으면서 주변 세상이 꿈조차 꿀 수 없는 선한 일들을 실제로 행한다.

이런 이유에서 예수님은 다음과 같이 말씀하셨다 : "내가 너희에게 이르노니 너희 의가 서기관과 바리새인보다 더 낫지 못하면 결단코 천국에 들어가지 못하리라"(마 5 : 20). 이 구절에서 "의"란 "선행"을 뜻한다. 따라서 이 가르침은 하나님의 백성이 정말로 하나님의 백성이라면 예수님 당시에 최고로 손꼽히던 의인들(그러나 구원은 받지 못한)조차 능가하는 선행들을 해야 할 것이라는 말씀이다.

의의 길에 들어섬

만약 여러분이 잘못된 길에 들어서 있다면 무슨 일을 할 수 있을까? 어떻게 하면 악의 무리들 – 진리를 배척하고, 악을 추구하고, 그로써 하나님의 심판의 날까지 진노를 쌓아가는 –

에서 벗어나 선한 행위를 하고 영광과 존귀과 썩지 아니함을 구하는 무리에 들어갈 수 있을까? 이 이중적인 질문을 좀더 똑똑하게 하겠다. 만약 여러분이 악의 길에 있다면 그 악의 길을 빠져 나와 의로운 길에 들어서기 위해서 무엇을 해야 하는가? 몇 가지 구체적인 대답들이 있다 :

1. 여러분이 잘못된 길에 들어서 있음을 시인하라. 현재 들어서 있는 길이 결국 자기가 바라는 목적지까지 이어질 것이라는 희망을 갖고 있는 한 악의 길에서 빠져나와 선의 길에 들어갈 수 없다. 자기를 추구하고 하나님께 관한 성경 진리를 배척하는 길이 내세에서 행복이나 성취나 구원(또는 다른 무엇)을 가져다 줄 것이라고 생각하는 한 구원을 향해 단 한 발짝도 내디딜 수 없다. 여러분이 엉뚱한 길에 들어서 있고 그 길의 끝은 멸망이라는 사실을 인정함으로써 시작해야 한다.

2. 길 자체가 바뀌는 일이 없음을 시인하라. 이상하게도 어떤 여행자들은 자기가 길을 잘못 들어섰음을 인정하면서도 왔던 길을 빠져 나가 의의 길에 들어가지 않고, 길 자체가 바뀌거나 아니면 앞으로 샛길이 생겨 그리로 빠져 나가면 목적지에 도달할 것이라는 희망을 버리지 않는다. 물질 세계에서는 그런 일이란 발생하지 않는다. 영적인 세계에서도 마찬가지이다. 자기 추구의 길은 언제나 여러분을 하나님과 행복에서 멀어지게 한다. 그것은 로마서 1장이 말하는 내리막길이다. 이 길은 로마서 2장이 말하는 진노로 끝난다.

3. 발길을 돌려 반대 방향에 서라. 이것이 회개 또는 회심에 관해서 성경이 말하는 방식이다. "회개"는 마음을 바꾸고, 그 결과 생각과 행동을 달리 하는 것을 뜻한다. "회심"은 문자적으로 돌아선다는 뜻이다. 여러분은 지금까지 온 길을 포기하고 전혀 딴길을 선택해야 할 필요가 있다.

4. 주 예수 그리스도께서 여러분을 대신하여 죽으신 사실을 믿고서 여러분을 그분께 맡기라. 이것이 믿음의 온전한 뜻이다. 믿음은 하나님이나 예수님에 관한 특정 진리들을 지적으로 동의하는 것에서 멈추지 않고, 예수님을 자기의 주(主)요 구주로 알고 그분께 헌신

하는 것을 포함한다. 예수님께서 부활하신지 일주일 뒤에 도마에게 나타나셨을 때 도마가 "나의 주시며 나의 하나님이시니이다"(요 20 : 28)고 했듯이, 여러분도 그렇게 말할 수 있어야 한다.

5. **꾸준히 예수님을 따르고 그분의 계명에 순종하라.** 자기 추구의 내리막길을 방황하다가 마침내 무슨 짓을 하고 있는지 깨닫게 될 때는 참길로 들어설 가능성이 사라졌구나 하는 느낌이 든다. 어떤 의미에서는 과연 그러하다. 지금 가고 있는 길을 그대로 가는 한 언제나 하나님께로부터 멀리 떨어져 있게 될 것이다. 하나님께서는 무한하게 멀리 떨어져 계신 듯이 보인다. 하나님께로 돌아가기란 불가능한 일처럼 보인다. 그러나 발걸음을 멈추고 돌아서면, 그리고 자신의 의지와 쾌락보다 하나님을 찾기 시작하면, (참으로 놀랍게도) 예수님께서 절대로 멀리 떨어져 계시지 않음을 알게 될 것이다. 사실상 예수님께서 바로 여러분 곁에 계신 사실을 발견할 것이다. 예수님께서 여러분과 함께 동행해 오시면서 발걸음을 돌이키라고 부르고 계셨기 때문이다. 성경에서 회개와 믿음을 함께 다루되, 때로는 무엇이 먼저고 무엇이 나중인지 말할 수 없을 정도로 밀접하게 관련짓는 이유가 바로 거기에 있다. 예수를 믿는다는 것은 죄에서 돌아서는 것이고, 죄에서 돌아선다는 것은 예수를 믿는 것이다.

이밖에도 다른 대답이 있다.

죄에서 돌이키고 예수를 믿는 바로 그 순간에 이미 의의 길에 들어서 있게 된다. 그 길을 애써 찾을 필요가 없다. 그 길에 들어서는 첫걸음은 예수를 믿는 것이기 때문이다. 믿음이란 예수님이 계시는 곳에 서는 것이다. 바로 그 순간에 예수님은 여러분과 함께 출발하신다. 그러므로 자꾸 걸어갈수록 어둠은 물러가고 빛이 들어오며, 영광, 존귀, 썩지 않음, 그리고 영생이 여러분 앞에 푯대로 어렴풋이 서게 된다.

● 각주 ●

1. John Murray, *The Epistle to the Romans* (Grand Rapids; Wm. B. Eerdmans Publishing Company, 1968), p. 64.

27

들을 뿐만 아니라 행하는 사람들

로마서 2 : 12-15

무릇 율법 없이 범죄한 자는 또한 율법 없이 망하고 무릇 율법이 있고 범죄한 자는 율법으로 말미암아 심판을 받으리라. 하나님 앞에서는 율법을 듣는 자가 의인이 아니요 오직 율법을 행하는 자라야 의롭다 하심을 얻으리니 (율법 없는 이방인이 본성으로 율법의 일을 행할 때는 이 사람은 율법이 없어도 자기가 자기에게 율법이 되나니 이런 이들은 그 양심이 증거가 되어 그 생각들이 서로 혹은 송사하며 혹은 변명하여 그 마음에 새긴 율법의 행위를 나타내느니라.)

사

람들이 갖고 있는 기독교의 의문들에 대답해 주려고 노력하는 설교자라면 이교도에 관한 질문을 거듭해서 듣기 마련이라고 앞에서 언급한 바 있다. "예수 그리스도에 관해 들어본 적이 없는 깊은 정글에 사는 불쌍한 이교도는 어떻게 됩니까? 하나님을 들어본 적이 없는 사람을 믿지 않았다는 이유로 그를 정죄하실까요?"

나는 여러 해 동안 그 질문에 다양하게 대답해 왔다. 대답들 가운데 특히 아직 그리스도인이 아닌 사람들에게 한 대답이 있는데, 그것은 만약 우리가 장차 하늘에 올라가서 그리스도를 배우지 못한 이 이교도들 중 상당 수 또는 전부가 하늘에 올라와 있는 것을 본다면, 우리가 할 수 있는 일은 그 크신 자비와 헤아릴 수 없는 섭리로 인해 하나님을 찬양하는 것밖에 없으리라는 것이다. 행복한 심정이 생길 것이다. 그러나 반대로 만약 하늘에 올라가서 그리스도를 배우지 못한 이교도들 중 한 사람도 발견하지 못한다면, 즉 그들 모두가 (자연 계시에 기초하여) 마땅히 해야 할 줄로 알고 있는 바를 하지 않았다는 이유로 정죄를 받았다면, 그래도 우리는 하나님의 자비(계시를 그들에게까지 허락하신)와 이교도들에게 행하신 공의를 인해 하나님을 찬양할 것이다. 온 땅의 재판장이신 하나님께서는 언제나 옳은 일을 행하시기 때문이다(참조. 창 18 : 25).

그러나 로마서 2 : 12에 이르러 나는 그런 대답을 한 것에 대해 질책을 당한다. 본문은 이교도가 복음에 무지함에도 불구하고 하늘에 올라갈 수 있다고 암시하지 않고, 오히려 다른 사람들처럼 정죄를 당할 것이라고 암시하기 때문이다. 물론 그들이 들어본 적이 없는 예수를 믿지 않았다는 이유로 정죄를 당하지는 않는다. 하나님의 특별 계시는 제쳐 두더라도, 당연히 해야 할 줄 아는 것을 하지 못했다는 이유로 정죄를 당한다.

본문 12절은 망하다라는 강한 뜻의 단어를 씀으로써 이 견해를 뒷받침한다. "무릇 율법 없이 범죄한 자는 또한 율법 없이 망하고 무릇 율법이 있고 범죄한 자는 율법으로 말미암아 심판을 받으리라."

심판의 원칙들

로마서의 이 중요한 두 번째 장에 적힌 사람의 본성과 하나님의 심판의 원칙들을 고려할 때 당연히 그럴 수밖에 없다. 7절과 10절을 읽고나면 하나님께서 복음과 관계 없이 어떤 사람들을 구원하실는지 모른다고 생각할 구실을 가질 수도 있다. 그 구절들은 하나님의 표준에 의해 선을 행하는 사람들에 관한 가설적인 경우를 묘사하고 있기 때문이다. "참고 선을 행하여 영광과 존귀와 썩지 아니함을 구하는 자에게는 영생으로 하시고… 선을 행하는 각 사람에게는 영광과 존귀와 평강이 있으리니 첫째는 유대인에게요 또한 헬라인에게라." 이 말씀은 복음을 배우지 못한 사람들 가운데서도 선을 행하고, 썩지 않음을 얻기 위해 노력하고, 그 결과 구원을 받을 사람들이 있음을 암시한다고 볼 수도 있다. 그러나 이것이 순전히 가설적인 경우라는 게 12절에 의해 드러난다. 실제로 일관되게 선을 행할 수 있는 사람이 있다면 그 사람에게는 하나님과 함께 영원히 사는 보상이 주어질 것이다. 그러나 아무도 그렇게 하지 않는다. 그러므로 "무릇 율법 없이 범죄한 자는 또한 율법 없이 망하고"라고 말씀하신다.

나는 왜 그리스도 없이는 아무도 구원을 받지 못하는가 하는 이유로 하나님의 심판의 원칙들을 언급했다. 여기서 로마서 2장에 기초하여 그 원칙들을 다시 생각할 만한 가치가 있다.

1. **하나님의 심판은 진리에 따라 이루어진다**(2절). 인간의 심판은 이 표준에 도달하려고 노력한다. 법정에서는 증인들에게 "진실을, 모든 진실을, 오직 진실만을 말하라"고 요구한다. 그러나 인간의 심판은 기껏해야 부분적인 진실에 따라 이루어지며, 증인들이 무심코 왜곡되게 증언을 하거나 거짓 증언을 할 때는 철저히 그릇된 심판을 하게 된다. 이 점에서 하나님의 심판은 인간의 심판보다 무한히 우월하다. 하나님의 심판은 충분한 지식과 완전한 진리에 따라 이루어진다. 하나님께는 모든 비밀이 알려지고 모든 마음이 열려 있기 때문이다. 하나님의 법정에서는 그 누구도 거짓말을 할 수 없을 것이다.

2. **하나님의 심판은 사람의 죄에 따라 정도가 결정된다**(5절). 그렇기 때문에 바울은 죄인들이 하나님의 진노의 날까지 "진노를 쌓아간다"고 말한다. 많은 죄를 짓는 사람들은 많은 형벌을 받을 것이다. 적게 죄를 짓는 사람들은 적게 형벌을 받을 것이다.

3. **하나님의 심판은 의에 따라 이루어진다**(5절). 바울은 "의로운 심판"을 가리킨다. 그 심판에는 그릇된 것이 없을 것이다. 존재 가능한 최고의 표준과 완벽한 도덕 법전에 따라 이루어질 것이다.

4. **하나님의 심판은 공평하다**(11절). 인간 법정들에서는 피고가 이런저런 이유에서 차별적인 대우를 받기를 기대하고, 법관들이 때로 그 기대에 응한다. 하나님께는 어림 없는 일이다. 최후의 심판 때 모든 사람들이 똑같이 공평한 표준들과 절차들에 따라 심판을 받을 것이다. 바울의 말대로 하나님께서는 외모로 사람을 취하지 않으시기 때문이다.

5. **하나님의 심판은 사람들의 행위에 따라 이루어진다**(6-10, 12-15절). 이 원칙을 다룬 구절들의 숫자를 고려할 때, 이 원칙이 바울의 사고 방식에서 가장 중요한 점이었음에 틀림

없다. 실제로 이 원칙은 로마서 2장 전체를 통해서 발견되며, 심지어 다른 원칙을 이야기하는 듯이 보이는 구절들에서도 발견된다. 예를 들어 1절을 생각해 보자. 바울은 자기들이 다른 사람들보다 무엇이 옳고 그른지를 분별하는 더 확고한 지각을 갖고 있다고 말함으로써 자기들의 잘못을 변명하려는 사람들에게 이 글을 쓰고 있다. 바울은 이 사람들이 그럼에도 죄책이 있다고 대답한다. 그들도 "같은 일을" 행하기 때문이라고 한다. 즉, 그들은 실제 행위에 기초하여 심판을 받는다. "같은 일을 행함이니라" 하는 말은 2절에도 함축되어 있고, 3절에서도 반복된다. 마지막으로, 6절에서 바울은 이렇게 말한다 : "하나님께서 각 사람에게 그 행한대로 보응하시되."[1] 문제는 우리가 무엇을 알고 있느냐 하는 것도 아니고, 무엇을 한다고 말하는 것도 아니다. 실제로 어떻게 실천하고 있느냐 하는 것이 문제이다.

율법 아래 있는 죄인들

자신이 하나님 보시기에 의롭다는 비뚤어진 의식이 사라진다는 게 얼마나 어려운 일인가! 이 구절들을 읽으면 바울이 무슨 문제를 다루고 있으며 어떻게 대답하는지 금방 알아볼 수 있다. 나는 로마서 2장 서두를 공부하면서, 바울이 전반부(1-16절)에서는 주로 덕행 있는 이교도들을 다루고, 후반부(17-29절)에서는 유대인들을 다루고 있는 듯하다고 말했다. 그러나 이 말은 대체로는 사실이긴 하나, 바울은 이 부분에서도 유대인들을 생각하고 있는 듯하다. 그가 유대인들의 반응을 시각화하고 있을 가능성이 얼마든지 있다. 그는 율법 "아래" 있는 또는 율법에 노출되어 있는 사람들이 멸망하고 있다고 말한다. 그러나 유대인들은 이 말을 받아들이려 하지 않을 것이며 구원이 율법으로 말미암는다고 가르쳤다. 경건한 유대인은 많은 시간을 내어 율법을 묵상하였고, 회당의 성경 낭독과 강론 시간에 빠짐없이 참석하였다. 바울은 아마 유대인이 자신의 업적들을 줄줄 외는 소리를 들었을 것이다.

"나는 다른 사람들 곧 토색, 불의, 간음을 하는 사람들과 같지 아니하고 이 세리와도 같지 아니함을 감사하나이다." "나는 이레에 두 번씩 금식하고" "또 소득의 십일조를 드리나이다."(참조. 눅 18 : 11-12).

"이것은 내가 어려서부터 다 지키었나이다"(참조. 눅 18 : 21).

사실상 바울도 그리스도를 만나기 전에는 자신을 그렇게 생각했다 : "내가 팔일만에 할례를 받고 이스라엘의 족속이요 베냐민의 지파요 히브리인 중의 히브리인이요 율법으로는 바리새인이요 열심으로는 교회를 핍박하고 율법의 의로는 흠이 없는 자로라"(빌 3 : 5-6).

훗날 바울은 종교적인 사람들의 그릇된 희망들을 좀더 직설적으로 말하게 되지만, 여기서는 그런 사람들의 구체적인 행실에 초점을 맞춘다. "난 여러분이 율법을 지키고 있는 줄 압니다" 하고 바울은 일단 인정한다. 그리고는 "하지만 그것을 지킵니까?" 하고 묻는다. 그들에게 이렇게 상기시킨다 : "하나님 앞에서는 율법을 듣는 자가 의인이 아니요 오직 율법을 행하는 자라야 의롭다 하심을 얻으리니"(13절).

듣는 자들이 될 뿐만 아니라 행하는 자들이 되어야 한다는 말이다. 그것이 본문의 요지이며, 우리 각 사람에게 해당되는 요지이다. 대(對)이란 무기 판매 사건을 조사한 타워 리포트(the Tower Report)가 공개되었을 때 신문들은 "모든 사람들에게는 결핍이 있다"고 시인한 로널드 레이건(Ronald Reagan)대통령의 말을 인용한 기사를 1면에 다루었다. 정확한 지적이다. 하나님 앞에 서는 일에서는 그 결과가 훨씬 더 중요성을 띤다는 점을 제외한다면 말이다. 우리는 모두 율법의 표준에 부합하게 살지 못함으로써 율법에 의해 정죄를 당하기 때문에, 전혀 다른 방법으로 구원을 찾아야 한다.

율법과 무관한 죄인들

여기에는 또다른 문제가 있다. 이방인들의 문제인데(바울은 주로 그들을 염두에 둔다), 그들은 자기들이 유대인들과는 달리 율법을 받지 않았다는 근거로 변명을 하려고 한다. 그들은 유대인을 정죄하는 데 나타난 하나님의 공의에 동의한다. 하나님께서는 유대인들에게 어떻게 살아야 할지를 말씀하였고, 그들은 그 말씀을 실행하지 않았다. 심지어 그 말씀에 대해서 위선적인 태도를 보였다. 바울은 2장의 후반부(17-24절)에서 바로 그 점을 끄집어내는 듯하다. 유대인들은 율법 아래서 죄를 범했다. 그러나 이방인들은 하나님의 율법을 갖고 있지 않았다. 그렇다면 어떻게 그들이 율법으로 정죄를 받을 수 있단 말인가? 심지어 어떻게 죄를 지었다고 송사를 당할 수 있단 말인가? 그럼에도 바울은 이렇게 썼다. "무릇 율법 없이 범죄한 자는 또한 율법 없이 망하고…"(12절). 하나님의 법전 또는 계시가 **없다면** 어떻게 죄가 있을 수 있을까?

14-15절에 바울의 대답이 있다. 대답은 두 부분으로 이루어진다. 첫째, 이방인들은 하나님께서 유대인들에게 주신 율법을 갖고 있지 않지만, "마음에 새긴" 율법을 갖고 있다. 둘째, 이방인들은 양심을 갖고 있어서, 양심이 이 율법에 순종해야 한다고 말하고, 순종하지 않을 경우 그들을 정죄한다.

이것은 매우 중요한 사항이다. 과거의 신학자들이 "도덕법"(the moral law) 또는 "자연법"(the law of nature)이라고 부른 것을 바울의 편지에 처음으로 소개하기 때문이다. 앞에서 우리는 "자연 계시"를 다루었는데, 그것은 하나님께서 창조계에 자신을 나타내신 계시라는 뜻이다(이 책 15장을 보라.) 자연 계시는 하나님의 "영원하신 능력과 신성"을 담고 있다(롬 1 : 20). 즉, 지고자(至高者, Supream Being)가 계시다는 사실을 확증한다. 그러나 본문이 말하는 것은 그것이 아니다. 앞에서 자연 계시를 다룰 때, 자연 계시는 사람들을 정죄하기에 충분한 바, 그 이유는 계시에 근거하여 참되신 하나님을 찾고, 감사하고, 예배해야 하는데 그렇게 하지 않기 때문이라는 사실을 살펴보았다. 그러나 양심은 모든 사람들이 소유하고 있는 도덕법 또는 질서를 포함한다는 점에서 자연 계시를 넘어선다. 이방인들은 계시된 하나님의 율법을 갖고 있지 않을는지 모른다. 그러나 그것과 비슷한 것을 갖고 있다. "자기에게 율법이 되는 것"을 갖고 있으며, 그것이 그들을 정죄한다.

현대인들 중에서 작고한 케임브리지 대학교 교수 루이스(C.S. Lewis)보다 이 도덕법을 더 효과적으로 말한 사람은 없었다. 그는 믿음을 뛰어나게 변호한 「단순한 기독교」(Mere Christianity)라는 저서의 서두에서 도덕법에 관해 말하였다. 루이스는 말다툼을 벌이는 두 사람을 관찰한 내용을 가지고 책의 서두를 시작하는데, 그의 말에 따르면 화가 난 쪽이 거의 언제나 기본적인 행동 표준을 내세운다고 한다. 상대방도 그것을 인정할 줄로 생각하고서 말이다 : "사람들은 이렇게 말한다 : '누가 만일 당신한테 이런 일을 하면 당신은 좋겠소?' – '그건 내 자리요, 거기엔 내가 먼저 있었소' – '그를 그냥 내버려 두시오. 해로운 일을 하고 있지 않잖소' – '왜 꼭 당신이 먼저 들어가야 합니까?' – '당신의 오렌지를 주면 내 오렌지를 주겠소' – '자, 당신이 약속했지.' 사람들은 매일 이렇게 말한다. 교육을 받은 사람이든 받지 못한 사람이든, 어른이든 아이이든 가릴 것 없이 말이다."[2]

루이스는 이런 말들에서 관심을 갖게 된 것이 있었다. 그것은 그 말을 하는 사람들은 다른 사람의 행동이 마음에 들지 않는다는 것이 아니라 다른 사람의 행동이 잘못되었다는 것

이다 :

> 이런 말을 하는 사람은… 상대방도 알 줄로 기대하는 행동 표준에 호소한다. 그리고 상대방은 아주 냉혹하게 "그게 무슨 표준입니까" 하고 말한다. 사람은 거의 언제나 자기가 해 온 일이 표준에서 벗어나지 않은 것이며, 설령 벗어난 것이라 하더라도 그럴 만한 특별한 이유가 있었음을 이해시키려고 노력한다. 자리를 먼저 잡은 사람이 자리를 비켜 줘야 한다거나, 오렌지 조각을 받았을 때는 사정이 달랐다거나, 사정이 뒤바뀌어서 약속을 지키지 못하게 되었다는 따위의 특별한 경우에는 특별한 이유가 있는 것처럼 말한다. 마치 두 사람 사이에 공명정대한 행동이나 도덕성 따위에 관한 법칙이나 규율이 있어서 그것에 참으로 동의하는 것처럼 보인다. 실제로 그들은 그런 것을 갖고 있다. 만약 갖고 있지 않다면 짐승들처럼 서로 싸울 것이다. 그러나 그들은 언쟁(quarrel)을 할 수 없다. 그 단어의 인간적인 의미에서 말이다. 언쟁이란 상대방이 잘못했음을 증명하려고 노력하는 것을 뜻한다. 양측이 옳고 그름에 대해서 일치감 같은 걸 갖고 있지 않다면 그런 일은 아무런 의미가 없을 것이다. 축구 규칙에 관해 일치된 것이 없다면 축구 선수가 반칙을 범했다고 말하는 것이 무의미하게 되듯이 말이다.[3]

루이스는 깊은 것들을 쉽게 말하는 뛰어난 재능을 갖고 있다. 그러나 이것이 바로 로마서 2 : 14-15에서 바울이 이방인들에 관해 말하는 내용이다. 비록 신학 용어들을 사용하긴 했지만 말이다. 이방인들이 유대인의 율법을 갖고 있지 않았다는 것이 사실이다. 그러나 그들은 내면의 율법을 갖고 있었다. 즉, 어떤 종류의 행동이 다른 행동들보다 더 낫거나 다른 사람들로부터 더 나은 반응을 얻어내는 것이라고 말하는 데 그치지 않고, 잘못된 행동에 대해서 그들을 비판하거나 변명하는 데까지 나가는 율법을 갖고 있었다.

송사(訟事)를 위한 증인들

이 구절들에는 자연인을 송사하는 세 부류의 중요한 증인들이 있다. 그것이 무엇인지를 봐야 한다.

1. **자연법**(The Law of Nature). 루이스는 오늘날 자연법은 주로 중력, 원소 결합, 산화(酸化), 또는 핵 에너지 같은 물리적 현상들을 가리킨다. 그러나 옛날 신학자들이 이 용어를 쓸 때는 본문에서처럼 "인간 본성에 관한 법칙"을 뜻했다.

인간 본성에 관한 법칙은 외부로부터 온다는 점과 사물이 작용하는 방법을 지배한다는 점에서 자연의 물리적 법칙과 같다. 그러나 다음과 같은 차이점이 있다. 물리적 영역에서 대상은 물리적 법칙을 지킬지 지키지 않을지에 관해서 선택권을 갖고 있지 않다. 그 법칙들을 언제나 작용한다. 그러나 인간적 또는 도덕적 영역에서 사람들은 선택권을 가지며, 그 법칙은 보편적으로 범해진다.

나는 많은 사람들이 보편적인 자연법에 대한 믿음을 반대한다는 사실을 알고 있다. 그들은 반대하는 근거로, 가령 정신병자에게 자연법을 의식하고 있으리라고 기대하기 어렵다거나, 도덕 표준들이 각기 다른 인종들이나 문화들에 따라 다양하다는 사실을 지적한다. 그러나 이런 반대들은 유효하지 않다.

물론 도덕 표준들을 모르고 있는 듯한 사람이 있는 것이 사실이며, 그중 한 가지 예가 정신병자이다. 그러나 그런 사람들을 가리켜 "미쳤다"고 하는 그 사실 자체는 **우리가** 그 표준들을 인정하고 집착하고 싶어한다는 사실을 입증한다. 그 개인의 경우에 무엇이 문제이든 상관 없이 말이다. 우리는 정신병자가 범죄를 저지르면 그를 너그럽게 대한다. 하지만 다른 사람들에 대해서는 용서하지 않는다. 문제는 표준이 아니라 사람이다.

또한 다양한 인종들과 문화들이 도덕을 바라보는 방법에도 현격한 차이들이 있긴 하지만, 그럼에도 우리가 얼른 생각하는 것보다 일치하는 부분이 훨씬 더 많다. 문화와 관계없이 (소수의 경우를 제외한다면) 생명, 명예, 용기, 무사(無事) 같은 덕목들을 보편적으로 존중한다. 그리고 고대인들의 법전들과 도덕적 조약들은 우리 시대의 것들과 아주 비슷하다.

사람들이 무엇을 말하고 심지어 어떻게 행동하든 간에, 도덕법이 실존한다는 증거는 사람들이 부당한 대우를 받는다는 생각이 들 때 반발하는 데서 드러난다. 사람들은 "부당한 대우"에 관해서 말할 때 루이스(Lewis)의 주장대로 "무슨 말을 하든 은연 중에 자기들이 다른 사람들과 똑같이 자연법을 알고 있다는 사실을 드러낸다."[4]

2. 양심(Conscience). 이 구절에서 두 번째 송사자는 양심으로서, 바울은 이것이 "증거"가 된다고 한다(15절). 어떤 이들은 자연법과 양심을 혼동하지만, 이 둘은 아주 다른 개념들이다. 자연법은 모든 사람들이 의식하고 있는 객관적 표준으로서, 옳은 것에 대한 지식을 포함한다. 양심은 개인적으로 옳은 일을 해야 한다고 말하는 우리 존재의 일부이다. 로버트 홀데인은 이렇게 말한다. "지식은 무엇이 옳은 지를 보여주며, 양심은 그것을 승인하고 그 반대되는 것을 정죄한다."[5]

3. 기억(The Memory). 사람들 안에서 송사하는 증인들 가운데 세 번째는 우리가 아직 다루지 않은 것이지만, 본문 마지막 절에서 소개된다. "그 생각들이 서로 혹은 송사하며 혹은 변명하여"(15절). 그것은 기억이다. 기억이 왜 그리 중요한가? 왜냐하면 하나님께로부터 오는 외부적인 심판의 말 없이도 우리 속에서 우리를 정죄할 수 있는 것이기 때문이다.

얼마나 놀라운 그림인가! 세 증인들이 율법이 없는 사람도 멸망할 것임을 증명하기 위해서 서로 증언을 결합하고 있는 것이다.

도널드 그레이 반하우스(Donald Grey Barnhouse)는 생생하고 독창적인 예화로 유명한데, 그는 로마서 이 부분을 다루면서 미국 독립전쟁을 주제로 그린 "1776년의 정신"(The Spirit of '76)이라는 유명한 그림을 언급한다. 그림에는 군악대의 드럼 연주자, 기수(旗手), 관악기 연주자가 당당하게 길을 내려오는 모습이 담겼다. 반하우스는 우리의 행동(도덕법으로 평가된), 우리의 양심, 우리의 기억이 모두 그 그림의 등장인물들과 같다고 말한다 :

여러분의 행동은 여러분이 스스로의 선행으로 하나님의 율법을 알고 있음을 드럼을 치면서 공포한다. 여러분의 양심은 여러분이 욕구를 충족시키기 위해서 자행자지(自行自止)하는 동안 종종 자신의 원칙들을 땅에 팽개쳤던 일을 깃발이 나부끼게 하면서 상기시킨다. 그리고 여러분의 기억은 여러분이 죄를 지었음을 나팔을 불면서 기억시킨다. 여러분의 생각의 변명들과 송사들은 여러분의 죄책의 대위법에서 예리한 아르페지오(Arpeggio, 화음을 이루는 음을 연속해서 급속히 연주하는 법 - 역자)들처럼 연주해 간다. 그리고 행동, 양심, 정신이라는 트리오는 완벽한 화음으로 여러분이 자기 의지의 길을 간 것에 대해 정죄하면서, 만약 들어가면 영생에까지

라도 인도할 예수 그리스도의 십자가 앞에 난 길을 하나가 되어 가로막는다.[6]

멸망하지 않을 것

물론 이것이 우리가 도달해야 할 지점이다. 우리는 유대인들처럼 자기 행위를 가지고 자기를 정당화하려고 해서는 안 되며, 이방인들처럼 무엇을 해야 하는지를 모르는 사람들처럼 자기를 변명해서도 안 된다. 오히려 그리스도께 돌아가야 한다. 그곳에서만 구원을 찾을 수 있다.

이 장을 시작할 때 로마서 2 : 12에 관해서 잠시 이야기한 바 있다 : "무릇 율법 없이 범죄한 자는 또한 율법 없이 망하고." 그 부분에서 누구든 주 예수를 믿는 것 외의 다른 방법으로 구원을 얻을 것이라고 생각해서는 안 된다고 말했다. 주 예수를 떠나서는 모두가 망할 것이다.

그러나 멸망이란 단어를 볼 때마다 성경에서 아마 가장 잘 알려진 구절인 요한복음 3 : 16을 생각해야 한다. 이 절에서 예수님은 "멸망"이란 단어를 사용하시지만, 그것이 우리의 종국이 될 필요는 없다고 말씀하신다 : "하나님이 세상을 이처럼 사랑하사 독생자를 주셨으니 이는 저를 믿는 자마다 멸망치 않고 영생을 얻게 하려 하심이니라."

요한복음 3 : 16은 두 가지 운명에 관해서 말한다. 그것은 영생과 멸망으로서, 바울이 로마서 2장에서 말하는 것이 바로 그것이다(7, 12절). 우리는 누구나 태어날 때부터 두 번째 운명, 즉 하나님도 없고 소망도 없이 비참하게 멸망할 운명에 처한다(참조. 엡 2 : 12).

그러나 예수님께서는 전혀 다른 운명이 가능하도록 만들기 위해서 죽으셨다. 그것은 예수님께서 우리가 죄에 대해서 받을 형벌을 대신 받으시고 우리 대신 죽으신 속죄의 길이다. 참으로 놀라운 종국이다. 루이스(Lewis)의 말대로 "형언할 수 없는 위로를 주는 것"[7]이다. 하지만 그것은 위로로 시작하지 않는다. 죄에 대한 지식으로 시작하며, 그로써 죄에서 돌이켜 예수님을 믿게 한다.

● 각주 ●
1. 바울은 시편 62 : 12이나 잠언 24 : 12 또는 둘 다를 인용하는 듯한데, 이것은 이 원칙에 무게를

실어준다. 그가 이 구절들을 인용하기 때문에 7-15절은 그 구절들을 설명하는 것으로 봐야 할 듯하다.

2. C.S. Lewis, *Mere Christianity* (New York : The Macmillan Company, 1958), p. 3.

3. Ibid., pp. 3, 4.

4. Ibid., p. 5.

5. Robert Haldane, *An Exposition of the Epistle to the Romans* (MacDill AFB : MacDonald Publishing, 1958), p. 91.

6. Donald Grey BarnHouse, *Epistle to the Romans* (Philadelphia : the Bible Study Hour, 1950), p. 390.

7. Lewis, *Mere Christianity,* p. 25.

28

모든 마음들을 환히 보시고 모든 욕구들을 아시는 하나님

로마서 2 : 16

곧 내 복음에 이른 바와 같이 하나님이 예수 그리스도로 말미암아 사람들의 은밀한 것을 심판하시는 그 날이라.

나는 전례(典禮) 기도문이 마음에 들지 않는다. 전례 용어는 아주 아름다운 경우가 많긴 하지만(세익스피어의 희곡들처럼), 기도를 단순히 반복하다보면 그 의미보다는 말 자체에 매료되는 경향이 있기 때문이다. 물론 예외적인 경우들도 있으며, 때로 어느 구절들은 위대한 진리를 참으로 훌륭하게 표현했구나 하는 생각이 들게 한다.

로마서 2 : 16을 생각하게 되니 그런 표현 하나가 생각난다 : "곧 내 복음에 이른 바와 같이 하나님이 예수 그리스도로 말미암아 사람들의 은밀한 것을 심판하시는 그날이라." 이 절의 주요 사상은 최후의 심판 때 하나님께서 인간의 비밀들을 드러내신다는 것이며, 이 진리에 대한 전례(典禮)의 표현은 성공회 성찬예식집(the Anglican Order for the Administration of Holy Communion)의 첫 기도에 실려 있다. 이 기도는 다음과 같이 시작

한다 : "전능하신 하나님, 모든 마음들을 환히 보시고, 모든 욕구들을 아시며, 어떤 비밀도 감춰질 수 없는 당신께…" 매우 설득력 있는 표현이며, 만약 올바로 사용된다면 유익한 표현이라고 생각된다. 전지(全知)하신 하나님께서 다스리시는 세상에서는 궁극적으로 아무런 비밀도 없음을 상기시킨다. 현세에서는 존재와 행위를 남들에게 보이지 않게 함으로써 비밀들을 유지할 수 있을는지 모른다. 그러나 모든 비밀들이 하나님 앞에 환히 드러날 그 날에는 비밀이란 것이 아예 없을 것이다.

모든 것을 아시는 하나님

하나님께서는 물론 지금도 모든 것을 아신다. 하나님께서는 이사야에게 유대인들에 관해서 "내가 그들의 소위와 사상을 아노라"고 말씀하셨다(사 66 : 18, KJV). 다윗 왕은 자신에 관해서 이렇게 썼다 :

> 여호와여 주께서 나를 감찰하시고
>   아셨나이다.
> 주께서 나의 앉고 일어섬을 아시며
>   멀리서도 나의 생각을 통촉하시오며
> 나의 길과 눕는 것을 감찰하시며
>   나의 모든 행위를 익히 아시오니
> 여호와여 내 혀의 말을 알지 못하시는 것이
>   하나도 없으시니이다.
>
> 시 139 : 1-4

히브리서 저자는 다음과 같이 선포한다 : "지으신 것이 하나라도 그 앞에 나타나지 않음이 없고 오직 만물이 우리를 상관하시는 자의 눈앞에 벌거벗은 것같이 드러나느니라"(히 4 : 13).

이것이 바로 로마서 1 : 18-20이 선언하는 대로 거듭나지 못한 자들이 자기들 속에 있는 하나님께 관한 지식을 억압하는 이유이다. 그 구절들을 공부할 때 이 사실을 보았다. 만약 하나님께서 모든 것을 아신다면 - 하나님이시면 그러신 것이 당연하다 - 우리가 남들에게 보이고 싶어하는 대로 아시지 않고 사실 그대로 아시며, 이렇게 완벽하고 철저한 지식을 갖고 계시다는 생각을 견뎌낼 사람은 아무도 없다.

나는 앞서 언급한 로마서 본문을 공부할 때 이것이 바로 실존주의 철학자이자 극작가인 장 폴 사르트르(Jean-Paul Sartre)가 이해한 인간 본성의 특성들 가운데 하나라고 지적했다. 사르트르는 인간을 분석하면서 인간의 독특성을 객체가 아니라 관찰 대상을 관찰하는 주체라는 사실에 두었다. 주체는 관찰하고 행동한다. 객체는 관찰과 행동의 대상이 된다. 전자는 쾌락을 주고, 후자는 불안감을 준다. 사르트르는 다른 저서들에서 자신을 중도에 서 있는 인간, 즉 열쇠구멍을 통해서 다른 사람을 바라보는 사람이라고 상상한다. 그가 관찰자이고 다른 사람이 관찰을 당하는 객체인 한 사르트르는 만족을 얻는다. 그가 주도권을 행사한다. 그러나 문득 현관에서 발자국 소리를 듣고는 돌아서서 자기가 열쇠구멍을 통해서 보고 있을 때 어떤 사람이 자기를 지켜보고 있었음을 깨닫는다. 이제는 더 이상 만족감이 생기지 않는다. 더 이상 주도권을 행사하지 못하며, 수치, 두려움, 죄책감, 당혹감에 휩싸인다. 사르트르에 따르면 진정한 인간이 되려면 궁극적으로 객체가 아닌 주체가 되어야 한다고 한다.[1]

그러나 하나님께 대해서는 어떠한가? 하나님께서는 한순간도 빠짐 없이 우리를 보고 계시는데 그분 앞에서 객체가 되는 것을 모면할 수 있을까? 사르트르가 내놓은 해결책은 자기 자신만의 공간에서 하나님을 추방하고 무신론자가 되는 것이었다.

「논쟁」(The Words)이라는 연속 에세이들에서 사르트르는 자기가 이런 결론에 도달한 경위를 말한다. 그가 어렸을 때의 일이다. 그는 가톨릭 가정에서 자랐고, 가톨릭 학교를 다닐 때 그리스도의 수난에 관한 작문 숙제를 받았다. 작문에 대한 상이 수여될 때 사르트르는 금메달을 받지 못하고 은메달을 받는 데 그쳤다. 그는 화가나서 하나님을 원망했다. 사르트르는 이렇게 썼다 : "이 때 실망을 한 뒤로 나는 신앙을 버리게 되었다… 그 뒤 여러 해 동안 나는 전능자와 공적인 관계를 유지했다. 그러나 사적으로는 그와의 관계를 끊었다."[2]

그런 뒤에 여러 해 지나는 동안 하나님께서 존재한다는 느낌이 들 때가 있었다고 말한다. "성냥을 갖고 놀다가 작은 양탄자를 태웠다. 잘못의 흔적을 감추려고 서두르고 있을 때 갑자기 하나님이 나를 보았다. 내 머리와 내 손에서 그의 시선을 느꼈다. 목욕탕을 뱅뱅 돌았다. 겁에 질린 살아 있는 표적이었다. 분노가 나를 구원했다. 분노가 치밀어 오른 상태에서 할아버지가 그랬듯이 하나님을 모독하는 말을 지껄였다 : '빌어먹을, 빌어먹을, 빌어먹을' (God damn it, God damn it, God damn it). 하나님은 나를 다시 쳐다보지 않았다."[3]

이 이야기만으로도 사르트르의 생애와 철학은 충분히 설명된다. 그럼에도 불구하고 슬프고 비참한 일이다. 슬픈 이유는 그가 오해를 했기 때문이다. 사르트르는 "그[하나님]는 나를 다시 쳐다보지 않았다"고 말한다. 그러나 실제로 하나님께서는 사르트르에서 눈을 떼신 적이 없었다. 하나님께서는 만물을 보고 계시되, 철저하게 보고 계신다. 정확하게 말하면 사르트르가 하나님 보기를 중단한 것이다. 비참한 이유는 하나님께 등을 돌림으로써 사르트르는 우주에서 자신을 도와줄 유일한 분에게서 등을 돌렸기 때문이다.

앞에서 말했듯이, 사르트르가 하나님께 관찰을 당하고 본능적인 수치, 두려움, 죄책감, 당혹감에 휩싸여 있는 문제를 해결하려고 고안해 낸 것이 자신만의 공간에서 하나님을 추방하는 것, 즉 무신론자가 되는 것이었다. 그러나 이것이 어둠에서 휘파람 소리를 내는 것일 뿐임을 깨닫는 데는 철학적 재능이 필요하지 않다. 사르트르조차 간접적으로 입증했듯이, 만약 하나님께서 계시다면 인간들에게 그런 식으로 추방당하실 리가 없다. 더나아가, 만약 하나님께서 전지하시다면 – 하나님이시라면 당연히 그래야 하듯이 – 우리가 저지르는 모든 악행들을 알고 계실 뿐만 아니라 우리가 품고 있는 악한 생각들도 다 알고 계신다. 또한 그것들을 기억하시고 장차 어느 날에는 그것들을 다 들춰내고서 심판하실 것이다.

이것이 바로 "하나님이 예수 그리스도로 말미암아 사람들의 은밀한 것을 심판하시는 그 날이라"고 바울이 말하는 내용이다.

하나님과 사람 앞에서 벌거벗음

나는 여러분을 심판 날에서부터 인간 역사의 최초로 인도한다. 그 날은 아담과 하와가 선악을 알게 하는 나무의 실과를 먹음으로써 죄를 지은 직후에 에덴 동산에서 하나님 앞에 섰던 날이다. 그 이야기는 창세기 3장에 있지만, 그 주제는 타락 이전의 일을 전하는 앞장에 나와 있다 : "아담과 그 아내 두 사람이 벌거벗었으나 부끄러워 아니하니라"(창 2 : 25).

나는 이 이야기를 할 때 이것이 문자 그대로 육체적인 벌거벗음이었다는 걸 의심하지 않는다고 여러 번 말했다. 그렇지 않다면 뒷장에서 읽게 되는 대로 그들이 무화과 나무 잎사

귀로 몸을 가렸다는 말은 무의미하게 된다. 그러나 그것은 심리적인 벌거벗음이기도 했다. 아담과 하와는 죄를 짓기 전에는 벌거벗은 게 부끄럽지가 않았다. 부끄러움을 의식하게 된 것은 죄를 짓고난 다음의 일이었다.

타락하기 전에는 왜 그것을 부끄러워하지 않았을까? 대답은 자명하다. 벌거벗음은 외적이고 신체적인 노출뿐만 아니라 좀더 중요하게는 내적인 노출과 관련되기 때문이다. 그들은 부끄러워할 것이 없었기 때문에 타락 이전에는 벌거벗은 것을 부끄러워하지 않았다.

1. 그들은 하나님 앞에서 부끄러워하지 않았다. 아담과 하와는 수치심을 일으킬 만한 아무것도 갖고 있지 않았다. 당시에는 죄가 없었고, 하나님과의 관계도 완전히 개방적인 것이었다. 하나님께서 자기들을 보러 동산에 오시면 즐거워했다. 하나님과 자유롭게 대화했다. 물론 우리는 이렇게 할 수 없으며, 그렇게 할 수 없는 이유는 죄 때문이다. 죄는 우리를 하나님께로부터 숨게 만든다. 마치 하나님께서 찾아오셨을 때 아담과 하와가 그랬듯이 말이다. 죄는 하나님께로부터 숨게 만든다.

어떤 사람들은 사르트르처럼 무신론으로 숨는다.

어떤 사람들은 유물론으로 숨는다.

심지어 그리스도인들도 죄를 계속해서 지을 때는 하나님께로부터 숨는다.

도널드 그레이 반하우스(Donald Grey Barnhouse)는 대학 교정에서 설교한 뒤 여학생 기숙사 한 동에서 설교해 달라는 부탁을 받았다. 그날 저녁에 집회가 열렸다. 반하우스가 설교를 마치자 여학생 한 명은 뒷자리에 그대로 남아 있었다. 설교에 큰 충격을 받은 것이 분명했다. 여학생은 얼굴을 잔뜩 찌푸리고 있었다. "전에는 그런 걸 믿었지만 이제는 믿지 않아요" 하고 말했다.

반하우스는 물었다. "몇 학년이지요?"

"1학년이에요."

"어떤 가정에서 왔나요?" 여학생은 기독교 가정에서 왔다고 대답했다.

"성경을 갖고 있나요?"

"예, 갖고 있어요."

"읽고 있습니까?"

"전에는 늘 읽었지요." 여학생은 말을 이었다. "하지만 이제는 읽고 있지 않아요. 아까 말한 대로 더 이상 그런 걸 믿지 않아요."

"언제 성경 읽기를 중단했는지 기억할 수 있습니까?" 반하우스는 물었다. 여학생은 추수감사절 쯤에 성경 읽기를 중단했다고 말했다. 반하우스는 말했다. "11월 10일쯤에 학생의 생애에 무슨 일이 일어났었는지 말해줄 수 있겠어요?" 여학생은 울음을 터뜨리면서 말하기 시작했다. 그 무렵에 어떤 청년과 죄악된 생활을 시작했고, 그때부터 그 일 때문에 성경을 읽을 때면 하나님의 눈초리를 참을 수가 없었노라고 말했다.

웨슬리(Wesley)는 이 점에 관해 적절하게 말했다. "성경은 여러분을 죄에서 지켜줄 것이다. 그렇지 않으면 죄가 여러분을 성경에서 지켜줄 것이다." 성경에서 우리를 대면하시는 하나님께서는 거룩하신 하나님으로서 그분께는 모든 마음 문이 열리기 때문이다.

2. 그들은 서로에 대해서 부끄러워하지 않았다. 타락하기 전에는 아담과 하와는 하나님 앞에서만 부끄러움을 느끼지 않은 것이 아니었다. 서로에 대해서도 부끄러워하지 않았으며, 그 이유는 똑같았다. 부끄러워 할 것이 없었다. 서로에 대해서 거짓말을 한 적이 없었다. 훗날 자기 죄를 서로 떠넘기려고 했던 것처럼 서로를 거짓말로 비난하지도 않았다. 서로에게 해를 끼치지도 않았다. 따라서 두 사람 사이에는 흉금이 있을 수 없었다. 오늘날은 완전한 개방이란 있을 수 없다. 아주 친하게 지내는 사람들이 있다. 그러나 배우자나 아주 가까운 친구에게라도 숨기는 것이 있다. 왜 그런가? 자신을 부끄러워하기 때문이며, 잘못이 밝혀지면 다른 사람들이 더 이상 우리를 사랑하거나 존경하지 않을까 두려워하기 때문이다.

3. 그들은 자기들 눈으로 봐도 부끄러울 게 없었다. 아담과 하와는 자기 스스로 바라보아도 부끄럽지 않았다. 태초에 아담은 자신을 봐도 숨길 것이 하나도 없었다. 하와도 숨길 것 없이 자신을 바라볼 수 있었다.

우리들은 어떠한가? 오늘날 우리들 대부분은 잠시라도 멈추어 서서 우리가 누구인지를 보려고 하지 않은 채 인생이 다 끝날 때까지 정신나간 경주를 하고 있다. 몇 세대 전 사람들은 생활 속도가 비교적 더뎠다. 자기들이 누구이며 어디로 가고 있는지 생각할 여유가 있었다. 현대의 생활은 갈수록 속도가 빨라지고 있다. 대부분의 사람들은 방에 들어가 컴퓨터나 텔레비전이나 라디오를 켜지 않은 채 몇 분 동안 가만히 앉아 있을 능력이 없다. "언제나 모든 뉴스를 알고 지내자!" 이것이 우리가 원하는 것이다. 이것을 원하는 이유는 자신이 하나님 앞에서 벌거벗은 상태에 있음을 생각하고 싶지 않아서이며, 장차 우리가 모든 것을 직고해야 할 그분에게는 아무것도 감출 수 없어서이다.

하나님에게서 숨음

창세기 이야기가 계속되면서 우리의 존재와 행위가 드러난다. 아담과 하와는 하나님께서 선악을 알게 하는 나무에 관해서 내린 경고를 무시하고 죄를 지었다. 그래서 하나님께서 동산으로 그들을 찾아 오셨을 때 그들은 숨었다. 아니, 적어도 숨으려고 했다.

실제로는 그전부터 숨으려고 했다. 먼저는 자기 자신에게서 숨으려고 했고, 다음에는 서로에게서 숨으려고 했다. 무화과 잎사귀로 옷을 만들려고 함으로써 그렇게 했다. 사람들은 때로 우스개 소리로 세상에서 가장 오래된 직업이 매춘이라고 말한다. 그러나 틀린 말이다. 가장 오래된 직업은 옷 만드는 직업이다. 훗날 죄는 다른 방법으로 뿐만 아니라 성적인 죄들로도 그 모습을 드러냈다. 그러나 죄가 내놓은 최초의 결과는 아담과 하와의 눈을 뜨게 하여 자기들이 벌거벗었음을 알게 한 것이었다. 그것을 알고 난 다음 그들은 무화과나무 잎을 엮어 치마를 하였다(창 3 : 7). 달리 말하자면, 죄인들로서 자기들의 심리적 노출을 견딜 수 없었고, 그것을 덮으려고 했던 것이다. 처음에는 무화과나무 잎을 사용하였다. 나중에 하나님께서 오셔서 물으신 다음에는 책임회피와 변명을 사용하였고, 하나님께 책임을 전가하려고 노력하였다.

나는 때로 이 무화과나무 잎을 선행이라고 말했고, 가리려는 시도를 "무화과나무의 의"(fig-leaf righteousness)라고 말했다. 그것은 "우리는 괜찮다. 우리는 죄인들이 아니다. 착한 사람들이다" 하고 말하는 것과 같다. 아담과 하와 두 사람이 그렇게 했더라도, 그들은 죄인들이기 때문에 변명하였다. 그러나 마침내 하나님 앞에 설 때 무화과나무 잎은 있으나마나 했듯이, 우리가 내세우는 선행도 심판 때에는 무용지물이 될 것이다.

마침내 하나님께서 아담과 하와에게 나타나셔서 그들을 자기 앞에 세우셨을 때 그 무화과나무 잎이 어떻게 되었는지 알 수 없다. 아마 떨어져 내렸을 것이다 그러나 떨어졌든 떨어지지 않았든 그것은 있으나마나 했을 것이다. 하나님 앞에서는 어떻게 살아왔는지 어떤 행동을 해왔는지 감출 수 없기 때문이다. **우리가** 심판 받을 때도 그러할 것이다. 우리는 남몰래 죄를 짓는다. 사람들 앞에서는 죄를 짓지 않은 척한다. 하나님께서 계시지 않는다고 공언하는 셈이다. 스스로 무신론자라고 낙인 찍는 셈이다. 우리는 그러고도 안전하다고 생각한다. 그러나 우리에게는 숲에서 우리가 하고 있는 일을 관찰하고서 그것을 「국가 조사서」(National Enquirer)에 보고할 보고자들이 필요하지 않다. 우리가 은밀히 행한 일들을 들춰낼 토크쇼 진행자가 필요하지 않다. 하나님께서 알고 계신다. 하나님께서 기억하고 계신다. 장차 어느 날 하나님께서는 "예수 그리스도로 말미암아 사람들의 은밀한 것을 심판"하실 것이다.

인류 역사의 마지막이 얼마나 두려운 전경을 이루어낼 것인가!

시편 저자는 이렇게 말했다 : "여호와여 주께서 죄악을 감찰하실진대 주여 누가 서리이까"(시 130 : 3).

벌거벗음 – 하지만 하나님께서 옷을 지어주심

아담과 하와의 죄 이야기의 절정에 이르게 되었다. 내가 이 말을 꺼낸 것은 주로 이 부분 때문이다. 하나님께서는 아담과 하와에게 선악을 알게 하는 나무의 실과를 먹은 벌로 죽음을 당하게 될 것이라고 말씀하셨다. 그러나 하나님께서는 죄 지은 그들을 대면하시고 죄를 드러내셨을 때, 약속하신 죽음을 그들에게 내리시지 않고 다른 대상에게 내리셨다. 여기가 참으로 감격적인 부분이다 : 하나님께서 그들에게 지어 입히신 옷은 그들 대신 죽은 짐승의 가죽으로 만든 것이었다.

성경은 이 점을 아주 간결하게 말한다 : "여호와 하나님이 아담과 그 아내를 위하여 가죽옷을 지어 입히시니라"(창 3 : 21). 본문은 하나님께서 아담과 하와에게 지어줄 옷을 만들기 위해서 어떤 동물을 죽이셨는지 언급하지 않는다. 그러나 성경 나중 부분에서 이 개념이 전개되는 것에 비추어 볼 때 그 동물은 바로 어린양이었고, 가죽은 바로 어린양의 가죽이었다고 나는 생각한다. 확실히 그 사건은 죄를 유일하고도 충분하게 대속하신 예수 그리스도를 가리키고 있고, 예수님은 "세상 죄를 지고 가는 하나님의 어린양"(요 1 : 29)으로 묘사된다. 그것이 어떤 동물들이었든 간에 하나님께서는 우리 첫 시조에게 옷을 지어 입히기 위한 가죽을 얻기 위해서 동물들을 죽이셔야만 했다.

이것이 아담과 하와에게 무엇을 의미했을는지 생각해 보라. 그들은 동물들이 자기들 앞에서 죽는 것을 보고서 우선 "죽음이란 이런 것이구나!" 하고 생각했을 것이다. 그들은 두려운 마음으로 그 정경을 바라보았을 것이다. 하나님께서는 그들에게 이렇게 말씀하셨다 : "선악을 알게 하는 나무의 실과는 먹지 말라. 네가 먹는 날에는 정녕 죽으리라"(창 2 : 17). 그러나 만약 그들이 전에 죽음을 목격하지 않았다면 – 아마 목격하지 않았으리라고 추정된다 – 아마 이 경고를 심각하게 받아들이지 않았을 것이다. 이제는 갑작스런 죽음이 그들에게 닥쳤고, 하나님께 순종하지 않는 것이 얼마나 심각한 일인지 처음으로 느꼈을 것이다. 동물들이 죽는 장면을 볼 당시에 만약 죽음이 죄의 결과라면 죄는 상상보다 훨씬 더 악한 것이구나 하는 생각이 떠올랐을 것이다. 더욱이 그들은 죄인들이었고, 그들의 죄는 죽음을 당할 만한 것이었다.

그러나 그 순간에 그들을 사로잡은 것이 분명히 있었을 것이다. 그것은 하나님의 자비에 대한 깊고도 점차 커지는 경외심이었다. 하나님께서는 그들의 죄가 사형에 해당하는 것이라고 말씀하셨다. 사실상 그런 것이었다. 그러나 참으로 기이하게도 죽은 것은 그들 자신이 아니라 동물들이었다. 그들은 하나님의 법을 어겼다. 하나님께서는 계명이 짓밟힌 데 대해서 그들의 생명을 취하실 권리가 얼마든지 있었다. 그러나 하나님께서는 그렇게 하시지 않고 대신 죽을 대상이 있을 수 있음을 보이셨다. 무죄한 대상이 자기들을 위해서 죽을 수 있다는 것이었다.

놀라운 일이 또하나 있었다. 그들은 죄인들임이 밝히 드러났다. 속에 품고 있던 모든 죄들이 드러났다. 그러나 죄들이 드러나면서 – 그들이 벌거벗은 것은 그것의 상징이었다 – 그들은 벌거벗은 채 있을 필요가 없었다. 오히려 하나님께서는 동물들을 죽여 그 가죽으로 그들에게 옷을 지어 입히셨다. 이로써 그들은 노출된 동시에 가리움을 받았다.

우리에게도 이런 일이 반드시 있어야 한다. 우리는 우리 죄책을 피할 수 없다. 죄책은 엄연히 있고 자료가 잘 구비되어 있다. 그것을 부인하려고 할 수 있으나, 우리 생활과 문화와 심리가 그것이 거짓임을 드러낼 것이다. 우리는 문과 커튼과 옷으로 죄책을 가리려고 하며, 계산된 행위로 다른 사람들의 눈에서 숨으려고 한다. 이런 행위들은 하나님의 말씀이 진실하다는 것을 증명한다. 그러나 복음은 하나님께서 이 죄책을 다루신다고 말한다. 하나님께서는 죄책을 그냥 묵인하고, 용서하고, 잊으시지 않는다. 예수 그리스도 안에서 그것을 다루신다. 그리스도는 죄를 위해 죽으셨다. 죄에 대한 형벌은 이미 치러졌다. 이제 하나님께서는 그리스도의 의에 힘입어 그리스도를 믿는 사람들에게 옷을 지어 입히신다 :

> 예수여, 당신의 피와 의는
> 제 아름다움이며 찬란한 옷입니다.
> 한창 타오르는 이 세상에서
> 기쁨으로 제 머리를 들겠나이다.

여러분이 누구든지 간에 하나님의 심판대 앞에 설 날이 오고 있으며, 하나님께서는 여러분의 마음 속 가장 깊은 곳에 있는 비밀들까지도 심판하실 것이다. 그 날을 어떻게 견디려는가? 여러분은 두 가지 방법 중에 한 가지로만 하나님 앞에 설 수 있다. 그리스도의 죽음에 힘입어 죄를 사함 받고 그분의 의(義)를 힙입어 하나님 앞에 서든가, 아니면 영적으로 도덕적으로 벌거벗은 채 두려움에 싸여 서든가 할 것이다. 성경은 그렇게 될 사람들에 관해서 말한다. 그들이 휩싸일 두려움에 대해서 말한다. "땅의 임금들과 왕족들과 장군들과 부자들과 강한 자들과 각 종과 자주자가 굴과 산 바위 틈에 숨어 산과 바위에게 이르되 우리 위에 떨어져 보좌에 앉으신 이의 낯에서와 어린양의 진노에서 우리를 가리우라. 그들의 진노의 큰 날이 이르렀으니 누가 능히 서리요 하더라"(계 6 : 15-17).

하나님께서 모든 비밀들을 들춰내고 심판하실 그 날을 그냥 기다리고만 있지 말라. 오늘 그리스도께 피해 그 의(義)를 힘입으라.[4]

● 각주 ●

1. Jean Paul Sartre, *Being and Nothingness,* trans. Hazel E. Barnes (New York : Washington Square Press, 1953), p. 319.

2. Jean Paul Sartre, *The Words,* trans. Bernard Frechtman (Greenwich, Conn. : Fawcett Publications, 1966), p. 64.

3. Ibid.

4. 이 장의 일부 내용은 James Montgomery Boice의 *Genesis,* vol.1, *Genesis 1 : 1-11 : 32(Grand Rapids : Zondervan, 1982, pp. 118-122, 189-193)*에 조금 다른 형태로 실렸다.

29
두 번째 핑계 : 종교
로마서 2 : 17-24

유대인이라 칭하는 네가 율법을 의지하며 하나님을 자랑하며 율법의 교훈을 받아 하나님의 뜻을 알고 지극히 선한 것을 좋게 여기며 네가 율법에 있는 지식과 진리의 규모를 가진 자로서 소경의 길을 인도하는 자요 어두움에 있는 자의 빛이요 어리석은 자의 훈도요 어린 아이의 선생이라고 스스로 믿으니 그러면 다른 사람을 가르치는 네가 네 자신을 가르치지 아니하느냐 도적질 말라 반포하는 네가 도적질 하느냐 간음하지 말라 말하는 네가 간음하느냐 우상을 가증히 여기는 네가 신사(神社) 물건을 도적질 하느냐 율법을 자랑하는 네가 율법을 범함으로 하나님을 욕되게 하느냐 기록된 바와 같이 하나님의 이름이 너희로 인하여 이방인 중에서 모독을 받는도다.

로마서 앞 부분을 공부하면서 지금까지 말해온 거의 모든 것이 모든 사람들에게 다 적용된다는 것이 분명해졌다. 즉, 그것은 하나님께서 성령을 통해서 내면에 초자연적 사역을 행하지 않은 사람들에게 예외 없이 적용된다. 우리의 공적들, 우리가 자랑하는 도덕 표준들이나 사회적 지위와 관계 없이 우리는 모두 로마서 1장에 묘사된 향락적인 이교도들과 똑같은 상황에 처해 있다. 우리는 자연에 나타난 하나님께 관한 지식을 억눌렀고, 그로써 앞 장들에서 말한 도덕적 영적 내리막길을 걸어왔다. 로마서 2장에 나타난 대로, 자신의 행위로 다른 사람들을 비판하는 성향도 바로 우리를 묘사한다.

그러나 우리는 구분하는 데 능숙하며, 특히 그것이 우리에게 이익을 갖다 줄 때는 더욱 그러하다. 이것이 우리가 새로 대하게 된 또다른 형태의 "핑계"이다. 우리는 앞에서 도덕주의자가 사용하는 한 가지 핑계를 보았다. 그는 로마서 1장에 묘사된 것과 같은 이교도들이 실제로 있다는 사실을 인정하지만, 자신이 그들과 같다는 사실은 부정한다. 자신은 그들보다 더 많이 알며 "표준들"을 갖고 있기 때문이라고 한다(참조. 본서 13장). 여기서 다루게 되는 새로운 핑계는 자신들을 종교적인 사람들이라고 생각하는 사람들이 사용하는 것이다.

바울 당시에 그런 사람들은 유대인들이었으며, 그런 까닭에 바울은 "유대인이라 칭하는 네가…"라는 말로 단락을 시작한다. 오늘날 이 범주에 드는 사람은 열정적인 근본주의자, 교회에 다니는 기독교인(교파에 상관 없이), 열정적인 가톨릭 신자, 또는 그밖의 다양한 "종교적인" 개인일 수 있다.

이 종교적인 사람이 무엇을 생각할지 상상해 보자. 그 사람은 바울이 당시 이교도들의 도덕성에 관해서 묘사하는 내용을 듣고는 바울과 같은 입장에 서서 그것을 가차 없이 비판한다. 그 사람은 바울에게 이렇게 말할는지 모른다 : "그렇게 말씀하시니 고맙습니다. 오늘날도 상태가 참으로 심각하거든요. 이혼율은 계속 올라만 갑니다. 정치 지도자라고 하는 사람들은 거짓말만 일삼습니다. 아무도 일하려고 하지 않습니다. 학교들은 붕괴되고 있습니다. 범죄, 성범죄, 매춘, 도박, 마약, 그밖의 죄악들이 증가일로에 있습니다. 우리가 믿는 대로 하나님께서 공의와 진리의 하나님이실진대 이런 악인들을 엄하게 벌하실 것입니다. 그 사람들에게 그렇게 전하세요. 마약 판매자들, 폭력배 두목들, 정치인들. 이런 사람들은 당신이 전하는 복음에서 분명히 유익을 얻을 것입니다."

"그러나 내게는 이런 말씀을 말아 주세요! 나는 종교 생활을 열심히 하고 있으므로 당신이 선언하는 포괄적인 정죄에 해당하지 않습니다. 나는 평생 교회에 다닌 사람입니다. 세례를 받았고, 신앙을 고백했습니다. 성찬식에도 참여합니다. 헌금도 걸르지 않고 합니다."

바울은 이런 일들이 참으로 좋은 일들이며, 무시할 만한 것들이 아니라고 대답한다. 그리고는 "그러나 당신에게는 여전히 복음이 필요합니다" 라고 말한다.

"왜지요?"

"하나님께서 겉으로 드러난 일들 뿐만 아니라 – 교회에 등록한 사실, 성례에 참여한 사실, 직분을 맡은 사실 – 내면이 어떠한가에도 관심을 갖고 계시기 때문입니다."

하나님께서는 이렇게 말씀하신다.

"…사람은 외모를 보거니와 나 여호와는 중심을 보느니라"(삼상 16 : 7).

장점들의 목록

나는 이 내용을 요즘 말로 옮겼지만, 로마서 2 : 17-20로 돌아가서 보면 유대인(바울 당시의 "종교적인 사람")이 여덟 가지 중요한 주장을 내세우고 있는 것을 보게 된다. 네 가지는 유대인이 지닌 특별한 종교적 이점들에 관한 것이고, 나머지 네 가지는 그들의 종교적 특권들에 관한 것이다.[1] 유대인의 영적 이점들과 관계 있는 주장들은 다음과 같다 :

1. 하나님께서는 우리에게 율법을 주셨다.
2. 하나님께서는 우리와 특별한 언약을 맺으셨다.
3. 우리는 율법을 받았기 때문에 그분의 뜻을 안다.
4. 인간의 도덕 표준들 가운데 가장 뛰어난 그것만을 인정한다.

그들의 특권과 관계 있는 주장들은 다음과 같다 :

1. 소경들을 인도함
2. 어둠에 있는 사람들에게 빛이 되어 줌
3. 어리석은 자의 훈도(訓導)가 됨
4. 어린 아이들의 선생이 됨.

이 주장들을 공정하게 평가하기 위해서는 **그 주장 자체**는 절대적으로 사실임을 인정하면서 시작해야 한다. 오늘날 많은 사람들은 어떠한 종교도 진리에 대해서 특별한 주장을 할 수 없다고 믿고서, 그런 주장들을 단순한 영적 교만이나 편견으로 간주한다. 그러나 그리스도인은 그렇게 생각하지 않으며, 유대인도 진실한 사람이라면 그렇게 생각할 리 없다. 바울 당시의 유대인은 자기가 하나님께로부터 독특하고도 특별한 계시를 받은 사실에 자부심을 갖고 있었다. 그 계시는 맨처음 시내 산에서 모세에게 받은 뒤, 오랫동안 소수의 장군들, 왕들, 연대기 저자들, 선지자들의 글을 통해서 내렸다. 이런 자부심은 옳은 것이었다. 실제로 유대인들 뿐만 아니라 그리스도인들도 구약 성서의 기록들을 단순히 인간의 창안물들로 여기지 않고 하나님의 말씀으로 여긴다. 사도 베드로는 이렇게 썼다 : "예언은 언제든지 사람의 뜻으로 낸 것이 아니요 오직 성령의 감동하심을 입은 사람들이 하나님께 받아 말한 것임이니라"(벧후 1 : 21).

마찬가지로, 하나님께서 유대인들과 특별한 관계를 맺으셨다는 것도 분명한 사실이다. 하나님께서는 아브라함과 관계를 맺기 시작하셨고, 유대인들은 아브라함 시대부터 계속해서 언약 관계에 의한 이점들을 누려 왔다.

예수님께서는 수가 근처에 있는 야곱의 우물에서 만난 사마리아 여인과 대화를 나누시던 도중에 이 사실을 가르치셨다(요 4 : 1-26). 여인은 예수님이 자신의 죄를 건드리자 대화를 신학적인 방향으로 돌리려고 애썼다. 오늘날 사람들이 그런 상황을 만날 때 그렇듯이 말이다. 그들은 자기들 생활에서 발생하는 악을 될 수 있는 대로 다루지 않으려고 한다. 사마리아 여인은 진정한 예배 장소에 관해서 물었다. 당시 사마리아 성읍들에서는 이런 문제로 종종 토론이 벌어지곤 했던 것이 틀림없다. 유대인들이 너무나 당연하다는 듯이 주장하는 예루살렘이 진정한 예배 장소인가? 아니면 사마리아 사람들이 믿는 대로 그리심 산이 진정한 예배 장소인가? (20-21절).

예수님은 여인에게 두 가지로 대답하셨다. 첫째, 눈을 열어 새로운 시대에 이루어질 예배를 보게 하셨다. 친히 가져오실 새 시대에는 예배가 예루살렘에서만 드려지지도 않고 사마리아에서만 드려지지도 않을 것이라고 하셨다. 그러면서 이렇게 말씀하셨다. "아버지께 참으로 예배하는 자들은 신령과 진정으로 예배할 때가 오나니 곧 이때라. 아버지께서는 이렇게 자기에게 예배하는 자들을 찾으시느니라. 하나님은 영이시니 예배하는 자가 신령과 진정으로 예배할지니라"(23-24절).

둘째, 예수님은 여인이 제기한 구체적인 질문을 다루셨다. 이 말씀은 구약 성서의 권위와 영적인 문제들에 있어서 유대인들의 우선권을 모두 항구적으로 인정했다. 예수님은 이렇게 말씀하셨다. "너희〔사마리아인들〕는 알지 못하는 것을 예배하고 우리는 아는 것을 예배하노니 이는 구원이 유대인에게서 남이니라"(22절). 이 말씀은 오순절에 교회의 시대가 시작될 때까지는 비록 이방인들에게도 구원의 문이 열려 있긴 했으나 그 문은 반드시 유대인이 되어야 하는 것이었음을 뜻한다.

또한 본문에서 바울이 언급하는 유대인은 우리가 구약 성서라 부르는 것 안에서 하나님 께로부터 참된 계시를 소유하고 있었기 때문에 하나님의 뜻을 실제로 안다고 주장할 만한 권리가 있었다. 아니면 적어도 그것을 알 만한 적절한 근거를 갖고 있었다. 로마서 2 : 18에 서 "뜻"(will)은 하나님의 비밀스러운 또는 감춰진 섭리를 가리키지 않는다. 하나님의 감춰 진 섭리는 실제로 감춰져 있다는 한 가지 이유 때문이다. 그 말은 오히려 성경에 기록된 계 시를 가리킨다. 홀데인(Haldane)이 다음과 같이 묘사한 계시 말이다. "하나님께서 무슨 요 구를 하시든, 무슨 명령을 하시든, 무엇을 금하시든, 무엇을 인정하시든, 무슨 보상을 내리 시든 그분의 뜻에 합당한…"[2] 우리는 그 예를 바울이 21절과 22절에서 인용하는 세 가지 구 체적인 계명들에서 볼 수 있다.

마지막으로, 유대인은 율법으로 가르침을 받았기 때문에 인간의 도덕 표준들에서 탁월하 고 우수한 것을 인정할 만한 근거를 갖고 있다고 주장할 만했다. 달리 말해서, 그는 절대적 인 규율과 척도를 갖고 있었기 때문에 열등한 표준들에 대해서 얼마든지 평가할 수 있었다.

이런 네 가지 영적 이점들에서 똑같이 인상적인 특권들이 발생했다. 그 특권들이 본문에 서 다소 형이상학적인 용어로 표현된다. 유대인은 자신을 "소경의 길을 인도하는 자요 어두 움에 있는 자의 빛이요 어리석은 자의 훈도요 어린 아이의 선생"이라고 보았다. 모두 성경 에 있는 "지식과 진리의 규모"를 갖고 있었기 때문이었다(19-20절). 그리고 실제로 그렇게 처신했다. 참되신 하나님께 관한 지식과 그 하나님께로 가는 길은 이교의 우상숭배와 문화 라는 캄캄한 미로에 비친 한 줄기 빛이었다.

제8계명

그러나 하나님과 그분께 가는 길에 관해서 아는 것만으로는 충분하지 않았다. 그 이유는 앞에서 본 대로 하나님께서는 사람들을 외모로 심판하시지 않고 진리로 심판하시며, 고백 만 듣고 심판하시지 않고 실제 행위를 보고 심판하시기 때문이다.

이 시점에서 바울은 유대인이 "우월한" 세 가지 예를 드는데, 그것은 유대인이 계시된 하 나님의 율법, 즉 제8계명, 제7계명, 그리고 십계명의 처음 두 계명을 포괄하는 진술을 소유하기 때문에 생긴다. 제8계명은 "도적질하지 말지니라"이다(출 20 : 15). 이것이 유대인이 다른 사람들에게 올바로 가르친 교훈의 일부이다. 그러나 바울은 묻기를, 유대인인 네가 왜 도적질하느냐고 한다. 제7계명은 "간음하지 말지니라"이다(출 20 : 14). 그러나 유대인이 간음을 범했는가? 첫째 계명과 둘째 계명은 이와 같다 : "너는 나 외에는 다른 신들을 네게 있게 말지니라. 너를 위하여 새긴 우상을 만들지 말고 또 위로 하늘에 있는 것이나 아래로 땅에 있는 것이나 땅 아래 물속에 있는 것의 아무 형상이든지 만들지 말며 그것들에게 절하지 말며 그것들을 섬기지 말라. 나 여호와 너의 하나님은 질투하는 하나님인즉 나를 미워하는 자의 죄를 갚되 아비로부터 아들에게로 삼,사대까지 이르게 하거니와 나를 사랑하고 내 계명을 지키는 자에게는 천대까지 은혜를 베푸느니라"(출 20 : 3-6). 그러나 유대인들이 이 두 계명을 범했는가?

지금까지 나는 로마서 2 : 17-24이 마치 거의 유대인들만 다루고 있는 것처럼 써왔다. 그러나 이제는 비교적 제한된 그 견해를 깨치고 내가 처음에 말한 것, 즉 그 구절들이 모든 종류의 "종교적인" 사람들을 가리킨다는 견해로 돌아가야 한다. 근본주의자들, 교회에 다니는 장로교인들, 감리교인들, 침례교인들, 가톨릭 교인들을 가릴 것 없이 말이다. 어떤 주석가가 말한 대로, 그것은 "정통주의자들에 대한 비판"이다.

그래서 나는 묻는다. "도적질하지 말라고 설교하는 우리가 도적질을 하는가?"

도적질해서는 안 된다는 사상은 보편적으로 받아들여지는 인간의 행동 규범이지만, 범하는 것도 그만큼 보편적이다. 우리는 단지 무단으로 다른 집에 들어가 물건을 가지고 나오지 않았다는 이유에서 이 계명을 지켰다고 생각해서는 안 된다.

하나님께 마땅히 드려야 할 예배를 드리지 않을 때, 또는 하나님보다 우리 자신의 일에 관심을 쏟을 때 그것은 하나님의 것을 도적질하는 것이다. 작업 시간에 능력이 닿는 대로 최선을 다해 일하지 않을 때, 또는 커피 타임을 너무 많이 갖거나 일찍 퇴근할 때, 우리는 고용주의 것을 도적질한 것이다. 회사 물건을 낭비하거나 업무 시간에 개인의 일을 본다면 그것은 도적질이다. 물건을 팔 때 제값을 받지 않고 올려 받으면 그것은 도적질이다. 고용주들의 경우에는 피고용인들의 건강을 해치게끔 작업 환경을 방치해 두었다면, 또는 그들이 건강하고, 쾌적한 생활을 할 만큼 급료를 주지 않는다면 그것은 피고용인들의 것을 도적질한 것이다. 어떤 것을 빌리고도 돌려주지 않는다면 그것은 도적질이다. 우리의 재능, 시간, 돈을 낭비한다면 그것은 우리 자신의 것을 도적질한 것이다.

제7계명

바울은 십계명 중에서 제8계명을 인용한 다음에 다시 제7계명으로 거슬러 올라가 이렇게 묻는다. "간음하지 말라 말하는 네가 간음하느냐."

이 질문에 우리는 어떻게 대답해야 할까? 특히 간음, 간통, 그밖의 온갖 형태의 성적 실험들이 정당화될 뿐만 아니라 격려와 찬사까지 받는 미국에서 사는 사람들은 어떻게 대답해야 할까? 세속 지도자들이든 종교 지도자들이든 유력한 민족 지도자들의 생애에서 성범죄들에 관한 사실들을 보게 되면 뭐라고 대답해야 할까? 제7계명이 외적 행위들 뿐만 아니라 정신과 마음과도 관계가 있다고 하신 예수님의 가르침을 들을 때는 뭐라고 말해야 할까? 예수님의 교훈에 따르면, 미움이 살인과 동등하듯이, 음욕은 간음과 동등하다고 한다(마 5 : 27-28; 참조. 21-22절). 성경적 표준은 결혼 전의 순결과 결혼 후의 정절이다.

우리의 문화 생활에서 이 분야만큼 하나님의 표준에 심각하게 위배되어 있는 경우는 없다. 대중매체는 물질주의를 조장하기 위해서 성적 욕구를 이용하고, 쾌락 추구를 미화한다. 텔레비전은 성(性)으로 얼룩진 광고물들로 우리 안방을 가득 채우며, 프로그램들도 불륜의 성관계와 행위를 점점 더 노골적으로 묘사하고 있다. 영화들은 더욱 악하다. 건전하다고 손꼽히는 도시들에서조차 X(성인영화의 기호)등급 영화들이 자주 상영된다.

한때는 사람들이 비록 생활은 딴판으로 하면서도 높은 성적 표준을 변호한 적이 있었다. 그러나 오늘날 우리들은 도덕성마저 주장하지 않는다. "좋다고 느끼면 해라!"(If it feels good, do it!) 이것이 우리 시대의 외침이며 대다수 사람들의 행위이다.

첫째와 둘째 계명들

유대인이 가르침과 행동을 각기 달리 한 일에 관해서 바울이 든 세 가지 예들 가운데 세 번째는 첫째와 둘째 계명들에 관한 언급이다 : "우상을 가증히 여기는 네가 신사(神社) 물건을 도적질하느냐."

이 질문을 처음 두 질문만큼 이해하기란 쉽지 않다. 이 질문에는 여러 가지 문제들이 있다. 첫째, 이 문장의 후반은 처음 두 질문의 경우와는 달리 전반과 일치하지 않는다. 가령 바울은 "도적질 말라 반포하는 네가 도적질 하느냐"고 말할 때, 다른 사람들에게 그래서는 안 된다고 가르친 바로 그 일을 하는 종교적인 사람을 비판한다. 달리 말하자면, 종교적인 사람은 "도적질 말라"고 말하면서 자기는 도적질한다. 두 번째 질문에서도 마찬가지이다. 종교적인 사람은 "간음하지 말라"고 말하지만, 자신은 간음한다. 세 번째 경우에서는 전후 반이 잘 맞지 않는다. 여기서 금하는 것은 "우상을 숭배하지 말라" 하는 것이다. 따라서 우상 숭배를 비판해야 할 텐데, 바울이 비판하는 것은 우상 숭배가 아니라 이교도의 신전들을 더럽히거나 그 안에 들어가 도적질하는 것이다.

둘째 문제도 똑같이 모호하다. 우리가 아는 한 유대인들은 신전들에 들어가 도적질하지 않았다. 그렇다면 이 말은 단지 하나님께 마땅히 드려야 할 영예를 드리지 않음으로써 도적질했다는 뜻일까? 예수님이 정죄하신 바, 예루살렘 성전 뜰에서 자행된 헌물 판매 행위를 가리키는 것일까? 이방인 군인들이 이교도 신전들에서 훔쳐다가 나중에 판 물건들을 유대인들이 (예술품으로) 소지하고 있는 것을 가리키는 것일까? 실제로 신전에 들어가 도적질한 것을 가리키는 것일까? 각 견해를 지지하는 주장들이 있긴 하지만 딱히 뭐라고 말하기는 어렵다.

우리가 말할 수 있는 것은, 고대 유대인이 첫째와 둘째 계명들을 어떤 방식으로 어겼든간에(우리가 그것을 알든 모르든 간에), **우리가** – 심지어 대단히 종교적인 사람들조차 – 그 계명들을 어떻게 어기는지는 알고 있다는 사실이다.

첫째 계명은 참되신 하나님만을 열심을 다해 예배하라는 요구이다 : "너는 나 외에는 다른 신들을 네게 있게 말지니라"(출 20 : 3). 성경이 가르치는 하나님 이외의 다른 신 – 제우스, 미네르바, 부처, 알라, 또는 무수한 현대의 신들 가운데 어떤 신 – 을 경배하는 것은 이 계명을 어기는 것이다. 우리는 어떤 사람, 어떤 물건, 어떤 세속적 열망을 우리 생애의 첫 번째 위치, 즉 하나님께만 드려야 할 위치에 놓을 때 그 계명을 범하게 된다. 오늘날은 우리 자신이나 우리의 자아상(自我象)이 대체 신이 된다. 성공, 명성, 물질, 또는 권력 같은 것들일 수도 있다. 존 스토트(John R. W. Stott)는 이 계명을 지키는 것에 관해서 이렇게 썼다 : "제1계명을 지킨다는 것은 모든 것을 그분(하나님)의 관점에서 보며, 그분께 문의하지 않고는 아무 일도 하지 않는 것이며, 하나님의 뜻을 지침으로 삼고 그분의 영광을 우리의 목표로 삼는 것이고, 생각과 말과 행동에, 사업과 여가에, 교제와 일에, 돈과 시간과 재능을 사용하는 일에, 직장에서든 집에서든 하나님을 맨 앞자리에 두는 것이다."[3]

이제 둘째 계명을 생각해 보자 : "너를 위하여 새긴 우상을 만들지 말고 또 위로 하늘에 있는 것이나 아래로 땅에 있는 것이나 땅 아래 물속에 있는 것의 아무 형상이든지 만들지 말며 그것들에게 절하지 말며 그것들을 섬기지 말라. 나 여호와 너의 하나님은 질투하는 하나님인즉 나를 미워하는 자의 죄를 갚되 아비로부터 아들에게로 삼,사대까지 이르게 하거니와 나를 사랑하고 내 계명을 지키는 자에게는 천대까지 은혜를 베푸느니라"(출 20 : 4-6). 첫째 계명이 거짓 신을 예배하는 것을 금하면서 예배 대상을 다루고 있다면, 둘째 계명은 참되신 하나님일지라도 부적절하게 예배하는 것을 금하면서 예배 방법을 다룬다.

이것은 하나님께서 어떤 분이신지를 발견하는 데 최상의 관심을 쏟을 것과, 유일하고, 위대하고, 초월적이고, 영적이며, 측량할 수 없는 하나님을 갈수록 그분께 부합하게 예배해야 함을 뜻한다. 그러나 우리는 이렇게 하지 않는다. 오히려 바울이 논의를 시작하면서 주장하는 대로, 우리는 하나님께 관한 지식을 억누르며 그 결과 우리의 어리석은 마음이 어두워졌음을 발견한다(롬 1 : 18, 21).[4]

바울은 정통파 또는 "종교적인" 사람의 진정한 상태를 묘사하는 이 단락 끝에 이르렀을 때 구약 성서를 인용하여 하나님의 이름이 그들로 인하여 이방인 중에서 모독을 받는다고 말한다(24절; 참조. 사 52 : 5; 겔 36 : 22). 경건을 크게 내세우는 사람들이 스스로 선언한 표준들을 범할 때는 늘 그렇게 된다. 이것은 두려운 일이다.

그러나 더 두려운 일이 있다. 그것은 이런 이유들 때문에 자기들이 하나님 앞에서 가장 의로운 자들이라고 생각하고서 ─ 종교적이라는 이유만으로 ─ 이 잘못된 상태를 계속 유지하는 것이다. 실은 주변의 철저한 이교도들과 다름 없이 멸망을 향해 쏜살같이 달려가고 있는데도 말이다. 윌리엄 바클레이(William Barclay)는 다음과 같은 말로 이 구절들에 관한 논의를 시작한다 : "유대인에게는 이런 단락이 틀림없이 자신을 송두리채 무너뜨리는 것으로 다가왔을 것이다."[5] 물론 이 말은 옳다. 그러나 이런 단락이 송두리채 무너뜨리는 것은 비단 유대인만이 아니다. 우리 모두를 송두리채 무너뜨려야 한다. 특히 우리 처지는 우리의 종교적인 성향 때문에 다른 사람들의 처지와는 약간 다르다고 생각한다면 더욱 그러하다.

만약 여러분이 세례받는 사실을 의지하고 있다면,

만약 여러분이 성찬식에 참여한 사실을 의지하고 있다면,

만약 여러분이 교회에 등록한 사실이나, 성경 또는 교리를 인정한 사실이 있다면

만약 여러분이 직분을 맡은 사실을 의지하고 있다면,

만약 여러분이 기독교 가정에서 자란 사실을 의지하고 있다면,

만약 여러분이 예수 그리스도와 그분이 십자가에서 여러분을 위해 죽으신 일 이외의 다른 것을 의지하고 있다면, 그것이 무엇이든지 마음에서 철저히 내버리라. 그것을 포기하라. 그 위에 도장을 찍으라. 그것을 갈아 없애라. 그것을 뿌린 곳에 먼지를 털어 버리라.

그런 뒤에 예수 **그리스도**께만 돌아와서 그분만 의지하라.

● 각주 ●

1. 이 문제는 주석가들마다 다르게 다루어 왔다. 비록 기본 논지는 같지만 말이다. 찰스 하지는 유대인의 유익을 세 가지로 말한다 : (1) 하나님과의 언약 관계; (2) 하나님을 아는 일에 크게 유리한 입장; (3) 할례. 처음 두 가지는 이 문맥에 포함된다(참조. *Commentary on Romans* (Edinburgh and Carlisle, Pa. : The Banner or Truth Trust, 1972), p. 59). 로버트 홀데인은 여섯 가지 유익들을 나열한다 : (1) 유대인이라는 이름을 지닌 것; (2) 율법을 받은 것; (3) 참되신 하나님을 하나님으로 모신 것; (4) 하나님의 뜻을 아는 것; (5) 무엇이 악인지를 구별할 수 있는 것; (6) 다른 사람들을 가르치고 인도할 수 있는 능력을 가진 것(참조. *An Exposition of the Epistle to the Romans* (MacDill AFB : MacDonald Publishing, 1958), p. 94). 프레데릭 고데는 유대인들의 유익들을 다음 범주로 구분한다 : (1) 하나님의 선물들; (2) 이 선물들이 유대인들에게 부여하는 탁월한 능력들; (3) 그로써 유대인들이 다른 민족들에게 어떤 역할을 하도록 부르심을 받았다고 생각한 부분(참조. *Commentary on St. Epistle to the Romans,* trans. by A. Cusin (Edinburgh : T. & T. Clark, n.d.), vol. 1, p. 213).

2. Haldane, *An Exposition of the Epistle to the Romans,* p. 95.

3. John R. W. Stott, *Basic Christianity* (Grand Rapids; Wm. B. Eerdmans, 1958), p. 65.

4. 이 네 가지 계명들에 관한 좀더 자세한 설명은 James Montgomery Boice, *Foundations of the Christian Faith* (Downer Grove, III. : InterVarsity Press, 1986, pp. 27-31, 39-243)에 실려 있으며, 위의 일부 내용은 이 책에서 인용했다.

5. William Barclay, *The Letter to the Romans* (Edinburgh : The Saint Andrew Press, 1969), p. 42.

30
할례
로마서 2 : 25-29

네가 율법을 행한 즉 할례가 유익하나 만일 율법을 범한즉 네 할례가 무할례가 되었느니라 그런 즉 무할례자가 율법의 제도를 지키면 그 무할례를 할례와 같이 여길 것이 아니냐 또한 본래 무할례자가 율법을 온전히 지키면 의문과 할례를 가지고 율법을 범하는 너를 판단치 아니하겠느냐 대저 표면적 유대인이 유대인이 아니요 표면적 육신의 할례가 할례가 아니라 오직 이면적 유대인이 유대인이며 할례는 마음에 할지니 신령에 있고 의문에 있지 아니한 것이라 그 칭찬이 사람에게서가 아니요 다만 하나님에게서니라.

아내와 내가 스위스 바젤에서 살 때 파쉬나하트(Faschnacht)라고 알려진 스위스의 연례 축제를 알게 되었다. 마르디 그라스(the Mardi Gras) - "식육(食肉) 화요일"(사육제의 마지막 날) - 와 비슷한 축제였다. 파쉬나하트라는 용어는 성금요일(Good Friday)에 앞서 며칠을 엄숙하게 보내야 하는 사순절(Lent, 언제나 수요일에 시작함) 직전에 몸과 마음을 마음껏 풀어놓고 지내는 기간을 가리킨다. 바젤은 기독교 도시였고, 따라서 시민들은 가톨릭의 관습을 과감하게 무시하고서 사순절 첫째 주간에 파쉬나하트를 지킨다. 그러나 그것 말고는 엄격한 금욕 주간은 다른 지역에서 볼 수 있는 것과 하나도 다르지 않았다. 스위스에는 파쉬나하트와 관련한 농담들이 많다. 그중 대표적인 것은 아홉 달 뒤에 바젤에서 태어날 수많은 사생아들에 관한 것이다.

스위스에서는 구세군(救世軍)이 복음주의 성격을 띠고 있으며, 이 교단은 매년 파쉬나하트를 이용하여 그리스도를 증거한다. 내가 그곳에 있을 때 파쉬나하트 축제가 벌어지기 며칠 전부터 구세군을 선전하는 광고판이 등장했던 것을 기억한다. 그 광고판에는 영적 조언을 얻을 수 있는 주소나 전화번호, 그리고 "하나님은 당신의 가면 속을 들여다 보신다"(Gott sieht hinter deine Maske)라는 뜻의 독일어 문구가 적혀 있었다.

나는 그 문구가 위대한 성경적 원칙을 진술한 것임을 기억하고서 여러 번 그 문구를 깊이 생각했다. 그 원칙은 사무엘상 16 : 7에 맨처음 뚜렷하게 나타났다 : "… 사람은 외모를 보거니와 나 여호와는 중심을 보느니라."

정통파 종교인이 피신하는 마지막 장소

바로 이것이 바울이 로마서 2장 마지막 단락에서 도달하고 있는 결론이다. 여기서 그는 스스로 철저한 종교인으로 여기고서 복음을 필요로 하지 않는 사람들의 반론들을 마지막으로 다룬다. 이 단락의 쟁점은 유대인의 할례 의식과 그 의식에 따라 붙는, "할례를 받은 사람만 구원을 얻을 수 있다"는 주장이다.

로버트 홀데인(Robert Haldane)은 "여기서 바울은 유대인을 마지막 피신처로 몰고 간다"고 쓴다.[1] 바울 시대에 철저한 종교인의 대표적인 예였던 유대인은 자기가 율법을 소유하고 있다는 주장으로 바울의 복음에 맞서 자신을 변호하기 시작했다.

앞 장에서 공부한 대로, 바울은 율법을 소유한 것이 물론 큰 특권임에 틀림없지만, 그 안에 담긴 하나님의 계명들을 지키지 않으면 아무 필요가 없다고 역설했다. 율법은 "도적질하지 말지니라" 하고 말한다(출 20 : 15). 그러나 만약 도적질을 하면 그 계명을 안다는 사실이 주는 유익은 하나도 없다. 그럴 경우 율법은 그 개인을 변호하기는 커녕 정죄하기 때문이다. "간음하지 말지니라"(출 20 : 14)와 "너는 나 외에는 다른 신들을 네게 있게 말지니라"(출 20 : 3) 같은 다른 계명들의 경우도 마찬가지이다. 유대인은 다른 사람들과 마찬가지로 그 율법들을 범하였다. 따라서 "나는 율법을 가지고 있으므로 복음을 필요로 하지 않는다" 하고 말하는 것으로는 충분하지 않았다. 정반대로, 율법은 사람에게 하나님의 은혜가 필요하다는 사실을 나타내기 위해서 전달되었다.

하지만 유대인은 아직 마지막 카드를 쥐고 있었다. 그는 할례를 받았고, 할례는 하나님께서 구원을 약속하신 언약의 백성 안에 보일 수 있는 방법으로 가입시켜 주었다. 할례(우리의 경우에는 세례)가 자신을 그 백성의 일원이 되게 해 주었고, 백성의 일원이 되었으므로 구원은 확실히 보장되었다고 말하는 것과 똑같았다.

유대인은 실제로 이것을 믿었다. 오늘날 많은 사람들이 교회에 등록했다는 사실만으로 구원을 받았다고 믿는 것과 똑같이 말이다. 내가 갖고 있는 다양한 주석들에서 이 문제를 가장 철저하게 다룬 주석은 찰스 하지(Charles Hodge)의 주석이다. 그는 다양한 학자들의 견해를 끌어다가 이 문제를 진술하는데 여기서 그가 요약해 놓은 내용을 인용한다 :

> 랍비 므나헴(Menachem)은 자신의 저서 「모세의 책들에 관한 주석」(Commentary on the Books of Moses, 43장, 1단)에서 "할례받은 사람은 결코 지옥을 보지 않을 것이라고 랍비들은 알았다" 고 말해왔다. 「얄쿠트 루베니」(Jalkut Rubeni, 1번)에서는 "할례는 지옥에서 구원한다"고 가르친다. 「미드라쉬 틸림」(Medrasch Tillim, 7장 2단)은 "하나님은 할례받은 자를 지옥에 보내지 않겠다고 맹세하셨다"고 말한다. 「아케다스 이제하크」(Akedath Jizehak, 54장 2단)는 "아브라함은 지옥의 문 앞에 앉아 있으며, 할례받은 이스라엘 사람이 그곳에 들어가는 것을 허락지 않는다" 하고 가르친다.[2]

즉, 구원은 유대인을 위한 것이며, 사람을 유대인으로 만드는 것은 할례라는 주장이다.

물론 오늘날은 유대인들조차도 진정한 유대인을 만드는 것은 할례라는 주장을 확고부동하게 믿지 않는다. 오히려 가장 공통된 대답은 유대인이 아브라함의 혈통에서 난 사람이라는 것이다.

그렇지만 역시 아브라함의 혈통에서 난 이스마엘과 아랍 사람들의 경우는 어떠한가? 이스마엘은 아브라함의 아들이었고, 그들의 자손들은 셈족이긴 했지만, 유대인들은 아니었다. 유대교가 이 문제에 대해서 공식적으로 내리는 정의는, 유대인이란 유대인 어머니에게서 난 사람이라는 것이다. 이렇게 생각하면 이삭만 유대인이고 이스마엘은 유대인의 대열에서 배제된다.

그러나 기독교로 개종한 선량한 유대인 어머니(혹은 선량한 유대인 부모)에게서 난 자녀의 경우는 어떠한가? 그 사람은 유대인인가? 유대교의 공식 이론에 따르면, 기독교로 개종한 유대인 어머니의 자녀는 유대인이라고 한다. 그럼에도 많은 유대인 사회들에서는 기독교로 개종하는 것을 유대인 신분을 부정하는 것일 뿐만 아니라 혈통에 의한 민족에서 이탈하는 행위로 간주한다.

유대인이란 어떤 사람인가?

이 중요한 질문에 바울은 급진적인 대답을 한다. 그러나 눈여겨 보라. 바울은 구원을 받기 위해서 유대인이 될 필요가 없다고 말하는 것이 아니라(그는 구원에 관한 문제들을 다루고 있기 때문), 참된 유대인이 된다는 것은 외면적 표준의 문제 - 율법을 가졌다거나, 아브라함의 혈통에서 났다거나, 할례를 받았다거나 하는 것 - 가 아니라 내면의 영적 변화들에서 흘러나오는 행위의 문제라고 말한다. "대저 표면적 유대인이 유대인이 아니요 표면적 육신의 할례가 할례가 아니라 오직 이면적 유대인이 유대인이며, 할례는 마음에 할지니 신령에 있고 의문에 있지 아니한 것이라…"(28-29절).

이것이 우리가 로마서 2장에서 발견하는 내용이다. 하나님께서는 우리가 진리를 아는 것에 관심을 두시지 않고 그것을 행하는 데 관심을 두신다(1-3절). 그것은 율법을 가지고 있느냐 하는 문제가 아니라 그 율법들을 지키고 있느냐 하는 문제이다(21-23절).

윌리엄 바클레이(William Barclay)의 말을 인용한다 :

바울은 유대인이 된다는 것은 결코 인종적인 문제가 아니라고 역설한다. 유대인이 된다는 것은 할례와 아무런 관계가 없다. 유대인이 된다는 것은 행위에 관한 문제이다. 그렇다면 아브라함의 순수한 혈통을 이어받고 태어나 육체에 할례의 표식을 지니고 있으면서도 결코 유대인이 아닌 많은 유대인들이 있는 셈이다. 마찬가지로 아브라함에 관해 들어본 적도 없고 할례를 받는다는 건 꿈도 꿔보지 못했으면서도 진정한 의미에서 유대인인 많은 이방인들이 있다… 바울은 유대인들의 사고 기반을 단 한 마디로 무너뜨려 버린다. 수많은 유대인들에게서 진정한 유대인의 자격을 빼앗아 버리며, 유대인이 된다는 것을 모든 민족들에게 해당하는, 이 세상만큼이나 넓은 일로 만드는 새로운 개념을 도입한다.[3]

성례란 무엇인가?

물론 우리들 대부분은 참된 유대인에 관한 정의를 둘러싼 그 시대의 논쟁에 개인적으로 영향을 받지 않는다. 그러나 성령의 사역에 힘입어 우리 속에 경건한 행동이 뿌리를 내리는 문제(29절)는 우리의 관심을 끈다. 그리고 성례들에 관한 한(우리의 성례들은 할례보다는 세례와 주의 만찬(the Lord's Supper ; 성찬)이다) 쟁점은 성례들이 필요한 내면의 변화와 실체를 반영하는가 하는 점이다.

성례란 무엇인가?

12세기에 살았던 페트루스 롬바르두스(Peter Lombard)는 성례를 가리켜 "신성한 것의 상징"(a sign of a sacred thing)이라고 했다.[4] 존 칼빈(John Calvin)은 좀더 포괄적인 진술을 통해서 성례에 관해 이렇게 쓴다 "성례는 주께서 우리 약한 믿음을 붙드시기 위해서 우리를 향한 선하신 뜻에 관한 약속으로 우리 양심에 인을 치시는 외적 상징이다. 그리고 우리는 사람들이 보는 가운데 하나님과 그분의 천사들 앞에 섬으로써 하나님께 대한 우리의 경건을 입증한다."[5] 각 정의에서 중요한 것은 성례가 영적 실체 자체라기보다는 그 실체의 "상징"이라는 점이다.

기독교적 관점에서 성례를 정의해 보겠다. 성례에는 네 가지 요소들이 있다 :

1. 성례는 그리스도께서 직접 제정하신 신적 규례이다. 이 사실로 인해 성례는 그리스도께서 우리에게 하라고 명하신 다른 일들 – 이를테면, 기도 – 과도 관련된다. 그러나 우리가 할 수는 있으나 하라고 명령을 받지 않은 다른 일들과는 구분된다. 예를 두 가지만 들자면, 기도할 때 무릎을 꿇는 것이나 예배 때 찬송을 부르는 것이 거기에 속한다. 이런 점에서 그리스도께서 명령하신 신약의 성례들인 세례와 주의 만찬(성찬)은 하나님께서 친히 아브라함과 그의 자손들에게 내리신 구약의 성례인 할례와 비슷하다.

2. 성례는 하나님의 은혜의 가시적인 상징들로서 물질적인 요소들을 사용한다. 세례에서는 물이 상징물이다. 주의 만찬(성찬)에서는 주의 몸을 상징하는 빵과 그분의 피를 상징하는 포도주가 상징물들이다. 구약의 상징물은 육체의 일부를 베는 것이었다.

이것은 중요한 문제이다. 왜냐하면 물질적 요소들을 상징물로 사용하지 않는, 적절하되 성례와는 무관한 행위들로부터 성례들을 구분해 주기 때문이다. 더욱이 상징물들은 그것이 가리키는 점에서 성례와 다른 행위들을 구분해 준다.

예를 들어, 만약 차를 몰고 뉴저지 고속도로를 따라 달리다가 "뉴욕 30마일"이란 표시판을 본다면 그 표시판이 뉴욕을 가리키고 있음을 알 것이다. 그 표시판 자체는 뉴욕이 아니다. 또한 "코카콜라를 드세요"라는 광고판을 본다면 그것 자체가 코카콜라가 아님을 안다. 그것은 단지 그 방향을 가리킬 뿐이다. 성례들은 이런 방식으로 영적 실체들을 가리킨다. 세례는 우리가 믿음으로 예수 그리스도와 연합했음을 상징한다. 주의 만찬(성찬)은 우리가 그분의 생명에 참여하여 연합했음을 상징한다. 상징은 부차적이고, 외면적이고, 가시적이다. 실체는 일차적이고, 내면적이고, 비가시적이다.

3. **성례는 은혜의 방도이다.** 이것은 성례에 참석한 사람들에게 영적 생명이 무슨 마술을 부리듯이 자동적으로 전달되어 자동적으로 구원을 얻게 한다는 것을 뜻하지 않는다. 바울은 본문에서 할례를 논하면서 바로 이 점을 부인한다. 그러나 이런 부정적인 진리는 성례들이 아무런 가치도 갖고 있지 않다는 말과 동일하지는 않다. 바울은 로마서 2장에서 사람이 할례로 구원을 받는다는 주장을 부인한 직후에, 앞으로 보게 될 다음 장에서 할례의 "가치"에 대해서 말한다.

세례와 주의 만찬(성찬)의 가치는 무엇인가? 존 머리(John Murray)는 이렇게 대답한다 :

세례는 은혜의 방도이며 복을 전달한다. 왜냐하면 그것은 우리에게 대한 하나님의 은혜의 보증이며, 우리는 그 보증을 받음으로써 하나님의 신실하심을 의지하고, 그분의 은혜를 증거하고, 그로써 믿음을 강하게 하기 때문이다… 주의 만찬(성찬)에서는 그 중요성이 더욱 증가한다. 즉 그리스도를 나누고 그분의 살과 피에서 흘러나오는 덕에 참여한다. 주의 만찬(성찬)은 끊임없이 전달되고 있는 어떤 것을 상징한다. 우리는 성찬을 통해서 그리스도의 살과 피에 참여한다. 그러므로 성례의 비중은 하나님의 신실하심에 있으며, 그 효과는 우리가 그 신실하심을 보고 내놓는 반응에 존재한다.[6]

4. 성례는 그것이 상징하는 은혜의 인(印), 보증, 또는 확증이다. 앞에서 상징이란 그 자체가 아닌 다른 것을 가리킨다고 말했다. 마치 표시판이 여행자에게 뉴욕의 방향을 알려 주거나, 코카콜라를 마시도록 권장하듯이 말이다. 그러나 상징은 다른 역할도 자주 한다. 즉, 소유권을 가리키기도 한다. "조(Joe)의 레스토랑"이라는 간판은 그 레스토랑이 조의 것임을 뜻한다.

"미국 법원"이란 간판은 그 건물이 미국 연방 정부의 재산임을 뜻한다. 마찬가지로 어떤 상징물들은 서류의 신빙성을 보증한다. 여권이나 성적증명서에 찍힌 도장은 그 문서의 유효성을 보증한다.

신학자들은 성례들을 어떤 실체들의 "상징들이자 인(印)들"이라고 언급한다. 상징들인 이유는 그 실체들을 가리키기 때문이며, 인들인 이유는 성례를 받는 사람의 신분을 보증해 주기 때문이다.

이런 이유 때문에 마르틴 루터(Martin Luther)는 세례를 그토록 중요한 상징으로 보았다. 루터는 두려운 사건들이 일어나고 종교개혁의 세력을 약화시키려고 사방에서 압력이 가해질 때 강력한 지도자들이 때로 그렇듯이 감정이 크게 흔들려 모든 것이 혼동스러워진 때가 있었다. 가장 풀이 죽은 시기에는 종교개혁의 가치에 대해서 의문을 가졌다. 자신의 신앙에 대해서 의문을 가졌다. 심지어 주 예수 그리스도께서 자신을 위해 해 주신 사역의 가치에 대해서까지 의문을 가졌다.

그러나 루터는 그럴 때마다 칠판에 라틴어로 *나는 세례를 받았다*(baptizatus sum!)라는 말을 쓰곤 했다. 그 상징어는 그에게 영적 실체를 가리켜 주었고, 그는 다시금 자신이 참으로 그리스도의 소유이며 그분의 죽음과 부활 안에서 그분과 연합하였음을 재확인하곤 했다.[7]

유대인이라는 사실은 중요하다. 사실상 어떤 의미에서는 모든 구원받은 사람들이 언약의 백성(Covenant People)의 일원이다.

그러나 참된 유대인이어야만 그렇다(참조. 갈 6 : 16). 즉, 육체적으로 아브라함의 후손이 아니더라도 내면적이고 영적으로 유대인이 되어야 한다. 마찬가지로, 할례는 가치 있는 것이다. 그러나 변화한 마음의 실체를 가리킬 때만 (세례와 주의 만찬(성찬)과 마찬가지로) 그러하다.

로마서 2장 정리

이제 로마서 2장의 마지막에 이르러 이 장에서 바울이 가르친 내용을 정리할 때가 되었다. 바울은 자신이 이교도들을 정죄한 내용(1장에 기록된)에 동의하되 다음과 같은 근거를 내세우며 자기들은 예외라고 핑계하는 사람들을 다루어 왔다. 즉, (1) 자기들은 이교도들이 소유한 것보다 더 높은 행동 표준을 알고 있는, 매우 도덕적인 사람들이다. (2) 자기들은 철저히 종교적인 사람들이며, 따라서 하나님의 계시된 율법을 소유함으로써 그리고 성례들에 참여함으로써 구원을 얻는다.

오늘날 이런 사람들을 알고 있는가? 물론 알고 있을 것이다. 여러분도 그중 한 사람일는지도 모른다. 사도 바울은 그런 사람들에게 이렇게 말한다 :

1. 아무리 고도한 신앙과 도덕의 원칙들에 관한 지식일지라도, 지식만으로는 하나님께 인정을 받을 수 없다. 반대로, 고도의 지식은 사실상 더 큰 정죄로 끌고 간다. 만약 더 높은 표준을 실천하고 사는 일이 없다면 말이다. 도덕적인 이교도와 정통파 유대인 모두가 결핍을 드러내는데, 이는 그들이 도덕 법전이나 신적 계시를 소유하지 못했기 때문이 아니라, 그 법전이나 계시를 갖고 있으면서도 그대로 살지 못했기 때문이다. 이교도는 자기가 다른 사람들을 비판하는 "같은 일"을 했다(1-3절). 마찬가지로 유대인도 "율법을 범했다"(21-23절).

2. 이스라엘이라는 언약의 민족이든 기독교 세계라는 보이는 교회든 종교 사회에 가입하였다는 사실이 하나님의 호의를 얻었음을 보증해 주지 않는다. 보이는 하나님의 백성의 무리에 속한다는 것이 중요하지 않다는 말이 아니다. 중요한 일이다. 그러나 앞에서 생각했듯이, 만약 하나님께서 외모를 보시지 않고 마음을 보신다면 구원은 외적인 요소들에 의해 얻어지지 않는다. 바울 시대의 관점에서 볼 때 유대인들은 구원을 받아 왔다. 그들은 구원을 받고 있다. 그러나 그것은 그들이 유대인이기 때문이 아니다. 교회의 교인들도 구원을 받는다. 그러나 그들이 교인이기 때문에 구원을 받는 것은 아니다. 만약 하나님의 율법을 온전히 지킬 수 있는 사람이 있다면, 그 사람은 그것을 지킴으로써 구원을 받을 것이다. 그러나 그럴 능력이 있는 사람은 아무도 없다. 우리는 모두 율법을 범했다. 그러므로 우리는 오직

그리스도께서 십자가에서 죽으신 결과에 힘입어 구원을 받을 수 있으며, 그 사역은 성령께서 우리에게 적용해 주신다. 이렇게 해서만 우리는 하나님의 선택된 백성의 참된 무리에 들어가며, 그 새로운 신분을 가지고 일관되게 생명을 전개해 간다.

3. 구약의 성례들이든 신약의 성례들이든 성례들은 아무도 구원하지 못한다. 성례들은 구원하는 것을 가리키지만, 성례들이 곧 실체는 아니다. 하지(Hodge)는 이렇게 관찰한다 : "사도에 따르면, 성례의 진정한 개념은 구유된 효과를 지닌, 또는 단순한 **사효성**(事效性, opus operatum. 성례의 원집전자는 그리스도이므로 성례가 성립되기 위해서는 집전자가 그리스도의 뜻에 따라 행하기만 하면 된다는 개념. 성례 수령자의 마음 가짐 여하에 따라 성례 성립의 여부가 결정된다는 뜻의 인효성〈人效性〉과 대립됨. 가톨릭 교회는 사효성만을 인정함 – 역자)으로서 은혜를 전달하는 신비한 의식이 아니라고 한다. 사도는 성례가 우리의 믿음을 유효한 언약 안에서 확증하기 위한, 그리고 그 중요한 성격을 가지고 몇 가지 위대한 영적 진리를 전하고 예시하기 위한 인(印)이자 상징이라고 한다."[8]

4. 하나님은 진리와 행위에 따라 심판하시며, 그 표준에 의해 모든 사람이 정죄를 당한다. 이 문장의 결론부가 마음에 들지 않을는지 모르나 전반부의 옳음과 가치는 부정할 수 없다. 하나님께서 가장 높고 가장 의로운 형식이 아닌 다른 방법으로 심판하시는 것이 정당한 일일까? 하나님께서 진리 말고 다른 방법으로 심판하실 수 있을까? 하나님께서 자신의 공의의 법정에서 거짓이나 속임을 묵과하실 수 있을까? 실제로 행동은 하지 않고 말이나 생각, 또는 의도만 앞세우는 것을 눈감아 주실 수 있을까? 피고가 유대인이라는 이유만으로 죄를 묵과하실 수 있을까? 아니면 교인이라는 이유만으로 죄를 묵과하실 수 있을까? 아니면 그 사람이 남들보다 더 많이 안다고 해서? 분명히 말해서 이렇게 공의를 굽히는 일들은 비록 인간의 제도들에서는 참으로 다반사로 일어나지만, 하나님께서는 결코 그런 일을 하시지 않는다. 만약 이것이 사실이라면 어떠한 사람도 의롭다 함을 얻을 수 없을 것이다.

5. 만약 구원을 받으려면 성부 하나님께서 성령의 사역을 통해서 우리에게 적용하시는 예수 그리스도의 사역을 힘입어야 한다. 다윗은 죄를 지은 뒤 시편 51편에서 자기 죄를 자백

할 때, 비록 죄를 진정한 마음으로 철저하게 자백을 했음에도 그렇게 고백한 사실이 자기를 구원해 주리라고 생각하지 않았다. 정반대로 그는 오로지 하나님만을 바라보았다. 그는 이렇게 기도했다. (1) "우슬초로 나를 정결케 하소서…"(7절). 우슬초는 유대교의 제사 체제에서 동물들의 피를 뿌리는 데 쓰였다. 그러므로 이것은 속죄의 피로 깨끗이 씻어 달라는 호소였다. 그런 다음 다윗은 이렇게 덧붙였다. (2) "내 속에 정(淨)한 마음을 창조하시고…"(10절). 다음 절에서 분명히 드러나듯이, 다윗은 이 일이 오직 성령에 의해서만 이루어질 수 있는 일임을 이해했다. 바로 이 점을 가지고 바울은 로마서 2장을 마무리한다.

마지막으로 한 가지만 더 보고 이 장을 마치려 한다. 로마서 2장의 마지막 문장에서 바울은 한 가지 수사법을 사용한다. 영어로는 그것을 제대로 옮기기가 불가능하지만, 그 내용은 우리가 맨 처음에 보았던, 누가 참된 유대인인가 하는 점으로 되돌아 가게 한다. 유대인(Jew)이라는 단어는 야곱(또는 이스라엘, 창 32 : 28))의 넷째 아들 유다의 이름에서 유래하는데, 유다라는 이름이 "칭찬"(praise, 찬송)을 뜻한다는 사실에서 수사법을 보게 된다. 레아는 유다를 낳고서 "내가 이제는 여호와를 찬송하리로다" 하고 말했는데, 창세기 본문은 그 말 뒤에 "이로 인하여 그가 그 이름을 유다(또는 '찬송')라 하였고"라는 말을 덧붙인다(창 29 : 35). 이와 비슷하게 야곱(이스라엘)은 임종할 때 같은 수사법을 사용하여 "유다야 너는 네 형제의 찬송이 될지라…" 하고 말했다(창 49 : 8).

바로 이 수사법을 바울은 이 장 마지막에 사용한다 : "그 칭찬이 사람에게서가 아니요 다만 하나님에게서니라." 즉, "참된 유대인의 신분(유다)은 하나님께로 말미암으며, 영적인 것이다. 할례같이 사람에게서 외면적인 일들에 의해 오지 않는다" 하는 뜻이다.

● 각주 ●

1. Robert Haldane, *An Exposition of the Epistle to the Romans* (MacDill AFB : MacDonald, 1958), p. 100.

2. Charles Hodge, *A Commentary on Romans* (Edinburgh and Carlisle, Pa. : The Banner of Truth Trust, 1972), p. 63. (Original edition 1935.) Hodge는 Eisenmenger의 *Entdeckte Judenthum* (part 2, p. 285)에서 자료를 얻는다.

3. William Barclay, *The Letter to the Romans* (Edinburgh : The Saint Andrew Press, 1969), p. 42.

4. Peter Lombard, *The Four Books of Sentences,* book 4, I, 2, in Eugene R. Fairweather,

ed., *A Scholastic Miscellany : Anselm to Ockham,* The Library of Christian Classics, vol. 10 (Philadelphia : The Westminster Press, 1956), p. 338.

5. John Calvin, *Institutes of the Christian Religion,* ed. John T. McNeill, trans. Ford Lewis Battles (Philadelphia : The Westminster Press, 1960), vol. 2, p. 1172.

6. John Murray, *Collected Writings,* vol., *Selected Lectures in Systematic Theology* (Rdinburgh : The Banner of Truth, 1977), pp. 367, 368.

7. 나는 이 논지들을 다음 저서에서 충분히 다루었다 : James Montgomery Boice, *Foundations of the Christian Faith* (Downer Grove, Ill. : InterVarsity Press, 1986), pp. 595–597.

8. Hodge, *A Commentary of Romans,* p. 67.

31

유대인들은 유리한 처지에 있는가?

로마서 3 : 1

그런즉 유대인의 나음이 무엇이며 할례의 유익이 무엇이뇨.

모든 직업에는 재미있는 이야기들이 있는 법이며, 법률가 직업도 예외가 아니다. 변호사로 일하는 친구가 어떤 신참 변호사 이야기를 해주었다. 그는 술집에서 싸우다가 상대의 귀를 물어뜯은 죄로 고소당한 사람을 변호하고 있었다. 싸움 장면을 지켜본 사람이 증인대에 섰고, 변호사는 그에게 반대심문을 하였다. "피고가 상대의 귀를 물어뜯는 것을 실제로 보았습니까?" 젊은 변호사가 이렇게 물었다.

"아니오, 선생님" 하고 증인이 답변했다.

그것이 변호사가 바라고 필요로 하던 답변이었다. 그러나 그는 젊은 변호사들에게 흔히 나타나는 실수를 저질렀다. 유리한 고지를 점령한 순간에 반대심문을 끝내지 않고서 질문을 계속해 간 것이다.

"그러면 정확히 무엇을 보았나요?"

"저 사람이 침을 뱉는 걸 보았습니다."

요지는 법정 논쟁에서는 유리한 고지에 있을 때 중단하지 못하고 너무 많이 나가는 것은 실수라는 말이었다.

바울의 주장에 따르는 문제

사도 바울이 로마서 2장을 마치고 3장을 시작하면서 상대의 반론을 듣는 인상을 준다고 말하는 것도 비슷한 비판, 즉 너무 멀리 나갔다는 비판이다. 우리는 바울이 무엇을 증명하려고 해왔는지를 안다. 이방인들 뿐만 아니라 유대인들까지도 포함한 모든 사람들이 하나님 앞에서 죄책이 있고, 따라서 구주를 필요로 한다. 아무도 스스로를 구원할 수 없다. 그러나 바울은 이 점을 너무 강력하게 주장한 나머지 종교적으로 큰 이점들을 갖고 있다고 여겨지던 유대인들과 그런 것을 전혀 갖고 있지 못한 이방인들을 사실상 동일시하였다. 그는 이렇게 말했다. "악을 행하는 각 사람의 영에게 환난과 곤고가 있으리니 첫째는 유대인에게요 또한 헬라인에게며 선을 행하는 각 사람에게는 영광과 존귀와 평강이 있으리니 첫째는 유대인에게요 또한 헬라인에게라"(롬 2 : 9-10). 그런 다음 2장 끝에 이르러서는 유대인의 신분이 사실상 종교나 인종상의 유산과 전혀 무관하다는 식으로 정의한다 : "오직 이면적 유대인이 유대인이며 할례는 마음에 할지니 신령에 있고 의문에 있지 아니한 것이라. 그 칭찬이 사람에게서가 아니요 다만 하나님에게서니라"(29절).

"그러나 그건 사실을 지나치게 부풀린 주장이 아닌가?" 반대자는 아마 이렇게 주장하고 있었을 것이다. 만약 하나님께서 유대인들과 이방인들을 차별 없이 동등하게 대하신다면, 만약 유대인을 진정한 유대인으로 만드는 유일한 조건이 **성령에 의한 내면의 변화**라고 한다면, 유대인이 된다는 것에 어떤 유익이 있단 말인가?

아니면 말을 바꾸어, 구약 성서는 도대체 뭐란 말인가? 만약 유대인이 되는 것에 유익이 없다고 한다면, 왜 하나님께서는 굳이 아브라함을 선택하시고 그의 자손들인 유대인들을 특별한 언약의 백성으로 세우셨단 말인가? 왜 하나님께서는 할례를 제정하셨단 말인가? 만약 바울의 말이 옳다면 이런 것들은 무의미한 것들이다. 아니면, 하나님께서 하시는 일은 무의미한 것이 없고 반드시 적절한 목적이 담겨 있음을 우리가 알고 있음을 감안해서 생각할 때,

바울이 자기 주장들에 헛점이 있음을 알았든 몰랐든 간에 결론을 잘못 내린 것이 아닌가?

이것은 아주 중요한 문제이다. 유대인들 뿐만 아니라 비유대인들에게도 그렇다. 우리는 유대인에게 과연 영적 이점들이 있느냐 하는 여부에 관해서 말해 왔다. 그러나 유대인이 이방인과는 달리 분명한 이점을 갖고 있음에도 바울은 그의 처지와 이방인의 처지를 나란히 놓는다. 스스로를 그리스도인이라고 부르는 우리들도 이렇게 묻지 않을 수 없다 : "그렇다면 교인이 되어 신앙 생활을 하는 데는 무슨 유익이 있는가? 우리 모두가 정죄 아래 놓여 있다면 세례, 입교, 성찬, 그밖의 종교 행사들이 무슨 가치가 있단 말인가?"

나는 이 장의 제목을 "유대인들은 유리한 처지에 있는가?"로 잡았다. 그러나 차라리 "교인은 유리한 처지에 있는가?"로 잡는 것이 나을뻔 했는지도 모른다. 만약 교인인 우리가 유리한 처지에 있지 못하다면, 우리는 왜 굳이 신앙과 더불어 힘겨운 씨름을 해야 하는가? 이교도들처럼 즐기고 당당하게 죄를 지으며 살자. 만약 우리가 유리한 처지에 서 있다면, 종교 활동들로 하나님을 기쁘시게 해드리고 결국 그런 일들로 구원을 받을 수 있지 않겠는가?

유대인의 유익들

바울의 대답은 할례와 유대인 신분은 참으로 유익하다라는 것이다. 물론 그런 것들로 구원을 받을 수 있다고 잘못 생각한다면 할례나 유대인 신분은 그런 유익들은 아니긴 하지만 말이다.

바울의 생각을 올바로 이해하기 위해서는 로마서 3장이 아닌 9장에 열거되는 유대인의 유익들을 미리 살펴볼 필요가 있다. 본문이 그렇게 하라고 북돋운다. 왜냐하면 바울은 "그런즉 유대인의 나음이 무엇이며 할례의 유익이 무엇이뇨" 하고 물은 다음 "범사에 많으니 **첫째**는 저희가 하나님의 말씀을 맡았음이니라"고 대답하기 때문이다(1-2절, 고딕은 필자의 표기). 바울이 "첫째는"이라고 말하는 사실 자체가 둘째와 셋째가 무엇인지를 보게 만든다.

바울은 로마서 3장에서는 "하나님의 말씀"이라는 한 가지 유익만을 말한다. 그렇기 때문에 어떤 주석가들은 헬라어 **프로톤**(proton, "무엇보다도")이 "주로" 또는 "가장 중요하게는"을 뜻할 수도 있다고 보았다.[1] 그러나 존 머리(John Murray)가 지적하듯이 "바울이 사용하는 단어를 우리가 '첫째'로 간주하든 '주로'로 간주하든 별로 문제가 되지 않는다." 왜

냐하면 둘 다 그밖의 유익들이 있음을 필연적으로 암시하기 때문이다.[2]

앞에서 언급한 대로, 로마서 9장에 가서 보면 이 유익들이 열거되어 있다. 바울은 이렇게 말한다 : "… 저희에게는 양자(養子)됨과 영광과 언약들과 율법을 세우신 것과 예배와 약속들이 있고, 조상들도 저희 것이요 육신으로 하면 그리스도가 저희에게서 나셨으니 저는 만물 위에 계셔 세세에 찬양을 받으실 하나님이시니라. 아멘"(4-5절). 이 내용은 하나씩 살펴볼 가치가 있다.

1. **양자됨**(Adoption as sons). 이 첫 단어가 그 뒤의 내용을 포괄한다. 이 단어는 하나님의 주권적 행위, 즉 자신의 선하신 뜻과 자신의 기쁨에 따라 유대 백성을 자신과 특별한 관계를 맺은 가족으로 삼으신 행위를 말하기 때문이다. 하나님의 가정에 입양된 유대인들과 신생(新生)으로, 거듭남으로 하나님의 가정에 들어간 그리스도인들(유대인들과 이방인들로 구성된) 사이에는 현저한 차이가 있다. 그러나 이익들은 비슷하다. 그중에서 두드러지는 것은 하나님을 아버지로 여기고서 직접 그분께 나아갈 수 있는 특권이다.

2. **영광**(Divine glory). 유대인의 역사에 비추어 볼 때, 이 용어는 하나님께서 율법을 주신 시내 산에서, 유대인 성전의 지성소에서, 그리고 몇몇 다른 장소들에서 하나님께서 영광 중에 자신을 계시하신 일을 가리킨다. 다른 어떤 민족도 이런 특권을 누린 적이 없다.

3. **언약들**(Covenants). 이 단어는 복수형이며, 따라서 일반적으로 아브라함의 언약, 모세의 언약, 다윗의 언약으로 알려진 하나님과 이스라엘과의 특별한 관계의 전모를 가리키는 듯하다. 각 경우에 하나님께서는 자기 백성에게 특별한 분이 되어 주시겠으며, 그들을 위해 특정한 일들을 행하시겠다고 약속하셨다. 이 약속은 그들에게 그럴 만한 선이 있거나 그들 편에서 무슨 특별한 행위가 나올 것을 기대하시고서 하신 것이 아니라, 오직 자신의 선하신 기쁨 때문에 하신 것이다.

4. **율법을 세우신 것**. 이것은 바울이 로마서 3장에서 "첫째" 또는 "주로"라고 언급한 사항이다. 이것이 왜 가장 중요한 유익인지 뒷부분과 다음 장에서 살펴볼 것이다.

5. **성전 예배.** 이것은 분명한 유익이다. 왜냐하면 초기에 하나님께서는 성막이나 성전에서 자신을 실제로 나타내셨기 때문이다. 그러나 여기서는 주로 "예배"가 강조되므로, 그 유익이 실제로 가리키는 것은 이 예배가 속죄 제사에 의해 하나님께 나아가는 길이다. 그 제사는 예수 그리스도께서 드린 유일하게 완전한 제사를 예표하였다. 실제로 성전의 구도와 기구들 하나하나가 예수님을 예표하였고 예수님에 의해 본뜻이 성취되었다.

6. **약속들**(Promises). 구약 성서(신약 성서와 마찬가지로)는 하나님께서 그 백성에게 주시는 약속들로 가득 차 있다. 이 약속들은 우리가 필요로 할 수 있는 모든 것을 포괄하는 광범위한 것이다. 이 약속들은 하나님께서 친히 하신 것이기 때문에 확실하고 믿을 만하다.

7. **조상들**(Patriarchs). 이 단어는 "아버지들"을 뜻하며, 이스라엘 역사의 위인들 가운데 어떤 사람이라도 가리킬 수 있다. 이 단어는 주로 처음 세 족장, 즉 아브라함, 이삭, 야곱(또는 이스라엘)을 가리킨다. 하나님께서는 모세에게 말씀하실 때 그들의 이름을 사용하여 자기를 부르셨다 : "나는 네 조상의 하나님이니 아브라함의 하나님, 이삭의 하나님, 야곱의 하나님이니라…"(출 3 : 6; 참조. 마 22 : 32). 그러한 조상을 두고 있다는 것은 유익이다. 왜냐하면 하나님께서는 이런 사람들을 통해서 크게 일하셨기 때문이다. 또한 그들은 자손들에게 믿음과 경건의 전형들이다.

8. **육신으로 하면 그리스도가 저희에게 나옴.** 유대인들은 그리스도와 관련되었다는 사실이 구원을 가져다 주지 못했다. 그러나 그분과 멀리 떨어지기보다는 그분과 그분의 사역을 가까이에서 대하는 것이 훨씬 더 좋았다. 이것도 저것도 아니라면 적어도 문화적 동질성을 갖고 있어서 그분의 가르침의 뜻을 더 쉽게 이해할 수 있다는 것이 유익이었다.

하나님의 참된 말씀

추정컨대, 만약 바울이 로마서 3장 처음 두 절을 말한 다음에 질문을 받았다면, 아마 여기서 그 여덟 가지 항목들을 열거했을 것이다. 그러고서도 계속 질문을 받았다면, 각 항목을 훨씬 깊이 들어가 책 한 권을 쓰거나 설교 한 편을 했을 것이다. 각 항목마다 커다란 유익이며, 그림 전체를 보노라면 각 항목에 대해서 좀더 생각할 필요를 느끼게 된다.

하지만 바울이 로마서 3장에서 "그런즉 유대인의 나음이 무엇이뇨?"라는 구체적인 질문에 대답할 때 그가 강조하는 것은 전체 목록이 아니라 하나님의 말씀을 갖고 있다는 한 가지 문제라는 사실을 놓쳐서는 안 된다. 그는 "할례의 유익이 무엇이뇨?"라는 질문도 하지만, 실제로는 이 문맥 어디에서도 성례들이나 다른 외적 상징을 유익이라고 말하지 않는다. 다만 성경만 유익이라고 말한다! 성경은 주요 항목이며, 로마서 3장에서는 그것만이 유익으로 거론된다.

이것은 우리에게 크나큰 중요성을 띤다. 왜냐하면 이것은 유대인의 유익들에 관한 긴 목록에서 이방인들이 나눠 갖고 있는 유일한 복이기 때문이다. 이방인들이 우리는 "우리의 유익은 양자됨이다" 하고 말할 수 없다. 우리는 그 백성으로 입양된 적이 없기 때문이다. 우리는 "우리의 유익은 영광이다" 하고 말할 수 없다. 하나님의 영광을 직접 본 적이 없기 때문이다. 또한 "우리의 유익은 언약들이다" 하고 말할 수도 없다(비록 기독교 백성에게도 은혜의 언약이 있긴 하지만 말이다). 우리는 성전 예배, 이스라엘 또는 조상들이 받은 약속들, 또는 조상들이 예수 그리스도와 맺고 있는 관계 등이 주는 유익들을 주장할 수 없다.

그러나 "우리들의 유익은 성경이다" 하고 **말할 수 있다.** 만약 다행히도 우리 나라 말로 된 하나님의 성경을 갖고 있다면 말이다. 그리고 사실상 우리 모두가 성경을 갖고 있다.

인생에서 성경을 갖는 것보다 영혼에게 더 큰 유익을 주는 체험이 있을 수 있을까? 당연히 없다! 성경이 없다면 우리는 큰 혼동에 빠지며, 생에 관한 모든 중대한 질문들이 뒤섞여 있는 인간 사색의 바다에서 표류하게 된다. 하나님께서 계신가? 우리는 모른다. 적어도 죄 가운데 있는 상태에서는 하나님의 존재가 갖는 충분한 개인적 의미를 인정할 능력이 없다. 우리는 누구인가? 이 중요한 질문에 우리는 대답할 말을 모른다. 성경이 없다면 우리가 유일하고 참되신 하나님의 형상으로 지음을 받았고, 그분을 영화롭게 하고 영원히 즐겁게 하기 위하여 지음을 받았다는 사실을 알 길이 없다. 어떻게 하면 하나님께 갈 수 있는가? 어떻게 하면 죄를 해결할 수 있는가? 어떻게 사는 것이 최선인가? 우리가 현세에서 하는 일이 문제가 되는가?

삶과 죽음에 관한 이런 질문들에 대한 확실한 답은 오직 성경의 계시에서만 얻을 수 있다.

"그리스도인들"에게는 어떤 유익이 있는가?

이쯤되면 여러분은 이 장의 방향을 알 수 있을 것이다. 지금 나는 바울이 당시의 철저한 종교인인 유대인에게 한 말을 갖다가 우리 시대의 철저한 종교인에게 적용하고 있기 때문이다. 바울은 어떤 주장에 대답하고 있다. 그의 대답은 그가 로마서 1 : 18-3 : 20에서 입증하려고 하고 있는 논지에서 이탈한 것이다. 그럼에도 바울이 여기서 다루고 있는 논지는 모든 이에게 큰 중요성을 띠고 있다. 세례, 성례들, 또는 교회 출석 같은 것들로 구원받을 수 있는 사람은 아무도 없다. 성경을 갖고 있다는 중요한 사실로도, 심지어 성경을 공부하고 있다는 사실로도 구원받을 수 있는 사람은 아무도 없다. 그러나 신앙 활동들이 아무런 소용이 없다거나, 그런 활동들을 남용하고, 소홀히 하고, 무시하는 것이 현명한 일이라는 뜻은 아니다.

그러므로 나는 이렇게 질문한다 : "그렇다면 경건하고, 교회에 출석하는 그리스도인의 유익은 무엇인가?" 세 가지 대답을 제시하겠다.

1. 만약 하나님께서 여러분을 여러분의 죄악의 어둠에서 예수 그리스도께 대한 구원의 믿음으로 끌어내 주심으로써 구원하시지 않더라도, 이런 유익들 때문에 적어도 죄를 적게 범할 것이고, 따라서 형벌도 덜 가혹하게 받을 것이다.

어떤 이들은 여기서 이 문제를 다루는 것을 이상하게 생각할 것이다. 그러나 한편으로는 진정한 영적 유익들(그것을 가질 사람들을 위한)이 있다는 사실과 다른 한편으로는 이런 것들 자체로는 아무도 구원하지 못한다는 사실을 이해하기 위해서 가장 여러운 상황에서 시작할 필요가 있다. 우리의 상황은 절망적이라는 점을 기억해야 한다. 우리는 우리 자신을 위해서 아무런 일도 할 수가 없다. 심지어 진리를 아는 것조차 우리를 구원하지 못한다. 거듭나지 못한 상황에서는 진리에 반응할 수도 없고 심지어 적대적인 태도를 취하기 때문이다. 거듭나지 않은 사람은 아무도 구원을 받지 못하며, 영적으로 거듭나게 하는 사역은 하나님께서 하시는 일이다.

그러나 우리는 죄에 대한 형벌에는 여러 등급이 있다는 사실을 보았다. 로마서 2 : 5에서 바울은 빈번하고 고집스럽게 죄를 짓는 사람들이 "진노를 쌓아가는" 일에 관해서 말했다.

주 예수 그리스도께서는 주인의 뜻을 알고도 불순종하는 종은 매를 많이 맞을 것이지만, 주인의 뜻을 모른 채 그 뜻에 불순종한 종은 적게 맞을 것이라고 말씀하셨다(눅 12 : 47-48). 심지어 히브리서 저자도 "… 모든 범죄함과 순종치 아니함이 공변된 보응을 받았거든" 하고 말할 때 그 점을 지적하는 듯하다(히 2 : 2). 그러므로 하나님의 율법을 알고, 하나님의 계명에 순종하려고 노력하고 서로 거룩한 삶을 권장하는 사람들 속에서 사는 것은 비록 그것이 구원을 가져다 주지는 못해도 가치가 있는 일이다. 그것은 적어도 장차 형벌 받을 죄들을 적게 범하게 됨을 뜻하기 때문이다.

2. 교회에 가서 하나님의 말씀을 전하는 설교를 듣는 것은, 만약 그 교회가 건강하고 성경을 믿는 교회라면, 적어도 여러분에게 구원의 길을 알게 해 줄 것이다. 그것에 반응을 하든 하지 않든 말이다.

구원의 길을 알고도 그 계시에 따르지 않는다면 – 사실상 그것을 배척한다면 – 그것은 그 사람의 죄책을 증가시킨다는 점에서 유익이 아니라 손해라고 주장할 사람이 있을 것이다. 주인의 뜻을 알고도 순종치 않는 종의 경우가 그런 것이다. 물론 그것은 사실이다. 더욱이 그런 지식과 함께 스스로를 좋은 그리스도인이라고 생각하는 습관을 갖게 된다면 문제는 복잡하게 된다. 만약 여러분이 많이 알고 있다는 이유만으로 하나님께서 여러분을 좀더 낫게 생각해 주실 거라고 생각한다면 처지는 더욱 나빠진다.

그러나 그런 식으로 행동할 필요가 없다. 사실상 정반대로 행동해야 한다. 많이 알고 있다는 이유로 자부심을 가질 것이 아니라, 오히려 겸손해야 한다. 만약 여러분이 성경에서 진정한 유익을 얻고 있다면, 성경에서 맨먼저 배우는 것은 여러분이 죄악의 본성 때문에, 그리고 의도적으로 내린 악한 선택들 때문에 절망적으로 길잃은 죄인이라는 사실이다. 참으로 여러분이 하나님의 의로운 심판 아래 있고 만약 하나님께서 여러분에게 자비를 베푸사 팔을 내밀어 그리스도의 사역을 통해 구원하시지 않는다면 철저하고도 두려운 멸망을 맞이할 운명에 있다는 사실을 성경에서 맨처음 배우게 된다. 로마서가 길을 가르치고 있는 것이 바로 이 사실이다. 정신을 똑바로 차리고 로마서 처음 세 장을 읽고서 자부심을 가질 수 있는 사람이 어디 있는가? 이 장들을 읽고서 하나님의 자비에 자신을 전폭적으로 내맡겨야 한다는 사실을 모르는 사람이 어디 있는가? 앞에서 말한 대로, 구원의 길을 알고 자기가 죄인이므로 그 길이 필요하다는 것을 아는 것 자체가 여러분을 구원해 주지는 않을 것이다. 그러나 그런 지식 없이 구원 받는 일이란 불가능하다. 그런 지식이 없다면 하나님을 찾기 시작조차 하지 않을 것이기 때문이다. 그런 지식이 없다면 대부분의 사람들은 자신이 이미 구원을 받았다고 생각하거나, 아니면 적어도 구원을 필요로 하지 않는다고 생각할 것이다.

3. 정규적으로 교회에 출석하고, 무엇보다도 하나님의 말씀을 전하고 배우는 일에 충실할 때 얻는 세 번째 유익은, 비록 그것을 하나님께로부터 받은 유익이라고 생각할 수는 없더라도, 하나님께서 여러분을 구원하실 때 성경을 읽고 전하는 방법을 가장 안성맞춤의 방법으로 쓰신다는 데 있다.

대체 사람은 어떻게 해서 거듭나는가? 베드로는 이렇게 쓴다 : "너희가 거듭난 것이 썩어질 씨로 된 것이 아니요 썩지 아니할 씨로 된 것이니 하나님의 살아 있고 항상 있는 말씀으로 되었느니라. 그러므로,

> 모든 육체는 풀과 같고
> 　그 모든 영광이 풀의 꽃과 같으니
> 풀은 마르고 꽃은 떨어지되
> 　오직 주의 말씀은 세세토록 있도다."
>
> 　　　　　　　　　　　　　벧전 1 : 23-25

하나님의 말씀을 듣는 것은 구원에 이르는 가장 확실한 길이다.

야고보도 마찬가지로 쓴다 : "그(하나님)가 그 조물 중에 우리로 한 첫 열매가 되게 하시려고 자기의 뜻을 좇아 진리의 말씀으로 우리를 낳으셨느니라"(약 1 : 18).

자신의 "처지"에서 유익을 얻음

몇 년 전에 요한복음을 강해할 때의 일이다. 9장을 강해할 차례가 되었는데, 그 본문에서 우리는 날 때부터 소경된 사람이 예수님께 육신으로 소경된 것 뿐만 아니라 영적으로 소경된 것까지 나음을 받았다는 이야기를 읽었다. 그 때 나는 이 사람의 처지가 얼마나 비참한

것이었는지, 그리고 예수 그리스도 없이 사는 사람들의 절망적인 상태를 이 이야기가 얼마나 생생하게 전하고 있는지를 상고했다.

사람들은 볼 수 있었지만, 그는 볼 수 없었다. 이것은 그가 예수님을 볼 수 없었다는 뜻이다. 훗날 베드로와 요한이 성전 미문에서 앉은뱅이에게 "우리를 보라"고 말했듯이, 예수님이 소경에게 "나를 보라"고 말씀하셨더라도, 그 사람은 눈이 멀었기 때문에 볼 수 없었을 것이다. 오늘날 길잃은 사람들의 상태가 이런 것이다. 예수님을 전하지만, 그들은 예수님을 볼 수 없다. 즉, 그들은 그분이 실제로 누구신지, 무슨 일을 해놓으셨는지 이해할 수 없다. 성경은 이렇게 말한다 : "육에 속한 사람은 하나님의 성령의 일을 받지 아니하나니 저희에게는 미련하게 보임이요 또 깨닫지도 못하나니 이런 일은 영적으로라야 분변함이니라"(고전 2 : 14).

또한 요한복음 9장에 언급된 그 사람은 날 때부터 소경이었던 바, 그것은 본다는 것이 무언지를 안 적이 없었으므로 그것을 가치 있게 취급하지도 않았음을 뜻한다. 물론 그는 무엇이 빠져 있는 줄은 알았다. 마치 오늘날 많은 사람들이 자기들의 생에서 빠진 부분을 막연하게 의식하고 있듯이 말이다. 그러나 그는 그것이 무엇인지를 몰랐고, 심지어 자신의 상태가 고침을 받았다는 것도 생각하지 않았다. 이 이야기에서 우리는 그가 주님께 자신을 고쳐 달라고 구하지 않았다는 점을 보게 된다.

또한 그는 걸인이었다. 걸인으로서 구걸을 했으면 했지 눈을 뜨게 해달라고 구하지는 않았다. 그는 가진 것이 없었으므로 지나가는 사람들에게 돈을 구걸하는 습관이 있었다. 이것은 만약 큰 돈을 내고 시력을 살 수 있었다 하더라도 그 사람의 상태는 전과 다름 없이 절망적이었다는 사실을 뜻한다. 아무것도 없는데 어떻게 시력을 살 수 있겠는가? 이 가난한 소경은 우리가 하나님 앞에서 얼마나 무능력한 사람인가를 상기시킨다.

예수께서 이 사람을 보신 순간에는 그에 관해 할 말이 없었다. 소경인데다 무식하고 돈도 없으니 말이다. 그러나 나는 이 이야기에 대한 강해를 준비하고 있을 때 옛 설교자들 가운데 한 분의 말이 뇌리를 스치고 지나갔다. 그는 말하기를, 이 사람에 대해서는 말할 것이 아무것도 없었지만, 굳이 한 가지 말할 것이 있다면 그것은 적어도 예수님이 지나가시려 하던 장소에 있었다는 점이라고 했다. 그는 예수님이 자주 드나드시던 성전 지역으로 통하는 문 곁에 있었다. 바로 그곳에서 예수님은 그를 보시고(소경은 예수님을 볼 수 없었다), 사랑하

시고, 고쳐주시고, 자기에게로 이끌어 주셨다.[3]

만약 여러분이 이 글을 읽고 있지만 아직 거듭나지 않았다면 다음 이야기를 여러분에게 적용한다 :

여러분의 상태는 좋지 않다. 길을 잃었고 하나님의 진노 아래 있다. 하나님의 진리에 대해서는 소경이다. 영적으로 빈털털이이다. 그러나 다음 한 가지 것이 있다. 비록 여러분은 스스로를 구원할 수 없지만, 이 내용이나 다른 복음 메시지를 듣는 동안 적어도 예수님이 자주 가시는 곳에 자리잡고 있는 셈이다. 예수님은 당신의 말씀을 전하고 가르치는 일에 즐겨 복을 주신다. 그러므로 여러분의 상태가 비록 절망적이긴 하지만, 구원받지 못한 다른 죄인의 상태보다 더 절망적이지는 않다. 단지 말씀을 듣는 것만으로도 여러분에게는 유익이다. 그렇다면 그것을 무시하지 말라. "신앙에 무슨 유익이 있느냐!" 하고 말하지 말라. 그 안에는 크나큰 유익이 있다. "범사에 많으니…"(롬 3 : 2). 그것에 매달려라! 여러분의 처지에서 가능한 모든 유익을 얻어내라. 여러분이 듣는 그 말씀을 하나님께서 쓰셔서 여러분의 영혼을 구원하실는지 누가 아는가?

● 각주 ●

1. "원문은 주로 (primarily)라는 뜻인데, 이것은 순서상 앞선 것을 말하는 게 아니라 가치와 유익상 앞서는 것을 말한다"(Robert Haldane, *An Exposition of the Epistle to the Romans* [MacDill AFB : MacDonald, 1958], p. 107).

2. John Murray, *The Epistle to the Romans* (Grand Rapids; Wm. B. Eerdmans Publishing Company, 1968), p. 92.

3. 참조. James Montgomery Boice, *The Gospel of John : An Expositional Commentary*, 5 vols. in 1 (Grand Rapids : Zondervan, 1985), pp. 586, 599.

32
"그 책을 내게 주십시오!"
로마서 3 : 1-2

그런즉 유대인의 나음이 무엇이며 할례의 유익이 무엇이뇨 범사에 많으니 첫째는 저희가 하나님의 말씀을 맡았음이니라.

우발적인 언급인 듯한 인상을 주는 로마서 3장에서 사도는 성경을 가리키는 데 최고의 권위를 부여하는 용어를 사용한다. NIV는 이 용어를 "하나님의 참된 말씀"(the very words of God)으로 옮긴다. KJV는 계시(oracles)란 용어를 사용한다. 헬라어에서 이 중요한 단어는 **로기아**(logia)이다. 바울의 가르침에 따르면, 유대인이 되는 데서 얻는 주된 유익은 바로 이 **로기아**를 소유하고 있는 것이었다.

하나님의 말씀인가 인간의 말인가

바울이 이것을 유대인의 첫째 또는 주된 유익이라고 부른 사실 자체만으로도 이 점을 앞 장에서 할 수 있었던 것보다 좀더 깊이 공부해야 하는 이유가 된다. 그러나 내가 이 점을 다시 다루려고 하는 이유는 그것이 오늘날 교회를 분열시키는 중요한 문제들 가운데 하나와 관계가 있기 때문이다. 다름 아닌 성경의 본질에 관한 문제이다. 성경이란 무엇인가? 신적인 책인가, 아니면 사람의 책인가? 초자연적인 책인가, 아니면 자연적인 책인가? 우리의 정신과 도덕을 구속하는 어떤 것인가? 아니면 단순히 고상한 생각들을 모아놓은 책이라서 우리 자신의 인지 능력 정도에 따라 사용할 수도 무시할 수도 있는 것인가?

사람이 성경에 대해서 취할 수 있는 기본적인 입장은 세 가지밖에 없다는 말로써 이 구분을 명확히 해두려고 한다. (1) 성경은 하나님의 말씀이다 – 바울이 사용한 중요한 용어가 이 점을 역설한다. (2) 성경은 단순히 사람들의 사상과 어휘들의 모음이다. (3) 성경은 그 두 가지의 조합이다.

첫 번째는 고전적이고 복음주의적인 교리이다. 즉, 교회사 내내 주장되어온 견해이다. 그러므로 예수 그리스도의 본성, 삼위일체, 이신칭의, 그리고 그밖의 신학 쟁점들을 놓고 논쟁들이 벌어질 때조차 그 신학 쟁점들에 불일치하는 사람들이 호소하는 것은 언제나 성경이었다. 심지어 이단들까지도 성경을 하나님의 말씀으로 간주하였다. 그들은 교회가 성경을 그릇되게 해석한다고 생각하고서 교회가 가르치는 내용에 반대하였다. 교회의 해석을 바로잡아야 한다고 생각했다. 그러나 모든 사람들이 성경은 하나님의 말씀이며 따라서 가르치는 모든 내용이 절대 무오하며 권위가 있다고 이해하였다. 이런 입장이 의문시된 것은 최근에 들어서 비로소 생긴 일이다.

제2세기 초반에 프랑스 리용에서 살면서 저술활동을 한 이레나이우스(Irenaeus)는 말하기를, 우리는 "성경이 그 하나님의 말씀(예수 그리스도)과 성령에 의해 전해진 것이므로 참으로 완전하다고 확신해야 마땅하다"고 했다.[1] 마르틴 루터(Martin Luther)는 "성경은 비록 사람들에 의해 쓰여지긴 했으나 사람들의 것도 아니고 사람들에게서 온 것도 아니며, 다만 하나님께로부터 온 것이다"고 말했다.[2]

존 칼빈(John Calvin)은 이렇게 썼다 :

우리의 종교를 다른 모든 종교들과 구분짓는 원칙은, 하나님께서 우리에게 말씀하셨음을 아는 것과, 선지자들이 자기 생각을 말한 것이 아니라 성령의 발성 기관들로서 말했으며, 하늘로부터 선포하라고 위임받은 것만을 전하였다고 확신하는 것

이다. 성경에서 유익을 얻고자 하는 사람들이 있다면 그들이 먼저 받아들여야 하는
원칙이 있다. 그것은 율법과 선지자들이 사람들의 뜻에 의해 좌우된 가르침도 아니
고, 사람들의 정신이라는 원천에서 생산된 가르침도 아니며, 다만 성령의 지시로
사람들이 받아 적은 가르침이다.[3]

우리는 성경을 하나님의 말씀이라고 말할 때 성경의 메시지가 인간의 언어로 표현된다
는 사실을 부인하지 않는다. 이것이 내가 인용한 글에서 루터가 하고 있는 말이다. 우리는
이 점을 강조해야 한다. 왜냐하면 어떤 사람들은 성경의 내용들이 기계적인 방법으로 인간
저자들에게 알려졌고, 인간 저자들은 단지 필사자일 뿐이었으며, 따라서 자기들의 어휘와
사고 과정을 건너 뛰었다고 생각하는 데로 빠졌기 때문이다. 그러나 물론 이것은 복음주의
적인 견해가 아니다. 앞에서 인용한 저자들은 모두 그 점을 이해하였다.
　교회의 고전적 견해, 즉 성경을 하나님의 말씀으로 보는 견해를 말할 때, 그것은 하나님
께서 영감(靈感)으로 알려진 과정 - 우리가 충분히 이해하지 못한다고 흔쾌히 인정하는 과
정 - 에 의해서 인간 저자들을 인도하시사 전체와 각 부분들에 하나님께서 전달하고 싶어하
셨던 대로 되었다는 것을 뜻한다. 성경은 인간의 말들로 표현된다. 그러나 그것은 또한 처
음부터 끝까지 하나님의 말씀이며, 전적으로 신뢰할 만하다. 하나님께서 신뢰할 수 있는 분
이시기 때문이다.
　두 번째 견해, 즉 성경이 단순히 인간들의 말이라는 견해는 자유주의와 신정통주의의 견
해이다. 비록 신정통주의 신학자들 가운데 많은 이들은 성경이 하는 말씀을 주의 깊게 들으
려고 했지만 말이다. 칼 바르트(Karl Barth)가 그 대표적인 예다. 신정통주의는 하나님께
서 매우 초월해 계시고, 감히 닿을 수 없는 높은 곳에 계시며, 우리와 아주 멀리 구별되어
계시기 때문에 실제로는 인간의 말들로 말씀하지 않으시고 그대신 우리가 심지어 언급할
수조차 없는 방법으로 자신을 계시하신다. 따라서 우리가 성경에서 보는 내용은 사람들이
하나님께서 이렇게 언어를 초월한 형식으로 말씀하셨다고 믿은 바를 자기 자신의 말을 써
서 증거하는 것이다.
　물론 고전적 자유주의는 이것보다 한 단계 더 내려간다. 자유주의는 성경을 단순히 인간
저작들의 모음으로만 본다. 때로는 인류의 고도의 사상들, 윤리들, 대망들을 고취하고 심지

어 구현하기까지 하지만, 그럼에도 인간의 책임일 뿐이며, 따라서 절대 권위를 갖고 있지 않다고 한다. 자유주의자에게 성경은 원칙상 철저히 배칙될 수 있는 책이다.

세 번째 견해는 오늘날 복음주의 교회가 특히 씨름하고 있는 견해이다. 성경에 하나님의 말씀과 인간의 말들이 혼합되어 있다는 것인데, 하나님께서 인간 저자들을 통해서 무오하게 말씀하셨다는 고전적 견해로 본 의미에서가 아니라, 다음과 같은 의미에서 그렇다고 한다. 성경을 읽을 때 거기서 분명히 하나님께로부터 온 것들을 발견하며 따라서 성경은 신뢰할 만하다. 그러나 아울러 인정하지 않을 수 없는 것은 성경을 읽을 때 신실하지 못한 것들, 즉 우리가 오류라고 알고 있는 것들도 발견한다는 점이다. 우리는 하나님께서 신실하지 못한 것은 말씀하시지 않는다는 것을 알기 때문에, 이런 것들은 틀림없이 오직 인간들에게서만 유래한다. 그러므로 성경은 인간의 말들과 신적인 말들의 혼합이며, 인간의 쭉정이에서 신적 진리라는 알곡들을 골라냄으로써 그 둘을 구분하는 것이 학문의 과제이다.

물론 이런 틀에서 생기는 문제는 계시에 관한한 학자가 하나님이 된다는 데 있다. 즉, 학자가 무엇이 참이며 무엇이 참이 아닌지, 무엇이 하나님께 속한 것이고 무엇이 하나님께 속하지 않은 것인지, 우리가 무엇을 믿어야 하며 무엇을 믿지 말아야 하는지를 말해 주는 권위자가 되는 것이다. 여기에 따르는 위험은 우리는 죄인들이기 때문에(학자들을 포함하여, 아마 이 점에서는 학자들이 다른 사람들보다 더 큰 죄인들일는지 모른다), 듣고 싶지 않은 내용들은 될 수 있는 대로 걸러내어 신적 계시를 우리의 욕구나 의향에 맞게 뜯어 고치려고 할 수도 있다는 점이다. 이렇게 해서 교회 안에서 능력 있고 개혁하는 하나님의 음성은 잊혀진다.[4]

하나님의 계시(Oracles)

앞에서 말한 대로, 로마서 3 : 2은 이 논쟁에서 중요한 역할을 한다. 그 이유는 성경에 대해서 그 전체와 각 부분들을 하나님의 말씀이라고 정의하는 단어를 쓰고 있기 때문이다. 그 단어(로기아, logia)는 다른 세 구절들(행 7 : 38. 히 5 : 12, 벧전 4 : 11)에서 나오는데, 각 경우마다 구약 성서를 가리키며, 그것과 비교하여 신약 성서 저자들은 신약의 구절들을 "계시"(oracular)라고 한다(한글개역성경은 윗 구절들을 '생명의 도' 또는 '하나님의 말씀' 이라고 옮긴다 – 역자).

성경의 충분한 권위에 대해 가장 효과적으로 쓰고, 이런 저런 핵심 용어들을 가장 세심하게 분석한 사람은 1887-1921년에 프린스턴신학교에서 설교학과 변증학을 가르친 벤자민 브레킨리지 워필드(Benjamin Breckinridge Warfield)이다. 이 기간 동안 독일의 자유주의(liberalism)라는 강풍이 미국 전역을 강타하고 있을 때 워필드는 학문적으로 그 강풍을 막는 데 앞장섰고, 그로써 성경 언어들과 그 교훈을 논리적으로 세심하게 연구한 탁월한 저서들을 써냈다. 이 저서들은 「성경의 영감성과 권위」(The Inspiration and Authority of the Bible)라는 제목이 붙은 한 권의 책으로 출판되었는데, 내 견해로는 영어권에서 성경의 본질과 권위를 다룬 책들치고 이 책만큼 중요한 책은 없다.

이 책에서 로기아라는 용어를 다룬 장에서 워필드는 서로 다른 네 가지 군(群)의 문학을 조사한다. 첫째, 고전 그리스 저자들, 즉 아리스토파네스(Aristophanes), 유리피데스(Euripides), 헤로도투스(Herodotus), 투키디데스(Thucydides) 등의 저자들이 로기아라는 단어들을 어떻게 사용했는지를 조사한다. 그리고 다음과 같은 결론을 내린다 : "로기온(logion, 로기아의 단수형)은 적어도 공통적으로는 신탁(神託, oracle), 곧 신적 계시라는 단순한 개념으로 사용되었고, 독자적으로는 장(長) 또는 단(短), 시 형식 또는 산문 형식, 전달 방식의 직접성 또는 간접성에 관한 부수적인 의미를 지닌 용어로 사용되었다. 이것이 세속 그리스 문학에서 널리 사용된 로기온이란 용어의 의미이다."[5]

다음으로 워필드는 BC 250-150년에 제작된 헬라어역 구약 성서인 칠십인역(the Septuagint)을 조사한다. 이 역본에서 로기아라는 단어가 "발언들"(utterances), 특히 하나님의 발언들이라는 뜻의 메라(ˈmerah)를 옮긴 말로 고정적으로 사용되고 있는 사실을 발견하였다.

셋째로는 알렉산드리아의 히브리인 기독교 철학자 필로(Philo)의 용어들을 조사하였다. 필로는 로기아란 단어를 지고한 의미에서 하나님께로부터 온 말씀, 즉 하늘에서 온 계시를 가리키는 뜻으로 사용하였다. 더 나아가 그는 그 단어들과 신구약 성서들에 기록된 그 단어가 똑같은 것이라고 규정지었다. 워필드는 이렇게 말한다 : "필로는 성경에 있는 모든 것이 성격과 길이와 무관한 계시(oracular)이고, 모든 구절을 로기온이라고 보았다. 그리고 이 계시들로 구성된 전체를 타 로기아(ta logia, 수많은 로기온들)라고 보았고, 심지어는 토 로기온(to logion, 하나의 일관된 로기온)으로까지 본 듯하다."[6]

워필드가 조사한 마지막 자료는 로마의 클레멘스(Clement of Rome), 이레나이우스(Irenaeus), 알렉산드리아의 클레멘스(Clement of Alexandria), 이그나티우스(Ignatius) 같은 초기 기독교 교부들의 저서들이었다. 여기서 다시 그는 앞의 예들과 똑같은 용례를 발견하였다.

워필드는 그 다음으로 **로기아**와 **로기온**의 용례를 다음과 같이 정리한다 :

이런 경우들에서는 그 용어에 고전 시대와 헬레니즘 시대의 일관된 용례 이하의 의미를 붙여서는 안 된다. 즉, 그 용어의 뜻은 단순히 "단어들"이나 "발언들"이 아니라, 독특한 "계시의 발언들", 즉 사람들이 경외심으로 그 앞에 서서 겸손하게 받은, 신적 권위를 지닌 의사전달이다. 이 고도의 의미는 단지 함축되어 있지 않고 용어에 명시되어 있다. 이 용어에 간결이라는 뜻이 없다는 것도 분명해 보인다. 이 용어는 작고, 간결하고, 함축적인 말들을 뜻하지 않고, 높고, 권위 있고, 신성한 발언들을 뜻한다… 그것은 신으로부터 발산된 것들에 적용되는 발언들의 특성을 이룬다.[7]

워필드는 그 장 마지막 부분에서 로마서 3 : 2을 언급하는 중에 "이 단어가 사용된 정확한 목적은 신성한 책들(the Sacred Books, 구약 성서)을 계시(the Oracles)로 **규명**하는 데 있다"고 말한다.[8]

그리고서 이렇게 부연설명을 한다 :

즉, 우리는 여기서 구약 성서가 신약 성서 저자들에게 계시의 책으로, 즉 하나님의 말씀을 단지 포함하고 있지 않고 그 자체가 하나님의 말씀인, 따라서 신뢰하고 존경해야 할 책으로 평가받았다는 진지하고도 확고한 증거를 갖고 있다… 그 단어를 달리 생각하거나 그 이하로 생각하는 사람은 새 언약의 사도들과 선지자들을 고려해야 한다. 그가 새 언약 자체에 관해서 알고 있는 모든 내용과, 따라서 이 새 언약을 통해서 그가 갖게 된 모든 소망은 교리적 진리에 대한 신실한 증인들이었던 그들 덕분이다.[9]

강함과 약함

이렇게 많은 지면을 할애하여 워필드의 세심한 저서를 언급했다고 해서 우리가 다루는 주제들이 단지 학문적인 것이라고 속단하지 말기를 바란다. 오히려 정반대이다. 쟁점은, 바울이 로마서 3 : 2에서 **로기아**라는 단어를 씀으로써 확언하는 대로, 만약 신구약 성서가 하나님의 말씀이라면, 성경은 불가피하게 그 자체에 하나님의 진리, 권위, 능력을 지니게 된다는 것이다. 그리고 성경을 전하고, 공부하고, 믿는 곳에는 하나님께서 계시고 능력으로 역사하신다. 달리 말하자면, 하나님께서는 이사야 55장에 하신 말씀을 통해서 친히 하시겠노라고 하신 바를 행하실 것이다 : "내 입에서 나가는 말도 헛되이 내게로 돌아오지 아니하고 나의 뜻을 이루며 나의 명하여 보낸 일에 형통하리라"(11절).

나는 자유주의 교회가 약한 데 비해 복음주의 교회가 (그 모든 결핍들에도 불구하고) 강한 이유를 바로 이 점에서, 즉 성경을 이해하고 사용하는(또는 사용하지 못하는)점에서 찾을 수 있다고 감히 말한다.

여러 해 전에 나는 패커(J. I. Packer)가 쓴 「자유와 권위」(Freedom and Authority)라는 소책자에 서문을 써줄 사람을 찾아달라는 부탁을 받았다. 그 소책자는 "성경의 무오성에 대한 국제협의회"(the International Council on Biblical Inerrancy)가 "성경 권위의 핵심 요소이자 교회 건강에 당위인 성경 무오 교리를 설명하고, 증명하고, 적용하기 위한" 10년 작업의 일환으로 펴낸 것이었다. 그 부탁을 받자마자 찰스 콜슨(Charles W. Colson)이 생각났다. 그가 수년간 정부에서 일하고 교도소동역자회(Prison Fellowship)와 손잡고 벌인 사역 때문이었다. 나는 그가 자유와 권위의 관계를 잘 설명할 적임자라고 생각했다.

콜슨은 서문을 써주겠다고 허락하였으나, 내가 받은 원고는 애당초 기대하던 것이 아니었다. 훨씬 더 훌륭한 것이었다. 콜슨은 맨처음 성경의 무오성에 대한 국제협의회에 관해서 들었을 때는 그 단체의 목적이 자신과 부합하지 않다고 생각했었노라고 술회했다. 자기는 "초속적(超俗的)인 신학"이 아닌 "실제적인" 쟁점들을 다루고 있었기 때문이었다. 그러나 영적 전쟁터에서 성경에 대한 고도의 견해와 저열한 견해가 교도소들에서 어떤 영향을 주는지를 보고서는 마음을 바꾸었노라고 말했다.

콜슨(Colson)은 이렇게 썼다 :

지난 2년간에 한 경험들은 내 사고에 심각한 영향을 미쳤다. 성경의 권위와 진리는 신학자들의 사적 논쟁과 오락을 위해 남겨진 모호한 쟁점이 아니다. 평신도, 목회자, 신학자 등 모든 진지한 그리스도인들에게 관계가 있고 심지어 중차대한 쟁점이다. 내 확신은 초속적(超俗的)인 연구서들에서 나온 것이 아니라, 이를테면 전선의 참호들에서, 그리스도인들이 서로 손을 잡고 어둠의 임금과 맞서 싸우는 교도소 담장 안에서 얻은 생생한 체험에서 나온 것이다. 성경을 하나님의 거룩하고 무오한 계시라고 전하는 우리 교도소동역자회에서는 신자들이 증가하고 신앙도 갈수록 깊어진다. 그리스도인들이 능력을 가지고 믿음 생활을 한다.

성경을 그렇게 전하지 않는 곳(또는 기독교가 주관적인 체험이나 알맹이 없는 교제에만 안주하려고 하는 곳)에서는 믿음이 시들어 죽는다. 성경적 절개가 없는 기독교는 수많은 유행들이 등장했다 소멸하는 시대에 또하나의 유행에 지나지 않는다. 내 견해로는 그 쟁점은 그만큼 아주 선명하다.[10]

성경을 하나님의 무오한 계시로 전하는 곳에서는 왜 신자들이 증가하고 믿음도 깊어지는가? 하나님께서 성경을 통해서 일하시기 때문이다. 하나님께서 하시는 일들 몇 가지를 열거해 본다 :

1. 구원받지 않은 사람들은 성경을 통해서 역사하는 성령의 사역을 통해서 거듭난다. 바로 이런 이유 때문에, 베드로는 그리스도인들에게 "너희가 거듭난 것이 썩어질 씨로 된 것이 아니요 썩지 아니할 씨로 된 것이니 하나님의 살아 있고 항상 있는 말씀으로 되었느니라"(벧전 1 : 23) 하고 말하며, 야고보는 "그가 조물 중에 우리로 한 첫 열매가 되게 하시려고 자기의 뜻을 좇아 진리의 말씀으로 우리를 낳으셨느니라"(약 1 : 18) 하고 선언한다.

다른 어떤 것도 길잃은 죄인을 구원하지 못한다. 철학도, 역사도, 과학도 죄인을 구원하지 못한다. 예수님은 "육으로 난 것은 육이요 성령으로 난 것은 영이니"(요 3 : 6) 하고 말씀하셨다.

신적 생명을 경험하려면 그것이 유일한 길에서만 경험해야 한다. 그 길은 성경으로서, 성령께서는 그것을 통해서 역사하신다.

2. 그리스도인들은 성경을 통해서 말씀하시는 성령의 능력에 힘입어 죄를 깨닫고 죄에서 돌이킨다. 바울은 디모데후서 3;16에서 이렇게 말한다. "모든 성경은 하나님의 감동으로 된 것으로 교훈과 책망과 바르게 함과 의로 교육하기에 유익하니." 성경은 물론 일반적인 방법으로 가르친다. 그러나 또한 우리의 죄를 책망하며, 바로잡아 주며, 의로 인도한다.

3. 그리스도인들은 성경을 통해서 성화(聖化), 즉 거룩하게 된다. 예수님이 하늘의 아버지께 기도를 드릴 때 하신 말씀으로 요한복음 17장에 기록된 교회를 위한 위대한 중재의 기도가 있다; "저희를 진리로 거룩하게 하옵소서, 아버지의 말씀은 진리니이다(17절). 성화되어 간다는 의미는 일상 속에서 하나님의 뜻을 위하는 일과 자기 의지를 따로 떼어 놓는 것이다. 예수님께서는 하나님 말씀의 약속과 방침을 배우고 순종하는 데까지 도달하는 것이라고 말씀하셨다.

4. 그리스도인들은 성경을 통해서 하나님의 뜻을 배우고 성경을 통하여 매일의 삶 속에서 하나님의 말씀을 구체적으로 적용하는 지혜를 얻는다. 성경은 우리가 인생에서 내려야 하는 수많은 결정들을 내릴 수 있도록 마술적인 교훈을 주지는 않지만, 선택하는 데 지침이 되는 확고한 원칙들을 준다. 성경을 읽고 공부할 때 하나님께서는 이 원칙들을 사용하여 우리에게 말씀하시고, 우리를 진리와 의(義)의 길로 인도하신다.

세상에서 가장 소중한 소유

이 장은 다음과 같은 여러 가지 질문들로 맺는다. 하나님의 말씀을 집어들 때 성경이 진정 무엇인지를 인식하는가? 그것을 하나님의 책으로 보는가? 그것을 주신 하나님께 감사하는가? 세상의 다른 소유보다 그것을 더 소중이 여기는가? 성경을 알고 그대로 사는 것을 인생의 가장 주된 목표로 삼는가?

18세기가 낳은 가장 위대한 전도자 존 웨슬리(John Wesley)가 성경에 관해서 쓴 글을 소개한다 :

나는 쏜살처럼 인생을 날아가는 덧없는 피조물입니다. 하나님께로부터 와서 잠시 큰 심연 위를 날다가 덧없이 하나님께로 돌아가 더 이상 보이지 않는 영혼입니다. 나는 불변의 영원 속으로 떨어집니다. 한 가지 알고 싶은 것이 있습니다. 하늘로 가려면 어디로 가야 합니까? 그 행복의 해안에 어떻게 하면 안전히 상륙할 수 있습니까? 하나님께서 내게 길을 가르쳐 주시려고 친히 몸을 낮추셨습니다. 바로 이 목적 때문에 하늘에서 오셨습니다. 그것을 책에 쓰셨습니다. 그 책을 내게 주십시오!(O Give Me That Book!) 값이 얼마이든 하나님의 책을 내게 주십시오! 그 책을 나는 가졌습니다. 여기 내게 필요한 충분한 지식이 담겨 있습니다. **호모 우니우스 리브리**(homo unius libri, 한 권의 책에 몰두하는 사람)가 되게 하소서. 숨쉴 새 없이 바삐 돌아가는 일상에서 이렇게 빠져 나와 있습니다. 이렇게 혼자 앉아 있습니다. 오직 하나님만 계십니다. 그분 앞에서 책을 펴들고 읽습니다. 하늘로 가는 길을 찾기 위해서 말입니다. 읽고 있는 말씀의 뜻에 의심스러운 것이 있습니까? 흐릿하고 복잡해 보이는 것이 있습니까? 나는 마음을 들어 빛들의 아버지를 향합니다 : "주여, '너희 중에 누구든지 지혜가 부족하거든 하나님께 구하라' 고 하신 것이 당신의 말씀이 아닙니까? '사람이 하나님의 뜻을 행하려 하면… 알리라' 고 당신은 말씀하셨습니다. 제가 알고자 하오니 당신의 뜻을 가르쳐 주소서."[11]

성경을 본래대로 "하나님의 말씀"으로 안다면 여러분의 마음에서 그러한 외침이 있어야 한다.

그 책, 즉 성경을 통해서 일하시는 하나님의 성령께서만 여러분에게 영적 생명을 가져다 주시고 여러분의 영혼을 구원하실 것이다. 오직 그 책과 그것을 통해서 일하시는 하나님의 성령께서만 여러분을 거룩하게 하사 예수님을 닮게 만드실 것이다. 오직 그 사역만이 개인과 문화가 로마서에 묘사된 대로 죄의 큰 내리막길로 추락하지 않도록 막아줄 것이다.

● 각주 ●

1. Irenaeus, *Against Heresies*, II, xxvii, in *The Ante-Nicene Fathers*, vol. 1, ed. Alexander Roberts and James Donaldson (Grand Rapids : Wm. B. Eerdmans, n.d.), p. 399. (Original edition 1885).

2. Martin Luther, "That Doctrines of Men Are to Be Rejected," in *What Luther Says : An Anthology,* compiled by Edward M. Plass, vol. 1(Saint Louis : Concordia Publishing House, 1959), p. 63.

3. John Calvin, *Calvin's Commentaries,* vol. 10, *The Second Epistle of Paul the Apostle to the Corinthians and the Epistle to Thmothy, Titus and Philemon,* trans. T.A. Smail (Grand Rapids : Wm. B. Eerdmans, 1964), p. 330.

4. 이 부분의 자료는 다음 책에서 약간 변경하여 빌려온 것이다 : ames Montgomery Boice, *Standing on the Rock* (Wheaton, Ill. : Tyndale House, 1984), pp. 46, 47.

5. Benjamin Breckinridge Warfield, "The Oracles of God" in *The Inspiration and Authority of the Bible,* ed. Samuel G. Craig (London : Marshall, Morgan & Scott, 1969), pp. 365-366.

6. Ibid., p. 384.

7. Ibid., p. 403.

8. Ibid., p. 404.

9. Ibid., pp. 406, 407.

10. Charles W. Colson, "Foreword" in J.I. Packer, *Freedom and Authority* (Oakland, Calif. : International Council on Bible Inerrancy, 1981), p. 3.

11. John Wesley, *The Works,* vol. 5 (Grand rapids : Zondervan, n.d.), p. 3. (From the authorized edition of 1872.)

33
그밖의 질문들
로마서 3 : 3-8

어떤 자들이 믿지 아니하였으면 어찌하리요 그 믿지 아니함이 하나님의 미쁘심을 폐하겠느뇨
그럴 수 없느니라 사람은 다 거짓되되 오직 하나님은 참되시다 할지어다 기록된바
주께서 주의 말씀에 의롭다 함을 얻으시고 판단 받으실 때에
이기려 하심이라 함과 같으니라
그러나 우리 불의가 하나님의 의를 드러나게 하면 무슨 말 하리요 내가 사람의 말하는 대로 말하
노니 진노를 내리시는 하나님이 불의하시냐 결코 그렇지 아니하니라 만일 그러하면 하나님께서
어찌 세상을 심판하시리요 그러나 나의 거짓말로 하나님의 참되심이 더 풍성하여 그의 영광이
되었으면 어찌 나도 죄인처럼 심판을 받으리요 또는 그러면 선을 이루기 위하여 악을 행하자 하
지 않겠느냐 [어떤 이들이 이렇게 비방하여 우리가 어떤 말을 한다고 하니] 저희가 정죄 받는 것
이 옳으니라.

특별히 논쟁을 벌이거나 서로 대치한 상황
에서 예리한 정신이 발휘되는 것을 보기란 좀처럼 쉽지 않다. 4년마다 열리는 미국 대통령
선거 과정에서 전례로 굳어진 대통령 후보들 간의 논쟁 정도는 그런 정신을 보여 주어야 옳
다. 그러나 그렇지 못하다. 후보들은 터놓고 의견을 주고받는 일은 거의 없이 대개 철저히
예행 연습을 한 견해만을 발표하며, 대중매체의 시각이나 "이미지 형성"(image building)
과 "비언어적 의사전달"(nonverbal communication)이라 부르게 된 것에 기운다. 법적 문

제들을 논하고 결정하는 법정들은 그런 예를 제공해 줄 만도 하지만, 변론들이란 대개 단조로운데다 전문적이다. 그밖에도 재판다운 재판을 볼 수 있는 기회란 사실상 거의 없다. 대다수 사람들이 예리한 정신 작용을 볼 수 있는 가장 가까운 예들은 테드 코펠(Ted Koppel)이 진행하는 "나이트라인"(Nightline)이나 윌리엄 버클리(Wiliiam Buckley)가 진행하는 "파이어링 라인"(Firing Line) 같은 드물게 보는 텔레비전 프로그램들이다.

사도 바울은 예리한 사고를 지닌 사람으로서, 아마 역사상 예리하기로 손꼽히는 사람들 가운데 한 사람이었을 것이다. 그러나 그의 정신 작용을 볼 만한 곳은 그리 많지 않다. 그의 전도 여행 여정을 기록하는 사도행전에서는 바울이 유대인 회당들에 들어가 유대인들을 "논리로 설득했다"(reasoned)는 말을 자주 듣는다(참조. 행 9:22; 17:2-3, 17; 18:4, 28; 19 : 8. 한글개역성경에는 '증명', '강론', '권면' 등으로 표현됨). 그러나 이런 변론이 어떤 형태로 이루어졌는지, 또는 바울이 반대자들로부터 받았음직한 질문들을 어떻게 처리했는지를 알려주는 기록은 거의 없다.

앞에서 말한 대로, 바울의 예리한 정신이 발휘되는 것을 볼 수 있는 곳은 많지 않다. 그러나 여기 로마서 3장에서 우리는 적어도 바울이 두루 여행하며 전도했을 때 거듭해서 발생했음이 틀림없는 끝없는 논쟁의 일면을 희미하게나마 보게 된다.

로마서 처음 두 장은 인간 죄의 본성과 보편성에 대한 사도의 기초적인 교훈을 담고 있다. 이 두 장에서 사도가 말한 모든 내용이 3장에 요약된다. 그러나 바울은 예리한 유대인 반대자들이 수년 동안 자신에게 던져온 질문들을 마음 속으로 듣고 있는 듯하며, 따라서 내용을 일단락 짓기를 주저한 채 그 가운데서 가장 중요한 문제만큼은 다루고 넘어가려고 한다. 우리는 그 질문들 가운데 하나를 이미 살펴본 바 있다 : "그런즉 유대인의 나음이 무엇이며 할례의 유익이 무엇이뇨"(롬 3 : 1). 우리는 이 부분에서 바울의 논리를 따라가면서, 영적인 것은 그것 자체로는 구원을 보증하지는 못하지만, 그럼에도 그것들을 소유하는 데에는 진정한 유익들이 따른다는 점을 보았다. 특별히 하나님의 말씀을 소유하는 것은 크나큰 유익이다.

이 장 3-8절에서 바울은 두 가지 질문을 더 다룬다. 본문에는 사실상 일곱 개의 의문문이 담겨 있는데, 그 형식들은 그 질문들이 바울의 마음 속에 들려 왔던 방법을 분명히 반영하고 있다. 그러나 이 의문문들은 사실상 내용으로는 두 가지로 압축되며, 바울은 9-20절의 대요약으로 가기에 앞서 이 질문들에 대답한다.

첫째 질문 : 하나님의 신실성

바울이 3절에서 제기하는 질문 – "어떤 자들이 믿지 아니하였으면 어찌하리요. 그 믿지 아니함이 하나님의 미쁘심을 폐하겠느뇨" – 은 앞에서 논한 내용에서 대두된 것이다.

3장 처음 몇 절들에서 바울은 할례(유대교의 주요 성례)를 받고 구약 성서(유대교의 성경)를 소유한 것의 가치를 변호하는 동시에, 다음과 같은 자신의 주요 주장을 한다. 첫째, 이방인들이 인간의 도덕성이나 선행으로 구원을 받지 못하듯이, 유대인들도 이런 것들로 구원을 받는 것이 아니다. 둘째, 유대인들과 이방인들은 예수 그리스도를 믿지 않고는 모두 하나님의 공의로운 정죄 아래 있다. 바울의 반대자들에게 이렇게 말한다 : "그러나 만약 유대인들이 이런 것들에 의해 구원을 받지 못하고 따라서 불신앙 가운데 멸망하고 있다면(유대인의 대다수가 예수님을 믿지 않는다는 것을 우리가 알기 때문에), 하나님께서 자기 백성에게 신실치 못하셨음이 – 자기 백성과 영원한 언약을 세우셨기 때문에 – 증명되는 것이 아닌가?" 만약 바울의 말이 옳다면 하나님께서는 신실치 못하신 셈이다. 그러나 바울과 그의 반대자들이 모두 인정하듯이 하나님께서 신실하신 것이 사실이라면, 바울이 주장하는 바 유대인들이 예수 그리스도를 떠나 길을 잃고 있다고 하는 것은 틀린 주장이 아닌가?

이것은 중요한 질문이다. 그것이 중요하다는 것은 바울이 로마서의 둘째 주요부(9-11장)에서 그 문제를 다시 다루는 데서도 알 수 있다. 그 부분에서 바울은 두 가지 질문을 주의깊게 다룬다 : 하나님께서는 유대인들에 대해 실패하셨는가? 그리고 하나님께서 그들을 다루시는 방법이 불의한 것인가?

9-11장에서 바울은 다음 여섯 가지 주장을 함으로써 쟁점을 다룬다 :

1. 하나님께서는 인간사를 철저히 주관하시고, 만사를 공정하게 운영해 가신다. 비록 그것이 다수의 유대인들을 한동안 버려두는 것을 뜻할지라도 말이다(롬 9 : 1-21). 바울은 하나님께서 주권적으로 아브라함, 이삭, 야곱을 택하셔서 – 이스마엘과 에서를 포기하는 대신 – 유대 백성을 이루시고 메시야의 계열을 확립하신 일을 되돌아 보면서 이 주장을 한다. 만

약 구원이 선택에 의한 것이고 따라서 은혜에 의한 것이라면, 하나님께서 누구를 버리시기로 작정하시는 데에는 불의가 있을 수 없다.

2. 하나님께서는 이스라엘 전체가 그리스도를 배척할 것과 이방인들에게 복음을 주실 것을 예언하셨다(롬 9 : 22-23). 이 주장을 하는 이유는 이스라엘로 하여금 복음의 본질, 즉 복음이 은혜로 말미암는다는 것 - 유대인들은 구원을 권리로 주장할 수 없었기 때문 - 상기시키기 위해서였다. 이런 예언들(그리고 경고들) 때문에, 바울 당시에 아주 노골적이었던 유대인들의 불신앙은 아무도 놀라게 할 만한 것이 아니었다.

3. 그럼에도 이방인들에게 복음이 전달된 것은 이스라엘 자신의 유익을 위한 것이었다. 그들의 질투심을 자극하여 믿게 하려고 하신 일이기 때문이다(롬 10 : 1-21). 이것은 하나님께서 이미 자신을 배척한 사람들에게 다가가시기 위해 사용한 "마지막 방법"이었다.

4. 복음이 유대인들 뿐만 아니라 이방인들에게까지 보편적으로 전해졌고, 이스라엘이 그 사실로 질투를 하더라도, 유대인들 가운데 남은 자들은 구원을 받고 있다(롬 11 : 1). 바울은 자신을 예로 든다. "나도 이스라엘인이요 아브라함의 씨에서 난 자요 베냐민 지파라."

5. 이런 상황은 이전 상황과 다를 것이 없다. 왜냐하면 일찍부터 모든 유대인들이 구원을 받은 것이 아니고 남은 자들만 믿고 신실한 백성이 되었기 때문이다(롬 12 : 2-24). 여기서 사도는 엘리야를 예로 든다. 그는 아합 시대에 이스라엘에서 자기만 믿음을 지킨 채 남았다고 생각했으나, 하나님께서는 그에게 알려 주시기를, 바알에게 무릎을 꿇지 않은 백성이 칠천 명이 된다고 하셨다. 그 수는 엘리야가 생각했던 것보다는 많았으나, 민족의 규모를 감안하면 고작 칠천 명밖에 되지 않는 수였다. 그밖의 수많은 유대인들은 구원받지 못한 상태로 살고 있었다.

6. 이스라엘이 당시와 그 뒤로도 믿지 않을지라도, 장차 이스라엘에 대한 하나님의 약속들이 완전히 성취될 날이 있을 것이다(롬 11 : 25-36). 이 진리는 너무나 놀라운 것이어서

바울은 편지의 이 중요한 부분을 송영으로 마친다.

로마서 3장에서 이런 사항들이 모두 다루는 것은 아니다. 그럼에도 여기서 그 사항들을 말한 이유는 그것들이 바울의 말에 틀이 되어주기 때문이다. 바울이 "그 믿지 아니함이 하나님의 미쁘심을 폐하겠느뇨" 하고 묻고는 "그럴 수 없느니라" 하고 대답할 때, 그는 나중에 제시할 사항들 가운데 적어도 두 가지를 포괄하고 있는 것이 분명하다. (1) 하나님께서는 주재이시고, 그분이 하시는 일은 모두 의롭다. (2) 하나님께서는 약속들을 어기지 않으시며, 따라서 이스라엘에게 하신 약속들은 종국에 반드시 이루어진다. 또한 바울이 "어떤 자들이 믿지 아니하였으면 어찌하리요" 하고 물을 때 그 말에는 다음 두 가지 의미가 함축되어 있다. (1) 민족의 대불신에도 불구하고 예나 지금이나 "어떤" 유대인들은 메시야를 믿었다. (2) 예나 지금이나 구원의 길은 하나님의 약속들에 대한 믿음으로 통한다.

죄인들인 우리는 무엇을 믿고 무엇을 행하든 하나님으로 하여금 의무적으로 우리를 구원하시도록 만들려고 함으로써 앞뒤 가리지 않고 하나님께 권리를 주장하는 습성이 있다. 유대인들은 하나님께서 그 민족에게 약속하였기 때문에 자기들을 반드시 구원하셔야 한다고 주장함으로써 그런 짓을 했다. 우리 그리스도인들은 우리 부모가 믿는 사람이었기 때문에, 우리가 세례나 입교나 그런 것들을 받았기 때문에 하나님께서 우리를 구원하실 것이라고 믿음으로써 그런 짓을 한다. 그러나 그렇게 억지로 요구한다고 해서 구원을 받게 되는 것은 아니다. 하나님께서는 신실하신 분이다. 구원하시겠다고 약속한 사람들을 구원하신다. 그러나 믿음 없이는 그렇게 하시지 않는다. 자동적으로 하시지도 않는다. 구원받으려면 하나님께서 구주로 정하신 하나님의 아들 예수 그리스도를 믿어야 한다.

나중에 바울은 이렇게 말한다. "네가 만일 네 입으로 예수를 주로 시인하며 또 하나님께서 그를 죽은 자 가운데서 살리신 것을 네 마음에 믿으면 구원을 얻으리니 사람이 마음으로 믿어 의에 이르고 입으로 시인하여 구원에 이르느니라. 성경에 이르되 누구든지 저를 믿는 자는 부끄러움을 당하지 아니하리라 하니"(롬 10 : 9-11).

둘째 질문 : 우리의 죄

3-4절을 다룰 때 그 안에 있는 질문이 적어도 합리적이고 중요하다는 점을 간접적인 방

법으로 지적했다. 그 질문은 하나님의 신실하심에 관한 문제를 다루면서, 만약 언약의 백성인 이스라엘의 모든 구성원들이 구원을 받지 못한다면 하나님께서 어떻게 언약들에 신실하시다고 말할 수 있느냐고 올바로 묻는다. 그 질문은 아주 중요한 것이므로 바울은 앞에서 본 대로 나중에 세 장을 할애하여 그것에 대답한다. 두 번째 질문에 대해서는 그렇게 하지 않는다. 내가 "질문"이라고 했던가? 그것은 말장난일 뿐이다. 신학적인 문제들을 가지고 노는 것이고, 따라서 바울에게 조소를 받을 만한 것이다.

그럼에도 바울은 우리와 마찬가지로 그 말을 크게 의식하였음에 분명하다. 그것을 세 가지 형태로 제시해야만 했던 것 같은 사실에서 그런 짐작을 하게 된다.

1. **심판자로서 하나님의 역할.** 첫째 형태의 질문은 온 땅의 심판자이신 하나님의 역할과 관계되며, 형태를 다음과 같이 바꿀 수 있다. "만약 우리의 불의(또는 죄)가 하나님께서 구원에 자신의 지혜, 사랑, 자비를 나타내실 때 필요했던 배경이라고 한다면, 이렇게 명백히 선한 목적을 가진 것을 이유 삼아 하나님께서 우리를 어떻게 심판하실 수 있단 말인가?" 여기서 바울이 앞에서 알려지지 않은 어떤 세심한 추론이나 진리를 가지고 대답하리라고 생각할 수도 있다.

목적이 좋다고 해서 악한 수단이 정당화되지는 않는다고 대답할 수도 있었을 것이다. 고데(Godet)가 이 부분을 주석하면서 언급하는 방식이 그런 것이다. 그는 이런 논리적 오류를 가리켜 공리주의(Utilitarianism)라고 한다 :

> 그것(목적이 좋으면 악한 수단이 정당화된다는 주장)은 역사상 큰 범죄들이 인류에게 유익한 결과들을 끼쳤다고 주장함으로써 언제나 그 범죄들을 정당화해 왔다. 공리주의라는 미명하에 로베스피에르(Robespierre : 1758-1794 프랑스 혁명기의 정치가로 폭력성을 상징해 공포 정치의 원흉으로 비난 받음 - 역자) 같은 사람이 언제나 성인으로 뒤바뀌어 왔다. 그러나 그 시성(諡聖)을 유효하게 만들려면 악에서 유래한 선한 결과가 과연 그 원칙으로 일관성을 유지했는가를 증명하는 일이 먼저 필요할 것이다. 그런 것이 범신론의 가르침이다.

반대로 생명력이 있는 유신론은 악한 행위가 이렇게 진보의 수단으로 바뀌는 것은 인간의 죄를 끊임없이 통제하사 죄로부터 정반대의 결과를 이끌어 내시는, 하나님의 지혜와 능력이 일으키는 기적이라고 가르친다. 첫째 견해에서는 모든 인간의 책임이 사라지고, 심판은 무효가 된다. 둘째 견해에서는 인간이 자신의 악의의 표현인 악행에 대해서 하나님께 철저한 책임을 지며, 그럼에도 불구하고 하나님께서는 그 악행에서 선한 결과를 끌어내기를 기뻐하신다. 이것이 성경의 낙관주의로서, 이것만이 사람의 도덕적 책임과 섭리적 진보 교리를 융화시킨다.[1]

바울은 반대자들의 말장난에 대답하기 위해서 이런 주장을 사용할 수도 있었다. 그러나 앞에서 말한 대로 그렇게 하지 않는다. 그대신 하나님의 심판이 분명히 있다는 것을 직설적으로 말할 뿐이다. "결코 그렇지 아니하니라. 만일 그러하면 하나님께서 어찌 세상을 심판하시리요"(6절).

그의 주장은 이러하다. 만약 세상이 있다면 그것을 만든 하나님께서 반드시 있고, 이 세상에서 살면서 행동하는 모든 사람들은 그분께 책임을 진다. 그러므로 하나님의 심판은 당연한 사실이며, 그렇지 않다고 암시하는 모든 주장은 그릇된 것이다.[2]

2. 나의 정죄. 반대의 두 번째 형태는 첫 번째 형태와 비슷하지만, 심판자로서 하나님의 역할보다는 사람 자신이 생각하는 심판에 좀더 초점이 맞춰져 있다. 첫 번째 형태는 이러하다. "만약 죄가 실제로는 유익한 결과로 이어진다면 하나님께서 어떻게 죄를 심판하실 수 있는가?" 하나님께서는 그런 것과 상관 없이 죄를 심판하실 것이라는 게 바울의 대답이다. 두 번째 형태의 반대는 이와 같다. "만약 죄가 하나님의 신실하심을 증진시키고 따라서 그분의 영광을 드높인다면, 하나님께서 어떻게 나를 정죄하실 수 있는가?" 바울은 이 질문에는 대답조차 하지 않지만, 세 번째 형태의 반대로 넘어가기 전에 "… 저희가 정죄받는 것이 옳으니라" 하고 결론을 짓는다(8절).

3. 좋은 결과를 가져올지도 모를 악을 행함. 마지막 형태의 질문은 가장 극단적인 것이지만, 아마 바울이 가장 많이 들은 질문이었던 것 같다. 바울이 여기서 그 점을 언급하는 방식으로 보거나 아니면 그가 다른 본문들에서 그 점을 다루는 사실로 보거나 다 그러하다(참

조. 롬 6 : 1-23). 여기서 바울은 자기에 대한 이 비판이 널리 퍼져 있다는 점을 시인한다 : "또는 그러면 선을 이루기 위하여 악을 행하자 하지 않겠느냐. (어떤 이들이 이렇게 비방하여 우리가 이런 말을 한다고 하니…)"(8절). 즉, 죄를 많이 지을수록 하나님께서는 더 영광을 얻으신다는 것이다. 나는 이것이 가장 극단적인 형태의 질문이라고 생각한다. 왜냐하면 단지 하나님의 심판을 무시하거나 죄를 변명하는 것에 덧붙여, 이른바 그리스도인들이라고 하는 사람들에게 죄의 본성과 욕구에 탐닉하도록 조장하기 때문이다.

여러분도 이런 주장을 들어보았을 것이다. 도덕률 폐기론(Antinomianism)이라는 신학 명칭으로 이런 주장이 통용된다. "만약 우리가 율법의 행위와 전혀 무관하게 믿음을 통해 은혜로 말미암아 구원을 받는다면, 의로운 생활을 하든 하지 않든 무슨 상관이 있는가? 죄를 짓는 것도 좋은 일이 아닌가? 하나님께서 우리의 구주로서 더 큰 영광을 얻게 되시는데 말이다."

믿음, 의롭다 함, 그리고 선행들

그 주장을 위와 같이 진술해 놓고 보니, 비록 바울은 아주 오래 전에 제기된 질문들에 대답을 하고 있지만 쟁점은 옛날 것이 아니라 요즘 것이고 아주 중요한 것이라는 느낌을 금방 받게 된다. 그것은 사실상 복음의 본질 자체에 관련된 쟁점이다.

구원이 은혜로 말미암는다는 복음이 실제로 사람을 죄로 인도하는가? 아니면 적어도 복음이 죄를 변명하는가? 죄를 지은 다음에 원상을 회복하려는 소원을 갖는 것은 말할 것도 없고 악을 배척하고 이제는 달리 살겠다고 결심함으로써 표현되는 진정한 회개가 없이 그냥 입심 좋게 "나는 사함을 받았다"고 주장하면 다 된 것인가? 만약 그렇다면 - 만약 기독교가 그런 데로 이끌고 간다면 - 나는 그것과 관계를 맺고 싶지 않다. 그것은 조롱이다. 하나님의 공의에 대한 모독이다.

그러나 만약 그리스도인들에게 의로운 행위들을 강요한다면 - 바울이 주장하는 대로, 은혜를 충만케 할 목적으로 죄를 지어서는 안 된다고 선언하면서 - 인간의 공로와 무관한 참된 은혜의 복음을 어떻게 보존할 것인가?

로마가톨릭신학(Roman Catholic theology)과 개신교신학(Protestant theology)이 가장 철저히 결별하는 지점이 바로 이곳이다. 가톨릭 교도들은 행위에 상당한 관심을 둔다. 진정한 가톨릭교회의 교훈에 따르면 아무나 죄를 지어도 괜찮고 그래서 아직 구원을 받는다고 말할 수 없다. 그러나 가톨릭신학은 하나님께서 사람 안에 선행들을 일으켜 주심으로써 부분적으로 사람을 의롭다 하신다는 의미에서 구원에 행위들을 첨가하며, 그 결과 사람은 믿음에 그런 선행들을 보탬으로써 구원을 얻는다고 한다. 의롭다 하심에 관한 가톨릭의 공식은 이러하다 :

믿음 + 선행들 = 의롭다 함

개신교도들은 우리들이 예수 그리스도를 믿음으로써만 의롭다 함을 얻는다고 반박한다. 의롭다 함에는 어떠한 행위도 개입되지 않는다. 심지어 믿음도 행위이다. 그러나 개신교도들은 만약 의롭다 함을 받았다면 믿음에는 선행들이 따라오게 마련이다 라고 덧붙인다(또는 **덧붙여야 한다** – 이 점에 크게 타협된 개신교신학이 있다). 개신교 교회의 공식은 이러하다 :

믿음 = 의롭다 함 + 선행들

내가 부가적으로 언급한 타협된 개신교신학이 무엇인가? 도덕률 폐기론의 공식은 무엇인가? 그 공식은 이러하다 :

믿음 = 의롭다 함 – 선행들

달리 말하자면, "계속 죄를 짓자. 그래서 은혜가 더욱 많아지게 하자"(참조. 롬 6 : 1)고 말하는 셈이다.

능숙한 신학자가 아니더라도 이것이 참된 기독교가 아니라는 것은 누구나 알 수 있다. 예를 들어 예수님이 자기를 따르려는 사람들에게 얼마나 철저한 행동의 변화를 요구하셨는지를 생각해 보자 : "또 무리에게 이르시되 아무든지 나를 따라 오려거든 자기를 부인하고 날마다 제 십자가를 지고 나를 좇을 것이니라"(눅 9 : 23). 예수님은 믿음이 말로 그치는 사람들에게 이렇게 훈계하셨다 : "너희는 나를 불러 주여 주여 하면서도 어찌하여 나의 말하는 것을 행치 아니하느냐. 내게 나아와 내 말을 듣고 행하는 자마다 누구와 같은 것을 너희에게 보이리라. 집을 짓되 깊이 파고 주초를 반석 위에 놓은 사람과 같으니 큰 물이 나서 탁류가 그 집에 부딪히되 잘 지은 연고로 능히 요동케 못하였거니와 듣고 행치 아니하는 자는 주초 없이 흙 위에 집 지은 사람과 같으니 탁류가 부딪히매 집이 곧 무너져 파괴됨이 심하니라 하시니라"(눅 6 : 46-49). 더 나아가 당대의 유대인들에게 이렇게 말씀하셨다 : "…너희 의가 서기관과 바리새인보다 더 낫지 못하면 결단코 천국에 들어가지 못하리라"(마 5 : 20).

이런 모든 말씀들이 언급될 수 있는 이유는 하나님께서 사람을 거듭나게 하지 않고서는 그를 의롭다 하시는 법이 없기 때문이다. 즉, 구원을 받은 사람은 새로운 본성을 받는데, 그것은 반드시 죄를 미워하고 의를 위해 투쟁하기 마련이다. 바울은 로마서 3장에서 이 사실을 쓰지 않고, 다만 하나님과 좋은 관계를 맺은 상태에서도 계속 죄를 지을 수 있다고 보는 견해를 비웃는 것으로 만족한다. 그러나 나중에 6장에서 그 사실을 다룬다. 거기서 그는 구원 받은 모든 사람들이 그리스도께 연합되었다는 사실을 보인다. 그리스도께서 그들 안에서 사시기 때문에, 그들은 그리스도가 원하시는 것을 꾸준히 원한다. 만약 자신이 꾸준히 죄를 미워하고 의를 사랑하지 않고 있음을 발견한다면, 그들은 실제로는 그리스도의 소유가 아니다. 그들은 참된 그리스도인들이 아니다.

기독교는 세상에서 가장 유익을 끼치는 원동력(나는 궁극적으로 **유일한** 원동력이라고 말하고 싶다)이어야 한다. 왜 그러한가? 하나님의 사업이기 때문이고, 오직 하나님만이 궁극적인 복의 근원이시기 때문이다.

이 사실을 의심하는가? 만약 그렇다면 여러분은 로마서 처음 두 장을 아직 이해하지 못한 셈이다. 그 장들은 인간 죄의 본질과 범위에 관해서 말했다. 자신들의 힘으로만 사는 사람들이 참된 선의 유일한 근원이신 하나님께로부터 점점 멀어지는 길에 들어서 있고, 그 길은 필연적으로 언제나 내리막길임을 역력히 보여 주었다. 사람들에게서는 본연의 또는 궁극적인 선이 나오지 않고 다만 악이 나올 뿐이다. 그러므로 만약 어디서 선을 보게 된다면 그것은 틀림없이 하나님께로부터 나온 것이고, 그분이 자신의 본성을 심어 주신 사람들에게서 볼 수 있는 것이다.

여러분이 그리스도인이라면 얼마나 위대한 부르심을 받은 셈인가! 얼마나 행복한 운명을 받은 셈인가!

"어차피 선한 결과가 나올테니 악을 행하자?" 만약 여러분이 이런 식으로 생각하고 있다면 여러분은 진정한 그리스도인이 아니다. 만약 자신과 남들에게 있는 악이 여러분을 괴롭히지 않는다면 여러분은 그리스도인이 아니다. 만약 하나님의 율법을 범한 일들을 가볍게 여길 수 있다면 여러분은 그리스도인이 아니다. 만약 여러분이 그리스도인이라면 당연히 죄를 미워하고, 배척하고, 맞서 싸우고, 의를 얻기 위해서 투쟁할 것이다.

● 각주 ●

1. F. Godet, *Commentary on St. Paul's Epistle to the Romans,* trans. A. Cusin (Edinburgh; T. & T. Clark, n.d.), vol. 1, p. 233.

2. 존 머리는 이렇게 말한다 : "바울은 우주적 심판이란 사실에 호소하되 그것을 구태여 증명하려고 하지 않는다. 그것을 궁극적인 계시 자료로 받아들이며, 이 사실을 가지고 5절의 반론에 대처한다. 하나님의 심판의 확실성에 관해서는 논쟁의 여지가 있을 수 없다. 심판을 일단 확실한 사실로 인정하면 5, 7, 8절에 함축된 것 같은 그런 반론들은 땅에 떨어지고 만다… 그 반론들에 대한 대답은 선포이다" (John Murray, *The Epistle to the Romans* [Grand Rapids; Wm. B. Eerdmans Publishing Company, 1968], p. 99).

34

의인은 없나니 하나도 없으며
로마서 3 : 9-11

> 그러면 어떠하뇨 우리는 나으뇨 결코 아니라 유대인이나 헬라인이나 다 죄 아래 있다고 우리가
> 이미 선언하였느니라 기록한 바
> 의인은 없나니 하나도 없고
> 깨닫는 자도 없고
> 하나님을 찾는 자도 없고.

로마서 3장 9절부터 사도는 하나님께서 예수 그리스도 안에서 베푸시는 은혜에서 떨어져 나가 있는 모든 인간의 상태를 요약한다. 그것은 아름다운 장면이 아니다. 바울에 따르면, 유대인들은 이방인들보다 낫지 않으며, 이방인들도 유대인들보다 낫지 않다고 한다. 오히려 모두가 죄 아래 있고, 따라서 모두가 전능하신 하나님의 진노와 최후 심판의 대상이 되어 있다고 한다. 시편 14 : 1-3, 시편 53 : 1-3, 전도서 7 : 20을 인용하면서, 바울은 이렇게 선언한다 : "기록한 바, 의인은 없나니 하나도 없으며 깨닫는 자도 없고 하나님을 찾는 자도 없고."

이것은 심각한 정죄이며, 참으로 처참한 인류의 모습이다. 인류가 하나님을 기쁘시게 하고, 이해하고, 찾는 일을 어느 하나라도 할 능력이 없는 것으로 묘사하고 있기 때문이다. 신학자들이 인간의 "전적 부패"(total depravity)라고 정확하게 부른 것이 바로 이것이다.

물론 전적 부패 교리는 인류가 받아들이기 어려운 것이다. 이는 우리가 죄인들이 됨으로써 생긴 결과들 가운데 하나로 죄를 가볍게 대하는 경향을 갖게 된 것이기 때문이다. 대부분의 사람들은 그들이 완전하지 않다는 점을 기꺼이 인정하려고 한다. 보통 거만해 가지고는 단지 인간일 뿐이면서 한 점 흠도 없는 체하기가 어렵다. 보통 사람은 그런 일을 하지 않는다. 그러나 자연적으로 하나님을 기쁘시게 해 드릴 능력에 관한 한 철저히 부패했다는 점을 인정하는 것은 그것과 사뭇 다른 문제이다. 우리는 완전하지 않다는 점을 기꺼이 인정하지만, 우리가 의롭지 않다는 점은 선뜻 인정하려고 하지 않는다. 우리가 모르는 일들이 있다는 점은 인정하지만, 영적 지각에 결핍이 있다는 점은 인정하려 들지 않는다. 참된 길에서 벗어나 방황하고 있다는 점은 때로 인정하려고 하지만, 아예 의로운 길에 서 있지 않다는 점은 인정하려 들지 않는다. 하나님으로부터 도망하고 있음을 인정하는 대신 하나님을 찾고 있는 체한다.

자기 자신에 관한 진리에서 도망치려는 이 나쁜 경향과 맞부딪친다는 것은 참으로 중요한 일이다. 우리 죄가 어떤 것인지 정확히 모르면 하나님의 은혜가 어떤 것인지 알 길이 없다. 우리가 얼마나 교만한지를 모르면 하나님의 위대하심도 알 길이 없고, 그토록 절실한 치유를 얻으러 하나님께 나가지도 않게 된다. 그 상황은 병에 걸려 의사를 필요로 하는 것과 조금 비슷하다. 자기 건강이 괜찮다고 확신하고 있는 한에는 병원에 찾아갈 생각을 하지 않을 것이다. 그러나 영적으로 병에 걸렸다는 사실을 안다면 유일하게 우리를 치료하실 수 있는 위대한 의사, 예수 그리스도께 돌아가게 될 것이다.

상태가 얼마나 나쁜가?

앞의 주장 – 상황이 얼마나 절망적인지를 알아야 도움을 청하러 하나님께 가게 될 것이라는 – 을 하면서 나는 병에 걸리고 의사를 필요로 하는 경우를 예로 들었다. 그러나 앞에서도 말했듯이 이제는 좀 달리 주장하고 싶다. 그것은 로마서 3 : 9-11에 따르면 상태는 그것보다 훨씬 더 심각하다는 것이다. 단순히 병에 걸렸다면 상태는 절망적이지 않다. 병세가 호전되어 살아남을 수도 있다. 그러나 이 구절들과 다른 구절들에 따르면, 하나님의 은혜를 떠난 사람은 영적으로 병에 걸렸을 뿐만 아니라 죽었다고 한다. 죄인은 죽어 있는 것이다.

성경의 교훈이 독특하다는 사실은 인류의 긴 역사를 통틀어 인간 본성에 관해서는 세 가지 기본 견해밖에 없었다는 점을 보면 알 수 있다 : (1) 인간은 건강하다. (2) 인간은 병들었다. (3) 인간은 죽어 있다. 물론 이 견해들이 조금씩 변형된 견해들이 있다. 낙관주의자들은 인간이 건강하다고 말하겠지만, 정확히 어떻게 건강한지에 대해서는 의견이 엇갈릴 것이다. 아마 그가 최대로 건강할 수 있는 만큼 건강하지는 않다고 말할 것이다. 또한 비교적 비관적인 관찰자들은 사람이 병 들었다는 데 - 그에게 뭔가 잘못된 것이 있다는 데 - 동의하겠지만, 병이 어느 정도나 심각한지에 대해서는 의견이 엇갈릴 것이다. 중태라든가, 위독한 상태라든가, 아니면 죽음이 확정된 상태라고 평가할 것이다. 이런 다양성에도 불구하고 인간의 상태에 대해서는 기본적으로 세 가지 견해밖에 없다.

첫째 견해 - 인간이 본질상 건강하다는 견해 - 는 자유주의의 견해이며, 그 점에 관한 한 오늘날 대다수 사람들의 견해이다. 만약 사람에게 조금이라도 잘못된 것이 있다면, 그것은 최대치에서 못 미치는 정도일 뿐이라는 것이 일반적인 생각이다. 이 견해가 주장하는 바는, 도덕적으로 영적으로 말해서 모든 인간에게 필요한 것은 약간의 운동, 영적 비타민들, 일년에 한 번 정도받는 심리적 진단 따위라는 것이다. 많은 사람들은 인류가 점진적으로 건강해지고 있다고 말한다.

둘째 견해 - 인간이 병들었다는 견해 - 는 비관주의자들, 즉 인간 본성에 관한 진정한 사실들을 심각하게 생각해 본 적이 있는 사람들의 견해이다. 인간이 병들었다고 믿는 사람들은 지난 수백 년을 주도한 낙관주의를 관찰하고 거기서 결핍을 발견하였다. 산업혁명의 가파른 속도에 함몰되고, 기술과 의술의 진보에 자극받고, 보편적이고 필연적인 진화 사상에 들뜨던 시절에 사람들은 인류가 마치 로켓처럼 상승하고 있으며, 머지 않아 인간의 모든 문제들이 해결될 것이라고 믿기 시작했다. 전쟁이 그칠 것이다. 굶주림도 사라질 것이다. 질병도 정복될 것이다. 참으로 사람들은 보편적인 형제애와 협력 정신을 가지고 함께 살며 일하는 법을 배우게 될 것이다. 그러나 오늘날 이러한 행복한 낙관주의를 바라보는 사람들은 냉소를 머금을 것이다. 만약 낙관주의자들의 믿음대로 인간 본성이 "약간의 흠"만 있을 뿐이라면 세상은 왜 아직도 완전해지지 않았는가? 왜 아직도 전쟁이 있는가? 왜 굶주림이나 질병이 사라지지 않았는가? 왜 사람들은 서로 협력하며 살지 못하는가? 비관주의자는 이런 현실을 보고서 상태가 좋지 않다고 현명한 결론을 내린다. 사실상 상태는 심각하다.

비관주의자들은 인간이 큰 병에 걸렸다고 믿는다.

그러나 죽었다고 보지는 않는다.

비관주의자들은 인간이 병들었다고 – 아주 큰 병에, 심지어 죽을 병에 걸렸다고 – 믿지만, "생명이 남아 있는 한 아직 희망이 있다"는 말을 덧붙인다. 인간은 지구 표면에서 자신을 쓸어버리고, 그러는 동안 심지어 지구 자체를 파멸시킬 준비가 되어 있다. 그러나 상태가 아직 절망적인 것은 아니다. 비관주의자들은 그렇게 말한다. 더 열심히 일해야 하고, 우리의 질병과 맞서 싸워 물리쳐야 한다. 아직 장의사에게 연락할 필요는 없다.

셋째 견해는 성경이 내놓는 것으로서, 우리 인간들이 건강하지 않으며, 심지어 병들어 있지도 않다는 견해이다. 하나님을 기쁘시게 하고, 이해하고, 찾는 일을 조금이라도 할 수 있는 능력에 관한 한 우리는 죽어 있다. 하나님께서 아담과 하와에게 선악을 알게 하는 나무의 실과를 먹지 말라고 경고하실 때 만약 먹으면 어떻게 되리라고 선언하신 그 상태에 놓여 있다. 하나님께서는 이렇게 말씀하셨다 : "선악을 알게 하는 나무의 실과는 먹지 말라. 네가 먹는 날에는 정녕 죽으리라"(창 2 : 17). 최초의 시조는 그것을 먹었고, 그 결과 죽었다. 바울이 에베소서에서 우리가 "(우리의) 허물과 죄로"(엡 2 : 1) 죽었다고 말한 것이 바로 우리의 상태이다. 시체를 보고 살아 있다고 믿고서 무엇을 해보라고 말하더라도 시체는 꼼짝도 하지 않는 것과 마찬가지로, 우리 스스로는 하나님께 반응할 능력이 없다.

도덕적 실상 : 의인이 하나도 없음

인간의 절망적인 상태를 요약하는 첫부분에서, 사도는 인간의 도덕적 실상에 관해 말하면서 인류가 불의하다고 결론짓는다. 이것은 인간의 의가 하나님을 기쁘시게 하고 하늘에 이르는 데 필요한 것에서 약간 못미친다는 뜻이 아니다. 그렇게 생각하고 있다면 로마서 첫 장을 이해하지 못한 셈이다. 사실상 바울이 "의인은 없나니 하나도 없으며" 하고 말할 때 그의 본의는 하나님의 관점에서 볼 때 인간들은 전혀 의를 갖고 있지 못하다는 것이다.

내가 "하나님의 관점에서 볼 때"라는 말을 강조한 목적은 하나님의 관점 이외에 다른 어느 관점이 유효하다고 말하기 위해서가 아니라, 단지 상태를 평가하려면 그 관점이 필요하다는 사실을 말하기 위해서이다. 사람의 관점에서 사람의 상태를 평가하게 되면 단지 우리 눈에 다른 사람보다 선하게 비친다는 이유에서 적어도 몇 사람은 선하다는 결론을 반드시 내릴 것이기 때문이다.

여기서 문제는 우리가 행하는(또는 **행할 수 있는**) 선행을 하나님의 의와 똑같은 의로 생각한다는 데 있다. 사실은 전혀 다른데 말이다. 우리는 단순히 인간의 선을 축적함으로써 하나님을 기쁘시게 해드릴 수 있다고 생각한다.

한 가지 예화를 들겠다. 베트남 전쟁 때 미국의 소대 병력이 북베트남 군인들에게 생포되어 수용소에 갇혔다고 가정해 보자. 그 수용소에 적십자사가 보낸 소포가 왔고, 소포에는 '모노폴리' 라는 주사위 게임 도구도 들어 있었다. 그 도구를 보낸 사람의 의도는 수용소의 길고 무료한 시간을 오락으로 달래라는 것이었으리라. 병사들은 모노폴리 게임 도구를 받은 것을 아주 기뻐했으나, 그들이 기뻐한 이유는 고향 사람들이 그것을 보내주었기 때문이 아니었다. 이른바 수용소 사업을 할 "돈"을 벌 수 있는 기회를 주기 때문이었다. 그 소포를 받기 전에 만약 누가 남에게 어떤 물건 – 이를테면 담배 – 을 얻고 싶으면 간청하거나, 빌리거나, 아니면 훔쳤다. 그런데 이제는 모노폴리 게임으로 번 돈으로 그것을 살 수 있게 되었다. 따라서 병사들은 모노폴리 게임 도구에 딸린 금색, 노랑색, 파랑색, 녹색, 흰색 돈을 서로 나눠 갖고서 사업을 벌이기 시작했다.

미국인들의 집단에서는 으레 사업가 기질이 특출한 사람이 반드시 한 명은 있는 것 같은데, 이 소대도 예외가 아니었다. 한 병사가 싼 값에 사서 비싼 값에 파는 데 특출한 능력을 갖고 있어서 어느 정도 시간이 지난 뒤에는 그가 수용소 안에 있는 거의 모든 돈을 소유하게 되었다.

그런데 포로 교환을 하게 되어 북베트남 병사들과 이 소대원들이 교환되었다. 헬리콥터가 와서 그들을 태운 뒤 다낭으로 데리고 갔다. 이제 미국 캘리포니아 해안으로 돌아가는 건 시간 문제였다. 수용소에서 떼돈을 번 그 자본가(병사)는 미국에 도착하자마자 샌프란시스코 제일국립은행에 들어가 계산대로 다가갔다. 은행 여직원은 반갑게 그에게 계좌를 개설해 주면서, "우리의 노병을 도와드리게 돼서 기쁘군요" 하고 말했다. "얼마나 예금하실 건데요?"

"50만 달러쯤이요." 수용소에서 나온 그는 500,382달러를 내밀면서 이렇게 말했다. 물론 그 돈은 모노폴리 게임 도구였다. 은행 여직원은 손을 내밀었다. 돈을 받기 위해서가 아니라 비상벨을 누르기 위해서였다. 정신나간 이 불쌍한 사람을 누가 와서 데리고 나가라고 말이다.

인간의 의와 하나님께서 인간에게 요구하시는 의는 다르다. 인간의 의는 모노폴리 게임에 사용하는 돈과 같다. 그것은 우리가 인생이라고 부르는 게임에서 사용된다. 그러나 진짜 돈은 아니며, 하나님의 나라에서는 통하지 않는다. 하나님께서는 신적 의를 요구하신다. 미국에서는 미국 달러만 법적 통화이듯이 말이다. 우리는 로마서 뒷 부분에서 바울이 바로 이런 구분을 사용하여 이스라엘이 하나님을 찾는데 실패한 것을 적는 내용을 공부할 것이다 : "(저희가) 하나님의 의를 모르고 자기 의를 세우려고 힘써 하나님의 의를 복종치 아니하였느니라"(롬 10 : 3). 즉, 이스라엘은 진짜 돈을 주실 수 있는 유일한 분인 그리스도께 가지 않은 채 자기들이 만든 돈을 하나님께서 받아주시기를 원했던 것이다.

따라서 바울이 인류의 길잃은 상태를 요약할 때 그들에 관해 제일 먼저 말하는 것은 인류가 의를 갖고 있지 못하다는 것이다. 롬 3 : 12은 이렇게 덧붙인다 : "다 치우쳐 한가지로 무익하게 되고 선을 행하는 자는 없나니 하나도 없도다."

죄로 물든 마음 : 깨닫는 자가 하나도 없음

바울이 죄악 상태에 있는 인류에 대해서 두 번째로 선언하는 내용은 영적인 사실들을 이해하는 사람이 아무도 없다는 것이다. 이 말도 단순히 인간적 지식이 부족하다는 것보다는 영적 지각이 부족하다는 뜻으로 봐야 한다. 만약 인간적인 차원에서 생각하여 한 사람의 "이해"를 다른 사람의 이해와 비교한다면, 어떤 사람들은 이 세상에 관해서 훨씬 더 많이 이해하고 있는 것을 보게 될 것이다. 우리는 그것에 감명을 받기 때문에 오도될 우려가 있다. 영적인 문제들에서 중요한 것은 하나님을 참되게 이해하거나 그분을 알려고 찾는 사람이 아무도 없다는 것이다.

이 구절에 관한 최고의 주석은 고린도전서 처음 두 장에서 볼 수 있다. 고린도 교회 사람들은 대부분이 헬라인들이었다. 사실상 모든 헬라 사람들이 그랬듯이 그들은 헬라 철학자들의 지혜를 자랑하였다. 바울은 자신이 그들과 함께 있을 때 그런 지혜로 주목을 끌려고 노력하지 않고, "예수 그리스도와 그의 십자가에 못 박히신 것 외에는" 아무것도 알지 않기로 결심했었다고 쓴다(고전 2 : 2). 왜 그랬는가? 그 이유를 두 가지로 설명한다.

첫째, 인간의 지혜는 하나님을 아는 것에 관한 한 무능력하다는 사실을 스스로 입증하였다. 바울의 말을 들어보자 : "십자가의 도가 멸망하는 자에게는 미련한 것이요 구원을 얻는 우리에게는 하나님의 능력이라. 기록된 바, 내가 지혜 있는 자들의 지혜를 멸하고 총명한 자들의 총명을 폐하리라 하였으니, 지혜 있는 자가 어디 있느뇨. 선비가 어디 있느뇨. 이 세대에 변사가 어디 있느뇨. 하나님께서 이 세상의 지혜를 미련케 하신 것이 아니뇨. 하나님의 지혜에 있어서는 이 세상이 자기 지혜로 하나님을 알지 못하는 고로 하나님께서 전도의 미련한 것으로 믿는 자들을 구원하시기를 기뻐하셨도다"(고전 1 : 18-21). 바울은 이렇게 비판을 하는 가운데 헬라 최고의 지식인들이 이미 내린 결론을 되풀이해서 말할 뿐이다. 헬라 철학자들은 인간의 사유나 학문으로 하나님을 발견할 수 없음을 이미 알고 있었다.

바울이 헬라인들 사이에 있을 때 십자가에 못 박히신 그리스도 외에는 아무것도 알지 아니하기로 결심한 이유를 설명하는 둘째 방법은, 영적 문제들은 오직 하나님의 성령에 의해서만 알 수 있다고 말하는 것이다 : "육에 속한 사람은 하나님의 성령의 일을 받지 아니하나니 저에게는 미련하게 보임이요 또 깨닫지도 못하나니 이런 일은 성령으로라야 분변함이니라"(고전 2 : 14).

이것은 사람이 성령의 조명(照明)을 떠나서는 기독교나 성경의 교훈을 이성적으로 이해할 수 없다는 뜻은 아니다. 어떤 의미에서는 학자가 다른 분야의 인간 지식에 대해서와 마찬가지로 신학 원칙들에 대해서도 이해하고 설명할 수 있다. 믿지 않는 철학자도 기독교의 신관(神觀)을 정확히 강의할 수 있다. 믿지 않는 역사가도 종교개혁의 본질을 분석하고 이신칭의(以信稱義)의 의미를 설명하는 일을 거의 완벽하게 해낼 수 있다. 내가 하바드 대학교에 있을 때, 어떤 교수들은 그리스도인들이 아니면서도 기독교 교리들을 얼마나 탁월하게 가르치던지 그리스도인들조차 강의를 듣고는 감화를 받았고, 믿지 않는 학생들은 심지어 기립박수까지 칠 정도였다. 그러나 이 교수들은 자기들이 가르치는 내용을 믿지 않았다. 만약 그들이 그처럼 예리하게 강의하던 내용을 개인적으로는 어떻게 생각하느냐고 질문을 받았다면, 터무니 없는 내용이라고 대답했을 것이다. "영적"이지 못한 그들이 기독교를 이해할 수 없었다는 것은 바로 이런 뜻에서였다.

로마서 1장으로 돌아가서 보면 이렇게 무지하게 된 원인이 어디에 있는지 기억이 되살아난다. 하나님께 관한(또는 그밖의 기독교 신앙에 관한) 교리가 이해하기 어렵기 때문이 아니다. 이 교리들이 인도하는 방향으로 움직이고 싶지 않기 때문이다. 따라서 하나님께 관한 진리를 억누르고, 그분께 영광을 돌리거나 감사를 드리기를 거부하며, 그 결과 생각이 "허망"하여지며 미련한 마음이 "어두워진다"(21절).

얽매인 의지 : 하나님을 찾는 자가 없음

우리의 도덕과 지적 실패들을 거론한 바울은 마지막으로 인간의 부패한 의지를 언급하면서 "하나님을 찾는" 자가 하나도 없다고 올바로 결론짓는다.

여기서도 단순히 인간의 관점으로 생각해서는 안 된다. 인간의 관점으로 생각하게 되면 바울의 가르침과는 정반대로 "하나님을 찾는" 일이 사실상 우리 인류의 역사였다고 결론짓게 된다. 나는 로마서 1 : 21-23을 분석할 때 로버트 브라우(Robert Brow)의 「종교 : 기원들과 사상들」(Religion : Origins and Ideas)[1]을 언급하면서 그 견해에 대한 학문적인 표현을 다룬 바 있다. 브라우는 원시인들을 연구한 결과를 소개하면서, 인류의 신관이 원시적인 데서 고등한 데로 발전해 온 것이 아니라 - 따라서 항상 "하나님"을 찾아온 게 아니라 - 인류가 높으시고 거룩하신 하나님께 관한 사상에서 끊임없이 도망쳐 왔다고 주장한다. 그는 원시인들이 비록 하나님을 경배하지는 않지만, 대체로 우리보다 더 참된 신관을 갖고 있다고 주장한다. 그들은 정령 신들, 즉 군소 신들로 채워진 자기들의 만신전(萬神殿) 배후에 위대하고 참되신 하나님께서 계신 줄을 믿지만, 그분을 자기들 가까이에 있는 적대적인 세력들만큼 두려워하지 않기 때문에 그분을 경배하지 않는다.

고데(F. Godet)는 이 사실을 보고서 다음과 같이 썼다. "모든 이교들과 신화들의 뿌리에는 본래의 유일신론이 있는바, 그것이 바로 온 인류의 종교의 역사적 출발점이다."[2]

그러나 여기서 나는 이 부정적인 원칙이 우리 삶과 사회에서 작용하는 방법에 초점을 맞추고 싶다. 하나님을 찾는 자가 **하나도** 없다는 바울의 말을 완벽하게 논박할 수 있다고 믿는 사람이 있다고 가정해 보자. 이 사람은 이렇게 주장한다. "그러나 나는 하나님을 찾고 있다. 사실상 내 평생 동안 그분을 찾아온 셈이다. 나는 침례교 가정에서 태어났다. 하지만 내 침례교 가정이나 교회에서는 하나님을 찾을 수 없었다. 그래서 내 뜻대로 교회를 선택할 수 있는 나이가 되었을 때 나는 장로교회에 등록했다. 불행하게도 그 교회는 좋은 교회가 아니었다. 그곳에서는 누구라도 하나님을 찾을 수 없었다. 그래서 성공회에 들어갔다. 그 뒤로 여러 해 동안 거의 모든 교파의 교회들을 다 다녀보았다. 루터파 교회들, 오순절파 교회들, 감리회 교회들, 성서파 교회들, 독립 교회들을 다 다녀보았다. 이렇게 평생 하나님을 찾았으나 찾지 못하였다.〞

이 사람의 주장에 대한 대답은 그가 하나님을 찾지 않았다는 것이다. 오히려 하나님께로부터 도망쳐 다녔다. 하나님께서 침례교 가정과 교회에서 그 사람에게 가까이 다가오셨을 때, 그는 그 교회를 떠나 장로교회에 들어갔다. 그곳에서 분위기가 무르익게 되자 – 하나님께서는 장로교회들에서도 일하실 수 있다 – 성공회로 옮겼다. 그곳에서도 하나님께서 너무 가까이 다가오시니까 그는 차례로 다른 교단들을 찾아 떠났다. 이렇게 한 바퀴를 다 돌았다면, 그는 아마 자기를 보고 있는 사람이 없는지 주의 깊게 살피고는 다시 처음으로 돌아가 순환을 시작할 것이다.

이 사람은 하나님을 찾고 있지 않다. 단지 전능자에게서 숨고 참된 헌신과 신앙이 요구할 모든 것으로부터 숨으려는 의도를 감추기 위해서 종교라는 치장들을 이용하고 있을 뿐이다.

하나님께 추적을 당함

나는 이 장을 시작하며 다룬 내용으로 되돌아온다. 성경에 따르면, 하나님의 성령을 힘입지 않는 자들은 (1) 하나님께 내세울 아무런 의도 갖고 있지 못하며. (2) 하나님께 관한 참된 지식을 조금이라도 갖고 있지 못하며. (3) 하나님을 찾지 않는다고 한다. 그러나 하나님께서 구원을 얻는 자들에게 해오신 일들 가운데, 우리가 갖고 있지 않고 행할 능력이 없고 행하지 않은 일들이란 무엇인가?

하나님께서 해오신 일들이란 것이 정확히 무엇인가? 첫째, 하나님께서는 우리를 찾으셨다. 우리는 하나님에게서 도망쳤지만, 하나님께서는 마치 "하늘의 사냥개"처럼 쉬지 않고 우리를 찾으셨다. 우리들 가운데 일부는 오랫 동안 하나님에게서 도망쳤으며, 변덕스럽게 지낸 시절들을 기억할 수 있다. 만약 하나님께서 우리를 찾지 않으셨다면, 우리는 영원히 길을 잃고 말았을 것이다. 스스로 하나님께 돌아가는 일은 결코 없었을 것이다.

　이제 우리는 하나님께 먼저 추적을 당하여 그분 눈에 발견되지 않은 사람은 아무도 구원을 받지 못한다는 사실을 안다. 둘째, 하나님께서는 우리에게 깨달음을 주셨다. 성령의 능력으로 예수 그리스도 안에서 생명을 얻게 하심으로써 그런 깨달음을 갖게 하셨고, 그 결과 우리는 눈을 떠서 사물을 영적으로 바라보게 되었다. 이것은 우리가 하나님과 그분의 길들에 관해 모든 것을 철저히 안다는 말이 아니라, 그런 사항들을 믿고 적합하게 반응한다는 의미에서 참되게 "이해"한다는 말이다. 마지막으로, 하나님께서는 우리 스스로는 갖고 있지 않았고, 사실상 가질 수도 없었던 의를 주셨다. 그것은 **하나님**의 의(義)로서, 예수 그리스도의 의며, 우리 구원의 토대이다.

● 각주 ●

1. Robert Brow, *Religion : Origins and Ideas* (Chicago : InterVarsity Press, 1966).

2. F. Godet, *Commentary of St. Paul's Epistle to the Romans*, trans. A. Cusin (Edinburgh : T. & T. Clark, n.d.), vol. 1, p. 176.

35
의지의 속박
로마서 3 : 11

깨닫는 자도 없고 하나님을 찾는 자도 없고…

일전에 로마서를 공부할 때 한 주일에 두 그룹의 사람들에게 이 책을 가르칠 기회가 있었다. 그때 나는 택함부터 영화까지 모든 것을 포괄하는 수많은 성경 교리들을 다루었다. 그러나 수강자들이 질문 시간에 주로 제기한 점은 인간 의지의 문제와 그것이 자유로운가 아니면 속박되었는가 하는 문제였다.

나는 로마서 1 : 18-3 : 20의 가르침대로 우리가 죄 안에서 철저히 길을 잃었다고 말했고, 성령의 도우심을 입지 않고는 아무도 하나님께 나오거나, 하나님을 믿기로 결정하거나, 심지어 예수 그리스도를 믿고 구원을 받을 수 없다고 말했다. 하나님께서 먼저 그 사람을 그리스도 안에서 살리시고 그를 이끌어 주시기 전에는 불가능한 일이라고 했다. 그러나 이 말은 많은 사람들에게 고민을 안겨주었다. 자기들에게 선택하고 싶은 것을 선택하고 배척하고 싶은 것을 배척하는 능력이 있는 줄 알고 있는데, 그것과 내 말이 일치하지 않는 것처럼 보였다. 게다가 성경 도처에서 발견할 수 있는 복음의 자유로운 제의들과도 일치하지 않는 것처럼 보였다. 성경이 우리에게 "(너희의) 허물과 죄로 죽었던…"(엡 2 : 1)이라고 말할 때 그 안에는 무슨 의미가 담겨 있을까? 어떤 방법으로도, 심지어 복음 선포를 들을 때라도 하나님께 정말로 반응할 수 없다는 뜻일까? 아니면 아직까지 적어도 그런 능력만큼은 가지고 있는 것일까? 만약 우리가 반응할 수 있다면, 예수께서 "나를 보내신 아버지께서 이끌지 아니하면 아무라도 내게 올 수 없으니…"(요 6 : 44), 또는 "… 내 아버지께서 오게 하여 주지 아니하시면 누구든지 내게 올 수 없다…"(요 6 : 65)고 하신 말씀은 무슨 뜻일까? 반대로, 만약 우리가 반응할 수 없다면 타락한 사람들에게 복음을 전파하는 구절들은 무슨 뜻일까? 이를테면, 주께서는 선지자 이사야를 통해서 "너희 목마른 자들아 물로 나아오라. 돈 없는 자도 오라. 너희는 와서 사 먹되 돈 없이 값없이 와서 포도주와 젖을 사라"(사 55 : 1)고 말씀하셨다. 그런 초대의 말씀들은 무슨 뜻일까? 더 나아가 만약 사람이 그 초대에 반응할 수 없다면 예수를 믿지 않은 데 대한 책임을 어떻게 질 수 있는가?

이런 질문들은 로마서 3 : 10-11에서 바울이 인간의 영적 상태를 요약할 때 사용하는 단어들 때문에 제기된다. 그는 우리 모두가 의롭지 않다고 말했다. "의인은 없나니 하나도 없으며." 그리고 이렇게 덧붙인다. "깨닫는 자도 없고 하나님을 찾는 자도 없고." 이 구절을 해석하는 방법은 영적인 일들에 관한 사람의 능력을 어떻게 간주하느냐, 철저히 무능력하다고 간주하느냐 아니면 능력이 있다고 간주하느냐 하는 것과 상당한 관계가 있다.

교회사에서 이루어진 논쟁

과거를 알지 못하는 사람이라도 이렇게 중요한 문제는 분명히 교회사에서 종종 논의되었으리라고 짐작할 수 있으며, 그 짐작대로이다. 사실상 이 주제를 가장 잘 접근할 수 있는 방법은 과거의 신학적 거장들 사이에서 벌어진 논쟁들을 접하는 것이다.

최초의 중요한 논쟁은 4세기가 저물고 5세기가 동트던 무렵 펠라기우스(Pelagius)와 성 아우구스티누스(Saint Augustine) 사이에 벌어졌다. 펠라기우스는 자유의지를 주장했다. 그는 적어도 초기에는 죄의 보편성을 부정하고 싶어하지 않았다. "모든 사람이 죄를 범하였으매 하나님의 영광에 이르지 못하더니"(롬 3 : 23) 하는 사실을 알았고, 이 점에서는 정통

신자로 남기를 바랐다. 그러나 펠라기우스는 만약 우리가 그 점에서 자유의지를 갖고 있지 않다면 어떤 것에 대해 어떻게 책임을 질 수 있는지 알 수 없었다. 만약 무엇을 할 의무가 있다면 그것을 행할 능력이 반드시 있어야 한다고 그는 주장했다. 펠라기우스는 의지가 죄에 속박되어 있는 것이 아니라 중립적인 상태에 있고, 따라서 어떤 순간이든 어떤 상황이든 자유롭게 선이나 악을 선택할 수 있다고 믿었다.

이러한 견해 자체는 여러 가지 방법으로 작용했다. 그중 한 가지는, 죄를 의지가 사실상 악을 행하기로 선택하는 의도적이고 독자적인 행위로 보게 한다. 따라서 죄들과 인류 안에 유전으로 존재하는 죄의 원칙 간의 뗄 수 없는 관계는 잊혀진다. 펠라기우스는 더 나아가 이렇게 주장한다.

1. 아담의 죄는 자기 자신에게만 영향을 미쳤을 뿐, 다른 아무에게도 영향을 미치지 않았다.

2. 아담 이래로 태어난 사람들은 타락하기 전의 아담과 똑같은 상태로, 즉 죄에 관한 한 중립적인 위치로 태어났다.

3. 오늘날 인류는 원하기만 한다면 죄에서 해방되어 살 수 있다.

이것이 많은 그리스도인들을 포함하여 오늘날 대다수 사람들에게 깊이 뿌리를 박고 있는 견해일 것이다. 그러나 잘못된 견해이다. 왜냐하면 죄의 본질과 범위를 제한하기 때문이며, 구원에서 값없이 베푸시는 하나님의 은혜의 필요를 부정하는 데로 이끌기 때문이다. 더욱이 복음이 타락한 죄인에게 전파될 때라도(이 견해에 따르면), 사람의 구원 여부를 결정 짓는 궁극적인 요인은 하나님께서 성령을 통해서 베푸시는 초자연적 역사가 아니라, 구주를 영접하거나 배척하는 사람의 의지라고 보게 만든다. 이것은 하나님께 돌려야 할 영광을 사람들에게 돌리는 행위이다.

아우구스티누스는 생애 초반에 똑같은 견해를 품고 살았다. 그러나 그가 그리스도인이 된 다음 성경을 공부하면서 펠라기우스주의가 성경의 죄론도 구원에 나타난 하나님의 은혜도 제대로 평가하지 못한다는 사실을 알게 되었다.

아우구스티누스는 성경이 죄를 말할 때는 언제나 고립되고 개인적인 행위 이상의 것을 말한다는 사실을 보았다. 부패는 유전되며, 그 결과 개인은 죄 짓기를 멈출 수 없다고 가르치는 사실을 보았다. 아우구스티누스는 이러한 인간의 근본적인 무능력을 **논 포세 논 페카레**(non posse non peccare)라는 문구로 표현했다. "죄를 짓지 않을 수 없는"이란 뜻이다. 즉, 사람은 하나님께 도움을 받지 않고는 죄 짓기를 멈추고 하나님을 선택할 수 없다는 것이다. 아우구스티누스는 말하기를, 사람은 자유의지를 잘못 사용하여 타락함으로써 자기 자신 뿐만 아니라 자기 의지까지도 상실했다고 했다. 의지는 의에 대해서는 자유롭지만 죄에 대해서는 속박당해 있다고 했다. 하나님께로부터는 자유롭게 돌아서지만, 그분께 올 능력은 없다.

은혜에 관한 한, 아우구스티누스는 은혜를 떠나서는 아무도 구원을 받을 수 없다고 보았다. 더욱이 은혜란 죄인이 자신의 노력을 덧붙이는 "선행적 은총"(prevenient grace) 또는 부분 은혜의 차원을 넘어서서 처음부터 끝까지를 주도하는 것이라고 보았다. 그렇지 않고서는 구원이 철저히 하나님께만 속한 것일 리가 없고, 하나님의 영예도 반감되며, 인간들이 하늘에서 자랑할 수 있게 될 것이라고 보았다. 그런 결론들로 이끌고 가는 어떠한 견해도 그릇된 것이다. 하나님께서 다음과 같이 선포하셨기 때문이다 : "너희가 그 은혜를 인하여 믿음으로 말미암아 구원을 얻었나니 이것이 너희에게서 난 것이 아니요 하나님의 선물이라. 행위에서 난 것이 아니니 이는 누구든지 자랑치 못하게 함이니라"(엡 2 : 8-9).

아우구스티누스는 자신의 견해를 옹호하는 가운데 전성기를 맞이했고, 교회는 그를 지지했다. 그러나 중세 동안 기독교는 펠라기우스주의 쪽으로 점차 표류해 갔다.

종교개혁 시대에 전투가 다시 벌어졌다. 먼저는 마르틴 루터와 네덜란드 인문주의자인 로테르담의 에라스무스(Erasmus of Rotterdam) 사이에서 벌어졌고, 그 다음에는 야콥 아르미니우스(Jacob Arminius)와 존 칼빈의 추종자들 사이에서 벌어졌다.

가장 흥미로운 논쟁은 루터와 에라스무스 간의 논쟁이었다. 에라스무스는 종교개혁 초기 단계에는 그 운동을 지지했다. 당대의 대다수 지식인들과 마찬가지로 교회 개혁의 필요가 절실하다고 보았기 때문이다. 그러나 에라스무스는 루터의 영적 기초들을 갖고 있지 못했고, 결국에는 그 개혁자에게 반기를 들었다. 에라스무스는 의지의 자유에 관해서 쓰는 쪽을 택했다. 의지는 반드시 자유로워야 한다고 말했다. 펠라기우스가 내놓은 것과 거의 비슷한 이유들 때문에 말이다. 그러나 에라스무스에게는 그 주제가 사활을 걸 만큼 중대한 것이 아니었고, 따라서 루터도 자신과 마찬가지 태도를 보일 것을 기대하고서 타협안을 내놓았다.

그러나 루터에게는 그것이 작은 문제가 아니었고, 따라서 초연한 타협안을 가지고 그 주제에 접근할 수 없었다. 루터는 그것을 하나님의 진리 자체가 걸려 있는 쟁점으로 보고서 열정을 가지고 그 문제에 접근했다. 어떤 책에서는 그 네덜란드 인문주의자의 견해를 신랄히 비판하면서 다음과 같이 썼다. "본인은 이런 이유에서 귀하에게 충심의 찬사와 정죄를 드립니다. 즉, 다른 모든 사람들과 달리 귀하 혼자서만 중요한 문제, 즉 핵심 사안을 비판했기 때문입니다."[1]

루터는 자신의 가장 대표적인 신학서로 본 「의지의 속박」(The Bondage of the Will)이란 이 책에서, 사람들이 선택을 한다는 심리적 사실을 부인하지 않았다. 그것은 아무도 부인할 수 없을 만큼 분명한 사실이었다. 루터가 주장한 것은 **개인이 하나님을 선택하느냐 또는 선택하지 못하느냐 하는 구체적인 영역**에서 의지는 무능하다는 것이었다. 이 영역에서 루터는 에라스무스가 확고히 긍정한 의지의 자유를 확고히 부정하였다. 인간은 철저히 죄에 넘겨졌다고 루터는 말했다.

그러므로 인간의 적절한 역할은 자기 죄를 겸손히 인정하고, 눈 먼 것을 고백하고, 더럽혀진 우리의 도덕적 행위들로 하나님을 기쁘시게 해드릴 수 있다는 생각을 버리고, 그대신 예속된 의지로는 하나님을 선택할 수 없다는 사실을 인정하는 것이라고 했다. 인간이 할 수 있는 일은 하나님께서 먼저 죄를 깨닫게 해 주시고 주 예수 그리스도를 영접하여 구원을 받도록 해 주시기 전에는 심지어 하나님께 자비를 구할 수조차 없다는 점을 알고서, 그분의 자비를 구하는 일이다.

나는 루터의 생각을 전달하려고 하면서, 우리는 비록 여러 분야에서 자유의지를 갖고 있지만 모든 분야에서 그것을 갖고 있지는 못하다고 말하곤 했다. 즉, 우리는 어떤 일들에 대해서는 원하는 것을 선택할 수 있다. 메뉴를 보고 음식을 고르고, 착용할 넥타이를 고르고, 직업을 고르는 등 작은 일들에 대해 선택할 수 있다. 그러나 중요한 일들에 대해서는 자유의지를 갖고 있지 못하다. 내 지능지수가 120이라면, 자유의지만을 사용해서 그것을 140으로 만들 수 없다. 내가 올림픽에 참가할 만한 육상선수가 아니라면 아무리 결심을 하더라도 2분 30초에 1Km를 달리거나 9.8초에 100m를 주파할 수 없다. 마찬가지로 우리들 가운데 아무도 단지 자유의지만을 사용해서 하나님을 선택할 수 없다.

에드워즈가 주장한 "의지의 자유"

그러나 더 이상 그 문제를 그런 식으로 소개하지는 않겠다. 그동안 조나단 에드워즈 (Jonathan Edwards)가 의지의 자유에 관해 쓴 논문을 읽고서 생각이 좀 바뀌었기 때문이다. 기본 논지나 결론이 바뀌었다는 말이 아니라 의지를 정의하는 방식이 바뀌었다는 말이다.

그것을 설명해 보겠다.

에드워즈의 논문을 읽게 되면 적어도 에드워즈가 표면상으로는 성 아우구스티누스와 마르틴 루터가 했던 말과 정반대의 말을 하고 있다는 느낌을 받게 된다. 루터는 에라스무스의 「의지의 자유」(Freedom of the Will)라는 논문 제목에 반대하여 자기 논문에 「의지의 속박」 (The Bondage of the Will)이라는 제목을 붙였다.

이와는 반대로 에드워즈의 논문에는 "의지의 자유에 관한 유력한 견해들에 관한 세심하고 엄격한 연구"(A Careful and Strict Inquiry into the Prevailing Notions of the Freedom of the Will)[2]라는 제목이 붙었다. 이 제목에는 에드워즈가 의지의 "자유"를 주장하고 있음이 구체적으로 명시되어 있지 않고 다만 그것에 관한 주된 견해들을 연구하겠다는 뜻만 명시되어 있다. 그러나 에드워즈가 루터와는 정반대되는 단어들을 사용한 것은 우연이 아니다. 에드워즈는 종국에 가서는 루터를 비롯하여 자기 이전 시대의 위대한 성경적 신학자들과 똑같은 입장에 서게 되었다. 그러나 그 중간에는 의지의 "자유" 사상에 긴요한 주제에 독특한 기여를 하였다.

이 중요한 저서에서 에드워즈가 맨 처음으로 한 일은 의지를 정의한 것이었다. 이상하게도 과거에는 아무도 이 일을 하지 않았다. 모든 사람이 우리 모두의 의지가 무언지를 안다는 추정을 근거로 글을 썼다. 우리의 의지란 우리 속에서 선택 행위들을 하는 체계라고 부른다. 에드워즈는 이것이 정확하지 않다고 보았고, 대신에 의지란 "정신(mind)이 어떤 것을 선택할 때 사용하는 것"이라고 정의하였다. 크게 달라 보이지 않을는지 모르지만, 중요한 정의이다.

에드워즈에 따르면, 선택이란 의지 자체로 결정되는 것이 아니라(의지 자체가 무슨 실체인 것처럼) 정신에 의해서 결정되는 것이며, 그것은 우리가 내리는 선택들이 가장 바람직한 행동 과정이라고 생각한 것에 의해서 결정됨을 뜻한다.

에드워즈가 둘째로 이바지한 중요한 점은 이른바 "동기들"(motives)을 다룬 내용이다. 그는 "왜 정신은 다른 것은 제쳐두고 하필 이것을 선택할까?" 하고 물은 다음, 다음과 같이 대답한다 : 정신은 동기들 때문에 작용하므로 선택 행위를 한다. 즉, 정신은 중립적이지 않다는 말이다. 정신은 어떤 것들을 다른 것들보다 더 낫게 생각하며, 그런 식으로 생각하기 때문에 언제나 "더 나은" 것들을 선택한다.

만약 사람이 어떤 행동 과정을 다른 행동 과정보다 낫게 생각하면서도 덜 바람직한 대안을 선택한다면, 그는 불합리하게 행동하는 것이거나, 표현을 바꿔 사용하자면 정신이 나간 사람일 것이다.

그렇다면 이것은 의지가 속박되었음을 뜻하는가? 정반대이다. 그것은 의지가 자유로움을 뜻한다. 의지는 언제나 자유롭다. 즉, 의지는 정신이 최선이라고 생각한 바를 자유롭게 선택한다(그리고 언제나 자유롭게 선택할 것이다).

그러나 정신으로 하여금 최선이라고 생각하게 만드는 것은 무엇인가? 이 문제는 하나님을 선택하는 일을 포함하기 때문에 여기서 우리는 문제의 핵심에 도달한 셈이다. 죄인의 정신은 하나님과 직면할 때 결코 하나님의 길이 선하다고 생각하지 않는다. 의지는 자유롭게 하나님을 선택할 수 있다. 아무것도 그 일을 가로막지 않는다. 그러나 정신은 하나님께 굴복하고 그분을 섬기는 것을 바람직한 일로 간주하지 않는다.

그러므로 복음이 아무리 설득력 있게 전파되어도 죄인의 정신은 하나님께 등을 돌린다. 하나님께 등을 돌리는 이유는 우리가 로마서 1장에서 본 그런 이유들 때문이다. 정신은 하나님께서 주재(主宰)가 되시는 것을 원치 않는다. 하나님의 의를 개인의 성취나 행복을 얻는 길로 여기지 않는다. 자신의 죄성이 노출되는 걸 원치 않는다.

물론 정신은 여러 가지 잘못된 판단들을 내린다. 그것이 선택하는 길은 사실상 죽음으로 끝나는 소외와 불행의 길이다. 그러나 인간들은 죄가 최선의 길이라고 생각한다. 그러므로 하나님께서 우리의 **사고방식**을 변화시켜 주시지 않는다면 - 하나님께서는 어떤 사람들에게는 신생(新生)의 기적으로 그 일을 해주신다 - 우리의 정신은 언제나 하나님께로부터 돌아서라고 지시한다. 그래서 우리는 하나님께로부터 돌아선다.

도덕적 무능력

의지가 자유로움에도 불구하고 왜 하나님을 선택하지 않는지를 이해하는 데 에드워즈가 이바지한 세 번째 중요한 점은 이행 능력(responsibility)에 관한 것으로써 한때 펠라기우스를 크게 괴롭힌 문제이다. 여기서 에드워즈는 이른바 "자연적" 무능력과 "도덕적" 무능력을 현명하게 구분한다. 간단한 예를 들어보자.

자연 세계에는 육식만 하는 동물들이 있다. 그 동물들을 가리켜 육식동물들(carnivores)이라고 하는데, 이 단어는 "고기"를 뜻하는 **카로**(caro), **카르니스**(carnis)에서 유래한다. 풀 또는 식물만 먹는 동물들도 있다. 이 동물들을 가리켜 초식동물들(herbivores)이라고 하는데, 이 단어는 식물이란 뜻의 **헤르바**(herba)에서 유래한다.

육식동물인 사자를 사로잡아 그 앞에 밀짚 더미나 여물통을 놓아 둔다고 상상해 보자. 사자는 밀짚이나 여물을 먹지 않을 것이다. 왜 먹지 않을까? 신체적으로 또는 자연적으로 그런 것들을 먹을 수 없기 때문일까? 그렇지 않다. 신체적으로는 여물을 씹어먹고 들이마실 수 있다. 그러나 그렇게 하지 않는다. 이런 류의 음식을 먹는 것은 본성상 맞지 않기 때문이다. 사자에게 왜 초식동물들이 먹는 음식을 먹지 않느냐고 물을 때 사자가 대답할 수 있다면, 아마 사자는 "나는 이 음식이 싫어서 먹을 수 없다. 나는 고기만 먹을 것이다" 하고 말할 것이다.

그러면 "너희는 여호와의 선하심을 맛보아 알지어다…"(시 34 : 8)라는 말씀이나, "나는 하늘로서 내려온 산 떡이니 사람이 이 떡을 먹으면 영생하리라…"(요 6 : 51) 하는 예수님의 말씀을 생각해 보자. 왜 죄인은 여호와의 선하심을 맛보아 알지 않으며, "산 떡"이신 예수님을 먹고 살지 않는가? 사자의 말을 빌자면, 그런 음식이 "싫기" 때문이다. 죄인은 그리스도께 가고 싶지 않아서 가지 않는 것이다. 신체적으로 갈 수 없기 때문이 아니다.

이 가르침에 동의하지 않는 사람들(오늘날은 그런 사람들이 많다)은 그렇게 말할 것이다. "그러나 성경은 그리스도께 가려고 작정한 사람은 갈 수 있다고 분명히 말하지 않는가? 예수께서 우리에게 오라고 초대하지 않으시는가? '… 내게 오는 자는 내가 결코 내어 쫓지 아니하리라'고 말씀하지 않으시는가?"(요 6 : 37) 물론 그렇다. 그것이 바로 예수님이 하신 말씀이다. 그러나 그것은 논지를 벗어난 것이다. 그리스도께 가고자 하는 자는 그분께 갈 수 있다. 그렇기 때문에 조나단 에드워즈는 의지가 얽매여 있지 않다고 주장했던 것이다. 이렇게 그리스도께 갈 수 있다는 사실 때문에 하나님을 찾기를 거부하는 일이 그처럼 불합리하고 죄책을 늘이는 일이 된다.

그러나 누가 그리스도께 가고자 하는가? 아무도 없다. 성령께서 신생(新生)이라는 전혀 불가항력적인 사역을 이미 이루어 놓으시고, 이 기적에 힘입어 영적 소경인 자연인이 눈을 떠서 하나님의 진리를 보고, 철저히 부패한 죄인의 정신이 새로워져서 주 예수 그리스도를 구주로 영접하게 되는 경우를 제외하고는 아무도 없다.

실천적인 옛 교리

물론 이것은 새로운 교훈이 아니다. 비록 피상적인 이 시대에는 많은 사람들에게 새로운 말로 들릴는지 모르지만 말이다. 이것은 대부분의 개신교도들과 심지어 (개인적으로는) 많은 가톨릭교도들까지도 받아들이는 가장 순전하고 가장 기본적인 형태의 교리이다. 영국국교회의 39 개조(The Thirty-Nine Articles, 영국 국교의 신앙 개조〈個條〉)는 이렇게 진술한다.

"아담이 타락한 이후에 사람은 자신의 자연적인 힘과 선행들을 가지고 믿음으로 돌아설 수 없고, 스스로 믿음에 이르도록 준비시킬 수도 없는 상태에 놓여 있다. 그러므로 우리는 선한 의지를 품도록 그리스도께서 사전에 하나님의 은혜[즉, 동기를 불어넣어 주시기 위해 미리 주시는 은혜]를 주시고, 우리가 그 의지를 가질 때 우리와 함께 일하시지 않는다면, 하나님께서 기뻐하시고 받으심직한 선행들을 할 능력을 갖고 있지 않다"(제10조).

마찬가지로 웨스트민스터 대요리문답(the Westminster Larger Catechism states)은 이렇게 진술한다 : "사람이 떨어진 죄의 상태는 아담의 원죄로 말미암은 죄책, 즉 그가 지음을 받을 때 지닌 의(義)가 결핍된 상태와, 그의 본성의 부패, 즉 그로써 영적으로 선한 모든 것을 철저히 싫어하고, 행할 능력을 잃어 버리고, 반대하고, 마음이 온통 악으로 기울고, 그러기를 계속하는 상태로 이루어져 있다"(제25문에 대한 답).

이 점에서는 의지가 하나님을 택하거나 그리스도를 믿을 능력이 없다는 것이 교회의 지배적인 교리이며 심지어 성경의 교훈일 가능성도 있다는 사실을 마지못해서 인정할 사람들이 있을 것이라고 추측된다. 그러나 그들은 아직 이 교훈의 가치를 확신하지 못하며, 심지어 그것을 해롭게 여길는지도 모른다. 그들은 이렇게 묻는다 : "만약 사람이 하나님을 선택할 수 없다고 가르친다면(비록 그것이 사실일지라도), 그것은 전도의 주요 원동력을 파괴하고 선교 사역에 장애를 초래하는 것이 아닌가? 그 사실에 대해서는 입을 다무는 것이 더 낫지 않은가?"

이런 우려섞인 말에는 지상명령을 주신 분께서 친히 "나를 보내신 아버지께서 친히 이끌지 아니하면 아무라도 내게 올 수 없으니" 하고 말씀하셨다는 것으로도 충분한 대답이 될 것이다.

그러나 나는 달리 대답하고 싶다. 그 교리는 전도에 방해가 되는 것이 아니라 실제로는 복음 전파에 가장 큰 동기가 된다. 만약 죄인 스스로는 **자연적으로** 하나님을 찾지 않는 것이 사실이라면, 하나님께서 보내신 다른 사람들이 그에게 복음을 전달하지 않을 경우 그가 어떻게 하나님을 찾을 수 있겠는가. "그러나 그럴 때라도 그 사람은 반응할 수 없다" 하고 반대자는 말한다. 사실이다. 자기 힘으로는 불가능하다. 그러나 하나님께서 사람을 불러 믿게 하시는 것은 복음을 전하고 가르치는 일을 통해서 이루어지며, 누구든 하나님의 명령에 순종하여 길잃은 자에게 복음을 전하는 사람은 하나님께서 이런 방법으로 일하신다는 사실을 앎으로써 용기를 얻을 수 있다. 더 나아가 전도자는 죄인을 위해 기도하게 될 것이다. 왜냐하면 하나님의 사역만이 – 인간의 웅변이나 매력이 아닌 – 그를 구원할 수 있기 때문이다.

"그러나 하나님께서 죄인 속에 거듭남의 역사를 일으키시기 전까지는 그가 반응할 수 없다고 말해서는 안 되지 않겠는가?" 하고 회의론자는 주장한다. 그러나 그것이 바로 죄인이 알아야 할 사실이다. 죄인들이 자기들의 상태가 얼마나 절망적인지, 하나님의 은혜가 얼마나 필요한지를 알려면 그 사실을 반드시 이해해야 하기 때문이다. 사람이 아주 조금이라도 자신의 영적 능력에 믿음을 갖는다면, 자기 상태를 진지하게 걱정하지 않게 된다. 다급하다는 생각이 들지 않는다. "인생이란 긴 거야. 나중에 믿을 때가 있겠지" 하고 말하게 된다. 평생 하고 싶은 것을 실컷 한 다음 임종 때 가서 믿음을 가질 수 있다는 듯이 말이다. 적어도 그 일을 운명에 맡기려고 한다.

그러나 바울이 말한 대로 만약 우리가 진정 죄 안에서 죽어 있다면, 그리고 만약 그것이 우리의 모든 심리적 영적 요소들 뿐만 아니라 우리의 의지까지도 포함한다면, 우리는 거의 절망적인 상태에 있는 셈이다. 하나님의 초자연적이고 전혀 값없는 사역이 없다면 상황은 절망적이다.

하나님께서는 우리가 바로 그 사실을 깨닫기를 바라신다! 하나님께서는 우리가 손톱만큼이라도 구원에 기여했다고 자랑하도록 그대로 놔두지 않으실 것이다. 헛된 가능성들을 모두 포기해야만 비로서 하나님께서는 그리스도를 통한 구원의 길을 보이시며, 우리를 그분께로 인도하신다.[3]

● 각주 ●

1. Martin Luther, *The Bondage of the Will,* trans. J.I. Packer and O.R. Johnston (Westwood, N.J. : Fleming H. Revell, 1957), p. 319.

2. Jonathan Edwards, "A Careful and Strict Inquiry into the Prevailing Notions of the Freedom of the Will," *The Works of Jonathan Edwards,* vol. 1, revised by Edwards Hickman with a memoir by Sereno E. Dwight (Edinburgh : Banner of Truth Trust, 1976), pp. 3-93.

3. 이 장의 많은 부분은 다음 저서의 내용을 변형해서 인용한 것이다 : James Montgomery Boice, *Foundations of the Christian Faith* (Downer Grove, Ill. : InterVarsity Press, 1986, pp. 208-216.

36

선을 행하는 자는 없나니

로마서 3 : 12

다 치우쳐 한가지로 무익하게 되고 선을 행하는 자는 없나니 하나도 없도다.

나는 하나님께서 왜 같은 말을 반복해서 하는 수고를 하시는지 모르겠다. 마치 철없는 아이를 바로잡아 주려는 부모처럼 말이다. "얘야, 진흙탕에서 어서 나오너라. 얘야, 나무에 올라가지 마. 떨어지면 어떡해. 얘야, 누나한테 그렇게 말하면 못써." 그러나 하나님께서는 우리에게 자꾸자꾸 말씀하신다. 그렇게 하시는 게 얼마나 좋은 일인가. 우리에게는 그렇게 하시는 것이 필요하기 때문이다. 그러나 사람들 대부분은 그런 말씀조차 듣기를 괴로워한다.

내가 알기로는 성경에서 인류의 죄악된 본성을 요약하는 말씀들처럼 자주 또는 강력하게 반복되는 내용은 없다. 이를테면 로마서 3 : 10-12, 특히 12절처럼 말이다. 시편 저자가 질문을 던지는 시편 14 : 2과 시편 53 : 2은 로마서 3장 10절과 11절에서 사도가 대답하는 내용의 토대를 이룬다. 12절은 축어적인 인용이다(칠십인역에서). 시편 14 : 3은 "다 치우쳤으며 함께 더러운 자가 되고 선을 행하는 자가 없으니 하나도 없도다" 하고 말한다. 시편 53 : 3은 그 비판을 거의 똑같이 반복한다. "각기 물러가 함께 더러운 자가 되고 선을 행하는 자 없으니 하나도 없도다." 이제 로마서 3 : 12에서는 그 단어들이 우리를 위해 한 번 더 기록된다. "다 치우쳐 한가지로 무익하게 되고 선을 행하는 자는 없나니 하나도 없도다."

이제야 여러분은 메시지를 좀 이해할 수 있겠다는 생각이 들 것이다. 만약 하나님께서 어떤 것을 한 번 말씀하신다면 우리는 그 말씀을 아주 주의 깊게 들어야 한다. 만약 같은 것을 두 번 말씀하신다면, 아주 긴장하고 주의를 집중시킨 상태에서 그 말씀을 들어야 한다. 세 번 반복하신다면 어떻게 해야 할까? 그러면 다른 일은 다 제쳐두고 정신을 집중해서 단어 하나하나를 생각하고 내용을 암기하고, 그 말씀의 의미를 집중해서 생각하며, 계시의 진리를 우리의 생활 전반에 적용하려고 노력해야 한다.

비교적 유순한 견해

그럼에도 우리는 그렇게 하지 않으며, 그 이유는 하나님의 계시가 우리가 다루기에는 너무 진지하고, 너무 투철하고, 너무 강렬하기 때문이다. 심지어 그리스도인들조차도 하나님께서 하시는 말씀은 유순하게 인정하면서도 다소 불손한 말투로 그것을 배척한다.

한 어린이가 주일학교에서 죄에 관한 공과를 배우고 있던 것을 기억한다. 여선생님은 칠판 왼편에다 수직으로 서 있는 자를 그리면서 공부를 시작했다. 그 자에는 "하나님의 자"라는 글귀를 써놓았고, 그 옆에는 마태복음 5 : 48을 써 놓았다. "그러므로 하늘에 계신 너희 아버지의 온전하심과 같이 너희도 온전하라." 자 윗부분에는 가로선을 그었다. 이것은 표준이었다. 그런 다음 "이 표준에 도달한 사람이 있을까요?" 하고 물었다.

몇 가지 힌트를 받은 뒤 한 어린이가 "예, 주 예수 그리스도께서 그 표준에 도달하셨습니다" 하고 대답했다.

"그렇지요" 하고 선생님은 말했다. 그리고는 자와 평행되게 칠판 밑에서 꼭대기까지 선을 그었다. 그것은 완전을 상징했다. 이 선에 "예수 그리스도"라는 글귀를 써놓았다.

"이 표준에 도달한 사람이 있을까요?" 선생님은 연이어 물었다. 어린이들은 선생님이 지적해 준 대로 비록 어떤 사람들은 다른 사람들보다 더 훌륭하게 살긴 했으나 아무도 그 표준에 도달하지는 못했다고 대답했다. 선생님은 어떤 사람들이 다른 사람들보다 훌륭하게 살긴 했으나 완전에 도달한 사람은 아무도 없다는 사실을 좀더 잘 가르치기 위해서 수직선을 여러 개 그렸다.

모두 "완전"이라는 표준에는 미치지 못하는 것들이었다. 아주 훌륭한 사람들을 가리키는 수직선에는 "98퍼센트"라고 표기했고, 평범한 사람들을 가리키는 수직선들에는 "90퍼센트", "80퍼센트"라고 표기했으며, 아주 악한 사람들을 가리키는 수직선에는 "40퍼센트"라고 표기했다. 그런 다음 로마서 3 : 23을 펴면서, 어떤 사람들은 다른 사람들에 비해 훌륭하지만, 하나님께서 보시기에는 아무런 차이가 없다고 했다. 왜냐하면 모든 사람이 죄를 범하여서 하나님의 영광에 이르지 못했기 때문이라고 했다.

그 공부 시간을 되돌아보면 그게 아주 가치있는 것들, 특히 어떤 사람들은 우리들의 기준으로 볼 때는 아주 훌륭하지만 그럼에도 모든 사람들이 하나님을 기쁘시게 해드리는 데 실패했고 따라서 구주를 필요로 한다는 점을 가르쳤다는 생각이 든다. 이 점을 가르치는 데는 효과적인 도구였다.

그러나 공과의 기초가 된 예화에는 한 가지 커다란 약점이 있었다. "98퍼센트"짜리 사람들, "90퍼센트"짜리 사람들, "80퍼센트"짜리 사람들, 그리고 "40퍼센트짜리 사람들"을 상징하는 선들을 예수 그리스도를 대표하는 선과 나란히 그려놓은 그림은 인간의 선(善)이 하나님의 선과 동질이며, 모든 사람에게 필요한 것은 "100퍼센트"를 채우는 데 필요한 약간의 부가적인 선 – 인간의 노력과 공로에 덧붙는 – 임을 불가피하게 암시하다. 이런 오류는 배척해야 한다.

그것이 시편 14 : 3, 시편 53 : 3, 로마서 3 : 12이 우리에게 가르치는 교훈인가? 결코 아니다. 도표로 이 구절들의 교훈을 가르치려면 도표에서 인간들을 상징하는 선들을 모조리 지워버리거나, 아니면 신적 완전을 향한 수직선으로 그리지 말고 오히려 아래쪽으로 그려서 하나님과 그분의 의를 배척하는 각기 다양한 정도들을 표시해야 할 것이다. 하나님께서는 단지 사람들이 자신의 표준에 이르지 못했다고만 말씀하지 않으신다. 물론 그것도 사실이고 죄의 본질을 나타내는 한 가지 방법이긴 하지만 말이다. 오히려 하나님께서는 우리 모두가 "치우쳤다"고 말씀하신다. 모두가 "무익하게 되고 선을 행하는 자는 없나니 하나도 없도다" 하고 말씀하신다.

우리는 다 양 같아서…

나는 앞에서 하나님께서 어떤 것을 한 번 이상 말씀하실 때 우리는 신경을 곤두세워서 단어 하나하나를 기억하고 숙고해야 한다고 말했다. 이제 로마서 3 : 12을 택하여 그런 일을 하려고 한다. 처음 볼 구절은 "다 치우쳐서"이다.

이 구절은 헬라어에서는 두 단어로만 되어 있다. 먼저는 "다"(모두)라는 뜻의 **판테스**(pantes)이고, 다음은 바른길에서 "벗어나다" "방황하다" 또는 "떠나다"라는 뜻의 동사 과거형 **엑세클리난**(exeklinan)이다. 그 "바른길"은 로마서 첫장에 개략되어 있는 것으로서, 하나님의 영원하신 능력과 신성을 인정하고, 그분을 영화롭게 하고, 감사하고, 경배하고, 섬기는 것이다(1 : 21, 25). 그러나 인간은 바로 이 바른길에서 벗어났다. 하나님을 찾고 감사한 마음으로 예배하기는커녕 그분께 관한 진리를 막고 자기 길을 가면서 거짓 신들을 만들어 참되신 하나님의 자리에 두었고, 그 결과 지성과 윤리가 점차 타락해 갔다.

이 기소는 모든 인간을 포함한다. 서두에는 "다"라는 강한 단어를 사용하여 긍정적인 방법으로 포괄성을 강조한다. 말미에는 **하나도 없도다**라는 단어들로 그 점을 부정적인 방법으로 표현한다. 주석가 존 머리(John Murray)는 이렇게 쓴다. "선행의 범주에는 포함되는 사람이 하나도 없는 반면에, 악행의 범주에는 제외되는 사람이 하나도 없다."[1]

그러나 바울의 말은 사람들이 바른길에서 벗어난 일을 진술하는 로마서 1장만을 주목하게 하지 않는다. 죄인들을 길잃은 양들과 비교한 이사야서의 유명한 구절을 생각나게도 한다. "우리는 다 양 같아서 그릇 행하여 각기 제 길로 갔거늘…"(사 53 : 6). 바로 이게 문제다. 우리는 하나님의 길을 가지 않았을 뿐만 아니라, 다른 사람들의 발자국이 난 길조차도 가지 않았다. 각기 제 길로 갔다. 각 사람이 다른 모든 사람들과 등을 돌리고 있으며, 다른 사람들을 무시하거나 해치면서까지 자기 자신의 안녕을 추구하고 있다.

나는 이 점에 대해서는 스위스의 위대한 신학자 칼 바르트(Karl Barth)가 자신의 유명한 로마서 주석에서 써놓은 글들을 좋아한다. 이 글들은 바울이 인류를 정죄하는 말이 단지 성경 계시의 문제일 뿐만 아니라 역사에 대한 심판이기도 하다는 점을 암시하기 때문이다. "역사 전체는 자신에 대해서 이런 기소를 공포한다. 그런데 이 점을 계속해서 간과한다면 사람이 어떻게 '역사 정신'을 갖고 있다고 할 수 있겠는가?" 이렇게 운을 뗀 바르트는 다음과 같이 말을 이어간다.

> 만약 진지하게 고려할 만한 판단들을 한 역사상 위대한 인물들에게 의견을 묻는다
> 면, 만약 모든 선지자들, 시편 저자들, 철학자들, 교부들, 종교개혁자들, 시인들, 예
> 술가들에게 의견을 묻는다면, 한 사람이라도 사람들이 선하다거나 선을 행할 능력
> 이 있다고 대답할까? 원죄 교리는 단지 많은 교리들 가운데 하나일 뿐일까? 그 근
> 본적인 뜻에 따르면 오히려 역사를 가장 솔직하게 연구한 데서 나온 교리가 아닐
> 까? 궁극적으로는 역사의 모든 교훈을 강조하는 교리가 아닐까? 우리가 성경, 아우
> 구스티누스, 그리고 종교개혁자들과 "다른 관점"을 채택하는 것이 가능한 일일까?
> 그렇다면 역사는 사람들이 행하거나 행하지 않는 것들에 관해서 무엇을 가르칠까?
> 역사는 적어도 몇몇 사람들은 하나님과 같다고 가르치는가? 그렇지 않다 – 의인은
> 없나니 하나도 없으며.
> 역사는 사람들이 사물의 본질에 관하여 깊은 지각을 갖고 있다고 가르치는가? 아니
> 면 그들이 생명의 진수를 경험했다고 가르치는가? 그렇지 않다 – 깨닫는 자도 없고.
> 역사는 잠잠히 경건을 유지하거나 열정적으로 하나님을 찾는 감동적인 예를 보여
> 주는가? 이를 테면 위대한 진리의 증인들이 "기도"의 탁월한 예를 보여 주는가? 그
> 렇지 않다 – 하나님을 찾는 자도 없고.
> 역사는 이런 저런 개인과 그의 행위들을 자연스럽고, 건강하고, 순전하고, 근원적
> 이고, 정신이 올바르고, 이상적이고, 인격과 애정과 매력과 지성과 힘과 순진함을
> 소유하고, 훌륭한 가치를 가지고 있다고 묘사할 수 있는가? 그렇지 않다 – 다 치우
> 쳐 한가지로 무익하게 되고 선을 행하는 자는 없나니 하나도 없도다.[2]

주석가 로버트 홀데인(Robert Haldane)은 이렇게 말한다 : "선지자는 여기서 죄의 본질
이 무엇인지 (그리고)… 그 결과들이 무엇인지를 가르친다. 길잃은 사람의 마음이 편할 수
도 차분할 수도 없는 것과 마찬가지로 죄인들도 그러하다. 방랑자가 안내자의 도움 없이 바
른 길을 찾을 수 없는 것과 마찬가지로, 죄인도 만약 성령께서 도와주시지 않으면 자신을
회복할 수 없다."[3]

부패하고 무익하게 됨

　로마서 3 : 12의 두 번째 구절도 두 개의 헬라어로만 구성되어 있으며, 주는 충격도 비슷하다. 첫째 단어는 하마(hama)로서 "함께"라는 뜻이다. 첫번째 구절에서 "다"와 동일하다. 두 번째 단어는 에크레오테산(echreothesan)으로서, "무익한" 또는 "부패한"이란 뜻의 동사의 과거형이다. 내가 "무익한" 또는 "부패한"이라고 말하는 이유는 헬라어(바울이 사용하고 있는 언어)에서 그 단어와 히브리어(시편 14편과 53편에 그 단어가 나오는 언어)에서 그 단어가 각각 이 두 가지가 밀접하게 연관된 뜻을 갖고 있기 때문이다. 이 단어들은 예수께서 자기를 따르는 자들에게 "너희는 세상의 소금이니"라고 하시고서 "소금이 만일 그 맛을 잃으면 무엇으로 짜게 하리요. 후에는 아무 쓸데 없어 다만 밖에 버리워 사람에게 밟힐 뿐이니라"(마 5 : 13)고 하셨을 때 의도하신 바를 말한다.

　무엇이 부패하거나 쓸모없게 되면 여러분은 어떻게 하는가? 그것을 버리고 새로 시작한다. 르네상스 시대의 위대한 화가 미켈란젤로(Michelangelo)의 생애를 그린 **"고뇌와 환희"**(The Agony and the Ecstasy)라는 영화 가운데 이 점을 말하는 한 장면이 생각난다. 미켈란젤로는 시스티나 예배당에 맨 처음 그린 그림이 마음에 들지 않았다. 그는 시골 술집에 들어가 그 문제를 곰곰히 생각했다. 술집 지배인은 통에서 막 부어온 포도주를 갖다 주었으나, 포도주 맛이 시었다.

　"지배인, 포도주가 왜 이리 신가?" 미켈란젤로가 소리쳤다.

　지배인은 탁자로 와서 포도주 맛을 보고는 그것을 쏟아버렸다. 심각한 표정으로 나간 지배인은 포도주 통이 있는 데로 가더니 나무 망치로 뚜껑을 내리치고는 그 많은 포도주를 길거리에 쏟아부었다. "포도주가 시면 쏟아버리시오" 하고 지배인은 응수했다.

　미켈란젤로는 그의 행동을 곰곰히 생각하다가 마음에 들지 않은 처음 그림에 이 원칙을 적용하였다. 시스티나 예배당으로 돌아간 그는 그려져 있던 프레스코 작품들(젖은 회벽에 그림물감으로 그린 작품들)을 다 벗겨내고서 다시 그리기 시작했다.

　"무익하다!" "부패했다!" 우리는 이런 단어들이 우리들에게 적용되는 것을 좋아하지 않는다. 그러나 그 단어들이 하나님께서 내리신 평가이다. 그것을 받아들이지 않으면 안 된다. 그러나 그것을 받아들일 때, 하나님께서 단지 우리를 포도주처럼 쏟아부어 행인들에게 밝히게 하지 않으신다는 사실을 알 수 있다. 오히려 하나님께서는 미켈란젤로처럼 다시 시작하시며, 새로운 예술 작품을 만들어 내신다. 우리를 예수 그리스도처럼 전혀 새로운 피조물로 만드시기 위해서 새로 시작하신다.

선을 행하는 자는 없나니

12절의 마지막 구절은 표현이 가장 직설적이다. 표현이 너무 정확하고 직설적이어서 바울이 무슨 말을 하고 있는지 놓칠 수가 없다. "선을 행하는 자는 없나니 하나도 없도다." 아무도 선을 행하지 않는다 - **하나도 없도다!**

12절을 읽을 때마다 구약 성서 창세기가 떠오른다. 거기에는 사람이 스스로의 노력으로는 하나님을 기쁘시게 해드릴 수 없다는 비슷한 말씀이 나온다 : "여호와께서 사람의 죄악이 세상에 관영함과 그 마음의 생각의 모든 계획이 항상 악할 뿐임을 보시고"(창 6 : 5). 이 절은 사람이 하나님의 평가에 따른 선을 행하지 않는다고 말할 뿐만 아니라, 정반대의 일을 한다고 말한다. 악을 행하되 꾸준히 행한다고 한다. 나는 「창세기 주석」(Genesis : An Expositional Commentary)에서 이 본문을 자세히 강해할 때 다음 사실을 지적한 바 있다. 즉, 창세기 6 : 5은 죄가 내면적이고("생각들"과 "마음"의 성향들에서 우러나오고), 널리 퍼지고(우리의 "모든 성향"에 영향을 주어 우리 행위가 "악하게만" 되게 하고), **지속적이라**(즉, "항상" 작용한다)고 가르친다.[4]

이 진술들이 적어도 바울과 모세(창세기를 쓴)의 견해를 정확하게 표현한다는 의미에서 사실로 인정하면서도, 가혹하고 침울한 생각들로 간주하고서 무시해 버리는 사람이 있을 것이다. 바울은 바리새인이었다. 바리새인들은 모든 사람들을 하찮게 생각하지 않았던가? 모세는 어떠했는가? 그는 위대한 입법가였으며, 따라서 비관주의적인 성향을 갖고 있었을 것이다. 예수님은 어떠하셨는가? 무엇을 생각하셨는가? 친절하시고, 사랑이 많으시고, 자비로우신 예수님은 그들보다 더욱 용기를 북돋워주는 시각을 가지지 않으셨을까?

여기서 필라델피아 개혁신학대회에서 고든콘웰신학교의 로저 니콜(Roger R. Nicole) 교수가 한 강연의 일부가 생각난다. "예수님의 교훈에서 은혜에 관한 가르침들"이란 제목이 붙은 이 강연은 인간의 악에 대한 그리스도의 견해를 강조하였다. 니콜은 이렇게 썼다.

인류에게 큰 관심과 자비와 사랑을 보이신 우리 주 예수 그리스도는 인간의 상태를 매우 생생하게 묘사하셨다. 인간의 죄가 얼마나 무거운지를 말씀하실 때는 조심스럽지 않으셨다. 인간을 가리켜 맛을 잃어버린 소금이라고 하셨다(마 5 : 13). 인간을 가리켜 나쁜 열매를 맺을 수밖에 없는 못된 나무라고 하셨다(마 7 : 7). 인간을 가리켜 악하다고 하셨다. "너희가 악할지라도 좋은 것을 자식에게 줄 줄 알거든…"(눅 11 : 13). 한 번은 하늘을 향해 눈을 드시면서 "악하고 음란한 세대"(마 12 : 39) 또는 "이 악한 세대"(45절)에 관해 말씀하셨다. 무엇이 정말로 더럽고 무엇이 정말로 깨끗한지를 다룬 위대한 본문에서는 사람의 마음에서 살인, 음란, 악한 생각 따위가 나온다고 하셔서 듣는 사람들을 깜짝 놀라게 하셨다(막 7 : 21-23). 모세가 사람들에게 특별히 허용하는 계명들을 준 것은 그들의 마음이 완악했기 때문이었다고 하셨다(마 19 : 8). 부자 청년 관원이 찾아와서 "선한 선생님이여" 하면서 말했을 때 예수님은 "하나님 한 분 외에는 선한 이가 없느니라"고 하셨다(막 10 : 18). 예수님은 사람들, 심지어 그 민족의 지도자들을 포도원의 악한 종들에 비유하셨다(마 21 : 33-41). 가장 선한 사람들로 평가를 받고, 윤리와 신분상 상류계층에 속했던 서기관들과 바리새인들을 향해서 정죄의 말씀으로 호되게 꾸짖으셨다(마 23 : 2-39).

주 예수님은 요한복음 3 : 6에서 인간의 부패에 관해 근본적인 말씀을 하셨다. "육으로 난 것은 육이요 성령으로 난 것은 영이니." 사람에게서 은혜에 반응할 뜻이 없음을 보셨다. "너희가… 내게 오기를 원하지 아니하는도다"(요 5 : 40), "하나님을 사랑하는 것이 너희 속에 없음을 알았노라"(42절), "… 너희가 (나를) 영접지 아니하나…"(43절), "… (너희가) 믿지 아니하거든…"(47절). 이런 말씀들은 요한복음에 자주 나온다. "… 이는 내가 세상의 역사를 악하다 증거함이라"(요 7 : 7); "… 너희 중에 율법을 지키는 자가 없도다…"(19절). "… 너희가… 죄 가운데서 죽겠고…"(요 8 : 21). "너희는 아래서 났고…"(23절); "너희는 너희 아비 마귀에게서 났으니… 저는 처음부터 살인한 자요…"(38, 44절); "… 너희가… 하나님께 속하지 아니하였음이로다"(47절); "너희가 내 양이 아니므로…"(요 10 : 26); "나를 미워하는 자는 또 내 아버지를 미워하느니라…"(요 15 : 23-25). 이것이 우리 주께서 유대인들의 지도자들에게 말씀하신 방법이다. 그들에게는 하나님을 기쁘시게 해드릴 능력이 없음을 명백히 드러내셨다.

주님은 다른 방법을 사용하셔서 사람이 눈 먼 것, 즉 하나님을 알고 이해할 수 있는 능력이 철저히 없는 것을 드러내셨다. 우리는 여기서 다시 아들께서 아버지를 계시해 주시는 사람 이외에는 아버지를 아는 사람이 아무도 없음(마 11 : 27)을 드러내는 구절들의 군(群)을 보게 된다. 예수님은 사람들을 소경을 인도하는 소경으로 비유하셨다(마 15 : 14). 다름아닌 예루살렘이 하나님의 뜻을 알지도 이해하지도 못하고서 구원에 관한 일들을 경시한다고 말씀하셨다(눅 19 : 42). 요한복음은 믿는 자가 하나님의 아들을 믿었기 때문에 이미 심판에서 옮겨졌다고 하신 예수님의 말씀을 기록한다(요 3 : 18). "그 정죄는 이것이니 곧 빛이 세상에 왔으되 사람들이 자기 행위가 악하므로 빛보다 어두움을 더 사랑한 것이니라"(19절). 예수님은 은혜를 받은 사람만이 어두움에서 다니지 않고 생명의 빛을 지닐 수 있다고 하셨다(요 8 : 12). 주 예수님은 사람이 비참한 상태에서 건짐을 받으려면 하나님의 권능의 역사로 구원을 받아야 함을 강조하셨다(요 3 : 3, 5, 7-16). 주기도문에서까지도 주님은 "… 우리 죄를 사하여 주옵시고" 하고 기도하라고 가르치신다(마 6 : 12). 이것이 우리가 거듭해서 드려야 할 기도이다. 예수님은 "… 병든 자에게라야 (의원이) 쓸 데 있느니라"고 하셨다(마 9 : 12). 우리는 와서 우리를 구해줄 의사를 필요로 하는 병자들이다. 예수님은 우리가 수고하고 무거운 짐 진 자들이라고 하셨다(마 11 : 28).

주께서 가장 기쁘게 받으셨던 사람들은, 이런 곤궁을 느끼고 따라서 그분께 갈 때 이만하면 됐다 하는 느낌을 가지고 가지 않았던 사람들이었다. 예수님이 받으신 사람들은 자신이 무가치한 존재라는 느낌에 마음이 상한 채 찾아온 사람들이었다.[5]

이러한 예수님의 가르침들을 되돌아 본 뒤에 바울이 로마서에서 한 말들과 비교해 보면 바울의 말들이 얼마나 유순한지를 알 수 있다.

죄보다 더 큰 은혜

그러나 그 말들은 물론 유순한 것이 아니다. 이 장을 시작하면서 말했듯이 아주 신랄한 말들이다. 왜 그러한가? 하나님께서는 왜 이런 표현들로 우리에게 말씀하시는가? 대답은 자명하다. 우리로 하여금 우리의 진정한 상태를 보고, 더 이상 변명하거나 심판에 대한 생각을 외면하지 말고, 그대신 하나님의 은혜를 바라보도록 하기 위함이다. 은혜! 그것이 우리에게 필요한 것이다.

> 은혜, 은혜, 하나님의 은혜,
>
> 용서하고 마음을 씻어줄 은혜;
>
> 은혜, 은혜, 하나님의 은혜,
>
> 우리의 모든 죄보다 더 큰 은혜.

우리는 예수 그리스도 안에서 이 은혜를 가지고 있다. 오직 그분만이 우리를 부패에서 구원하실 수 있다 .

● 각주 ●

1. John Murray, *The Epistle to the Romans* (Grand Rapids : Wm. B. Erdmans, 1968), p. 104.

2. Karl Barth, *The Epistle to the Romans* trans. from the sixth edition by Edwyn C. Hoskyns (London : Oxford University Press, 1933), pp. 85, 86.

3. Robert Haldane, *An Exposition of the Epistle to the Romans* (MacDill AFB : MacDonald Publishing, 1958), 119.

4. James Montgomery Boice, *Genesis : An Expositional Commentary*, vol. 1, *Genesis 1 : 1-11 : 32* (Grand Rapids : Zondervan, 1982), pp. 250-254.

5. Roger R. Nicole, "The Doctrines of Grace in Jesus' Teaching" in *Our Sovereign God : Addresses Presented to the Philadelphia Conference on Reformed Theology 1974-1976*, James M. Boice, editor (Grand Rapids : Baker Book House, 1977), pp. 38-41.

37

파멸에 처해 있는 인류
로마서 3 : 13-18

저희 목구멍은 열린 무덤이요
　그 혀로는 속임을 베풀며
그 입술에는 독사의 독이 있고
　그 입에는 저주와 악독이 가득하고
그 발은 피 흘리는데 빠른지라
　파멸과 고생이 그 길에 있어
평강의 길을 알지 못하였고
　저희 눈 앞에 하나님을 두려워함이 없느니라.

우리는 로마서 1장 마지막 절들에 인류가 매우 비관적으로 묘사된 것을 읽었다. 그 부분에서는 인류의 상태가 이렇게 묘사되었다 : "모든 불의, 추악, 탐욕, 악의가 가득한 자요 시기, 살인, 분쟁, 사기, 악독이 가득한 자요 수군수군하는 자요 비방하는 자요 하나님의 미워하시는 자요 능욕하는 자요 교만한 자요 자랑하는 자요 악을 도모하는 자요 부모를 거역하는 자요 우매한 자요 배약하는 자요 무정한 자요 무자비한 자라"(29-31절). 악들을 그만큼 열거했으니 이제 더 이상 열거할 필요가 없다고 생각할는지 모른다. 그럼에도 바울은 은혜의 복음이 절실히 필요한 인류의 상태를 이렇게 명확하고 포괄적으로 지적하는 로마서의 이 첫 주요부를 마치면서 다시 그 악들을 열거할 필요를 느끼는 듯하다.

> 저희 목구멍은 열린 무덤이요
> 그 혀로는 속임을 베풀며
> 그 입술에는 독사의 독이 있고
> 그 입에는 저주와 악독이 가득하고
> 그 발은 피 흘리는데 빠른지라.
> 파멸과 고생이 그 길에 있어
> 평강의 길을 알지 못하였고
> 저희 눈 앞에 하나님을 두려워함이 없느니라.
>
> 로마서 3 : 13-18

이 단락과 로마서 1장의 단락 간의 차이는 이 문장들이 구약 성서의 인용문인데 반해서 앞 단락은 사도 자신의 용어로 이루어졌다는 데 있다. 달리 말해서, 로마서 1장의 구절들은 바울이 본 세상에 대한 묘사이다. 물론 그 역시 사도로서 성령의 감동을 받아 글을 쓰고 있지만 말이다. 로마서 3장의 구절들은 하나님께서 인류의 부패상을 좀더 구체적이고도 분명하게 묘사하신 내용이다.

악인들에게서 나오는 악한 말

13절과 14절은 시편 5 : 9, 시편 140 : 3, 시편 10 : 7 등 구약 성서 세 곳에서 인용한 구절들로 이루어져 있다. 물론 구약 성서에는 그외에도 비슷한 구절들이 있긴 하지만 말이다. 이 구절들에서 현저한 것은 모두 언어에 관련된 신체 기관들, 즉 목구멍, 혀, 입술, 입을 언급한다는 점이다. 앞 절들에서는 사람들이 하나님께로부터 돌아섬으로써 어떻게 스스로에게 해를 끼쳤는지를 보았다. 여기서는 하나님께서 주신 언어 기관들을 가지고 어떻게 다른 사람들에게도 해를 끼치는지를 배운다.

이 구절들을 읽을 때 제일 먼저 무슨 생각이 떠오르는가? 여러분이 나와 같다면, **저주와**

악독이란 단어들을 보면 무엇보다도 먼저 다른 사람에게 상처를 주려고 내뱉는 거친 말이 생각날 것이다. 아마 여러분은 어린 시절에 다른 아이들에게 심한 말을 들었을 때 부모나 친척에게 이런 말을 들었을 것이다 : "작대기나 돌은 뼈를 부러뜨릴 수 있어도, 말은 상처를 입히지 않는다."

불행하게도 이 말은 사실이 아니다. 여러분도 이 말을 생각해 보았다면 그것을 잘 알 것이다. 어려운 순간을 극복하라고 북돋워 주는 말이지만, 말이 상처를 입히지 않는다는 말은 사실이 아니다. 말은 상처를 입힌다. 입혀도 아주 깊게 입힌다. 사실상 영원히 상처를 입히는 경우도 종종 있다. 어린 시절을 돌아보면 몸이 다쳐 고생한 때를 기억할 수 있다. 쇄골이 부러지고, 치아 두 개가 부러지고, 왼쪽 다리 연골이 찢어졌으며, 부딪히고 받히고 찢기를 숱하게 했다. 그러나 그런 여러 사고들은 기억나도 그 때의 고통은 조금도 생각나지 않는다. 그렇지만 말로부터 받은 고통은 기억이 난다. 다른 사람들이 내뱉은 거친 말들이 기억나며, 그 말들을 생각하면 아직도 마음이 아프다. 작대기와 돌은 뼈를 상하게 한다. 그 상처는 잠시 있다가 사라진다. 그러나 말은 항구적인 상처를 입힌다.

하지만 나는 바울이 여기서 말하는 내용은 더 깊은 것을 다룬다고 생각한다. 실제로 그런 것이 분명하다. 왜냐하면 불신자들의 해로운 말들의 결과로 묘사하는 단어들은 모두 심리적인 상처와 관계 있는 것이 아니라 죽음과 관계가 있기 때문이다.

마르틴 루터는 이 구절에 관한 한 내가 공부한 여느 주석가보다 더욱 예리한 글을 써 놓았다. 그는 독특한 통찰력과 명민함으로 이런 악한 말들을 누가 우리에게 말할 수 있는 악한 말들과 관련짓지 않고, 영혼을 죽일 수 있는 거짓 교훈들이나 이단설과 관련짓는다. 루터(Luther)는 거짓말을 가르치는 사람들이 다음 세 가지 일을 한다고 주장한다 :

1. **그들은 죽은 자들을 삼켜 버린다.** 이것은 그들이 영적으로 이미 죽은 사람들을 삼켜 버린다는 뜻이다. 루터는 다음과 같이 생생하게 쓴다. "그들의 교훈은… 신앙에서 불신앙으로 가버린, 죽은 자들을 삼키며, 주님께서 죽은 지 나흘이 지난 나사로에게 보이셨던 놀라운 하나님의 권능으로 지옥의 문 앞에서 돌아서기 전에는 이 불신앙으로 인한 죽음에서 돌아올 가망이 없는 상태로 그들을 삼켜 버린다. 더 나아가 그들이 많은 사람들을 삼키고 유혹하기 때문에 무덤은 열려 있다." 루터는 시편 14 : 4를 인용한 다음("죄악을 행하는 자는

다 무지하뇨. 저희가 떡 먹듯이 내 백성을 먹으면서…”), 다음과 같은 말을 이어간다 : “즉, 밥은 다른 음식들보다 훨씬 더 자주 먹어도 질리지 않듯이, 그들은 죽은 자들을 먹기를 그치지 않으며, 그들의 제자들은 만족을 모른다.” 루터는 이렇게 결론짓는다 : “이단설 또는 성실하지 못한 가르침은 물리적인 전염병과 마찬가지로 많은 사람들을 감염시키고 죽이는 전염병이나 질병이다.”[1]

물론 이것은 말을 가지고 먹고 사는 사람들, 심지어 사회에서 크게 존경받는 사람들이 벌이는 일이다. 한번은 조쉬 맥도웰(Josh D. McDowell)과 대화를 나눈 적이 있다. 그는 대학생선교회(Campus Crusade for Christ)를 위해서 각 대학을 다니며 강연 활동을 하고 있는 유명한 기독교 변증가이자, 「판결을 요구하는 증거」(Evidence That Demands a Verdict)와 「판결을 요구하는 더 많은 증거」(More Evidence That Demands a Verdict)라는 베스트셀러들의 저자이기도 하다. 맥도웰은 십대들에게 혼전 성경험을 거부하도록 권장하는 데 뜻을 둔 “왜 기다려야 할까?”(Why Wait?)라는 운동을 전국적으로 벌이고 있었다. 우리는 이 운동과 오늘날 청소년들이 받는 압박들에 관해서 대화를 나누었다. 그는 텔레비전을 지목하면서, 오늘날 보통 청소년이 19살이 되기 전에 텔레비전에서 9만 번 이상의 노골적인 성적 접촉 장면들을 보게 된다고 말했다. 텔레비전에서는 한 사람이 “사랑해요” 하고 말하면 반드시 두 사람이 침대에 들어가는 장면으로 이어진다. “사랑”이란 것이 온통 그런 것뿐이다. 더욱이 청소년은 그런 개방적인 성 행위로 누가 성병에 걸린 예를 볼 기회가 아마 없을 것이다. 또한 텔레비전도 문란한 성 생활이 가져다 주는 고통이나 심리적 손상을 보여 주지 않을 것이다. 서로 이런 이야기를 나누는 중에 맥도웰은 “텔레비전에서는 부도덕이 도덕이 되었다. 죄가 규범이다” 하고 말했다.

그러나 부도덕은 사람을 죽인다! 그것이 로마서 처음 세 장의 지적이고, 바울이 구체적으로 인용한 구약 성서 구절들의 주장이다. 여러분은 이 점을 볼 수 있는가? 만약 볼 수 있다면 오늘날 대중매체 - 텔레비전, 신문, 잡지, 영화, 컴퓨터 - 에 관해서 달리 생각할 필요가 있다. 우리는 때로 그것들이 전하는 메시지들이 무해한 오락이라고 생각하지만, 전혀 그렇지 않다. 그것들은 살인 기계이다. 청소년들과 수많은 사람들을 죽이고 있다. 방심하는 사람들을 삼키는 열린 무덤이다.

2. **그들은 거짓을 가르친다**. 루터가 거짓 교훈을 퍼뜨리는 사람들에게서 눈여겨 본 두 번째 사항은 그들이 거짓을 가르친다는 것으로서, 바울은 바로 그 점을 말한다. "… 그 혀로는 속임을 베풀며…"(13절).

루터는 치아와 구강으로 이루어진 입 – 본문은 구강을 가리킨다("그 입에는 저주와 악독이 가득하고") – 과 부드러운 혀의 차이를 식별한다. 그의 말을 들어보자 : "거짓을 가르치는 것은 그럴싸하지만 부패한 교훈을 마치 거룩하고 유익하며 하나님께로부터 온 것인양 가르쳐서, 사람들을 속여 그 교훈이 마치 하나님께로서 온 것인양 듣게 하고 하나님의 말씀을 듣고 있다고 믿게 하는 것이다. 그 메시지가 사람들에게 선하고, 신실하고, 경건하게 보이기 때문이다… 혀는 뼈가 없으므로 부드러우며, 부드럽게 핥는다. 그러므로 그들이 하는 모든 말은 듣는 사람들의 마음을 부드럽게 해서 자기들의 지혜, 자기들의 의, 자기들의 말이나 행위로 만족하게 한다. 이사야 30 : 10의 말씀과 같다 : "… 우리에게 정직한 것을 보이지 말라. 부드러운 말을 하라…"[2]

주변 세상에서 우리가 듣고 있는 말이 아닌가? 세상은 **다른 사람들**을 위협하는 경우를 제외하고는 대개 경고를 말하지 않는다. 반대로 모든 것이 괜찮다고 생각하도록 자위한다. 우리가 바라는 것을 할 수 있고, 욕구를 충족시킬 수 있고, 책임을 회피할 수 있고, 무엇보다도 어떤 것에 대해 진정한 참회를 하지 않아도 결국에는 모든 것이 잘 될 거라고 생각하도록 자위한다. 이것은 문자 그대로 저주받을 이단설이다. 많은 사람들을 지옥으로 끌고갈 거짓 교훈이다.

3. **그들은 그런 것들을 배운 사람들을 죽인다**. 루터는 세 번째 주장에서 거짓 교훈의 마지막 결과를 다루면서, 그것이 죽음으로 끌고가는 것임을 보인다. "이런 입에 발리고 번드르한 교훈은… 그것을 믿는 사람들을 살리지 않을 뿐 아니라 사실상 죽인다. 회복할 수 없게 만드는 식으로 그들을 죽인다."[3] 바울은 이미 로마서 2장에서 같은 말을 했다 : "오직 당을 지어 진리를 좇지 아니하고 불의를 좇는 사람에게는 노와 분으로 하시리라. 악을 행하는 각 사람의 영에게 환난과 곤고가 있으리니…"(8-9절). 나중에는 이 점을 더욱 분명하게 말한다 : "죄의 삯은 사망이요 하나님의 은사는 그리스도 예수 우리 주 안에 있는 영생이니라"(롬 6 : 23).

강포한 사람들에게서 나오는 강포한 행위들

이런 우울한 묘사가 단순한 말에, 더욱이 매혹적인 말(비록 속이는 말이더라도)에 한정된다고 생각하지 않는다. 13절의 속임과 독이 가득한 말은 14절에서 속기를 거절하는 사람들에 대한 "저주와 악독"으로 끌어 넘친다. 그리고 15-17절에서 거짓을 가르치는 사람들은 말에서 강포한 행동으로 옮겨간다. 이사야 59 : 7-8에서 인용한 이 구절들은 강포한 사람들의 세 가지 행위들을 묘사하되, 그중 마지막 결과를 먼저 말한다. 진행 순서로 보려면 세 가지를 거꾸로 볼 필요가 있다.

1. "평강의 길을 알지 못하였고"(17절). 하나님을 떠난 사람들의 상태를 가리키는 말씀이다. 그들은 개인적으로 평화를 알지 못한다 – "… 악인은 능히 안정치 못하고 그 물이 진흙과 더러운 것을 늘 솟쳐내는 요동하는 바다와 같으니라"(사 57 : 20). 그러나 이것은 그런 사람들이 남들에게 끼치는 영향들을 묘사하기도 한다. 자기들에게 평화가 없기 때문에 남들의 평화를 방해한다. 주석가 홀데인은 다음과 같이 올바로 말한다. "그 말씀은 인간의 사악함을 정확하게 표현한다. 인간의 사악함은 친족과 이웃 사이에서는 증오와 다툼과 미움으로, 민족들 사이에서는 혁명, 전쟁, 살인으로 세상을 가득 채운다. 인간들은 자기 야심, 복수심, 탐욕을 채우려고 동족들을 숱하게 죽인다. 그러나 아무리 사나운 짐승들도 굶주림을 채우려고 동족들을 그렇게 많이 죽이지는 않는다."[4]

하나님을 떠난 사람들은 세 가지 방법으로 평화를 모른 채 지낸다. 첫째, 하나님과 평화롭지 못하다. 오히려 하나님과 전쟁 상태에 있다. 둘째, 서로간에 평화롭지 못하다. 오히려 서로 저주하고 공격한다. 셋째, 그들 자신간에 평화롭지 못하다. 오히려 끊임없이 불안해하고 고뇌한다. 평화를 찾을 수 있는 유일한 길은 그리스도의 십자가로 가는 길 뿐이다. 하나님은 그곳에서 친히 사람들과 난 틈에 다리를 놓으셨고, 평화를 마련해 놓으셨다. 이곳에서 죄인들은 하나님과 자기들 서로와 평화를 찾는다. 그리고 함께 평화를 찾고 그로써 서로간에 평화롭게 살 수 있게 된 사람들과 사귐을 갖게 된다.

2. "파멸과 고생이 그 길에 있어"(16절). 이것도 악인들이 직접 겪는 일이다. 그들의 길은

고생과 파멸이다. 그러나 이것은 그들이 다른 사람들을 데리고 가는 길이기도 하다. 달리 말해서, 이 절은 단지 소극적인 뜻만이 아닌 적극적인 뜻을 가지고 있다. 본성이 변화하지 않은 사람들은 바울이 이미 앞에서 설명했듯이 본능적으로 서로를 파괴하고 멸하려고 노력한다.

3. "그 발은 피 흘리는 데 빠른지라"(15절). 이렇게 거슬러 올라가다가 이런 기만 행위들의 마지막에 이르게 되었다. 그 종국은 죽음이다. 단지 육체적인 죽음만이 아니라 – 그것만으로도 충분히 악한 것이지만 – 영과 혼이 지옥에서 죽음을 당하는 영적 죽음이다. 죽음은 분리를 뜻한다. 육체적 죽음은 영과 혼이 육체에서 분리되는 것이다. 영적 죽음은 영과 혼이 하나님께로부터 분리되는 것이다. 그 죽음은 영원하다.

하나님을 두려워함이 없음

파멸에 처한 인류를 훌륭히 요약한 이 단락의 마지막 절은 시편 36 : 1을 인용한 것이며, 결론으로서 적절하다. 왜 이렇게 강포하고 악한 행위들이 발생하게 되었는지를 말한다. "저희 눈 앞에 하나님을 두려워함이 없느니라."

이 문장에서 두려워하다(fear)라는 단어는 우리가 일상적으로 알고 있는 그런 의미가 아닌 줄을 여러분은 잘 알 것이다. 일상적으로는 "무서워하다" 또는 "겁에 질리다"라는 뜻이지만, 성경에서 두려워하다라는 단어가 하나님께 대해서 쓰일 때는 하나님 앞에서 갖는 바르고 존경하는 마음 자세를 가리킨다. 하나님을 경배하고, 순종하고, 악에서 떠나는 것과 관계가 있다. 잠언 9 : 10이 그런 뜻이다 : "여호와를 경외하는 것이 지혜의 근본이요 거룩하신 자를 아는 것이 명철이니라…" 하나님께 올바로 나아가면 다른 모든 일들은 다 제자리를 찾게 된다. 로마서 3 : 18이 인류가 이 일을 하지 않았다고 단언할 때, 그것은 바울이 이제까지 진술해온 바를 말하는 것이다. 사람들은 하나님을 알려지 않고 오히려 그분께 관한 진리를 막으려 하기 때문에, 정신이 어두워졌고 그들은 어리석은 자들이 되었다. 지혜롭다고 주장은 하지만, 우준하게 되어 썩어지지 아니하는 하나님의 영광을 썩어질 사람과 금수와 버러지 형상의 우상으로 바꾸었다(롬 1 : 22).

어떤 주석가는 이렇게 말한다 : "하나님을 두려워하는 마음이 없다는 것은 무신론에 선다는 것인데, 이 구절에서 그것을 지목하여 한 고소보다 더 총괄적이고 결정적인 것이란 없다."[5]

그러나 여기서 바울이 "눈"도 아울러 언급하는 흥미로운 사실을 발견한다. 눈은 바울이 이 구절들에서 고소를 좀더 생생하게 하기 위해서 신체의 부분들을 구체적으로 언급한 것들 가운데 여섯째에 해당한다. 앞에서는 목구멍, 혀, 입술, 입, 발을 언급했다.

눈은 보는 기관이므로 눈 앞에 하나님을 두려워함이 있다는 것은 하나님을 항상 생각하고 우리와 관련된 모든 것에 중심 자리에 모신다는 것을 뜻한다. 시편 8 : 5을 기억해 보자. 그 구절은 하나님께서 사람을 "천사보다 조금 못하게" 하셨다고 말한다. 앞에서 나는 사람들이 치닫는 내리막길을 말하면서, 하나님의 형상으로 만들어진 인간들의 운명은 천사들을 올려다보고 그들을 넘어서 하나님을 바라보며, 꾸준히 하나님을 닮아가는 것이라고 지적했다. 눈 앞에 하나님을 두려워하는 것이 바로 그렇게 하는 것이다. 그것은 은총과 성장과 지식의 길이다. 그러나 그렇게 하지 않는다면 불가피하게 내리막길로 치닫다가 우리 아래 있는 짐승들처럼 된다.

나는 이 부분을 시작하면서 하나님을 "두려워한다"는 것이 "무서워하다"나 "겁에 질리다"라는 뜻이라기보다는 하나님 앞에서 올바르고 존경하는 마음 가짐을 갖는 것이라고 말했다. 그러나 한 가지 더 보태고 싶은 것은, 만약 하나님께서 예수 그리스도(구주) 안에서 당신을 보여 주신 대로 그분께 나가지 않으면 사실상 전능자를 당연히 두려워할 수밖에 없게 된다는 점이다. 하나님의 진노가 우리 위에 걸려 있다. 두려운 심판이 속죄되지 않은 죄들에 대한 정당한 벌로 우리를 기다리고 있다.

그러나 역설적으로 인간들은 죄 가운데 있으면서도 유일하시고 거룩하시며 심판을 베푸시는 하나님을 두려워하지 않는다. 오히려 하나님보다 못한 존재들을 두려워한다. 바울 당시의 이교도는 바빌로니아, 헬라, 로마의 무수한 신들과 그밖의 신들을 두려워했다. 멀리 밀림에서 사는 이교도는 강들, 바위들, 나무들을 두려워한다. 하늘, 천둥, 밤의 영들을 두려워한다. "문명화한" 이교도 - 즉, 현대인들 - 는 장래, 적대적인 이웃들, 질병, 기술과학의 붕괴, 그리고 그밖의 숱한 위험들을 두려워한다.

무엇보다도 누구나 죽음을 두려워한다.

이 얼마나 역설적인가! 모두 지나가 버리게 될 이런 것들을 두려워하면서, 장차 우리 모두가 그 앞에 서서 직고해야 할 하나님은 두려워하지 않으니 말이다. 하나님께서는 선지자 이사야를 통해서 이렇게 말씀하셨다 : "…너는 어떠한 자이기에 죽을 사람을 두려워하며 풀같이 될 인자를 두려워하느냐. 하늘을 펴고 땅의 기초를 정하고 너를 지은 자 여호와를 어찌하여 잊어버렸느냐. 너를 멸하려고 예비하는 저 학대자의 분노를 어찌하여 항상 종일 두려워하느냐…"(사 51 : 12-13). 시편 저자가 "여호와를 경외하며 그 도에 행하는 자마다 복이 있도다" 하고 말한 것은 놀라운 일이 아니다(시 128 : 1).

오직 자비만

로마서의 처음이자 가장 중요한 이 부분의 공부를 거의 마쳐가는 상황에서 다른 사람들이 이 구절들에 관해 정리해 놓은 글을 살펴 보는 것이 유익할 것이다. 현명한 글을 남긴 한 사람은 존 칼빈(John Calvin)이다.

(바울은) 결론부에서도 처음에 진술한 내용, 즉 모든 악이 하나님을 무시하는 데서 유래한다는 내용을 좀 다른 표현으로 반복한다. 지혜의 필수 부분인 하나님 경외를 포기할 때는 어떠한 올바름도 정결함도 남지 않는다. 간단히 말해서 하나님을 경외하는 것은 악을 제어하는 굴레라서 그것을 제거하면 아무런 제재도 없이 온갖 방종에 빠져든다.

시편 14 : 3에서 다윗은 하나님께서 한 사람씩 살펴보셨을 때 의인이 심지어 한 사람도 찾으실 수 없을 정도로 사람들은 악에 치우쳐 있다고 말한다. 따라서 온 인류가 이 전염병에 감염되었다는 말이다. 하나님께는 아무것도 감추인 것이 없기 때문이다… 다윗은 다른 시편들에서는 원수들의 악에 대해 탄식하면서, 자신과 자신의 후손들을 통해 그리스도의 왕국을 예시한다. 그러므로 그의 모든 원수들은 그리스도께로부터 떠나 있음으로써 성령께 인도를 받지 않는 모든 사람들을 대표하는 셈이다. 이사야는 명백하게 이스라엘을 언급하며, 따라서 그의 정죄는 훨씬 더 이방인들에게 적용된다. 이 구절들에는 분명히 인간 본성이 묘사되며, 그로써 사람이 홀로일 때 어떤 상태가 되는지를 볼 수 있게 한다. 성경은 하나님의 은혜로 거듭나지 못한 사람들이 이런 상태에 있다고 말하기 때문이다. 성도들이라고 해도 이런 악을 바로잡지 않는 한 더 나을 게 없을 것이다. 본성으로는 다른 사람들과 다를 것이 없음을 항상 기억해야 한다는 것을 자기들에게 잔존해 있는 육체의 본성에서 발견한다. 그 본성에 대해서 죽음으로써 예방하지 않는 한 그 본성에서 결코 피할 수 없으며, 그 악들의 씨앗이 그들 속에 끊임없이 열매를 맺을 것이다. 그 악들을 예방하는 일은 그들 자신의 본성이 아닌 하나님의 자비의 덕택이다.[6]

바울의 말대로 만약 우리가 파멸에 처해 있다면, 어떻게 은혜 아닌 다른 것에 힘입어 구원을 받을 수 있겠는가? 과연 파멸에 처해 있는가? 그렇다! 그러나 우리의 하나님이신 구주 예수 그리스도의 영광스런 사역에 힘입어 파멸에서 구원을 받을 수 있다.

● 각주 ●

1. Martin Luther, *Luther's Works*, vol. 25, *Lectures on Romans*, ed. Hilton C. Oswald (St. Louis : Concordia, 1972), p. 28.

2. Ibid., pp. 229, 230.

3. Ibid.

4. Robert Haldane, *An Exposition of the Epistle to the Romans* (MacDill AFB : MacDonald Publishing, 1958), p. 120.

5. John Murray, *The Epistle to the Romans* (Grand Rapids; Wm. B. Eerdmans Publishing Company, 1968), p. 104.

6. John Calvin, *The Epistles of Paul the Apostle to the Romans and to the Thessalonians*, trans. Ross MacKenzie (Grand Rapids : Wm. B. Eerdmans, 1973), p. 67.

38

종국에는 입을 다물게 됨

로마서 3:19

우리가 알거니와 무릇 율법이 말하는 바는 율법 아래 있는 자들에게 말하는 것이니 이는 모든 입을 막고 온 세상으로 하나님의 심판 아래 있게 하려 함이니라.

이제 사도 바울은 편지의 첫째 주요부의 결말에 도달하면서, 다음과 같이 결론을 내린다. (1) 사람은 자기가 행한 일에 대해서 하나님께 해명해야 한다. (2) 사람은 이루 셀 수 없이 저지른 악행에 대한 죄책을 짊어지고 있다. (3) 사람은 선행으로 판단되는 어떠한 행위를 제시하더라도 하나님께 의롭다 함을 받지 못한다. 바울이 로마서 3 : 19-20에서 하는 말을 그대로 옮기자면 이러하다 : "우리가 알거니와 무릇 율법이 말하는 바는 율법 아래 있는 자들에게 말하는 것이니 이는 모든 입을 막고 온 세상으로 하나님의 심판 아래 있게 하려 함이니라. 그러므로 율법의 행위로 그의 앞에 의롭다 하심을 얻을 육체가 없나니 율법으로는 죄를 깨달음이니라."

이 두 절은 아주 중요하다. 이 내용을 이해해야만 기독교의 첫째 토대가 되는 진리들을 이해할 수 있기 때문이다.

진단을 위한 질문

그러나 나는 이 두 절을 따로 떼어 공부하고 싶다. 이 둘을 구분하는 이유 중 한 가지는 19절이 참으로 많은 사람들로 하여금 회개하도록 하는 데 중요한 역할을 해 왔기 때문이다.

1927년부터 1960년까지 필라델피아 제십장로교회를 담임해온 목사는 도널드 그레이 반하우스(Donald Grey Barnhouse)로서, 하나님께서 미국과 세계 곳곳에서 설교와 각종 집회들에서 크게 쓰신 유능한 성경 교사이다. 그는 목회를 하면서 많은 사람들의 문제들을 다루었고, 일찍부터 피상담자들의 영적 상태를 분석하는 데 도움이 되는, 이른바 진단을 위한 질문들을 개발했다.

첫째, 그는 피상담자가 그리스도인인지를 확인하기 위해 "당신은 거듭났습니까?" 하고 묻곤 했다. 그 사람이 그리스도께 대한 분명한 신앙을 표명하면, 반하우스는 이전에 제기되었던 구체적인 문제를 다루어 갔다. 분명한 대답을 하지 못하는 경우에는 다음과 같이 말을 이어갔다 :

"한 가지 질문으로 여러분의 생각을 분명히 하는 데 도움이 되어 드릴 수 있겠군요. 오늘날 수많은 사고들이 일어나는 것을 아실 겁니다. 저와 함께 이 건물을 나가는데 갑자기 자동차가 길 위로 올라와서 우리 두 사람을 모두 죽인다고 가정해 봅시다.

다음 순간에 우리는 사람들이 '시체'라고 부르는 것이 되겠지요. 죽으면 천국 대문에 서 있는 대사도 베드로를 만나게 된다는 말 같지도 않은 소리는 제쳐 둡시다. (그것은 두 아일랜드인에 관한 농담에만 존재합니다.) 죽으면 하나님을 만나게 됩니다. 그러면 모든 것을 셈하는 그 순간에 하나님께서 '너는 무슨 **자격** – 자격이란 말을 제가 강조하는 것을 새겨 들으세요 – 무슨 **자격**을 갖고서 내 천국에 들어오려고 하느냐?' 당신은 무엇이라고 대답하겠습니까?"

반하우스는 상담을 할 때 이 방법을 거듭해서 사용하면서 오직 세 가지 대답만 나올 수 있다는 점을 발견했다. 즉, 가지각색의 대답들도 결국에는 세 가지로 요약된다. 그중 한 가지가 지금 내가 다루고 있는 본문을 포함하는데, 내가 이 이야기를 하는 것은 바로 그 점 때문이다.

"선행으로 의롭다 함을 받음"

사람들이 이 질문을 듣고 내놓는 첫 번째 대답은 흔히 들을 수 있는 것이다. 자기들이 특정 선행들을 했고, 따라서 그런 업적들을 토대로 하나님께 가납되기를 바란다는 것이다. 물론 어떤 사람들은 스스로를 아주 높게 평가하며 자기들이 의로운 행위의 전형이라고 생각한다. 나쁜 일이라고는 전혀 하지 않았고, 선한 일만 했다고 생각한다. 실제로 상당한 분량의 선을 행했다고 믿는다. 다른 사람들은 자기들이 항상 선하지는 않았지만, 그래도 자기들이 행한 선행들을 하나님께서 눈여겨 보시고 그것을 토대로 하늘로 받아들여 주시기를 바란다. 어떤 사람들은 황금률을 지켰다고, 아니면 지키려고 노력했다고 말한다. 다른 사람들은 이웃 사람들을 도우려고 노력했다는 등등의 말을 한다.

반하우스는 이런 류의 대답을 하는 사람들에게 갈라디아서 2 : 16 하반절을 펴보였다 : "…우리도 그리스도 예수를 믿나니 이는 우리가 율법의 행위에서 아니고 그리스도를 믿음으로서 의롭다 함을 얻으려 함이라. 율법의 행위로서는 의롭다 함을 얻을 육체가 없느니라." 반하우스는 아무도 인간의 얼룩진 의로는 하나님의 완전한 표준들을 충족시킬 수 없음을 증명해 보였다.

그런 뒤 그는 다음과 같은 이야기를 자주 했다. 그는 목회를 시작할 무렵에 제십장로교회 근처에 사는 사람을 알게 되었고, 그에게 복음에 관해서 종종 말하곤 했다. 이 사람은 전도를 듣고는 도도하게 웃곤 했다. 자기는 교회나 다른 종교가 필요 없는 사람이라고 말하곤 했다. 그 사람은 선행을 주요 임무로 삼는 어떤 단체에 속해 있었다. 그 단체에서 활발하게 활동했고, 고도의 도덕 표준들을 실천했다. 그 사람은 하나님을 만나더라도 그 단체에 가입하여 활동한 것 때문에 괜찮을 것이라고 느꼈다.

세월이 흘렀고, 그 동안 그 사람은 자기에게 복음을 설명해 주려는 반하우스의 시도를 번번히 거부했다.

어느날 그 사람이 몹시 아프다는 소식이 들렸다. 중병에 걸려 하루를 넘기기 어렵다는 것이었다. 반하우스는 그 사람을 만나러 갔다. 그가 속한 단체의 한 회원이 이른바 "임종 자리"에 참석해 있었다. 그 단체는 회원이 홀로 죽게 내버려 두지 않았기 때문이다. 그 회원은 죽음을 맞이하고 있는 사람의 침대 맞은 편에 앉아 있었다. 신문을 읽고 있었다. 반하우스가 들어가자 그 사람을 교대할 다른 사람이 따라 들어갔고, 교대가 이루어졌다. 먼저 있던 사람이 일어서서 나가고, 다음 사람이 그 자리에 앉았다.

반하우스는 상황이 절박하다는 것을 알고서 행동을 과감히 해야겠다고 결심했다. 침대에 다가가 앉은 후 다음과 같이 말했다. "몇 분 동안 여기 앉아서 지켜봐도 괜찮겠지요? 저는 사람이 예수 그리스도 없이 죽는 것이 어떤 것일까 하는 궁금한 생각이 종종 들었습니다. 전 당신을 여러 해 동안 알았고, 당신은 그리스도가 필요없고 다만 단체의 의무들을 지키는 것으로도 충분하다고 말하곤 했지요. 저는 그런 신념들을 가지고 생애를 마치는 사람을 지켜보면서 그것이 어떤 것인지를 보고 싶습니다."

그 말이 침대에 누워 있는 사람의 가슴 깊은 곳에 가서 박혔다. 그는 마치 부상당한 짐승처럼 반하우스를 쳐다보았다. "설마… 죽어가는 사람… 을 조롱하는 건… 아니겠지요?" 하고 말했다.

반하우스는 진단을 위한 질문을 던졌다. "당신은 잠시 후면 하나님 앞에 서게 됩니다. '너는 무슨 자격을 갖고서 내 천국에 들어오려고 하느냐?' 하고 하나님이 물으시면 뭐라고 대답하시렵니까?"

그 사람은 이번에는 고통스런 표정으로 말없이 다시 쳐다보았다. 겁에 질린 그의 눈에서 눈물이 막 쏟아져 내렸고, 그는 창백하고 쪼글쪼글해진 얼굴을 옆으로 떨구었다. 그가 관심 있게 듣는 동안 반하우스는 어떻게 하면 주 예수 그리스도의 공로를 통해서 하나님 앞에 설 수 있는지를 말해 주었다. 그는 자기가 어릴 적에 어머니가 그 진리를 가르쳐 주었지만 자기는 거들떠보지도 않았노라고 대답했다. 믿음 없이 평생을 살아온 것이다. 그러나 이제 세상을 떠나려는 마지막 순간에 그는 예수 그리스도를 통해서 하나님께 돌아왔고, 그리스도께 대한 믿음을 고백한 다음, 사람을 시켜서 새로 발견한 진리를 식구들에게 증거할 테니 식구들을 데려 오라고 했다. 반하우스에게는 자신의 장례식 때 자기 이야기를 해 달라고 청했다. 장례식은 며칠 뒤에 있었다.

여러분은 이것을 분명히 이해해야 한다. 하나님의 공의로운 법정에서는 아무리 위대한 사람도 자신의 선행에 의지해서는 의롭다 하는 판결을 받지 못한다. 여러분의 경력이 여러분을 구원하지 못한다. 맨처음 여러분을 문제에 빠뜨린 것은 여러분의 경력이다. 그것은 여러분을 정죄할 것이다. 누구든 구원을 받을 수 있는 유일한 길은 우리의 악행들에 해당하는 형벌을 대신 받으시고 우리의 악행들 대신에 자신의 위대한 의를 선물로 주시는 예수 그리스도를 믿는 길뿐이다.

"아무 말도 할 수 없다."

반하우스의 질문에 나올 수 있는 두 번째 대답은 지금 우리가 공부하고 있는 로마서 본문을 포함하는 것이지만, 이것 역시 어떤 이야기와 관련되어 있다. 어느 여름날 반하우스는 배를 타고 대서양을 건너고 있었다. 이삼 일 후쯤 주일이 되어 승객들에게 설교를 했다. 그 일을 계기로 여러 사람들과 유익한 대화를 나누었는데, 그중 한 사람은 미국 동부에 자리잡은 어느 대학에서 어학을 가르치던 여교수였다. 여교수와 대화를 나누는 동안 반하우스는 이런 질문을 했다. "만약 이 배가 큰 재난을 만나 바다 밑으로 가라앉고 우리가 죽는다면, 그리고 하나님 앞에 서게 되어 '너는 무슨 자격으로 내 천국으로 들어오려고 하느냐?' 하는 질문을 받게 된다면 뭐라고 말하겠습니까?"

여교수는 "글쎄요, 할 말이 없을 것 같네요" 하고 대답했다.

반하우스는 "지금 로마서 3 : 19을 인용하고 계십니다" 하고 말했다. 여교수는 그게 무슨 말인지 몰랐다. 그래서 반하우스는 성경을 펴서 그 구절을 보여 주었다 : "우리가 알거니와 무릇 율법이 말하는 바는 율법 아래 있는 자들에게 말하는 것이니 이는 모든 입을 막고 온 세상으로 하나님의 심판 아래 있게 하려 함이니라." 이 구절을 "할 말이 없을 것 같네요"라는 말로 한 셈이라고 설명해 주었다. 하나님께서는 "모든 입이 다물어질 것이다" 라고 말씀하셨다. 그러나 결국 마찬가지이다. 하나님의 심판 때는 아무도 선행을 내세워 자기를 변호하거나 어떤 구실로도 악행을 핑계할 수 없을 것이다. 모든 입들이 다물어질 것이며, 모든 사람들이 자기에게 죄책이 있음과 하나님의 정당한 정죄를 받아 마땅하다는 것을 알게 될 것이다.

물론 그 이유는 그것이 하나님의 심판이기 때문이다. 우리는 반드시 하나님 앞에 서야 한다. 단순히 세상 법정의 사람들 앞에 설 때 느끼는 체험들과는 판이하게 다르다.

현세에서는 동료 인간들에게 재판을 받는다. 그러나 그들도 우리와 똑같은 사람들이다. 그들 역시 죄인들이다. 변호인들이 악행을 변호하는 일은 빈번하다.

판사들조차도 언세나 철저히 옳은 판결을 하는 것은 아니다. 어떤 경우들에는 매수될 수도 있다. 아니면 단순히 실수로 오심을 하는 경우도 있다.

더욱이 인간의 법은 정확하지도 완전하지도 않다. 허점들이 있다. 정상을 참작할 수 있는 상황들에 호소할 수 있다. 재판에 지더라도 상급 법원에 항소할 수 있고, 거기서 지더라도 다시 대법원에 상고할 수 있다. 결국 법적 수단을 다 사용한 뒤에 감옥에 가더라도, 자기를 변호하기 위한 노력을 계속할 수 있다. 편지를 쓸 수 있고 책을 쓸 수도 있으며 항변할 수 있다. 입을 다물기를 거절할 수 있다.

아, 그러나 하나님 앞에서는 모든 입들이 다물어지게 될 것이다. 그때는 의롭지 않다는 것과 변호할 말이 한 마디도 없다는 것을 우리 모두가 알게 될 것이다.

이런 말을 입증하기 위해서 나는 성경 위인들의 체험을 소개한다. 만약 누가 하나님 앞에서서 자신을 변호할 수 있다면, 그는 성경에 나오는 정직한 인물일 것이다. 그러나 성경상의 위인들은 그런 일을 하지 않는다. 성경상의 위인은 하나님의 영광을 희미하게나마 볼 때 무슨 말을 하지 않고 하나님 앞에서 철저히 자격이 없음을 느끼고서 입을 다문다.

욥이 한 예다. 욥은 '왜 의인이 고난을 당하는가?' 라는 중요한 질문에 대답을 듣고 싶어 했다. 친구들과 길게 그 문제를 논했지만 만족할 만한 대답을 얻지 못했다. 그러나 마침내 하나님께서 그 앞에 나타나셔서 욥기에 길게 열거되는 질문들을 하시자, 욥은 크게 당황하여 이렇게 대답했다 :

> 나는 미천하오니 무엇이라 주께 대답하리이까.
> 손으로 내 입을 가릴 뿐이로소이다.
> 내가 한두 번 말하였사온즉
> 다시는 더하지도 아니하겠고 대답지도 아니하겠나이다.
>
> 욥 40 : 4-5

욥은 입을 다물었다.

이사야도 똑같은 경험을 했다. 하나님께서 그의 예언서 6장에 기록된 큰 이상 중에 자신을 계시하셨을 때, 이사야는 다음과 같은 반응을 보였다 : "그 때에 내가 말하되 화로다 나여 망하게 되었도다. 나는 입술이 부정한 사람이요 입술이 부정한 백성 중에 거하면서 만군의 여호와이신 왕을 뵈었음이로다"(5절). 이사야의 반응이 자신과 자기 백성의 입술에 초점을 맞추었다는 것이 얼마나 흥미로운가! 그는 자기가 무슨 말을 하든 무가치하고, 부정하고, 죄악될 뿐임을 알았다. 그래서 입을 다물었고 더 이상 말을 하지 않았다. 하나님께서 스랍을 보내사 제단의 숯불로 이사야의 입술을 정결케 하신 뒤에야 비로소 이사야는 다시 자유롭게 말을 하게 되었고, 백성에게 말씀을 전하라는 하나님의 명령에 순종할 수 있었다.

하박국은 하나님의 계시를 받았을 때 다음과 같이 증거했다 :

> 내가 들었으므로 내 창자가 흔들렸고
> 그 목소리로 인하여 내 입술이 떨렸도다.
> ⋯⋯⋯⋯⋯⋯⋯⋯⋯⋯⋯⋯⋯
> 내 뼈에 썩이는 것이 들어왔으며
> 내 몸은 내 처소에서 떨리는도다.
> 하박국 3 : 16

하박국의 입술은 떨렸으나, 아무런 소리도 나오지 않았다.

주께서 사랑하신 제자 요한조차도 계시록 첫장에 기록된 두려운 환상 속에서 부활하신 그리스도를 보았을 때 아무 말도 하지 못했다. 오히려 "죽은 자같이 되어 그분 발 앞에 엎드렸고, 예수께서 그에게 손을 얹고 육체 부활 같은 일을 일으키시기 전까지는 움직이지도 못했다(계 1 : 17).

반하우스는 우리가 공부하고 있는 로마서 본문을 다루면서 주장하기를, 만약 현세에서 하나님의 은혜를 배척함으로써 영원히 바깥 어두운 데로 쫓겨나게 된 사람들이 하나님의 법정에서 할 수 있는 말이 있다면, 그것은 아마 변명이 아니라 하나님의 진리와 자기들을 정죄한 공의를 모독하는 말일 것이다.

그들은 다음과 같이 외쳐댈 것이다. "하나님, 그것은 모두 사실입니다. 내가 잘못 되었습니다. 나는 변명할 때 내가 잘못 된 줄을 알고 있었습니다. 그러나 그리스도의 피로 말미암는 의의 원칙을 나는 혐오했고, 지금도 그렇습니다. 우리에게 경멸을 당했으나 당신 앞에서 경배를 하고 당신을 힘입어 산다고 고백한 그리스도인들이 옳았다는 것을 인정합니다. 나는 그 때도 그들이 부르는 믿음의 노래들이 싫었고, 지금도 그렇습니다. 그들이 옳았지만,

나는 그들이 옳았기 때문에, 그들이 당신께 속했기 때문에 그들을 싫어합니다. 나는 내 나름대로 살고 싶었습니다. 지금도 그렇습니다. 천국을 원하지만, 내가 원하는 천국은 당신이 없는 천국입니다. 내가 권좌에 앉는 천국을 원합니다. 내가 원하는 것은 그것이며, 다른 것은 일절 원치 않습니다. 내가 권좌에 앉는 천국 이외의 다른 것은 앞으로도 원치 않을 것입니다. 나는 내 나름대로 살고 싶습니다. 이제 나는 충족을 모르는 욕구의 장소로, 만족을 모르는 정욕의 장소로, 바라기만 할뿐 소유하지 못하고, 상상만 할뿐 보지 못하는 장소로 갑니다. 나는 싫습니다, 싫습니다, 싫습니다. 나는 내 나름대로의 길을 원하기 때문입니다. 당신이 그것을 허락하지 않기에 나는 당신을 미워합니다. 미워합니다, 미워합니다…"

그들의 소리는 바깥 공허한 데서 맴돌다가 마침내 잠잠해질 것이다.[1]

구원에 이르는 유일한 대답

지금까지 해온 말에 비춰볼 때, "무슨 자격을 가지고 하나님의 천국에 들어가려고 하는가?"라는 질문에 구원에 이르는 유일한 대답은 죄인의 행위들이 아닌 예수 그리스도의 성취들에 초점이 맞춰지는 것이 분명하다. 구원을 받게 된다면 그것은 우리가 행했거나 행할 수 있는 어떤 것에 기초를 두지 않고 그리스도께서 우리를 위해서 하신 일에만 기초를 둘 것이다. 그분은 우리를 대신해서 고난을 받으셨다. 우리 죄들에 해당하는 형벌을 받으셨다. 그 기초와 그 대답을 가지고 하나님께 나가는 사람은 모두 구원을 받을 것이다. 그밖에 다른 어떤 사람들도 구원을 받지 못할 것이다. 주 예수 그리스도를 의지함으로써 하나님께 나가는 사람들만 천국에 들어갈 것이다.

몇 년 전 아더 머리(Arthur Murray) 무용 강습소의 강사가 겪은 이야기를 하겠다. 그는 토요일 밤 늦게까지 밖에서 지내다가 새벽에 지친 몸을 끌고 호텔로 들어가 침대에 몸을 던진 뒤 잠에 골아 떨어졌다. 아침에 타이머 라디오 소리에 깜짝 놀라서 잠을 깼다. 어떤 사람이 말하고 있었는데, 그는 이런 질문을 던졌다 : "만약 몇 분 뒤에 큰 재난이 발생하여 당신이 죽는다면, 만약 하나님 앞에 서서 '무슨 자격을 가지고 내 천국에 들어오려고 하느냐?' 하는 질문을 받게 된다면, 당신은 뭐라고 말하겠습니까?"

무용 강사는 이 질문에 놀라고 당황했다. 전에 그런 질문을 들어본 적이 없었다. 자기에게 대답할 말이 없다는 것을 알았다. 단 한 마디도 말할 것이 없었다. 몇 시간 전만 해도 공허한 말들로 가득했던 입이 갑자기 얼어붙었다. 그는 침대 귀퉁이에 앉아서 반하우스 – 그는 그 라디오 방송 설교자였다 – 가 설명해 주는 대답을 들었다.

무용 강사는 현재 플로리다 주 포트 로더데일에 있는 코랄리즈장로교회(the Coral Ridge Presbyterian Church)의 목사이자, "전도 폭발"(Evangelism Explosion)로 알려진 유명한 간증과 전도 저서의 저자인 제임스 케네디(D. James Kennedy)였다. 케네디는 그날 호텔 방에서 예수 그리스도를 믿었고, 그를 구원하는 데 사용된 그 질문은 그의 전도 전략에 주요 도구가 되었다. 그날 이래로 수많은 사람들이 그의 저서를 통해서 그리스도께 돌아왔다.

여러분의 대답은 무엇인가?

나는 여러분에게 같은 질문을 함으로써 이 장을 마치려 한다. 어느날 여러분은 죽게 된다. 그 날 하나님을 뵐 것이고, 그분께 "너는 무슨 **자격**을 가지고 내 천국에 들어오려고 하느냐?" 하는 말씀을 듣게 될 것이다. 여러분은 어떤 대답을 할 것인가?

아마 여러분은 이렇게 말할 것이다. "여기 제 기록표가 있습니다. 제가 몇몇 나쁜 일들을 한 줄을 저도 압니다. 그러나 좋은 일도 많이 했습니다. 이것을 보시고 그것으로 제가 천국에 들어갈 충분한 자격이 있는지 살펴 주셨으면 합니다. 제가 당신께 바라는 건 공의뿐입니다." 만약 이렇게 말한다면 여러분은 공의를 만나게 될 것이다. 여러분의 죄로 재판을 받아 유죄판결을 받게 될 것이다. 여러분이 살면서 한 선행들이 여러분의 눈이나 심지어 다른 사람들의 눈에 아무리 선해 보이는 것들이라도 그것들은 여러분을 구원해 주지 않을 것이다. 앞에서 본 대로 하나님께서는 다음과 같이 말씀하셨기 때문이다.

> 의인은 없나니 하나도 없으며
>   깨닫는 자도 없고
>   하나님을 찾는 자도 없고
> 다 치우쳐
>   한가지로 무익하게 되고

> 선을 행하는 자는 없나니
> 하나도 없도다.

율법의 행위로 하나님 앞에서 의롭다고 인정을 받을 사람은 아무도 없다. 율법으로는 죄를 깨닫게 되기 때문이다(롬 3 : 20).

선행을 내세우지 않고 대신 하나님 앞에 말 없이 서 있게 될는지도 모른다. 그것이 차라리 낫다. 적어도 여러분의 선함이란 하나님 앞에서 적합하지 않다는 사실을 알고 있는 것이기 때문이다. 여러분은 자신이 죄인인 줄을 알 것이다. 그렇지만 그것은 참으로 고통스러운 상황이다. 우주에서 한 분밖에 없는 대재판장 앞에서, 항소할 가능성이 전무하고, 정상 참작을 요구할 가능성이 전무하고, 정죄를 모면할 희망도 전무하기 때문이다.

그때 여러분은 뭐라고 말하겠는가? 나는 여러분이 대답할 수 있으리라고 믿는다. 만약 여러분이 아직 대답할 만한 수준에 이르지 못했다면, 이 장이 여러분에게 그 수준에 이르도록 도움이 되기를 기대한다. "제가 천국에 들어갈 자격은 주 예수 그리스도이십니다. 그분은 저를 위해 죽으셨습니다. 저를 대신하여 형벌을 받으셨습니다. 그분은 제가 천국에 들어갈 자격입니다. 제 의(義)가 되어 주셨기 때문입니다."

● 각주 ●

1. 반하우스의 이런 이야기들은 다음 책에 실려 있다 : Donald Grey Barnhouse, *God's Wrath : Exposition of Bible Doctrines, Taking the Epistle to the Romans as a Point of Departure*, vol. 2, Romans 2 : 1-3 : 20 (Grand Rapids : Wm. B. Eerdmans, 1953), in the study "Silence Before God," pp. 263-273.

39

행위로 의롭다 하심을 받을 육체가 없나니
로마서 3 : 20

그러므로 율법의 행위로 그의 앞에 의롭다 하심을 얻을 육체가 없나니 율법으로는 죄를 깨달음이니라.

N IV에서 그러므로(therefore)라는 단어는 이미 두 번 사용되었다. 한 번은 하나님께서 인류를 그 악에 내어버려 두셨다고 말하는 로마서 1 : 24(그러므로 하나님께서 저희를… 내어 버려두사…)이고, 다른 한 번은 도덕적으로는 민감하지만 믿지 않는 사람에 대해서 말하는 로마서 2 : 1(그러므로… 네가 핑계치 못할 것은…)이다. 그러나 헬라어 성경에서는 "그러므로"에 해당하는 가장 적절하고 강한 단어 디오티(dioti)가 이 장에서 공부할 본문인 로마서 3 : 20에 처음 나온다. 디오티는 문자적으로 "어떤 것 때문에"(dia ho ti)란 뜻이다. 그러므로 로마서 첫째 주요부에서 말한 모든 내용에 기초하여 결론을 내리는 이 구절에서 그 단어를 발견한다는 것은 적절한 일이다.

바울은 변론을 시작한 로마서 1 : 18에서부터 3 : 20에 이르기까지 인류 전체가 죄악 때문에 하나님의 공의로운 심판 아래 놓여 있음을 입증해 왔다. 그의 주장은 모든 것을 포괄하는 부정적인 것으로서, 그 다음 절인 3 : 21부터는 좀더 긍정적인 주장이 전개된다. 이 거대한 주장이 어떻게 요약되는가? 아주 간단하다. 바울은 선행으로는 아무도 구원을 받지 못한다고 말한다. "그러므로 율법의 행위로 그의 앞에 의롭다 하심을 얻을 육체가 없나니 율법으로는 죄를 깨달음이니라."

그러나 왜 그러한가? 왜 행위로 구원을 받을 사람이 아무도 없다는 건가? 철저히 부도덕한 사람은 구원을 받지 못한다 치더라도, 적어도 도덕적인 이교도나 종교적인 유대인마저 왜 구원을 받지 못한다는 건가? 왜 여러분이 구원을 받지 못한다는 건가? 왜 내가 구원을 받지 못한다는 건가? 바울의 대답은 우리를 앞 장들의 주요 논지들로 되돌아가게 한다.

진노 : 하나님을 배척함

바울의 첫째 논지는 우리가 여러 번에 걸쳐 다양한 형식으로 살펴본 것이다. 그것은 인류 전체가 하나님을 찾고 기쁘시게 하려고 노력하기는커녕(대부분은 자기들이 그런 일을 하고 있다고 생각한다) 사실상 하나님께로부터 도피하려고 하며, 집요하고도 철저하게 그분을 배척하려고 노력하고 있다는 것이다. 앞 장들에서 바울이 하나님의 기록된 계시인 성경은 말할 것도 없고 심지어 상당 부분 자연에까지 나타난 하나님께 관한 진리를 우리가 "막는다"고 말한 것을 여러분은 기억할 것이다. 그러나 사람들은 우리가 알고 있는 분 - 창조계를 통치하시고, 거룩하시고, 전지하시고, 불변하신 하나님 - 같은 신을 섬기기를 원치 않기 때문에, 참되신 하나님께 관한 진리를 억누르고, 그 자리에 대체 신들을 세우려고 노력한다. 그래서 바울은 이렇게 말한다 : "하나님의 진노가 불의로 진리를 막는 사람들의 모든 경건치 않음과 불의에 대하여 하늘로 좇아 나타나나니"(롬 1 : 18).

그러나 어떤 사람들은 이렇게 묻는다. "그러나 사람들이 행하고 있는 선행들은 어떠한가? 서로에게 친절하고 도움을 주며, 남을 위해 희생하는 경우도 종종 있다. 이런 일들을 고려하지 않는다는 말인가?"

이 물음에 대해서 영국 기독학생연맹(British InterVarsity, 대학 그리스도인 동우회)의 간사 로버트 혼(Robert M. Horn)의 책에 실린 예화 하나를 가지고 대답하겠다. 「자유로워라! 칭의의 의미」(Go Free! The Meaning of Justification)라는 제목이 붙은 책인데, 그 예화는 로레인 뵈트너(Loraine Boettner)의 책 「개혁주의 예정교리」(The Reformed Doctrine of Predestination)에서 차용한 것이고, 뵈트너는 다시 스미스(W.D. Smith)의 책 「칼빈주의란 무엇인가?」(What Is Calvinism?)에서 차용한 것이다.[1] 이 저자들은 해적들이 몰고가는 배를 상정한다. 해적들은 서로 좋은 관계를 유지한다. 각자 맡은 일에 충실하고, 서로에 대해서 정직하고(특정한 '해적 법전'에 따라), 서로 도우며, 심지어 서로를 보호한다. 정말로 열심히 일했고 서로에게 친절했다. 그러나 이런 모든 "선한" 행동들은 동시에 "나쁜" 또는 악한 행동들이기도 하다. 왜냐하면 국제 해양법을 어김으로써 생계를 유지하는 데 뜻을 두고 있기 때문이다. 그들의 선한 행동들은 매우 선별적이다. 모든 사람들을 돕는 것이 아니라, 자기들이나 자기들과 같은 사람들만 돕는다. 사실상 다른 많은 사람들을 강탈하고, 부상을 입히고, 살해한다. 서로에 대한 친절한 태도도 해적질을 하는 동안 생긴 것으로서, 그것을 표시하고 사실상 그것을 강화한다.

좀더 오늘날에 가까운 예가 있다. 몇 년 전 마리오 푸조(Mario Puzo)는 「대부」(The Godfather)라는 책을 썼다. 이 책은 나중에 영화로 제작되었고, 그 속편도 나왔다. 이 책은 미국과 세계 다른 지역들에서 불법 도박, 매춘, 마약 판매, 그밖의 범죄 활동을 주도하는 강력한 범죄 집단인 이른바 마피아를 분석한 책이다.

이 책과 이 책에 기초하여 만든 영화들은 이 범죄 집단들이 자기들의 목표를 달성하기 위해서 얼마나 엄청난 폭력을 사용하는지를 보여 준다. 그러나 그 폭력을 더욱 충격적으로 만드는 것은 그것이 등장 인물들의 따뜻하고 고상한 정서들과 행동들이 함께 존재하는 듯하다는 점이다. 마피아의 두목들은 거의가 아주 가정적인 사람들이다. 그들은 아내와 자녀들을 사랑한다. 서로에게 충성을 다한다. 서로를 보호한다. 자기 집단의 구성원이 피해를 입으면 그것을 무자비하게 바로잡는다. 그러나 불행하게도 그들은 여전히 범죄 지향적이며, 그 집단의 조직과 윤리 법전은 법을 어기고 다른 사람들을 희생시킴으로써 자기들의 복지를 증진시키기 위해서 만들어졌다.

그것은 인류가 하나님께 대해서 보편적으로 반란을 일으킨 상태와 비슷하다. 우리는 선한 일들(적어도 우리 눈에 비치기에는 '선한' 일들)을 할 수 있지만, 우리의 선이란 사실상 악이다. 왜냐하면 유일한 주재이신 하나님과 그분의 법을 반역한 상태를 유지하기 위해 고안된 것이기 때문이다.

변명할 수 없음 : 하나님의 율법을 어김

율법을 지킴으로써 하나님 앞에서 의롭다고 인정을 받을 사람이 하나도 없는 둘째 이유는 실제로 율법을 지키는 사람이 아무도 없기 때문이다. 이것은 "… 율법을 행하는 자라야 의롭다 하심을 얻으리니" 하고 말하는 로마서 2 : 13과 "율법의 행위로 그의 앞에 의롭다 하심을 얻을 육체가 없나니" 하고 말하는 로마서 3 : 20 간의 명백한 모순을 설명해 준다. 두 말씀 다 사실이다. 왜냐하면 누구든 율법을 철저히 지키면 의롭다고 하나님께서 요구하시는 의 인정을 받겠지만, 실제로는 아무도 율법을 지키지 않고, 오히려 모든 사람들이 하나님의 율법을 범하기 때문이다.

이 점에서 바울은 계시된 하나님의 율법을 실제로 소유하고 있는 유대인과 그것을 소유하고 있지 않은 이방인을 거의 한꺼번에 취급한다. 유대인에게 그는 이렇게 말한다. "… 도적질 말라 반포하는 네가 도적질하느냐. 간음하지 말라 말하는 네가 간음하느냐. 우상을 가증히 여기는 네가 신사 물건을 도적질하느냐. 율법을 자랑하는 네가 율법을 범함으로 하나님을 욕되게 하느냐. 기록된 바와 같이 하나님의 이름이 너희로 인하여 이방인 중에서 모독을 받는도다"(롬 2 : 21-24). 이 말씀의 요지는 이 종교적인 사람들이 범한 율법이 그들의 성경에 있다는 것이다. 사실상 그 율법은 구약 성서의 심장부에, 시내 산에서 모세가 받은 십계명에 있다. "너는 나 외에는 다른 신들을 네게 있게 말지니라"(출 20 : 3), "간음하지 말지니라"(14절), "도적질하지 말지니라"(15절) 하고 말하는 것은 바로 십계명이다. 이것이 유대인들이 가장 자랑스럽게 생각하는 율법이다. 그러나 그들은 사실상 다른 모든 인류와 마찬가지로 율법을 범해왔다.

이방인의 경우도 하등 다를 바 없다. 바울 당시의 이방인, 즉 1세기의 헬라인 또는 로마인은 대부분 구약 성서의 율법을 갖고 있지 않았다(일부 사람들은 가지고 있었겠지만). 그러나 이방인들은 자기들 나름대로의 윤리 법전을 갖고 있었다. 그들은 선을 행해야 한다는 사실을 알았다. 다른 사람들의 번영을 도모해야 한다는 사실을 알았다. 도적질과 그밖의 해로운 행위들이 악한 일임을 알았다. 그러나 그들은 오늘날 우리들과 마찬가지로 악한 일들을 행했던 것이다. 바울은 이방인에게 이렇게 말한다. "그러므로 남을 판단하는 사람아, 무론 누구든지 네가 핑계치 못할 것은 남을 판단하는 것으로 네가 너를 정죄함이니 판단하는 네가 같은 일을 행함이니라"(롬 2 : 1).

이것은 우리가 다른 사람의 행동에 감정을 상할 때마다 하나님 앞에서 우리 스스로를 정죄하는 것이라는 뜻이다. 우리가 다른 사람에게서 발견하는 질책할 일을 우리 스스로 행하기 때문이다. 어떤 사람이 여러분에게 무례하게 행해서 마음에 상처를 받는가? 만약 그렇다면 여러분의 반응은 여러분을 정죄한다. 여러분도 다른 사람들에게 무례히 행하는 때가 많기 때문이다. 어떤 사람들이 여러분을 부당하게 이용할 때 화가 나는가? 화가 나는 것이 당연하다. 공정성을 어기는 것은 잘못이다. 그러나 여러분은 여전히 자신을 정죄한다. 여러분도 다른 사람들을 공정하게 대하지 않기 때문이다. 모두가 수긍하지 않을지라도 그것은 사실이다. 여러분이 어떤 표준을 세워 그것으로써 이런 행동들은 인정하고 저런 행동들은 인정치 않든간에, 그 표준 자체가 여러분을 정죄한다. 왜냐하면 여러분은 그 표준대로 살 수도 없고 살지도 않기 때문이다.

따라서 율법을 지킴으로써 의롭다고 인정받을 사람이 하나도 없는 둘째 이유는 실제로 율법을 지키는 사람이 아무도 없기 때문이다. 가장 가벼운 조항마저 지키지 못하는데, 하물며 전체임에랴!

구체적인 사례 : 대단히 악함

율법을 지킴으로써 하나님 앞에서 의롭다 하심을 얻을 사람이 아무도 없는 셋째 이유는 모든 사람들이 율법을 지키기는커녕(또는 지키려고 노력하기는커녕) 틈만 나면 모든 가능한 방법을 다 동원하여 율법을 어기고, 따라서 적극적이고, 항구적이고, 철저하고, 의도적으로 악하기 때문이다.

두 가지 악의 목록이 길게 열거된 로마서 1 : 29-31과 로마서 3 : 10-18에는 바로 그런 뜻이 담겨 있다. 굳이 이런 긴 목록이 아니더라도, 적어도 가끔씩 가장 경미한 행동 표준을 어기고서 "언제 어느 상황에서나 한 가지 옳은 일이라도 할 수 있다고 자신하지 않습니다" 하고 누구나 마지못해서 인정할 것이다. 그러나 이런 태도는 사람이 하나님 앞에서 철저히 악하다는 사실을 인정하는 것과는 거리가 멀다. 그것을 인정할 의사가 없는 한, (스스로의 부족을 인정하면서도) 사람이 행하는 선행이 하나님께 인정을 받을 것이고, 적어도 선행으로 말미암아 의롭다 하심을 받는 게 가능할 것이라는 느낌은 언제나 남아 있게 마련이다.

그러나 하나님께서 사람들을 어떻게 바라보시는지를 한번 보자 : "곧 모든 불의, 추악, 탐욕, 악의가 가득한 자요 시기, 살인, 분쟁, 사기, 악독이 가득한 자요 수군수군하는 자요 비방하는 자요 하나님의 미워하시는 자요 능욕하는 자요 교만한 자요 자랑하는 자요 악을 도모하는 자요 부모를 거역하는 자요 우매한 자요 배약하는 자요 무정한 자요 무자비한 자라"(롬 1 : 29-31). 바울은 이런 시각을 갖고서 다음과 같이 선언한다 :

> 기록한 바
> 의인은 없나니 하나도 없으며
> 　깨닫는 자도 없고
> 　하나님을 찾는 자도 없고
> 다 치우쳐
> 　한가지로 무익하게 되고
> 선을 행하는 자는 없나니
> 　하나도 없도다.
> 저희 목구멍은 열린 무덤이요
> 　그 혀로는 속임을 베풀며
> 그 입술에는 독사의 독이 있고
> 　그 입에는 저주와 악독이 가득하고
> 그 발은 피 흘리는 데 빠른지라.
> 　파멸과 고생이 그 길에 있어
> 평강의 길을 알지 못하였고
> 　저희 눈 앞에 하나님을 두려워함이 없느니라.
>
> 　　　　　　　　　　　　롬 3 : 10-18

이 절들은 누구나 예외 없이 가장 악한 일을 행했다는 뜻이 아니라, 인류가 이와 같다는 뜻이다. 우리는 인류의 구성원들이며, 솔직하게 말하자면 인간이 저지를 수 있는 모든 악의 가능성이 모든 사람들에게 잠재해 있다. 단지 누구를 살인할 기회가 없었을 뿐이다. 심지어 그런 충동을 받을 기회가 없었을 뿐이다. 그러나 그럴 만한 상황에서 그러한 충동을 받는다면, 게다가 살인을 제재하는 사회적 제약들이 제거되면 우리 모두가 다른 사람들과 마찬가지로 살인자가 될 수 있으며, 실제로 그렇게 될 것이다. 하나님의 다른 계명들에 대해서도 마찬가지일 것이다.

이런 내면적 잠재성 때문에 성경은 이렇게 말한다. "여호와께서 사람의 죄악이 세상에 관영함과 그 마음의 생각의 모든 계획이 항상 악할 뿐임을 보시고"(창 6 : 5).

할례 : 대안이 되지 못함

율법을 지킴으로써 하나님께 의롭다 하심을 받을 사람이 아무도 없는 넷째 이유는 하나님께서 율법을 진정으로 지키는 것 – 즉, 마음의 자세와 발휘 – 에 관심을 두시고, 겉으로는 경건해 보이나 실제로는 공허한 외부적인 행동에는 관심을 두시지 않기 때문이다.

이렇게 잘못된 방법으로 의롭다 하심을 얻으려는 주된 예는 특정인들의 할례에 대한 믿음이다. 이것은 단지 이교의 우상숭배나 장로들의 유전의 경우가 아니었다. 할례는 하나님께서 이스라엘을 위해 구약 성서에 규정해 놓으신 의식이기 때문이다. 아브라함에게 주신 의식으로서, 아브라함은 집안의 모든 남자들에게 할례를 행하고 자손들에게까지 이 의식을 전수해 주어야 했다(창 17 : 9-14). 할례는 특별히 선택된 하나님의 백성 가운데 속했다는 표식이 될 것이었다. 이것은 아주 중요한 요건이어서 훗날 유대인 역사에서 모세가 자기 아들에게 할례를 행하기를 게을리하자 하나님께서 그를 불쾌하게 여기시고 죽이려고 하시는 정경을 보게 될 정도였다. 모세는 아내 십보라가 그 아들에게 할례를 행한 뒤에야 비로소 죽을 고비를 넘겼다(출 4 : 24-26).

할례는 성경 외적인 것도 아니고 하찮은 것도 아니다. 세례, 성찬, 입교식, 그리고 그밖의 비슷한 의식들이 오늘날 중요하듯이, 당시에는 할례가 중요한 의식이었다. 그러나 유대인의 오류 – 그리고 오늘날 많은 그리스도인들의 오류 – 는 이런 일들로 하나님 앞에서 의롭다고 인정을 받을 수 있다고 생각하는 데 있다. 성례들은 사람이 일단 의롭다 하심을 받은 뒤에야 가치를 지닌다. 즉, 이미 내적으로 발생한 어떤 것에 대한 가치있는 상징들이며 – 만약 그것이 내적으로 발생했을 경우 – 그 체험을 상기시키고 강화하려는 데 본의가 있다. 그러나 할례든 그밖의 외적 종교 행위로든 그것을 가지고는 구원받을 사람이 아무도 없다.

바울은 이렇게 쓴다. "네가 율법을 행한즉 할례가 유익하나 만일 율법을 범한즉 네 할례가 무할례가 되었느니라… 대저 표면적 유대인이 유대인이 아니요 표면적 육신의 할례가 할례가 아니라 오직 이면적 유대인이 유대인이며 할례는 마음에 할지니 신령에 있고 의문(儀文, the written code)에 있지 아니한 것이라…"(롬 2 : 25, 28-29).

"하지만 율법은 할례를 명하지 않는가." 하고 유대인은 말한다.

옳다. 그러나 사람이 의롭다 하심을 받을 수 있는 수단으로 명하지는 않는다.

"하지만 우리는 세례를 받으라는 명령을 받지 않는가?" 하고 그리스도인은 묻는다.

그렇다. 하지만 먼저 오는 내면적 믿음의 외적 상징으로서 그러하다. 우리를 구원하는 것은 세례가 아니라 우리 속에서 일하시는 하나님이시다.

"그러나 우리는 성찬을 거행하라는 말을 듣지 않는가?" 하고 신자는 의아해 한다.

그렇다. 만약 성찬이 상징하는 분을 믿음으로 먼저 의롭다 함을 받았으면 그러하다. 그러나 주님의 상하신 몸을 상징하는 빵을 먹고 주님이 흘리신 피를 상징하는 포도주를 마시더라도 만약 믿음이 없으면 자기 죄를 먹고 마시는 것과 다름 없다(고전 11 : 29).

하나님께서는 단순히 외적인 것들에 속지 않으신다. 믿음을 대체할 만한 것은 아무것도 없다.

율법의 선한 기능

다시 본문으로 돌아가서 생각해 보자. "율법의 행위로 그의 앞에 의롭다 하심을 얻을 육체가 없나니 율법으로는 죄를 깨달음이니라." 지금까지는 부정적인 이 문장의 전반을 생각했고, 왜 이 대부정이 사실인지를 보기 위해 로마서 서론부로 돌아가서 생각했다.

하지만 이것은 문장의 한 부분일 뿐이다. 문장의 전반은 하나님의 율법을 지킴으로써 의롭다고 인정받을 사람은 아무도 없다고 선언하면서 문장을 철저히 부정적인 진술로 만든다. 율법이 아무것도 할 수 없는것을 말해준다. 이와 대조적으로 문장의 후반은 아주 긍정적인 내용을 말한다. 모든 사람이 죄인이므로 율법은 아무도 의롭다 할 수 없긴 하지만, 그럼에도 사람이 하나님의 표준에 미달한 부분이 어디인지를 보여 주고 그로써 하나님께서 구원을 베푸시는 유일한 길이신 주 예수 그리스도를 가리켜 준다.

필립스(J.B. Phillips)는 「현대 영어로 본 신약성서」(The New Testament in Modern English)이라는 생동감 넘치는 신약 성서 주석을 쓴 영국인이다. 그는 미국인이 아니고 영국인이기 때문에 때로 미국인이 썼다면 전혀 달리 썼을 만한 개념들에 대해서는 영국 용어들을 사용했다. 그러므로 필립스는 적어도 미국인들에게는 핵심 구절들에 새로운 빛을 비춰준다. 로마서 3 : 20이 그런 경우이다. 미국에서 자(ruler) 또는 야드자(yardstick)이라고 하는 것을 영국에서는 직선자(straightedge)라고 한다. 그러므로 필립스는 이 절을 주석하려고 하면서 율법이 우리에게 하는 일을 보이려고 할 때(비록 율법은 우리가 의롭다 함을 받을 수 있는 수단은 아니지만), 다음과 같은 말로 해석한다 : "율법의 요구를 완벽히 지킴으로써 하나님 앞에서 의롭다 하심을 받을 수 있는 사람은 아무도 없다. 실로 율법이라는 직선자는 우리가 얼마나 휘었는지를 보여 준다."

하나님의 율법이 없다면 우리는 스스로를 아주 반듯한 사람이고, 천국에 들어가기에 적합한 모범적인 시민이라고 생각할 것이다. 그러나 율법을 자세히 들여다 보면 우리들은 전혀 천국에 들어가기에 적합한 사람이 아님을 금방 알게 된다. 우리는 반듯한 사람들이 아니다. 도덕적으로 휘었다. 그리고 유일하게 반듯하고 거룩하신 하나님께서 받으심직하게 되려면 그분께 변화를 받아야 한다는 사실을 발견한다.

어떤 주석가는 하나님의 율법을 거울과 비교했다. 거울을 들여다 보면 무슨 일이 생길까? 여러분의 모습이 보인다. 그렇지 않은가? 얼굴에 검댕이 묻은 채로 거울을 보면 어떨까? 세수를 해야 한다는 것을 알게 된다. 거울이 얼굴을 씻어 주는가? 아니다. 거울의 기능은 가서 비누로 얼굴을 깨끗하게 씻어야겠다는 생각이 나게 하는 것이다.

이런 비유를 염두에 두고서 이제 로버트 헤릭(Robert Herrick)이 쓴 시를 소개하려 한다. 그는 윌리엄 세익스피어 시대에 살던 영국 시인이다. 그는 그리스의 위대한 영웅 헤라클레스가 불가능한 임무라고 생각된 일 – 왕 아우게아스(Augeas)의 광활하고 더러운 축사(畜舍)들을 깨끗하게 치우는 일 – 을 이루도록 파견을 받는 고전 신화에서 끌어낸 이미지를 사용한다. 헤릭은 자신의 마음을 그 축사들과 비교하면서 이렇게 썼다.

> 주님, 당신만이 이 아우게아스의 축사를
> 깨끗하게 치울 수 있습니다.
> 바다가 물이고 땅이 모두 비누라도
> 당신의 피로 저를 씻어 주지 않으시면 아무런 희망이 없습니다.

바로 이것이다. 만약 자신의 능력을 믿고서 하나님의 율법을 지킬 수 있다고 생각하거나, 몇몇 선한 일들을 행할 수 있다고 생각한다면, 여러분의 경우도 전혀 희망이 없다. 여러분의 마음도 깨끗해져야 하는데, 스스로 어떤 노력을 하더라도 씻을 수 없다.

어디 가면 씻을 수 있을까? 오직 율법이 안내하는 그리스도께 가야만 씻을 수 있다. 18세기 시인 윌리엄 쿠퍼(William Cowper)는 그곳에서 씻음을 받고서는 이렇게 썼다 :

샘물과 같은 보혈은
임마누엘 피로다
이 샘에 죄를 씻으면
정하게 되겠네.

저 도적 회개하고서
이 샘에 씻었네
저 도적 같은 이 몸도
죄 씻기 원하네.
한글통일찬송가 190장

로버트 헤릭, 윌리엄 쿠퍼, 그밖의 수많은 사람들이 죄를 씻은 곳에서 여러분도 이미 죄를 씻었기를 바란다. 사도 베드로는 이렇게 선언했다. "다른 이로서는 구원을 얻을 수 없나니 천하 인간에 구원을 얻을 만한 다른 이름을 우리에게 주신 일이 없음이니라"(행 4 : 12).

● 각주 ●

1. Robert M. Horn, *Go Free! The Meaning of Justification* (Downer Grove, Ill. : InterVarsity Press, 1976), pp. 16, 17. 참조. Loraine Boettner, *The Reformed Doctrine of Predestination* (Grand Rapids : Wm. B. Eerdmans, 1932, 1960), pp. 69, 70.

제4부

하나님이 그리스도 안에서 내신 구제책

40
그러나 이제는
로마서 3 : 21

이제는 율법 외에 하나님의 한 의가 나타났으니 율법과 선지자들에게 증거를 받은 것이라.

이 책 서른아홉 장을 통해 로마서의 두 장과 절반을 공부하는 동안 인류가 죄 때문에 멸망했다는 슬픈 이야기를 보았다. 이제 3 : 21에서는 바울의 이 편지에서 새롭고 활짝 갠 지점에 이르게 된다. 죄와 하나님의 진노라는 암울한 내용을 벗어나, 하나님께서 주 예수 그리스도를 통해서 죄인들에게 큰 은혜를 베푸셨다는 놀라운 소식을 보면서 안도감에 가슴을 쓸어내린다.

성경을 이해하려면 성경에 쓰이는 중요한 용어들, 이를테면 **의롭다 함, 구속, 믿음, 대속, 순종, 은혜**, 그리고 그외 많은 단어들을 이해하지 않으면 안 된다. 이 용어들의 뜻을 모르고서는 성경을 이해한다고 할 수 없다. 그러나 때로는 하찮아 보이는 단어들이 성경을 이해하는 데 중요한 관건 역할을 하기도 한다. 이를테면 요한복음 3 : 16에서 "이처럼"이란 단어가 그런 예에 속한다 : "하나님이 세상을 **이처럼** 사랑하사 독생자를 주셨으니…" 이 구절에서 "이처럼"이란 무슨 뜻인가? 그 뜻을 알려면 얼핏 듣고 생각하는 것보다 좀더 깊이 들어가 생각해야 한다.

로마서 3 : 21의 서두에는 그런 단어가 두 개 나온다. "그러나 이제는"이란 단어들이다(한글개역성경에는 '그러나' 가 '이제는' 이란 단어에 함축되어 있다).

얼마나 엄청난 단어들인가! 로이드 존스(D. M. Lloyd Jones)는 이 단어들을 가리켜 하나님께서 인류를 대해 오신 방법의 "중대한 전환점"이자 로마서의 전환점이라고 한다.[1] 다른 사람은 "인간의 실패 앞에서 하나님께서 보이신 위대한 '그럼에도 불구하고'"라고 부른다.[2] 만약 로마서 처음 두 장과 반 장을 주의 깊게 공부하지 않았다면, 이 단어들을 이해할 위치에 도달하지 못한 셈이다. 왜냐하면 앞 장들이 말하는 변화가 좀처럼 변화처럼 보이지 않을 것이기 때문이다. 과거를 바로 이해하지 못하면 현실을 옳게 평가할 수 없다.

그러나 이제 우리는 할 수 있다! 우리는 과거를 공부했다. 따라서 그 두 단어는 우리에게 큰 기쁨의 외침이요 환희의 찬가로 다가선다.

전환점

어디서 시작해야 할까? 물어볼 여지도 없이 이제는이라는 단어에서부터 시작해야 한다. 이 단어는 시간, 즉 역사에 변화가 생겼음을 시사한다. 이전에는 무언가 나쁜 것이 존재해 왔다는 뜻이다. 이제는 상황이 변했다.

바울의 글들을 자세히 읽어보면 "전에는"과 "이제는"이 큰 대조를 이루는 것을 알 수 있다. 이유는 간단하다. 암울했던 과거와 영광스러운 현재 간의 변화는 바울 자신이 체험한 변화이기 때문이다. 그 변화는 다메섹으로 가는 길에서 일어났다. 그 사건이 있기 전에 바울은 예수 그리스도와 그 제자들의 원수였다. 어떻게 해서든 그들을 제거하려고 했고, 광신자들이 대개 그렇듯이 자기가 올바른 일을 하고 있다고 생각했다. 그러나 실제로는 아주 캄캄한 상태에서 하나님을 모른 채 그분을 대적하고 있었다. 그가 다메섹으로 가고 있을 때 예수 그리스도가 나타나사 자신이 하나님의 아들이며 그가 박해하고 있는 대상이라고 밝히셨다. 그 순간 바울의 눈에서는 비늘이 떨어지고, 하늘의 진리가 새로운 빛으로 임하여 그의 마음에서 모든 어둠을 몰아냈다. 그때부터 바울은 교만과 편견과 박해의 생활을 청산하고 그리스도와 그분의 복음을 섬기는 새 생활을 시작했다. 예수께 고침을 받은 소경처럼 바울은 이제 "… 한 가지 아는 것은 내가 소경으로 있다가 지금 보는 그것이니이다" 하고 말할 수 있게 되었다(참조. 요 9 : 25).

바울은 빌립보서에서 그 변화를 신학 용어로 설명해 가되, 자신의 경험을 강조하는 방식으로 설명한다 : "그러나 나도 육체를 신뢰할 만하니 만일 누구든지 다른 이가 육체를 신뢰할 것이 있는 줄로 생각하면 나는 더욱 그러하리니 내가 팔일 만에 할례를 받고 이스라엘의 족속이요 베냐민의 지파요 히브리인 중의 히브리인이요 율법으로는 바리새인이요 열심으로는 교회를 핍박하고 율법의 의로는 흠이 없는 자로라. 그러나 무엇이든지 내게 유익하던 것을 내가 그리스도를 위하여 다 해로 여길 뿐더러 또한 모든 것을 해로 여김은 내 주 그리스도 예수를 아는 지식이 가장 고상함을 인함이라…"(빌 3 : 4-8, 고딕은 저자의 표기).

그리스도인들을 붙잡아 죽이려고 다메섹으로 가던 길에 예수님을 만난 일은 바울에게 삶과 죽음이라는 큰 차이를 이루어 놓았다.

진노에서 의로

그런데도 바울은 로마서 이 문맥에서 이 엄청난 시간적 또는 역사적 변화를 개인의 변화로 이야기하지 않고 하나님께서 인류를 구원하시기 위해 해주신 일로 이야기한다. 만약 하나님께서 이 일을 하시지 않았다면 우리의 현재와 미래 상황은 폐허와 같았을 것이다. 그것은 이미 로마서 1 : 18-3 : 20에서 살펴본 내용이다. 우리는 진노 아래 있었을 것이고, 영적으로 도덕적으로 내리막길로 치닫고 있었을 것이다. 인간의 의로 스스로 돕거나 구원할 아무런 가능성도 없이 말이다. 바울이 에베소서에서 우리가 거듭나지 못했을 때의 상태라고 이야기한 "… 세상에서 소망이 없고 하나님도 없는 자"(엡 2 : 12)라는 말이 꼭 우리의 상황이었을 것이다. 그러나 이제는 상황이 달라졌다. 주 예수 그리스도께서 이루신 일 때문에 희망이 생겼다. 예수님의 성육신, 생애, 죽음, 부활이 모든 것을 바꾸어 놓았다.

구체적으로 무엇이 바뀌었는가? 바울은 이 본문과 다른 본문들에서 "이제는"이라는 표현을 써서 다음과 같은 분야들에서 변화가 일어났다고 말한다 :

1. **진노와 의.** 첫째 변화는 본문에서 가장 명확하게 볼 수 있는 것이다. 바울이 "이제는 율법 외에 하나님의 한 의가 나타났으니 율법과 선지자들에게 증거를 받은 것이라"고 말할 때, 이 말을 앞에 선언한 말과 대조하고 있는 것이 분명하다. "하나님의 진노가 불의로 진리를 막는 사람들의 모든 경건치 않음과 불의에 대하여 하늘로 좇아 나타나나니"(롬 1 : 18). 전에는 하나님의 진노가 우리를 겨냥하여 나타나고 있었다. 이제는 하나님의 의가 알려진다.

이 설교를 쓰기 몇 주 전에, 나는 프랑스 남부에서 열린 선교사들의 모임에 강사로 초빙을 받아 갔는데, 그때 전한 메시지들 가운데 하나는 우리 시조의 타락을 전한 창세기 3장에 관한 것이었다. 설교 과정에서, 하나님께서 아담과 하와에게 짐승의 가죽으로 옷을 지어 입히신 것은 장차 주 예수 그리스도를 믿을 모든 사람들에게 그리스도의 의로 옷을 입혀 주실 일의 표상이라고 전했다(물론 그들이 다 아는 말이었다). 설교를 마치자 어떤 연로한 선교사 한 분이 와서 "요새는 그 말씀을 자주 듣지 못합니다. 아주 중요한 교훈인데 말이에요" 하면서, 그리스도의 의로 옷 입는 것을 강조한 것에 사의를 표했다.

나는 고개를 끄덕이며 그게 참으로 중요한 교훈이라고 대답했다. 그러나 그 교훈에는 하나님의 진노도 똑같이 중요하다는 뜻이 담겨 있다. 만약 예수 그리스도 밖에서는 하나님의 진노 아래 있고 영원한 심판을 받게 된다는 점을 알지 못하면, 하나님께서 그리스도의 속죄를 통해서 구원을 내미시는 동안 해 주신 일이 얼마나 위대한 것인지를 이해할 수 없다.

오늘날 사람들은 대체로 자기들이 하나님과 좋은 관계에 있다고 생각한다. 그렇지 않다면 그건 순전히 하나님께서 조금 언짢으시거나 까다롭기 때문이라고 생각하며, 결국에는 그걸 극복하실 거라고 생각한다. 물론 영 잘못된 생각이다. 바울이 로마서 첫장에서 말하는 것이 오히려 사실이다. 우리는 하나님께서 자신에 관한 사실을 계시해 오셨는데도 그 진리를 억누름으로써 하나님을 배척해 왔다. 그 결과 하나님께서는 이미 진노를 쏟아붓고 계시다. 우리 죄 때문에 생긴 결과들에 우리를 방치해 오셨다. 바울은 로마서 1 : 29-31에서 이렇게 방치된 상태의 종국을 묘사한다. "모든 불의, 추악, 탐욕, 악의"가 있다. 그 상황에 이른 사람들에 대해서 이렇게 말한다 : "시기, 살인, 분쟁, 사기, 악독이 가득한 자요 수군수군하는 자요 비방하는 자요 하나님의 미워하시는 자요 능욕하는 자요 부모를 거역하는 자요 우매한 자요 배약하는 자요 무정한 자요 무자비한 자라." 이런 것들은 하나님께서 인류를 자신의 악한 소행에 버려 두는 방식으로 진노를 나타내실 때 인류에게 생기는 것들이다.

어떻게 하면 이런 것에 사로잡히지 않을 수 있을까? 스스로의 힘으로는 불가능하다. 바울은 진노 대신에 "(그러나) 이제는 율법 외에 하나님의 한 의가 나타났으니" 하고 말한다. 우리가 우리 죄 때문에 들어간 진노의 자리에서 구원을 받을 수 있는 길은 이것뿐이다. 그러나 이 길 하나가 있는 것에 하나님께 감사해야 한다.

2. **정죄와 칭의**. 두 번째 변화는 정죄에서 칭의로 옮기는 변화이다. 이것은 로마서 3장의 계속되는 말씀에서 여실히 드러나는데, 바울의 말을 들어보자 : "… 차별이 없느니라. 모든 사람이 죄를 범하였으매 하나님의 영광에 이르지 못하더니 그리스도 예수 안에 있는 구속으로 말미암아 하나님의 은혜로 값없이 의롭다 하심을 얻은 자 되었느니라"(22-24절). 그런데도 이 진리를 보게 되는 곳은 이곳만이 아니며, 다른 곳과 비교할 때 이곳에서는 그리 강렬한 용어가 쓰인 것도 아니다. 오히려 로마서 8 : 1을 생각해 보자 : "그러므로 이제 그리스도 예수 안에 있는 자에게는 결코 정죄함이 없나니." 로마서 5 : 9도 "그러면 이제 우리가 그 피를 인하여 의롭다 하심을 얻었은즉…" 하고 선언한다.

사람들은 대부분 자기들이 정죄 아래 있다고 생각하지 않는다. 그 이유는 분명하다. 일찌감치 그들에게 내린 판결이 아직 충분히 집행되지 않았기 때문이다. 아직도 목숨을 유지하며 잘살고 있다. 그렇게 남아 있기를 바란다. 그런데도 여전히 정죄 아래 있고 결국에는 멸망할 것이다. 예수님은 이 점을 명백히 말씀하셨다 : "하나님이 그 아들을 세상에 보내신 것은 세상을 심판하려 하심이 아니요 저로 말미암아 세상이 구원을 받게 하려 하심이라. 저를 믿는 자는 심판을 받지 아니하는 것이요 믿지 아니하는 자는 하나님의 독생자의 이름을 믿지 아니하므로 벌써 심판을 받은 것이니라. 그 정죄는 이것이니 곧 빛이 세상에 왔으되 사람들이 자기 행위가 악하므로 빛보다 어두움을 더 사랑한 것이니라"(요 3 : 17-19). 이 말씀은 사람이 자기들의 악으로 하나님께 관한 진리를 막고 있다는 바울의 말과 아주 가깝다. 그들은 일찌감치 진노 아래 들어가 있는 것이다.

그러나 이제 그리스도의 사역 때문에 정죄 대신에 칭의 아래 들어갈 수 있는 길이 생겼다. "그리스도 예수 안에 있는 구속으로 말미암아"(롬 3 : 24) 얻는 칭의가 있는 것이다.

3. **속박과 자유**. 죄는 우리를 하나님의 공의로운 진노와 정죄 아래 들어가게 하는 것만이

아니다. 죄는 우리를 노예로 삼아 참으로 선한 생활을 할 수 없게 만든다. 그런데도 상황은 바뀔 수 있다. 로마서 7 : 6에서 바울은 그러나 이제라는 중요한 두 단어를 다시 사용한다 : "(그러나) 이제는 우리가 얽매였던 것에 대하여 죽었으므로 율법에서 벗어났으니 이러므로 우리가 영(靈)이라는 새로운 방법으로 섬길 것이요 의문(儀文)이라는 묵은 방법으로 아니할지니라"(한글개역성경, … 이러므로 우리가 영의 새로운 것으로 섬길 것이요 의문의 묵은 것으로 아니할지니라). 이것은 아주 중요한 문제로써, 이 책 뒷부분에서 좀더 자세히 생각하게 될 것이다. 그러나 중요한 점은, 그리스도를 떠나서는 율법 아래 있게 되고, 죄에 얽매여 있으므로 율법을 지킬 수 없지만, 성령께서 우리를 그리스도께 연합시켜 주셔서 죄의 속박에서 풀려나 거룩한 생활을 할 수 있게 해주신다는 점이다.

바울은 일찌감치 이렇게 말해둔다. "그러나 이제는 너희가 죄에게서 해방되고 하나님께 종이 되어 거룩함에 이르는 열매를 얻었으니 이 마지막은 영생이라"(롬 6 : 22).

4. **배척과 관여.** 마지막 대조는 이방인들을 특히 인정하였다. 바울은 에베소서에 쓰여진 가장 좋은 표현으로 말했다. "이제는 전에 멀리 있던 너희가 그리스도 예수 안에서 그리스도의 피로 가까와졌느니라"(엡 2 : 13).

바울은 유대인이든 이방인이든 예수를 믿지 않으면 아무도 구원받을 수 없으므로 유대인들도 이방인들과 다름 없이 그리스도를 필요로 하지만, 그럼에도 당시의 유대인들은 비유대인들이 갖지 못한 커다란 영적 이점들을 갖고 있다는 사실을 잊지 않았다. 바울이 로마서 9 : 4에서 관찰하는 대로, 그들은 "양자(養子) 됨과 영광과 언약들과 율법을 세우신 것과 예배와 약속들"을 갖고 있었다. 이방인들은 이런 것들로부터 단절되어 있었다. 그런데도 이 지상의 시민권에서 배제되어온 사람들이 이제는 믿는 유대인들과 새로운 관계에 들어오게 되었다. 바울은 "결론적으로" 이렇게 말한다 : "그러므로 이제부터 너희가 외인도 아니요 손도 아니요 오직 성도들과 동일한 시민이요 하나님의 권속이라"(엡 2 : 19).

새로우면서도 뿌리 깊은 복음

"그러나 이제는"이라는 단어들은 믿는 사람과 하나님 간의 관계에서 어떤 새로운 것이 세상에 들어오게 된 것을 가리킨다고 지금까지 나는 역설해 왔다. 그러나 또 한 가지 말할 것이 있다. 어떤 각도에서 보면 그리스도의 사역으로 역사에 새로운 어떤 것이 실제로 발생했다는 게 사실이지만, 다른 각도에서 보면 그것이 전혀 "새로운" 것이 아니며, 오히려 하나님께서 창세 이래로 사람을 구원하실 때 사용해 오신 똑같은 구도의 다른 표현일 뿐이라는 사실이다. 역사적 의미에서는 그것이 새로운 것이지만, 구원의 방식으로는 하나님의 마음에 항상 존재해온 것이다. 바울은 디모데후서 1 : 9-10에서 이 점을 명백하게 밝힌다 : "… 오직 자기 뜻과 영원한 때 전부터 그리스도 예수 안에서 우리에게 주신 은혜대로 하심이라. 이제는 우리 구주 그리스도 예수의 나타나심으로 말미암아 나타났으니…"

바울은 로마서 3 : 21에서도 "하나님의 의"가 "율법과 선지자들에게 증거를 받은 것"이라고 말하면서 똑같은 주장을 한다. "율법과 선지자들"이란 물론 구약 성서를 가리킨다. 따라서 자연히 의문이 생긴다. 구약 성서가 어디서 어느 방식으로 예수 그리스도를 통해서 세상에 들어오게 된 은혜를 증거하는가?

이것은 대답하기 어려운 질문이 아니다. 구약 성서 맨 처음 부분으로 돌아가서, 아담과 하와가 선악과를 따먹고 하나님께 반역한 뒤 하나님께서 그들에게 어떻게 오셨는지를 생각해 보자. 하나님께서는 그들에게 심판을 내리시어, 유혹을 일으킨 뱀을 저주하시고, 그것에 넘어간 아담과 하와를 벌하셨다. 그러나 이렇게 경직되고 두려운 말씀을 하시다가, 뱀에게 이렇게 말씀하셨다 : "내가 너로 여자와 원수가 되게 하고 너의 후손도 여자의 후손과 원수가 되게 하리니 여자의 후손은 네 머리를 상하게 할 것이요 너는 그의 발꿈치를 상하게 할 것이니라"(창 3 : 15).

이것은 예수 그리스도가 세상에 오사 사단에게 상처를 입으실 일에 관해서 말한다. 사단은 그의 발꿈치를 물겠지만, 그리스도는 사단의 머리를 밟아 그와 그의 일을 영원히 멸하실 것이다. 내가 다른 곳에서 지적했듯이, 아담과 하와는 이 예언을 믿었고, 장차 오실 이 강하신 분을 믿음으로 바라봄으로써 구원을 얻었다. 마치 우리가 똑같은 믿음으로 그분을 되돌아 봄으로써 구원을 받듯이 말이다.[3]

창세기를 좀더 읽어 나가면 하나님께서 아브라함에게 이 구속자에 관해 좀더 하신 말씀을 보게 된다. 하나님께서는 처음부터 아브라함에게 "… 땅의 모든 족속이 너를 인하여 복을 얻을 것이니라"(창 12 : 3) 하고 말씀하셨다. 그러나 내용이 전개되어 가면서 하나님께서 초기의 그 난해한 계시에 좀더 살을 붙이시다가, 나중에는 아브라함에게 이삭을 제물로 바치라고 명령하시는 큰 시험에 관한 기사에 이르러서는 땅의 족속들에게 복을 받게 할 이는 아브라함 자신이 아니라 그의 "씨"였음을 알게 된다(창 22 : 18). 훗날 바울은 이 단어가 단수로서, 아브라함의 자손 전체인 이스라엘 민족을 가리키지 않고, 인류를 위해 죽음으로써 인류를 구속할 한 사람의 특별한 후손임을 지적하곤 했다(참조. 갈 3 : 8, 15-16).이삭을 제물로 바쳐야 할 목전의 일은 장차 바로 그 산에서 하나님께서 당신의 외아들을 우리를 위해 내어주실 일을 현저히 보여 주는 상(像)이었다.

이스라엘의 의식법(儀式法)은 예수 그리스도를 가리킨다. 그분은 세상 죄를 제거하시는 하나님의 어린양이시기 때문이다. 그분은 제사들의 본뜻을 성취하신다. 더욱이 성전 기물들 하나하나와 이스라엘의 예배 의식 하나하나가 그분을 가리킨다.

시편에는 예수님에 관한 위대한 말들이 많이 나온다.

시편 16 : 10은 주님의 부활을 예언한다. "이는 내 영혼을 음부에 버리지 아니하시며 주의 거룩한 자로 썩지 않게 하실 것임이니라." 이 구절은 오순절에 베드로가 인용하며(행 2 : 27), 바울이 비시디아 안디옥에서 이방인들 앞에서 인용한다(행 13 : 35).

시편 22편은 그리스도가 십자가에 달리시던 장면을 묘사한다. 주님은 십자가에 달리신 상태에서 이 예언의 첫 절들을 인용하셨다(참조. 마 27 : 46과 병행절들).

시편 23편은 예수님을 선한 목자로 묘사하며, 주님께서는 요한복음 10장에 기록된 대로 그 주제를 설명하셨다.

시편 24편은 예수께서 영광스럽게 하늘로 승천하신 일을 묘사한다.

그밖에 구약의 선지서들은 어떠한가? 선지서들에는 예수께 관한 구체적인 언급들이 열거하기 어려울 정도로 많다. 그러나 이사야가 남긴 위대한 고난의 종 본문, 그중에서도 특히 다음 부분은 간과할 수가 없다 :

> 그는 멸시를 받아 사람에게 싫어 버린 바 되었으며
> 간고를 많이 겪었으며 질고를 아는 자라.
> 마치 사람들에게 얼굴을 가리우고 보지 않음을 받는 자 같아서
> 멸시를 당하였고, 우리도 그를 귀히 여기지 아니하였도다.
> 그는 실로 우리의 질고를 지고 우리의 슬픔을 당하였거늘

> 우리는 생각하기를 그는 징벌을 받아서
> 하나님에게 맞으며 고난을 당한다 하였노라.
> 그가 찔림은 우리의 허물을 인함이요
> 그가 상함은 우리의 죄악을 인함이라.
> 그가 징계를 받음으로 우리가 평화를 누리고
> 그가 채찍에 맞음으로 우리가 나음을 입었도다.
> 우리는 다 양 같아서 그릇 행하여 각기 제 길로 갔거늘
> 여호와께서는 우리 무리의 죄악을 그에게 담당시키셨도다.
>
> 이사야 53 : 3-6

예수 그리스도를 통하여 성취될 이런 구원의 예언들은 구약 전체를 통해서 수천 곳은 아니더라도 수백 곳은 나온다.

그런 예언들을 말함

그러나 중요한 것은 이들 구약의 예언들을 이해하거나 심지어 아는 것이 아니라, 그 예언들이 말하는 변화가 여러분에게 실재인가 하는 것이다. 여러분은 신학을 그다지 모를 수도 있다. "칭의"(Justification), "화목"(Propitiation), "구속"(Redemption) 같은 용어들을 막연한 일반론 정도로 알고 있을 수도 있다. 그러나 여러분은 자신의 과거 생활이 어떠했는지는 안다. 지난날 지은 죄들, 실패한 일들이 지금 여러분에게는 참으로 과거지사인가? 여러분은 다음과 같이 말할 수 있는가? : "한때는 정말로 내가 그러했다. 로마서 처음 두 장과 반 장에 묘사된 사람과 정말로 같았다. 그러나 그건 과거지사일 뿐이다. 이제는 그리스도께서 오셔서 나를 구원하셨고, 나는 그분 때문에 완전히 새로운 피조물이 되었다."

마틴 로이드 존스(D. Martyn Lloyd Jones)는 이것으로 여러분이 그리스도인인지 아닌지를 시험해 볼 수 있는 방법이며, 여러분이 과연 그렇다면 확신을 새롭게 하고 힘을 얻을 수 있는 방법이라고 한다 :

마귀가 여러분을 비판하면서, 여러분은 그리스도인이 아니며, 마음에 여전히 남아

있는 것으로 보거나 여전히 행하고 있는 것으로 보건대, 또는 한때 저지른 일로 보건대 절대로 그리스도인이 아니라고 주장할 때 여러분은 뭐라고 하는가? 그 말에 수긍하는가? 아니면 "그래, 한때는 그랬지… 그러나 이제는…" 하고 말하는가? "그러나 이제는"이란 말로 그에게 반박하는가? 아니면 성경을, 구약의 율법을, 산상수훈을 읽다가 나는 죄인이며 멸망의 자녀라고 느낄 때, 여러분은 좌절한 채 그냥 땅에 엎드려져 있는가, 아니면 "그러나 이제는"이라고 하며 고개를 드는가? 이것이 그리스도인이 지니는 중요한 태도이다. 이것이 우리를 정죄하고 실의에 빠뜨리는 율법의 고소들, 양심의 고소들, 그밖의 모든 고소들에 대해 믿음이 내놓는 답변이다. "그러나 이제는"은 아주 놀라운 단어들이며, 이 단어들을 꽉 붙들고서 그 엄청난 중요성과 현실적인 의미를 깨닫는다는 건 참으로 중요한 일이다.[4]

여러분은 그렇게 말할 수 있는가? 예수님을 믿고 그분이 여러분을 위해서 죽으셨음을 믿는다면 그렇게 말할 수 있다.

"한때 나는 소경이었다. 그러나 이제는 본다."

"한때 나는 길을 잃었다. 그러나 이제는 목자가 나를 찾으셨다."

"한때 나는 하나님의 의로운 진노의 대상이었다. 그러나 이제는 예수님을 믿음으로 하나님의 의(義)라는 선물을 받음으로써 예수님께 구원을 받았다."

여러분은 이렇게 말할 수 있는가?

● 각주 ●

1. D.M. Lloyd-Jones, *Romans : An Exposition of Chapters 3 : 20-4 : 25, Atonement and Justification* (Grand Rapids : Zondervan, 1970), p. 23.

2. Ray C. Stedman, *From Guilt to Glory*, vol. 1, *Hope for the Helpless* (Portland : Multnomah Press, 1978), p. 87.

3. 참조. James Montgomery Boice, *Genesis : An Expositional Commentary*, vol.1, *Genesis 1 : 1-11 : 32* (Grand Rapids : Zondervan, 1982), pp. 183-188. 이 장에는 "믿음으로 사는 삶"(Living by Faith)이란 제목이 붙어 있다.

4. Lloyd-Jones, *Romans : An Exposition of Chapters 3 : 20-4 : 25*, p. 27.

41
율법과 무관한 일
로마서 3 : 21-24

이제는 율법 외에 하나님의 한 의가 나타났으니 율법과 선지자들에게 증거를 받은 것이라 곧 예수 그리스도를 믿음으로 말미암아 모든 믿는 자에게 미치는 하나님의 의니 차별이 없느니라 모든 사람이 죄를 범하였으매 하나님의 영광에 이르지 못하더니 그리스도 예수 안에 있는 구속으로 말미암아 하나님의 은혜로 값 없이 의롭다 하심을 얻은 자 되었느니라.

로마서 3 : 21-31에서 우리는 로마서 뿐만 아니라 성경 전체에서도 핵심이 되며, 따라서 실체 자체가 되는 주제들을 다룬다. 모든 인생과 역사에서 이 가르침들보다 더 중요한 것은 없다. 그러나 오늘날 누가 그렇게 생각하나? 추상적인 사고는 사고 자체를 의심받은 이 시대에 누가 그 중요성을 인정하나? 수많은 그리스도인들 중에서도 바울이 여기서 말하는 내용을 과연 누가 깨닫나? 이 시대는 모두가 자아 중심적이고 순간적이며 감각적인 만족에 몰두하는 시대이다. 신앙의 가르침마저 현실의 "필요들"과 단기간의 목표들에 도움이 되는 정도에 따라 평가하는 시대다.

폐쇄된 우리의 사고 방식이 바뀌기 전에는 아무도 인간과 우주에 관한 기본적인 진리들을 가르쳐 성과를 거둘 수 없다. 그러나 이런 것은 비단 우리 시대만이 아니라 어느 시대든지 그랬다. 사도 바울이 섹스(性)와 서커스를 즐기느라 경황이 없던 세대에게 구원의 메시지를 전하기가 어려웠던 것은 오늘날 그리스도인들이 텔레비전과 컴퓨터에 마춰된 세대에 게 똑같은 메시지를 전하기가 어려운 것과 다를 바 없었다.

그러나 우리는 노력해야 한다. 바울이 그랬듯이 우리도 시도해야 한다. 하나님의 말씀을 전해야 한다. 그것은 하나님께서 참으로 무엇이 문제인지에 관해서 우리에게 하신 유일한 말씀이기 때문이다.

네 가지 위대한 교훈들

바울이 로마서 이 부분을 어떤 식으로 시작했는지는 앞에서 보았다. "그러나 이제는"이 란 단어들을 가지고 시작했다. 이 단어들은 아주 중요한 어떤 것이 발생했다는 것과, 그것 이 바울과 다른 복음 전파자들이 선포하고 있던 좋은 소식의 실재라는 것을 지적한다. 이 가르침을 간단히 요약하자면 이러하다.

1. 하나님께서는 사람이 스스로 소유하지 못하는 자신의 의를 사람들에게 베푸셨다. 이것 이 하나님 말씀의 심장 또는 주제이다. 이것은 실현되었다는 점에서는 새로운 것이지만, 이 미 구약에 충분히 예언되어 왔다.

2. 이 의는 은혜로 말미암는다. 우리는 그 의를 받을 자격이 없다. 영원히 그럴 자격이 없다.

3. 하나님 편에서 이 은혜를 사람에게 주실 수 있게 만든 것은 그 백성을 위해 죽으사 그 들을 그들의 죄에서 구속하신 주 예수 그리스도의 사역이다. "그러나 이제는"이란 말에서 "이제는" 하고 말하는 것은 그런 이유 때문이다. 기독교 복음이 있게 된 이유는 예수님의 죽 음 때문이다.

4. 하나님께서 값없이 베푸신 이 의는 단지 믿음을 통해서만 우리의 의가 된다. 예수님의 사역에 관해서 하나님을 믿고 의지하는 것이 유대인이든 이방인이든 구원받을 수 있는 유 일한 길이다.

이런 교훈들이 얼마나 중요한가 하는 것은 그 교훈들을 설명하는 과정에서 더욱 분명해질 것이다. 그러나 여기서라도 그 교훈들의 중요성을 얼마든지 알 수 있다. 바울이 편지의 논제로 이미 진술한 내용의 반복에 지나지 않는 것들임을 알면 말이다. 예를 들면, 이 편지 서두의 인사말에 이미 그 교훈들이 진술되었다. "예수 그리스도의 종 바울은 사도로 부르심을 받아 하나님의 복음을 위하여 택정함을 입었으니 이 복음은 하나님의 선지자들로 말미암아 그의 아들에 관하여 성경에 미리 약속하신 것이라. 이 아들로 말하면 육신으로는 다윗의 혈통에서 나셨고 성결의 영으로는 죽은 가운데서 부활하여 능력으로 하나님의 아들로 인정되셨으니 곧 우리 주 예수 그리스도시니라. 그로 말미암아 우리가 은혜와 사도의 직분을 받아 그 이름을 위하여 모든 이방인 중에서 믿어 순종케 하나니"(롬 1 : 1-5). 로마서 3 : 21-31의 가르침이 모두 이 서두의 인사말에 담겨 있다. 동일한 복음이다.

그것은 로마서 1 : 16-17에 기록된, 바울의 논지 서두에서도 찾아볼 수 있다.

> 내가 복음을 부끄러워하지 아니하노니 이 복음은 모든 믿는 자에게 구원을 주시는 하나님의 능력이 됨이라. 첫째는 유대인에게요 또한 헬라인에게로다. 복음에는 하나님의 의가 나타나서 믿음으로 믿음에 이르게 하나니 기록된바 오직 의인은 믿음으로 말미암아 살리라 함과 같으니라.

따라서 나는 이 장 서두에서 말한 바를 반복한다. 모든 인생과 역사에서 이 가르침들보다 더 중요한 것은 없다. 영원에 관한 문제들이 이 진리들에 걸려 있으며, 따라서 이 시대 사람들이 아무리 배척하고 조롱하더라도 그 진리들에 충실히 남아야 한다.

목적격 소유격과 주격 소유격

위에 열거한 네 가지 교훈들 중에서 첫째, 즉 "하나님께서는 사람이 스스로 소유하지 못하는 자신의 의를 사람들에게 베푸셨다"는 교훈부터 살펴 보기로 하자. 나는 로마서 3 : 21을 옮길 때 "하나님의(of) 의"라고 하여 그것이 하나님 자신의 의임을 암시한 반면에(KJV대로), NIV는 "하나님께로서 온(from) 의"라고 옮긴다. 어떤 것이 옳을까? 하나님께로서 온 의일까? 아니면 하나님의 의일까? 그 둘 사이에 어떤 차이가 있을까?

이런 번역상의 차이는 헬라어 본문이 단순한 소유격 구조로 되어 있는 데서 생긴다. 영어로는 대개 그 소유격을 "의"(of)라고 옮긴다. 그러나 영어와 마찬가지로 헬라어에서도 그것은 문법학자들이 주격 소유격(subjective genitive)이라고 부르는 것일 수도 있고 목적격 소유격(objective genitive)이라고 부르는 것일 수도 있다. 주격 소유격은 "의" 앞에(영어에서는 ´of´ 다음에) 오는 단어가 주어이거나 개념의 원천일 경우에 성립된다. "하나님의 사랑"(love of God)이 그 예다. 이 구절은 대개 그것이 하나님의 사랑이라는 뜻이다. 하나님은 사랑께서는 원천이시고 그 행위의 주체이시다. 성경 밖에서 예를 들자면 "찰스 디킨스의 소설들"(novels of Charles Dickens)이란 구절을 들 수 있다. 이것은 디킨스가 그 소설들의 저자라는 뜻이다. 그가 그 소설들을 썼다. 그 소설들이 그에 관한 것들이라는 뜻이 아니다. 소유격의 또다른 형태는 문법학자들이 목적격 소유격이라 부르는 것이다. 그것은 "의" 앞에(영어에서는 ´of´ 다음에) 오는 단어가 다음에 오는 단어의 목적어가 되는 상황을 가리킨다. "고통의 세상"(world of misery)을 예로 들 수 있다. 이것은 고통이 세상의 원천이라거나, 심지어 세상의 문제들의 원천이라는 뜻이 아니라, 세상을 고통으로 특징지을 수 있다는 뜻이다. 고통스런 세상이란 뜻이다. 이 구조에서는 "**고통**"이란 단어가 형용사 기능을 한다.

그렇다면 "하나님의 의"라는 구절은 어떻게 번역해야 할까? 목적격 소유격이라면 그것은 하나님 자신의 본성에 의해 결정되는 의다. 즉, 그것은 하나님의 의, 즉 신적 의다. 스코필드 성경(The Scofield Bible)의 편집자들이 그런 식으로 생각하는 듯하다. 그들은 로마서 3 : 21에 다음과 같은 주해를 붙이기 때문이다 : "하나님의 의는 하나님께서 요구하시고 인정하시는 의이며, 궁극적으로는 우리를 대신해서 율법의 모든 요구를 이루신 그리스도에게서 발견된다." 그들은 고린도전서 1 : 30을 인용함으로써 이 해석을 뒷받침한다 : "… 예수는 하나님께로서 나와서 우리에게 의로움… 이 되셨으니."

나는 본문에서 이 개념의 뒷받침 거리를 찾는다. 왜냐하면 바울의 주요 논지는 하나님의 의가 그리스도의 인격과 사역으로 **드러났다**는 것이기 때문이다. 그 이전에는 이 의가 무엇과 같은지를 이해할 만한 적합한 방법이 없었으나, 이제는 구주 안에서 그 의를 보기 때문에 방법이 있다.

반대로, 이것이 주격 소유격이라면(목적격 소유격이라기보다는), 바울의 말은 하나님께서 이 의의 원천이시며, 하나님께서 **그것을 우리에게 주시는 것**은 예수 그리스도 안에서라는 가르침으로 이해해야 한다. NIV 번역자들은 다음과 같이 옮기는 점으로 봐서 이런 개념을 선호한 듯하다 : "그러나 이제는… 하나님께로서 온 한 의가 나타났으니."

이 문제는 둘 다 옳기 때문에 양자 택일을 할 필요가 없는 경우이다. 의는 주 예수 그리스도 안에 나타난 것이지만, 우리에게 필요한 것은 우리 자신의 의가 아니라 그분의 의인 것 또한 사실이다. 그리스도가 아니면 우리는 서로와만 비교할 수 있었을 것이고, 따라서 거룩하신 하나님께서 요구하시는 것을 아주 부적합하게 생각하고 있었을 것이다. 바울 자신이 다메섹 도상에서 예수님을 만나기 전에 하고 있던 일이 바로 그것이다. 그는 자신을 다른 사람, 심지어 당대의 가장 도덕적인 사람들과 비교했고, 긍지를 가져도 될 만한 것이 자기에게 많다고 결론지었다 : "만일 누구든지 다른이가 육체를 신뢰할 것이 있는 줄로 생각하면 나는 더욱 그러하리니"(빌 3 : 4). 그러나 다메섹 도상에서 예수님을 보았을 때, 그는 처음으로 참된 의가 무엇인지 깨닫게 되었고, 자신의 선행을 무가치하게 여길 줄 알게 되었다. 바울은 이렇게 쓴다. "… 내가 그를 위하여 모든 것을 잃어 버리고 배설물로 여김은 그리스도를 얻고 그 안에서 발견되려 함이니 내가 가진 의는 율법에서 난 것이 아니요 오직 그리스도를 믿음으로 말미암은 것이니 곧 믿음으로 하나님께로서 난 의라"(8-9절).

위에 인용한 빌립보서 9절에도 명백히 드러나지만, 그리스도 안에 나타난 하나님의(of) 의는 동시에 우리에게 하나님께로서 온(from) 의이기도 하다. 만약 하나님께서 그 의를 주시지 않았다면, 우리들 중 누구도 스스로 그 의를 얻을 수 없었을 것이기 때문이다. 달리 말하자면, 구원은 선물이라는 말이다. 그것은 구속받은 사람들이 자기들을 구원해 주신 데 대해서 모든 찬양을 하나님께 드리게 되는 토대이다.

율법 외에

이런 개념들은 한데 합쳐서 생각해야 한다. 그리고 스스로의 노력으로 의를 얻을 수 없는 우리의 무능력과, 하나님께서 예수 그리스도의 사역을 통해서 그 의를 얻도록 해주신 방법에 관해서 말할 때는 항상 그런 개념들을 기억할 필요가 있다.

로마서 본문에서 하나님의 의가 절대로 올 수 없는 방법에 대해서 말할 때 사용하는 구절은 "율법 외에"라는 것이다. 물론 이것은 율법이 아무런 가치도 없다는 뜻은 아니다. 그 문장은 율법의 가치들 중 한 가지를 생각나게 한다. "율법과 선지자들"이 예수 그리스도 안에서 장차 올(그리고 결국에는 온) 의를 증거했다고 말하기 때문이다. (앞 장에서 그런 일을 하는 몇몇 본문들을 살펴보았다.) 또한 로마서 3장 마지막 절에서도 바울은 율법이란 주제로 되돌아가 "그런즉 우리가 믿음으로 말미암아 율법을 폐하느뇨. 그럴 수 없느니라. 도리어 율법을 굳게 세우느니라"(31절) 하고 말하는 것을 발견한다. 율법은 구약 시대에 분명히 가치를 갖고 있었고, 기독교 시대에도 계속해서 가치를 갖고 있다.

신학자들은 하나님의 율법의 기능을 대개 두 가지로 나누어 말한다. (1) 실정법의 의도와 가깝게 악을 제재하는 기능. (2) 사람의 죄를 들춰내어 예수 그리스도가 필요함을 지적하는 기능. 이 둘은 중요한 기능들이다. 그러나 **율법이 발휘할 수도 없고 아예 본래 의도에도 포함되지 않는 기능은 그것을 지키는 사람을 구원하는 기능이다.**

그렇기 때문에 바울은 율법 외에 하나님의 의가 나타났다고 말하는 것이며, 그렇기 때문에 이 진술은 비록 구원받지 못한 사람들로서는 이해하거나 받아들이기 어려울지라도 복음이다. 바울이 로마서 후반에서 말하는 대로, 율법은 거룩하고, 의롭고, 선하다(참조. 롬 7 : 12). 만약 율법으로 구원을 받을 수 있다면, 하나님의 율법이 우리를 구원할 것이다. 그러나 우리는 율법을 지킬 수 없다. 지켜도 구원을 받을 수 없다. 우리는 하나님의 계명들을 지킬 수 없다. 율법이 우리에게 유익을 갖고 있다면, 그것은 우리 스스로의 노력으로는 하나님의 표준들을 만족시킬 수 없음을 볼 수 있게 하고, 그로써 그리스도께 돌아가게 하는 것이다. 이런 이유에서 바울은 "곧 예수 그리스도를 믿음으로 말미암아 모든 믿는 자에게 미치는 하나님의 의니…"(롬 3 : 22)라고 말했다.

이 사실을 좀 달리 말하자면, 시내산에서 이스라엘에게 율법이 내릴 때, 거룩하신 하나님의 엄격한 계명들을 열거한 책에 대속죄일에 어린양을 제물로 드리라는 지시도 포함되어 있었다. 하나님께서는 계명들을 내리셨지만, 아울러 제단도 함께 내리시어 대속(代贖)의 원칙을 가르치셨다. 다음과 같이 말씀하셨다는 것과 다름 없다 : "이게 내 계명들이다. 이것들을 지켜라. 그렇지 않으면 멸망한다. 그러나 나는 너희가 이 계명들을 지킬 수 없음을 알고 있다. 그래서 너희가 절대로 할 수 없을 일을 너희 능력에 맡겨 두지 않고, 대신 너희를 위해 죽을 내 아들을 바라보게 한다. 장차 내 아들이 할 일에 기초해서 나는 너희가 스스로 성취할 수 없는 의를 너희에게 준다. 그를 의지해라."

독특한 종교

이 개념은 아주 중요한 것이기 때문에, 나는 기독교가 이 근본적인 문제에서 아주 독특한 종교임을 입증함으로써 좀 달리 그 개념을 진술하고 싶다. 바울은 우리에게 절실한, 하나님께로서 온 의가 "율법과 무관한" 것이라고 했는데, 이 말은 주로 "하나님께서 이스라엘에게 주신 율법과 무관하게"라는 뜻이다. 존 머리(John Murray)가 자기 주석에서 말했듯이, 바울의 말 뜻은 "칭의에는 율법의 행위들로 말미암는 어떠한 기여도, 예비도, 부속물이나 보조물도 없다"는 것이다.[1]

그러나 "율법"은 의를 얻으려는 인간의 모든 노력을 포괄하기도 하며, 이렇게 볼 때 이 구절의 근본 원칙은 하나님의 의란 인간의 어떠한 행위와 무관하게 받는 것이라는 점이다.

바로 이 점에서 기독교는 인간의 다른 모든 종교와 뚜렷이 구분된다. 물론 모든 종교는 나름대로 독특한 주장들을 갖고 있다. 어떤 종교들은 하나님을 "지고자"(the Supream Being)라는 다른 이름으로 부른다. 어떤 종교들은 하나님께 이르는 이런 길을 강조하고, 다른 종교들은 저런 길을 강조한다. 어떤 종교들은 신비주의적이고, 다른 종교들은 아주 의식주의적이다. 그러나 기독교를 제외한 모든 종교가 신께 인간을 구원하도록 설득할 만큼 인간이 신을 위해 할 수 있는 일이 있다고 가르친다. 영원에 도달할 인간의 길을 가르친다. 내세의 지복에 오를, 인간이 만든 사닥다리를 가르친다. 오직 기독교만이 구원을 받는 데 인간이 할 수 있는 일은 아무것도 없다고 가르침으로써 인간을 겸손케 한다.

물론 사람이 일단 구원을 받으면 많은 일을 해야 할 의무와 특권이 따른다. 예수님이 우리를 제자가 되도록 부르시기 때문이다. 그러나 그런 일들을 한다고 해서 구원을 받는 것은 아니다. 아무리 최선의 행위들일지라도 그것들이 우리에게 가져다 줄 수 있는 것은 받아 마땅한 하나님의 심판뿐이다. 그러므로 자신이 정말로 예수님과 그분이 하신 일들을 믿고 있는지, 아니면 우리가 할 수 있다고 생각하는 바를 믿고 있는지 살피는 것이 아주 중요하다. 주석가 도널드 반하우스(Donald Barnhouse)는 이렇게 썼다.

여러분 각자의 마음을 살펴보라. 하나님께서 행위라는 표준을 버리셨듯이 자신도 스스로의 행위들을 버리고 갈보리 십자가에서 이루어진 사역을 의지하고 있는가?

아니면 손톱만큼이라도 스스로를 위해서 또는 하나님을 위해서 하고 있는 어떤 것을 의지하고 있는가? 이것이 '율법 밖에서 오는 의'라는 실체의 비밀이다. 인간의 행위 밖에서 오는 의다. 기독교는 완전히, 철저히 이루어진 사역에 관한 하나님의 말씀을 믿는 신앙이다…

율법과 무관하게 오는 의. 인간의 성품과 무관하게 오는 의. 의롭게 되는 사람의 본성을 조금도 고려하지 않고서 오는 의. 불의한 사람에게 하나님께로서 온 의. 십자가에 달린 도적 같은 사람도 구원하는 의. 여러분을 위해 마련된 의. 여러분 속에 있는 어떤 것에 힘입어 구원을 받겠다는 희망을 모두 버리고서 택해야 할 의.

그리고 이것을 명심하라.

그것은 여러분 속에서 실제적인 의를 이루어낼 수 있는 유일한 의다.[2]

참으로 좋은 소식

기독교의 이 순수한 핵심을 전달받을 때 사람들은 대개 반감을 표시한다. 자기가 스스로를 구원하고 싶어하며, 그게 불가능하다고 암시하는 것에 강한 반감을 느낀다. 하나님의 은혜와 자비에 전폭을 내맡기라고 요구하는 종교를 원하지 않는다. 그러나 기독교는 우리에게 절대적으로 필요한 종교일 뿐만 아니라, 결국 믿을 가치가 있는 유일한 종교이기도 하다. 이 점을 설명하겠다.

1. 만약 구원이 인간의 행위와 무관한 하나님의 선물이라면, 우리는 지금 당장 구원받을 수 있다. 지금보다 좀더 높은 수준에 오르거나 불확실한 미래의 시험을 통과할 때까지 기다리지 않아도 된다. 많은 사람들이 그때까지 기다려야 한다고 생각한다. (만약 자신에게 정직한 사람들이라면) 자기들의 생활과 행동이 스스로 설정한 표준과는 거리가 멀다는 것을 알고서 분투를 계속하고 있기 때문이다. 그러나 이것은 구원이 현재의 경험일 수 없고 언제나 미래의 일이라는 뜻이다. 그런 사람들은 언제나 구원을 얻기를 바라며, 그렇게 되지 못할까봐 두려워한다. 이 미래의 요소가 현재로 옮겨오는 것은 기독교뿐이다. 이렇게 옮겨올 수 있는 이유는 구원이 하나님께 가납될 만한 공로들을 축적할 우리의 능력에 기초를 두지

않고, 오히려 하나님께서 이미 우리를 위해 해 놓으신 일에 기초를 두기 때문이다. 예수님이 십자가에서 "다 이루었다"고 하셨을 때, 그 말씀은 다른 뜻이 아니었다. 예수님의 완성된 사역이 우리가 하나님께 의롭다 함을 받는 유일한 근거이다. 이것은 과거에 성취된 일이므로, 구원은 지금 우리의 것이 될 수 있다. 하나님께서 우리에게 선물로 주신 그리스도의 의가 우리에게 전가됨으로써 말이다.

그렇기 때문에 바울은 "그러므로 이제 그리스도 예수 안에 있는 자에게는 결코 정죄함이 없나니"(롬 8 : 1) 하고 말했다. 또한 그렇기 때문에 "… 보라 지금은 은혜 받을 만한 때요 보라 지금은 구원의 날이로다"(고후 6 : 2) 하고 선언했다.

위대한 찬송 작사자 조셉 하트(Joseph Hart)가 다음과 같은 찬송시를 쓴 것도 그런 이유에서였다.

오라, 수고하고 무거운 짐진 자들아
타락으로 으깨지고 상처입은 자들아
형편이 좋아지기를 기다리면
결코 오지 못하리니
의인들이 아니라, 의인들이 아니라
죄인들을 부르러 오셨네, 예수님은

양심 때문에 머뭇거리지 말라
어떤 조건도 꿈꾸지 말라
주께서 요구하는 조건은
주를 필요로 하는 마음이니
주께서 주시네 주께서 주시네
이것이 성령의 돋는 햇빛이라네

2. 만약 구원이 인간의 행위와 무관한 하나님의 선물이라면, 구원은 확실한 것이다. 구원이 인간의 행위들로 말미암는다면, 인간의 행위들(또는 행위의 결핍)이 구원을 망쳐 놓을

수 있다. 스스로 구원할 수 있다면 스스로 구원받지 않게 할 수도 있다. 모든 걸 망쳐 놓을 수 있다. 그러나 구원이 처음부터 끝까지 하나님께로서 말미암는다면, 하나님께서 친히 확실하시고 요동치 않으시므로 구원도 확실하고 요동치 않는다. 하나님께서는 처음부터 끝을 아시기 때문에 중간에 일어나는 돌변에 놀라시는 법이 없으시며, 계획을 수정하거나 마음을 바꾸실 필요가 전혀 없으시다. 한번 시작하신 일을 계속 하실 것이고, 따라서 우리는 그 일을 확신할 수 있다. 바울은 빌립보 교회에 대해서 이 확신을 표시한다. "너희 속에 착한 일을 시작하신 이가 그리스도 예수의 날까지 이루실 줄을 우리가 확신하노라"(빌 1 : 6).

3. 만약 구원이 인간의 행위와 무관한 하나님의 선물이라면, 인간의 자랑은 배제되며, 구원에 관한 모든 영광은 하나님께로 돌아간다. 우리들 중에 부분적으로나마 자기 노력으로 올라온 사람들로 북적대는 천국에 있고 싶어하는 사람은 없으리라고 나는 믿는다. 인간의 자랑은 현세에서 훌훌 버리고 갈 만큼 악한 것이다. 현세에서 사람들은 무엇을 자랑하는가? 준수한 외모(이것에는 그들이 기여한 바가 없다), 재산, 학연, 지연 따위이다. 그들이 스스로의 노력으로 천국에 들어갔다고 자랑할 수 있게 된다면, 그게 얼마나 오만 불손할 것인지 상상해 보라 : "조(Joe) 노인은 저리로 내려갔어. 딴 데로 갔단 말이야. 필요한 것을 갖고 있지 못했나봐. 나처럼 선하게 살았으면 저리 되지 않았을 텐데." 구원을 결정하는 유일한 조건이 믿음이라 하더라도(믿음을 마치 스스로 얻을 수 있는 것으로 생각한다면), 남들은 믿기를 거부했는데 자기는 믿어서 이곳 천국에 왔노라고 자랑하는 모습 역시 눈꼴 사나운 일이 될 것이다.

그러나 그런 식으로는 되지 않을 것이다. 구원은 선물이다. 하나님의 의를 받는 것이다. 율법과 무관하게, 인간의 행위와 무관하게 말이다. 바울이 에베소 사람들에게 쓰는 대로, 구원은 행위에서 난 것이 아니며, 이는 누구든지 자랑치 못하게 하기 위함이다(참조. 엡 2 : 9). 천국에 들어간 사람 중에 사람을 찬양할 이는 아무도 없을 것이다. 천국에서는 영광이 하나님께만 돌아갈 것이다.

오직 하나님께 영광!(Soli Deo Gloria!)

이렇게 된 것을 하나님께 감사드린다.

● 각주 ●

1. John Murray, *The Epistle to the Romans* (Grand Rapids; Wm. B. Eerdmans, 1968), p. 109.

2. Donald Grey Barnhouse, *God's Remedy : Exposition of bible Doctrines Taking the Epistle to the Romans as a Point of Departure,* vol. 3, *Romans 3 : 21-4 : 25* (Grand Rapids; Wm. B. Eerdmans, 1954), p. 12.

42
놀라운 은혜
로마서 3 : 22-24

차이가 없으니 이는 모든 사람이 죄를 범하여 하나님의 영광에 이르지 못하였고(NIV. 한글개역성경, 차별이 없느니라 모든 사람이 죄를 범하였으매 하나님의 영광에 이르지 못하더니) 그리스도 예수 안에 있는 구속으로 말미암아 하나님의 은혜로 값없이 의롭다 하심을 얻은 자 되었느니라.

앞 장에서는 로마서 3 : 1-31에 담긴 다음 네 가지 교훈들을 소개했다. (1) 하나님께서는 사람이 스스로 소유하지 못하는 자신의 의를 사람들에게 베푸셨다. (2) 이 의는 은혜로 말미암는다. (3) 하나님 편에서 이 은혜를 사람에게 주실 수 있게 만든 것은 그 백성을 위해 죽으사 그들을 그들의 죄에서 구속하신 주 예수 그리스도의 사역이다. (4) 하나님께서 값없이 베푸신 이 의는 단지 믿음을 통해서만 우리의 의가 된다. 이 네 가지 교훈들 중 첫째 교훈, 즉 하나님께서 율법과 무관하게 베푸신 의에 대해서는 이미 살펴 보았다. 이제는 둘째 교훈, 즉 이 의는 인간의 공로와 무관하게 오직 하나님의 은혜로만 우리 것이 된다는 교훈을 살펴 본다.

물론 그것이 은혜의 의미이다. 은혜란 하나님께서 **인간의 공로와 무관하게** 우리에게 베푸시는 호의이다. 정반대의 대접을 받아야 하는 상황에서 내리신 호의이다. 마틴 로이드 존스

(D. Martyn Lloyed Jones)는 이렇게 썼다. "'은혜'라는 단어보다 더 놀라운 단어는 없다. 그것은 전혀 자격이 없는 사람에게 값없이 베푸는 호의 또는 친절을 뜻한다… 그냥 값없이 베푸는 선물이 아니라, 정반대의 대접을 받아야 할 사람에게 값없이 베푸는 선물이며, 우리가 '세상에서 소망이 없고 하나님도 없는' 자일 때 이런 선물이 우리에게 제시되었다."[1]

그러나 오늘날에는 어떻게 하면 이 위대한 개념을 올바로 이해할 수 있을까? 오늘날 사람들은 은혜에 감사하는 것은 제쳐두고 그것을 이해할 수 없을 정도로 자신에 대해 높이 평가한다. 물론 은혜를 말한다. "나같은 죄인 살리신 주 은혜 놀라와" 하고 찬송을 한다. 그러나 자신이 구원을 받지 않으면 안 될 죄인이라고 생각하지는 않는다. 오히려 아주 가치 있는 존재라고 생각한다. 어떤 성경 교사는 말하기를, "놀라운 은혜는 더 이상 우리에게 놀랍지 않다"고 했다. 현대인은 그것을 은혜라고조차 생각하지 않는다.

차이가 없으니

바로 이런 이유에서 로마서 3 : 23에 표출된 사상이 이 시점에 끼어들었다. 나는 여러 해 동안 로마서의 이 절에 이를 때마다 다소 엉뚱한 자리에 끼어 있지 않나 하는 생각이 들었다. 로마서 3 : 23이 진리가 아니라는 말이 아니다. 명백한 진리이다. 로마서 1 : 18-3 : 20이 말하려는 것이 바로 그 내용이기 때문이다. 나를 괴롭힌 문제는 이 절이 이 문맥에 속하지 않는 듯하다는 것이었다. "차이가 없으니, 이는 모든 사람이 죄를 범하여 하나님의 영광에 이르지 못하였고"(NIV)라는 구절은 앞 문맥에 속하는 것이라고 느꼈다. 이 문맥에서는 다소 생소한 느낌이 들었다. 왜냐하면 로마서 3 : 21-31은 죄에 대해서 말하지 않고 구원의 방법에 대해서 말하기 때문이다.

그러나 이제는 생각이 달라졌다. 생각이 달라진 이유는 이 절과 은혜가 어떻게 관련되는지를 이해했기 때문이다. 우리가 은혜에 감사하지 않는 이유는 로마서 3 : 23을 사실로 믿지 않기 때문이다. 사실로 믿는다 하더라도 바울의 의도보다는 훨씬 약한 의미로 믿는다.

내 말을 설명하기 위해서 이야기를 하나 하겠다. 찰스 스펄전(Charles Haddon Spurgeon)은 고전이 된 그의 소책자 「넘치는 은혜」(All of Grace)에서 먼저 영국 북부의 전도자 이야기를 한다. 이 전도자는 가난한 여인에게 전도하러 갔다. 그 여인이 도움을 필요로 한다는 것을 알았다. 그래서 교회로부터 구제금을 받아 들고서 그 도시의 빈민가를 지나 여인이 살고 있는 곳으로 갔다. 4층 아파트 계단을 힘겹게 올라가 허름한 다락방 앞에서 문을 두드렸다. 아무 대답도 없었다. 다시 두드렸다. 여전히 대답이 없었다. 전도자는 발걸음을 돌렸다. 다음 주에 교회에서 그 여인을 만나 딱한 사정을 알게 되어 좀 도와드리려고 했었노라고 말했다. "전번에 댁에 찾아갔는데 마침 계시지 않더군요" 하고 말했다.

"몇 시에 오셨지요, 선생님?" 여인이 물었다.

"정오쯤에요."

"아이구, 저런" 하고서 여인은 말을 이었다. "그때 집에 있었어요. 선생님이 문 두드리는 소리도 들었구요. 하지만 대답하지 않았어요. 주인이 집세 받으러 온 줄로 알았거든요."[2]

이 이야기는 은혜와 우리가 그것에 감사할 능력이 없다는 것을 잘 보여 주는 예화이다. 그러나 불행하게도 대부분은 이 이야기를 듣고 웃으면서도 그 본의를 파악하지 못한다. 실제로는 여인의 상황이 우리의 상황과 아주 다르다는 생각에서 이야기 자체보다는 여인 때문에 웃을는지 모른다. 여인은 집세를 낼 처지도 못되었다. 우리는 그런 사람들을 안다. 그들을 보면 측은한 생각이 든다. 그러나 그게 우리의 처지라고는 생각하지 않는다. 우리는 집세를 낼 수 있다. 지금 수표로 지불할 수 있고, 따라서 (비록 사람들 앞에서는 부인하겠지만) 천국의 부채 계좌에 전액은 갚지 못해도 일부만이라도 갚을 수 있으리라고 추측한다. 하나님께서 집세를 받으러 오시는 것이 두려워서가 아니라, 은혜를 가지고 오시는 것이 두려워서이고, 구걸을 바라지 않아서 문을 닫아 걸고 있다. 자신의 상황이 절망적이라고 생각하지 않는다.

그러나 로마서 처음 몇 장을 의미있게 공부했다면 그 본문들이 우리와 아주 궁핍한 사람들 사이에 영적으로 "차이가 없다"는 것을 입증하는 것을 본다. 하나님의 요구에 관한 한 우리와 역사에서 가장 절망적이거나 가장 질이 나쁜 사람 사이에 아무런 차이가 없다.

내 서재에는 스코틀랜드 설교가 매케이(W.P. Mackay)가 쓴 「은혜와 진리」(Grace and Truth)라는 아주 오래된 책이 있다. 이 책 첫 장은 "차이가 없으니"라는 구절을 가지고 시작하는데, 내 판단에는 아주 지혜로운 방법이다. 내가 "지혜로운"이라고 말한 이유는, 저자가 보여 주는 대로 하나님께서 보시기에는 우리와 가장 악하고 방탕한 사람 사이에 아무런 차이가 없다는 사실을 알기 전에는 구원을 받을 수 없기 때문이다. 그 사실을 알기 전에는 곤궁에서 우리를 건지는 데 필요한 은혜의 본질과 범위도 이해할 수 없다.

매케이는 한 가지 일화를 가지고 이 점을 예시한다. 어떤 사람이 영국의 귀부인과 대화를 나누는 도중에 모든 사람이 죄인이라고 강조했다. 귀부인은 조금 놀라면서 "그러나 귀부인들은 죄인이 아니에요!" 하고 말했다.

"그러면 누가 죄인입니까?" 하고 그 사람이 물었다.

"허랑방탕하는 하인들이 죄인들이지요" 하고 귀부인은 대답했다.

그 사람이 복음을 조금 더 깊이 설명하면서, 만약 그리스도로 말미암아 구원을 받으려면 하인이 구원을 받는 것과 똑같은 방법으로 - 그리스도의 속죄에 나타난 하나님의 값없는 은혜로 - 구원을 받아야 한다고 주장하자, 귀부인은 "그렇다면 나는 구원을 받지 않겠어요!" 하고 대꾸했다. 물론 그것은 그 귀부인의 선택이었지만, 슬픈 선택이 아닐 수 없다.[3]

여러분이 하나님께 구원을 받으려면 로마서 1 : 18-3 : 20에 기초하여, 즉 여러분이 죄로 철저히 파멸했다는 사실을 기초하여 은혜 앞으로 나가야 하며, 자기에게 무슨 공로가 있으리라고 추측하고서 나가서는 안 된다.

일반 은혜

사람이 은혜를 깨닫지 못한다는 것은 놀라운 일이다. 모든 사람이 비록 구원을 받지 않았든 아니면 기독교를 조금이라도 접하지 않았든 간에 구원과 무관한 일반적인 방법으로 그 은혜를 체험하고 있기 때문이다. 사람은 신학자들이 "일반 은혜"(common grace)라고 부르는 것을 경험하며 산다. 하나님께서 인류 전체에게 내리시는 은혜 말이다. 예수님은 "… 하나님이 그 해를 악인과 선인에게 비취게 하시며 비를 의로운 자와 불의한 자에게 내리우심이니라"(마 5 : 45) 하고 청중에게 상기시키시며 일반 은혜에 관해 말씀하셨다.

아담과 하와가 죄를 범했을 때 인류는 심판 아래 들어가게 되었다. 아무도 선한 것을 받아 누릴 자격이 없었다. 만약 하나님께서 그 즉시 아담과 하와를 불못에 집어 던지셨더라도, 그것은 아주 공의로운 일이었을 것이며, 천사들은 "거룩하다 거룩하다 거룩하다 주 하나님 곧 전능하신이여. 전에도 계셨고 이제도 계시고 장차 오실 자라"(계 4 : 8) 하고 큰 기쁨으로 찬송을 할 수 있었을 것이다. 아니면, 만약 하나님께서 아담과 하와를 살려두시고 그들로 자손을 낳게 하여 세상에 큰 인류가 형성되도록 한 다음 모든 사람들을 영원한 고통 속으로 남김 없이 던져 넣으셨을지라도, 하나님께서는 여전히 의로우셨을 것이다. 하나님께서는 우리에게 아무것도 빚진 것이 없으시다. 결과적으로 우리가 누리는 자연의 복들은 우리의 의나 능력 때문에 오는 것이 아니라 일반 은혜 때문에 온다.

이 점을 한번 더 분명히 설명하겠다. 여러분은 예수 그리스도를 믿지 않더라도 여전히 하나님의 일반 은혜를 누리고 산다. 그 사실을 인정하든 하지 않든 말이다. 만약 여러분이 이 순간에 살아 있고 지옥에 들어가 있지 않다면 그것은 하나님의 일반 은혜 덕분이다. 신체가 건강하여 병실에서 인생을 허비하지 않고 있다면, 그것은 일반 은혜 덕분이다. 가정이 있어서 거리를 방황하지 않고 있다면 그것은 하나님의 은혜 덕분이다. 입을 옷과 먹을 음식이 있다면, 그것은 하나님의 은혜 덕분이다. 그 목록을 열거하려면 끝이 없다. 살아 있는 사람들 가운데 셀 수 없이 많은 방법으로 하나님의 일반 은혜를 받아오지 않은 이는 아무도 없다. 따라서 만약 여러분이 이런 복들을 누리는 것이 은혜 덕분이 아니라 오로지 자신의 공로 덕분이라고 생각한다면, 영적 문제에서 얼마나 무지하고 하나님 나라에서 멀리 떨어져 있는지를 스스로 드러내는 셈이다.

값없이 내리는 은혜

그러나 바울이 로마서 본문에서 말하는 것은 비록 일반 은혜처럼 중요하긴 하지만 일반 은혜는 아니다. 그것은 구원에 나타나는 하나님의 특수한 구원의 은혜이다. 이것은 "일반적"이지 않고(모든 사람들이 하나님과의 관계와 무관하게 경험한다는 의미에서), 일부 사람만 행위와 무관하게 예수 그리스도 안에서 믿음을 통해서만 받는 선물이다.

물론 우리가 주로 강조해야 할 것은 바로 이 구원의 은혜이다. 이것은 전도자가 가난한 여인을 심방한 이야기로 되돌아 가게 하며, 우리가 은혜에 감사하지 않는 이유는 스스로 그것을 받을 자격이 있다고 생각하기 때문임을 기억하게 한다. 우리는 그 은혜를 받을 자격이 없다. 만약 있다면 그건 은혜가 아니다. 우리의 당연한 몫일 것이다. 죄인인 우리가 당연히 받아야 할 몫은 남김 없이 쏟아질 하나님의 의로운 진노와 정죄라는 건 이미 앞에서 살펴본 사실이다. 그래서 나는 다시 말한다. 은혜는 선행들과 **무관하다.** 은혜는 공로와 **무관하다.**

지금까지 로마서를 공부했다면 이 점을 당연히 알고 있어야 한다. 로마서의 이 위대한 장에 열거된 복들은 모두가 행위들, 율법, 공로 – 같은 것을 말하는 다양한 방법들 – 와 무관한 것들이기 때문이다.

하나님께로서 온 의인 동시에 **하나님의 의**는 행위들과 무관하다.
그 의의 원천인 **은혜**는 행위들과 무관하다.
은혜를 가능하게 하는 **구속**(救贖)은 행위들과 무관하다.
칭의는 행위들과 무관하다.

구원은 처음부터 끝까지 행위들과 무관하다. 달리 말하자면, 구원은 무료이다. 바울은 본문을 쓸 때 주로 이 점을 생각하고 있었음이 분명하다. 이 점을 반복함으로써 강조하는 것을 볼 때 그런 생각이 든다. 바울은 우리가 "그리스도 예수 안에 있는 구속으로 말미암아 하나님의 은혜로 값없이 의롭다 함을 얻은 자"(24절, NIV. 고딕은 필자의 표기)가 되었다고 한다.

내가 접한 은혜에 관한 책들 중에서 아주 중요한 책은 댈러스신학교 설립자 루이스 스페리 채퍼(Lewis Sperry Chafer)가 쓴 「은혜」(Grace)라는 책이다. 채퍼는 이 책 첫장에 "은혜에 관한 일곱 가지 근본적인 사실들"(Seven Fundamental Facts About Grace)라는 제목을 붙였다. 채퍼가 이 장에서 말하는 내용은 내 마음에 들지 않는다. 특히 여러 가지 논지들 중 마지막 두 가지가 그러하다. 그러나 여기서 그 두 가지 논지를 소개하는 이유는 은혜와 죄과(罪過)에 관해 말하는 내용 때문이다 :

1. "은혜는 죄과 때문에 보류되지 않는다."
2. "은혜는 죄과 때문에 감소되지 않는다."

이 둘은 중요한 논지들이다. 대개 바람직하지 못한 교훈으로 비치는 것의 밝은 면을 부각시키기 때문이다.

대부분의 사람들은 "값없는" 은혜라는 생각을 싫어한다. 독자적인 길을 확보하고 싶어하며, 자기 방식대로는 천국의 높은 벽을 오를 수 없다는 말을 들으면 반발한다. 은혜에 대해서는 듣기 전부터라도 겸손한 마음을 가져야 하는 것이다.

그러나 겸손한 마음을 가지면 – 만약 하나님께서 우리를 겸손하게 만들어 주시면 – 은혜 교리는 큰 격려와 위로가 된다. 하나님의 은혜가 보류되는 법이 없다고 가르치기 때문이다. 우리가 어떤 일을 하든, 그게 얼마나 악한 일이든 상관 없이 말이다. 또한 은혜는 우리가 범할 수 있는 이런저런 악 때문에 감소하는 법도 없다.

자기 의를 추구하는 사람은 하나님께서 그릇에서 은혜를 떠 주시되, 죄를 많이 지어 은혜가 더 많이 필요한 사람에게는 더 많이 주시지만, 죄를 적게 지어 은혜도 덜 필요한 사람에게는 덜 주신다고 생각한다. 이것은 은혜와 공로를 잘못 뒤섞는 것이다. 그러나 자기 죄를 자각하는 사람은 비슷하게 생각을 하지만 생각의 방향은 정반대이다. 그런 사람은 자신의 큰 죄 때문에 하나님께서 은혜를 보류하시거나, 심지어 자기가 나쁜 죄를 지으면 주셨던 은혜를 그릇에 도로 담으신다고 생각한다.

하나님께서 은혜를 이런 원칙에 따라 베풀지 않으시는 것에 감사하자. 채퍼(Chafer)는 이렇게 말한다 :

> 하나님께서는 사람이 죄를 적게 지으면 많이 내렸을 은혜를 죄를 지었다는 이유로 덜 내리시는 법이 없다. 은혜는 죄인의 삶과 성품에 부족한 부분을 메꾸어 주는 식으로 발휘되지 않는다. 만약 그런 식으로 은혜가 발휘된다면 많은 죄에는 많은 은혜가 필요할 것이고, 적은 죄에는 적은 은혜가 필요할 것이기 때문이다. 그런 것이 아니라 죄 문제는 영원히 논의 밖으로 밀려나며, 믿는 사람에게는 모두 동일한 은혜가 적용된다.
>
> 은혜란 헤아릴 수 없이 풍성한 하나님의 구원의 은혜에 못 미치는 법이 없다. 그러므로 은혜는 증가할 수 없다. 하나님의 무한한 은혜의 표현이기 때문이다. 또한 감소할 수도 없다. 인간의 죄가 의로우신 하나님의 행위에 부과할 수 있는 모든 제약이 십자가의 속죄를 통해서 영원히 제거되었기 때문이다.[5]

은혜는 우리를 겸손하게 만든다. 구원이 인간의 공로와 무관하다고 가르치기 때문이다.

동시에 은혜는 우리에게 절대로 필요한 은혜를 얻기 위해 하나님께 나가도록 격려한다. 하나님으로 하여금 우리에게서 돌아서게 하거나, 그분이 주시는 풍성한 은혜를 감소하게 만들 정도로 큰 죄란 없다.

넘치는 은혜

넘치는이라는 단어가 이 장에 포함될 수 있는 은혜의 마지막 성격으로 눈길을 돌리게 한다. 존 뉴턴(John Newton)에게 생명을 준 본문이 된 로마서 5 : 20이 이것을 가르친다. NIV는 "… 그러나 죄가 증가한 곳에 은혜가 더욱 증가했나니"라고 옮긴다. 그러나 뉴턴이 알았던 번역성경(KJV)은 "… 그러나 죄가 넘친 곳에 은혜가 더욱 넘쳤나니"(한글개역성경, 그러나 죄가 더한 곳에 은혜가 더욱 넘쳤나니)라고 옮긴다.

존 뉴턴은 1725년부터 1807년까지 산 영국의 성직자였다. 그는 폭넓고 효과적인 사역을 했고, 영국 국교회 제2의 설립자라고 불리어 왔다. 그는 우리에게 그가 지은 찬송들로 가장 잘 알려져 있다.

뉴턴은 기독교 가정에서 자라면서 성경의 위대한 구절들을 많이 배웠다. 그러나 여섯 살때 어머니를 여읜 그는 기독교를 조롱하는 친척에게로 가서 살았고, 어린 나이에 집을 떠나 견습 수병으로 해군에 입대하였다. 해군으로 복무하던 시절을 거칠고 방탕하게 지냈으며, 아주 생활이 문란한 사람이 되었다. 두 시간 동안 같은 욕을 반복하지 않고 해대는 것으로 이름을 날렸다. 그는 결국 해군을 떠나 아프리카 해안으로 갔다. 왜 하필 아프리카로 갔을까? 아프리카로 간 이유는 오직 한 가지, 즉 "죄를 실컷 짓고 싶어서"였다고 그는 회고록에 썼다.

그는 아프리카에서 우연히 포르투갈의 노예상인을 만났는데, 그의 집에서 지낼 때 아주 가혹한 취급을 당했다. 포르투갈의 노예상인은 종종 노예를 색출하러 탐험을 떠났고, 그가 떠난 뒤에는 그 집의 권력이 노예상인의 아내에게 넘어갔다. 이 여자는 아프리카인으로서 노예상인이 거느린 첩들 가운데 우두머리였다. 이 여자는 모든 백인들을 미워했는데, 그 미움을 뉴턴에게 쏟아부었다. 뉴턴의 말에 따르면 여러 달 동안 그 여자가 자기를 진흙탕에서 기게 하였고, 식사를 할 때도 개처럼 땅에 떨어진 음식을 먹게 했으며, 손으로 집어 먹으려고 하면 무자비하게 때렸다고 한다. 한동안 쇠사슬에 묶여 지냈다. 마침내 쇠약해질대로 쇠약해진 뉴턴은 그 집을 탈출하여 정글을 지나 바다에 도착했고, 그곳에서 영국행 상선을 얻어탔다.

선장이 뉴턴을 배에 태워준 것은 혹시 상아를 가지고 있을지도 모른다는 생각에서였다. 그러나 이 청년이 영국 해군에 복무했었으며, 따라서 항해에 관해 무언가 알고 있음을 알고서는 그를 선원으로 삼았다. 이때도 뉴턴은 고통에 빠져들어갔다. 어느 날 선장이 뭍으로 나갔을 때 뉴턴은 배에 비축되어 있던 럼주(酒)를 꺼내 선원들에게 돌렸다. 자신도 그것을 마시고는 잔뜩 취해 있을 때 선장이 배에 올라왔다. 사태를 파악한 선장이 뉴턴의 머리를 휘갈기는 바람에 뉴턴은 배밖으로 떨어졌는데, 마침 어떤 선원이 손을 내밀어 그를 잡아주지 않았더라면 그는 익사하고 말았을 것이다.

스코틀랜드에 접근하면서 항해가 끝나갈 무렵 갑자기 형성된 악천후 때문에 배가 항로를 이탈하게 되었다. 물이 배 안으로 차오르더니 급기야는 배가 가라앉기 시작했다. 이 젊은 방탕아는 배 밑창에 배치되어 펌프로 물을 퍼올리고 있었다. 폭풍은 며칠을 두고 계속되었다. 뉴턴은 겁에 질렸다. 틀림없이 배는 가라앉고 자기도 익사할 것이라고 생각했다. 그러나 배 밑창에서 살아보려고 필사적으로 펌프질을 하고 있을 때, 은혜의 하나님 – 그는 잊으려고 애썼으나 그를 결코 잊지 않으신 하나님 – 께서 그의 마음에 어릴 때 집에서 배운 성경 구절들을 생각나게 하셨다. 자기의 죄와 하나님의 의에 대한 생각이 뼛속 깊이 사무쳤다. 구원의 길이 그에게 열려 있었다. 그는 거듭나고 변하였다. 나중에 폭풍이 지나가고 영국으로 무사히 돌아간 뒤 뉴턴은 신학을 공부하기 시작하였고 결국 유명한 전도자가 되어 심지어 여왕 앞에서까지 설교를 하였다.

존 뉴턴과 가까운 친구인 윌리엄 쿠퍼(William Cowper)라는 시인은 뉴턴이 만난 그 폭풍에 대해서 이렇게 썼다 :

<blockquote>

주 하나님 크신 능력

참 신기하도다;

바다와 폭풍 가운데

주 운행하시네.

(한글통일찬송가 80장)

</blockquote>

그리고 뉴턴은? 뉴턴은 설교자 뿐만 아니라 시인이 되어 훗날 아주 유명하게 된 찬송들을 썼다. 과거에 하나님을 모독하던 그가 어떤 시를 썼는지를 보라.

귀하신 주의 이름은
참 아름다와라!
내 근심 위로하고, 상처를 고치고,
두려움 몰아내시네.
(한글통일찬송가 81장 – 내 근심 위로하시고 평강을 주시네)

뉴턴은 무엇보다도 "나같은 죄인 살리신"(Amazing Grace)라는 찬송으로 유명하다.

나 같은 죄인 살리신
주 은혜 놀라와
잃었던 생명 찾았고
광명을 얻었네.

큰 죄악에서 건지신
주 은혜 고마와
나 처음 믿은 그 시간
귀하고 귀하다.

이제껏 내가 산 것도
주님의 은혜라
또 나를 장차 본향에
인도해 주시리.
(한국통일찬송가 405장)

뉴턴은 위대한 은혜의 설교자였다. 그리 놀랄 일이 아니다. 구원받은 사람이면 누구나 배워 온 것, 즉 은혜는 인간의 행위와 무관하게 하나님께로서 온다는 것을 배웠던 것이다. 그에게는 아무 자격도 없었다. 그러나 예수님의 사역을 통해 은혜를 찾았다.

● 각주 ●

1. D.M. Lloyd-Jones, *Romans : An Exposition of Chapters 3 : 20-4 : 25, Atonement and Justification* (Grand Rapids : Zondervan, 1970), p. 57.

2. Charles Haddon Spurgeon, *All of Grace* (Chicago : Moody Press, n.d.), p. 5.

3. W. P. Mackay, *Grace and Truth* (Loizeaux Brothers, n.d.), pp. 3,4.

4. Lewis Sperry Chafer, *Grace* (Chicago : The Bible Institute Colportage Association, 1939), p. 4,5.

5. Ibid., p. 5.

43
값을 지불하고 사신
로마서 3 : 24

그리스도 예수 안에 있는 구속으로 말미암아 하나님의 은혜로 값없이 의롭다 하심을 얻은 자 되었느니라.

1915년 9월 17일 프린스턴신학교의 저명한 변증학 교수 벤자민 브레킨리지 워필드(Benjamin Breckinridge Warfield)는 신입생들에게 강의하기 위해서 밀러관(Miller Chapel) 강단에 섰다. 주제는 "'구속자'와 '구속'"으로 이미 고지했고, 따라서 청년들은 아마 어렵고 무거운 강의로 생각하고 참석했을 것이다. 그러나 워필드는 **구속자**(Redeemer)와 **구속**(Redemption)이라는 두 단어가 얼마나 놀라운 것들인지에 관해서 강의했다.

"그리스도의 칭호들 가운데 그리스도인들의 가슴에 '구속자'라는 칭호보다 더 소중한 것은 없다." 교수는 이 말로 강의를 시작했다. 물론 "주", "구주" 같은 칭호들도 신자들의 입에 자주 오르내린다. 그러나 "구속자"는 더욱 친근하며 따라서 더욱 소중한 칭호이다. 워필드(Warfield)는 이렇게 설명했다 :

이 호칭은 우리가 (예수님께) 구원을 받았음을 느끼게 해 줄 뿐만 아니라, 그분이 우리를 구원하시기 위해 어떤 대가를 치르셨는지도 깨닫게 해 준다. 그것은 특별히 십자가의 그리스도께 붙는 호칭이다. 구속자라는 말을 할 때마다 십자가가 내걸리며, 우리 눈과 가슴에는 그리스도가 우리에게 구원을 주신 일 뿐만 아니라 그것을 주시느라 치르신 엄청난 대가에 대한 기억이 가득 밀려온다.

이것이 사실인지 어떻게 알 수 있는가? 워필드는 자기 말을 입증할 때 십자가를 다룬 권위 있는 신학 저서들에 호소하지 않고 – 그런 책들이 많이 있긴 하지만 – 교회의 찬송에 호소하였다. 당시 프린스턴에서 사용하던 찬송가에는 많은 찬송들이 구속자이신 주를 기리는 내용이었는데, 워필드는 그 찬송들을 아래와 같이 열거했다 :

> 온 영혼을 예물로 드리세 / 우리 **구속자**의 이름에
> (Let our whole soul an offering be / To our Redeemer's name)
> 우리 **구속자**의 이름에 힘입어 / 사죄의 은혜를 구할 때
> (While we pray for pardoning grace / Through our Redeemer's name)
> 전능하신 아드님, 육신이 되신 말씀 / 우리의 선지자, 제사장, **구속자**, 주
> (Almighty Son, Incarnate Word / Our Prophet, Priest, Redeemer, Lord)
> 만입이 내게 있으면 그 입 다 가지고 / 내 구주(**구속자**) 주신 은총을 늘
> 찬송하겠네
> (O for a thousand tongues to sing / My dear Redeemer's praise)
>
> (한글통일찬송가 23장)
>
> 찬양하겠네 **구속자**를 / 나를 위해 돌아가셨네
> (All hail, Redeemer, hail, For thou hast died for me)
> 왕 되신 우리 주(**구속자**)께 / 다 영광 돌리세
> (All glory, laud and honor To thee Redeemer, King)
>
> (한글통일찬송가 130장)

위에 열거한 찬송들은 그가 열거한 것들 중 6개뿐이다. 그는 28개 찬송을 인용했다. 그러나 학생들이 자신의 의도를 잘 파악하지 못하자, 그는 "구속"과 "구속받은"과 뜻이 거의 같은 속전(贖錢, ransom)과 속전이 지불된(ransomed)이란 단어들을 가지고 같은 일을 반복하여 25개의 예들을 열거했다.[1]

"구속"과 "구주"는 이제 우리가 로마서 3 : 1-31 - "하나님께서 그리스도 안에서 내신 구제책 - 을 한 구절씩 해석하며 보게 될 단어들이다. 이 단락의 내용은 이미 앞에서 이 안에서 보게 되는 네 가지 큰 교훈들을 열거하면서 개괄한 바 있다. (1) 하나님의 의. (2) 은혜. (3) 구속. (4) 이런 복들이 개인에게 전달되게 하는 믿음. 구속은 셋째 교훈이다. 이것은 주 예수 그리스도께서 죽으심으로써 우리를 위해 하신 일을 묘사하기 때문에, 우리에게 가장 고귀하다.

오해되는 교훈

워필드는 강의 도중에 구속의 "대가"에 관해서 말했다. 그러나 어떤 사람들에게는 여기서 한 가지 문제가 생긴다. "구원은 무료로 제공되는 것이 아닌가? 방금 전에 은혜란 하나님께서 우리에게 값없이 베푸시는 것이라고 말하지 않았는가? 구원은 매매될 수 없다. 만약 하나님께서 호의를 베풀고 그 대가를 받으신다면, 그것은 하나님을 인색하고, 천하고, 이속이 밝은 분으로 만드는 셈이다. 이 말이 정확하다고 믿을 사람이 누가 있겠는가?"

이런 생각 때문에 어떤 신학자들은 "구속자"와 "구속"의 뜻을 내가 앞에서 말한 것에서 "풀어 주다"나 "건져 내다"로, 즉 값을 치른다는 개념 없이 어떤 사람을 해방시킨다는 뜻으로 바꾸려고 시도해 왔다. 그들은 누가복음 24 : 21을 지적하는데, 거기서 엠마오로 가던 제자들이 예수님과 대화를 나눌 때 구속(救贖)이란 단어를 사용한다 : "우리는 이 사람이 이스라엘을 구속할 자라고 바랐노라…" 분명히 그들은 상업적인 거래가 아니라 정치적 구원을 염두에 두고 이 말을 했다. 그들이 지적하는 다른 구절은 에베소서 1 : 14이다 : "이는 우리의 기업에 보증이 되사 그 얻으신 것을 구속하시고…" 그들은 이 구절에 값이 전혀 암시되어 있지 않다고 주장한다. 오히려 그리스도의 재림 때 우리가 죄의 권세에서 해방될 일을 말하고 있을 뿐이라고 한다.

세 가지 위대한 단어들

이런 반론에 어떻게 대응해야 할까? 방법은 여러 가지가 있다. 엠마오 제자들이 그리스도의 구속 사역의 본질에 대해 분명히 오해했다고 지적할 수 있다. 구속은 해방 개념을 포함하고 "해방"이란 뜻으로도 가끔 쓰이는 단어이긴 하지만, 좀더 규모가 크고 포괄적인 개념이라는 것을 강조할 수 있다. 또한 성경에 구속의 값이 치러졌다는 의미의 내용이 나올 때, 그것은 우리가 구속의 값을 치렀다는 뜻이 아니라 – 우리에게는 그것을 치를 만한 능력이 없다 – 하나님께서 그리스도 안에서 값을 치르셨고, 그로써 우리를 해방시켰다는 뜻임을 관찰할 수 있다.

이런 주장들은 모두 유효한 것들이다. 그렇지만 내 판단에는 구속의 뜻을 이해하는 가장 좋은 방법은 성경에 구속의 뜻으로 사용된 단어들을 주의 깊게 관찰하는 것인 듯하다. 세 개의 헬라어 단어들이 있고, 그밖에도 두 개의 중요한 히브리어 단어들 또는 개념들이 있다.

첫째 헬라어 단어는 아고라조(agorazo)이다. 이 단어는 헬라어권 지역에서 넓은 장터를 가리키는 데 사용된 명사 아고라(agora)에서 유래한다. 아고라는 온갖 종류의 물건들 – 포도주, 곡식, 기름, 도자기, 금은 장신구들, 말, 노예, 옷과 부엌 용구들 – 을 사고 파는 곳이다. 아고라라는 단어에 뿌리를 둔 동사 아고라조는 장터에서 무엇을 "사다"라는 뜻이다. 분명히 값이 포함되었다. 나는 얼마 전에 필라델피아에 있는 그리스 정교회 공동체가 교회 기금을 마련하기 위해 개최한 연례 옥외 바자회를 가리켜 이 단어를 사용하는 것을 발견했다. 그들은 이 바자회를 "그리스 아고라"(A Greek Agora)라는 말로 홍보했다. 아고라조는 그리스도의 구속 사역에 그분이 이 세상 장터에서 값을 지불하고 우리를 사신 일이 포함된다는 것을 암시한다.

"구속"에 해당하는 둘째 헬라어는 첫째 단어와 밀접히 연관된 단어이다. 엑사고라조(exagorazo)이다. 첫째 단어에 "으로부터"(out of)란 뜻의 접두사 엑스(ex)가 붙은 단어일 뿐이다. 따라서 엑사고라조는 "장터로부터 사오다"라는 뜻으로서, 사온 물건이나 사람이 다시 그곳으로 돌아갈 필요가 없다는 생각이 붙어 있다.

이것은 오늘날 쇼핑과 연관지어 설명하기가 어렵다. 우리가 가장 가까이 접근할 수 있는 것은 전당포에 저당잡혔던 물건을 찾아오는 것이다. 그러나 고대 세계에서는 주요 거래 품목이 노예들이었고, 장터에서는 값을 지불하고 노예들을 구입(구속)할 수 있었기 때문에, 이것이 구속이란 말을 이해하는 데 풍부한 개념이 된다. 성경에 따르면 우리는 모두 죄의 노예들이다. 스스로의 힘으로는 노예 상태에서 벗어날 수 없다. 그러나 예수께서 우리를 해방시켜 주셨다. 자기 피로 속전(贖錢)을 지불하심으로써 그렇게 하셨다. 그렇기 때문에 베드로는 이렇게 쓴다. "너희가 알거니와 너희 조상의 유전한 망령된 행실에서 구속된 것은 은이나 금같이 없어질 것으로 한 것이 아니요 오직 흠 없고 점 없는 어린양 같은 그리스도의 보배로운 피로 한 것이니라"(벧전 1 : 18-19). 여기서는 그리스도의 죽음이 우리를 구속하는 데 든 댓가 또는 값이라는 개념을 피할 수 없다.

셋째로 적합한 헬라어는 요(yo)라는 동사 원형에 기초한 여러 단어들이다. 이 단어들은 장터에서 사온다는 개념을 좀더 자세히 전달한다. 이 단어들의 주된 개념은 "풀어 주다" 또는 "해방시키다"이기 때문이다. 이 단어들은 아주 재미있게 발전한다. 요라는 단어 자체는 마치 옷을 벗거나 갑옷을 풀 때처럼 "풀다 또는 풀린"이란 뜻만 갖고 있다. 이 단어가 사람들에게 쓰일 때는 가령 밧줄을 풀어 그것에 묶여 있던 사람을 풀어 주는 것을 뜻한다. 그러나 죄수를 석방시키려면 대개는 보석금(保釋金, 속전)을 내야 한다. 따라서 시간이 지나면서 요라는 단어에서는 이 "보석금"을 뜻하는 둘째 단어가 발전했다. 그것이 **뤼트론**(lytron)이었다. 이 단어에서 또다른 동사가 발전했는데, 그것은 **뤼트로**(lytroo)로서, 요와 마찬가지로 "풀어 주다" 또는 "해방시키다"라는 뜻이지만, 요와는 달리 반드시 속전을 지불함으로써 해방시키는 것을 뜻한다. **뤼트론**과 **뤼트로**에서 구속에 해당하는 헬라어 **뤼트로시스**(lytrosis. 그리고 같은 어원을 지닌 **아폴리트로시스**⟨apolytrosis⟩)가 유래했다. 이 단어들은 반드시 속전을 지불하는 방법으로 노예를 해방시키는 것과 관련된다. 기독교 용어로 쓰일 때는 예수님께서 자신의 죽음으로써 우리를 죄의 노예 상태로부터 해방시키신 것을 뜻한다. 다음 시는 그런 정신을 가지고 쓴 것이다 :

> 죄와 본성의 어둠에 결박된 채
> 내 영혼은 너무 오래 갇혀 있었습니다
> 당신의 눈이 찬연한 광선을 비추시니
> 나는 눈을 떴고, 지하감옥에는 빛이 가득했습니다

내 사슬이 풀어지고, 내 마음이 해방되어
이제 밖으로 걸어나가 당신을 따르나이다.

주 예수 그리스도의 죽음이 그 일을 완수하셨음을 아는 한, 우리는 우리의 구속자가 되신 그분을 사랑할 것이다.

구약의 배경

구속에 해당하는 이 헬라어들을 공부하는 것이 중요할지라도, 그리스도의 구속 사역을 이해하는 데 도움이 되는 가장 풍부한 히브리 단어들은 구약 성서에 있다. 여기서 그중 두 개를 언급한다.

첫째, **코페르**(kopher)이다. 이것은 **뤼트론**과 마찬가지로 "속전"이란 뜻이다. 그러나 구속이 없다면 죽게 될 사람을 구속하는 것을 가리키기 때문에 그 헬라어 개념보다 뜻이 더 풍부하다. 이 점을 설명하겠다. 구약 시대에 어떤 사람에게 황소가 있는데, 그 소가 다른 사람을 받아 죽였다고 가정해 보자. 특정한 상황 – 모살〈謀殺〉이라기보다는 고살〈故殺〉이라고 할 수 있는 – 에서는 황소 주인이 벌금형에 처해질 것이다. 그러나 주인이 태만했다고 가정해 보자. 황소가 남을 받는 버릇이 있음을 알면서도 제대로 간수하지 못했다고 가정해 보자. 이 경우 황소 주인은 사형을 당할 수 있다. 즉, 황소 때문에 목숨을 잃은 사람을 위해 자기 생명을 포기해야 한다. 물론 한 사람을 더 죽인다고 해서 득이 될 것이 없을 것이다. 따라서 구약 율법은 한 가지 방법을 내놓았다. 만약 소 주인이 죽은 사람의 친척들과 합의에 도달한다면 배상금으로 속전을 지불하여 죽음을 면할 수 있다. 이 속전을 가리켜 **코페르**라고 했다.

앞에서 말한 대로, 이 용어는 주 예수 그리스도께서 우리를 위해 죽으신 일을 좀더 확실하게 이해시켜 준다. 그의 죽으심이 우리를 죄의 권세에서 해방시켰기 때문만이 아니다. 그리스도는 우리를 죄의 권세에서 해방시키셨을 뿐만 아니라, 하나님께서 죄에 대한 형벌로 세우신 **죽음**("…범죄하는 그 영혼이 죽으리라", 겔 18 : 4)에서도 건지셨기 때문이다. 그러므로 우리에게는 구속 받는다는 건 생명을 뜻한다.

"구속"을 공부하면서 마지막으로 소개할 단어들은 "구속하다"라는 뜻의 갈(ga' al)과, 이와 관련된 명사로 "친족 구속자"(kinsmanredeemer)란 뜻의 "고엘"(go'el)이다. "친족 구속자"란 용어는 설명이 필요하다.

유대인 율법에서 토지는 될 수 있는 대로 본래 가문에 남아 있도록 하는 것이 원칙이었다. 그러므로 유대인이 빚을 지거나 그밖의 이유로 토지를 잃게 될 경우 그의 근족에게는 그것을 되찾아 올 엄숙한 의무가 있었다. 이 사람은 토지를 잃은 사람과의 가까운 관계 때문에 "친족"이며, 만약 그가 토지를 매입하여 본래 가문에 돌려줄 뜻과 능력이 있을 경우 그는 "친족 구속자"가 되었다. 토지를 물려받을 남자 상속자가 없을 경우, 친족의 의무는 상속자를 낳기 위해 과부와 결혼하는 데까지 확대되었다.

친족 구속자는 세 가지 자격을 갖추어야 했다.

1. 근족이어야 한다(낯선 사람이어서는 안 된다).
2. 책임을 질 뜻이 있어야 한다(아무도 이 일을 강요할 수 없다).
3. 속전을 지불할 능력이 있어야 한다(자기 뜻대로 처분할 충분한 재산을 갖고 있어야 한다).

구속에 관한 사랑 이야기

위의 세 가지 자격은 예수 그리스도께 해당되고 또 그분에 의해 발휘되었다. 그러나 그것을 좀더 생생하게 설명하기 위해서 구약 성서에 실린 한 일화를 소개하겠다. 이 일화는 성경에서 친족 구속자를 구체적으로 볼 수 있는 유일한 예다. 다름 아닌 룻(Ruth)과 그녀의 "구속자" 보아스(Boaz)에 관한 일화이다.

사사 시대 이스라엘에 가뭄이 들었다. 베들레헴에 사는 엘리멜렉이라는 사람은 가뭄을 피해 아내 나오미와 두 아들을 데리고 유다를 떠나 모압으로 갔다. 그 뒤 오래지 않아 엘리멜렉은 죽었고, 그 직후에 두 아들은 모압 여인들과 결혼했다. 한 여인은 오르바였고, 다른 여인은 룻이었다. 십여년이 지나 아들들도 세상을 뜨는 바람에 나오미와 두 며느리만 남게 되었다. 물어볼 것도 없이 이 세 여인은 아주 가난했다. 나오미는 유다에 가뭄이 지나갔고 양식이 있다는 소식을 듣고서는 고국으로 돌아가 다시 베들레헴에서 살기로 결심했다. 오르바는 시어머니의 권고를 받아들여 친정으로 돌아갔으나, 룻은 나오미와 함께 가겠다고 고집했다. 나오미가 주의 깊게 듣는 가운데 룻이 간청한 내용(룻 1 : 16-17)은 성경에서 아름답기로 손꼽히는 단락이다. 룻은 이렇게 말했다 :

나로 어머니를 떠나며 어머니를 따르지 말고 돌아가라 강권하지 마옵소서.
　어머니께서 가시는 곳에 나도 가고
어머니께서 유숙하시는 곳에 나도 유숙하겠나이다.
　어머니의 백성이 나의 백성이 되고
어머니의 하나님이 나의 하나님이 되시리니
　어머니께서 죽으시는 곳에서 나도 죽어 거기 장사될 것이라.
만일 내가 죽는 일 외에 어머니와 떠나면
　여호와께서 내게 벌을 내리시고 더 내리시기를 원하나이다.

룻을 데리고 베들레헴으로 돌아온 나오미는 비록 그곳에 자신의 토지가 조금 있긴 했으나(참조. 4 : 3) 여전히 가난했고, 두 사람이 살아갈 길은 룻이 추수밭에 가서 추수꾼들이 흘리고 간 이삭을 줍는 것뿐이었다. 이삭을 주웠다는 것은 추수꾼들을 따라다니면서 그들이 떨어뜨린 소량의 이삭을 줍도록 허락을 받았다는 뜻이다. 이스라엘의 율법은 가난한 사람들에게 이런 권리를 보장해 주었다.

룻은 보아스라는 부유한 사람의 밭으로 갔다. 나중에 밝혀진 일이지만, 보아스는 나오미의 근족, 즉 죽은 남편 엘리멜렉의 친족이었다. 보아스는 룻이 외국인이었는데도 친절하게 대했다. 자기 밭에 남아 있으라고 권했고, 일꾼들에게는 룻을 보호해 주고 관대하게 대해 주며, 곡식을 벨 때 이삭을 후하게 남기라고 지시했다.

보아스가 모압 여인 룻을 사랑하게 되었다고 할 수 있을까? 그렇다고 할 수 있다. 옛 저자들은 그런 사건들을 기록할 때 사랑이란 표현을 직접 사용하지 않지만 말이다. (놀랍게도 룻기는 사랑 이야기인데도 룻기를 통틀어 **사랑**이란 단어는 한 번도 나오지 않는다.)

나오미는 그 정황을 알아차린 듯하며, 하나님께서 보아스를 시켜서 친족 구속자의 역할 – 자신에게는 기업을 무르고, 룻에게는 상속자를 낳게 하는 – 을 수행하도록 상황을 이끌어 가신다는 것을 깨달은 듯하다. 따라서 나오미는 룻에게 자신의 요구를 보아스에게 어떻게 알릴지를 조언해 주었다. 룻이 그 사실을 알리자 보아스는 룻의 그 말이 룻 자신도 자기에게 관심이 있었고, 따라서 "… 빈부를 무론하고 연소한 자를 좇지 아니하였으니…"(룻 3 : 10)라는 뜻인 줄을 알고서 아주 기뻐했다. 불행하게도 나오미와 룻에게는 보아스 자신보다 더 가까운 친족이 있었다. 보아스는 그 문제를 이 친족과 상의한 뒤 만약 그가 능력이 없거나 의사가 없을 경우 자신이 **친족 구속자**의 역할을 수행하겠다고 약속했다.

다른 친족은 토지에는 관심이 있었으나 룻에 대해서는 의무를 이행할 능력이 없었다. 따라서 보아스는 흔쾌히 그 토지를 사고 룻과 결혼했다. 이 이야기는 두 사람이 오벳이라는 아들을 낳았는데, 그가 이새의 아버지가 되었고, 이새는 다시 다윗 왕의 아버지가 되었다는 말로 막을 내린다.

얼마나 아름다운 이야기인가! 룻이 얼마나 아름다운 구속을 얻었는가! 버넌 맥기(J. Vernon McGee)는 이렇게 주해한다 :

> 룻의 지위는 처음부터 크게 격상하였다. 처음에는 모압 땅에서 나서 약속의 언약들에 대해서 외인이요 세상에서 소망도 하나님도 없는 사람이었다. 다음에는 섭리에 의해 보아스의 밭에, 이스라엘 하나님의 날개 아래로 인도되었다. 그런 뒤 보아스의 타작 마당으로 보내졌고, 그곳에서 친족 구속자를 찾는 모습을 보였다. 마지막으로, 룻기 이 마지막 장에서는 보아스의 신부로 그 집안의 어머니로 나타났다. 얼마나 눈부신 발전인가! 얼마나 성경적인 발전인가! 시작은 아주 미미하게 했으나 복의 정점에 오르게 되었다. 이 모든 것이 그녀를 사랑한 **고엘**(친족 구속자)에 의해 가능했다.[2]

예수님도 우리를 구속하실 때 위와 비슷한 자격들을 갖추셨다. (1) 육신이 되시고 바로 그 베들레헴 마을에 태어나심으로써 우리의 친족이 되셨다. (2) 우리를 크게 사랑하셨으므로 우리의 구속자가 될 의사가 있으셨다. (3) 죽음으로써 속전을 지불할 유일한 분이셨기 때문에 우리를 넉넉히 구속하실 수 있었다. 이런 정신을 잘 살린 찬송이 있다 :

> 죄 값을 대신 치러 줄 만큼
> 극진히 선한 이가 없었네

오직 그분만 하늘 문을 열어

우리로 들어가게 하시네.

보아스는 룻을 구속하는 데 많은 대가를 치르지 않았다. 기껏해야 돈을 지불했을 뿐이다. 그러나 예수 그리스도는 우리를 구속하느라 자기 생명을 바치셨다.

사장(死藏)되는 위대한 단어들

이 장을 시작하면서 나는 유능한 신학자 워필드가 1915년 프린스턴신학교 신입생들에게 행한 강의를 언급했다. 그 강의에는 또다른 요소가 들어 있기 때문에 다시 그 강의 이야기로 돌아간다. 워필드는 "구속자"와 "구속"이 기독교 어휘에서 가장 고귀한 단어들에 포함된다고 말했다. 그러나 강의를 마칠 무렵 그는 오늘날에 와서는 그것이 변하고 있는 듯하다고 고백했다. 이 단어들의 정확한 성경적 의미들은 잊혀지고, 그 단어들과 함께 기독교에 관한 고귀한 것들도 함께 잊혀지고 있다고 했다. 그의 말을 들어보자 :

오늘날 오가는 신앙 이야기들을 들어볼 때, 우리는 한 단어의 임종을 거들고 있다는 생각이 든다. 어떤 가치 있는 것의 죽음을 지켜본다는 건 슬픈 일이다. 가치 있는 단어도 마찬가지이다. 가치 있는 단어들도 다른 가치 있는 것들과 마찬가지로 관심을 기울이지 않으면 죽는 법이다… 만약 관심을 기울여서 그 단어들을 생생히 보존할 수만 있다면, 여러분은 하나님께 도움을 받아 그렇게 죽게 내버려 두지 않겠다고 결심하기를 바란다.

그러나 가장 슬픈 일은 그 단어들이 죽어가고 있는 것이 아니다. 가장 슬픈 일은 사람들의 마음에서 그 단어들이 뜻하고 있는 것들이 죽어가고 있는 것이다. 그러므로 여러분이 해야 할 일은 그리스도가 진정 여러분의 구속자인지, 그분 안에서 진정으로 구속을 발견했는지를 확인하는 것이다.

그리스도가 여러분의 구속자이시고 실제로 그 피를 여러분의 속전으로 여러분을 위해 흘리셨다고 정말로 생각하는가? 여러분이 받은 구원이 아무것과도 바꿀 수 없는 피, 게다가 하나님의 거룩하신 자 그리스도의 피라는 엄청난 값으로 산 것이라고 정말로 생각하는가? 아니면 한 단계 더 나가서, 여러분을 위해 피를 흘리신 그리스도가 여러분의 하나님이라고 생각하는가?[3]

워필드 시대 이래로 우리는 이 위대한 개념들로부터 훨씬 더 멀어졌으며, 결과적으로 영적으로 빈곤하게 되었다. 그럼에도 문제는 동일하다. 그가 던진 질문들은 변하지 않았다. 예수님이 과연 여러분의 구속자이신가? 여러분은 그분을 의지하고 있는가? 이 질문들에 어떻게 대답하느냐에 따라서 여러분의 영원한 생명과 운명이 결정될 것이다.[4]

● 각주 ●

1. Benjamin Breckinridge Warfield, "'Redeemer' and 'Redemption' in *The Person and Work of Christ* (Philadelphia : Presbyterian and Reformed Publishing, 1950), pp. 325-348.

2. J. Vernon, *In a Barley Field* (Glendale, Calif. : Regal Books, G/L Publications, 1968), p. 93.

3. Warfield, "'Redeemer' and 'Redemption'", pp. 344, 345, 347.

4. '구속자'과 '구속' 이란 단어들에 대해서는 이 과에서 인용한 몇 권 외에도 참고할 가치가 있는 책들이 많다. 좀더 자세한 연구를 위해서는 다음 책들을 참고하라 : James Denney, *The Death of Christ* (Chicago : InterVarsity Press, 1964); Leon Morris, *The Apostolic Preaching of the Cross* (Grand Rapids; Wm. B. Eerdmans, 1956); Arthur W. Pink, T*he Satisfaction of Christ* (Swengel, Pa. : Bible Truth Depot, 1955); John R. W. Stott, *The Cross of Christ* (Downers Grove, Ill. : InterVarsity Press, 1986).

44
화목 제물 : 잊혀진 교훈
로마서 3 : 25

이 예수를 하나님이 그의 피로 인하여 믿음으로 말미암는 화목 제물로 세우셨으니 이는 하나님께서 길이 참으시는 중에 전에 지은 죄를 간과하심으로 자기의 의로우심을 나타내려 하심이니.

로마서에는 하나님께서 기독교의 중요한 지도자들을 회개시키는 데 사용하신 본문들이 특히 많다. 로마서 1 : 16-17은 마르틴 루터를 회개시켰고, 그에게 생명의 본문이 되었다. 로마서 13 : 11-14은 아우구스티누스를 회개시켰다. 우리가 살펴보게 될 로마서 3 : 25은 많은 사람들에게 낙원의 문을 열어주어 왔다.

윌리엄 쿠퍼와 존 번연

윌리엄 쿠퍼(William Cowper)는 후대에 많은 사랑을 받은 찬송을 많이 지은 18세기 영국 시인이다. 그는 어린 시절을 고통스럽게 보냈다. 여섯 살밖에 안 되었을 때 어머니와 사별한 뒤 즉시 집에서 쫓겨나 기숙학교에 들어갔는데, 몸도 약하고 내성적인지라 상급생들에게 무자비하게 시달리고 매를 맞았다. 그는 이 기간을 잘 참아나갔고, 나중에 법학도가 되어서도 비슷한 시련을 잘 참아갔다. 그러나 항상 두려움에 짓눌려 살았고, 여러 번 좌절에 빠진 듯하다. 두 번이나 자살을 시도했다. 그러다가 결국 1756년 25살의 나이에 코튼 박사(Dr. Cotton)라는 분이 운영하던 사설 보호소에 들어가게 되었다.

2백년 전에는 보호소에 들어가면 혹독한 대접을 받는 것이 예사였다. 그러나 코튼 박사는 신앙이 깊은 노신사였고, 그는 우울증에 빠져 있던 시인을 잘 대해줌으로써, 예수 그리스도의 사역에 힘입어 좌절을 딛고 일어서고 구원으로 인도해 주었다.

쿠퍼는 죄 때문에 많이 번민했다. 때로는 "내 죄여! 내 죄여! 샘이 솟아나 나를 깨끗하게 씻어 주었으면!" 하고 외쳤다. 그러나 그런 샘이 있는 줄을 몰랐다. 이제 이 점잖은 그리스도인 박사의 보호를 받으면서 그는 언제나 사람의 죄를 씻어온 유일한 샘을 발견하였다.

그때의 일을 쿠퍼(Cowper)로부터 직접 들어보자.

내 족쇄를 풀고 그리스도 예수 안에서 하나님께서 값없이 베푸신 자비의 문이 활짝 열린 행복한 시기가 이제 찾아왔다. 나는 서둘러 창가에 있는 의자에 앉아 성경을 집어들고는, 다시 한번 거기서 위로와 교훈을 찾으려고 했다. 처음 읽은 부분은 로마서 3장이었다. "그리스도 예수 안에 있는 구속으로 말미암아 하나님의 은혜로 값없이 의롭다 하심을 얻은 자 되었느니라. 이 예수를 하나님이 그의 피로 인하여 믿음으로 말미암는 화목 제물로 세우셨으니 이는 하나님이 길이 참으시는 중에 전에 지은 죄를 간과하심으로 자기의 의로우심을 나타내려 하심이니"(24-25절). 갑자기 믿을 힘이 생겼고, 그때 찬란한 의의 태양이 나를 환히 비추었다. 예수님이 치르신 속죄가 충분하고, 내 죄가 그 피로 사함을 받았고, 나를 의롭다 하심이 충분하고 완전하다는 것을 깨달았다. 그 순간 나는 복음을 믿고 받아들였다.

훗날 쿠퍼는 그 순간에 죽어도 여한이 없다는 생각이 들 정도로 감사와 기쁨에 겨웠노라고 회상했다. 그만큼 철저히 변했다. 훗날 자신의 회개에 대해서 다음과 같은 찬송시를 남겼다.

샘물과 같은 보혈은

임마누엘 피로다

이 샘에 죄를 씻으면

정하게 되겠네.

저 도적 회개하고서

이 샘에 씻었네

저 도적 같은 이 몸도

죄 씻기 원하네.

속함을 얻은 백성은

영생을 얻겠네

샘솟 듯하는 피 권세

한없이 있도다.

(한글통일찬송가 190장)

흥미로운 것은 이 일이 있기 꼭 백 년 전인 1656년에 똑같은 본문(롬 3 : 25)이 「천로역정」(Pilgrim's Progress)의 저자 존 번연(John Bunyan)을 구원시켰다는 사실이다. 번연은 자신의 회개를 이렇게 술회한다. "내가 비참한 처지에서 집안을 오르내릴 때, 하나님의 말씀이 내 마음을 사로잡았다." 여기서 그는 이 장의 본문을 인용한다. 그리고는 이렇게 말한다. "이 말씀이 나를 얼마나 돌려 놓았는가! 내가 마치 악몽에서 깨어난 사람 같았다."[1]

현대의 반역

위의 두 사람과 그밖의 많은 기독교 지도자들을 회개시키는 데 크게 쓰인 이 본문에는 과연 능력이 있다. 그러나 오늘날은 이런 생각들이 어떻게 받아들여지는가? 오늘날은 로마서 3 : 25로 구원 받을 사람들이 과연 얼마나 될까?

이 구절에는 한 가지 어려운 점이 있는데, 그것은 **화목 제물**(propitiation)이란 단어이다 (KJV의 로마서 3 : 25절에 쓰임. NIV는 '속죄'〈atonement〉라고 옮김). 사랑과 그에 대한 반응은 고사하고, 화목 제물이 무엇인지 이해하는 사람은 거의 없다. "구속"은 적어도 부분적으로는 이해한다. 그것은 그리스도의 사역을 표현하기 위해 상거래 영역에서 차용해온 이미지이며, 우리는 상거래에 익숙해 있으므로 구속이란 개념은 적어도 우리에게는 낯설지 않다. 그러나 "화목 제물"은 고대 종교의 영역에서 이끌어온 것이다. 그것은 예배자가 신에게 제물을 바칠 때 행하는 일을 뜻한다. 그것은 분노한 신을 달래거나 회유하기 위한 "속죄 제사"이다. 고대 세계의 제사들은 우리가 경험하는 것과 현저히 달라서 화목 제물이란 개념은 이해하기 힘들다.

그밖의 어려운 점은 "신학적" 반대들이다. 화목 제물은 (보편적인 정의에 따르면) 하나님의 진노 – 달래거나 회유할 필요가 있는 진노 – 를 전제한다. 그러나 진노를 기독교에 아주 부적절한 것으로 간주하는 많은 현대 사상가들은 이 점에서 멈춘다. 그런 사람들은 이렇게 말한다. "하나님께서 알려지지 않은, 따라서 하나님을 일정치 않고, 변덕스럽고, 때로는 화를 내는 분으로 생각하던 고대 이교 사회에서는 화목 제물이란 생각이 적절했으리라고 얼마든지 이해할 수 있다. 그러나 이것은 분명히 기독교의 하나님은 아니다. 기독교 계시에 따르면 하나님은 화를 내지 않으신다. 언제나 사랑을 베푸신다. 우리가 달랠 필요가 없는 분이시다. 우리가 해야 할 일은 그분이 우리를 사랑하신다는 사실을 인정하고 그분의 사죄를 받는 것뿐이다."

어떤 신학자는 다음과 같이 격렬하게 진술한다. "지옥불(불과 유황 못)을 주장하는 신학자들, 즉 그리스도가 분노하신 하나님을 달래기 위한 제물이 되셨다거나, 십자가가 무죄한 희생자로 하여금 범죄자들의 받을 형벌을 대신 받아 엄하신 하나님께 화목 제물이 되게 만든 법적 거래였다고 하는 사람들은 바울에게 아무런 지지를 받지 못한다. 이런 사상들은 중세 신학자들의 법률적 사고방식을 통해서 기독교 신학에 들어왔다. 성경적 기독교라 할 수 없는 것들이다."[2]

얼마나 터무니없는 진술인가!

현대인들이 이렇게 성경적인 화목 제물 개념을 배척한 결과는 그 용어를 사용하는 성경 본문들을 재번역하는 것으로 나타났다. 이 분야에서 주범은 영국의 저명한 신학자 도드

(C.H. Dodd)이다. 도드에 따르면 화목의 대상은 하나님이 아니라 우리라고 한다. 따라서 이 중요한 개념은 우리를 겨냥한 하나님의 진노를 딴 데로 돌리는 것이 아니라, 우리의 죄책을 덮는 것이 되는 셈인데, 도드는 이것이 **속죄**(expiation)라는 단어로 가장 잘 표현된다고 한다. 이런 주장 때문에 도드가 번역 작업에 영향력을 행사한 RSV(The Revised Standard Version)와 NEB(The New English Bible)의 관련 본문들에는 "화목 제물"(propitiation) 대신 "속죄"(expiation)라는 단어가 쓰였다(롬 3 : 25; 히 2 : 17; 요일 2 : 2; 4 : 10).

그러나 이것이 과연 정확한 번역인가? 단어들에 이렇게 새로운 의미들을 재부여하는 것이 옳은 일인가? 레온 모리스(Leon Morris)가 그 용어를 논하면서 다음과 같이 확고하게 말한다; "'(저자들)이 "화목 제물"이란 단어를 쓸 당시에는 "화목 제물"을 염두에 두지 않았다' 고 말하는 단계에 이른다면, 그때는 중단하라고 말할 때다."[3]

지금은 로마서를 공부해온 사람은 누구나 그렇게 말해야 할 때다. 로마서 처음 두 장과 반 장을 공부한 이 시점에서는 현안이 되는 것이 바로 하나님의 진노이기 때문이다. 우리는 죄 때문에 진노 아래 처해 있다. 그러므로 만약 하나님의 진노를 어떤 사람에 의해서 또는 어떤 방법으로 비켜가게 할 수 없다면, 우리는 멸망하고 만다. 우리가 추구해야 할 개념은 바로 이것이다. 존 머리(John Murray)는 이렇게 썼다. "우리는 이 개념에 걸려 넘어질 것이 아니라, 오히려 하나님의 진노에 의해 생긴 필요와 책임에 해당하는 정확한 범주를 하나님께서 마련하신 은혜를 묘사하고 규명하는 데 사용할 수 있기를 기대해야 한다."[4]

물론 우리는 도드에게 감사를 표해야 할 점도 있다. 그는 변덕스럽고 쉽게 분노하는 이교의 그릇된 신관(神觀)과 그렇지 않으신 기독교의 하나님을 구분했기 때문이다. 주님께서는 과연 인자하신 분이다. 그밖에도 도드는 우리의 힘으로는 하나님의 진노를 딴 데로 돌릴 수도 없고, 우리에게 대한 하나님의 태도를 어떤 식으로든 변경시킬 수 없다는 점을 분명히 해두었다. 그러나 그렇게만 한 것이 아니라는 데 문제가 있다. 정확한 접근은 성경 자료를 재해석하는 데 있지 않고 그것을 더욱 깊고 정확하게 해석하는 데 있는 것이다.

잊지 말아야 할 두 가지 중요한 사항이 있다.

1. 하나님의 진노는 이교 신들의 변덕스러운 진노와 같지 않은 것이 사실이지만, 그럼에

도 불구하고 하나님께서는 죄에 대해서 실제로 진노하신다. 따라서 이 실제적이고 당연한 진노를 반드시 해결하고 넘어가야 한다.

우리의 독특한 문화적 편견 때문에 하나님의 진노와 하나님의 사랑이 양립할 수 없다고 느낄 수 있다. 그러나 성경은 하나님께서 진노하시는 분이신 동시에 사랑하시는 분이라고 가르친다. 게다가 하나님의 진노는 훨씬 더 중요하고 압도적인 사랑에 나란히 두면 격이 맞지 않는 작고 사소한 것이 절대로 아니다.

실제로 하나님의 진노는 강한 성격적 요소이다. 하나님께서는 죄를 미워하시며 반드시 죄를 징벌하신다. 하나님의 진노는 창세기 앞 장들에서부터 계시록에 기록된 최후의 대심판에 이르기까지 성경에 줄곧 나타난다.

2. 화목 제물은 하나님의 진노를 딴 데로 돌린다는 의미를 갖고 있지만, 성경에서는 이것이 단지 사람들이 신의 진노를 달래기 위해 사용한 방편이 아니라, 하나님 자신이 아들 예수 그리스도의 죽음을 통해서 진노를 남김 없이 쏟아 부으신 것이다.

이교에서는 사람들이 신을 달래기 위해서 제사를 드린다. 기독교에서는 절대로 사람이 주도권을 쥐고 제사를 드리는 일이 없다. 하나님께서 죄인들을 지극히 사랑하셔서 죄에 대한 자신의 진노를 딴 데로 돌릴 길을 마련하신다. 예수님 안에서 죄에 대한 자신의 진노를 달래시고, 자신의 사랑으로 죄인들이 구원을 받을 수 있게 하신다.

존 스토트(John Stott)는 「그리스도의 십자가」(The Cross of Christ)에서 이렇게 지적한다.

"이것은 이미 구약에 분명히 나타났다. 구약의 제사들은 인간의 행위가 아닌 하나님의 선물로 인정하는 것이다. 제사로는 하나님을 인자하게 만들 수 없다. 제사는 인자하신 하나님께서 죄 지은 자기 백성에게 은혜를 베풀려고 마련하셨다. 하나님께서는 제사의 피에 대해서 "육체의 생명은 피에 있음이라 내가 이 피를 너희에게 주어 단에 뿌려 너희의 생명을 위하여 속하게 하였나니 생명이 피에 있으므로 피가 죄를 속하느니라"(레 17 : 11) 하고 말씀하셨다."[5]

언약궤

구약의 피의 제사 제도를 거론함으로써 이제 성경에 묘사된 그리스도의 사역에 관한 상들 가운데 극히 아름다운 상(像) 하나를 다루게 되었다. 하나님께서는 모세에게 율법을 주실 때 이동식 장막을 제작하여 그 안에 언약궤를 두고 이스라엘의 예배 중심으로 삼으라고 말씀하셨다. 장막은 백성이 진을 치거나 길을 나설 때 쉽게 조립하고 분해할 수 있도록 만든 가죽 집이었다. 그곳은 다시 성소라 하는 외실과 지성소(至聖所)라 하는 내실로 이루어졌다. 언약궤는 내실 안에 두었다.

언약궤는 길이 90cm 가량 되는, 금을 입힌 나무 상자로서, 그 안에는 모세가 시내산에서 받은 두 개의 율법 석판을 넣어 보관했다. (최초에 제작된 석판들은 파괴되었으나, 새로운 석판에 율법을 새겼다. 언약궤 안에 넣어 둔 것은 둘째 석판이었다.) 이 상자에는 **시은소**(施恩所, the Mercy Seat)라 하는 덮개가 있었고, 시은소 위에는 양쪽 끝에서 서로를 마주보도록 세워진 그룹들(천사들)의 상(像)들이 날개를 위로 그리고 앞으로 펼쳐들고는 바로 아래에 있는 언약궤를 바라보고 있었다.

언약궤는 예배자의 죄를 들춰냄으로써 그에게 두려움을 일으킬 목적을 지닌 두려운 심판의 상이다. 과연 하나님께서는 펼쳐든 그룹들의 날개 사이로 땅을 내려다 보실 때 무엇을 보고 계시는 것일까? 분명히 우리 모두가 어기는 모세 율법을 보신다. 우리에게 심판을 내리셔야 한다는 사실을 보신다. 하나님께서는 죄를 간과하실 수가 없다. 반드시 징벌을 하고야 마신다.

그러나 바로 이곳에 시은소가 자리를 잡고 있으며, 그래서 그것을 가리켜 시은소라고 부른다. 일년에 한 번 돌아오는 대속죄일에 유대인의 대제사장은 백성의 죄를 속하러 지성소에 **화목제**를 드리러 들어갔다. 이 화목 제(물)이란 단어가 (헬라어에서) "시은소"를 번역할 때 사용되었다. 그러기 직전에 대제사장은 장막 바깥뜰에서 자기 죄와 자기 가족의 죄를 사함 받기 위해 제사를 드렸다. 그런 다음 두 번째 동물을 제사로 드렸다. 이제 두 번째 동물의 피를 받아 가지고 아주 조심스럽게 - 제사에 관한 율법들을 범하거나 하나님의 거룩하심을 무례하게 범함으로써 죽음을 당하지 않기 위해(실제로 그렇게 하다가 죽은 사람들이 있었다) -지성소에 들어가 시은소에 그 희생의 피를 뿌렸다.

여기에 무엇이 상징되어 있는가? 하나님께서는 그룹들이 펼쳐든 날개 사이로 아래를 내려다 보실 때, 우리가 부숴 버린 모세 율법을 보시지 않고 무죄한 희생의 피를 보신다. 징벌이 이미 내렸다고 보신다. 화목이 이루어졌다고 보신다. 그리고 하나님의 사랑이 밖으로 나가 그분께 나온 모든 사람들을 구원하시되, 그들의 의나 선행을 근거로 해서가 아니라 그 제사에 대한 믿음을 통해서 구원하신다.

물론 동물들의 피가 죄를 없애지 못한다는 것을 우리는 안다. 성경이 그렇게 말한다(참조. 히 10장). 그러나 동물 제사는 예수 그리스도의 유일무이하고 온전한 제사를 가리킨다. 그분의 대속의 죽으심이 우리의 진정한 화목 제물이 되셨다.

"하나님, 시은소가 되어 주옵소서"

성경에는 "화목 제물"에 관한 개념이 나타나는 곳이 그리 많지 않지만, 나는 그중 한 곳을 생각하면서 이 장을 마치려 한다. 그 개념이 이야기 속에 구현되어 있는 누가복음 18 : 9-14이다.

예수님은 성전에 가서 기도한 두 사람에 관한 비유를 말씀하셨다. 한 사람은 바리새인이었고 다른 사람은 세리였다. (오늘날 우리는 예수님이 바리새인들에 대해서 하신 몇 가지 말씀 때문에 그들에 관해 나쁜 인상을 갖고 있지만, 그들은 당시에는 크게 존경을 받던 사람들이다.) 바리새인은 서서 기도했다. 모든 사람들이 그에게 그렇게 할 만한 자격이 있다고 생각했을 것이다. 실제로 그렇게 서서 기도하지 않았다면 주위 사람들은 그에게 다음과 같이 요청했을 것이다. "이리 좀 오세요, 바리새인 선생님. 우리가 들을 수 있도록 여기 서서 기도해 주세요. 자, 여러분 조용히 합시다. 바리새인 선생님의 기도가 있겠습니다."

그는 그렇게 기도했다. 그는 자신에 관해서 기도했다 : "… 하나님이여, 나는 다른 사람들 곧 토색, 불의, 간음을 하는 자들과 같지 아니하고 이 세리와도 같지 아니함을 감사하나이다. 나는 이레에 두 번씩 금식하고 또 소득의 십일조를 드리나이다"(11-12절). 나는 그 바리새인이 거짓말을 하고 있었다고 생각하지 않는다. 실제로 소득의 십일조를 성전에 바쳤고, 실제로 이레에 두 번씩 금식했다고 생각한다. 그가 도둑질을 했다거나 간음을 저질렀다고 생각하지 않는다. 게다가 나는 다른 사람들도 이런 평가에 동의했으리라고 생각한다.

그는 훌륭한 시민이었고, 사회에서 신망이 두터운 사람이었다. 하나님께서 성품이나 선행을 근거로 받으실 수 있는 사람이 있었다면 그는 이 바리새인이었다.

그러나 또 다른 사람이 와서 기도했다. 세리였다. 그는 "멀리 서서" 기도했다. 그의 처지가 그러했다. 사람들은 대부분 그를 돈이나 긁어모으고 사기나 치는 쓸모 없는 로마의 앞잡이로 여겼다. 예수님은 그에 대해서 이렇게 말씀하셨다. "세리는 멀리 서서 감히 눈을 들어 하늘을 우러러 보지도 못하고 다만 가슴을 치며 가로되 하나님이여 불쌍히 여기옵소서 나는 죄인이로소이다 하였으니라"(13절). 왜 감히 눈을 들지도 못했을까? 죄인이었기 때문이다. 가슴을 칠 일이 그렇게 많은 사람이었다.

이 두 사람처럼 대조적인 사람들을 상상하기 어렵다. 직업으로 치자면 하나는 고귀하고 하나는 비천했다. 태도로 보자면 하나는 거만했고 하나는 부끄러워했다. 자기 평가로 보자면 하나는 당당했고 하나는 비굴했다. 그런데도 주께서는 비유의 결론을 내리실 때 모든 청중이 내리고 있던 판단을 뒤엎은 다음 이렇게 선언하셨다. "내가 너희에게 이르노니 이 사람이 저보다 의롭다 하심을 받고 집에 내려 갔느니라. 무릇 자기를 높이는 자는 낮아지고 자기를 낮추는 자는 높아지리라"(14절).

어떤 소설도 어떤 멜로드라마도 이 비유처럼 의외의 결론을 내리며 끝난 적이 없다.

그런데도 이것은 가장 순전한 복음에 담긴 예화이다. 여러분은 이 비유의 논지를 파악할 수 있는가? 왜 바리새인이 아닌 세리가 "의롭다 하심을 받고" 집으로 돌아갔을까? 혹시 우리가 그 두 사람을 너무 성급하게 평가했는지도 모른다. 바리새인은 겉으로는 의롭게 보였지만 실제로는 그렇지 않았는지도 모른다. 겉으로는 하는 척하면서도 실제로는 하지 않은 일들이 있었는지도 모른다. 도둑질을 했는지도 모른다. 간음을 범했는지도 모른다. 세리에 대해서도 좀 달리 생각해 보면, 겉 보기보다는 더 좋은 사람이었을 수도 있다. 소설상의 매춘부처럼 실제로는 "금과 같은 마음"을 갖고 있었는지도 모른다. 세리를 가장하여 실제로는 선행을 하고 있었는지도 모른다. "지하에서" 활동하던 열심당원이었는지도 모른다.

그러나 확실한 것은 이 비유를 이런 식으로 해석해서는 안 된다는 사실이다. 바리새인이 의롭다 함을 얻지 못한 것은 엄연한 사실이다. 그는 죄인이었다. 그러나 죄인이기는 세리도 마찬가지였다. 두 사람 사이에 차이가 있었다면 그것은, (1) 세리는 자기가 죄인인 줄 알았던 반면에, 바리새인은 그걸 몰랐다는 것이고, (2) 세리는 자신의 선행(아예 갖고 있지도 않았던)에 근거하여 하나님께 나가지 않았다는 것이다. 오히려 시은소와 그곳에서 드려진 화목제가 상징하듯 하나님께서 자기를 위해 마련해 놓으신 것에 근거하여 하나님께 나갔다. 세리가 드린 기도를 문자적으로 옮기자면, "하나님, 이 죄인에게 시은소가(화목 제물이) 되어 주옵소서"가 된다.

이 기도는 공부해 볼 가치가 있다. 이 기도는 성경에서 짧기로 손꼽을 수 있는 기도이다. 영어로는 일곱 단어(NIV, 한글개역성경으로는 다섯 단어), 헬라어로는 여섯 단어밖에 되지 않는다. 그러나 내용은 굉장히 심오하다.

기도의 처음과 끝을 생각해 보자. 첫 단어는 "하나님"이다. 마지막 단어는 "죄인"이다. 이것만으로도 심오하다. 왜냐하면 인간이 참되신 하나님을 실제로 알아보았을 때 나타내는 반응이 그것이기 때문이다. 하나님을 알아보게 되면 바리새인처럼 스스로에게 있다고 생각하는 "의"를 버리지 않은 채 그분 앞에 나가지 않게 된다. (이 점에서 바리새인은 하나님을 몰랐다는 것을 우리는 안다.) 하나님을 알아본 사람은 죄를 자각하게 되며, 하나님께 더욱 가까이 갈수록 그런 자각이 더욱 커진다. 세리는 평판이 나쁜 사람이었으나 하나님을 알고 있었음을 우리는 안다. 죄인으로 인정하고서 하나님께 나갔기 때문이다.

기도의 시작('하나님')과 끝('죄인') 사이에는 "불쌍히 여기옵소서", 즉 "제게 시은소가 되어 주옵소서"라는 뜻의 말이 온다.

이 기도에 무슨 뜻이 담겨 있는지 여러분은 파악할 수 있는가? 이 세리는 하나님을 알았고 자기가 죄인이라는 것을 알았다. 참된 신앙은 반드시 이런 자각에서 출발한다. 뿐만 아니라 세리는 복음의 핵심도 알았다. 화목 제물을 이해하고 있었기 때문이다. 그는 자신이 깨뜨린 율법을 재판관의 눈으로 내려다 보시는 거룩하신 하나님과 자기 사이에 희생 제물의 피가 있어야 한다는 사실을 알았다. 이것은 그가 사실상 자비를 호소한 것이 아니라 – 겉으로는 그렇게 들리지만 – 하나님께서 제사를 통해서 이미 마련하신 자비에 기초해서 하나님께 나가고 있었음을 뜻한다. 그는 다음과 같이 말하고 있었던 셈이다 : "시은소에 뿌려진 피를 근거로 저를 대해 주옵소서."

그렇기 때문에 우리는 주 예수 그리스도께서 우리를 구원하시려고 이루신 업적을 묘사하는 이런저런 위대한 단어들을 보존해야만 한다. 우리는 화목 제물 없이는 구원을 받을 수 없다. 하나님의 진노는 반드시 딴 데로 돌려져야 한다. 하나님께서는 진노가 어떻게 딴 데로 돌려졌는지를 이미 보이셨다. 화목 제물을 만드신 것이다.

여러분은 세리의 기도를 가지고 기도를 하겠는가? 그렇지 않고서 구원 받을 수 있는 사람은 없다.[6]

● 각주 ●

1. 윌리엄 쿠퍼와 존 번연의 이야기는 F. W. Boreham의 다음 책에서 나온다 : *A Bunch of Everlastings : Or Texts That History* (Philadelphia : The Judson Press, 1920), pp. 120-128.

2. William Neil, *Apostle Extraordinary* (London; Religious Education Press, 1965), pp. 89, 90. 그는 John R. W. Stott의 다음 책에서 인용된다 : The Cross of Christ (Downers Grove, Ill. : InterVarsity Press, 1968), pp. 172, 173.

3. Leon Morris, *The Apostolic Preaching of the Cross* (Grand Rapids; Wm. B. Eerdmans, 1956), p. 155.

4. John Murray, *The Epistle to the Romans* (Grand Rapids; Wm. B. Eerdmans, 1968), pp. 116.

5. John Stott, *The Cross of Christ,* pp. 173, 174.

6. 바리새인과 세리에 관한 자료는 James Montgomery Boice의 다음 책 가운데 이 비유를 다룬 장에 비슷하게 소개된다 : *The Parables of Jesus* (Chicago : Moody Press, 1983), pp. 83-91.

45
의와 의롭다 하는 분
로마서 3 : 25-26

이 예수를 하나님이 그의 피로 인하여 믿음으로 말미암는 화목 제물로 세우셨으니 이는 하나님께서 길이 참으시는 중에 전에 지은 죄를 간과하심으로 자기의 의로우심을 나타내려 하심이니 곧 이 때에 자기의 의로우심을 나타내사 자기도 의로우시며 또한 예수 믿는 자를 의롭다 하려 하심이니라.

오스트레일리아의 신학자 레온 모리스(Leon Morris)는 「사도의 십자가 설교」(The Apostolic Preaching of the Cross)에서 지적하기를, 로마서에서 다른 구원에 관한 내용을 살펴본 뒤에 칭의(稱義) 주제로 들어가려 할 때 처음 받는 인상은 생각할 자료가 풍성하다는 점이라고 했다.

화목 제물(propitiation)이란 단어는 비록 속죄의 본질을 이해하는 데 아주 중요하긴 하나 신약 성서를 통틀어 네 번밖에 나오지 않는다. 구속(redemption)이란 단어는 오늘날 기독교 용어와 구약 성서에서는 자주 쓰이지만, 신약 성서에서는 그리 자주 쓰이지 않는다. 화해(reconciliation)는 다섯 군데에서만, 그것도 모두 바울 서신에서만 나온다. 모리스는 이렇게 말한다. "이와는 대조적으로 칭의를 해설하려고 하면 형용사 디카이오스(dikaios)는 81번, 명사 디카이오쉬네(dikaiosyne)는 92번, 명사 디카이오시스(dikaiosis)는 2번, 동사 **디카이오**(dikaioo)는 39번, 명사 **디카이오마**(dikaioma)는 10번, 그리고 부사 **디카이오스**(dikaios)는 5번 만나게 된다."[1] 그러므로 단어의 빈도수만 가지고 보자면 "칭의"가 구원 교리에서 중심적인 또는 축이 되는 개념이라고 할 수 있다.

장로교와 개혁교회의 아버지 존 칼빈(John Calvin)은 칭의를 가리켜 "구원이 걸려 있는 주요 돌쩌귀"[2]라고 했다.

영국 국교회의 아버지 토마스 크랜머(Thomas Cranmer)는 칭의가 "기독교 신앙의 튼튼한 바위이자 토대"라고 믿었다. 그는 "이 (교리)를 부인하는 자는 참된 그리스도인으로 간주할 수 없고… 다만 그리스도의 대적으로 간주할 수밖에 없다"[3]고 공언했다.

훌륭한 청교도였던 토마스 워슨(Thomas Watson)은 이렇게 말했다 : "칭의는 기독교의 돌쩌귀인 동시에 기둥이다. 칭의에 관한 오해는 기초에 생긴 결함처럼 위험하다. 그리스도로 말미암는 칭의는 생명수 샘이다. 부패한 교리라는 독을 이 샘에 집어넣는 것은 저주를 받을 행위이다."[4]

위대한 종교개혁자 마르틴 루터(Martin Luther)는 이 책(제1권) 앞에서 인용한 대로, 다음과 같이 썼다. "칭의 신조가 부패할 때 모든 것이 부패했다… 이 신조는 다른 모든 교리들을 유래케 하는 주요 신조이다… 칭의 신조만이 하나님의 교회를 낳고, 양육하고, 세우고, 보존하고, 방어하며, 그것이 없다면 하나님의 교회는 한시라도 존재할 수 없다." 루터는 칭의가 "다른 모든 교리들에 대한 주인, 왕, 주, 지배자이며, 다른 모든 교리들을 판단하는 재판관"이라고 했다.[5]

이런 진술들은 결코 과장이 아니다. 단순한 진리를 전달한다. 왜냐하면 칭의란 인간이 제기한 모든 질문들 가운데 가장 중요한 질문, 즉 사람이 어떻게 하나님과 화목할 수 있는가 하는 질문에 대한 하나님의 대답이기 때문이다. 우리 스스로는 하나님과 화목하지 못한다. 오히려 하나님의 진노 아래 있다. 하나님과 화목하지 않으면 영원히 멸망할 것이기 때문에 칭의는 절대로 중요하다.

구원의 삼각형

또다른 질문이 있다. 적어도 로마서를 이해하는 문제에 관한 한 이 질문 역시 중요하다.

만약 칭의가 관련 단어들의 빈도수와 칼빈, 크랜머, 워슨, 루터의 인용문들이 지적하는 것만큼 대단히 중요한 교리라면, 왜 지금까지 로마서를 공부해 오는 동안 이 단어를 만나지 않았는가? 앞 장들에서는 못했다고 하더라도, 왜 적어도 로마서 3장 초반에서 칭의를 공부하지 않았는가?

물론 대답은 지금 우리가 그것을 공부하고 있다는 것이다. 칭의(justification)에 해당하는 헬라어(디카이오쉬네)는 "옳음"(right) 또는 "의"(righteousness, 디카이오스)에 해당하는 단어를 어근으로 삼고 있으며, 우리에게는 바로 이러한 의가 없으며, 우리 자신의 것이 아닌 의(또는 칭의)가 우리에게는 필요하다. 로마서 1 : 17에서 우리는 "복음에는 하나님의 의가 나타나서 믿음으로 믿음에 이르게 하나니…"라는 말씀을 보았다. 이것이 칭의가 아니면 무엇이겠는가? 또한 로마서 3장에서도 "이제는 율법 외에 하나님의 한 의가 나타났으니 율법과 선지자들에게 증거를 받은 것이라"(21절)는 말씀을 보았다. 이것 역시 칭의를 가리키는 말씀이다. 이 두 절 중간 – 로마서 1 : 17과 로마서 3 : 21의 중간 – 에는 아무도 자신의 공로들이나 선행으로는 의롭다 하심을 받을 수 없음을 증명하는 긴 부분이 있다. 이 부분은 사실상 다음 말씀으로 끝난다. "그러므로 율법의 행위로 그(하나님)의 앞에 의롭다 하심(칭의)을 얻을 육체가 없나니 율법으로는 죄를 깨달음이니라"(롬 3 : 20).

달리 말하자면 지금까지 보아온 로마서 내용이 모두 칭의 교리에 관한 것이었다.

이 점을 입증할 다른 방법이 있는데, 그것은 그리스도께서 우리를 위해 죽으심으로써 이루신 사역 – 구속과 화목 – 을 묘사하는 각 개념들이 어떻게 칭의와 긴밀히 연관되는지를 보이는 것이다. 다른 개념들 없이 한 개념만 성립하기란 불가능하다.

나는 **구원의 삼각형**이라고 내가 이름붙인 것을 가지고 이 사실을 설명하는 게 도움이 된다는 것을 알게 되었다. 삼각형의 세 꼭지점이 각각 다음을 상징한다고 가정하자. (1) 성부 하나님(삼각형 맨 위에 있는 점). (2) 주 예수 그리스도(아래 왼쪽에 있는 점). (3) 우리들(아래 오른쪽에 있는 점). 삼각형 세 변은 각각 우리가 공부해온 세 가지 구원 교리들을 상징한다고 가정해 보자.

바닥에 있는 변은 "구속"을 상징한다. 이것은 주 예수 그리스도와 인류를 연결한다. 예수께서 자기 백성에 대하여 하고 계신 일을 묘사하기 때문이다. 예수께서는 그 백성을 구속하신다. 친히 흘리신 피 값으로 그들을 사신다. 이것은 우리가 하는 일이 아니라 예수께서 우리를 위해 하시는 일을 묘사하기 때문에, 바닥의 변을 예수님으로부터 우리에게로 향하는 화살표로 바꿔야 한다. 그분이 행위의 주체시고 우리는 대상들이다.

주 예수 그리스도와 성부 하나님을 연결하는 왼쪽 변은 "화목 제물"을 상징한다. 화목 제물은 주 예수 그리스도께서 우리를 위해 자기 아버지께 대해서 하신 일을 묘사하기 때문에 이 자리를 차지한다. "화목 제물"이란 단어를 공부할 때 보았듯이, 화목시켜야 할 대상은 우리가 아니라 하나님이시다. 죄에 대한 하나님의 진노를 딴 데로 돌려야 한다. 더욱이 우리는 화목 제물을 만들어 드릴 능력이 없다. 그 일은 우리의 힘이 닿지 않는 곳에 있다. 하나님께서 친히 화목 제물을 만드셔야 하며, 이 일을 그리스도 안에서 하신다. 하나님이신 예수님은 하나님의 진노를 딴 데로 돌리신다. 이 왼쪽 변도 한쪽을 향한 화살표로 바꿔야 한다. 예수님으로부터 성부 하나님께로 향한 화살표로 말이다. 앞의 경우와 마찬가지로, 예수님은 이 행위의 주체이시지만, 여기서 대상은 하나님이시다.

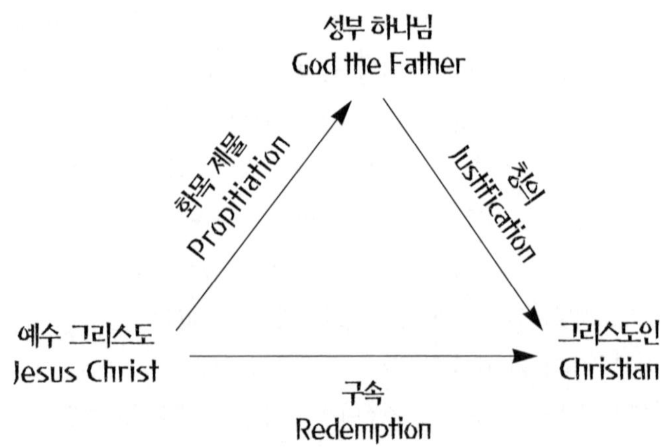

구원 삼각형의 마지막 변은 성부 하나님과 우리를 연결하며, 이 변은 (우리가 기대하는 대로) "칭의"를 상징한다. 이 화살표는 우리를 향한다. 하나님께서 행동의 주체이시고 – 그분이 우리를 의롭다고 하신다 – 우리는 대상이기 때문이다(우리는 의롭다 함을 받는다.)

이 도표는 하나님께서 부패한 사람들을 어떻게 구원하시는지에 관해서 상당히 많은 내용을 말해 준다. 이 도표를 마음에 그려보면 세 가지 행위들 중에서 두 가지(구속과 화목 제물)은 주 예수 그리스도께로부터 나온다는 것을 보게 될 것이다. 이것은 그분이 우리의 구원을 성취하신 분임을 가리킨다. 그것은 **그분의** 사역이다. 우리는 두 행위(구속과 칭의)의 대상들이다. 우리는 구원에 아무것도 기여하지 못한다. "… 구원은 여호와께로서 말미암나이다"(욘 2 : 9). 성부 하나님께서는 한 행위(화목 제물)의 대상이시며, 한 행위(칭의)의 주체시다. 이것은 우리가 의롭다 함을 받는 것이 그리스도의 화목 사역에 기초를 두고 있다는 점을 명확하게 해 준다. 하나님께서 경건치 않은 자들을 의롭다 하실 수 있는 것은 예수께서 우리 대신 죽으심으로써 우리 구원의 값을 치르셨기 때문이다. 이 점은 앞으로 공부하게 될 것이다.

그러나 여기서 강조하고 싶은 것은 이 세 가지 사역들이 서로 뗄 수 없이 연관되어 있다는 점이다. 어느것 하나라도 다른 것들과 떼어 놓을 수 없다. 결과적으로 우리가 공부해온 모든 내용은 어떤 의미에서는 칭의의 일부에 해당하는 셈이다.

법정에서 따 온 이미지

그러나 칭의란 구체적으로 무엇을 가리키는가? 앞에서 본 대로 구속은 장터에서 따 온 용어다. 사고 파는 것과 관계되며, 우리를 건지는 데 드는 값을 예수께서 치르셨음을 가리킨다. 그러나 이 단어는 고대에 노예를 사는 데 너무 자주 쓰였기 때문에, 죄의 노예 상태에서 우리를 건지셨다는 함축적인 의미를 갖고 있다. 그리스도는 자신의 죽음으로 우리를 죄의 노예 상태에서 해방시켜 주셨다. 앞 장에서 본 대로 화목 제물이란 고대 종교 세계에서 빌려온 용어이다. 우리를 겨냥하고 있던 하나님의 진노를 다른 데로 돌리는 제물을 가리킨다. 고대에 이교 예배자들은 제사가 자기들의 범과(犯過)들을 상쇄할 수 있다고 보고서, 스스로의 힘으로 하나님의 진노를 돌릴 수 있다고 생각했다. 그러나 비록 개념은 똑같지만, 기독교에서는 인간이 하나님의 진노를 무마하거나 딴 데로 돌릴 수 없다고 이해한다. 오직 하나님만 그 일을 하실 수 있고, 하나님께서는 예수 그리스도의 유일하고 온전한 제사를 통해 바로 그 일을 해 오고 계신다고 이해한다.

칭의의 경우는 어떠한가? 이 단어는 법정에서 따온 것으로서, 판사가 피고에게 무죄 판결을 내리는 행위를 묘사한다. 레온 모리스가 말한 대로, "칭의는… 의롭다고 선언하는 절

차를 가리키는 법률 용어이다."[6]

"무죄 판결을 내리다"와 "선언하다"라는 두 법률 용어를 주의해서 볼 필요가 있다. 칭의를 이해할 때 생길 수 있는 가장 중대한 오류는 그것이 칭의를 받은 사람 안에 실제로 의를 발생시킨다는 뜻에서 "의롭게 **만들다**"라는 의미라고 생각하는 것이다. 로마서 3장에 대한 마지막 장에서 공부하게 되겠지만, 실제적인 의는 칭의를 받은 다음 따라오는 것이다. 행위가 따라오지 않는다면 칭의를 받은 것이 아니라고 말해도 옳을 정도로 그 둘은 서로 밀접히 연관되어 있다. 그러나 칭의 자체가 이런 변화를 가리키는 건 아니다. 칭의에 해당하는 단어(justification)는 그렇게 생각하도록 만들 위험이 있다. 이 단어는 "올바른" 또는 "의로운"이란 뜻의 유스투스(justus)와 "만들다"라는 뜻의 파치오(facio)라는 두 라틴어 단어로 이루어져 있다. 언뜻 보면 이것이 바로 칭의라는 단어의 뜻처럼 보인다 : "의롭게 만들다." 그러나 이것은 올바른 개념이 아니다. 칭의는 하나님의 의로운 법정에서 사람이 정당한 입지를 갖는 것을 뜻할 뿐이다. 그 사람이 어떤 방식으로 그 입지를 갖게 되었는지를 가리키지는 않는다. 그렇기 때문에 다른 용어들 – 구속과 화목 제물 – 이 없어서는 안 되는 것이다.

이 점을 좀 달리 설명해 보자. 칭의는 정죄(定罪)의 반대말이다. 피고의 위법 사실이 드러날 경우 피고는 판사에게 정죄를, 즉 유죄 판결을 받는다. 정죄가 그 피고를 죄인으로 만드는 건 아니다. 죄인이라고 선언할 뿐이다. 칭의의 경우도 마찬가지이다. 칭의는 피고가 옳다고, 즉 법에 저촉이 되지 않는다고 선언할 뿐이지, 그를 의롭게 만들지는 않는다. 자신의 의에 기초하여 의롭다고 선언받을 수 있는 사람은 법정에서 무죄 판결을 받을 것이다. 그러나 구원에 관한 한 우리는 아무런 의도 갖고 있지 못하며 무결하지 않기 때문에 그리스도의 속죄를 기초로 하여 의롭다고 선언받는다.

잘 발달한 교리

신약이 가르치는 온전한 칭의 교리는 단지 칭의만 말하고 마는 것이 아니라 예수 그리스도를 믿는 믿음을 통한 은혜로 말미암는 칭의라고 말한다는 사실을 깨닫는 것이 유익하다.

바울이 이 장들의 기초가 되는 절들(롬 3 : 24-26)에서 공언하는 게 바로 그것이다. "그리스도 예수 안에 있는 구속으로 말미암아 하나님의 은혜로 값없이 의롭다 하심을 얻은 자

되었느니라. 이 예수를 하나님이 그의 피로 인하여 믿음으로 말미암는 화목 제물로 세우셨으니 이는 하나님께서 길이 참으시는 중에 전에 지은 죄를 간과하심으로 자기의 의로우심을 나타내려 하심이니 곧 이 때에 자기의 의로우심을 나타내사 자기도 의로우시며 또한 예수 믿는 자를 의롭다 하려 하심이니라."

존 스토트(John R.W. Stott)가 「그리스도의 십자가」(The Cross of Christ)에서 칭의를 정의한 방식대로[7] 위 말씀을 가지고 칭의를 차례로 정의해 보자.

1. 칭의의 원천은 하나님의 은혜이다(24절). 의인은 하나도 없기 때문에(참조. 롬 3 : 10), 아무도 스스로를 의롭게 만들거나 의롭다고 할 수 없다(참조. 20절)는 것은 아주 명백한 사실이다. 그러면 구원이 어떻게 가능한가? 구원은 하나님께서 우리를 위해 그 일을 해주실 때에만 가능하다. 이것이 "은혜"란 말의 뜻이다. 하나님의 그 사역을 받을 만한 자격이 우리에게 없기 때문이다. 앞에서 본 대로, 바울은 은혜라는 단어에 **값없이**란 단어를 덧붙여서 그 점을 강조하는데, 이것은 중복된 말임에도 불구하고 훌륭한 표현이다.

2. 칭의의 근거는 그리스도의 사역이다(25절). 우리는 이 사실을 **화목 제물**과 **구속**이란 단어들을 논하면서 살펴본 바 있다. 바울은 여기서 이 두 단어를 모두 사용한다('구속'은 24절에, '화목 제물'은 25절에). 하나님께서 정당하게 사죄를 베푸실 수 있는 것은 이런 사역들이 이루어졌기 때문이다.

스토트(Stott)는 이렇게 쓴다. "칭의는 사면과 동의어가 아니다. 사면이란 엄격히 말해 원칙 없는 용서로서, 그것을 정당화하기 위해 악행과 타락을 묵인하는 – 심지어 잊어 버리는(사면에 해당하는 라틴어 **암네스티아**(amnestia)는 '건망증'이란 뜻이다) – 용서이다. 칭의는 그것과 다르다. 공의, 자비로운 공의의 행위이다… 하나님께서는 죄인들을 의롭다 하실 때 악한 사람들을 가리켜 선하다고 선언하시는 것이 아니며, 또는 그들이 결코 죄인들이 아니라고 말씀하시는 것이 아니다. 법적으로 의롭다고, 즉 법을 어긴 데 대한 책임에서 자유롭다고 선언하시는 것이다. 그들이 법을 어긴 데 대한 형벌을 독생자에게 부과하셨기 때문이다… 달리 말하자면, 우리는 "그의 피로 인하여" 의롭다 하심을 받은 것이다."[8]

오늘날 사람들이 이 중추적인 교리를 잊고 있는 것이 아닌가 하는 우려가 든다. 그러나 이 교리가 언제나 이렇게 홀대를 받은 건 아니다. 과거의 신앙 용사 한 사람만 들자면, 찰스 스펄전(Charles Haddon Spurgeon)에게 그것은 고귀한 교리였고, 회개의 방도가 되었다. 그가 칭의 교리를 어떻게 말하는지 살펴보자.

> 성령께서 내게 죄를 깨닫게 하실 때, 나는 하나님의 공의를 선명하고 예리하게 의식했다. 다른 사람들이 죄를 어떻게 생각했든간에, 내게는 죄가 더 이상 질 수 없는 무거운 짐이었다. 지옥이 두려웠던 것이 아니라 죄가 두려웠다. 당시 얼마나 죄책에 눌려 지냈는지, 하나님께서 내 죄를 아직 징벌하지 않으셨다면 앞으로 반드시 징벌하실 것이라는 생각에 주눅이 들어 지냈던 일이 아직도 생생하다. 온 땅의 재판장께서 나 같은 죄인을 반드시 정죄하실 것이라고 느꼈다… 내 마음에는 하나님의 영예로운 이름과, 그분의 성실한 도덕적 통치에 대한 깊은 관심이 있었다. 만약 내가 불공정하게 사죄를 받을 수 있다 하더라도 그것이 내 양심을 만족시키지 못할 것이라고 느꼈다. 내가 지은 죄는 반드시 징벌을 받아야 한다고 느꼈다. 그러나 이런 생각이 떠올랐다. 만약 하나님이 의로우시다면, 이렇게 죄책에 짓눌린 나를 어떻게 의롭다 하실 수 있겠는가? … 이 질문을 해놓고는 나는 깊은 실의에 빠졌다. 대답도 찾을 수 없었다. 도무지 내 양심을 만족시킬 대답을 고안해 낼 수가 없었다.[9]

이 위대한 침례교 설교자가 회상하는 바에 따르면, 그렇게 실의에 빠져 있을 때에 그의 영혼에 빛이 비쳤다고 한다. 우리를 대신하여 죽음의 형벌을 받으신 예수님의 모습이 떠올랐다. 그의 말을 들어 보자. "만약 형벌을 우리에게서 비켜가도록 하실 뜻이 아니었다면 그분은 왜 고난을 당하셨을까? 만약 그런 뜻으로 형벌을 받으셨다면, 그분은 죽음으로 그 형벌을 돌려놓으신 셈이고, 형벌은 다른 데로 향하게 된 셈이며, 그분을 믿는 사람들은 형벌을 두려워할 필요가 없게 된 셈이다. 만약 그렇다면 속죄가 이루어진 것이기 때문에, 하나님께서는 보좌의 기초를 흔들지 않고서 죄를 사하실 수 있다."[10]

바울이 "하나님이 전에 지은 죄를 간과하심으로"라는 구절과 "이때에 자기의 의로우심을 나타내사"라는 구절 같은 난해한 말을 가지고 다루고 있던 문제가 바로 그것이었다는 것을 보기란 어렵지 않다. 바울은 그리스도의 성육신과 죽음이 있기 전에는 하나님의 이름에 얼룩 같은 것이 끼어있었음을 인정하면서, 현재 시점에 서서 생각하고 있다. 하나님께서는 여러 세기 동안 죄인들을 정죄하기를 거부하시고 사실상 의롭다 해오셨다. 자기 목숨을 부지하려고 아내의 정절쯤은 포기하려고 한 아브라함 같은 사람들을 말이다. 애굽인을 죽인 모세, 밧세바와 간음을 범하고서 그의 남편 우리아를 죽인 뒤 그 사실을 은폐해 버린 다윗, 여리고의 매춘부 라합 같은 여인들을 말이다. 하나님께서는 이런 사람들을 구원하셨다. 그들이 죽을 때 하나님께서는 그들을 지옥으로 보내지 않으셨다. 그것을 지켜본 사람에게는 하나님께서 그들의 죄를 그냥 간과해 오신 것처럼 - 그들을 용서하되 불공정한 방법으로 용서하신 것처럼 - 보일 것이다.

하나님께서는 불공정하셨는가?

그렇지 않다고 바울은 말한다. 그리스도의 죽음에 힘입어 하나님의 이름은 그 명예가 입증된다. 그리스도의 죽음에 기초해서 볼 때, 하나님께서 불의한 자들을 의롭다 하신 것은 공정한 처사였음이 이제는 밝혀진다. (이제도 여전히 그들을 의롭다 하시는 것도 따라서 당연히 **공정한 처사이다.**)

3. 칭의의 방도는 믿음이다(25-26절). 믿음은 칭의가 우리에게 오는, 또는 우리것이 되는 통로이다. 이것은 다음 장의 주제이다. 하지만 여기서 우리는 적어도 두 가지 점을 말할 필요가 있다.

첫째, 믿음은 선행이 아니다. 당연한 것이고, 절대적으로 필요한 일이지만, 선행은 아니다. 실제로 놓고 보더라도 믿음은 결코 선행이 아니다. 바울이 에베소서 2 : 8-9에서 말하는 대로, 믿음은 하나님의 선물이다 : "너희가 그 은혜를 인하여 믿음으로 말미암아 구원을 얻었나니 이것이 너희에게서 난 것이 아니요 하나님의 선물이라. 행위에서 난 것이 아니니 이는 누구든지 자랑치 못하게 함이니라."

둘째, 믿음은 칭의의 방도이긴 하지만, 그것이 유일한 방도이다. 루터는 **솔라 피데**(sola fide, "오직 믿음으로")라는 말로 그것을 표현했고, 그로써 성경 본문에 나와 있지 않은 단어를 보태긴 했지만 그럼에도 성경 사상의 진수를 파악하였다. 만약 믿음이 선행이 아니라 하나님께서 우리를 위해 이루어 놓으시고 값없이 주시는 것을 그냥 받기만 하는 것이라면, 우리가 의롭다 함을 받을 수 있는 것은 오직 믿음에 의해서일 뿐이다. 다른 모든 행위나 공로는 칭의의 정의에서 배제된다. 어느 시대든 사람이 의롭다 함을 얻을 수 있는 유일한 방도는 하나님을 믿고 하나님께서 내미시는 것을 받는 것이다.

4. 칭의의 효과는 그리스도와 연합시키는 것이다. 이 개념이 본문에는 명시되어 있지는 않지만, 바울이 복음의 본질을 충만히 설명하는 후반부에 소개된다. 구원의 유익들을 설명하는 로마서 5 : 1-11과, 죄에 대한 신자의 승리를 가르치는 로마서 5 : 12-8 : 17의 기초가 되는 것이 바로 그리스도와의 연합이다.

존 스토트(John Stott)는 이런 식으로 설명한다.

> 우리가 "그리스도를 통해서" 의롭다 함을 받는다고 할 때는 그리스도의 역사적 죽음을 가리키는 말이다. "그리스도 안에서" 의롭다 함을 받는다고 할 때는 지금 우리가 믿음으로 누리고 있는 그리스도와의 개인적인 관계를 가리키는 말이다. 이 간단한 사실 때문에 칭의를 순전히 외적인 조치일 뿐이라고 보기 어렵게 된다. 칭의란 그리스도와 연합하는 것과 그로써 얻는 모든 유익들과 떼어 생각할 수 없다. 칭의가 주는 가장 큰 유익은 예수님께서 다스리시는 메시야 공동체의 일원이 되는 것이다. 만약 우리가 그리스도 안에 있고 따라서 의롭다 함을 받았다면, 우리는 또한 하나님의 자녀들이며 아브라함의 참된 (영적) 자손들이다… 둘째, 그리스도께서 십자가에서 자신을 내어주심으로써 일으킨 이 새로운 공동체는 "선을 행하는 데" 열의를 다해야 하며, 그 구성원들은 선행을 하는 데 전념해야 한다…
> 확실히 우리는 바울과 마찬가지로 율법이 우리를 정죄했다고 말할 수 있다. 그러나 그리스도 예수 안에 있는 자에게는 결코 정죄함이 없다.[11]

문제는 – 이것이 내가 이 장에서 제기한 세 번째 질문이다 – **여러분**이 지금 그리스도 안에 있는가 하는 것이다. 여러분은 그리스도께서 갈보리에서 여러분을 위해 이루신 일을 믿음으로써 의롭다 함을 받았는가? 세상에는 중요한 질문들이 많다. 나는 누구인가? 나는 왜 여기 있는가? 나는 어디로 가는가? 하나님은 누구신가? 어떻게 하나님을 기쁘시게 해드릴 수 있는가? 그러나 가장 중요한 질문들은 이런 것들이다. 나는 어떻게 하나님 앞에서 의롭다 함을 받아 그분과 **바른** 관계를 맺을 수 있을까? 그리고, 과연 **나는** 의롭다 함을 받았는가?

의롭다 함을 받지 못했다면 세리와 같은 태도로 하나님께 나가서 죄를 자백하고 그리스도의 속죄를 토대로 불쌍히 여겨달라고 구해야 한다. 예수님은 세리에게 "이 사람이… 의롭다 하심을 받고 집에 내려 갔느니라…"(눅 18 : 14)고 하셨다. 여러분도 그렇게 되기를 바란다. 그만큼 쉬운 일이다.

● 각주 ●

1. Leon Morris, *The Apostolic Preaching of the Cross* (Grand Rapids; Wm. B. Eerdmans, 1956), p. 224.

2. John Calvin, *Institutes of the Christian Religion,* ed. John T. McNeill, trans. Ford Lewis Battles (Philadelphia : The Westminster Press, 1960), p. 726.

3. Thomas Cranmer, "Sermon on Salvation" in *First Book of Homilies* (London : Society for the Propagation of Christian Knowledge, 1914), pp. 25, 26. (Original edition 1547.)

4. Thomas Watson, *A Boy of Divinity* (London : The Banner of Truth Trust, 1970), p. 26. (Original edition 1692.)

5. Martin Luther, *What Luther Says : An Anthology,* compiled by Ewald M. Plass (St. Louis : Concordia, 1959), vol. 2, pp. 702-704, 715.

6. Morris, *The Apostolic Preaching of the Cross,* p. 271.

7. John Stott, *The Cross of Christ* (Downers Grove, Ill. : InterVarsity Press, 1986), pp. 189-192.

8. Ibid., p. 190.

9. 스펄전의 회심 이야기는 다음 책에 실려 있다 : Charles Haddon Spurgeon, All of Grace (Chicago : Moody Press, n.d.), pp. 27, 29.

10. Ibid.

11. John Stott, *The Cross of Christ,* pp. 191, 192.

46

믿음

로마서 3 : 25-26

이 예수를 하나님이 그의 피로 인하여 믿음으로 말미암는 화목 제물로 세우셨으니 이는 하나님께서 길이 참으시는 중에 전에 지은 죄를 간과하심으로 자기의 의로우심을 나타내려 하심이니 곧 이 때에 자기의 의로우심을 나타내사 자기도 의로우시며 또한 예수 믿는 자를 의롭다 하려 하심이니라.

이제는 믿음에 관해서 말할 차례이다.

예수 그리스도가 성취하신 구원이 아무리 기이한 것이라고 하더라도, 우리 개인의 것이 되지 않으면 우리에게는 아무런 쓸모가 없다. 그리스도의 사역을 우리의 것으로 삼는 방법은 믿음이다. 그렇기 때문에 성경은 "믿음이 없이는 기쁘시게 못하나니…"(히 11 : 6)라고 말하며, 사도 바울이 우리가 지금 공부하고 있는 로마서 부분에서 믿음에 관해 자주 말하는 것도 그런 이유에서이다. 21-31절에 믿음이란 말이 무려 여덟 번이나 나온다.[1]

이 단락을 공부하기 시작할 때, 나는 바울이 여기서 전하고 있는 교리들을 네 가지로 개략한 바 있다. 물론 총괄적이지는 못하지만, 이 단락의 큰 흐름을 지적하는 것이었다. 그것을 여기서 다시 소개한다. (1) 하나님께서는 사람이 스스로 소유하지 못하는 자신의 의를 사람들에게 베푸셨다. (2) 이 의는 은혜로 말미암는다. (3) 하나님 편에서 이 은혜를 사람에게 주실 수 있게 만든 것은 그 백성을 위해 죽으사 그들을 그들의 죄에서 구속하신 주 예수 그리스도의 사역이다. (4) 하나님께서 값없이 베푸신 이 의는 단지 믿음을 통해서만 우리의 의가 된다. 이 개략을 살펴가는 중에 셋째 사항을 주의 깊게 보았고 - 그리스도의 사역이 우리에게 전달되는 다양한 방법을 생각하면서 - 그러다가 결국 칭의를 공부하게 되었다. 칭의란 달리 표현하자면 하나님께서 우리에게 선물로 주신 자신의 의라는 말이기 때문이다.

그렇게 해서 칭의를 공부했고, 이제는 넷째이자 마지막 사항에 이르게 되었다. "하나님께서 값없이 베푸신 이 의는 단지 믿음을 통해서만 우리의 의가 된다."

로마서 3 : 21-31을 주의해서 읽으면 이 점을 놓칠 리가 없다(그렇지만 나는 강조하기 위해 고딕체를 사용할 것이다). 이 단락에서 바울은 "곧 예수 그리스도를 **믿음**으로 말미암아 모든 믿는 자에게 미치는 하나님의 의니…"(22절)라고 말한다. 또한 "이 예수를 하나님이 그의 피로 인하여 **믿음**으로 말미암는 화목 제물로 세우셨으니…"(25절)라고 한다. 그리고 "사람이 의롭다 하심을 얻는 것은 율법의 행위에 있지 않고 **믿음**으로" 된다고 하면서, 하나님께서 "예수 믿는 자"(26절)를 의롭다고 하신다고 가르친다. 그리고 나서 이렇게 결론짓는다. "할례자도 **믿음**으로 말미암아 또는 무할례자도 **믿음**으로 말미암아 의롭다 하실 하나님은 한 분이시니라"(30절). 메시지 내용이 아주 뚜렷하다. 믿음은 선행이 아니다. 믿음은 구원을 벌어오지 않는다. 믿음은 하나님으로 하여금 우리에게 빚을 지게 만들지 않는다. 그런데도 믿음은 없어서는 안 된다. 예수 그리스도를 믿는 자들만 구원을 받기 때문이다.

믿음이란 무엇인가?

믿음이란 것이 정확히 무엇인가? 믿음을 정의하려는 시도들이 많이 있었고, 그중 일부는 그릇된 정의를 내렸는데 올바른 정의들을 다음과 같이 소개한다.

첫째, 존 칼빈의 정의 : "하나님께서 그리스도 안에서 값없이 베푸신 약속 - 성령께서 우리 마음에 계시하시고 인을 쳐 주신 - 에 근거하여 우리에게 베푸신 자비를 확고하고 분명히 아는 것을 가리켜 지식이라 부른다면, 믿음을 올바로 정의하는 셈이다."[2] 칼빈은 바울이 로마서에서 진술하는 내용, 즉 참된 믿음은 하나님께서 그리스도의 사역을 통해 값없이 내미시는 구원을 믿는 것임을 강조한다. 그러나 바울이 비록 로마서 3장에서는 언급하지 않지만 에베소서 2 : 8-10에서 가르치는 것, 즉 믿음이란 성령께서 우리 안에서 하시는 사역이라는 것을 칼빈도 덧붙여 말한다.

찰스 스펄전의 정의 : "믿음이란 그리스도가 어떤 분인지에 관해 성경이 가르치는 내용과 그분이 친히 약속하신 바를 이루실 것임을 믿는 것이며, 그분이 그 일을 이루시기를 기대하는 것이다."[3]

나는 이 정의를 좋아한다. 그러나 스펄전이 「은혜의 모든 것」(All of Grace)이란 책의 한 장에서 믿음을 정의하면서 말한 내용이 생각난다. 그는 교육을 받지 못한 설교자에 관해서 이야기했는데, 그 설교자는 설교를 시작할 때 회중에게 성경 한 장을 읽어 주고는 이제 그것을 "뒤죽박죽으로 만들겠다"(confound)고 말했다고 한다. 원래는 "설명하겠다"(expound)는 의도였다. 그러나 스펄전은 믿음에 관한 설교를 할 때는 언제나 그렇게 할 위험이 있다고 적었다. 한참 설명하다가 아무도 이해할 수 없게 만들 수 있다고 했다. "믿음은 아주 간단한 것이다"라고 그는 말했다.[4] 믿음을 이해하기 어렵게 만드는 이유는 그만큼 간단하기 때문인지도 모른다.

어떻게 하면 믿음을 설명할 수 있을까? 이른바 신앙의 교과서들에 실린 아주 복잡한 정의들을 어떻게 하면 알아들을 수 있게 만들 수 있을까?

믿음의 첫째 요소 : 지식

대부분의 신학자들과 성경 교사들은 믿음을 세 부분으로 나눈다. "지식, 신앙, 신뢰"[5]로 나누는 사람들도 있고, "자각, 동의, 헌신"[6]으로 나누는 사람들도 있으며, 그런 개념들을 조금씩 변형시켜 나누는 사람들도 있다. 그러나 거의 대부분 시작할 때는 "믿음의 지식" 또는 내 표현대로 하자면 "내용"으로부터 시작한다. 내용 없는 믿음은 결코 참된 믿음이 아니다.

믿음에 관해 글을 쓴 저자들 중에서 이 점을 가장 강조한 사람은 아마 칼빈일 것이다. 그는 중세 교회의 교훈에서 발전한 믿음에 관한 아주 심각한 오류를 배척해야 할 필요를 강하게 느꼈기 때문이다. 종교개혁 이전 시대의 교회는 사람들에게 성경을 가르치는 데 태만했다. 그 결과 사람들 대부분이 참된 구원의 복음에 대해 캄캄했고, 성직자들의 처지도 대부분 마찬가지였다. 그러면 복음에 대해 그렇게 무지한 사람들이 어떻게 구원을 받는가? 교회는 "맹목적인" 신앙으로 구원을 받는다고 대답했다. 신자들이 꼭 무엇을 알아야만 하는 것은 아니라는 뜻이다. 신자들은 맹목적으로 교회를 신뢰하면 그만이라는 것이다. 교회와 그 가르침들은 옳으며, 교인들이 그 내용을 모를지라도 만약 교회를 올바로 믿으면(또는 신뢰하면) 그들도 옳게 된다는 것이다.

그때의 상황을 생각하자니, 오늘날 교회의 당회가 어떤 사람을 세례 교인으로 받아들이기에 앞서 문답한 이야기가 생각난다. 당회원들이 그에게 구원에 관해 무엇을 믿느냐고 물었더니, 그는 교회가 믿는 것을 자기도 믿는다고 대답했다.

"교회가 무얼 믿는데요?" 그들이 질문했다.

"교회는 내가 믿는 걸 믿지요"라고 그가 대답했다.

이번에는 당회원들이 조금 화가 났다. 하지만 다시 한 번 질문했다 : "선생님과 교회는 무얼 믿습니까?"

그 사람은 잠시 생각에 잠기더니 "우리는 같은 걸 믿습니다" 하고 대답했다.

이 상황은 중세 때 대부분의 사람들이 처해 있던 상황과 다르지 않다. 칼빈은 바로 이런 상황을 비판한 것이다. 그는 "믿음의 대상은 그리스도이다" 하고 주장했고, "믿음은 경건한 무지가 아닌 지식에 근거한다"라고 주장했다. 또한 다음과 같이 썼다. "우리가 구원을 얻는 것은 교회의 가르침을 무조건 사실로 받아들일 자세를 갖고 있기 때문도 아니고, 질문을 하고 알아가야 할 의무를 덮어 버린 채 교회의 가르침을 절대적으로 믿기 때문도 아니다. 우리는 하나님께서 그리스도를 통해 이루어진 화목(고후 5 : 18, 19)에 힘입어 우리의 자비로운 아버지가 되신다는 것을 알고, 그리스도가 우리에게 의와 성화와 생명이 되어 주셨다는 것을 알 때 구원을 받는다. 하늘 나라에 들어갈 수 있는 자격은 감정을 억눌러서 얻는 것이 아니라 그런 지식으로써 얻는 것이다."[7]

수백 년 전에 나온 이 주장은 오늘날 많은 사람들의 "믿음"에도 해당된다. 오늘날 많은 사람들은 교회나 그밖의 어떤 권위에 "맹목적인" 믿음을 발휘하지는 않지만, 자신들에 대해서는 맹목적인 믿음이나 단순히 "믿음에 대한 믿음"을 갖고 있는 듯하다. 결국 오십보 백보인 셈이다.

이 점에서 가장 큰 잘못을 저지른 사람이 노먼 빈센트 필(Norman Vincent Peale)이다. 그는 베스트셀러가 된 자신의 책 「적극적 사고의 능력」(The Power of Positive Thingking)

을 통해서 주관적 믿음을 널리 퍼뜨렸다. 그는 성경에서 믿음을 강하게 권하는 구절들을 한데 모으라고 한다. 이를테면 "… 믿는 자에게는 능치 못할 일이 없느니라"(막 9 : 23)와 "… 너희가 만일 믿음이 한 겨자씨만큼만 있으면 이 산을 명하여 여기서 저기로 옮기라 하여도 옮길 것이요 또 너희가 못할 것이 없으리라"(마 17 : 20) 같은 구절들 말이다. 그리고는 그 구절들을 암기하고, 그 구절들이 우리의 무의식 속으로 가라앉아 우리를 변화시키게 하라고 권한다. 이렇게 하면 우리는 하나님을 믿고 자신을 믿는 사람들이 될 것이라고 한다 : "자신을 믿는 분량만큼, 자기 직업을 믿는 만큼, 하나님을 믿는 만큼, 오직 그만큼만 얻게 될 것이다."[8] 그 책의 마지막 말은 이러하다. "그러므로 믿고 성공적인 삶을 살아가라."

그러나 **무엇**을 믿으라는 건가? **누구**를 믿으라는 건가?

필의 조언은 외판원이나, 학교나 직장에서 좋은 성과를 거두려고 노심초사하는 사람에게는 아주 유익한 것이 될는지 모른다. 그러나 성경이 가르치는 믿음은 아니다. 존 스토트가 논평하는 대로, 그것은 "자기 확신" 또는 "낙관론"의 다른 표현일 뿐이다.[9]

하나님께 대한 믿음은 직업상의 성공이나 자아에 대한 믿음과 거의 같은 것이라고 생각하는 사람에게, 그리스도인은 그렇지 않다고 대답해야 한다. 그걸 같다고 보면 믿음의 대상이 그리 중요하지 않게 된다. 하지만 복음에서는 믿음의 대상이 가장 중요하다. 우리의 믿음은 반드시 그리스도와 그분의 사역에 두어야 하며, 자신에게 두어서는 안 된다. 우리는 마땅히 해야 할 일을 제대로 할 수 없는 존재들이다. 그러므로 하나님께서 구주로 보내주신 그리스도를 반드시 의지해야 한다.

믿음과 하나님의 말씀

「기독교 강요」(Institutes of the Christan Religion)에서 믿음의 첫째 요소로 지식을 꼽을 정도로 지식의 중요성을 강조한 칼빈(Calvin)은, 그 점을 달리 설명하느라 믿음과 하나님의 말씀 곧 성경의 필연적인 관계를 증명한다. 그는 믿음의 기초를 다음 몇 가지로 설명한다. (1) 믿음은 하나님의 말씀으로 **규명**된다. (2) 믿음은 하나님의 말씀의 **뼈대**이다. (3) 믿음은 하나님의 말씀으로 **유지**된다.

첫째 사항은 특히 로마서 3장에 분명히 나타나 있다. 바울은 하나님의 의에 관해 말하고 그것이 "… 율법과 선지자들에게 증거를 받은 것이라"(21절) 하고 말한 다음 믿음에 관해서 말한다. 다음 구절은 그가 하나님의 의에 관해 말한 뒤에 한 말이다. "곧 예수 그리스도를 믿음으로 말미암아 모든 믿는 자에게 미치는 하나님의 의니…"(22절). 다시 말해서, 그가 말하려고 하는 그리스도께 대한 믿음이란 구약 성서에 이미 계시되고 설명된 그리스도의 사역에 대한 믿음이라는 말이다. 믿음이 구체적인 내용을 갖고 있는 것이다. 애매모호한 것이 아니다. 더욱이 – 이것을 빠뜨려서는 안 된다 – 로마서 다음 장은 구원의 길이 아브라함과 다윗에게 알려졌음을 증명하는데, 바울은 이 두 사람이 우리가 구원받을 때 지니는 믿음과 동일한 믿음으로 구원을 받았다고 말한다. 바울은 창세기 15 : 6과 시편 32 : 1-2를 증거로 인용한다.

하나님의 말씀 없이는 참된 믿음이란 있을 수 없다. 우리가 무엇을 믿어야 할까 하는 것은 오직 거기서만 배우기 때문이다. 칼빈은 이렇게 말한다. "(그러므로) 믿음과 말씀 간에는 항구적인 관계가 있다… 말씀을 치워 버리면 믿음도 살아남지 못한다."[10]

믿음이 하나님의 말씀과 관계를 맺고 있는 둘째 방법은 믿음이 말씀에 의해 우리 안에 생기고, 뿌리를 내리고, 또는 깨어나는 것이다. 말씀이 없다면 우리는 나사로와 같다. 그가 유대 땅의 차가운 무덤에 누워 있었듯이, 우리도 우리의 죄 안에 죽어 있다. 무엇이 우리를 이런 죽음의 잠에서 깨어줄 것인가? "존아 나오라!… 메리야 나오라!… 찰스야 나오라!" 하고 부르시는 그리스도의 음성밖에 없다. 생명을 주시는 하나님의 음성만이 그런 새 생명을 창조할 수 있다. 그러나 어디서 그 음성을 들을 수 있는가? 이 사람 저 사람한테 가봐야 들을 수 없다. 인간이 쓴 책들에서도 들을 수 없다. 그 음성을 들을 수 있는 유일한 곳은 성경이다. 하나님께서는 거기에서만 말씀하신다.

그렇기 때문에 베드로는 우리 그리스도인의 처지에 대해서 이렇게 말한다. "너희가 거듭난 것이 썩어질 씨로 된 것이 아니요 썩지 아니할 씨로 된 것이니 하나님의 살아 있고 항상 있는 말씀으로 되었느니라"(벧전 1 : 23).

믿음과 성경이 맺고 있는 셋째 관계는 믿음이 성경으로부터 힘을 얻고 유지되는 것이다. 왜 그런가? 성경은 우리를 하나님과 그분의 약속들로 인도하는데, 오직 하나님만 이 구원 문제에서 우리를 뒷받침해 주실 능력을 갖고 계시기 때문이다. 칼빈은 이렇게 말한다. "그러므로 만약 믿음이 당연히 바라봐야 할 이 목표에서 조금이라도 벗어난다면 그 본질을 유지하지 못하게 되고, 오히려 불확실한 경신(輕信)과 정신의 모호한 오류에 빠지게 된다."[11] 결론은, 만약 강한 믿음을 가지고 그 안에서 장성하고 싶다면 시간을 내서 성경을 공부하면서 그 안에 담긴 하나님의 약속들을 여러분의 것으로 삼아야 한다는 것이다.

둘째 요소 : 마음의 감동

참된 성경적 믿음이 지니는 둘째 요소는 내 식대로 표현하자면 "마음의 감동"이고, 다른 사람의 말을 빌자면 "확신"(스펄전) 또는 "동의"(로이드 존스)이다. 여기서 말하고자 하는 것은, 믿음의 성경적 내용이 중요하고 또한 칼빈도 그 점을 강조한 것이 사실이지만, 그 내용을 알더라도 그것이 개인에게 감화를 일으키지 않는다면 멸망당할 수 있다는 것이다. 한 가지 예가 마귀인데, 그는 성경을 알고 신학도 우리보다 더 잘 이해하지만, 이렇게 좀더 깊은 의미에서는 믿지 않는다. "… 귀신들도 믿고 떠느니라"(약 2 : 19).

믿음의 둘째 요소를 가장 현저하게 보여 주는 예는 위대한 전도자 존 웨슬리(John Wesley)의 회심이다. 그는 1738년 5월에 회심했다. 그는 회심하기 전에 여러 해 동안 설교자와 전도자로서 활발히 활동해 왔다. 기독교 교리를 알고 있었지만, 순수히 개인의 차원에서 그에게 감화를 주지 못했다. 어떤 의미에서는 "믿는 사람"이었지만, 실제로 그리스도를 사랑하거나 개인적으로 그를 의지하여 살지는 않았다. 그러던 어느날 저녁 런던 올더스게이트가(街)에서 열린 작은 집회에 참석했다가, 어떤 사람이 루터의 로마서 주석 "서문"(실제로는 설교)을 읽는 것을 들었다. 웨슬리는 그때 일어난 일을 다음과 같이 적는다 : "8시 45분쯤에 하나님께서 그리스도께 대한 믿음을 통해 사람의 마음에 일으키시는 변화를 그 사람이 설명하고 있을 때 마음이 이상하게 뜨거워지는 것을 느꼈다. 내 구원을 위해 오직 그리스도만 의지한다는 느낌이 들었다. 그리고는 그분이 내 죄를, 심지어 내 죄 같은 것을 치워 버리시고, 죄와 죽음의 율법에서 나를 구원하셨다는 확신이 들었다."[12] 어떤 사람은 웨슬리가 그전에 이미 구원을 받았고 그 순간에는 그 사실을 안 것일 뿐이라고 주장할는지 모른다. 그럴 가능성도 있을 것이다. 그러나 웨슬리는 "마음이 뜨거워진 것"이 그리스도를 의지하는 것의 중요한 부분이었다고 간증했다.

칼빈은 지식 또는 내용의 요소를 길게("믿음"에 관한 사오십 쪽 분량으로) 다룬 뒤에 이 둘째 요소에 대해 이렇게 말한다 : "이제 남은 것은 정신이 흡수한 것을 마음에 쏟아붙는 일이다. 하나님의 말씀은 머리에서 스쳐 지나간다면 믿음으로 받아들일 수 없다. 하지만 마음에 깊이 뿌리를 박아 모든 교묘한 시험들을 견디고 떨쳐 버릴 수 있을 때에야 비로소 하나님의 말씀을 믿음으로 받아들일 수 있다."[13]

셋째 요소 : 헌신

믿음의 셋째 요소 – 스펄전은 "의뢰"라고 하고 로이드 존스는 "헌신"이라고 한다 – 자신을 실제로 그리스도께 굴복시키는 것으로서, 지식이 아무리 방대하고 정확하더라도 그 지식을 넘어서는 것이고, 복음에 감화를 받는 것조차 넘어서는 것이다. (많은 사람들은 감화를 받되 심지어 눈물을 흘릴 정도로 감화를 받지만, 구원을 받지 못한다.) 헌신은 우리 자신에게 속한 선을 넘어서서 주님의 제자가 되는 것이다. 도마에게서 그 예를 볼 수 있다. 도마는 예수님과 그분의 부활을 믿었을 뿐만 아니라 그 발 아래 엎드려 "나의 주시며 나의 하나님이시니이다"(요 20 : 28) 하며 경배했다.

믿음이 서로 닮은 사랑과 결합하고, 이 결합에서 소망이 탄생하는 것은 바로 이 시점이다.

가장 좋은 예를 들어보자. 그것은 젊은 남녀가 서로 만나 사랑에 빠지고 결혼을 하게 되는 경위이다. 그들이 구혼하는 첫 단계가 믿음인 첫째 요소, 즉 지식 또는 내용에 해당한다. 이 단계에서는 각자가 상대방을 알아가고, 상대방이 평생 동반자가 될 만큼 인품을 갖춘 사람인지를 파악하려고 한다. 둘째 단계는 사랑에 빠지는 단계이다. 이것은 "마음의 감화" 요소에 해당한다. 즉 서로 사랑하는 가운데 서로에게 개인적이고 감정적인 방법으로 영향을 주기 시작하는 단계이다. 마지막 단계는 두 사람이 교회에 가서 목사님 앞에 서서 서로에게 서약하는 서약의 말을 암송하는 단계이다.

예수님은 우리에게 서약하셨다. 그리고 그 서약을 이미 이루셨다. 우리는 셋째 요소, 즉 헌신을 통해서 그분께 서약을 한다.

나는 결혼식을 주례할 때 다음과 같은 결혼 서약문을 사용한다 : "나 존은 그대 메리를 아내로 맞이하여, 부유할 때나 가난할 때나 기쁠 때나 슬플 때나 병들 때나 건강할 때나 우리 둘이 살아 있는 동안 그대를 사랑하는 충실한 남편이 되기로 하나님 앞과 여러 증인들 앞에서 서약합니다." 신부도 같은 말로 서약을 한다.

우리의 믿음이 예수 그리스도께 표현되는 것도 마찬가지이다. 그분은 우리를 위해 죽으심으로써 자신의 진정한 사랑과 훌륭한 인품을 드러내 보이셨다. 그분은 우리에게 구혼하시면서 우리를 먼저 사랑하신 자신을 우리가 사랑하도록 하신다. 그리고는 다음과 같은 결혼 서약을 하신다. "나 예수는 그대[여러분이 누구든 이 칸에 여러분의 이름을 써 넣으라]를 아내로 맞이하여 부유할 때나 가난할 때나 기쁠 때나 슬플 때나 병들 때나 건강할 때나 지금부터 영원토록 그대를 사랑하는 충실한 구주와 신랑이 되기로 아버지 앞과 여러 증인들 앞에서 서약합니다."

그런 다음 우리는 고개를 들어 그분을 쳐다보면서 같은 서약을 한다 : "나[여러분이 누구든 이 칸에 여러분의 이름을 써 넣으라]는 그대 예수님을 내 사랑하는 구원자와 주로 맞이하여, 부유할 때나 가난할 때나 기쁠 때나 슬플 때나 병들 때나 건강할 때나 지금부터 영원토록 그대를 사랑하는 충실한 아내가 되기로 성부 하나님 앞과 여러 증인들 앞에서 서약합니다."

그런 다음 성부 하나님(지상의 주례자가 아니신)께서는 성혼(成婚)을 선포하시고, 여러분은 주 예수 그리스도의 영원한 신부가 된다.

여러분은 이런 서약을 마쳤는가? 여러분은 예수 그리스도를 믿었는가? 그분을 사랑하는가? 여러분이 영원히 그분의 것인 줄로 아는가?

"글쎄요, 그런 서약을 했는지 안 했는지 모르겠는데요" 하고 말할는지 모른다. 만약 모른다면 지금 당장 그 문제를 해결하라. 오늘날 결혼식을 치르려면 대부분 예식을 치를 예배당과 주례 목사님을 선정하고, 청첩장을 보낼 하객 명단을 작성하고, 예복을 맞추는 등 여러 가지 준비를 하는 데 여러 달이 걸린다. 그러나 여러분이 그리스도께 헌신하려고 할 때는 준비해야 할 게 아무것도 없다. 그리스도께서 이미 다 준비해 놓으셨다. 성부께서 와 계신다. 결혼식 준비가 다 되어 있는 것이다. 여러분이 지금 해야 할 일이란 그분께 서약을 하는 것뿐이다. 여러분은 반드시 예수님을 믿고 따라야 한다.

"하지만 나는 자격이 없어요" 하고 말할 사람이 있을지 모른다.

물론 여러분에게는 자격이 없다. 주 예수 그리스도의 사랑을 당연히 받을 것으로 여길 자격이 있는 사람이 과연 있겠는가? 모두가 자격이 없다. 하지만 자기에게 자격이 없다는 것을 알아야 구주의 필요를 알게 된다. 바울은 "우리가 아직 죄인되었을 때에 그리스도께서 우리를 위하여 죽으심으로 하나님께서 우리에게 대한 자기의 사랑을 확증하셨느니라"(롬 5 : 8) 하고 일깨워 준다.

"그러나 저는 믿음이 참 약합니다" 하고 말할 사람이 있을지 모른다.

그렇다. 여러분의 사랑도 소망도 다른 모든 것도 다 약하다. 하지만 강한 믿음이 있어야 구원을 받는 건 아니다. 단지 믿음만 있으면 된다. 스펄전은 이렇게 썼다 : "믿음이 약하다고 멸망하는 건 아니다. 두려워 떠는 손이 찬란한 선물을 받을 수 있다."[14]

손을 내밀라. 여러분에게 내미신 그 못자국 난 손을 잡으라. 그 손을 가슴에 품고 예수님을 영원히 사랑하라.

● 각주 ●

1. "믿음"이란 단어는 22, 25, 26, 27, 28, 30(두 번), 31절에 나온다. 그러나 헬라어로 어근이 같은 "믿다"라는 단어가 22절에 나오며, 이 두 단어 모두 로마서 4장에 자주 나온다.

2. John Calvin, *Institutes of the Christian Religion,* ed. John T. McNeill, trans. Ford Lewis Battles (Philadelphia : The Westminster Press, 1960), p. 551.

3. Charles Haddon Spurgeon, *All of Grace* (Chicago : Moody Press, n.d.), p. 47.

4. Ibid., 44.

5. Ibid.

6. D. M. Lloyd-Jones, *Romans, An Exposition of Chapter 3 : 20-4 : 25, Atonement and Justification* (Grand Rapids : Zondervan, 1976), p. 45.

7. Calvin, *Institutes of the Christian Religion,* pp. 542, 544, 545.

8. Norman Vincent Peale, *The Power of Positive Thinking* (New York : Prentice-Hall, 1952), p. 99.

9. John R. W. Stott, *Your Mind Matters* (Downers Grove, Ill. : InterVarsity Press, 1972), p. 36.

10. Calvin, *Institutes of the Christian Religion,* pp. 548, 549.

11. Ibid., p. 549.

12. John Wesley, *The Works of John Wesley,* vol. 1, *Journal from Octorber 14, 1735, to November 29, 1845* (Grand Rapids : Zondervan, n.d.), p. 103.

13. Calvin, *Institutes of the Christian Religion,* p. 583.

14. Spurgeon, *All of Grace,* p. 43.

47
그의 피를 믿는 믿음
로마서 3 : 25

하나님이 그의 피로 인하여 믿음으로 말미암는 화목 제물로 세우셨으니.

앞의 몇 장에서 우리는 예수 그리스도가 우리를 위해 성취하신 구원의 다양한 면을 생각했다. 화목 제물, 구속, 칭의 같은 용어들을 가지고 구원을 살펴 보았고, 구원의 믿음을 통해서 구원이 우리에게 적용되는 것을 살펴 보았다. 그러나 우리가 지나친 구절이 하나 있는데, 이 장에서는 그 구절로 돌아가 생각해야 한다. "그의 피로 인하여"란 구절이다. 이 구절은 로마서 3 : 25에 나온다. "하나님이 그의 피로 인하여 믿음으로 말미암는 화목 제물로 세우셨으니…" 이것은 로마서 3장의 열쇠가 되는 개념이지만, 그런데도 가장 많은 반대를 받는다.

이 구절을 반대하는 논리는 분명하다. 몇년 전 나는 속죄에 관한 설교를 하면서 예수 그리스도의 피에 관해 언급했다. 설교를 마치자 그런 설교에 질색하던 사람이 내게 다가왔다. 그러면서 말하기를, "왜 당신들 근본주의자들은 늘 예수의 피에 관해서 말하는 거요? 왜 항상 불쾌한 데서만 왔다갔다 하는 거요?" 그는 현대 기독교가 그러한 고대의 개념들을 잊고 서 하나님의 아름다움 같은 개념들에 초점을 맞춰야 한다고 느꼈다. 로버트 로우리(Robert Lowry)의 "나의 죄를 씻기는 예수의 피밖에 없네"(한글통일찬송가 184장)나 윌리엄 쿠퍼 (William Cowper)의 "샘물과 같은 보혈은 임마누엘 피로다"(한글통일찬송가 190장) 같은 찬송들은 버려야 한다고 느꼈다. 이 사람을 비롯하여 생각이 비슷한 사람들에 따르면 이런 찬송은 "현대" 기독교에게 아무런 가치가 없다고 한다.

이것이 바른 생각일까? 나는 그들이 틀린 생각을 하고 있을 뿐만 아니라, 이런 생각 때문 에 사실상 기독교의 핵심에서 벗어나 있다는 사실을 입증해 보이고 싶다.

"복음적인" 오류

그러나 그것을 입증하기 전에 피라는 단어 때문에 생긴 다른 문제를 언급해야겠다. 이 문 제는 이른바 현대주의자들에게서 생긴 것이 아니라 복음주의 진영 사람들에게서 생긴 것이 다. 복음주의자들은 전통적으로 "그리스도의 피"가 **십자가**라는 단어와 마찬가지로 그리스 도의 죽음을 말하는 방법이라고 믿어 왔다. 그러나 내가 말하려는 그 골치아픈 견해는 그리 스도의 피가 그분의 죽음을 대표하는 것이 아니라 그분의 생명을 대표하는 것이며, 생명은 그분의 주검에서 빠져나옴으로써 우리에게 적용될 수 있게 되었다고 주장한다.

이런 사상은 영국의 위대한 성직자 부르크 포스 웨스트코트(Brooke Foss Westcott)의 「요한의 서신들」(The Epistles of St. John)이란 저서에서 유래한 듯하다. 웨스트코트는 이 렇게 썼다.

> 피는 생명 자체라고 말할 수 있다는 뜻에서 생명의 자리이다… 피를 쏟았다고 해서 그 안에 담긴 생명이 말살된 것은 아니고, 단지 전에 살아 있던 유기체로부터 빠져 나왔을 뿐이다… 그러므로 희생 제물에는 두 가지 독특한 개념이 포함되었다. 첫째 는 제물이 피를 흘림으로써 죽는다는 것이고, 둘째는 한때 그 제물 안에 깃들어 있 던 생명이 제물로부터 해방되어 다른 목적에 사용될 수 있게 되었다는 것이다.[1]

웨스트코트 이래 이 사상은 빈센트 테일러(Vincent Taylor), 도드(C.H. Dodd), 포시스(P. T. Forsyth) 같은 영국의 다른 성경학자들에게 채택되었다.[2]

이런 견해의 근거는 무엇인가? 웨스트코트가 그의 주석에서 언급한 성경적 근거는 레위기 17 : 11("육체의 생명은 피에 있음이라")과 신명기 12 : 23("피는 그 생명인즉")이다. 불행하게도 이 본문들은 좀 기괴한 견해를 펴는 사람들이 주장하는 것을 뜻하지 않는다.

1902년에 출판된 이래 여러 차례 중판을 거듭한 제임스 데니(James Denney)의 「그리스도의 죽음」(The Death of Christ)[3]을 시작으로, 성경에 나오는 피라는 단어에 관한 아주 세심한 연구서들이 등장했는데, 예를 들면 다음과 같다. (1) 쥘레보드(H.E. Guillebaud)의 「왜 십자가인가?」(Why the Cross?) 가운데 "그리스도의 피의 의미"[4]. (2) 앨런 스팁스(Allen M. Stibbs)의 「성경에서 "피"라는 단어의 의미」(The Meaning of the Word "Blood" in Scripture)[5]. (3) 레온 모리스(Leon Morris)의 「사도의 십자가 설교」(The Apostolic Preaching of the Cross).[6] 이 책들은 "피"와 "생명" 간의 성경적 관련성을 인정한다. 그러나 다음과 같은 쥘레보드의 주장을 따른다. "피는 언제나 흐른 것과 관련해서만, 또는 흐른 뒤의 용도와 관련해서만 언급된다… 흐른 피는 쏟아진 생명이며, 쏟아진 생명은 오직 속죄를 위해서만 쓰일 수 있다."[7]

같은 주제에 관해 모리스(Morris)는 이렇게 쓴다. "구약과 신약에서 피는 본질상 죽음을 뜻한다… (그것은) 구원의 의미를 가지고 그리스도의 죽음을 더욱 뚜렷이 표현하는 단어이다."[8]

대속에 의한 구원

위에 언급한 잘못된 개념에 대해서 들은 적이 없다면, 전혀 마음을 쓸 일이 없다. 그냥 잊어 버리면 된다. 중요한 것은 그리스도의 피가 흐른 것이 그리스도의 죽음과 관계가 있다는 것과, 성경에서 그리스도의 죽음은 언제 어디서나 대속으로 제시된다는 것이다. 여러분과 내가 구원을 받은 것은 그분의 죽음에 의해서이다.

나는 존 스토트(John R. W. Stott)의 뛰어난 저서 「그리스도의 십자가」(The Cross of Christ)를 여러 번 언급했다. 이 책의 성과는 예수 그리스도의 죽음이 지닌 뜻을 찾기 위해 성경의 이미지들을 세밀히 조사하면서도 그 모든 이미지 하나하나에 담긴 기본 사상이 대속 – 그리스도의 피가 흐름으로써 성취된 – 이라는 점을 잊지 않았다는 데 있다.

관련 교리들을 하나씩 다시 한번 생각해 보자 :

1. **화목 제물**(propitiation). 화목 제물이 죄에 대한 하나님의 진노를 딴 데로 돌리는 것과 관계가 있다는 사실은 이미 살펴본 바 있다. 그러나 그 일이 어떻게 성취되는가? 하나님의 진노는 죄에 대한 진노이며, 하나님의 공의는 죄인들의 죽음을 요구한다. 죄를 짓는 영혼은 반드시 죽는다. 죄인이 하나님의 맹렬한 진노를 피하려면 죄에 대한 하나님의 심판이 대속물에 쏟아 부어져야 한다. 무죄한 대상이 죄인의 자리에 서서 죽어야 한다. 이것이 예수께서 우리를 위해 하신 일이며, 이런 이유에서 바울은 로마서의 이 특별한 자리에 "그의 피로 인하여"라는 구절을 적었다 : "하나님이 그의 피로 인하여 믿음으로 말미암는 속죄 제물 (NIV. 한글개역성경, 화목 제물)로 세우셨으니." "속죄 제물"은 NIV가 "화목 제물"을 달리 번역한 구절이므로, "그의 피로 인하여 믿음으로 말미암는"이라는 구절은 "그의 화목 제물 (또는 속죄 제물)에 대한 믿음으로 말미암아"라는 뜻이다.

앞에서 "화목 제물"에 대해서 공부할 때, 그 개념이 언약궤의 시은소와 연관된다는 것과, 이스라엘에서는 대제사장이 짐승을 잡아 얻은 피를 언약궤의 시은소 위에 자리잡은 상징적인 하나님의 임재와 그 아래 언약궤 안에 자리잡은 하나님의 율법 사이에 뿌림으로써 화목이 이루어졌다는 것을 지적했다. 피는 희생 대상의 대속적 죽음을 증거했다.

히브리서 저자는 바로 이런 점을 염두에 두고서 다음과 같이 썼다 : "그리스도께서 장래 좋은 일의 대제사장으로 오사 손으로 짓지 아니한, 곧 이 창조에 속하지 아니한 더 크고 온전한 장막으로 말미암아 염소와 송아지의 피로 아니하고 오직 자기 피로 영원한 속죄를 이루사 단번에 성소에 들어 가셨느니라. 염소와 황소의 피와 및 암송아지의 재로 부정한 자에게 뿌려 그 육체를 정결케 하여 거룩케 하거든 하물며 영원하신 성령으로 말미암아 흠 없는 자기를 하나님께 드린 그리스도의 피가 어찌 너희 양심으로 죽은 행실에서 깨끗하게 하고 살아계신 하나님을 섬기게 못하겠느뇨"(히 9 : 11-14).

2. **구속**(redemption). 피 개념은 (따라서 죽음과 대속 개념도) 구속에 관한 언급들에서

도 나타난다. 구속은 죄인을 죄의 노예 상태로부터 값을 지불하고 사옴으로써 죄의 장터로 다시 돌아가지 않아도 되게 하는 것이다. 이 일이 어떻게 성취되는가? 죄인들은 스스로 구속할 만한 능력을 갖고 있지 못하다. 모든 죄인들은 파산 상태에 있다. 주님께서는 그렇지 않으시다. 주님께서는 무한히 부유하시다. 그래서 주님의 죽음 또는 "피"로써 우리의 구속을 사심으로써 우리를 위해 대속하신다. 이와 관련된 몇 가지 본문들이 있다(핵심 단어들은 고딕으로 표시했다).

에베소서 1 : 7-8 : "우리가 그리스도 안에서 그의 은혜의 풍성함을 따라 **그의 피로 말미암아** 구속 곧 죄 사함을 받았으니 이는 그가 모든 지혜와 총명으로 우리에게 넘치게 하사."

사도행전 20 : 28 : "너희는 자기를 위하여 또는 온 양떼를 위하여 삼가라. 성령이 저들 가운데 너희로 감독자를 삼고 하나님이 **자기 피로** 사신 교회를 치게 하셨느니라."

무엇보다도, 베드로전서 1 : 18-19 : "너희가 알거니와 너희 조상의 유전한 망령된 행실에서 **구속된** 것은 은이나 금 같이 없어질 것으로 한 것이 아니요 오직 흠 없고 점 없는 어린 양 같은 **그리스도의 보배로운 피로** 한 것이니라."

3. 칭의(justification). 앞에서 본 대로, 칭의는 법률 용어로써, 판사가 피고에게 현행법상 무죄를 선언하는 행위를 가리킨다. 그러나 여기서 판사는 하나님이시다. 우리는 피고들이다. 우리는 하나님의 거룩한 율법 앞에서 무죄 판결을 받고 싶어한다. 그렇지만 우리는 무죄하지 않다. 우리는 하나님의 율법을 범한 자들이다. 우리는 어떻게 "의롭다 함" – 무죄 판결 – 을 받을 수 있는가? 다른 이가 상황을 바로잡아 주는 길밖에 없다. 그것이 바로 예수께서 죽음으로써 우리를 위해 이루어 주신 일이다. 그러므로 바울은 로마서 두 장 뒤에 가서 "우리가 그 피를 인하여 의롭다 하심을 얻었은즉…"(롬 5 : 9)이라고 쓴다. 우리가 의롭다 함을 받은 것은 예수님의 대속적 죽음과 그로써 성취된 화목 때문이다.

존 스토트는 구속, 화목 제물, 칭의, 화해(이 주제는 로마서 3 : 21-31에 포함되지 않아서 아직 자세히 다루지 않았다)를 언급하면서, 칭의에 대해 다음과 같이 요약한다 :

이 네 가지 이미지는 하나님의 구원 사역이 피흘림, 즉 그리스도의 대속적 제사를 통해서 성취되었다고 분명히 가르친다… 그리스도의 피는 비참한 죽음으로 내놓으신 자기 생명의 상징이므로, 네 가지 이미지 하나하나에는 그분이 우리의 대속물로 우리 대신 죽으셨다는 사실도 분명히 나타난다. 예수님의 죽음은 하나님의 진노를 우리에게서 돌이키게 했으므로 구속의 제사였고, 우리를 구속하셨으므로 속전(贖錢)이었고, 죄인에게 의롭다 함을 받도록 하기 위해 의인으로서 정죄를 받은 일이며, 무죄한 이가 우리를 위해 죄가 되신 일이다.[9]

어린양은 어디 있나이까?

위의 개념들은 현대인들에게 너무 생소하여서 알아 듣도록 설명하기가 무척 어렵다. 그러나 언제나 그랬던 것만은 아니다. 나는 이 장을 마치면서 그 개념들이 예수 그리스도의 초림에 이르기까지 구약 신자들의 일관되고 진실하고 즐거운 기대였음을 보이고 싶다.

내 뜻을 알리기 위해서 성경 처음 부분에 기록된 질문 한 가지를 소개한다. 창세기 22장에는 아브라함이 모리아산에서 외아들 이삭을 거의 제물로 바칠 뻔한 이야기가 실려 있다. 이 이야기는 수천 년 뒤 바로 그 장소에서 하나님의 친아들 예수께서 결국 제사로 바쳐진 사건의 예표였다. 그 이야기를 소개하는 이유는 아브라함과 그의 아들이 산에 오르는 동안 주고받은 대화를 알리고 싶어서이다. 이삭은 제사에 쓸 나무짐을 지고 갔다. 아브라함은 불과 칼을 가지고 갔다. 이삭은 제사로 드릴 짐승이 없다는 사실을 눈치챘다.

"아버지" 하고 이삭이 말했다.

"그래, 내 아들아" 하고 아브라함이 대답했다.

"불과 나무는 있거니와 번제할 어린양은 어디 있나이까" 하고 이삭이 물었다.

아브라함은 이렇게 대답했다 : "아들아 번제할 어린양은 하나님이 자기를 위하여 친히 준비하시리라"(7-8절).

내가 이 대화를 인용한 것은 이삭의 질문이 구약 시대 성도들이 할 수 있었던 가장 심오한 질문이었기 때문이다. 실로 그것은 구약 성도들에게 분명히 중대한 질문이었을 것이다. 마찬가지로 구약 시대에는 아브라함의 대답도 어느 누구도 할 수 없었던 가장 심오한 대답이었다. 이 점을 자세히 생각해 보자 :

아담과 하와가 에덴 동산에서 하나님께서 먹지 말라고 한 실과를 따 먹어 범죄했을 때,

하나님께서는 그들을 찾아오셨다. 전에 말씀하신 대로 그들을 재판하여 죽이시기 위함이 아니라, 그들에게 구원의 길을 보여 주시기 위함이었다. 하나님께서는 짐승 두 마리 - 아마 어린양들이었을 것이다 - 를 잡아 가죽을 벗기신 다음 그것으로 우리 시조에게 옷을 지어 입히셨다. 영적 지혜가 탁월했던 것으로 보이는 아담은 즉시 하나님의 의도를 파악하였을 것이다. 짐승들이 죽었다는 사실은 죄가 죽음을 가져 오는 것이라는 사실을 역력히 드러냈다. "죄의 삯은 사망이요…"(롬 6 : 23). 그러나 짐승들이 죽은 사실은 대속물이 죄인 대신 죽을 수 있다는 것도 보여 주었다.

더욱이 하나님께서는 뱀을 심판하시면서 구원자를 약속하셨다. "내가 너로 여자와 원수가 되게 하고 너의 후손도 여자의 후손과 원수가 되게 하리니 여자의 후손은 네 머리를 상하게 할 것이요 너는 그의 발꿈치를 상하게 할 것이니라"(창 3 : 15).

두 계시를 조합해 볼 때, 아담은 다음과 같은 방향으로 생각했음이 분명하다. "하나님께서 무엇을 가르치려고 하시는지 이해가 된다. 그 원칙은 대속, 즉 하나가 다른 하나를 대신해서 죽는 것이다. 그러나 이건 장차 있을 일의 예표나 상징에 불과하다. 어린양은 인간과 동등하지 않으니 말이다. 어린양이 죽는다고 해서 이성을 가진 사람의 죄를 구속하지는 못한다. 진정 우리가 구원을 받게 된다면 그건 실제 구원자가 반드시 오셔야 가능하다. 그러나 언제일까? 언제 그가 오실까?" 아담은 "번제할 어린양은 어디 있나이까"라는 이삭의 질문을 품었음직하다.

물론 그때 아담에게는 아브라함처럼 대답해 줄 이가 없었다. 그러나 만약 그 자리에 아브라함이 있었다면 그도 오랜 세월 뒤에 이삭에게 했던 것과 똑같은 대답을 해주었을 것이다. "번제할 어린양은 하나님이 자기를 위하여 친히 준비하시리라." 이 말은 아마 다음과 같은 뜻이었을 것이다. "하나님께서 언제 준비하실지는 나도 모르겠다. 하지만 그렇게 약속하셨으니까 틀림없이 제때에 참된 어린양을 보내실 게다."

여러 세기를 건너 뛰어 하나님의 또다른 위대한 사람 모세를 생각한다. 하나님께서는 이스라엘 백성을 애굽에서 이끌어 내려 하실 때 바로의 왕국 전역에 장자를 죽이는 마지막 재앙을 내리셨다. 유대인들만 이 혹독한 심판을 면했고, 유대인들이라 하더라도 어린양을 죽여 그 피를 각각 집 문설주와 인방에 뿌린 사람들만 그 심판을 면했다. 하나님께서는 백성을 애굽에서 이끌어 내어 시내 산으로 인도하셨을 때, 그들에게 대속죄일에 대한 지침을 내리시면서, 그 날에는 짐승들을 백성을 위한 제물로 잡으라고 명령하셨다.

에덴 동산에서 아담이 자기에게 계시된 상징들을 이해했음이 분명하듯이, 모세도 이 상징들을 분명히 이해했을 것이다. 그렇지 않다면 하나님께서 그 계시들을 내리신 게 무의미한 일이었을 것이다. 그러나 모세에게도 이삭이 했던 것과 같은 질문이 있었을 것이다. "대속의 원칙은 이해하겠다. 짐승들이 우리 대신 죽는 것이지. 하지만 수소나 염소의 피가 죄를 없앨 수 있는 건 분명 아니다. 그 짐승들은 장차 올 더 낫고 항구적인 것을 가리킨다. 참된 어린양, 위대한 어린양을 가리킨다. 하지만 번제로 드릴 어린양은 어디 있는가?"

모세에게도 아브라함이 곁에 있었다면 "번제할 어린양은 하나님이 자기를 위하여 친히 준비하시리라" 하고 대답해 주었을 것이다.

다윗도 이삭과 같은 질문을 했을 가능성이 있다. 그는 대속의 원칙을 이해했다. 그는 밧세바 건으로 죄를 지은 뒤 훗날 자기 죄를 자백하면서 구원의 길에 이정표가 된 위대한 시편 51편을 쓸 때 다음과 같이 썼다 : "우슬초로 나를 정결케 하소서. 내가 정하리이다. 나를 씻기소서. 내가 눈보다 희리이다"(7절). 우슬초는 제사장들이 제물의 피에 적셔서 뿌릴 때 사용한 식물이다. 따라서 다윗이 "우슬초로 나를 정결케 하소서" 하고 썼을 때는 제물의 피로 구원해 달라고 호소한 것이다. 하지만 그는 구원과 제물의 피와의 관계에 대해 의문을 가졌을 가능성이 있다. "하나님께서 죄를 씻는 방법으로 제물을 지정하신 것은 잘 안다. 하지만 어린양이 죄를 없앨 수는 없는 노릇이다. 더 위대한 어떤 것을 가리키는 것이 분명하다. 그렇다면 더 위대한 제물은 어디 있는가? 번제로 드릴 그 어린양은 어디 있는가?"

아브라함이 곁에 있었다면 "번제할 어린양은 하나님이 자기를 위하여 친히 준비하시리라" 하고 대답해 주었을 것이다.

이사야도 이삭과 같은 질문을 품었음직하다. 비록 그가 남긴 예언에는 구약 성서를 통틀어 대속적 제물 또는 희생적 구속의 원칙이 가장 위대하게 진술되어 있긴 하지만 말이다. 이사야 53장의 일부를 인용한다 :

> 그는 실로 우리의 질고를 지고
> 우리의 슬픔을 당하였거늘
> 우리는 생각하기를 그는 징벌을 받아서
> 하나님에게 맞으며 고난을 당한다 하였노라.

> 그가 찔림은 우리의 허물을 인함이요
> 그가 상함은 우리의 죄악을 인함이라.
> 그가 징계를 받음으로 우리가 평화를 누리고
> 그가 채찍에 맞음으로 우리가 나음을 입었도다.
> 우리는 다 양 같아서 그릇 행하여
> 각기 제 길로 갔거늘
> 여호와께서는 우리 무리의 죄악을
> 그에게 담당시키셨도다.
>
> 이사야 53 : 4-6

그러면서도 "번제할 어린양은 어디 있는가?" 하고 질문을 품었음직하다. 어떤 의미에서는 실제로 53장이 그런 질문을 한다.

아브라함이 곁에 있었다면 "번제할 어린양은 하나님이 자기를 위하여 친히 준비하시리라" 하고 대답해 주었을 것이다.

예레미야, 호세아, 하박국, 스가랴, 말라기 – 그외 모든 선지자들 – 도 이런 질문을 품었음직하다. 그리고 예수님이 오셨을 때에도 그런 질문을 품고 있는 신실한 이들이 있었다. 시므온(눅 2 : 25-35)과 여선지자 안나가 대표적인 예인데, 이 두 사람은 "예루살렘의 구속"(눅 2 : 38)을 기다리던 사람들을 대표했다.

"어린양을 보라"

마침내 한 날이 도래했다. 제4복음서 저자가 이 일에 관해 말한다. 세례 요한이 요단강 가에서 세례를 주고 있을 때 예수라고 하는 북부에서 온 그의 친척이 다가왔다. 성령의 지시를 받은 요한은 예수를 지목하면서 이렇게 외쳤다. "보라 세상 죄를 지고 가는 하나님의 어린양이로다"(요 1 : 29).

요한, 그게 무슨 말이지요? "하나님의 어린양"이라고 하셨습니까? 그렇게 오랜 세월 동안 우리가 기다려온 희생의 어린양을 지금 말씀하는 겁니까? 그 피를 흘리심으로써 우리를 구원하실 분이 마침내 이 땅에 오셨다구요? 요한은 과연 그러하다고 대답했다.

3년이란 짧은 세월이 지나 수많은 어린양들이 유월절 제사용으로 예루살렘으로 이송될 때 – AD 30년으로 추정된다 – 예수님도 우리가 종려 주일이라고 부르는 날에 그 성으로 올라가셨다. 그 주간 말미에 유월절 양들이 죽음을 당하던 바로 그 순간에 예수님은 우리를 대신해서 죽으사, 우리를 구원하시기 위해 그 피를 흘리셨다.

세상은 "예수의 피"라는 개념 자체를 좋아하지 않으며, 이건 그리 놀랄 일이 아니다. 그분의 피는 우리가 극도로 혐오하는 것, 즉 다른 사람 덕분에, 다른 사람이 우리 대신 희생하여 죽음으로써 얻는 구원을 상징한다. 우리는 스스로 구원을 얻고 싶어하며, 자기가 자기의 구주가 되고 싶어한다. 그러나 우리는 스스로를 구원할 수 없다. 구원을 받으려면 그 제물을 믿는 방법밖에는 없다.

"무엇이 내 죄를 씻을 수 있을까?"(한글통일찬송가 184장, 나의 죄를 씻기는)

로우리(R. Lowry)의 이 찬송은 비록 위대한 시는 아니지만, "예수의 피밖에 없네" 하고 대답함으로써 올바르고 결론적인 대답을 한다.

● 각주 ●

1. Brooke Foss Westcott, *The Epistles of St. John* (Grand Rapids;Wm. B. Eerdmans, 1892), pp. 34, 35.

2. John R. W. Stott, *The Cross of Christ* (Downers Grove, Ill. : InterVarsity Press, 1968), p. 179.

3. James Denney, *The Death of Christ* (Chicago : InterVarsity Press, 1964). 웨스트코트에 대한 데니의 논박에 대해서는 pp. 148-155를 보라.

4. H. E. Guillebaud, *Why the Cross?* (Chicago : InterVarsity Christian Fellowship, 1946), pp. 136-140.

5. Alan M. Stibbs, *The Meaning of the Word "Blood" in Scripture* (London : Tyndale Press, 1948).

6. Leon Morris, *The Apostolic Preaching of the Cross* (Grand Rapids; Wm. B. Eerdmans, 1956). '피'에 대한 그의 연구에 대해서는 pp. 108-124를 보라.

7. Guillebaud, *Why the Cross?*, p. 139.

8. Morris, *The Apostolic Preaching of the Cross,* p. 122.

9. Stott, *The Cross of Christ,* p. 202.

48

자랑할 근거가 없음
로마서 3 : 27-28

그런즉 자랑할 데가 어디뇨 있을 수가 없느니라 무슨 법으로냐 행위로냐 아니라 오직 믿음의 법으로니라 그러므로 사람이 의롭다 하심을 얻는 것은 율법의 행위에 있지 않고 믿음으로 되는 줄 우리가 인정하노라.

NIV를 포함한 대부분의 현대어 번역성경들에서는 로마서 3 : 27이 새로운 문단으로 시작하는데 이것은 올바른 일이다. 이 문단(27-31절)은 3장 후반으로서, 구원의 길을 충분하고도 명료하게 설명할 뿐만 아니라 21-26절의 부연 설명이기도 하다. 3장의 첫째 문단은 하나님께서 사람들을 구원하시려고 마련하신 계획에 대해서 말한다. 그것은 주 예수 그리스도의 사역에 의한 것으로써, "오직 믿음을 통한 은혜로 말미암는 칭의"라고 줄여 말할 수 있다. 둘째 문단을 이루는 다음 다섯 절은 이 계획의 세 가지 결과들 또는 영향들을 말한다.

첫째 결과는 "믿음을 통한 은혜로 말미암는" 이 구원 방식이 자랑할 거리를 남기지 않는다는 것이다.

둘째 결과는 이 구원 방식이 **모든** 사람에게 한 가지 구원의 길을 제시한다는 것이다.

셋째 결과는, 이 구원 방식이 어떤 사람들의 생각대로 부도덕이나 위법으로 사람을 이끌지 않고, 오히려 **율법을 견고히 세운다**는 것이다. 하나님께서 내신 구원의 길은 복음에 나타난 하나님의 은혜를 떠나서 단지 율법에만 집착하는 수준에서는 꿈도 꿀 수 없는 높은 수준으로 올려 놓는다.

믿음을 통한 은혜로 말미암는 칭의 교리에 따르는 이 세 가지 결론들이 이 장과 다음 여러 장에 걸쳐 우리가 공부할 내용이며, 그것으로 내가 "하나님이 그리스도 안에서 내신 구제책"이라고 제목을 붙인 제4부를 마감할 것이다.

가장 큰 죄

믿음으로 의롭다 함을 얻는다는 교리의 첫째 영향이 자랑과 관련된다는 건 적절한 일이다. 자랑은 교만과 관계되며 – 자랑은 교만의 표현이다 – 교만은 성경적 기독교에 따르면 여러 죄 중에서도 가장 큰 죄이기 때문이다. 교만이 가장 큰 죄인데도 하나님의 구원 계획이 교만을 배제하지 않는다면 – 뿌리채 뽑아 던져 버리고, 그것이 났던 곳을 문질러 버리지 않는다면 – 그건 좋은 계획이 아니다. 그건 당연히 실패할 것이고, 그렇게 되면 우리는 기독교가 아닌 다른 종교를 찾아야 할 것이다.

중세 성직자들은 교만을 일곱 가지 대죄(大罪) 중 첫째로 꼽았다. 오늘날은 이런 평가가 좀 이상하고 과장된 것으로 비친다. 그러나 교만은 무해한 결점 정도로 생각해서는 안 된다. 실제로 치명적인 것이기 때문이다.

나는 근대에 루이스(C. S. Lewis)만큼 교만을 알기 쉽게 쓴 사람을 알지 못한다. 따라서 그가 교만에 대해서 쓴 내용을 조금 인용하겠다. 루이스는 교만을 기독교가 다른 모든 도덕 체계들과 예리하게 구분되는 지점에 둔다.

세상에는 아무도 자유롭지 못한 한 가지 악이 있다. 그건 세상 사람 누구나 다른 사람 속에서 보면 역겨워하는 것이다. 그러면서도 그리스도인들 외에는 어느 누구도 죄라고 생각하지 않는 것이다. 사람들은 자기들이 성질이 못됐다거나, 술과 여자를 절제하지 못한다거나, 소심하다는 것은 수긍한다. 하지만 그리스도인이 아닌 사람이 위에서 말한 그 악으로 자기를 비판하는 것을 나는 한번도 들어본 적이 없다. 그리고 그리스도인이 아닌 사람이 다른 사람에게서 그것을 발견했을 때 조금이라도 관용하는 것을 나는 한번도 본 적이 없다. 그 악보다 사람을 더 비난받게 만드는 것도 없고, 그 악보다 스스로 의식하기 힘든 것도 없다. 스스로 그 악을 더 많이 가지고 있을수록 남들에게서 발견되는 그것을 더욱 혐오한다. 내가 말하는 그 악이란 바로 교만이다.[1]

이것은 아주 자명한 사실이다. 그러나 이상하기도 하다. 그렇지 않은가? 우리에게 있는 이 악은 왜 그리 의식하지 못하는 것일까? 그러면서도 다른 사람에게 있는 그 악은 왜 그리 미워하는 것일까?

대답은 교만의 본질 자체에 있다. 루이스는 교만을 다음과 같이 묘사한다.

다른 악들은 가끔씩 경쟁적 성격을 띨 뿐이지만, 교만은 **성격 자체가** 경쟁적이다. 교만은 그냥 무엇을 소유하는 것으로는 만족하지 않는다. 그것을 다른 사람보다 더 많이 가져야만 만족한다. 흔히는 사람이 부유하고, 학벌이 좋고, 잘생겨서 교만하다고 말들하지만, 사실은 그게 아니다. 남보다 더 부유하고, 더 학벌이 좋고, 더 잘생겨서 교만하다. 모두 똑같이 부유하고, 학벌이 좋고, 잘생겼다면 교만할 거리가 아예 없을 것이다. 사람으로 하여금 교만하게 만드는 건 비교이다. 남보다 우월하다는 쾌감이다…

그리스도인들은 그렇지 않다. 창조 이래 모든 민족 모든 가정에 비참함을 일으킨 주된 요인은 바로 교만이다.

다른 악들은 오히려 사람들을 더욱 가깝게 만드는 수도 있다. 주정뱅이들이나 문란한 사람들 사이에서도 좋은 사귐, 유머, 우정이 오가는 것을 발견할 수 있는 것이다. 그러나 교만은 언제나 적대감을 뜻한다. 교만 자체가 적대감이다. 사람과 사람 사이의 적대감일 뿐만 아니라,

하나님께 대한 적대감이다.[2]

교만은 인류 최초의 죄다. 그것은 다음과 같이 말한 사단의 죄다.

> "내가 하늘에 올라
> 하나님의 뭇별 위에
> 나의 보좌를 높이리라
> 내가 북극 집회의
> 산 위에 좌정하리라.
> 가장 높은 구름에 올라
> 지극히 높은 자와 비기리라."
> 이사야 14 : 13-14

교만은 사단으로 하여금 하늘에 올라 하나님의 보좌에 앉고 싶어하게 만들었지만, 성경은 그게 사실은 "음부 곧 구덩이의 맨밑에" 빠지게 했다고 말한다(15절).

교만은 "… 하나님과 같이 되어 선악을 알 줄을…"(창 3 : 5) 기대한 하와의 죄였다. 그러나 하와는 하나님과 같이 되지 못했다. 오히려 사단과 같이 되어 왜곡되고 타락한 지식을 갖게 되었다.

교만은 완벽한 자율권을 얻기 위해 아주 경미한 제재조차 부담스러워하던 아담의 죄였다. 그는 하나님의 율법을 견딜 수 없었다. 자기가 자신에게 법이 되기를 바랐다. 그래서 죄를 지었고, 인류 전체를 비참한 처지로 이끌고 갔다.

종교에 나타나는 교만

인간의 경험과 관계의 영역에서 교만이 가장 현저하면서도 동시에 가장 그릇되고 부적절하게 나타나는 영역은 어디일까? 일터일까? 하는 일에서 자신이 다른 사람들보다 더 낫다고 생각하는 데서 가장 크게 나타날까? 사회 관계에서 가장 크게 나타날까? 남들보다 더 세련되고 매력이 있다고 생각하는 데서 가장 크게 나타날까? 부부 동반 모임에서 시선을 독점하고 싶어하는 사람이 가장 교만한 사람일까?

아니다. 사람이 교만을 가장 크게 드러내는 영역은 종교다. 그럴 만한 이유가 있다. 종교 – 참된 기독교가 아닌 일반적인 의미에서의 종교 – 는 온갖 교만이 가장 심하게 표출되는 영역이다. 사람이 아닌 하나님께로부터 자기가 남보다 우월하다고 인정받았다고 주장할 수 있는 영역은 종교뿐이기 때문이다. 더욱이 "종교"가 더 많은 것을 요구하고 더 엄격할수록, 사람도 그만큼 더 교만해진다.

예를 들어 보자. 주 예수 그리스도께서 하나님의 긍휼을 믿음으로 구원을 받은 세리의 겸손과 자신의 선함을 자랑한 바리새인의 교만을 비교하신 것이 한 가지 예다. "하나님이여 나는 다른 사람들 곧 토색, 불의, 간음을 하는 자들과 같지 아니하고 이 세리와도 같지 아니함을 감사하나이다. 나는 이레에 두 번씩 금식하고 또 소득의 십일조를 드리나이다"(눅 18 : 11-12). 여기서 문제가 무엇인가? 바리새인이 거짓말을 하고 있었던가? 하나님께 당연히 바쳐야 할 소득의 십일조를 실제로는 아나니아와 삽비라처럼 감추었으면서 다 바친 것처럼 행세하고 있었던가? 나는 그렇게 생각하지 않는다. 앞 장에서 말했듯이, 나는 그가 실제로 이레에 두 번 금식을 했다고 생각한다. 그가 실제로 소득의 십일조를 성전에 바쳤다고 생각한다. 외적인 표준으로 볼 때, 긍휼을 필요로 하는 "죄인"임을 본인 입으로 인정한, 경멸받던 세리보다 바리새인이 훨씬 뛰어난 사람이었다.

그러나 그건 그것일 뿐이다. 만약 바리새인이 동료 인간에게 자기 업적을 인정해 달라고 요구하며 자기가 세리보다 우월하다고 주장했다면, 그것은 불쾌하고 부당한 일이었을 것이다. 그러나 그렇게 했을 가능성이 있다. 만약 우리가 그 바리새인에게 자신을 어떻게 평가하느냐는 질문을 받았을 때 우리는 그가 자신에게 한 평가를 인정했겠지만, 속으로는 아주 역겨울 것이다. 그것을 인정은 하면서도, 이유는 모르지만 아무튼 그런 일이 싫을 것이다.

그러나 바리새인은 단지 인간에게 인정해 달라고 요구하지 않았다. 하나님께 그것을 요구하고 있었다. 자기 자랑을 다른 사람에게 평가해 달라고 하는 것이 생각만 해도 불쾌하고 부당한 일일진대, 하물며 거룩하신 하나님께 자신에 대한 부풀린 평가를 인정해 달라고 구한다는 건 더할 나위 없이 불쾌하고 부당한 일이며, 두려운 일일 것이다. 만약 그 바리새인이 하나님을 진정으로 의식했다면, 하나님 앞에 설 때 자신의 공로라는 게 물거품처럼 사라졌을 것이고, 자신이 세리와 다를 바 없는 존재임을 보았을 것이다. 자신을 긍휼이 필요한 죄인으로 보지 않았다는 사실이 실제로는 하나님을 전혀 몰랐음을 반증한다.

루이스(Lewis)는 교만에 대해서 이렇게 쓴다.

어느 모로 보나 교만에 사로잡힌 사람들이 어떻게 하나님을 믿는다고 할 수 있으며 어떻게 신앙이 깊은 체할 수 있을까? 그것은 가상적인 하나님을 믿는다는 걸 뜻하기에 두려운 일이다. 그들은 이 가상적인 하나님 앞에서 말로는 자기들이 아무것도 아니라고 인정하지만, 실제로는 그분이 자기들을 인정하시고 보통 사람들보다 훨씬 나은 사람들이라고 생각하신다고 하루종일 상상한다. 그들은 하나님께 일원짜리 가상적인 겸손을 바치고는 만원짜리 교만을 받아 내어 이웃에게 내민다…
신앙 생활이 우월감을 느끼게, 무엇보다도 다른 사람에 대해 우월감을 느끼게 한다면, 그건 하나님께 붙잡혀 행동하는 게 아니라 마귀에게 붙잡혀 행동하는 것이다. 진정으로 하나님을 모시고 사는가 하는 건 진정으로 자신을 잊거나, 자신을 왜소하고 누추한 존재로 생각하는가에 따라 판가름난다. 자신을 왜소하게 생각하는 것보다는 자신을 아예 잊어버리고 사는 게 더 낫다.[3]

자랑을 떨쳐 버리는 복음

하지만 교만으로 가득찬 우리들이 어떻게 자신을 잊고 살 수 있는가? 잊지 않는 것이 교만의 본질이다. 대답은 우리 스스로는 할 수 없다는 것이다. 은혜로 구원 받는다는 건 바로 그런 뜻이다. 스스로 구원할 수 없다는 뜻이다. 우리는 스스로 자신을 잊을 수도 없을 뿐더러 자신을 잊어 버릴 수도 없다. 하지만 하나님께서 우리의 관심을 예수께 돌려 주시면, 즉 우리를 위해 죽으사 믿음으로 모든 소망과 생명을 당신께 붙들어 매어 주신 예수께 돌려 주시면, 우리는 자신에 대해서 잊을 수 있다.

서두에 인용한 로마서 3장 본문이 가르치는 게 바로 이것이다 : "그런즉 자랑할 데가 어디뇨. 있을 수가 없느니라. 무슨 법으로냐. 행위로냐. 아니라. 오직 믿음의 법으로니라. 그러므로 사람이 의롭다 하심을 얻는 것은 율법의 행위에 있지 않고 믿음으로 되는 줄 우리가 인정하노라"(롬 3 : 27-28).

은혜로 말미암는 구원은 모든 자랑을 도려낸다.

구원이 은혜로 말미암는다는 교리가 "있을 수 없다"고 못박아 말하는, 자랑의 근거들에는 무엇이 있을 수 있는지 생각해 보자.

1. **도덕성**(Morality). 사람들이 스스로를 구원할 수 있다고 생각하는 주된 근거는 도덕성, 즉 선한 일을 하는 행위이다. 만약 그들이 이것으로 자기들은 구원을 받되 다른 사람들은 구원을 받지 못한다고 믿는다면, 그건 자기들이 선한 사람들이기 때문에 하나님께 인정을 받는다고 믿는 것이다.

바리새인의 경우가 그랬고, 오늘날 일부 "종교적"인 사람들의 경우가 그러하다. 그들은 종교를 인간의 성취를 위한 궁극적인 경기장으로 간주한다. 그리고 이 분야에서 아주 교만하다. 다른 사람들은 사업에서 성공하여 기업가로 인정을 받을 수 있고, 또 어떤 사람들은 많은 재산으로 인정을 받을 수 있다. 예술과 문학, 또는 학문 분야에서 인정을 받는 사람들도 있다. 하지만 하나님께 인정받는 것과 비길 수 있으랴! 그건 상 중에 가장 큰 상이다. 따라서 이 사람들은 사소한 도덕 체계를 세워 놓고, 그 규율 체계를 철저히 고수하며, 하나님께서 그것을 보고 자기들을 칭찬해 주시기를 바란다. 금식을 하고, 십일조를 내고, 기도하고, "선한 일들"을 행하며, 이런 일들을 근거로 자기들은 선한 – 하나님께 구원을 받을 정도로 선한 – 사람이 된다고 생각하며, 반면에 그런 일을 하지 않는 사람들은 선하지 않으며 따라서 (당연히) 멸망한다고 생각한다.

그리스도의 사역으로 말미암는 구원은 그 모든 것을 도려낸다. 우리가 내놓을 수 있는 최선의 의로도 구원받기에는 턱 없이 부족하기 때문이다. "구원받을 만큼 선하지 않은" 것보다 더 못하다. 그건 사실상 악이다. 우리 모두의 악한 심정에 뿌리 내려 있는 교만에서 '싹튼 것이기 때문이다.

도덕을 자랑하는 것에 대해서 성경은 이렇게 쓴다 : "의인은 없나니 하나도 없으며,… 다 치우쳐 한 가지로 무익하게 되고 선을 행하는 자는 없나니 하나도 없도다"(롬 3 : 10, 12).

2. **경건한 느낌들**(Pious feelings). 지난 세대에는 사람들이 선을 행하는 일에 관심을 가졌고, 그들에게 위험했던 것은 자신의 도덕성을 너무 크게 신뢰하는 것이었다. 그들은 실제로 남들보다 더 낫게 됨으로써 구원을 얻을 수 있다고 생각했다. 하지만 오늘날은 도덕 표준이 추락하면서 상황이 바뀌었다. 오늘날은 자기 느낌에서 교만한 마음을 가질 가능성이 더욱 커졌다. 그런 사람은 이렇게 말할는지 모른다. "나는 교회에 갈 때마다 하나님께 대한 따뜻한 생각을 갖고 간다. 내가 그리 도덕적인 사람이 되지 못한다는 걸 나는 안다. 그러나

내 마음은 부드럽다. 하나님을 아주 가깝게 느낀다. 때로는 그런 걸 생각하는 도중에 눈물이 난다. 하나님께서는 나처럼 민감한 사람을 구원해 주셔야만 할 것이다."

구원해 주셔야만 한다고? "구원해 주셔야만 한다"면 구원은 은혜로 말미암는 게 아니다. 부채나 행위의 문제일 뿐이다. 그러나 로마서가 말하는 대로 구원은 행위로 말미암는 것이 아니기 때문에, 아무도 경건한 느낌으로 구원을 받지 못한다는 것이 분명한 사실이다.

찰스 스펄전(Charles Spurgeon)은 이 점에 대해 다음과 같이 썼다.

영혼들아, 이것은 행위에 집착하는 것으로써, 아주 저주받을 만한 것이다. 이것은 "나는 내 행위에 의존한다" 하고 말하는 대담한 행위 의존보다 훨씬 더 사람을 미혹해왔기 때문이다. 만약 여러분이 느낌을 의지한다면, 행위를 의지할 때와 다름 없이 분명히 멸망할 것이다. 회개는 은혜로 말미암는 복된 행위이며, 성령께 힘입어 죄를 깨닫는 것은 거룩한 특권이다. 하지만 이런 행위들로 구원을 얻는다고 생각한다면 그것은 하나님의 모든 말씀을 정면으로 반대하는 것이다. 구원은 하나님의 값 없는 은혜에서만 오기 때문이다.[4]

경건한 느낌에 대한 자부심에 대해서 성경은 "깨닫는 자도 없고 하나님을 찾는 자도 없고"(롬 3 : 11)라고 쓴다.

3. **지식**(Knowledge). 어떤 사람들은 해박한 신앙 지식으로 구원을 받으리라고 생각하면서 그 지식을 자랑한다. 그들은 특히 도덕적이지도 않고 감수성이 예민하지도 않다. 하지만 교리를 많이 알고 아주 건전한 신조를 고백한다. 그들이 삼위일체 교리를 그리 잘 이해하고, 구속, 화목 제물, 칭의, 속죄, 선택, 믿음, 견인(堅忍) 같은 주제들을 가지고 여러 시간 말하거나 가르칠 수 있는데, 하나님께서 어떻게 그들을 정죄하실 수 있을까? 그들이 인생의 소중한 시기를 주일학교에서 보내면서 "웨스트민스터 소요리문답"을 암기하거나, 이스라엘 역대 왕들을 암기하는데, 하나님께서 어떻게 그들을 정죄하실 수 있을까?

아, 그러나 단순히 지식만으로 구원받을 사람은 아무도 없다. 지식은 믿음의 일부지만, 믿음 자체는 아니다. 마귀는 우리보다 교리를 훨씬 더 잘 이해하면서도 멸망한다. 그밖에도 만약 거듭나지 않으면 우리는 설혹 그런 지식을 가졌더라도 하나님을 알지 못한다(바로 이것이 문제이다).

지식에 대한 교만을 성경은 이렇게 쓴다. "깨닫는 자도 없고… 저희 눈 앞에 하나님을 두려워함이 없느니라"(롬 3 : 11, 18).

4. 믿음(Faith). 자랑의 근거들 중에서 가장 취약한 것은 믿음이다. 이것은 특히 복음주의 진영 사람들에게 위험하다. 복음주의자들은 대개 자기가 행위로 구원을 받지 못한다는 걸 잘 안다.

어릴 적부터 그렇게 교육을 받았기 때문이다. 또한 복음주의자들은 대개 자기 느낌을 높이 평가는 하더라도 그것을 의지하지는 않는다. 포괄적인 성경 지식이나 견고한 교리를 소망의 근거로 생각할 엄두를 내지 않는다. 하지만 믿음에 대해서는 태도가 사뭇 다르다. 믿음은 복음주의자들의 전매특허이다. 따라서 천국에서는 자랑할 것이 없다고 숱하게 배웠는데도, 그리고 자랑할 의사도 없는데도 - 실제로 그들에게는 자랑한다는 것이 오히려 고통스럽다 - 교리 문제로 강요를 받을 때는 **자신은** 천국에 들어가되 다른 사람들은 들어가지 못하는 궁극적인 이유는, 자기는 하나님을 믿고 예수를 의지한 데 반해서 다른 사람들은 그분을 배척하기 때문에 멸망한다고 말한다.

복음주의자들은 이런 생각을 때로 다음과 같은 형태로 표출한다. 그들은 하나님께서 누가 율법을 지킬 수 있는지 보시기 위해서 먼저 율법을 주셨다고 한다. 하지만 아무도 지키는 사람도 없고 지킬 수 없음이 드러나자, 하나님께서는 이번에는 한결 수월한 복음을 가지고 우리에게 오신다. 마치 이렇게 말씀하시듯이 말이다 : "너희가 내 율법을 지킬 수 없다는 걸 나는 안다. 그래서 너희가 **지킬** 수 있는 것을 대신 요구한다. 그냥 예수만 믿어라. 예수를 믿으면 너희를 구원해 주겠다."

이쯤 되면 이런 생각에 무엇이 잘못되었는지 분명히 볼 수 있으리라고 확신한다. 만약 하나님께서 그런 식으로 일하신다면, 믿음은 행위 - 여러분과 내가 구원 받을 수 있는 근거로 삼아 행하는 것 - 가 되며, 따라서 자랑할 근거가 있게 된다. 물론 자랑하고 싶은 생각이 없을 것이다.

하지만 우리가 천국에 간 지 백만 년이 지나 어떤 사람이 그리로 올라와서는 왜 다른 사람들은 그곳에 없는데 우리는 그곳에 있느냐고 묻는다면, 게다가 대답을 강요받는다면, 우리는 믿음을 가지고 있었지만 다른 사람들은 가지지 못했기 때문에 우리만 그곳에 있다고 말하게 될 것이다. 따라서 비록 자랑하고 싶지 않더라도 정직하게 말하느라 할 수 없이 조금 자랑하게 될 것이다.

하지만 그것은 믿음이 아니다. 마틴 로이드 존스(D. Martyn Lloyd Jones)가 이 주제에 대해서 한 말을 들어보자.

> 믿음은 구원의 도구일 뿐이다. 성경 어디서도 믿음 때문에 의롭다 함을 받는다는 구절을 찾아볼 수 없다. 성경 어디서도 믿음에 힘입어 의롭다 함을 얻는다는 구절을 찾아볼 수 없다. 성경은 그렇게 말하지 않는다. 성경은 우리가 **믿음으로 말미암아** 또는 **믿음을 통해서** 의롭다 함을 받는다고 말한다. 믿음은 그리스도 안에 있는 하나님의 의가 우리에게 전달되는 도구나 통로에 지나지 않는다.
>
> 믿음이 우리를 구원하는 것이 아니다. 우리를 구원하는 건 주 예수 그리스도와 그분의 온전한 사역이다. 우리를 구원하는 건 갈보리 십자가에서 그리스도께서 죽으신 일이다. 우리를 구원하는 건 그분의 온전한 생애이다. 우리를 구원하는 건 그분이 우리를 대신해서 하나님 앞에 나가시기 때문이다.
>
> 이것이 바로 우리를 구원하는 의(義)다. 믿음은 그분의 의를 우리 것으로 만드는 통로이자 도구이다. 그 의는 전적으로 그리스도의 것이다. 내 믿음은 내 의가 아니고, 따라서 믿음을 의라고 규정하거나 생각해서는 안 된다. 믿음은 우리를 주 예수 그리스도와 그분의 의에 연결시키는 것일 뿐이다.[5]

그러므로 예수 그리스도의 교회에서 "… 우리 주 예수 그리스도의 십자가 외에…"(갈 6:14) 다른 걸 자랑하는 일을 그만 두자.

그리스도인들은 은혜로 구원받은 죄인들일 뿐이다. 이 점을 믿지 않는다면 구원을 받지 못한다. 그건 예수님을 의지하지 않고 여전히 자신의 선행, 느낌, 신앙 지식 또는 믿음을 의지하고 있다는 소리이다.

예수님께서 구원하신다! 그것이 기독교의 메시지이다. 그것을 믿으면 여러분은 자신에 관해 잊게 될 것이고, 그분 앞에 고개를 숙이게 될 것이다.

● 각주 ●

1. C. S. Lewis, *Mere Christianity* (New York : The Macmillan Company, 1958), p. 94.

2. Ibid., pp. 95, 96.

3. Ibid., pp. 96, 97.

4. Charles Haddon Spurgeon, "Grace Exalted - Boasting Excluded" in *Metropolitan Tabernacle Pulpit* (Pasadena, Tex. : Pilgrim Publications, 1969, 1973), vol. 8, pp. 29, 30.

5. D. M. Lloyd-Jones, *Romans, An Exposition of Chapter 3 : 20-4 : 25, Atonement and Justification* (Grand Rapids : Zondervan, 1970), p. 120.

49
모든 사람을 위한 하나의 길
로마서 3 : 29-30

하나님은 홀로 유대인의 하나님뿐이시뇨 또 이방인의 하나님은 아니시뇨 진실로 이방인의 하나님도 되시느니라 할례자도 믿음으로 말미암아 또는 무할례자도 믿음으로 말미암아 의롭다 하실 하나님은 한 분이시니라.

세상이 지금보다 더 커보이고 세상 사람들이 그다지 서로 접촉하고 지내지 않았을 때는 세상에 많은 종교들이 있다는 사실이 그리 큰 문제를 일으키지 않았다. 유럽인들은 나름대로의 교리들과 의식들을 갖고 있었고, 아프리카나 아시아 사람들이 다른 교리들과 의식들을 갖고 있다는 것이 그들에게는 하나도 문제가 되지 않았다. 동양인들은 자기들의 종교와 다른 유럽인들의 종교 때문에 곤란을 겪지 않았다. 사람들은 다른 신앙 체제 때문에 곤란을 겪지 않았다. 대부분 다른 신앙 체제가 있는 줄을 몰랐기 때문이다. 오늘날은 상황이 달라졌다. 우리는 세계의 대종교들에 관해서 상당히 알고 있고, 때로는 규모가 작은 종교들까지도 안다. 따라서 많은 사람들이 "세계에 있는 종교들 중에서 과연 어떤 종교가 옳으며 어떤 종교가 그릇된가?" 라는 질문 앞에서 매우 당황한다.

이 문제를 다루는 방법에는 크게 세 가지가 있다.

첫째 방법은 종교들이 크든 작든 - 적어도 모두 진실하게 믿으면 - 모두 똑같다고 주장하는 것이다. 지난 세대의 많은 사람들은 우리에게 이런 식으로 생각하기를 기대했다. 에드워드 기본(Edward Gibbon)은 「로마 제국의 쇠퇴와 멸망」(The Decline and Fall of the Roman Empire)에서 이런 생각을 비꼬아서 말하기를, 모든 종교는 평민들에게는 "똑같이 참되고", 철학자들에게는 "똑같이 거짓되고", 행정가들에게는 "똑같이 유용하다"고 한다. 오늘날은 이런 견해가 산의 비유로 표현되곤 한다. "하나님께서는 산의 정상에 계시다. 세계의 종교들은 여러 방향에서 그 산 정상으로 나 있는 길과 같다. 어떤 사람들은 이쪽 면에서 올라가고, 어떤 사람들은 저쪽 면에서 올라가지만, 모두가 결국에는 똑같은 지점에 도달한다." 이것이 미국의 종교 다원주의(Religious Pluralism)가 내놓는 전형적인 해결책이다.

이 문제를 다루는 둘째 방법은, 비록 세계의 종교들이 각각 어느 정도 가치를 갖고 있긴 하지만(적어도 그 신봉자들에게 만큼은), 어떤 사람들은 다른 사람들보다 더 낫다고 말하는 것이다. 이 말에서는 다음과 같은 논리가 따라나온다. 즉, 이 종교들 중에서는 어떤 종교가 됐든 최고의 종교가 반드시 있다는 논리이다. 이 견해는 모든 사람으로 하여금 자기가 믿는 종교가 비록 최선은 아니더라도 적어도 다른 종교들보다는 우월하다고 믿게 만든다. 하지만 "최고"를 추구할 과제를 남겨 놓는데, 그 결과 많은 사람들은 자기들이 믿고 있는 것이 바로 최고의 종교라고 생각한다.

셋째 견해는 기독교의 견해로서 하나님께 가는 길은 하나 - 예수 그리스도를 믿는 길 - 밖에 없으며, 세계의 다른 종교들은 그분에게서 멀어져가는 길일 뿐이라는 것이다.

구원에 이르는 유일한 길

이 셋째 해결책은 우리 시대에 만연한 관용 또는 허용 정신과 너무 대립되기 때문에, 교회의 두터운 벽 안에 들어가 말해야 안전하다. 기독교처럼 자기 종교만 진리라고 하는 것을 이 시대는 편협하고, 고집 세고, 밉살스럽고, 무식하고, 악하고, 잔인하고, 저급하고, 천하고, 관용을 모르는 주장으로 받아들이기 때문이다. 오늘날 사람들은 그런 식의 사고방식이 항상 집단 학살, 종교 전쟁, 또는 마녀 사냥으로 이어졌다고 생각한다. 하지만 사실은 그렇지 않으며, 그 점을 이제 살펴 보기로 하자.

하나님께 가는 길은 하나밖에 없다는 가르침은 기본적인 은혜의 복음에서 나온 자연스런 귀결로써, 로마서에서 바울이 설명해 온 게 바로 그것이다. 바울은 "기록한바 의인은 없나니 하나도 없으며 깨닫는 자도 없고 하나님을 찾는 자도 없고"(롬 3 : 10-11)라고 하면서, 인류가 하나님의 표준에 이르지 못한 것을 말한다. 그는 하나님께서 그리스도의 사역을 통해서 제시하신 구원이 단순히 믿음으로만 우리의 것이 된다는 사실을 입증하는 방식으로 예수 그리스도의 구속 사역을 통한 하나님의 구원 계획을 설명했다. 이제 로마서 3장의 둘째 문단에서 그는 구원에 관한 한 모든 사람에게 한 가지 방법밖에 없다는 교훈을 포함한 이 교훈들에서 자연스럽게 귀결되는 결론들 또는 추론들을 세 가지로 소개한다. 그것들은 다음과 같다.

1. 믿음을 통해 은혜로 말미암는 구원은 **자랑을 배제한다**(27-28절).
2. 믿음을 통해 은혜로 말미암는 구원은 어떤 사람이든 그가 무슨 일을 했든 또는 하지 않았든 모두에게 **하나의 구원 방법**이 있음을 뜻한다(29-30절).
3. 믿음을 통해 은혜로 말미암는 구원은 어떤 사람들의 생각처럼 **하나님의 율법을 무너뜨리기보다는 세운다**(31절).

둘째 결론이 로마서 3 : 29-30에서 바울이 전개하는 것인데, 거기서 그는 이렇게 쓴다. "하나님은 홀로 유대인의 하나님뿐이시뇨. 또 이방인의 하나님은 아니시뇨. 진실로 이방인의 하나님도 되시느니라. 할례자도 믿음으로 말미암아 또는 무할례자도 믿음으로 말미암아 의롭다 하실 하나님은 한 분이시니라." 이 구절들은 구원에 한 가지 길밖에 없는 이유가 하나님이 오직 한 분밖에 계시지 않기 때문임을 가르친다. 따라서 하나님께서 내시는 구원은 모든 사람들에게 하나의 구원일 뿐이다. 이 진리는 편협하거나 배타적이기는커녕 오히려 모든 사람들에게 구원의 문을 활짝 열어 놓는다.

주 우리 하나님은 하나이시니

물론 민족마다 나름대로 굳어진 편견들이 있다. 그리고 바울이 이 글을 쓸 때는 서로 전혀 다른 두 가지 편견을 허물고 있다는 사실을 알면 본문을 이해하는 데 도움이 된다. 그 두 가지란 하나님께서 한 분임을 믿되 이방인들을 위한 구원은 믿지 않은 유대인들의 편견과, 모든 사람들을 위한 구원(또는 적어도 모든 사람들이 구원받을 가능성)은 믿되 하나님께서 한 분임을 믿지 않은 이방인들의 편견이다.

먼저 유대인들의 편견을 살펴보자.

유대교의 주된 신학 교리는 유일신론이었고, 이것은 오늘날도 여전하다. 유대교는 기도와 교훈의 종교로써, 모든 기도들과 교훈들 가운데 주된 것이 쉐마(Shema, "듣다"라는 뜻의 히브리어)이다. 이것은 안식일마다 회당에서 공기도를 드리기 전에 암송하는 일종의 신앙고백서이다. "이스라엘아 들으라. 우리 하나님 여호와는 오직 하나인 여호와시니"(신 6 : 4).[1] 이것은 언제나 사람들 앞에서 암송해야 할 위대한 교훈들 가운데 하나이다 : "네 자녀에게 부지런히 가르치며 집에 앉았을 때에든지 길에 행할 때에든지 누웠을 때에든지 일어날 때에든지 이 말씀을 강론할 것이며 너는 또 그것을 네 손목에 매어 기호를 삼으며 네 미간에 붙여 표를 삼고 또 네 집 문설주와 바깥 문에 기록할지니라"(7-9절).

확고하고 비타협적인 유일신론만큼 유대인과 이웃의 이교도들을 뚜렷이 구분한 것은 없었다. 이것만큼 유대인의 생애를 어렵게 만든 것도 없고, 반면에 이것만큼 유대인의 생애에 신망을 부여한 것도 없었다. 열방들이 로마서에 묘사된 저급한 신들을 숭배하는 동안 - "썩어지지 아니하는 하나님의 영광을 썩어질 사람과 금수와 버러지 형상의 우상으로 바꾸었느니라"(롬 1 : 23) - 유대인들은 하나님이 한 분이라는 고도의 사상을 유지하고 그분을 위해 싸웠다.

그러나 이런 확신과 나란히 존재한 것이 있었는데, 어떤 주석가는 그것을 가리켜 "부패한 신정주의(神政主義)적 배타주의"[2]라고 했다. 즉, 이방인들이 하나님께조차 경멸을 당한다고 생각할 정도로 그들을 경멸한 태도가 유일신론과 나란히 존재했던 것이다. 유대교의 아침 기도문에는 유대인 남자들이 하나님께서 자기들을 "이방인, 노예, 여자"로 만들지 않으신 데에 감사하는 문장이 실려 있다.[3] 유대인은 "하나님께서 지상의 모든 민족들 중에서 이스라엘만 사랑하신다"[4]고 말했다. 물론 이방인도 구원을 받을 수 있지만, 그렇게 되려면 반드시 유대인이 되어야 한다고 주장했다. 유대교의 유일신론은 유대교 없이 이방인을 이방인 그대로 구원할 만큼 확대되지 못하였다.

그러나 이방인들도 나름대로 큰 문제들을 갖고 있었다.

이스라엘이 유일신론과 그에 따른 배타성을 갖고 있던 데 반하여, 이방인들은 유일신론 없는 관용을 갖고 있었다. 사려 깊은 사람이라면 어느 쪽을 택했을까? 아테네에는 시민들보다 신들이 더 많았다고 한다. 설상가상으로 이 왜곡된 많은 신들은 도덕적으로 매우 저급한 의식들을 허용하였고 심지어 권장하였다. 기독교가 시작될 무렵 그리스는 도덕적 시궁창이었고, 로마는 곧 그보다 더 악해졌다. 이 시대의 성격들을 아는 사람들에게 바울이 로마서 1 : 29-32과 3 : 13-18에서 묘사한 이교 사회의 모습은 전혀 과장된 것이 아니었다.

무슨 일이 이루어질 수 있을까? 만약 우리가 위대하고 도덕적인 한 분 하나님께 대한 모든 개념들을 고수한다면, 우리는 편협하고, 독선적이고, 고집스러운 사람처럼 비칠 것이다. 이렇게 되었던 건 유대인들만이 아닌 것이다.

만약 교리의 담을 허물고서 각자의 생각에 맞는 어떤 신이나 신들을 믿더라도 똑같이 옳다고 생각한다면, 우리는 다신론과 부패로 빠지게 된다.

해결책은 무엇인가? 이런 딜레마에서 누가 길을 발견할 수 있을까? 해결책은 바울이 설명하고 있는 복음이다. 복음은 유일신론에 관한 고도의 원칙을 유지한다. 한 분이신 하나님께 관한 복음이기 때문이다. 이 복음은 그분의 은혜에서 흘러나온다. 이것은 우리를 위해 죽으신 그분의 아들에 의해 성취되었다. **복음은 그분처럼 될 것을 우리에게 요구한다.** 동시에 **복음은 어떤 종류의 배타성도 인정하지 않는다.** 모든 사람들에게 차별 없이 제시된 복음이기 때문이다. 종교적으로 유리한 점들이나 불리한 점들, 이해이나 몰이해, 선행이나 악행을 무론하고 말이다.

찰스 하지(Charles Hodge)는 이 원칙을 다음과 같이 포괄적으로 진술한다.

우리는 여기서 복음이 사람을 의롭다 하는 두번째 결과를 본다. 그것은 하나님을 유대인들의 하나님일 뿐만 아니라 이방인들의 하나님으로도 전하는 것이다. 이것은 "할례자도 믿음으로 말미암아 또는 무할례자도 믿음으로 말미암아 의롭다 하실 하나님은 한 분"이시기 때문이다. 하나님은 유대인들과 이방인들을 똑같은 원칙을 가지고 다루신다. 둘 모두에게 똑같은 계획을 펴시며, 똑같은 용어로 둘 모두에게 구원을 제시하신다. 그러므로 이 교리에는 우주적 종교를 위한 토대가 놓여 있다.

이 종교는 유대교 체제와는 달리 어느 종파나 민족에게 한정할 필요가 없이, 하늘 아래 있는 모든 피조물에게 전파할 만한 것이다. 이것은 하나님의 성품과, 그분이 땅에 있는 모든 인간들과 맺고 계신 관계에 잘 들어맞는 유일한 교리이다. 하나님 께서는 한 민족의 하나님이 아니라 우주의 하나님이시며, 복음은 우주 전체에 적용 할 수 있는 구원의 방법이다.[5]

아무도 쫓아내지 않으심

바로 그게 지금 내가 하고 싶은 일이다. 나는 로마서 3장에 진술된 복음을 될 수 있는 대로 보편적으로 적용하고 싶다. 내 방법은 간단하다. 여러분이 누구든, 무엇을 했고 무엇을 하지 않았든, 이 복음은 **모든 사람**을 위한 것이기 때문에 여러분을 위한 것이라고 말하고 싶다. 하나님께서 여러분에게 정해 놓으신 방법대로 – 즉, 하나님의 아들 주 예수 그리스도 를 믿음으로 – 하나님께 나간다면, 하나님께서는 여러분을 받아주실 것이며, 아무도 쫓아내 지 않으실 것이다.

이제 세 가지 중요한 질문을 하고 거기에 답해 보자.

1. **누가 하나님께 나올 수 있는가?** 대답은 모든 사람이 나올 수 있다는 것이다. 모든 사람 이 똑같이 죄 안에서 길을 잃었으며, 그러므로 모든 사람이 똑같이 예수님의 구원의 사랑의 대상들이다. 로마서 앞 부분들은 복음이 아주 도덕적인 사람을 위한 것일 뿐만 아니라, 아 주 큰 죄인을 위한 것이기도 하다는 사실을 입증했다. 복음은 스스로를 종교적이라고 생각 하는 사람 뿐만 아니라 이교도를 위한 것이기도 하다. 여러분이 아주 큰 죄인일지라도 하나 님께 나올 수 있다. 로마서 첫 장에 언급된 사람들은 아주 큰 죄인들이지만, 주 예수 그리스 도를 통한 믿음의 길은 그들을 위한 것이다. 여러분이 자기 의를 심하게 고집하는 사람일지 라도, 자기 의를 버리기만 하면 하나님께 나올 수 있다. 로마서 2장에 언급된 사람들은 자 기 의를 고집하는 사람들이지만, 바울은 복음이 이런 유형의 사람들을 위한 것이기도 하다 고 설명한다.

여러분의 죄가 무엇인가? 교만인가? 살인인가? 도적질인가? 간음인가? 그건 아무 상관이 없다. 예수님께 나오면 여러분을 받아주실 것이다. "… 내게 오는 자는 내가 결코 내어쫓지 아니하리라"(요 6 : 37)고 말씀하신 분이 바로 예수님이시다.

여러분의 직업이 무엇인가? 목사인가? 도박꾼인가? 사업가인가? 주부인가? 그건 하등 상관이 없다. 예수 그리스도의 속죄 사역을 믿음으로써 하나님께 나올 수 있다.

여러분은 어떤 상태에 있는가? 하나님을 찾고 있는가? 하나님에게서 도망치고 있는가? 하나님과 투쟁하고 있는가? 하나님께 의문을 품고 있는가? 욥은 하나님께 의문을 품고 있었지만, 하나님은 그때만큼 그를 더욱 가까이 해 주신 때가 없었다.

여러분은 무관심한 사람인가? 몇년 전 제십장로교회에 가끔 나오던 사람을 만났는데, 그는 "친구들이 내게 종교라는 처방이 필요하다고 생각할 때마다" 교회에 나온다고 했다. 그런 식으로 교회를 다니면 그리스도께 대한 참된 믿음에 무감각해지도록 면역시킬 뿐이고, 거짓 안도감을 얻게 될 것이다. 종교는 아무도 구원을 하지 못한다. 구원하는 이는 예수 그리스도시다. 그러므로 "교회"를 보고 나오지 말라. 그리스도께 나오라. 여러분이 위와 같이 무관심한 사람일지라도 복음은 여러분을 위한 것이다.

2. **어떻게 하면 하나님께 나올 수 있을까?** 있는 모습 그대로 나올 수 있다. 몇년 전 미국에는 "있는 모습 그대로"(come as you are) 파티들이 유행한 적이 있다. 주중이나 주말에 파티에 초대를 받으면 초대를 받던 당시에 입고 있던 옷을 입고(또는 옷을 입지 않은 채) 가야 했다. 자동차 오일을 갈다가 옷에 기름이 묻었을 때 초대를 받았는가? 그러면 오일 자국이 묻은 채 참석해야 했다. 집을 도색하다가 몸이 페인트로 엉망이 되어 있을 때 초대를 받았는가? 얼룩진 채 그냥 가야 했다. 수영복이든 평상복이든 그대로 가야 했다! 하등 문제될 게 없었다. 그런 모습으로 가야 했다.

마찬가지로 그리스도께서는 현재의 심리 상태가 어떻든 있는 모습 그대로 오라고 초대하신다.

어떤 사람들은 초대를 받자마자 서둘러 예수님께 나온다. 나는 그런 사람들 몇 분을 안다. 복음이 전파되자 그들은 믿음으로 예수 그리스도를 보려고 나무에 올라간 삭개오처럼 예수님께 나온다. 아니면 갈릴리 바다를 헤엄쳐 예수님께 가려고 물속으로 풍덩 뛰어든 베드로처럼 예수님께 나온다. 이런 사람들에게 복음을 전하는 것은 마치 자동판매기에 동전을 넣는 것과 똑같다. 즉시 결과가 나온다. 더욱이 그들은 충분한 믿음과 본질적인 지식을 갖고 나오는 듯하다. 교리를 많이 배웠으나 아직 은혜의 복음을 제대로 이해하지 못한 가톨릭 교도들도 종종 이런 식으로 예수님께 나온다. 그들에게는 복음이 마치 한번에 하나님의 보물 창고의 자물쇠를 여는 열쇠와 같다.

다른 사람들은 빈약하고, 비틀거리고, 주저하는 걸음으로 예수님께 절며 나온다. 그러나 그것도 괜찮다. 그들도 예수님께 나올 수 있다.

몇년 전 미국 펜실베이니아 주립대학의 대학생선교회(CCC) 간사들이 흑인 학생에게 예수 그리스도를 전하고 있었다. 그 학생은 영적인 문제에 별로 관심이 없었다. 그의 주된 관심사는 신입생 농구팀을 조직하는 것이었고, 그 목적을 위해 가을 내내 활동하고 있었다. 간사들은 내가 강사로 초빙된 가을 집회에 참석해 보라고 권하였으나, 그 학생은 가고 싶어 하지 않았다. 참석할 비용이 없었다. 간사들은 비용을 부담해 주겠노라고 제의했다. 그러자 그 학생은 집회 장소까지 갈 방법이 없다고 했다. 그래서 간사들은 교통편을 제공했다. 그가 집회 장소에 도착했을 때는 이미 집회가 한참 진행 중이었다. 아직 저녁도 먹지 못한 그는 첫 집회는 빼먹고 햄버거나 사먹어야겠다고 생각하고서 나갔다. 그가 돌아왔을 때는 집회가 절반쯤 끝나갈 무렵이었다. 나는 그가 들어오는 걸 보지 못했으나, 나중에 듣기로는 다음 월요일에 열릴 예선 경기를 생각하며 들어왔다고 했다. 그때 나는 "하나님께서는 여러분이 누구든간에 여러분을 사랑하십니다. 여러분의 인생을 위해 특별한 계획을 갖고 계십니다" 하고 말하고 있었다. 이 말이 그 학생에게 하나님의 직접적인 말씀으로 다가갔다. 그는 앉아서 들었다. 그날 저녁 그는 자기 생명을 주님께 바쳤고, 그 뒤 흑인 사회에 그리스도를 전하는 데 매우 효과적으로 증거한 사람이 되었다.[6]

어떤 사람들은 반발하다가 나온다. 바울은 마지못해서 나왔다. 아우구스티누스는 하나님께서 이탈리아 밀라노 근처에 있는 친구의 저택 정원에서 마침내 다가오실 때까지 하나님께 나오기를 거부했다. 루이스(C. S. Lewis)는 자신을 "영국에서 가장 오래 버틴 개종자"로 묘사한다.[7]

3. 언제 하나님께 나올 수 있을까? 언제라도 좋다. 어린 아이처럼 나오라. 나는 어린이들이 복음에 관심을 보일 때 참으로 즐겁다. 그런 어린이들이 참 많다. 특히 경건한 가정에서

자란 어린이들이 더욱 그러하다. 어떤 사람들은 어린이들이 복음을 이해하거나 예수 그리스도를 제대로 알고서 믿을 수 없다고 생각한다. 그러나 그건 사실이 아니다. 어린이들에게 하나님께 관한 일들을 차분하게 설명해 주면 그 내용을 상당히 많이 이해할 수 있다. 예수님은 어린 아이처럼 나와야 구원을 받을 수 있다고 하시면서 어린이의 믿음을 권하셨다.

이 책을 읽고 있는 사람이 어린이들인가? 어린이들이라면, 그리고 만약 지금 내가 하는 말을 알아 들을 수 있다면, 다음 세 가지를 이해할 수 있다.

(1) 여러분은 죄를 지을 만큼 충분한 나이를 먹었다.

(2) 죽을 만큼 충분한 나이를 먹었다.

(3) 예수님께 나올 만큼 충분한 나이를 먹었다.

예수님이 직접 이렇게 말씀하셨기 때문이다 : "어린 아이들을 용납하고 내게 오는 것을 금하지 말라. 천국이 이런 자의 것이니라"(마 19 : 14). 여러분이 어린이라면, 예수님을 믿고 그분을 따르지 않겠는가? 나이 많이 든 사람들이 구원받는 방법은 여러분에게도 구원받는 방법이다.

여러분이 장년일 수도 있다. 어린이처럼 예수님께 나와야 하지만 그러기에는 너무 나이가 들었다고 생각할는지도 모른다. "지금까지 잘 살아오고 있고, 게다가 나이가 들면 무얼 바꾸기가 힘들다." 옳은 말이다! 나이가 들면 사는 방식이 굳어진다. 그래서 젊을 때 예수님께 나오는 것이 좋다. 하지만 나이가 들어 그리스도께 나오기가 힘든 게 사실일지라도, 불가능한 것은 아니다. 그리고 너무 늦는 법도 없다. 나이가 너무 많아 예수님을 위해 많은 일을 할 수 없겠지만, 여러분을 위해서는 모든 일을 할 수 있다. 이 땅에서 예수님을 섬길 시간이 여러분에게는 많지 않겠지만, 천국에서는 영원이라는 시간을 두고서 그분을 찬양하게 될 것이다.

침례교의 위대한 설교자 찰스 스펄전(Charles Spurgeon)은 이렇게 썼다.

사랑하는 청중 여러분, 그리스도께 나오세요! 온몸이 이슬에 젖은 아침에 나오세요. 그리스도는 여러분을 내쫓지 않으실 겁니다. 걱정의 갈증으로 목이 타는 뜨거운 낮에 나오세요. 그리스도는 여러분을 내쫓지 않으실 겁니다. 그늘이 길게 드리울 때, 밤의 어둠이 여러분을 덮을 때 나오세요. 그분은 여러분을 내쫓지 않으실 겁

니다. 문은 닫히지 않았습니다. 생명의 문이 열릴 때까지 자비의 문은 닫히지 않기 때문입니다.[8]

나오시렵니까?

나도 여러분에게 권한다. 예수님께 나오라!

하나님께서는 유대인들만의 하나님이신가? 이방인들의 하나님이기도 하시지 않은가? 물론 이방인들의 하나님이기도 하시다. 할례자들을 믿음으로 말미암아 의롭다 하시고 무할례자들도 동일한 믿음으로 의롭다 하실 하나님은 오직 한 분이시기 때문이다.

하나님께서는 미국인들만의 하나님이신가? 아시아인들의 하나님이시기도 하지 않은가? 물론 아시아인들의 하나님이시기도 하다. 코카서스인들을 믿음으로 말미암아 의롭다 하시고 아시아인들도 동일한 믿음으로 의롭다 하실 하나님은 오직 한 분이시기 때문이다.

하나님은 가톨릭 교도들만의 하나님이신가? 개신교도들의 하나님도 되시지 않는가? 물론 개신교도들의 하나님도 되신다. 가톨릭 교도들을 믿음으로 말미암아 의롭다 하시고 개신교도들도 동일한 믿음으로 의롭다 하실 하나님은 오직 한 분이시기 때문이다.

하나님께서는 중산층 사람들만의 하나님이신가? 노동자 계층 사람들의 하나님도 되시지 않으신가? 물론 노동자 계층 사람들의 하나님도 되신다. 중산층 사람들을 믿음으로 말미암아 의롭다 하시고 노동자 계층 사람들도 믿음으로 말미암아 의롭다 하실 하나님은 오직 한 분이시기 때문이다.

하나님께서는 노인들만의 하나님이신가? 어린이들의 하나님도 되시지 않는가? 물론 어린이들의 하나님도 되신다. 노인들을 믿음으로 말미암아 의롭다 하시고 어린이들도 동일한 믿음으로 의롭다 하실 하나님은 오직 한 분이시기 때문이다.

"아무나 와도 좋소(All are Welcome)"라는, 모두를 감싸안는 이 자비로운 복음에서 돌아서게 만드는 것이 하나 있다. 그것은 모든 유형의 사람들과 함께 아버지의 집에 들어가고 싶어하지 않는 것이다. 그러나 만약 그럴 마음이 없다면 기독교를 가리켜 편협하다거나 고집스럽다거나 저급하다거나 독선적이라거나 분파주의라고 말하지 말라. 분파주의자는 바로 여러분이며, 내가 아는 한 기독교는 여러분에게서 그 오염된 생각을 말끔히 씻어줄 수 있는 유일한 수단이다. 오직 예수님께서만 여러분으로 하여금 교만을 버리고 여러분 같은 반역스러운 죄인들을 활짝 열린 구원의 문으로 들어가게 하실 수 있다.

다른 아무도 그리로 들어가지 못한다. 오직 자기 죄를 자백하고, 죄에서 돌이키고, 예수 그리스도를 자기 구주와 주님으로 믿는 죄인들만 들어갈 수 있다.

● 각주 ●

1. 참조. George Foot Moore, *Judaism in the First Centuries of the Christian Era : The Age of the Tannaim* (Cambridge : Harvard University Press, 1962), vol. 1, p. 291.

2. Heinrich A. W. Meyer (*Ueber den Brief des Paulus an die R mer*). John Murray의 *The Epistle to the Romans* (Grand Rapids; Wm. B. Eerdmans, 1968), p. 124에 인용됨.

3. William Barclay, *The Letter to the Galatians and Ephesians* (Edinburgh : The Saint Andrew Press, 1954), p. 199.

4. William Barclay, *The Letter to the Romans* (Edinburgh : The Saint Andrew Press, 1969), p. 35.

5. Charles Hodge, *A Commentary on Romans* (Edinburgh and Carlisle, Pa. : The Banner of Truth Trust, 1972), p. 101. (Original edition 1935.)

6. 이 내용은 다음 책에서 인용했다 : James Montgomery Boice, *The Gospel of John : An Expositional Commentary,* 5 vols. in 1 (Grand Rapids : Zondervan, 1985), p. 424. 이 부분에 사용한 일부 다른 자료도 위 책에서 인용했다.

7. C. S. Lewis, *Surprised By Joy* (New York : Harcourt, Brace & World, 1955), p. 228.

8. Charles Haddon Spurgeon, "High Doctrine and Broad Doctrine" in *Metropolitan Tabernacle Pulpit* (Pasadena, Tex. : Pilgrim Publications, 1971), pp. 57, 58.

50

믿음으로 세우는 율법

로마서 3 : 31

그런즉 우리가 믿음으로 말미암아 율법을 폐하느뇨 그럴 수 없느니라 도리어 율법을 굳게 세우느니라.

두 장 전에서는 로마서 3장 마지막 문단 (27-31절)을 설명하기 시작하면서, 그 안에 복음의 세 가지 결론 또는 영향들이 담겨 있다고 지적했다. 그 내용을 다시 한번 살펴 보자. 그것은 예수 그리스도께 대한 믿음을 통한 은혜로 말미암는 칭의 교리를 다음 말로 표현할 수 있다.

(1) 자랑을 배제하고(27-28절),

(2) 모든 사람들에게 하나의 구원의 길을 제시하며(29-30절),

(3) 어떤 사람들의 주장대로 하나님의 율법을 무너뜨리는 것이 아니라 오히려 율법을 굳게 세운다(31절).

나는 이런 사항들이 21-26절에 제시된 구원 교리들의 "결론들" 또는 "영향들"이라고 말했다. 그러나 엄격히 말해서 마지막 사항은 어떤 사람들, 특히 종교적인 사람들이 복음에서 이끌어 낼 수 있는 거짓 결론이나 그릇된 영향에 대한 대답이다. 사도는 율법과 무관하게 은혜로 말미암는 구원에 관해서 강하게 말해 왔다. 구원이 율법과 무관하다는 사상을 21절에 한번("율법 외에") 28절에 다시 한번("율법의 행위에 있지 않고") 반복했다. 이에 대해 위에 언급한 사람은 이렇게 반문할 것이다 : "좋다. 당신 말대로 만약 구원이 율법과 무관하다면, 구원이 은혜로 말미암는다는 교리는 하나님의 율법을 제쳐두게 되고 그로써 무가치하다는 것을 드러내는 게 아닌가? 만약 그렇다면 당신이 말하는 복음은 아주 잘못된 것이므로 버려야 하는 게 아닌가? 하나님의 계시된 율법을 무(無)로 돌리는 교리는 당연히 배척해야 하는 게 아닌가?"

이에 대해 바울은 은혜의 복음이 하나님의 율법을 무(無)로 돌리지 않는다고 대답한다. 하나님께서는 그렇게 하는 것을 금하셨다고 강변한다. 만약 율법을 무(無)로 돌린다면 그건 거짓 복음일 것이고, 마땅히 버려야 할 것이다. 하지만 복음은 하나님의 율법을 무(無)로 돌리지 않는다. 정반대로 율법을 세우고, 사실상 율법을 세우며 또 세울 수 있는 유일한 것이다.

율법과 성화

그러나 이렇게 복음에 대해 반론을 제기할 수 있는 방법에는 두 가지가 있다. 그중 하나는 로마서 후반에 답변되고, 다른 하나는 여기서 진술된다. 첫째 반론은 나중으로 미룰 수 있지만, 나중에 다시 한번 보게 되더라도 철저를 기하기 위해서 여기서 두 가지를 한번에 살펴보는 게 도움이 될 것이다.

첫째 (그리고 아주 명료한) 반론은 구원이 은혜로 말미암는다는 교훈이 그리스도인의 삶에 부정적인 영향을 줄 것이라는 가정에 관련된다. 이런 가정이 틀린 것이라는 점은 로마서 6장에서 드러난다. 거기서 바울은 어떤 사람이 "은혜를 더하게 하려고 죄에 거하자" 하고 말한다고 가정한다(참조. 6 : 1). 이 문제를 훨씬 더 길게 다루는 갈라디아서에서는 어떤 사람이 "우리의 자유를 죄악의 본성에 탐닉하는 데 사용하자" 하고 말한다고 가정한다(참조. 갈 5 : 13). 두 경우 모두 논지는 다음과 같이 동일하다 : "구원을 받기 위해서 하나님의 율법을 지킬 필요가 없다면, 왜 우리가 그걸 굳이 지키려고 해야 하는가? 율법에 순종하는 것과 무관하게 은혜로 구원을 얻는다면 마음대로 죄를 지어도 괜찮다는 말이다. 그러니 우리 모두 죄를 짓자. 무슨 죄악이든 짓고 싶은 대로 마음껏 짓자. 어쨌든 천국에 들어가게 될 테니까 말이다."

이 주장이 어떤 점에서 틀렸는지를 아는 것이 어려워서는 안 된다. 정 다른 이유가 없더라도 심리학으로 봐서도 틀린 주장이다. 사람이 도덕적으로 사는 동기가 오로지 지옥에 대한 두려움 또는 천국을 잃는 데 대한 두려움이라는 주장이다. 그런 것들은 원래 최소한의 동기인데 유일한 동기로 삼은 셈이다.

이 상황은 피터 드러커(Peter F. Drucker) 같은 법인경영학자들이 직업 동기에 관해 가르치는 바와 비슷하다.[1] 많은 사람들, 아마 대부분의 사람들은 피고용인에게 입사하게 만드는 최선의 동기는 더 많은 급료를 제시하는 것이라고 생각한다. 그러나 이 개념을 공부한 사람들은 그게 사실과 다르다는 걸 안다. 실제로 급료는 여러 가지 직업 동기들 중에서 아주 낮은 데 자리잡고 있다. 어떤 중요한 조직의 일원이라는 개인적 가치감정, 회사에 대한 명예와 긍지, 승진 가능성 등이 모두 급료보다 더 높은 자리를 차지한다. 마찬가지로 도덕적으로 살아야만 천국을 얻을 수 있기 때문에 사람이 도덕적으로 사는 거라고 생각하면 잘못이다. 경건한 행동에 대한 최고의 동기는 지옥에 대한 두려움에서 나오지 않고 하나님께 대한 사랑에서 나온다. 우리가 하나님을 사랑하고 기쁘시게 해드리고 싶은 이유는 하나님께서 우리에게 있는 어떤 공로와 전혀 무관하게 은혜로 우리를 구원하셨기 때문이다. 더욱이 우리는 하나님의 은혜 – 지상에 있는 하나님의 나라 – 의 일원이 되었다는 것이 얼마나 중요한지를 알며, 이 나라의 목표들을 증진하고 싶어한다.

둘째 오류는 신학적 오류이다. 사람이 예수 그리스도를 믿음으로 은혜로 말미암아 의롭다 함을 받을 때, 그 과정에 의해 그 사람 자체가 변하지는 않는다는 생각은 틀린 생각이다. 달리 말하자면, 그건 사람이 거듭나지 않고서도 의롭다 함을 받을 수 있다고 생각하는 것과 다름 없다. 실제로는 하나가 다른 하나 없이 일어나는 법이 없다. 따라서 의롭다 함을 받은 사람은 언제나 의롭게 되려고 투쟁함으로써 의롭다 함을 받은 사실을 드러낸다. 하나님의 법에 따라 도덕적인 생활을 하려고 노력하지 않는다면, 그건 그 사람이 거듭나지 않았거나 의롭다 함을 받지 않았다는 반증이다.

이 점에 대해서 존 스토트(John R. W. Stott)는 다음과 같이 말한다. "성자의 의롭다 하시는 사역과 성령의 거듭나게 하시는 사역은 떼어놓을 수 없다. 그런 까닭에 칭의와 중생에는 반드시 그 증거로 사랑에서 우러나오는 선행이 따르기 마련이다."[2]

율법과 칭의

하지만 앞에서도 말했듯이, 바울이 로마서 3 : 31을 쓸 때 염두에 둔 것은 위와 같은 형태의 반론이 아니다. 왜냐하면, 로마서 3 : 21-31의 주제는 성화(이것이 중요하긴 하나)가 아니라 칭의 ─ 그리스도의 사역으로 말미암아 우리가 받는 ─ 라서 그렇다. 따라서 율법은 "우리의 믿음", 즉 만약 우리가 믿음으로 살고 있다면 불가피하게 도덕적인 생활을 하게 된다는 뜻에서의 "믿음"으로 세우는 것이 아니라 ─ 물론 그것도 옳긴 하지만 ─ 바울이 묘사하고 있는 믿음 ─ 즉 믿음을 통한 은혜로 말미암는 칭의 교리 ─ 이 율법을 세우는 것이다.

이것은 아주 중요한 문제이기에, 말을 바꿔서 다시 설명하겠다. 논지는 그리스도인이 내재하는 하나님의 새 생명의 힘으로 행동하는 것으로 율법이 세워진다는 데에 있지 않다. 오히려 주 예수 그리스도께서 십자가의 죽음에 의해 우리에게 구원을 베푸시는 과정에서 율법을 세우셨다는 데에 있다.

이것을 다시 말을 바꿔서 설명하자면, 하나님께서는 우리에게 구원을 베푸시는 방법이 율법의 요구들을 충족시키는 것임을 보시고서 율법을 세우셨다.

이 문제는 세 부분으로 나눠 생각할 필요가 있다.

1. 믿음을 통해 은혜로 말미암아 의롭다 함을 얻는다는 교리는 율법이 지극히 높고 거룩해서 우리 죄인들이 그것을 이룰 수 없었다는 사실을 드러냄으로써 율법을 세운다.

정반대의 상황을 놓고 생각해 보자. 하나님께서 예수 그리스도의 십자가를 불필요한 것으로 선언하셨다고 가정해 보자. 그리고는 다음과 같이 말씀하셨다고 가정해 보자. "죄인들을 구하기 위해서는 내 아들 주 예수 그리스도를 반드시 보내야 한다고 생각하지 않는다. 죄인들을 이 방법으로 ─ 은혜로 ─ 구원하기보다는 그들이 구원받고 싶어하는 방법으로, 즉 선행을 하고 율법을 지키려고 노력하는 방법으로 구원을 받게 하겠다. 물론 그들은 율법을 온전하게 지킬 수 없지만, 반드시 도달해야 할 일정한 표준을 설정하겠다. 우리는 그것을 "합격 등급"이라고 부를 것이다. 그들이 이 표준에 도달하면 나는 그들을 구원하겠다. 도달하지 못하면 그들은 멸망할 것이다." 만약 하나님께서 이런 식으로 행동하셨다면, 율법은 세워지기보다는 빛이 바래거나 효력을 잃을 것이다. 적어도 일정 부분은 그렇게 될 것이다.

하나님께서 율법의 정당한 요구들 가운데 70%를 "합격점"으로 정해 놓으셨다고 가정해 보자. 그럴 경우 율법 가운데 나머지 30%는 무효하게 만드시는 것이 아닌가?

만약 합격점을 50%로 정해 놓으셨다면, 나머지 절반은 무효하게 방치되었을 것이다.

만약 합격점을 10%로 정해 놓으셨다면, 율법의 90%는 무가치한 것이 되었을 것이다.

물론 실제 시나리오는 사실상 그보다 훨씬 더 심각하게 되었을 것이다. 왜냐하면 성경은 한 사람도 하나님의 율법 가운데 아주 경미한 부분조차 온전하게 지키지 않는다고 말하기 때문이다. 우리의 존재 자체와 우리가 하는 모든 행위가 철저하고도 두루 퍼져 있는 죄로 파멸되어 있는 것이다. 만약 십자가가 불필요했고 하나님께서 우리가 할 수 있는 것에 기초하여 우리를 구원하셨다면, 우리는 율법의 일부조차 온전히 지킬 수 없으므로 하나님께서는 사실상 율법 전부를 제쳐 두시면서, 율법은 사실상 중요한 표준이 아니라고 선언하셨을 것이다. 대신에 믿음으로 의롭다 함을 받는다는 교리는 율법을 세운다. 왜냐하면 그 교리는 하나님께서 율법의 요구 하나하나를 비록 아무도 지키는 자가 없어도 여전히 진지하게 여기고 계심을 드러내기 때문이다. 율법은 "거룩하며 의로우며 선하도다"(롬 7 : 12). 더욱이 율법은 표준을 그대로 유지하며, 그 요구들을 충족시키는 방법을 찾지 못했을 때(인류 전체가 아닌 일부 사람들이) 그들을 정죄할 것이다.

2. 믿음을 통해 은혜로 말미암아 의롭다 함을 얻는다는 교리는 **율법이 요구하는 바 죄인들을 죽음으로 벌하는 것이 이미 실행되었다는 것을 보임으로써 율법을 세운다.**

율법은 유대 민족의 시민 생활을 규제하는 좀더 기본적인 역할을 제외하더라도 두 가지 중요한 영적 기능들을 갖고 있다.

첫째, 율법은 모든 사람이 죄인이라고 가르친다. 물론 죄가 정신에 주는 한 가지 영향이 자신의 상황에 눈 멀게 하는 것이므로 그 사실을 배울 필요가 있다. 율법은 그 고도의 요구로써 의인은 없나니 하나도 없으며 깨닫는 자도 없고 하나님을 찾는 자도 없다는 사실(참조. 롬 3 : 10-11)을 깨우치려는 목적을 갖고 있다. 율법이 이 사실을 가르치는 이유는, 만약 마르틴 루터처럼 그 계명들을 지키려고 진지하게 노력해 보면 도저히 지킬 수 없음을 곧 발견하게 되기 때문이다.

둘째, 율법은 죄에 대한 형벌이 죽음이라고 가르친다. 이 가르침은 하나님께서 아담과 하와에게 "선악을 알게 하는 나무의 실과는 먹지 말라. 네가 먹는 날에는 정녕 죽으리라"(창 2 : 17) 하고 말씀하신 창세기 서두로까지 거슬러 올라간다. 또한 에스겔 18 : 4하에서도 볼 수 있다 : "범죄하는 그 영혼이 죽으리라." 실로 이 가르침은 구약 성서 전반에 걸쳐서 발견된다.

이번에는 사실과 정반대의 상황을 가정해 보자. 하나님께서 이렇게 말씀하셨다고 가정해 보자 : "아무도 율법을 지킬 수 없다는 것을 나는 안다. 그래서 율법의 요구를 이루는 것과 무관하게 은혜를 베풀어 사람들을 구원하겠다. 죄인들에게 사랑을 베풀어 천국으로 인도하겠다." 만약 하나님께서 그렇게 말씀하셨다면, 위에서 본 것처럼 율법의 30%를, 아니면 심지어 전부를 면제해 주겠다고 제의하심으로써 율법의 높고 거룩한 표준들을 훼손하신 셈이었을 것이다. 뿐만 아니라 율법을 불순종한 것에 대한 형벌도 자의적이고, 결과적으로 율법이 필요 없다고 말씀하신 셈이었을 것이다. 이렇게 되면 마치 어떤 아버지가 실제로는 아이를 벌할 생각이 조금도 없으면서도 시키는 대로 하지 않으면 회초리로 맞을 것이라고 위협하는 것과 다를 바 없게 될 것이다. 율법은 영적 죽음이라는 형벌이 실행됨으로써만 설 수 있었다. 비록 그 형벌이 우리에게 실행되지 않고 우리를 대신한 예수 그리스도께 실행되긴 했지만 말이다.

아주 분명하지 않은가? 좀더 가까운 예를 들어 보자. 어떤 도시가 시내에서 최고 주행 속도를 시속 56km로 정해 놓았다고 치자. 어떤 사람이 차를 몰고 시 경계선을 넘어 시내 쪽으로 들어오는데, 시속 80km를 놓고 있다. 교통 경찰이 그 차를 세운다. 이 때 위법 운전자를 어떻게 해야 법이 제대로 설 수 있을까?

그냥 가게 하면 될까? 결코 그렇지 않다.

표준이 턱없이 높고 80km가 사실상 적절한 요구치에 가깝다고 말해 주면 될까? 그렇지 않다.

위법 운전자에게 다음 번엔 서행하겠노라는 약속을 받아내면 될까? 아니다. 그래서는 법이 제대로 서지 않는다.

과속 운전자의 경우에 법을 세울 수 있는 유일한 방법은 규정대로 고지서를 발부하고 범칙금을 물리는 것뿐이다. 운전자가 벌금을 낼 돈이 없다면 어떻게 해야 하나? 그 경우에 법을 세우려면 그 운전자는 다른 사람이 와서 대신 벌금을 물어줄 때까지 교도소에 들어가야 한다.

영적인 경우에도 하등 다를 바 없다. 주 예수 그리스도는 십자가에서 우리를 위해 죽으실 때 하나님께서 율법을 아주 진지하게 다루셨음을 입증하셨다. 율법은 위법에 대한 형벌을 요구한다. 예수님은 우리 대신 율법의 형벌을 받으심으로써 율법의 요구를 충족시키셨다. 그러므로 하나님께서는 구원을 우리가 할 수 있는 것(사실은 할 수 없는 것)에 놓으시기보다는 예수님의 죽음으로 성취된 것에 놓으심으로써 율법을 세우신 동시에, 죄인들이 구원을 받을 수 있는 길을 마련하셨다. 뛰어난 로마서 주석가로 손꼽히는 로버트 홀데인은 다음과 같이 수사학적으로 바르게 묻는다 : "하나님께서 사람들을 저주에서 구원하기로 결심하셨을 때 자기 아들로 하여금 그들 대신 저주를 받게 하시고 그들을 위해 율법의 모든 요구를 충족시키신 일보다 율법을 크게 존중하신 태도를 잘 보여주는 것이 있을까?"[3]

이 점에서 로마서 3 : 31은 26절에 선언된 원칙의 자연스러운 표현이다. "(예수님을 속죄 제물로 보내신 것은) 곧 이때에 자기(하나님)의 의로우심을 나타내사 자기도 의로우시며 또한 예수 믿는 자를 의롭다 하려 하심이니라." 그리스도의 속죄로 세워진 공의의 표준은 무엇인가? 두말할 나위 없이 그건 율법이다. 따라서 로마서 3 : 26은 말을 좀 바꾼다면 하나님께서 구원하고 계신 사람들을 위해 율법의 형벌을 예수님께 짊어지게 하심으로써 율법을 세우셨다는 내용이다.

3. 믿음을 통해 은혜로 말미암아 의롭다 함을 얻는다는 교리는 우리가 의롭다 함을 받는 것이 참된 의, 즉 율법의 온전한 성취인 참된 의에 기초한 것임을 보여 줌으로써 율법을 세운다.

믿음으로 의롭다 함을 받는다는 것은 "그리스도 안에서 믿음으로 의롭다 함을 받는 것"을 뜻하며, 그리스도께서는 율법을 온전히 성취하셨다. 주님께서 요단강에서 세례를 받으실 때 세례 요한과 나눈 대화를 기억하는가? 요한은 자기가 오히려 예수께 세례를 받아야 할 자라고 말하면서 예수님께 세례 베풀기를 한사코 거절했다. 그러나 예수님은 "이제 허락하라. 우리가 이와 같이 하여 모든 의를 이루는 것이 합당하니라"(마 3 : 15)고 대답하셨다. 세례 요한은 자기가 베푸는 세례의 의미에 관한 한 올바른 태도를 취한 셈이다. 그의 세례는 회개의 세례였고, 예수님은 죄가 없었으므로 회개할 것도 없었다. 요한은 죄인이었다. 자기 죄들을 씻기 위해서는 예수님께 회개의 세례를 받아야 했다.

그러나 예수님은 더욱 큰 진리를 가르치고 계셨다. 친히 인간이 되셨으므로 하나님의 율법의 의로운 요구들에 기꺼이 복종하기를 원하신다고 가르치고 계셨다. 율법의 요구들을 친히 짊어지기를 원하셨다. 갈라디아서 4 : 4은 이렇게 말한다. "때가 차매 하나님이 그 아들을 보내사 여자에게서 나게 하시고 율법 아래 나게 하신 것은 율법 아래 있는 자들을 속량하시고…" 즉, 예수님은 평범한 사람으로서 율법 아래 처하심으로써 율법의 요구 하나하나를 이루어 나가시기 시작하신 것이다.

그러므로 하나님께서 우리를 구원하실 때는 단지 주 예수 그리스도가 우리를 대신하여 죄의 형벌을 짊어지고 죽으신 방법으로만 구원하신 것이 아니다. 그것은 구원하실 때 쓰신 방법 중 일부에 지나지 않는다. 나머지 부분 – 지금 내가 말하고 있는 – 은 하나님께서 우리에게 그리스도의 실질적인 의를 전가해 주시는 방법으로도 우리를 구원하신 것이다. 우리는 스스로의 노력으로 그 의를 갖고 있는 것이 아니다. 우리는 죄인들이다. 하나님의 합법적인 표준들에 미달했다. 하지만 예수님은 그렇지 않으셨다. 율법을 온전히 성취하셨고, 그렇게 해서 얻으신 실질적인 의를 지금 하나님의 은혜로 우리의 계좌에 옮겨 놓으셨다. 그렇기 때문에 바울은 빌립보 교인들에게 다음과 같이 말한 것이다. "… 내 주 그리스도 예수를 아는 지식이 가장 고상함을 인함이라. 내가 그를 위하여 모든 것을 잃어버리고 배설물로 여김은 그리스도를 얻고 그 안에서 발견되려 함이니 내가 가진 의는 율법에서 난 것이 아니요 오직 그리스도를 믿음으로 말미암은 것이니 곧 믿음으로 하나님께로서 난 의라"(빌 3 : 8-9).

이 의는 참된 의 이외의 다른 것이 아니다. 예수 그리스도께서 소유하시고 성취하신 참된 의다. 하나님께서는 훨씬 낮춘 표준으로 우리를 구원하시지 않고 이 의를 통해 우리를 구원하심으로써 이 의를 명시하는 율법을 세우신다.

홀데인(Haldane)은 이렇게 묻는다. "그(신자)가 믿음을 통해 온전한 의 – 율법의 모든 요구들과 권장들을 남김없이 성취한 – 를 얻는다고 결론 내릴 때 율법은 과연 공허해지는가?" 그리고서는 이렇게 올바로 대답한다. "그렇지 않다. 우리는 의롭다 함을 얻은 뒤에 율법을 세워간다."[4]

성경의 심장

지금까지 로마서 3 : 31을 생각한 것을 토대로 이제 하나님의 말씀에서 단일 단락으로는 가장 중요한 단락의 결론에 이르게 되었다. 로마서 3 : 21-31을 공부하기 시작하면서 말한 대로, 로마서 이 단락은 성경의 심장이고, 모든 성경에서 가장 중요하고 결정적인 단락이다. 이 단락이 가르치는 내용을 되짚어 보면서 이 부분을 매듭 짓기로 하겠다.

네 가지 큰 교훈들이 있다 :

1. 하나님은 사람들을 위해 자신의 의, 즉 우리가 스스로 갖고 있지 못한 의를 제공해 주셨다. 이것이 하나님의 말씀의 심장 또는 주제이다.

2. 이 의는 믿음으로 말미암는다. 우리는 그것을 받을 자격이 없다. 기회를 무한정 주더라도 그것을 받을 자격이 없다.

3. 이 의를 하나님 편에서 가능하게 만든 것은 주 예수 그리스도께서 자기 백성을 위해서 죽으시고 그들을 그들의 죄에서 구속하신 사역이다. 구속은 우리에게 대한 예수 그리스도의 사역을 묘사한다. 화목 제물은 성부께 대한 예수 그리스도의 사역을 묘사한다. 칭의는 성부 하나님께서 우리를 위한 그리스도의 사역을 토대로 율법의 요구들을 충족시켰음을 선언하는 행위를 묘사한다. 기독교 복음이 있게 된 것은 예수님의 죽음 때문이다.

4. 하나님께서 은혜로 베푸신 이 의는 단순한 믿음을 통해서 우리의 것이 된다. 예수님의 사역에 관하여 하나님을 믿고 신뢰하는 것이 유대인이든 이방인이든 구원을 얻을 수 있는 유일한 길이다. 믿음은 필수적인 것이다. "믿음이 없이는 기쁘시게 못하나니…"(히 11 : 6).

이런 사항들은 이미 로마서 서두에 진술된 것들이다 : "내가 복음을 부끄러워하지 아니하노니 이 복음은 모든 믿는 자에게 구원을 주시는 하나님의 능력이 됨이라. 첫째는 유대인에게요 또한 헬라인에게로다. 복음에는 하나님의 의가 나타나서 믿음으로 믿음에 이르게 하나니 기록된 바 오직 의인은 믿음으로 말미암아 살리라 함과 같으니라"(롬 1 : 16-17).

중요한 점은 이것이다. 즉, 여러분은 이런 교훈들로 묘사된 것에 의해서 구원을 받았는가? 예수 그리스도에 의해 여러분의 죄에서 구원을 받았는가? 예수 그리스도께서 여러분을 대신해서 여러분의 죄에 대한 형벌을 짊어지고 죽으시고, 자신의 온전한 의를 여러분에게 내미시는 것을 아는가? 주 예수 그리스도를 여러분의 구주로 믿는가?

우리는 사람들이 다른 "복음들", 다른 구원 방법들을 세우느라 혈안이 되어 있는 시대에 살고 있다. 사실상 모든 시대가 다 그러했으리라. 어떤 사람들은 선행에 몰두하고, 어떤 사람들은 요가나 환생(還生), 또는 점성술이나 그밖의 것들에 몰두한다. 그러나 성경이 전하는 복음은 그런 것들과는 달리 인간의 복음이 아니다. **성경은 하나님의 말씀이며, 하나님의 복음이다.** 유일하게 참된 복음이다. 죄인이 구원받을 수 있는 유일한 길이다. 그러나 하나님을 찬양할 것은, 이것이 여러분을 포함한 모든 사람들이 구원을 받을 수 있는 길이기 때문이다.

복음을 믿으라. 그리고 복음을 주신 하나님께 감사하라.

● 각주 ●

1. Peter F. Drucker는 *The Practice of Management, Managing for Results, The Effective Executive*와 그밖의 유명한 책들의 경영 자문 전문가이자 저자이다.

2. John Stott, *The Cross of Christ* (Downers Grove, Ill. : InterVarsity Press, 1986), pp. 188.

3. Robert Haldane, *An Exposition of the Epistle to the Romans* (MacDill AFB : MacDonald Publishing, 1958), p. 157.

4. Ibid., p. 158.

● 제5부 ●

구약으로 입증된 복음

51

아브라함의 사례

로마서 4 : 1-5

그런즉 육신으로 우리 조상된 아브라함이 무엇을 얻었다 하리요 만일 아브라함이 행위로써 의롭다 하심을 얻었으면 자랑할 것이 있으려니와 하나님 앞에서는 없느니라 성경이 무엇을 말하느뇨 아브라함이 하나님을 믿으매 이것이 저에게 의로 여기신 바 되었느니라.

일하는 자에게는 그 삯을 은혜로 여기지 아니하고 빚으로 여기거니와 일을 아니할지라도 경건치 아니한 자를 의롭다 하시는 이를 믿는 자에게는 그의 믿음을 의로 여기시나니.

20세기를 사는 우리는 바울이 로마인들에게 보낸 위대한 편지 제4장을 공부하기 시작하면서 우리가 배척하는 두 가지 것을 만나게 된다. 첫째, 우리는 옛것보다 새것에 더 가치를 두는데 비해, 바울은 로마서 3장에서 설명한 복음이 새로운 것이 아니라 역사의 시초부터 하나님께서 사람을 구원해 오신 방법임을 증명하는 데 뜻을 두고 있다. 둘째, 우리는 이성적인 증명들을 싫어하는데 비해, 로마서 4장은 고전적인 방법으로 사유해 가는 전형적인 예다.

그러나 우리는 이 점에서 문화적인 난관을 극복하고서 바울이 말하는 것을 듣고 믿어야 한다.

새로운 교훈이 아님

바울이 무엇을 하려는 것인지를 알면 도움이 된다. 베드로는 오순절에 기독교 최초의 설교를 할 때 사도 바울이 사용한 방법과는 정반대의 방법을 사용했다. 베드로가 사용한 방법은 구약 본문을 인용한 다음 설명하는 것으로서, 한번 설교하는 동안 세 번이나 그런 과정을 밟는다. 즉, 먼저 성경을 인용한 다음 그것을 설명한다. 이와는 대조적으로, 바울은 먼저 독자들과 관계를 세운 뒤, 하나님을 떠난 인류의 절망적인 상태를 분석하고, 복음을 그런 딜레마에 대한 하나님의 대답으로 설명한다. 그 문제를 분석한 다음에는 자신이 구약 성서를 가지고 가르친 바를 증명한다.

지금까지 공부한 로마서 부분에서만도 벌써 그런 일을 한번 했다. 로마서 1장과 2장에서 인류의 두려운 타락상을 설명하되, 1 : 29-31에서는 이 타락상을 이교도들의 용어 자체를 써서 설명한 바울은, 3 : 10-18에서 구약 성서를 여섯 군데 인용하여 동일한 논리를 편다.[1] 3 : 21-31에서는 하나님께서 믿음을 통해 은혜의 선물로 말미암아 구원하시는 방법을 설명한 다음, 자신이 가르친 내용을 구약의 두 가지 사례 – 유대 민족의 아버지 아브라함과 다윗 왕 – 를 들어 증명한다(롬 4 : 1-25).

얼마나 의미심장한 방법인가! 로버트 홀데인(Robert Haldane)은 이렇게 쓴다 :

유대와 이방의 신자들에게 행위로 의롭다 함을 받겠다고 기대하는 것이 얼마나 허망한 일인지 깨우쳐 주는 데 이처럼 잘 계산된 방법은 있을 수 없었다. 아브라함은 족장이었고, 아주 거룩한 사람이었고, 이스라엘 민족의 아버지였고, 하나님의 벗이었고, 모든 믿는 자들의 조상이었으며, 그의 씨로 인해 세상의 모든 민족들이 복을 받게 될 것이었다. 다윗은 하나님의 마음에 합한 사람이었고, 메시야의 조상이었고, 메시야의 예표였으며, 이스라엘의 대표적인 왕이었다. 그런데 만약 아브라함이 자기 행위로 의롭다 함을 받지 못하고 대신 하나님께서 믿음을 통해 그에게 자기 의를 전가해 주셨다고 한다면, 그리고 성령에 힘입어 말한 다윗이 사람의 의롭다 함을 받을 수 있는 유일한 길은 자기 죄를 하나님의 의로 가리움을 받는 것뿐이라고 선언했다고 한다면, 그 의를 다른 방법들로 얻을 수 있다고 누가 감히 생각할 수 있겠는가? 바울은 이 두 가지를 언급함으로써 의롭다 함을 얻을 수 있는 길은 옛 시대에 속한 사람이든 새 시대에 속한 사람이든 처음부터 동일했음을 증명한다.[2]

이전에도 바울은 두 번에 걸쳐, 율법과 무관하게 하나님의 의의 선물을 통해 오는 구원이 구약 성서에 이미 선포되었다고 지적한 바 있다(롬 1 : 2; 3 : 21). 이제 바울은 그것이 과거에 선포되었던 내용일 뿐만 아니라, 구약 시대든 이제 막 동이 튼 신약 시대든 사람이 구원 받을 수 있는 유일한 길이기도 하다는 사실을 증명한다.[2]

조상 아브라함

바울은 아브라함의 사례를 들어 이야기를 시작한다. 그렇게 하는 의도는 분명하다. 아브라함은 유대인들이 인정하는 조상이었고, 예수님을 빼고는 성경에서 가장 중요한 사람이었다. 성경에서 아브라함은 거인이었다.

다른 구약의 위인들을 생각해 보자. 모세도 매우 위대한 사람이었다. 그는 하나님께서 강력한 애굽의 권세를 부수고 그 백성을 새 땅으로 인도하실 때 쓰신 인물이었다. 시내산에서 특별하고도 독특한 방법으로 나타나신 하나님께 율법을 받아 백성에게 전달한 인물이었다. 다윗은 이스라엘의 왕들 중에서 가장 위대한 왕이었다. 자기 나라를 고대 근동에서 전성기로 이끈 인물이었고, 그런가 하면 시편에서 훌륭한 신앙 정서와 헌신을 표현한 인물이었다. 엘리야는 선지자들 중에 위대한 인물이었다. 이사야는 강력한 정치가이자 암울한 시대에 처한 이스라엘에게 하나님의 음성이었다. 다니엘도 뛰어난 정치가였다. 그러나 이들 모두 훌륭한 구약의 인물들이었지만, 만약 이스라엘의 조상이 누구냐는 질문을 받았다면 모두가 즉시 아브라함이라고 고백했을 것이다.

창세기에는 하나님께서 아브라함에게 많은 민족들의 조상이 되게 해주시겠다고 약속하시는 내용이 나온다(창 17 : 5). 이 약속은 육체적으로나 영적으로 모두 이루어졌다. 육체적으로 아브라함은 이삭과 이스마엘을 통해서 유대 민족과 아랍 민족의 조상이 되었다. 영적으로는 유대인들이든 이방인들이든 모든 참된 신자들의 조상이 되었다. 우리가 예수님을 믿는다면 그는 우리의 믿음의 조상이다.

신약 성서에서는 구원의 기원이 항상 아브라함에게로 거슬러 올라간다. 바울은 로마서 이곳과 갈라디아서(4, 5장)에서 보듯이 구원의 기원을 아브라함에게 거슬러 올라가 찾은 전형적인 인물이다. 그러나 바울만 이렇게 한 것은 아니다. 신약 성서는 "아브라함과 다윗의 자손 예수 그리스도의 세계라"(마 1 : 1)라는 마태의 언급으로 시작한다. 누가는 예수님의 어머니 마리아가 다음과 같이 찬미한 것을 인용한다 : "[하나님은] 그 종 이스라엘을 도우사 긍휼이 여기시고 기억하시되 우리 조상에게 말씀하신 것과 같이 아브라함과 및 그 자손에게 영원히 하시리로다"(눅 1 : 54-55).

아브라함은 성경에서 세 번이나 하나님의 "벗"이라고 언급된다(대하 20 : 7; 사 41 : 8; 약 2 : 23). 왜 그런가? 바울이 앞으로 설명하겠지만, 아브라함이 "하나님을 믿으매" 그로써 의롭다 함을 받았다는 것이 대답이다(롬 4 : 3). 바울로서는 만약 모든 신자들의 조상인 아브라함이 인간의 선행으로 하나님과 바른 관계에 들어간 게 아니라 믿음으로 그 관계에 들어간 것임을 증명할 수만 있다면 자신의 주장이 입증되는 셈이다. 그것이 증명된다면 그가 설명하고 있는 복음은 참된 복음이 되는 셈이다. 다른 복음이란 있을 수 없게 된다. 만약 이 점을 입증하지 못한다면 그의 주장은 효력을 잃게 되고, 기독교도 효력을 잃게 된다.

아브라함에게는 선한 게 없었다

우리는 조상 아브라함의 사례를 생각할 때 어디서부터 시작하는가? 시작하는 지점 – 구원을 받으려면 우리도 똑같은 지점에서 시작해야 한다 – 은 아브라함이 하나님께 인정을 받을 만한 게 하나도 없었다는 사실을 인정하는 것이다.

NIV에서는 이 점이 가려져 있다. 왜냐하면 무슨 이유에서였는지 NIV는 로마서 4 : 1의 헬라어 카타 사르카(kata sarka, KJV. 한글개역성경, '육신으로')를 "이 문제에서"(in this matter)로 옮기기 때문이다. 성경에서 "육신"은 하나님의 영향을 벗어난 인간의 행위를 가리킨다. 따라서 1절의 질문은 "인간의 능력에 관한 한 아브라함은 무엇을 발견했는가? 그 능력으로 구원을 받을 수 있다는 것을 발견했는가?"[3]라는 것이 된다. 대답은 바울이 말하는 대로, 아브라함은 자신의 능력이나 선행으로 구원을 받은 것이 아니라 하나님의 선물로 구원을 받았다는 것이다 : "… 아브라함이 하나님을 믿으매 이것이 저에게 의로 여기신바 되었느니라"(3절).

하나님께서는 하늘에서 땅을 내려다 보시면서 구원을 받을 만큼 선한 사람이 있는지 살펴 보시다가 아브라함을 발견하신 것이 아니다. 하나님께서는 다음과 같이 말씀하시지 않았다 : "아, 참으로 놀라운 일이구나! 이 부패하고 죄악된 인류 안에서, '그 마음의 생각의 모든 계획이 항상 악할 뿐'(창 6 : 5)인 인류 안에서 나를 섬기기를 원하는 사람을 하나라도 찾아냈구나. 나는 아브라함과 그의 선함을 바라본다. 그는 자신을 위해서 무언가 할 수 있을 것이다." 전혀 그렇지 않았다. 어떻게 그런 일이 있을 수 있었겠는가? 로마서 3 : 10-12(시 14 : 1-3과 시 53 : 1-3에 대한 인용)에서 바울이 기록한 내용을 보면 전혀 그렇게 생각할 수가 없다 :

> 의인은 없나니 하나도 없으며
> 깨닫는 자도 없고
> 하나님을 찾는 자도 없고
> 다 치우쳐
> 한가지로 무익하게 되고
> 선을 행하는 자는 없나니
> 하나도 없도다.

아브라함이 선천적으로 의를 갖고 있지 않았다면, 그가 인간의 선함으로 구원을 받지 못한 것이 분명하다. 그러면 그는 어떻게 구원을 받았는가? 대답은 이미 여러 번 살펴 본 대로 하나님께서 그에게 의를 선물로 베푸시고, 그는 믿음으로 그 의를 받음으로써 구원을 받았다는 것이다.

성경의 증거

그러나 바울은 아브라함의 사례를 단지 일반적인 방법으로 언급하지 않는다. 구약이 구체적으로 아브라함에 관해 가르치는 내용을 언급하는데, 그가 언급하는 본문은 창세기 15 : 6이다. 이 구절은 하나님께서 아브라함을 이끌고 나가 밤하늘을 가리키시며 그의 자손이 하늘의 별처럼 많게 되리라고 약속하시는 내용이다. 이 때 아브라함의 나이 85살로서 자녀가 없었는데도 말이다. 하지만 아브라함은 하나님을 **믿었다.**

구원 교리의 관점에서 볼 때 이 구절은 성경 전체에서 단일 구절로는 가장 중요한 구절이다. 왜냐하면 창세기 15 : 6에서 믿음으로 의롭다 함을 얻는다는 교리가 맨 처음 제시되기 때문이다. 이 구절은 성경에서 최초로 (1) 믿음, (2) 의, (3) 의롭다 함(칭의)에 관해서 언급한다. 그러므로 비록 아브라함 이전 사람들 – 아담, 하와, 아벨, 에녹, 노아, 그리고 그밖의 사람들 – 도 구원을 받았지만, 하나님께서 특정인을 가리켜 의롭다 하시는 경우는 이번이 처음이다.

이 일이 어떻게 이루어졌는가? 여기서 우리는 극히 조심스러운 태도를 지녀야 한다.

첫째, 본문에 대한 두 가지 중대한 오류를 피해야 한다. 첫째 오류는 자유주의자들이 범하는 오류이다. 이것은 바울 당대의 유대인들 대다수가 범한 오류이기도 하다. 이것은 본문이 "아브라함이 하나님을 믿으매 이것이 저에게 의로 여기신 바 되었느니라" 하고 말할 때, 그것을 아브라함이 선한 또는 경건한 사람이며, 그것을 근거로 의롭다 함을 받았다는 뜻으로 생각하는 것이다. 만약 아브라함이 하나님께서 수많은 자손을 약속하셨을 때 그 약속을 믿었다면, 그는 하나님을 믿고 순종하기를 기뻐하고, 하나님께서 말씀하신 것을 행하기를 기뻐하는 그런 사람이었음이 분명하다. 이렇게 추론해 갈 때, 하나님께서 그를 구원하신 것은 그가 그만큼 선한 사람이었기 때문이라는 결론이 나온다. 물론 이것은 믿음에 의한 칭의가 아니다. 정반대로, 행위에 의한 칭의이다. 그러나 이것이 바로 많은 사람들이 열성적으로 믿고 자유주의 학문이 가르치는 내용이다.

마틴 로이드존스(D. Martyn Lloyd Jones)는 이 오류를 논하면서, 그것이 바로 성전에 올라가 다음과 같이 기도한 바리새인의 종교였음을 지적한다 : "하나님이여, 나는 다른 사람들 곧 토색, 불의, 간음을 하는 자들과 같지 아니하고 이 세리와도 같지 아니함을 감사하나이다. 나는 이레에 두 번씩 금식하고 또 소득의 십일조를 드리나이다"(눅 18 : 11-12). 이것은 자랑이다. 만약 창세기 15 : 6이 이런 내용이었다면, 바울이 이 서신서에서 말해온 내용은 사실과 정반대가 되는 셈이다.

둘째 오류는 자유주의적인 오류가 아니라 복음주의적인 오류이다. 그 내용을 살펴보자면, 아브라함은 하나님 앞에서 의롭다 함을 받을 만한 아무런 의도 갖고 있지 않았기 때문에 – 하지만 하나님께서는 그를 구원하기를 원하셨기 때문에 – 하나님께서는 그가 의 대신에 받을 수 있는 어떤 것을 찾으셨다. 아브라함은 작으나마 믿음을 갖고 있었으므로, 하나님께서는 이렇게 말씀하셨다 : "이 작은 믿음이 비록 의는 아니지만, 내가 사용하여 일할 만한 것은 된다. 나는 그것을 의로 간주하고서 아브라함을 구원하겠다."

이렇게 설명하는 것조차 그 해석의 불합리함을 드러낸다. 하나님께서는 진리를 교묘히 바꾸시는 분이 아니기 때문이다. 하나님께서는 어떤 것을 가지고 그것이 아닌 다른 것인 체하지 않으신다. 결과적으로, 만약 하나님께서 아브라함을 의롭다고 여기셨다면, 그것은 참된 의 – 그의 의든 다른 사람의 의든 – 를 근거로 하신 행동이며, 사과를 귤로 바꾸거나 인간의 행위를 구원의 근거인 체하는 허구적인 행동이 아니다.

겉으로 드러나지 않으면서도 매우 널리 퍼진 이 둘째 오류에 대해서 주의를 해야 할 여러 가지 이유가 있다.

첫째, 본문이 "이것이 저에게 의로 여기신바 되었느니라"고 말할 때, "이것"이란 무엇을 가리키는가? 선행사가 무엇인가? 내가 말한 복음주의적인 오류는 "이것"이 아브라함이 하나님을 믿은 사실이거나, 아니면 그가 믿음을 지닌 사실이라고 주장할 것이다. 그러나 이런 견해는 문법으로 뒷받침을 받기가 어렵다. "이것"은 선행사가 명사(아니면 적어도 동명사)일 것을 요구하는데, 본문에는 그런 것이 나와 있지 않다. 이 사실만으로도 아브라함에게 무엇이 의로 여기신 바 되었는지를 좀더 깊이 찾아야 한다는 것이 분명해진다.

둘째, 성경 나머지 부분, 특히 바울의 저서들에는 믿음을 언급하는 방식이 있다. 성경은 사람들이 자기들의 믿음 **때문에**(because) 또는 심지어 자기들의 믿음에 **근거해서**(on the basis of) 구원을 받는다고 말하는 법이 없다. 그들은 믿음**으로**(by faith) 구원을 받는다. 헬라어 전치사는 여격 지배가 아닌 소유격 지배 전치사인 **디아**(dia)로서, "통로로서의 믿음으로"라는 뜻이다.

헬라어 전치사 **디아**는 (1) "때문에"(because of)를 뜻할 수도 있고, 아니면 (2) "통해서"(through)를 뜻할 수도 있다. **디아 피스테오스**(dia pisteos)란 구절에서 이것이 "때문에"라는 뜻이라면, 믿음은 구원의 근거이자 의의 대체물이 되는 셈이다. 그러나 그런 뜻이 아니다. 왜냐하면 디아가 "때문에"를 뜻할 때는 그 뒤에 오는 목적어가 반드시 여격이여야 하는데, 믿음이 **디아**의 목적어가 되는 경우는 없기 때문이다. "믿음"에 해당하는 헬라어가 **디아**와 함께 나오면 언제나 소유격으로 나오며, 디아가 "으로"(by) 또는 "통해서"(through)를 뜻할 때는 반드시 소유격 목적어가 와야 한다. 이것은 믿음이 구원의 근거가 아니라 통로임을 지적하는 것이다.

20달러짜리 지폐를 지불할 때는 그 지폐가 지닌 구매력에 대한 믿음을 가져야 한다. 그러나 구매의 근거는 여러분의 믿음이 아니다. 구매의 근거는 돈의 가치이다. 영적인 문제에서도 마찬가지이다.

셋째, 믿음은 의의 대체물이 될 수 없다. 왜냐하면 "여기신 바"라는 중요한 단어가 그런 해석을 허용하지 않기 때문이다. 이 단어(히브리어로는 하사〈hasah〉, 헬라어로는 **로기조마이**〈logizomai〉)는 부기(簿記) 용어이다. 따라서 계산을 가리키는 단어이며, 이 분야에서는 계산하는 사람이 100% 옳아야 한다. 호주머니에 1달러를 넣고 걸어가고 있는데, 본인이 그게 큰 돈이 아님을 알고 있다고 가정해 보자. 좀더 많은 돈을 갖고 싶다. 그래서 장부를 꺼내 1달러라고 적는 대신 100달러라고 "간주한다"라고 적는다. 장부대로라면 100달러를 갖고 있는 셈이다. 그러나 실은 아무것도 아니다. 어리석은 짓이다. 장부에 100달러가 있다고 간주하고 싶으면, 100달러를 실제로 갖고 있어야 한다. 간주하고, 계산하고, 또는 여기는 일은 실상에 대한 인정 또는 확인하는 것이다.

의롭다 하는 일에서도 마찬가지이다. 그렇게 생각해야 그 구절을 올바로 이해할 수 있다. 하나님께서는 아브라함을 구원하실 때 두 가지 일을 하셨다. 하나는 부정적인 일이었고 다른 하나는 긍정적인 일이었다.

1. 하나님께서는 바울이 7-8절(시 32 : 1-2의 인용)로 다윗의 글을 인용한 내용 – **하나님께서 그 죄를 인정치 아니하실 사람** – 의 일을 하셨다. 어떻게 그렇게 하셨는가? 하나님께서는 단순히 생명책에서 아브라함의 범죄들을 삭제하신 다음, 마치 그것들을 무시해 버릴 수 있다는 듯이 잊어 버리신 것이 아니다. 하나님께서는 공상 게임을 하시지 않는다. 실제로 생명책에서 아브라함의 죄들의 목록을 지워 버리셨는데, 그 이유는 먼저 그 죄들을 예수 그리스도의 장부로 옮겨 놓으셨기 때문이다. 예수님은 그 죄들의 책임을 스스로 짊어지셨고, 그들을 위해 죽으심으로써 그 댓가를 지불하셨다. 아브라함의 죄는 예수 그리스도의 죄로 간주되었기 때문에 아브라함의 죄로 간주되지 않은 것이다.

2. 위와 비슷한 방법으로, 하나님께서는 **그리스도의 의를 아브라함의 의로 여기셨다.** 이것이 창세기 15 : 6이 가르치는 내용이다. 하나님께서는 그리스도의 의를 취하시고 그것을 아브라함의 장부에 써넣으셨다.

누구든 이런 식으로만 구원을 받아 왔으며, 누구든 구원받은 사람에게는 정확히 그런 일이 발생해 왔다. 물론 발생한 일을 이해하는 정도는 사람에 따라 달랐다. 구약의 성도들은 덜 이해했다(물론 다음 장을 공부하면서 드러나겠지만, 아브라함 자신의 이해는 상당한 수준이었다). 신약의 성도들은 더 많이 이해한다. 하지만 이해 정도와 관계 없이 사람이 구원을 받는 유일한 방법은 그리스도의 의를 우리 계좌에 옮겨 놓는 것뿐이다.[4]

몇 가지 실제적인 사항들

이 장을 시작하면서 나는 오늘날 독자들이 이런 교훈들을 대하면서 겪을지도 모르는 두 가지 난제들을 지적한 바 있다. 지금까지 그 난제들을 설명하는 데 역점을 두었다. 그러나 이 장을 마치면서 네 가지 실제적이고 알기 쉬운 적용들을 가지고 균형을 맞추려 한다.

1. **성경의 중요성.** 바울은 로마서의 세 장을 할애하여 사람의 심각한 곤궁과 하나님께서 그리스도 안에서 내신 구제책을 설명한다. 그러나 설명을 증명하고 매듭짓는 이 시점에서는 지금까지 말해온 모든 것을 구약 성서의 한 구절로 뒷받침하려고 한다. 다윗 왕의 증거를 확증하기 위해 덧붙인 단 한 구절로 말이다. 그리고서 성경 교훈을 진술한 다음 이야기로 넘어간다. 더 깊이 추론하거나 주장할 필요가 없다. 우리로서도 똑같은 방법으로 성경이 말하는 문제를 성경의 명확한 진술로 단번에 해결할 필요가 있다.

2. **선행으로 구원을 받으려고 노력하는 것은 무모한 일이다.** 아브라함은 선한 사람이었고, 더 나아가 위대한 인물이었다. 구약 시대에 경건의 모델이었다. 그럼에도 자기 행위로 구원을 받지 않았고, 그렇게 구원을 받으려고 해봐야 **받을 수도 없었다.** 이런 위대한 인물이 선행으로 구원을 받을 수 없었다고 한다면, 경건이 그에게 훨씬 못 미치는 여러분이나 내가 선행으로 구원받을 수 없다는 것은 자명한 이치이다.

3. **복음에 대한 확신.** 주 예수 그리스도는 아브라함이 구원을 받은 사람임을 증거하셨고, 심지어 한번은 "아브라함의 품"을 낙원 또는 천국과 동의어로도 사용하셨다. 아브라함은 구원을 받은 것이다! 그러나 만약 그가 독특한 능력, 경건, 선행으로 구원을 받은 게 아니라 오늘날 전파되고 있는 것과 똑같은 복음으로 구원을 받은 것이라면, 우리는 복음을 철저하게 신뢰할 수 있다. 복음이 그를 구원하셨으며 우리를 구원할 것이다. 누구라도 마찬가지이다.

4. **마지막으로,** 이 모든 것은 기독교가 시대를 초월하여 유효하다는 증거이다. 만약 기독교가 약 2천 년 전에 예수 그리스도에 의해 창시된 것에 불과하다면, 비록 흥미롭기는 하겠지만 다른 종교의 교리보다 더 궁극적인 주장을 하지 못할 것이다. 그러나 기독교가 2천 년 전에 예수 그리스도에 의해 창시되었다 하더라도, 창세 전에 성부께서 영원하신 아들과 협력하여 제정하신 구원의 길로서 구원을 받은 사람들이 예외 없이 통과해 온 길이라면, 문제는 전혀 달라지는 셈이다.

이것은 유일하게 참된 신앙인 기독교의 궁극성을 입증한다. 도널드 그레이 반하우스 (Donale Grey Barnhouse)의 말을 들어보자 :

"다른 모든 종교들은 사람이 하나님을 더듬어 찾는 행위들이다. 그리스도 안에 있는 믿음은 하나님께서 우리에게 전해 주시고자 하신 방법으로 친히 계시해 주신 진리이다."[5]

● 각주 ●
1. 그 본문들은 다음과 같다 : 시편 14 : 1-3 (시 53 : 1-3, 전 7 : 20에 병행됨); 시편 5 : 9; 시편 140 : 3; 시편 10 : 7; 이사야 59 : 7-8; 시편 36 : 1.
2. Robert Haldane, *An Exposition of the Epistle to the Romans* (MacDill AFB : MacDonald Publishing, 1958), p. 159, 160.
3. "육신으로"라는 말은 다음 두 가지 방식으로 해석할 수 있다 : (1) 아브라함이 유대인들의 육체적 조상이었다는 사실을, 즉 육체로 그들의 조상이었다는 사실을 가리킬 수 있다. 그러나 이것은 자명한 진리여서 새삼 언급할 필요가 없다. 그밖에도 이 말은 그 개념을 함축하며, 헬라어 본문에는 이 말이 강조를 위해 맨 끝에 온다. (2) 이 "육신으로"라는 말은 내가 사용한 대로 다음과 같은 질문을 일으키게 하는 아브라함의 체험의 영역을 가리킬 수 있다 : 아브라함은 자신의 선천적 능력에 관해서 무엇을 발견하였는가? 그는 그것으로 의롭다 하심을 받았는가? 좀더 자세한 논의를 보려면 다음 책들을 참조하라 : F. Godet, *Commentary on St. Paul's Epistle to the Romans*, trans. A. Cusin (Edinburgh : T. & T. Clark, n.d.), vol. 1, pp. 283, 284; D. M. Lloyd-Jones, *Romans : An*

Exposition of Chapters 3 : 20-4 : 25, Atonement and Justification (Grand Rapids : Zondervan, 1970), pp. 161, 162.

4. 이 부분의 일부 내용은 다음 책을 조금 변형하여 인용했다： James Montgomery Boice, *Genesis : An Expositional Commentary,* vol.1, *Genesis 12 : 1-36 : 43* (Grand Rapids : Zondervan, 1982), pp. 99, 100.

5. Donald Grey Barnhouse, *God's Remedy : Exposition of bible Doctrines Taking the Epistle to the Romans as a Point of Departure, vol. 3, Romans 3 : 21-4 : 25* (Grand Rapids; Wm. B. Eerdmans, 1954), p. 195.

52

의로 여기신 바 된 믿음

로마서 4 : 3

성경이 무엇을 말하느뇨 아브라함이 하나님을 믿으매 이것이 저에게 의로 여기신 바 되었느니라.

종교적인 상황에서 다른 사람들을 가르쳐 본 사람이면 대개 비슷한 질문들을 종종 받은 경험이 있을 것이다. 이미 많은 사람들이 여러 번에 걸쳐 아주 훌륭하게 대답해 놓은 질문들을 말이다.

"가인은 어디서 아내를 구했나요?"

"만일 하나님께서 선하신 동시에 전능하시다면, 세상에 어떻게 악이 들어왔을까요?"

"복음을 들을 기회가 없었던 무죄한 이교도들은 어떻게 되나요?"

이런 해묵은 질문들을 반복해서 듣고나면 진지하게 받아들이기가 어렵게 된다. 그러나 그런 질문들 가운데는 자주 반복됨에도 불구하고 중요하고 사려 깊은 질문이 하나 있다. 그것은 "예수 그리스도께서 죽으시기 전 시대 사람들은 어떻게 구원을 받았을까요?"라는 질문이다. 이 질문이 중요한 이유는 복음에 관한 아주 참된 점들을 함축하고 있기 때문이다.

이 안에는 다음 사항들이 전제되어 있다 : (1) 그리스도의 죽음의 필요성; (2) 그리스도의 희생적 죽음에 관한 좋은 소식을 길잃은 사람들에게 전하는 일의 중요성; (3) 예수님을 믿을 필요성. 이 질문은 "믿음이 없이는 〔하나님을〕 기쁘시게 못하나니…"(히 11 : 6)라는 사실을 이해하고서 한 질문이다. 이런 전제들을 가지고 질문을 던진 사람은 그리스도 시대 이전에 살았던 – 따라서 예수께 관해 듣거나 믿을 기회를 가질 수 없었던 – 사람이 어떻게 구원을 받을 수 있었는지 의아하게 생각한다.

그리스도의 탄생, 생애, 죽음이 있기 전에 사람들은 어떻게 구원을 **받았는가**? 그들은 그 사건들이 있은 뒤에 살았던 사람들과 똑같은 방법으로 구원을 받았다는 것이 대답이다. 즉, 그들은 예수님을 믿음으로써 구원을 받았다. 구약의 성도들은 그분이 오실 날을 기대하였다. 우리는 그 날을 되돌아 본다.

아브라함은 무엇을 믿었는가?

이 질문을 로마서 4장을 공부하는 과정에서 떠오른다. 이 장에서 바울은 구약으로부터 그리스도의 사역을 통한 은혜로 말미암는 구원의 복음을 증명하고 있기 때문이다. 바울은 유대인 독자들이 구약 성서와 그 가르침들을 진실하고 구속력 있는 것으로 간주하고 있음을 알고 있다. 그러므로 아브라함과 다윗 같은 구약의 위인들이 자기가 가르치고 있는 복음으로 구원받았음을 증명할 수 있다면, 그 가르침을 확고히 세우게 되는 셈이다. 만약 아브라함이 그리스도를 믿음으로 구원을 받았다면, 기독교가 참되며 다른 구원의 길이 없다는 결론이 자연스럽게 도출된다.

그러나 바울은 이 점을 어떤 방식으로 확립하는가? 아브라함과 관련하여 창세기 15 : 6을 인용하고(이 내용은 다음 장에서 살펴보기로 한다) 다윗 왕과 관련하여 시편 32 : 1-2를 인용함으로써 구약 성서에 직접 호소하는 방식을 취한다.

우리는 이미 창세기 15 : 6에 관한 여러 중요한 점들을 살펴본 바 있는데, 그 구절이 로마서 4 : 3에는 다음과 같이 인용된다 : "… 아브라함이 하나님을 믿으매 이것이 저에게 의로 여기신바 되었으니라." 앞에서 "이것"이 아브라함의 믿음을 가리키지 않고 하나님께서 아브라함에게 전가하신 그리스도의 의를 가리킨다는 사실을 살펴보았다. 이것을 일종의 부기(簿記) 행위로 보았다. 하나님께서는 아브라함의 인생 장부에서 아브라함의 죄를 삭제하고, 그런 죄를 위해 죽으신 그리스도의 장부에 그 죄를 옮겨 적으셨다. 그런 다음 그리스도의 장부에서 그리스도의 의를 취해다가 그것을 아브라함에게 옮겨 적으셨다. 또한 우리는 믿음이 이런 일이 발생하는 통로임을 살펴보았다.

그것은 마치 돈에 대한 믿음과 같다. 돈을 사용하려면 돈의 가치를 믿어야 한다. 하지만 돈이 지닌 구매력을 믿는다고 해서 돈 자체가 그렇게 되는 것은 아니다. 20달러짜리 지폐의 가치는 그 지폐를 사용하는 사람의 믿음에 달려 있지 않고 지폐 자체(또는 그것을 발행한 정부의 신뢰도)에 달려 있다. 마찬가지로 구원의 가치는 그리스도의 사역에 달려 있다. 물론 그 사역이 개인에게 효과를 미치려면 그리스도를 반드시 믿어야 하지만 말이다.

그러나 여기서 질문이 생긴다. 창세기 15 : 6은 "아브람〔아브라함〕이 여호와를 믿으니 여호와께서 이를 그의 의로 여기시고"라고 한다. 엄격히 말하자면, 그 본문은 아브라함이 무엇을 믿었는지 말하지 않는다. 물론 그가 지닌 믿음의 궁극적 대상이 누군지에 대해서는 말한다. 그분은 주 하나님이시다. 그러나 하나님께서 아브라함에게 하신 계시의 구체적인 내용에 대해서는 캄캄한 상태로 남는다. 하나님께서는 그에게 무엇을 말씀하셨으며, 아브라함은 그 말씀을 듣고서 무엇을 믿었는가?

문맥을 보면 여러 가지 가능성이 떠오른다. 창세기 15 : 1은 하나님께서 아브라함에게 그의 "방패"와 "지극히 큰 상급"이라고 말씀하신 내용을 기록한다. 아브라함이 믿은 건 그것이었을까? 하나님께서는 또한 아브라함이 자기 몸에서 날 "후사"(後嗣)를 갖게 될 것이라고도 말씀하셨다(4절). 그것이 15 : 6에서 하신 계시의 내용이었을까? 그런 뒤 하나님께서는 아브라함의 자손들이 하늘의 별과 같이 많게 될 것이라고 말씀하신다(5절). 그것이었을까? 아니면 아브라함의 믿음은 훨씬 더 거슬러 올라가, 하나님께서 맨 처음 아브라함에게 갈대아 우르를 떠나 친히 보이실 새 땅으로 가라고 명령하시면서 그와 다른 사람들에게 약속하신 복에 관한 것이었을까?(창 12 : 1-7)

만약 창세기 12장과 15장, 그리고 로마서 4장 말고는 더 살펴볼 곳이 없다면, 아브라함의 믿음은 이 모든 것들 – 그리고 기록되지 않은 것들까지도 – 을 포함했다고 결론지어야 할 것이다. 즉, 아브라함은 하나님을 온전히 신뢰한 태도에 근거하여 의로 "여기신 바" 되었다고 결론지어야 할 것이다. 이것이 마르틴 루터가 어떤 책에서 말하는 내용인 듯하다 : "'아브라함이 하나님을 믿으매' 라는 표현은 그가 하나님을 신실한 분으로 여겼다는 말과 동등하다."[1]

이런 식으로 생각해도 잘못하는 것은 아니리라. 어쨌든 이야기의 한 부분이니까 말이다. 하지만 더 할 이야기가 있다.

갈라디아에서 생긴 문제

창세기 15 : 6에 관련된 흥미로운 점은 이 구절이 신약 성서 세 곳 – 로마서 4 : 3(지금 보고 있는 본문), 갈라디아서 3 : 6, 그리고 야고보서 2 : 23 – 에서 인용된다는 점인데, 그 중 한 곳인 갈라디아서 3 : 6은 이 질문에 체계적인 대답을 한다.

이 구절을 이해하려면 배경을 알아야 한다. 바울은 사도행전 13, 14장에 기록된 제1차 전도여행 때 소아시아 남부에 자리잡은 갈라디아 지방 – 오늘날 터키에 속하는 – 사람들에게 복음을 전했다. 그들에게 복음을 전할 때, 죄에서 구원을 받는 것은 율법을 지키는 데서, 또는 다른 어떤 형태의 선한 행위나 인품에서 오지 않고 그리스도의 사역에서 온다고 가르쳤다. 그리스도가 우리의 죄에 대한 형벌을 짊어지고 우리 대신 죽으셨고, 그 대속적 희생을 근거로 하나님께서는 자신의 의를 신자들에게 값없이 베푸신다는 점을 설명했다. 갈라디아인들은 이 가르침을 이해했고, 믿었고, 세례를 받았으며, 그리스도를 위해 살기 시작했다. 바울의 명백한 증거에 따르면 하나님께서는 그들 가운데서 심지어 기적들까지 일으키셨다(갈 3 : 5).

어느 정도 시간이 흐른 뒤 – 정확히 언제인지는 모른다 – 어떤 유대인들이 예루살렘에서 갈라디아로 와서 갈라디아 그리스도인들에게 그리스도를 믿는 것만 가지고는 안 된다고 가르치기 시작했다. 그리스도 뿐만 아니라 모세도 믿어야 한다고 말했다. 즉, 율법을 지켜야 한다는 것이었다. 믿음은 좋은 것이지만, 만약 구원을 받으려면 아울러 할례도 받아야 하고, 옛 언약이 요구하는 의식들을 지키기 시작해야 한다는 것이었다. 얼마든지 그리스도인들이 될 수 있지만, 유대인들도 되어야 한다는 것이었다.

바울은 이 소식을 듣고는 소스라치게 놀랐으며, 갈라디아서는 그에 대해서 성령의 감동을 받아 답변한 글이다. 갈라디아서는 세 부분으로 이루어져 있다. 첫째 부분은 바울이 자신의 사도권을 변호하는 내용으로써, 이렇게 한 이유는 기독교를 의식(儀式)화하려는 해로운 유대인들이 자신의 사도권을 비판했기 때문이었던 것이 틀림없다. 둘째 부분은 복음을 재진술하고 논증하는 내용이다. 세째 부분은 은혜의 복음이 반드시 도덕적인 생활로 발휘된다는 점을 논하는 내용이다. 이 편지의 주요부이기도 한 둘째 부분에서 바울은 아무도, 심지어 아브라함도 예수님을 믿는 방법 이외의 다른 어떤 방법으로도 구원을 받은 적이 없다고 주장한다.

조상 아브라함의 믿음

여기서 바울은 로마서에서와 마찬가지로 창세기 15 : 6을 인용한다 : "아브라함이 하나님을 믿으매 이것을 그에게 의로 정하셨다 함과 같으니라"(갈 3 : 6).

그런 다음 중요한 말을 덧붙인다 : "또 하나님이 이방을 믿음으로 말미암아 의로 정하실 것을 성경이 미리 알고 먼저 아브라함에게 복음을 전하되 모든 이방이 너를 인하여 복을 받으리라 하였으니 그러므로 믿음으로 말미암은 자는 믿음이 있는 아브라함과 함께 복을 받느니라… 그리스도께서 우리를 위하여 저주를 받은 바 되사 율법의 저주에서 우리를 속량하셨으니 기록된 바 나무에 달린 자마다 저주 아래 있는 자라 하였음이라. 이는 그리스도 예수 안에서 아브라함의 복이 이방인에게 미치게 하고 또 우리로 하여금 믿음으로 말미암아 성령의 약속을 받게 하려 함이니라"(갈 3 : 8-9, 13-14).

바울의 대적들은 아브라함이 율법을 지키고 할례를 받음으로써 구원을 받았다고 주장했을 것이다. 그러나 갈라디아서와 로마서에 담긴 바울의 가르침으로 보건대, 바울은 사건들을 역사적 시순에 따라 인용함으로써 대답했을 것이다. 아브라함이 믿음으로 의롭다 함을 받았다는 구절은 창세기 15장에 있다. 그러나 할례는 나중에야 소개되어 창세기 17장에 기록된다. 그리고 율법은 그때로부터 4백 년 뒤인 모세 시대에야 비로소 주어졌다. 아브라함은 율법이나 할례 전에 의로운 사람으로 선언되었으므로, 그중 어느 하나를 지키는 것을 근거로 의롭다 함을 받지 않은 것이 분명하다.

바울의 대적들은 이렇게 맞받아쳤을 것이다 : "그러나 그게 사실이라고 하더라도 아브라함은 예수 그리스도를 믿음으로 의롭다 함을 받을 수는 없었을 것이다. 예수님은 훨씬 후대에 가서야 나셨기 때문이다. 아브라함은 그리스도에 관해서 알지 못했다. 그런데 그가 어떻게 알지도 못하는 사람을 믿음으로 구원을 받을 수 있었겠는가? 분명히 그리스도께 대한 믿음은 구원의 필수 요소가 아니다."

이 시점에서 우리는 그 질문에 대한 참된 답을 알고 있다. 바울은 정반대로 아브라함이 그리스도를 알았고, 그가 오실 날을 기대했으며, 그를 자기 죄에서 구원해 주실 구주로 의지했다고 대답하기 때문이다. 바울은 이 사실을 뒷받침해 주는 세 가지 사항을 거론한다 :

1. **아브라함은 복음을 믿었다.** 이것은 아브라함이 영적인 문제에서 하나님을 믿었다는 의미이다(갈 3 : 8). 그가 믿은 복음의 내용은 – 바울이 아브라함과 관련하여 그것을 설명하는 바에 따르면 – "모든 이방(난하주, 족속)이 너를 인하여 복을 받으리라" 하는 것이었다. 이 구절은 아브라함이 순례를 막 시작하던 때에 해당하는 창세기 12 : 3에서 인용한 것이다(18 : 18과 22 : 18에서 반복된다). 따라서 바울은 아브라함의 믿음이 처음부터 땅의 유산이나 육신의 후손 같은 단지 물리적인 것들에만 관련되어 있지 않고 영적인 것들, 즉 자기와 자기 자손들과 심지어 다른 민족들에게까지 임할 구원의 복 같은 영적인 것들에도 관련되어 있었다고 말하는 셈이다.

그렇다면 아브라함의 믿음은 차원이 아주 높았다는 사실을 이해하게 된다. 그는 땅과 육신의 자손에 관한 약속을 들었다. 그는 그 약속들을 믿었다. 그러나 진짜 그의 정신과 마음을 사로잡은 것은 모든 민족이 구원을 받으리라는 영적인 약속이었다. 아브라함이 고향과 친지들을 등지고 하나님께서 보이실 새 땅으로 떠났던 것은 단지 물리적인 땅이나 후손을 얻기 위해서가 아니라(그런 것이라면 가나안에서 뿐만 아니라 우르에서도 얼마든지 얻을 수 있었다) 이 복을 얻기 위해서였다.

히브리서 저자의 논지가 바로 그것이다 : "이는 [아브라함이] 하나님의 경영하시고 지으실, 터가 있는 성을 바랐음이니라"(히 11 : 10).

2. **아브라함의 믿음은 구속에 관한 것이었다.** 이것은 놀라운 사실이지만, 바울이 가르치는 것이 바로 이 사실이다 : "그리스도께서… 율법의 저주에서 우리를 속량하셨으니… 이는 그리스도 예수 안에서 아브라함의 복이 이방인에게 미치게 하고…"(갈 3 : 13-14).

"속량"(贖良, 구속)이란 단어는 로마서 3 : 24을 공부하면서 보았듯이 뜻이 아주 풍부한 단어이다. 상업 용어로서, 값을 지불하고 장터에서 사람을 속량해 주는 것을 가리킨다. 우리는 이 단어를 주로 과거에 성행했던 전당포 거래를 통해 알고 있다. 돈이 급히 필요할 때 그 돈을 마련하는 방법 가운데 하나는 가치 있는 물건을 전당포에 맡기고 그 물건의 가치 중 일부에 해당하는 돈을 받아온다. 나중에 형편이 나아져서 물건을 도로 찾고 싶으면, 그 동안 물건이 팔리지 않았으리라고 생각하고서 전당포에 가서 받은 돈을 돌려 주고(이자를 합하여), 물건을 찾아온다.

고대에는 "구속"이란 단어가 그와 비슷하게도 쓰이긴 했지만, 대개는 노예들을 해방시키는 일에 쓰였다. 고대 세계에서는 거의 모든 시장에서 노예를 매매했다. 그러나 만약 어떤 사람이 노예를 위해 속전을 지불하면 그 노예는 구속될 수 있었다.

예수께서 우리를 위해 해주신 일이 바로 그것이다. 예수님은 자기 생명이라는 값을 치르고 우리를 죄의 멍에에서 해방시키셨다. 그만큼 우리를 사랑하셨기 때문이다. 아브라함은 바로 그것을 믿은 것이다. 아브라함이 정말로 그것을 내다보고서 믿었는가? 물론 아브라함은 예수 그리스도의 시대 이후에 믿은 사람들만큼은 알지 못했을 것이다. 성육신 이편에서 사는 사람들은 예수님의 탄생, 생애, 죽음, 부활, 승천을 자세히 안다. 우리는 이 정보를 끌어올 네 복음서를 갖고 있다. 그러나 아브라함이 몰랐다고 지레 단정해서는 안 된다. 바울은 하나님께서 "먼저 아브라함에게 복음을 전하되" 하고 말하며(갈 3 : 8), 예수님은 "… 아브라함은 나의 때 볼 것을 즐거워하다가 보고 기뻐하였느니라"(요 8 : 56) 하고 말씀하셨다. 아브라함이 타락한 인류를 죄의 노예 상태에서 건져 내실 하나님의 사역을 바라보았다고 생각하는 것보다 더 자연스러운 생각이 있을까?

3. 아브라함은 구체적으로 예수 그리스도가 오실 것을 믿었다. 이것은 바울이 아브라함의 믿음을 설명할 때 지적한 마지막 사항이다. 하나님께서 먼저 아브라함에게 복음을 전하셨고, 아브라함은 하나님의 복을 구속으로 내다보았다고 말한 바울은, 계속해서 이렇게 말한다 : "이 약속들은 아브라함과 그 자손에게 말씀하신 것인데 여럿을 가리켜 그 자손들이라 하지 아니하시고 오직 하나를 가리켜 네 자손이라 하셨으니 곧 그리스도라"(갈 3 : 16).

이 말씀을 염두에 두고서 찾아보면, 아브라함의 자손 한 사람을 통해 복을 주시겠다고 창세기 12 : 7, 13 : 15, 24 : 7을 통해 약속하셨다. 바울은 말하기를, 아브라함은 이 놀라운 약속이 그의 자손들을 통해서 일반적인 방법으로 복을 주시겠다는 약속이라기보다는, 구체적으로 한 사람의 자손 곧 그리스도에 의해서 성취될 복에 관한 약속임을 이해하고서 이 약속을 받았다고 한다.

아브라함은 물론 그분의 이름을 몰랐다. 그러나 그 한 분이 오실 것을 기대하였고, 하나님께서는 예수께 대한 그의 믿음이라는 통로를 통해서 그를 의인이라고 인정하셨다.

신자들의 믿음

지금까지 우리는 아브라함의 믿음을 공부해 왔다. 그는 우리가 공부하고 있는 로마서 본문에서 바울의 관심의 초점이기 때문이다. 하지만 구약의 다른 신자들에게도 같은 주장을 할 수 있다고 얼마든지 말할 수 있다. 그들도 모두 구원의 소망에 대해서 똑같은 방법으로 설명할 수 있었을 것이다.

그러면 그들 가운데 여러 사람에게 이 문제에서 과연 무엇을 얻었는지 물어보기로 하자(참조. 롬 4 : 1).

아담이 있다. 그로부터 시작해 보자. "아담, 당신은 첫 사람이었고, 따라서 당신이 구원에 관하여 믿은 것이 우리에게 가치가 있다고 생각합니다. 이 문제에서 당신은 무엇을 믿었습니까? 당신의 행위로 구원받을 수 있다고 믿었습니까? 아니면 예수 그리스도가 오실 것을 기대하고서 믿음을 그분께 두었습니까?"

아담은 이렇게 대답한다 : "여러분은 내 슬픈 이야기를 잘 압니다. 내가 금지된 열매를 따 먹고서 그 결과로 인류를 죄와 죽음으로 끌고 내려간 이야기 말입니다. 하지만 여러분이 이 이야기를 안다면, 내가 타락한 뒤에 하나님께서 찾아오셔서 사단의 머리를 밟으실 – 비록 그 과정에서 본인도 상처를 입으시겠지만 – 구주가 오시리라고 고지하신 사실도 잘 알 겁니다. 그 당시에 나는 그분이 누군지를 몰랐지만, 그분을 믿었습니다. 그리고 내 아내 이름을 "하와"라고 지음으로써 그 믿음을 표현했습니다. 하와는 영적 생명이라는 선물의 통로 역할을 할 사람이었기 때문이지요. "하와"라는 이름은 "생명을 주는 자"라는 뜻입니다. 우리는 하와가 메시야를 낳을 거라고 생각했습니다. 그래서 첫 아들의 이름을 "가인"이라 지었습니다. "여기 그가 있다!"라는 뜻으로 말입니다. 그러나 우리 생각이 틀렸습니다. 우리 가문이 실제로 예수 그리스도를 낳은 것은 수천년 뒤의 일이었습니다. 그러나 우리가 갖고 있던 생각은 옳았고, 우리는 예수님께 대한 믿음 때문에 의로운 자들이라고 여김을 받았습니다."

이번에는 야곱에게 가서 이 문제에서 발견한 것이 무엇이냐고 물어 보자. "야곱, 당신은 선행으로 구원을 받았습니까, 아니면 장차 오실 구원자를 믿음으로 구원을 받았습니까?"

야곱은 이렇게 대답한다 : "나는 내 행위로, 혹은 내 조상의 행위로 구원을 받지 않았습니다. 나는 아브라함의 손자였는데도 말입니다. 나는 할아버지만큼 깊은 깨달음을 갖고 있지 못했습니다. 그는 우리 가문에서 영적인 거장이었습니다. 그러나 여러분은 내가 임종할 때 구주가 오실 일을 기대하면서 한 말을 기억할 것입니다 : '홀이 유다를 떠나지 아니하며 치리자의 지팡이가 그 발 사이에서 떠나지 아니하시기를 실로가 오시기까지 미치리니 그에게 모든 백성이 복종하리로다' 〔창 49 : 10〕. 나는 하나님이 그 구주께 관해 말씀하신 것을 믿었기 때문에 구원을 받았습니다."

여기 모세가 있다. 그에게 가서 물어보자. "모세, 당신은 어떻게 구원을 받았습니까?"

모세는 율법을 전달한 사람이었는데도 예수 그리스도를 믿음으로 구원을 받았지, 스스로 있다고 생각한 능력으로 하나님의 계명들을 지켜서 구원을 받은 것이 아니라고 대답한다. "주께서는 내게 이렇게 말씀하셨습니다 : '내가 그들의 형제 중에 너와 같은 선지자 하나를 그들을 위하여 일으키고 내 말을 그 입에 두리니 내가 그에게 명하는 것을 그가 무리에게 다 고하리라' 〔신 18 : 18〕. 나는 그 약속을 믿었기 때문에 구원을 받았습니다."

다음 증인은 다윗 왕이다. "다윗, 당신은 하나님의 마음에 맞는 사람이라는 평가를 받았습니다. 그렇지요?"

"그렇습니다" 하고 다윗은 대답한다.

"그것은 당신이 하나님께서 하시는 대로 생각하고 행동하려고 노력했다는 것을 뜻합니다. 그러면 그것을 당신이 선행이나 순종으로 구원을 받았다는 말로 이해해도 괜찮습니까?"

다윗은 자신이 불륜자요 살인자였다고 설명한다. "만약 내가 내 행위를 의지했다면 내게는 기회가 없었을 겁니다. 나는 하나님께서 내 권좌에 영원히 앉히시겠다고 약속하신 분을 믿음으로 바랐기 때문에 구원을 받았습니다. 영원히 다스리실 분은 그냥 사람이 아닌 줄을 나는 압니다. 틀림없이 구주이신 하나님이실 겁니다. 나는 그것을 믿었고, 그분에 의해서 구원을 받았습니다."

이사야는 뭐라고 대답할까? 이사야는 우리의 죄를 짊어질 "고난의 사람"을 바라보았다 : "우리는 다 양 같아서 그릇 행하여 각기 제 길로 갔거늘 여호와께서는 우리 무리의 죄악을 그에게 담당시키셨도다"(사 53 : 6).

다니엘은 "기름부음을 받은 자"가 오시리라고 예언했다(단 9 : 25).

미가는 그분이 베들레헴에서 탄생하실 것을 예언했다(미 5 : 2).

예수님 당시에 세례 요한은 예수님을 가리켜 "세상 죄를 지고 가는 하나님의 어린양이로다" 하고 말했다(요 1 : 29).[2]

하나님은 사람들이 믿기를 바라신다

이제 똑같은 질문을 여러분에게 한다. 여러분은 무슨 근거로 구원을 얻기를 기대하는가? 예수 그리스도께 관하여 무엇을 믿는가?

몇 년 전 지금 내가 목회하고 있는 제십장로교회의 전임 목사였던 도널드 그레이 반하우스(Donale Grey Barnhouse)는 어떤 사람과 복음에 관해서 대화를 나누고 있었다. 대화는 한동안 지속되었고, 그 사람은 아주 캄캄한 상태에 있는 듯했다. 마침내 그 사람은 절망스러운 어조로 "하지만 하나님께서는 무엇을 원하실까요? 하나님께서 무엇을 원하시는지 제게 말씀해 주세요" 하고 말했다.

반하우스는 그 순간에 도움이 되겠다고 판단된 생각을 가지고 대답했다 : "하나님께서는 사람들이 믿기를 바라십니다. 다른 무엇보다도 그것을 바라십니다."

순간적으로 얼굴에 희망의 빛을 띤 그 사람은 이렇게 말했다 : "이제 알 것 같군요. 결국 하나님의 영예가 문제로군요." 그 순간부터 그 사람은 예수 그리스도를 믿었다.

여러분은 예수 그리스도를 여러분의 구주로 믿는가? 하나님께서는 그분을 구주라고 선언하신다. 아브라함은 하나님께서 예수 그리스도께 관해서 자기에게 하신 말씀을 믿었고, 하나님께서는 그리스도의 의를 아브라함의 의로 여겨 주셨다. 아담, 야곱, 모세, 다윗, 세례 요한 모두가 똑같은 것을 믿었다. 다른 방법으로 구원받은 사람은 아무도 없다.

그러므로 이제 여러분에게 말한다.

만약 예수 그리스도를 구주로 믿지 않고 있다면, 지금 믿으라.

오늘이라는 날은 언제나 구원의 날이다.

● 각주 ●

1. Martin Luther, *Luther's Works, vol. 25, Lectuers on Romans,* ed. Hilton C. Oswald (St. Louis : Concordia, 1972), p. 255.

2. 이 장의 많은 내용은 다음 책의 "아브라함은 무엇을 믿었는가?" (What Did Abraham Believe?)라는 과에서 인용했다 : James Montgomery Boice, *Genesis : An Expositional Commentary, vol.2, Genesis 12 : 1-36 : 43* (Grand Rapids : Zondervan, 1985), pp. 104-109.

53
다윗의 증거
로마서 4 : 6-8

일한 것이 없이 하나님께 의로 여기심을 받는 사람의 행복에 대하여 다윗의 말한 바

그 불법을 사하심을 받고
그 죄를 가리우심을 받는 자는
복이 있고
주께서 그 죄를 인정치 아니하실 사람은
복이 있도다 함과 같으니라.

법적 문제는 한 사람 이상의 증인에 의해 확정해야 한다는 것이 신명기 19 : 15에 명확히 진술된 구약 율법의 원칙이다. 그 구절은 다음과 같다. "사람이 아무 악이든지 무릇 범한 죄를 한 증인으로만 정할 것이 아니요 두 증인의 입으로나 세 증인의 입으로 그 사건을 확정할 것이며."[1]

과거에 바리새인이자 율법 학자였던 사도 바울은 당연히 이 원칙을 잘 알고 있었다. 그는 이 원칙을 로마서 4 : 6-8에 적용하고 있는 듯하다. 하나님의 은혜로 의롭다 함을 받는다는 복음을 변호하기 위해서 먼저 족장 아브라함의 증거를 진술한 다음 다윗 왕의 증거를 덧붙이고 있는 것이다. 바울은 이미 아브라함의 경험을 인용한 바 있고, 또 뒤에 가서 다시 그에

관해 말하게 된다. 4장 나머지 부분 전반에 걸쳐 아브라함이 거듭 언급된다. 그러나 여기서는 다윗의 증거를 소개하는데, 그 출처는 장엄한 시편 32편의 두 절(1-2절)이다.

> 허물의 사함을 얻고
> 그 죄의 가리움을 받는 자는
> 복이 있도다.
> 여호와께 정죄를 당치 않은 자는
> 복이 있도다

이것은 아주 위대한 증거다.

왕들 가운데 가장 위대한 왕

아브라함의 사례를 들어 로마서 4장을 공부하기 시작할 때, 나는 예수 그리스도를 제외하면 아브라함이 성경에서 가장 중요한 인물이며, 성경의 다른 모든 사람들, 특히 구약의 사람들은 아브라함을 믿음의 조상이라고 보았음에 틀림없다고 말한 바 있다. 아브라함은 참으로 거인이다.

그러나 그렇다고 해서 지금 바울이 증거로 인용하는 다윗이 중요하지 않은 사람이었다는 뜻은 아니다. 다윗은 이스라엘의 역대 왕들 가운데 가장 훌륭한 왕이었을 뿐만 아니라, 이스라엘 민족의 신앙 정신과 대망을 가장 잘 구현한 인물이기도 했으며, 바울의 이 편지를 받아 볼 사람들은 다윗에 대해서도 최고의 평가를 했을 것이다. 제임스 해스팅스(James Hastings)는 「성경의 위인들」(The Greater Men and Women in the Bible)에서 다음과 같이 썼다 :

이스라엘의 다윗은 단순히 그 민족의 왕들 가운데 가장 위대한 왕일 뿐만 아니라, 모든 면에서 위대한 사람이었다. 그는 이스라엘의 모든 제도들을 독점한다. 그는 이스라엘의 목동 – 고생하는 계층의 대표적인 신분 – 이며 이스라엘의 음악가 – 유발과 미리암과 드보라의 후예 – 이다. 이스라엘의 군인 – 이스라엘의 평화를 유린할 뻔했던 골리앗을 굴복시킨 – 이고 이스라엘의 왕 – 군대를 통수하고 정책을 관장하던 – 이다. 이스라엘의 제사장 – 수소와 수염소의 피를 상하고 통회하는 심령으로 대체한 – 이며 이스라엘의 선지자 – 숨을 거둘 때 그 나라의 영원성을 예언한 – 이고 이스라엘의 시인 – 이스라엘의 시편들 대다수는 그의 이름으로 불리운다 – 이다.[2]

조지 워싱턴, 토마스 제퍼슨, 아브라함 링컨의 훌륭한 인격들과 업적들을 두루 갖춘 한 사람을 생각하기 전에는 유대인들이 다윗 왕에게 부여한 특별한 평가를 제대로 이해하기 어렵다. 그렇게 하더라도 이 사람의 수준에는 도달하지 못한다.

부정문의 중요성

그러나 다윗은 또다른 방식으로 전개되는 바울의 주장에서도 중요한 위치를 차지하며, 이 주장 때문에 그의 증거는 특별히 우리에게 와 닿는다. 바울이 인용하는 구절은 긍정적인 형태로 되어 있는 아브라함에 관한 인용문과는 달리, 부정적인 형태로 되어 있다. 아브라함은 의로 "여기신 바" 되었다. 칭의 원칙을 긍정적인 형태로 표현한 문장이다. 다윗은 똑같은 원칙을 심지어 용어도 같은 것을 사용하여 부정적인 형태로 표현한다 : "여호와께서 그 죄를 당신을 거스른 것으로 여기지 않으실 자는 복이 있도다"(NIV. 한글개역성경, 여호와께 정죄를 당치 않은 자는 복이 있도다).

앞에서도 지적했듯이, 복음을 이렇게 부정적인 형태로 전하는 것은 오늘날에도 중요하다. 왜냐하면 그것은 사람들 대부분이 영적인 지각과 관련하여 어디에 처해 있는지를 말하기 때문이다.

먼저 긍정문을 가지고 시작하면서 내가 말하고자 하는 의도를 알리겠다. 칭의 원칙에 관한 긍정적 진술은 우리에게 명백히 필요한 하나님과의 화목을 얻을 수 있는 방법을 말해 준다. 그러나 어려운 점은 오늘날 대부분의 사람들이 이 분야에서 사실상 번민을 느끼지 않고 있다는 데 있다. 마르틴 루터는 그것을 느꼈다. 번민이 그를 옭죄었다. 그는 자신이 하나님과 바른 관계에 있지 못하다는 것을 알았고, 최후의 심판날 진노하신 하나님과 대면하게 될 것이라고 예상했다. 하나님께서는 예수 그리스도의 사역을 통해서 하나님과 바른 관계를 체험할 수 있다는 사실을 그에게 보여 주셨다. 그러나 루터가 그렇게 강렬하게 느꼈던 번민을 오늘날 누가 느끼고 있는가? 소수의 사람들은 그렇겠지만, 다수는 그렇지 않다. 대부분의 사람들은 자기들이 하나님과 바른 관계에 있지 않다고 생각하지 않는다. 오히려 자기들과 하나님 사이에 아무런 문제도 없다고, 아니면 적어도 그래야 한다고 생각한다. 그래서 칭의를 받을 필요를 느끼지도 못한다.

신학자 스프라울(R.C. Sproul)은 이런 현실을 "죽음에 의한 칭의"라는 표현으로 예시한다. 여러 해 전 스프라울은 전도 폭발 대회(The Evangelism Explosion Program)의 기초적인 질문을 가지고 그의 아들에게 다음과 같이 물었다 :

"만약 네가 내일 죽어서 천국 문 앞에서 하나님 앞에 서게 되고, 하나님께서 '너는 무슨 자격으로 내 천국에 들어가려는 거냐?' 하고 물으신다면, 너는 뭐라고 대답하겠느냐?"

그의 아들은 대답하기를, "'저는 죽었어요, 그렇지 않아요?' 하고 대답하겠습니다"라고 했다.

하나님의 천국에 들어가기 위해서 해야 할 일이 죽는 것이 전부라는 투였다. 믿음으로 받는 그리스도의 의가 그의 아들의 정신에는 조금도 들어가지 않은 듯했다.

오늘날 많은 사람들이 이런 식으로 생각하고 대답하기 때문에, 내가 이 로마서 강해를 통해 시도하고 있는 것처럼 칭의에 관한 교리들의 범위를 가르칠 필요가 있다. 그렇지만 다윗 왕의 증거에 이르게 되면 이 증거가 부정적인 형태로 되어 있기 때문에, 마치 우리 시대 사람들에게 무언가를 말하고 있는 듯한 느낌을 갖게 된다. 다윗의 증거는 범죄들에 관해서 말한다. 범죄들을 짐으로 묘사하며, 그것들을 하나님의 사죄를 통해 자유를 얻은 사람의 복됨과 대조한다.

이것은 이 시대 사람들에게 강력하게 와닿는다. 내가 상담을 하는 동안 알게 된 사실인데, 거의 모든 사람들이 과거에 지은 죄의 짐들을 가지고 찾아온다. 도널드 그레이 반하우스의 글들 가운데 어떤 부분에는 그가 사역 초기 - 그가 스무살쯤 되었을 당시 - 에 겪은 이야기가 실려 있다. 어떤 여성이 수십 년간 마음을 짓눌러온 무서운 죄를 가지고 그에게 상담하러 왔다. 반하우스를 찾아왔을 때 그 여성의 나이 예순 가량 되었는데, 40년 전에 한 남자를 죽였다는 것이다. 그 남자는 그 여성 부모의 집에서 하숙을 하던 사람이었는데, 어느 날 그가 그 여성을 성폭행했다. 분노가 치밀어 오른 그 여성은 다음날 밤 그의 방으로 몰래 들어가 가스를 틀어 놓았다. 다음 날 경찰들이 하숙생의 죽음을 조사하기 위해 찾아왔는데, 경찰들은 바람에 가스불이 꺼져 가스가 누출되었다고 판단하고 그 사건을 우발적 사고로 결론지었다. 아무도 그 여성이 한 짓을 몰랐고, 그 여성은 40년 동안 이 죄 짐을 가슴에 품고 지냈다.

나는 누가 와서 자기가 살인을 저질렀노라고 이야기하는 것을 들어보지 못했으나, 참으로 두려운 이야기들을 많이 듣는 동안 거의 모든 사람들이 과거의 행위 때문에 죄책에 시달리고 있다는 것을 알게 되었다.

사람들은 과거에 도둑질한 일을 내게 말했다. 어떤 이들은 질투심에 불타서 다른 사람에 대해 거짓말을 함으로써 손해를 입혔고, 승진과 때로는 결혼의 기회를 망쳐 놓았다.

다른 사람을 죽게 만든 사람들도 있었다. 물론 직접 죽인 것은 아니었지만, 살릴 수 있는 사람을 태만이나 부주의로 – 이를테면 교통사고 같은 것으로 – 죽게 했다.

남자들은 사업상의 부정직, 심지어 범법 행위로 괴로워했다.

여자들은 낙태, 때로는 여러 번의 낙태에 대한 기억으로 괴로워했다. 주위 사람들은 그들이 한 행위가 단순히 "의학적 절차"이므로 죄책함을 느낄 필요가 없다고 말했다. 그러나 본인들은 자기가 아기를 죽였다는 것을 마음속으로 알았다. 나는 여성들에게 "어떻게 하면 내가 한 짓을 용서받을 수 있나요?"라는 질문을 하도록 유도했다.

여러분은 이 질문에 어떻게 대답하겠는가?

때로 상담자들은 피상담자의 행위가 괜찮은 것이라고 하거나, 아니면 적어도 다른 많은 사람들의 행위보다 악한 것이 아니라고 하면서 피상담자를 안심시키려고 한다. 그 경우에는 상담자가 사제(司祭)가 되어 그 사람을 "사죄"하는 식이 된다. 그러나 이런 과정을 거친 많은 사람들은 인간의 사죄가 비록 위안을 주고 듣기에 좋을지라도, 충족감을 주지는 못한다는 사실을 안다. 사람은 다른 사람의 죄를 사할 수 없다. 특히 제3자에게 저지른 죄일 경우에는 더욱 그러하다. 진정한 가치를 지닌 유일한 사죄는 하나님의 사죄이다. 다윗은 그 사죄에 대해서 이렇게 쓴다 : "허물의 사함을 얻고 그 죄의 가리움을 받은 자는 복이 있도다. 마음에 간사가 없고 여호와께 정죄를 당치 않은 자는 복이 있도다."

과거에 지은 죄 때문에 죄책감에 시달리는 사람에게 필요한 것은 바로 이것이다. 이것만이 효과를 발휘한다. 이것이 유일하게 중요한 것이다. 다윗은 범죄하여 지게 된 죄의 짐이 얼마나 끔직하게 무거운 것인지를 알았다. 그는 다른 사람의 아내인 밧세바와 간음을 범한 뒤, 죄를 가리기 위해서 밧세바의 남편 우리아를 죽일 계획을 꾸몄다. 그리고 실제로 죄를 가렸다. 그러나 그 행위에 따른 죄책은 그대로 남아 있었다. 왜 남아 있었을까? 다윗이 죄를 은폐한 것은 스스로 의롭다 한 행위에 지나지 않았던 바, 아무리 스스로 의롭다고 해봐야 의로워질 수 없는 노릇이기 때문이다. 다윗이 죄책에서 해방되어 자신이 복 받은 사람이라고 정당하게 여기게 된 것은 자기 죄가 그리스도의 피로 "가리우심"(롬 4 : 7)을 받았다는 사실을 안 다음이었다.[3]

지극히 복된 생각

여러분은 과거의 어떤 행위 때문에 죄책감에 시달리고 있는가? 그때 저지른 잘못으로 생각이 돌아가고 또 돌아가는가? 죄책이 친구처럼 항상 따라다니는가? 만약 그렇다면 다윗이 하나님의 은혜로 자기 죄에 관해서 안 것을 체험할 필요가 있다. 다윗은 그 일에 관해서 세 가지 점을 말한다.

1. 그의 죄는 사함을 받았다. 성경에는 "사하다" 또는 "사죄"라고 번역되는 헬라어 단어들이 여럿 있는데, 모두가 특별한 의미들을 갖고 있다. 그러나 본문에 나온 단어는 아페테산(aphethesan, 불규칙 동사 아피에미〈aphiemi〉에서 유래)으로서, "보내다" 또는 "쫓아내다"라는 뜻이다. 이 단어는 마태복음 13 : 36에서 사용되는데, 거기서 - KJV의 경우 - 예수님은 한적한 분위기에서 13장의 비유들을 제자들에게 가르치시기 위해 "무리를 보내셨다" (한글개역성경, "무리를 떠나사"). 이 단어의 개념은 "구별"로서, 이 단어가 죄 문제에 사용된 것은 하나님께서 죄인에게서 그의 죄와 죄책을 분리시키고자 하신다는 것을 가르친다. 우리는 스스로 그 일을 할 수 없다. 우리 인간들은 죄를 벌할 때 언제나 범죄자를 처벌하는 방식으로 한다. 달리 방법이 없기 때문이다. 그러나 전지 전능하신 하나님께서는 모든 죄를 안고 처벌되신 예수 그리스도께 죄를 전가하심으로써 죄인에게서 죄를 분리해 내신다.

이것이 히브리서 저자가 말하는 내용이다 : "그리스도도 많은 사람의 죄를 담당하시려고 단번에 드리신 바 되셨고…"(히 9 : 28).

베드로도 그런 의도를 가지고 이렇게 썼다 : "친히 나무에 달려 그 몸으로 우리 죄를 담당하셨으니 이는 우리로 죄에 대하여 죽고 의에 대하여 살게 하려 하심이라…"(벧전 2 : 24).

고대인들이 살인죄를 벌할 때 사용한 방법들 가운데 하나는 희생자의 시체를 살인자의 몸에 묶고 강제로 끌고 다니게 하다가 그 부패한 시체 때문에 살인자마저 죽도록 만드는 것이었다. 생각만해도 끔찍한 벌이지만, 죄와 죄책의 짐을 진다는 게 무슨 뜻인지를 제대로 묘사해 주는 것이기도 하다. 로마서 뒷부분에서 바울이 "… 이 사망의 몸에서 누가 나를 건져내랴"(롬 7 : 24) 하고 외칠 때 염두에 두고 있던 게 바로 그런 것이었는지도 모른다. 누가 건져내겠는가? 바울은 다음 절에서 오직 하나님께서 예수 그리스도의 속죄를 통해서 건져내신다고 대답한다. 그러면 건짐을 받은 사람에게는 어떤 복이 임하는가? 만약 몸에 묶인 부패한 시체를 생각한다면, 여러분이 지은 죄, 여러분을 썩게 하는 그 영향력에서 떨어져 나와 사죄의 기쁨을 누린다는 게 무엇인지 이해하기 시작할 수 있을 것이다.

호레이쇼 스태퍼드(Horatio G. Stafford)는 그 즐거움을 가지고 다음과 같은 감동적인 시를 남겼다

> 내 죄가 – 아, 이렇게 영광스런 생각을 하게 되다니 얼마나 복된가 –
> 내 죄가 일부도 아니고 전부가
> 십자가에 못박히고 나는 그 짐을 벗어 버렸네.
> 내 영혼아, 주를 찬양하라, 주를 찬양하라.

2. 그의 죄는 가리움을 받았다. 이것은 다윗의 죄가 사함을 받았다거나 "보내졌다"라는 개념과는 다르지만, 이 용어가 무엇을 의미하는지 첫눈에 파악하기란 쉽지 않다. 이유는 간단하다. "가리움을 받다" (이페칼리프테산, epekalyphthesan)는 신약 성서에만 쓰이는 특별한 단어들 가운데 하나다. 당시에는 이 단어가 분명히 공통적으로 쓰이지 않았고, 본문의 경우도 바울이 만약 구약 성서의 칠십인역을 인용하지 않았더라면 그 단어를 쓰지 않았을 것이다.

그러나 그 개념이 구약 성서에서 유래한 것이라는 사실은 그 단어를 이해하는 데 중요한 실마리가 되어 준다. "구약 성서 어디서 죄를 가린다는 개념을 찾을 수 있는가?" 하고 물으

면, 즉각 대속죄일에 대제사장이 수행한 사역을 생각하게 되기 때문이다. 그 날 대제사장은 성전 뜰에 들어서기 직전에 마련한 제물의 피를 가지고 지성소에 들어가 언약궤의 덮개인 시은소에 그것을 뿌렸다. 언약궤에는 모든 사람들이 범한 모세 율법이 들어 있었다. 제물이 없다면 그것은 심판의 상징이다.[4] 그러나 범해진 율법이 이 의식에서 제물의 피로 가리울 때, 하나님께서는 무죄한 희생물이 죄책이 있는 사람들 대신 죽은 것을 보시고, 심판을 거두시며, 죄인들을 구원하시려고 사랑을 내보내신다.

나는 로마서 본문에 이런 내용이 함축되어 있다고 생각하며, 그런 이유에서 나는 다윗이 자기 죄를 은폐한 것과 하나님께서 전혀 다른 방법으로 그의 죄를 "가리우신" 것을 대조했다. 다윗의 은폐는 단지 자기 죄를 숨기거나 부정하는 것이었다. 하나님의 가리우심은 죄를 실제로 벌하신 것이었다. 여러분과 내가 그리스도께 나갔을 때 죄의 짐을 벗어버릴 수 있는 이유는 죄가 그리스도 안에서 실제로 처벌되었기 때문이다.

만약 이것이 다윗이 생각한 내용이라면, 나는 "가리움을 받다"라는 말을 위와 같이 해석한 근거를 다음 사실에서 찾는다. 즉, 죄가 보내지고 가리워졌다는 두 가지 개념이 대속죄일에 이스라엘의 제사장들이 행한 두 가지 행위로 예시된다는 사실에서 찾는다. "가리움을 받다"는 시은소에 피를 뿌려서 죄를 가리는 것을 가리킬 것이다. "보내다"는 위의 행위에 앞서 거행된 그 날의 의식, 즉 사람들이 염소의 머리에 손을 얹고 죄를 고백한 다음, 그 염소(scapegoat, 〈아사셀 속죄의 염소〉라고 한다)를 광야로 보낸 의식을 가리킬 것이다. 이 의식은 백성의 죄를 백성에게서 제거하는 것을 상징했다.

3. 그의 죄는 하나님께 대한 것으로 여겨지지 않았다. 다윗이 자기 죄를 하나님께서 처리하신 일에 관해서 쓰는 마지막 단어는 우리가 이 장에서 주로 공부해 온 단어로서, "여기다" 또는 "간주하다"라는 것이다. 앞에서 보았듯이 이것은 부기(簿記) 용어로서, 여기서는 하나님께서 구원받은 사람들의 죄를 그들의 장부에 남겨 두려고 하시지 않았다는 점을 가리킨다. 이런 생각을 어떻게 표현해야 좋을까? 아마 이렇게 말해야 할 것이다. "하나님께서 한 점 흠 없이 청결하게 해주신 사람은 참으로 복되다." 또는 "한 점 얼룩도 없이 무결한 상태로 다시 시작할 수 있다니 얼마나 놀라운가."

아마 너무 놀라와서 사실 같지가 않을 것이다! 그렇지 않은가? 인간의 방식대로 생각한다면 그만큼 놀라운 일이다. 하지만 하나님께서 생각하시는 대로 생각하거나 하나님께서 우리 죄를 제거해 버리셨다고 하시는 말씀을 믿는다면 그건 "사실 같지 않을 정도로 놀라운" 일이 아니다.

하나님께서는 이렇게 말씀하신다. "… 내가 그들의 죄악을 사하고 다시는 그 죄를 기억지 아니하리라"(렘 31 : 34). 시편 저자는 이렇게 선언한다. "동이 서에서 먼 것같이 우리 죄과를 우리에게서 멀리 옮기셨으며"(시 103 : 12).

참으로 위대한 선언들이다. 그러나 이 선언들은 하나님께서 그리스도의 십자가에서 우리 죄를 처리하셨다는 훨씬 더 큰 진리로 뒷받침을 받는다. 우리 죄는 그곳에서 처벌되었고, 그렇기 때문에 우리 죄가 동이 서에서 먼 것같이 우리에게서 멀리 옮겨진 것이며, 하나님께서 우리 죄를 더 이상 기억지 않으시는 것이다.

결코, 결코

바울이 다윗의 증거를 인용하면서 사용하는 또다른 단어가 있다. 이 단어는 인간의 상태와 뚜렷하게 대조되기 때문에 특별히 주목할 만한 가치가 있다. 바로 **결코**(한글개역성경에서는 "그 죄를 인정치 아니하실"이라는 문장 안에 함축되어 있음)라는 단어이다. "그의 죄를 주께서 자기에게 범해진 것으로 **결코** 여기지 않으실 사람은 복이 있도다"(NIV. 한글개역성경, "주께서 그 죄를 인정치 아니하실 사람은 복이 있도다").

결코는 말 그대로 **결코**를 뜻하며, 비록 인간 관계에서는 그 말이 정반대 경우를 뜻하는 경우가 비일비재하지만, 여기서는 그 단어를 액면 그대로 받아들여야 한다. 어떤 사람이 우리의 사과를 마지못해서 받아들이면서도 우리를 용서해 주겠노라고 할 때 그 용서가 어떤 성격의 것인지 우리는 잘 안다. 그가 그렇게 말하더라도 그 일을 잊고 있지 않다는 것과, 그의 마음에 우리의 잘못이 오래 남아 있다가 어느 날 우리에게 불이익으로 되돌아올 것이라는 것을 우리는 잘 안다. 부모들도 자녀들을 이렇게 대하는 경우가 있다. 자녀들이 오래 전에 저지른 어리석은 행위를 결코 잊지 않고 있다가 주기적으로 그 때의 일을 상기시킨다. 우리 어른들은 서로에게도 이런 식으로 행동하는데, 참으로 해로운 짓이다.

본문은 하나님께서는 그렇게 하시지 않는다고 말한다. 하나님께서는 그리스도의 사역을 통해서 우리 죄를 일단 용서하셨으면 **결코, 결코** 다시 떠올리시는 법이 없다고 한다. 이생에서 그 일을 떠올리시지 않으실 것이고, 과거의 일을 들춰내어 우리를 나무라시는 일이 없을 것이다. 언제나 현재 우리가 처해 있는 상태를 가지고 우리를 대하실 것이다. 그리고 심판 날에도 그것을 결코 끄집어 내시지 않으실 것이다. 왜 그러한가? 우리 죄가 진짜로 사함을 받았기 때문이다. **결코** 더 이상 기억되는 법이 없을 것이다.

다윗이 말했듯이, 그것은 참으로 "복된 상태"이다. 따라서 나는 결론적으로 이렇게 질문한다. 왜 이 세상이 주는 거짓 복들에 눈이 흐려 그 복을 팔아 치우려 하는가?

물론 세상은 나름대로 여러 가지 복들을 준다. 그렇게 해서 그 희생자들을 붙잡아 둔다. 주로 물질적인 것들을 주긴 하지만, 명예, 성공, 행복 같은 손으로 만질 수 없는 것들도 준다. 나는 여러분에게 이런 것들을 모두 가질 수 있고 더 많은 것들도 가질 수 있다 하더라도, 여러분의 죄 짐을 벗어버리지 못했다면 여전히 비참한 상태에 있을 거라고 일러주고 싶다. 다윗이 대표적인 예다. 그는 전성기를 구가하던 한 나라의 왕이었다. 부유했고 명성도 드높았다. 그러나 우리가 앞에서 공부한 바로 그 시편에서 그는 사죄를 받기 전에 자신의 상태가 어땠는지를 잘 그려 놓았다. 자기 죄를 토설치 않은 채 짓누르고 있을 때 자기 상태가 어땠는지를 다음과 같이 글로 남긴다. "내가 토설치 아니할 때에 종일 신음하므로 내 뼈가 쇠하였도다. 주의 손이 주야로 나를 누르시오니 내 진액이 화하여 여름 가물에 마름 같이 되었나니이다"(시 32 : 3-4). 그러나 다윗은 하나님께 사죄를 받은 뒤 죄 짐이 떨어져 나갔고, 기력을 회복했으며, 다음과 같이 쓸 수 있었다. "여호와께 정죄를 당치 않은 자는 복이 있도다."

나는 여러분에게 이러한 큰 복을 받기를 권한다.

● 각주 ●

1. 이 원칙은 민수기 35 : 30과 신명기 17 : 6-7에서도 볼 수 있다.

2. James Hastings, *The Greater Men and Women of the Bible*(Edinburgh : T. & T. Clark, 1914), p. 113.

3. 다윗이 그리스도의 오심을 기대했다는 것은 앞 과("의로 여기신바 된 믿음")에서 살펴 보았다. 시편 51 : 7에서 다윗은 제물의 피로 씻음을 받는다는 믿음을 드러내는데, 이는 거기에 언급된 '우슬초'가 제물의 피를 제단에 뿌리는 데 쓰인 작은 관목이었기 때문이다.

4. 이 책 제4부의 "화목 제물 : 잊혀진 교리"(롬 3 : 25)를 참조하라.

54
의식없이 얻는 구원
로마서 4 : 9-12

그런즉 이 행복이 할례자에게뇨 혹 무할례자에게도뇨 대저 우리가 말하기를 아브라함에게는 그 믿음을 의로 여기셨다 하노라 그런즉 이를 어떻게 여기셨느뇨 할례시냐 무할례시냐 할례시가 아니라 무할례시니라 저가 할례의 표를 받은 것은 무할례시에 믿음으로 된 의를 인친 것이니 이는 무할례자로서 믿는 모든 자의 조상이 되어 저희로 의로 여기심을 얻게 하려 하심이라 또한 할례자의 조상이 되었나니 곧 할례 받을 자에게 뿐 아니라 우리 조상 아브라함의 무할례시에 가졌던 믿음의 자취를 좇는 자들에게도니라.

인간의 정신은 아주 미묘한 것이며, 자기 행위를 변명할 때만큼 더 민감한 때는 없다. 리처드 해리스 바함(Richard Harris Barham, 1788-1845)은 옥스퍼드대학교 재학 중에 아침 채플을 자주 거른 경력이 있는 영국 성직자였다. 채플은 아침 7시에 시작되었으나, 바함은 언제나 밤 늦게서야 잠자리에 들었다. 지도 교수가 그 일을 가지고 나무라자, 바함은 다음과 같이 변명했다. "교수님, 사실은 채플 시간이 제게는 너무 늦습니다. 저는 습관이 몸에 꽉 배어 있는데, 아침 7시까지 자지 않고 깨어 있을 수 없습니다. 새벽 네다섯시에 잠자리에 들지 않으면 다음 날에 아무 일도 할 수가 없습니다."

내가 자주 인용하는 변명은 유명한 막스 브라더스(The Marx Brothers)의 치코 막스

(Chico Marx)가 한 것이다. 그는 합창단 소녀와 입맞추다가 아내에게 들키자 "저 아가씨와 입맞추고 있던 게 아니라 아가씨 입에다 속삭이고 있던 참이요" 하고 말했다.

아브라함의 예

로마서 4장 서두를 공부할 때, 4장에서 바울이 구약 성서를 가지고 복음을 증명하려고 하고 있다는 이야기를 했다. 바울이 자기 논지를 증명하기 위해 주로 든 예는 유대 민족의 족장이자 그들로부터 영적 모델로 존경을 받던 아브라함이다. 만약 믿음의 조상 아브라함이 그리스도 안에 나타난 하나님의 은혜로 구원을 받았다는 점을 증명할 수 있다면, 바울은 목표를 달성한 셈이고 자신의 가르침을 확고히 세운 셈이다. 바울은 창세기 15 : 6을 인용하여 아브라함이 행위로 구원을 받은 게 아니라 믿음으로 구원을 받은 것임을 증명한다. 그 중요한 본문은 다음과 같다. "… 아브라함이 하나님을 믿으매 이것이 저에게 의로 여기신 바 되었느니라"(3절).

아브라함에 관하여 자신의 논지를 증명한 바울은 둘째 증인을 소개한다. 그 증인은 다윗이었고, 바울이 로마서 4 : 7-8에서 인용하는 내용은 시편 32편 중 일부이다. "그 불법을 사하심을 받고 그 죄를 가리우심을 받는 자는 복이 있고 주께서 그 죄를 인정치 아니하실 사람은 복이 있도다"(참조. 시 32 : 1-2).

그 논지는 분명하다. 즉, 아브라함은 인간의 행위와 무관하게 믿음으로 구원을 받았다. 우리도 틀림없이 믿음으로 구원을 받는다. 그러나 바로 여기서 믿지 않는 정신이 둘러대는 변명이 끼어든다.

회의론자는 이렇게 반론을 편다. "하지만 틀림없이 그 이상의 것이 있어야 합니다. 할례를 생각해 봅시다. 나는 전에 당신이 할례가 외적인 것이고, 하나님은 외모를 보시지 않고 중심을 보신다고 말한 줄로 알고 있습니다. 그러나 결국 아브라함은 할례를 **받았습니다**. 그렇지 않습니까? 그리고 할례를 하나님이 아브라함에게 **부과했던** 것입니다. 그것은 유대인들이 아브라함 때 이후로 많은 세기 동안 시행해온 의식입니다. 이 의식은 분명히 무슨 뜻을 갖고 있습니다. 만약 그렇다면 아브라함이 믿음으로만 구원을 받았다고 말하는 것은 옳지 않습니다. 그는 적어도 할례에 의해서도 구원을 받았고, 아니면 믿음보다는 오히려 할례에 의해서 구원을 받았습니다. 만약 하나님이 할례를 부과하셨다면, 할례는 분명히 가치 있는 의식입니다."

오늘날에도 마찬가지 방법으로 세례나 심지어 주의 만찬에 구속의 가치가 있다고 주장하는 사람들이 있을 수 있다. 이 두 의식은 예수 그리스도께서 주신 것들이다. 따라서 적어도 부분적으로는 이 성례들에 의해서 구원받는다고 말해야 옳지 않은가?

논리학을 전공하지 않았더라도 이런 주장들의 오류는 얼마든지 지적할 수 있다. 그들은 주장하기를, 만약 의식들이 하나님께로부터 온 것이라면 반드시 중요성을 띠고 있으며, 만약 중요성을 띠고 있다면 구원을 얻는 데 반드시 가치가 있다고 주장한다. 그러나 이 주장은 성립되지 않는다. "갑"이 "을"에게 가치가 있다고 해서 "갑"이 "병"에게도 가치가 있는 것은 아니다. 가치가 있다고 말하려면 "을"이 "병"과 동일한 것임을 증명해야만 한다. 만약 "갑"이 "을"과 동일하고, "을"이 "병"과 동일하다면, "갑"도 "병"과 동일하다. 그러나 만약 "을"이 "병"과 다르다면 그 논리를 성립하지 않는다. 본문의 경우도 이와 마찬가지다. 할례 (또는 다른 성례들)는 가치를 갖고 있다. 바울은 할례의 가치를 믿음으로 받는 의에 대한 "표"(sign, 상징)와 "인"(印)으로 설명하고 있다. 그러나 할례가 가치 있다는 말은 할례가 직접 그 의를 받는 근거라고 말하는 것과 같지 않다.

그러나 바울의 주장은 그것보다 훨씬 더 강력하다. 본문에서 바울은 아브라함이 하나님께 의롭다 하심을 받은 때가 언제였느냐고 묻는다. 즉, 아브라함은 언제 구원을 받았는가? 할례를 받은 후였는가, 아니면 전이었는가? 만약 할례를 받은 후라면 할례는 그가 의롭다 하심을 받는 과정에 어떤 방식으로든 개입했다고 생각할 수 있을 것이다. 그의 칭의에 기여한 바가 있었을 것이다. 그러나 아브라함이 할례를 받기 전에 구원을 받았다면 – 할례가 무엇을 뜻하든간에 – 구원에는 명백히 끼어들지 못하며, 아브라함이든 누구든 의롭다 하심을 받는 근거가 되지 못한다.

언제 구원을 받았는가? 대답은 자명하다. 이미 앞 장에서 본 대로, 아브라함은 창세기 15 : 6에서 의롭다고 인정을 받았다. 그가 할례를 받은 것은 그로부터 14년 뒤의 시기를 묘사하는 창세기 17장에서다.

그러므로 아브라함은 할례로 구원을 받지 않았기 때문에, 할례를 받은 유대인들 뿐만 아니라 할례를 받지 않은 모든 사람들의 조상으로 인정될 수 있다. 아브라함은 의롭다 하심을 받은 사람들의 조상이다. 그는 할례를 받았으며 또한 예수 그리스도를 믿기도 한 유대인들의 영적 조상이다. 그리고 할례를 **받기 전**에 의롭다고 인정을 받았으므로, 할례는 받지 않았지만 믿는 유대인들과 마찬가지로 예수님을 믿은 사람들의 영적 아버지이기도 하다.

고데(F. Godet)는 이 교훈에 대해서 다음과 같이 정당하게 말한다 : "바울은 선민 사상을 발견할 수 있는 그의 생애에서 기독교적 보편주의의 근거를 발견해냈다."[1] 즉, 유대인들은 유대인으로 구원을 받을 것이라는 소망을 아브라함에게 두어왔다. 그러나 아브라함의 예는 사실상 하나님께서 출신 성분을 가리지 않으시고 그리스도를 통해서 사람들을 구원하신다는 사실을 증명한다.

다른 저자는 이렇게 말한다. "바울은 유대인의 자랑을 꺾어 놓았다. 구원을 받기 위해서는 이방인들이 유대인의 할례를 받으러 와야 하는 것이 아니라, 유대인들이 이방인의 신앙, 즉 아브라함이 할례를 받기 오래 전에 갖고 있던 신앙으로 와야 한다고 밝혔다."[2]

이 문제의 중요성을 이해하겠는가?

만약 여러분이 유대인으로서 구원을 받았다면, 그것은 여러분이 유대인이기 때문이 아니다. 예수 그리스도의 사역 때문이다. 만약 여러분이 이방인으로서 구원을 받았다면, 그것은 여러분의 출신 성분이나 여러분이 이방인으로서 행한 어떤 것 때문이 아니다. 예수 그리스도의 사역 때문이다. 어떠한 사람도 세례를 받았다든가 안수식을 받았다든가 예배에 참석했다든가 성찬식에 참석했다든가 하는 것으로 구원을 받지 못한다. 그리스도의 온전하고 철저한 사역을 믿음으로써 구원을 받는다. 여러분은 그리스도에 의해 구원을 받았거나, 아니면 아예 구원을 받지 않았거나 둘 중의 하나이다. 사람이 의롭다 하심을 받는 것은 행위가 아니라 믿음에 의해서다.

하나님이 주신 표

물론 아직까지도 정당한 질문이 있을 수 있으며, 그것은 다음과 같은 질문이다. 만약 아브라함이 할례와 무관하게 구원을 받았다면 – 만약 할례를 받기 14년 전에 의롭다 하심을 받은 것이 사실이라면 그는 할례와 무관하게 구원을 받은 셈이다 – 할례 의식은 왜 내리신 것일까? 만약 아브라함이 할례로 구원을 받지 않았다면, 할례를 주심으로써 오히려 물을 흐려 놓으신 것이 아닌가? 아니면, 그 질문을 달리 하자면, 성례들의 목적은 대체 무엇인가?

본문은 이런 질문들을 하기에 알맞는 내용을 담고 있다. 한 군데에서 성례들의 목적을 이해하는 데 가장 중요한 단어들을 두 개나 싣고 있기 때문이다. 그 단어들은 (1) 표(sign)와 (2) 인(seal)이다.

먼저 표라는 단어를 살펴보자. 바울은 아브라함이 "할례의 표"를 받았다고 쓴다(11절). 그것이 무슨 뜻인가? 쉽게 설명하자면, 상징이란 그 자체와 다르고 자체보다 더 가치 있는 것을 가리키는 가시적인 대상이다. 앞에서 내가 말한 것을 되살펴 볼 만한 자료들이 본문에 있다. 만약 여러분이 차를 몰고 뉴저지 고속도로를 이용하여 북쪽으로 가다가 "뉴욕 125마일"이란 표지판을 본다면, 뉴욕이 125마일 앞에 있다고 이해한다. 표지판 자체가 뉴욕이 아니라, 다만 뉴욕을 가리킬 뿐이다. 뉴욕보다 작지만 – 비교도 안 될 만큼 – 그렇다고 가치가 없는 것은 아니다.

또 다른 예가 있다. 차를 몰고 어떤 길을 내려가다가 식당을 알리는 "조의 식당"이라는 이정표를 본다고 가정하자. 이 이정표도 앞의 경우와 마찬가지 역할을 한다. "조의 식당"이란 이정표로 식당을 가리킨다. 그러나 이 경우 이정표는 좀더 많은 의미를 지닌다. 주인이 누군지도 가리킨다. 이 특별한 식당은 조의 것임을 보여준다.

나는 첫째 예에 이 둘째 예를 덧붙여 소개했다. 그 이유는 이 둘째 예가 지금 하고 있는 논의에 두 번째 중요한 요소를 소개하기 때문이다. 성례는 일종의 상징이다. 첫째 단계에서, 성례는 그 자체와 다르고 더 큰 것을 가리킨다. 할례의 경우, 그것은 하나님께서 그리스도의 사역을 근거로 아브라함과 맺으신 언약을 가리킨다. 신약의 성례들 곧 세례와 성찬의 경우도 마찬가지이다. 특히 성찬은 시각을 과거로 돌려 그리스도의 죽음을 가리킨다. "…이것은 너희를 위하여 주는 내 몸이라…" 그리고 "이 잔은 내 피로 세우는 새 언약이니…"(눅 22 : 19-20). 그러나 둘째 단계에서 이 성례들은 소유권을 가리키기도 한다. 우리가 그리스도께 속해 있고, 더 이상 우리 스스로에게 속해 있지 않음을 보여 준다.

특히 입교 성례인 세례가 그 역할을 한다. 세례의 의미는 예수님의 소유가 되는 또는 예수님과 연합하는 것에 관련된다. 이런 이유에서 세례는 정상적인 상황에서는 은밀하게 집행하지 않고 공개적으로 집행해야 한다. 세례는 신자들이 세상 앞에서 그리스도의 소유임을 증거하는 한 가지 중요한 방법이다. 반면에 세례는 또한 신자들 본인들에 대한 증거이기도 하다. 가끔 일어나는 일로서, 어떤 신자의 삶에 그가 과연 그리스도께 구원을 받았는지, 즉 그리스도의 소유가 되었는지 의심이 찾아오면, 세례를 받은 기억이 믿음을 재확인하고 힘을 얻는 중요한 방법이 될 수가 있다.

마르틴 루터가 그런 일을 겪었다. 루터는 생애 말기에 좌절에 빠지고 모든 것이 혼동스러워 보였다고 한다. 그렇게 오랫 동안 독일에서 종교개혁의 선봉에 서느라 긴장과 정신적 피로가 누적되었기 때문이었으리라. 루터는 종교개혁이 과연 가치 있는 일인가 하는 의문이 생겼다. 자신의 믿음에 대해서 의문이 생겼다. 예수 그리스도의 사역에 대해서조차 의문을 품었다. 그러나 그 때 루터는 분필을 들고서 칠판에 라틴어로 **밥티자투스 숨!**(Baptizatus sum, "나는 세례를 받았다!")라고 썼다고 한다. 그 엄연한 사실은 그에게 힘을 주었을 것이고, 자신이 진짜로 그리스도의 소유이며, 그분의 죽음과 부활 안에서 그분과 연합했음을 기억했을 것이다.[3]

그리스도의 의라는 도장

바울이 성례들 – 할례든, 세례든, 아니면 성찬이든 – 의 본질을 논할 때 사용하는 둘째 단어는 "인"(印)이다. 그는 아브라함의 할례가 "무할례시에 믿음으로 된 의를 인친 것"(11절)이었다고 쓴다.

인(印)이란 것이 무엇인가? 오늘날 미국에서는 도장을 그리 많이 사용하지 않지만, 그 의미와 중요성을 알아볼 만한 예들은 얼마든지 있다. 여러분이 해외에 가고 싶어한다고 가정해 보자. 해외에 가려면 미국 정부가 발행하는 여권을 얻어야 한다. 그래서 최근의 모습을 담은 사진 두 장을 동봉하여 여권을 신청한다. 여권을 받아 보면 동봉했던 사진들 중 한 장이 여권에 붙어 있고, 그 위에 미국(United States)이라고 새긴 커다란 도장이 찍혀 있다. 여권을 훼손하여 무효로 만들기 전에는 사진을 떼어내거나 다른 사진을 갖다 붙일 수 없게끔 찍혀 있다. 이 도장은 여권에 담긴 미국 정부의 권위가 여권에 붙은 사진의 주인이 어디를 가든 진짜 미국 시민임을 보증한다는 것을 가리킨다.

미국에 친숙히 알려져 있는 본 도장의 또다른 용도는 공증인이 법률 문서에 도장을 찍는 것이다. 공증인은 그 문서가 진실임을 맹세시킨 다음 도장을 찍어 효력을 지니게 한다.

성례들도 이런 식으로 작용한다. 아브라함의 경우에 대해, 바울은 할례가 "무할례시에 믿음으로 된 의를 인친 것"이었다고 말한다. 즉, 아브라함이 하나님을 믿고 하나님께서 그에게 의를 전가해 주신 다음에, 하나님께서는 이미 발생한 일을 유효화하기 위해서 할례라는 도장을 찍으신 것이다. 마찬가지로 세례는 세례받은 사람이 예수 그리스도의 제자로 그분과 연합되었음을 확증하는 도장이며, 성찬식의 빵과 포도주는 그것들을 받은 사람이 마치 빵과 포도주를 먹고 마시는 것처럼 친밀하고 불가분하게 예수님을 영접했음을 알리는 도장이다.

성례들이 중요한가?

그렇다. 여러가지 성례들은 영적으로 보이지 않게 발생한 일에 대한 표와 인으로서 중요하지만, 구원의 방법들은 아니다.

모든 사람들의 조상

본문의 마지막 부분은 아브라함이 할례를 받기 전에 믿음으로 구원을 받았기 때문에 유대인이든 이방인이든 진정으로 구원을 받은 모든 사람들의 조상이 되었다고 가르친다. 이것은 아브라함 이전 시대 사람들은 아무도 구원을 받지 못했다는 말이 아니다. 아담, 아벨, 에녹, 노아, 그리고 그밖의 신자들도 믿음으로 구원을 받았다. 그러나 아브라함이 모든 믿는 자들의 조상이 되었다는 말은 아브라함의 경우에 구원의 방법이 성경에 최초로 명시되었다는 뜻이다. 그러므로 믿은 모든 사람들은 영적인 조상을 그에게로 거슬러 올라가 찾는다.

이 사람이 얼마나 많은 영적 자손들을 거느리고 있는 셈인가!

먼저 유대인 자손들이 있다. 아브라함의 믿음을 이삭과 야곱이 물려 받았다. 그들은 아브라함만큼 거인들은 아니었다. 그러나 각각 장차 오실 메시야를 바라보았고, 하나님께서는 여러 번에 걸쳐 자신이 "아브라함의 하나님, 이삭의 하나님, 야곱의 하나님"이라고 선언하심으로써, 그들의 이름을 사용하여 자신을 언급하셨다.

앞에서 본 대로 다윗은 그 조상 계열에 들어 있다. 믿음을 가졌던 모든 왕들이 다 그러했다. 선지자들도 그 계열에 들어 있었다. 이사야는 자신의 선행이나 성례에 대한 순종을 의지하지 않고 장차 오실 분을 의지함으로써 아브라함의 발자취를 따랐다. 예레미야, 에스겔,

다니엘, 그리고 모든 소선지자들이 다 그러했다.

예수님 시대에도 마리아, 요셉, 안나, 시므온 등 아브라함의 자손 계열에 섰던 사람들이 많이 있었다. 그리고 마지막으로 예수님을 가리켜 "세상 죄를 지고 가는 하나님의 어린양" (요 1 : 29)이라고 말한 세례 요한이 있었다.

열한 제자들, 즉 시몬 베드로, 야고보, 요한, 나다나엘, 안드레, 빌립, 마태, 그리고 그외 제자들도 그 신자들의 무리에 포함되었다. 훗날 바울과 바나바, 그리고 교회의 초대 집사들이 그 무리에 가담하였다. 제2복음서를 쓴 요한 마가도 그러했다.

이들은 모두 유대인들이었고, 따라서 "할례받을 자에게 뿐 아니라 우리 조상 아브라함의 무할례시에 가졌던 믿음의 자취를 좇는 자들"(12절)의 허다한 무리에 포함된 사람들이었다.

아브라함의 또다른 영적 자손들인 이방인들의 경우는 어떠한가? 훗날 이스라엘 자체가 그렇게 되었듯이, 처음에 이방인들이 신자들의 무리에 든 경우는 극소수에 불과했다. 이들의 계열은 더디게 성장했으나, 그중에는 갈렙 같은 사람들이 포함되어 있었다. 갈렙은 원래 겐 족속이거나 외국인이었다가 유다 지파의 일원이 된 사람이다. 그밖에도 여리고 성의 라합, 모압의 룻, 수리아의 군대장관 나아만이 있었다.

예수님의 탄생을 우리에게 전한 동방 박사들의 경우는 어떠한가? 하나님께서 그들을 동방의 먼 나라에서 예루살렘으로 오게 하신 뒤에 회개시키지 않은 채 그냥 돌려 보내셨다고 생각해야 할까? 그들은 이방인들이었고 할례를 받지 않은 사람들이었지만, 유대인의 메시야께 대한 신앙을 갖게 되었다. 이 이방인들은 아기로 나신 주 예수 그리스도를 보고 그분께 경배했다.

그리스도께서 땅에 계시는 동안 수로보니게 여인과 중풍병으로 고생하는 하인을 위해 예수님을 찾아온 백부장같이 믿는 이방인들도 있었다. 이들은 각각 큰 믿음 때문에 예수께 칭찬을 받았다. 물론 사마리아 여인도 있다.

훗날 예수께서 부활하신 뒤 빌립은 경건한 에디오피아인에게 복음을 전했고, 그 에디오피아인은 믿었다. 그런 뒤 빌립은 팔레스타인의 해안을 따라 올라가 그곳에 있는 이방 도시들에 들어가 복음을 전했는데, 아마 더 많은 이방인들이 그의 전도로 믿게 되었으리라고 추측할 수 있다. 베드로는 로마 군인 고넬료에게 복음을 전했고, 그로써 정식으로 이방인들에게 복음 전파의 문을 여는 일에 쓰임을 받았다.

안디옥에서는 최초의 이방인 교회가 세워지고, 특히 이방인들 사이에서 성장했다. 니게르라 하는 시므온(아마 흑인이었던 것 같다), 구레네 사람 루기오, 마나엔(분봉왕 헤롯과 함께 자라난 젓동생) 등 그 교회의 교사들 가운데 많은 수가 이방인들이었다. 바울은 전도 여행을 시작할 때 마게도냐 출신으로서 훗날 제3복음서와 사도행전을 쓴 누가와, 분명히 압력은 있었으나 끝내 할례를 시행하지 않은 디도(참조. 갈 2 : 3) 같은 할례 받지 않은 사람들을 선발했고, 이 사람들이 바울과 함께 일했다.

바울의 편지들 말미에 붙은 인사말들에서는 바울의 사역을 통해서 교회에 가입한 이방인들의 이름을 많이 보게 된다 : 아볼로, 스데바나, 브드나도, 빌레몬, 가이오, 에라스도, 그리고 믿은 노예들인 더디오, 구아도, 오네시모.

이 사람들은 모두 할례를 받지 않았지만, 아브라함은 그들의 조상도 되었다. "… 이는 무할례자로서 믿는 모든 자의 조상이 되어 저희로 의로 여기심을 얻게 하려 하심이라"(11절).

영적 조상

영국의 위대한 정치가 윌리엄 그래드스턴(William Gladstone, 1809-1898)이 골동품 상점을 방문한 일이 있다. 그는 그곳에서 17세기에 제작된 유화 한 점을 보고서 충격을 받았다. 진보라색 모자에 주름옷깃이 달리고 소매에 레이스가 달린 에스파냐의 전통 복장을 한 귀족의 초상화였다. 글래드스턴은 그 그림을 사고 싶었으나 너무 비싸서 그냥 돌아갔다. 얼마 후 런던의 부유한 상인 집을 방문했을 때 그 그림이 벽에 걸려 있는 것을 보았다. 주인은 그가 그 그림을 눈여겨 보고 있는 것을 알아채고는, "그게 마음에 드십니까? 그건 엘리자베스 여왕의 궁정에서 대신을 지낸 제 조상의 초상화입니다" 하고 말했다.

그 말이 거짓이라는 걸 잘 알고 있는 글래드스턴은 "3파운드만 있었으면 저이가 내 조상이 되었을 텐데요" 하고 대답했다.

여러분의 조상들이 누구였는지, 중요한 사람들이었는지 평범한 사람들이었는지, 심지어 여러분이 여러분의 조상들이 누군지 알고 있는지 나는 알지 못한다. 그러나 이것만큼은 안다. 즉, 여러분은 어떤 인간이라도 소유할 수 있었던 영예로운 조상들의 목록을 더듬어 올라갈 수 있으며, 그 일을 하는 데는 일전 한푼도 들지 않는다.

그것은 아브라함에게 속한 조상의 계열이다.

주 예수 그리스도를 여러분의 구주로 믿기만 하면 된다.

그러면 여러분은 이 위대한 신자들의 무리로 이루어진 족보를 갖게 될 것이다.

● 각주 ●

1. F. Godet, *Commentary on St. Paul's Epistle to the Romans,* trans. A. Cusin (Edinburgh : T. & T. Clark, n.d.), vol. 1, pp. 295, 296.

2. Stiftler. 다음 책에 인용된 그의 글을 여기서 다시 인용하였다 : Donald Grey Barnhouse, *God's Remedy : Exposition of bible Doctrines Taking the Epistle to the Romans as a Point of Departure,* vol. 3, (Grand Rapids; Wm. B. Eerdmans, 1954), p. 260.

3. 이 말은 세례에 무슨 마술적인 힘이 있어서 그리스도와 구원의 연합을 시킨다는 뜻이 아니며, 루터도 그런 뜻으로 말하지 않았다. 그런 견해가 로마가톨릭교회의 신학에 담겨 있었고, 프로테스탄트 신앙의 일부 신조와 전례 문구들에 남아 왔으나, 그것은 비성경적인 견해이다. 내 논지는 성례들이 비록 가치 있는 상징들이긴 하지만, 그 자체가 실체는 아니라는 것이다.

55

믿음의 자취

로마서 4 : 12

또한 할례자의 조상이 되었나니 곧 할례 받을 자에게 뿐 아니라 우리 조상 아브라함의 무할례시에 가졌던 믿음의 자취를 좇는 자들에게도니라.

바울이 아브라함의 생애를 가지고 복음을 증명하는 과정에는 다시 돌아가서 살펴볼 가치가 있는 구절이 나온다. 비록 앞 장에서는 그것을 생략하고 지나갔지만 말이다. 바로 "믿음의 자취"라는 구절이다. 남의 자취를 따른다는 것은 한 줄로 곧게 따라가서 앞선 이가 밟았던 땅이 따르는 이들 하나하나의 발자국들로 뒤덮이게 되는 것을 뜻한다.[1] 이것은 여행을 암시하며, 내가 자취라는 개념으로 돌아온 것도 그런 이유에서이다.

우리는 그리스도인의 생활을 "거듭난 일"이나 "예수를 믿기로 결심한 일" 같은 고정된 과거의 결정들에 비추어서만 생각할 때가 있다. 물론 결정을 내려야 할 때가 있고, 거듭나는 일도 일생에서 단 한번 일어나는 일이다. 하지만 이런 결정들을 일단 내렸다면, 또는 이런 경험들을 일단 했다면 그 다음부터는 거기서 더 기대할 것이 없다고 생각한다면 빗나갈

가능성이 있다. 사실상 이런 사건들은 그리스도인의 삶의 시작일 뿐이며, 참된 기독교란 아브라함이 우리를 위해서 남겨 놓은 모든 자취를 믿음으로 받아들이고 똑같은 방향으로 따라가는 일종의 순례와 같은 것이다.

아브라함은 생애 전부를 순례자로 지냈으며, 우리도 그래야 한다. 그와 마찬가지로 우리도 "하나님이 경영하시고 지으실, 터가 있는 성을…"(히 11 : 10) 바라며 살아야 한다.

믿음에서 우러나오는 순종

아브라함의 믿음은 아주 선명하게 남아 있는 발자국들로 확인되며, 매순간마다 그 발자국을 살펴보는 것이 유익하다. 첫째 발자국은 갈대아인들의 도시 우르에서 살 때 하나님께 부르심을 받고 그 부르심에 순종한 것이다. 이 일이 창세기 12 : 1-9에 술회되어 있고, 히브리서 11장에도 다음과 같이 언급되어 있다. "믿음으로 아브라함은 부르심을 받았을 때에 순종하여 장래 기업으로 받을 땅에 나갈새 갈 바를 알지 못하고 나갔으며"(8절).

아브라함이 믿음의 순례에 나서며 내디딘 첫 걸음에는 두 가지 중요한 사실들이 있다. 첫째, 그가 순례의 길을 나서게 된 것은 전적으로 하나님 때문이었다. 아브라함은 우리와 다를 바 없이 스스로 하나님을 찾지 않았다. 사실상 아브라함은 거짓 신들을 숭배하던 사람이었고, 처음에는 참되신 하나님께 대한 깨달음이 전혀 없었다(참조. 수 24 : 2). 그도 하나님의 참된 진리를 앎으로서 삶의 비중에 변화가 일어나고 생활 방식이 바뀌게 될까봐 그 진리를 억누른 사람들의 범주에 들어 있었다. 아브라함이 참되신 하나님을 따르게 된 것은 전적으로 하나님께서 그렇게 주도하셨기 때문이다.

하나님의 부르심을 기록하는 창세기 12장은 이 점을 명백하게 드러낸다(1-3, 7절). 이 구절들에는 "내가… 하리라" 하는 말씀이 일곱 번이나 나온다.

1. "내가 네게 지시할 땅."
2. "내가 너로 큰 민족을 이루고."
3. "[내가] 네게 복을 주어."
4. "[내가] 네 이름을 창대케 하리니."

　5. "너를 축복하는 자에게는 내가 복을 내리고."

　6. "너를 저주하는 자에게는 내가 저주하리니."

　　　… 그리고 더 늦은 나중에 아브라함은 가나안에 도착했다.

　7. "내가 이 땅을 네 자손에게 주리라."

아브라함으로서는 하나님께서 자신에게 나타나시게 만들 만한 어떠한 가치 있는 일도 한 적이 없다. 게다가 하나님께서 약속하신 내용들에 기여한 것도 전무했다. 우리가 구원을 받은 경위와 마찬가지로 순전히 선택의 문제였다.

"하지만 아브라함이 무엇을 한 것은 틀림없는 사실이 아닌가?" 이렇게 묻는 사람도 있을 것이다. 물론 사실이다. 이것이 아브라함이 남긴 최초의 믿음의 자취에 관한 둘째로 중요한 사실, 즉 아브라함이 하나님께 순종했다는 사실이다(히 11 : 8). 그러나 눈여겨 볼 것은 이런 순종이 하나님의 명령에 따른 것이며, 스스로 발휘한 게 아니라는 점이다. 하나님께서는 아브라함에게 "너는 너의 본토 친척 아비 집을 떠나 내가 네게 지시할 땅으로 가라"(1절)고 하셨고, 아브라함은 그대로 했다. 본문은 이렇게 말한다 : "이에 아브람[아브라함]이 여호와의 말씀을 좇아 갔고…"(4절). 이런 이유에서 히브리서는 이 자취를 순종으로 언급한다.

우리가 하나님께 내놓는 반응을 이런 식으로 생각하는 법을 배운다면 그리스도인의 삶을 좀더 정확하게 생각하게 될 것이다. 복음도 좀더 정확하게 전할 수 있게 될 것이다. 우리가 전도하는 내용을 가끔 되돌아 보면 마치 그리스도인이 되는 것을 스스로 하는 행위인 줄로 생각하는 경우가 종종 있다. "예수를 위해 결단한다"든지 "예수께서 우리 마음 안에 들어오게 허락한다"든지 하는 표현들이 그런 예들이다. 그러나 이런 생각은 전도를 인간 중심적인 것으로 만든다. 믿음을 단지 하나님께서 하라고 부르신 일에 대해 순종하는 것으로만 생각하는 게 더 나을 것이다.

순례자가 된다는 것

아브라함의 믿음의 행보의 둘째 단계는 약속의 땅에서 보낸 초기에 해당된다. 어떤 의미에서는 아브라함은 목적지에 도달했다. 하나님께서 가라고 명령하신 곳에 이제 도착했다.

그러나 동시에 아브라함은 자기가 이 땅에서 순례자일 뿐임을 알았다. 하나님께서 가리키시는 참된 목적과 유업은 하늘에 있었기 때문이다. 히브리서 저자는 다음과 같은 말로 이 사실을 확인한다. "믿음으로 저가 외방에 있는 것같이 약속하신 땅에 우거하여 동일한 약속을 유업으로 함께 받은 이삭과 야곱으로 더불어 장막에 거하였으니 이는 하나님의 경영하시고 지으실, 터가 있는 성을 바랐음이니라"(히 11 : 9-10).

순례자의 상을 사용하여 지은 복음성가가 있는데, 이 복음성가는 어떤 점에서 그릇된 개념을 전달한다. 그 내용은 다음과 같다 :

> 나는 순례자였네,
> 죄악의 시린 밤을 방랑하는.
> 인자한 목자 예수 나를 찾으시니
> 이제 내 본향으로 돌아가네.

> 존 피터슨(John W. Peterson, 1958.
> 한글로는 "나는 길잃은 나그네였네"로 번역됨).

물론 곡조가 매우 아름답고, 내용도 대부분 참되다. 그러나 순례자라는 단어를 사용하는 방법을 보면, 마치 예수님이 우리를 찾으시기 전의 상태가 순례자들이었고, 이제는 더 이상 순례자들이 아니라는 뜻을 읽게 된다. 사실은 우리가 예수님을 믿음으로써 순례자가 되었는데 말이다.

순례자가 되려면 두 가지 일이 반드시 발생해야 한다. 첫째, 반드시 고향을 떠나야 한다. 아브라함은 고향을 떠났다. 하나님께서는 그에게 그의 나라, 그의 백성, 그의 아버지 집을 떠나라고 하셨다. 마찬가지로 우리도 과거를 떠나 예수님을 따르라는 부르심을 받는다. 예수께서 우리에게 자기를 부인하고 날마다 자기 십자가를 지고 당신을 따르라고 하시는 것은 바로 그런 이유에서이다(참조. 눅 9 : 23). 다음과 같이 말씀하신 것도 그런 이유에서이다 : "무릇 내게 오는 자가 자기 부모와 처자와 형제와 자매와 및 자기 목숨까지 미워하지 아니하면 능히 나의 제자가 되지 못하고"(눅 14 : 26). 물론 서로 사랑하라고 가르치신 분께서 문자 그대로 가족을 미워하라고 가르치실 리는 없다. 그보다는 오히려 다른 모든 사람들보다 더 큰 충성을 그분께 바쳐야 한다는 뜻이다. 100% 제자가 되지 못하도록 가로막는 것에 대해서 등을 돌려야 한다는 뜻이다.

이것이 순례자의 둘째 특징이다. **제자가 되는 것** 또는 **예수를 따르는 것**이 순례이다. 무작정 집을 떠난다고 해서 순례자가 되는 것은 아니다. 그런 사람은 방랑자, 떠돌이라고 한다. 순례자가 되려면 가고자 하는 목적지에 눈을 두어야 한다.

그렇다고 해서 그리스도인은 인간적인 따뜻한 우정을 가질 수 없다는 말은 아니다. 오히려 그리스도인들의 우정은 비그리스도인들의 우정보다 더 크고 깊다. 그리스도인에게는 사물보다는 사람이 더욱 가치가 있다는 한 가지 이유만으로도 그러하다. "사물"에 대해서 보더라도, 순례자로서 산다는 것은 그리스도인들이 세상의 정당한 부를 소유할 수 없다는 뜻이 아니다. 아브라함은 순례자였지만 부자가 되었다. 양떼와 소떼와 종들을 소유했다. 그런데도 순례자였다. 왜 그랬는가? 도덜드 그레이 반하우스(Donale Grey Barnhouse)는 이렇게 대답한다 :

> 그는 고향을 떠나 하나님과 동행하기 시작했기 때문에, 그의 모든 소유는 이제 참되고 영원한 가치를 갖게 되었다. 그 어떤 소유에 대해서도 본래의 가치를 주장하지 않았다. 하나님과 동행한 뒤부터는 자기가 만지고 소유한 모든 것을 하나님께서 주신 선물로 간주했다. 그것이 하나님의 영광을 증진하고 주님을 더욱 가까이 모시는 데 도움이 되면 가치 있는 것으로 여겼고, 하나님의 빛을 가리고 그 영광스러운 기억을 잊게 만들면 전혀 쓸모없는 것으로 여겼다.[2]

하나님께서는 이 장을 공부하고 있는 분들에게 지난 날보다 좀더 진실한 순례자가 되기를 바라신다고 나는 확신한다. 여러분이 걱정할 세상 일들 – 직업, 가정, 융자 등 – 이 너무 많다고 하소연할는지도 모르고, 예수 그리스도를 진지하게 따르기에는 너무 나이가 들어버렸다고 한탄할는지도 모른다. 지금 그런 생각에 짓눌려 있다면, 아브라함을 생각해 보라. 그는 하란을 떠날 때조차 재산이 많았지만(창 12 : 5), 순례의 길을 멈추지 않았다. 더욱이 아브라함은 하란을 떠날 때 이미 일흔다섯 살이었다(4절). 그는 백칠십오 살을 살다가 죽었다. 당시의 평균 수명을 가지고 생각하더라도, 그는 하나님의 부르심을 받을 때 이미 중년에 접어든 나이였다.

여러분은 어떠한가? 여러분이 아브라함의 자취를 따르고 있다면, 하나님께서는 여러분이 참된 순례자가 되기를 바라시지 않겠는가?

바랄 수 없는 것을 바라게 하시는 하나님

아브라함이 걸은 믿음의 여정의 그 다음 단계는 위대한 것이다. 그러나 이 장에서는 그것을 길게 논하지 않겠다. 로마서 다음 몇 절 뒤(4 : 18-22)에 다시 그 이야기를 하게 될 것이기 때문이다. 그것은 가장 중요한 것인 만큼 그 부분에서 충분히 다루기로 하자.

하나님께서는 아브라함에게 자손이 하늘의 별처럼 무수히 번성하게 해 주겠다고 약속하셨다(창 15 : 5). 하지만 아브라함이 가나안을 향해 길을 나설 때 이미 75세였는데다가, 11년이 지나도록 자신과 아내 사라 사이에는 자식이 없었다. 이것은 그 부부에게는 커다란 문제가 되었다. 물론 당황할 만한 문제였다. 그러나 한 단계 더 나아가 그것은 영적으로도 큰 문제였다. 죄에서 구원할 분에 대한 하나님의 약속이 아브라함 자신의 몸에서 날(4절) 아들에 대한 약속에 포함되어 있었기 때문이다. 앞으로 보겠지만, 아브라함과 사라는 이 약속에 소망을 걸고 있었다. 그런데도 그렇게 오랜 세월이 지나도록 자녀가 생기지 않았다.

우리는 그 이야기를 잘 안다. 사라는 불안을 느낀 나머지 몸종 하갈을 아브라함에게 주었다. 혹시 몸종에게서 상속자를 얻을 수 있을까 하는 기대에서였다. 하갈은 아들을 낳았다. 그 아이가 이스마엘이었다. 그러나 이 일은 하나님께서 하신 일이 아니었으며, 훗날 하나님께서는 아브라함을 찾아오셔서 자신의 약속을 잊고 계시지 않다는 것과, 오래 기다리던 아들을 1년 내에 얻게 될 것이라고 말씀해 주셨다.

이때 아브라함의 나이 99세였고, 사라는 89세였다. 전에 이스마엘을 낳을 때는 아브라함의 육체에 그럴 만한 힘이 남아 있었다. 이제는 아이를 낳을 수 있는 연령을 넘어섰고, 사라도 출산할 나이를 넘어서 있었다. 그 상태에서 아이를 낳으려면 기적이 일어나야 했다. 그러나 아브라함은 바로 이 일을 놓고 하나님을 믿었다. 히브리서 저자가 다음과 같이 쓴 이유는 바로 그런 이유에서다. "믿음으로 사라 자신도 나이 늙어 단산하였으나 잉태하는 힘을 얻었으니 이는 약속하신 이를 미쁘신 줄 앎이라. 이러므로 죽은 자와 방불한 한 사람으로 말미암아 하늘에 허다한 별과 또 해변의 무수한 모래와 같이 많이 생육하였느니라"(히 11 : 11-12).

바울이 로마서에서 다음과 같이 말하는 것도 그런 이유 때문이다. "아브라함이 바랄 수 없는 중에 바라고 믿었으니 이는 네 후손이 이같으리라 하신 말씀대로 많은 민족의 조상이 되게 하려 하심을 인함이라. 그가 백세나 되어 자기 몸의 죽은 것 같음과 사라의 태의 죽은 것 같음을 알고도 믿음이 약하여지지 아니하고 믿음이 없어 하나님의 약속을 의심치 않고 믿음에 견고하여져서 하나님께 영광을 돌리며 약속하신 그것을 또한 능히 이루실 줄을 확신하였으니"(롬 4 : 18-21).

여러분은 이러한 믿음을 갖고 있는가? "바랄 수 없는 것을 바라게 하시는 하나님"께 대한 믿음을 갖고 있는가?

물론 이것은 아주 고도한 믿음의 표본이다. 그렇기 때문에 신약 성서에 자주 인용된다. 그러나 본질상 그것은 우리가 갖고 있는 믿음 – 만약 우리가 참된 그리스도인들이라면 – 과 동질의 믿음이라고 나는 주장한다. 우리가 예배하는 하나님께서는 결국 아브라함의 하나님이며, 하나님께서는 자기를 아는 모든 사람들 속에 그러한 믿음을 일으키시기 위해서 일하신다. 하나님께서는 죽음에서 생명을 일으키신다. 여러분이 회개한 것이 그 한 가지 예가 아닌가! 하나님께서는 미움에서 사랑을, 혼란에서 평화를, 비참함에서 기쁨을, 저주에서 찬양을, 하나님을 의지하는 자에게 기적을 일으키신다. 아브라함의 자취를 따라온 사람들이라면 많은 사람들이 이런 기적들을 개인적으로 간증할 수 있다.

이해를 추구하는 믿음

히브리서 저자는 아브라함의 믿음의 여정에 대한 개괄을 네 번째 사건으로 매듭짓는데, 나도 그에게서 실마리를 얻어 이 장을 마치려 한다. 그것은 아브라함이 자기 아들을 모리아 산에서 바치려고 한 일에 관한 것이다. 본문은 이렇게 말한다. "아브라함은 시험을 받을 때에 믿음으로 이삭을 드렸으니 저는 약속을 받은 자로되 그 독생자를 드렸느니라. 저에게 이미 말씀하시기를 네 자손이라 칭할 자는 이삭으로 말미암으리라 하셨으니, 저가 하나님이 능히 죽은 자 가운데서 다시 살리실 줄로 생각한지라. 비유컨대 죽은 자 가운데서 도로 받은 것이니라"(히 11 : 17-19).

이 이야기를 이해하려면 앞의 이야기를 이해해야 한다. 즉, 아브라함이 노년에 이삭을 낳았다는 사실과, 이삭을 구체적으로 하나님의 언약의 아들로 생각하고 있었다는 사실을 기억해야 한다. 아브라함은 이삭을 통해서 메시야가 오실 줄로 생각하고 있었던 것이다.

이삭은 아브라함의 노년기에 태어났고, 아브라함은 이삭을 몹시 사랑했기 때문에, 이삭을 제물로 바치라는 말씀은 아브라함에게 하나님을 믿는 일에 적지 않은 시험이었다. 아브라함은 이삭을 눈에 집어 넣어도 아프지 않을 만큼 귀여워했을까? 연로한 족장의 마음에 하나님 대신 이삭이 온통 차지하고 있었을까? 중국의 전도자 워츠만 니(Watchman Nee)는 그렇게 생각하고서 "이삭은 하나님께서 은혜로 내리신 많은 선물들을 대표한다. 하나님께서 그 선물들을 주시기 전에는 우리 손은 비어 있었다. 그 선물들을 받은 뒤 우리 손은 가득 찼다"[3]고 썼다. 그 결과 하나님께서 우리의 것을 나눠 갖기 위해서 손을 내미실 때 우리는 손에 가득 쥐고도 손을 내밀어 그 안에 있는 것들을 드리지 않는다. 니(Nee)는 이렇게 쓴다. "이삭없이는 지낼 수 있지만 하나님께서는 영원하시다."[4]

아브라함의 생각에는 어느덧 이삭이 하나님의 자리를 차지하고 있었을 것이다. 물론 그렇다고 확언할 수는 없지만 말이다. 성경은 거기까지 구체적으로 말하지 않는다. 하지만 성경이 가르치는 것은 아브라함에 대한 시험이 영적인 것이었고, 그 시험은 아브라함이 하나님을 어떤 분으로 알고 있었는가 하는 점과 그분을 유일하고 참되신 하나님으로 꾸준히 믿을 것인가 하는 게 포함되었다는 점이다.

이 사건을 좀더 자세히 다룬「창세기 : 강해식 주석」(Genesis : An Expositional Commentary)에서 나는 다음과 같이 썼다 :

문제는 단지 아브라함이 이삭을 사랑했다는 데 있지 않았다. 그건 엄연한 사실이다. 그보다 훨씬 더 중요한 것은 하나님께서 구원의 복을 포함한 장래의 모든 복들을 이삭을 통해서 이루시겠다고 약속하셨다는 데 있었다. 하나님께서는 아브라함에게 이삭이 살고, 결혼하고, 가정을 갖게 될 것이며, 그 가정으로부터 구원자가 될 분이 태어날 거라고 말씀하셨다. 그런데 이제 하나님께서는 이삭을 제물로 바치라고 하신다. 아브라함은 이제까지 하나님을 체험해 오던 중에 처음으로 하나님의 명령과 하나님의 약속이 서로 대립되는 상황을 만났다. 전에 아브라함은 자신과 사라에게 아들을 주시는 것처럼 불가능해 보이는 일을 하나님께서 과연 하실 수 있다고 믿을 것인지에 관한 시험을 받은 적이 있다. 그것도 시험이었지만, 이번만큼 어려운 시험은 아니었다. 이번 시험은 하나님의 말씀들 사이에 명백한 모순이 담긴 시험이었다. 하나님은 이삭을 통해 자손을 주시겠다고 약속하셨다. 그러나 이제는 아브라함에게 이삭을 죽이라고 명령하시는 것이다.

이 문제를 어떻게 풀어야 할까? 방법은 두 가지밖에 없었다. 아브라함은 하나님께서 이 계획을 세우셨다가 저 계획으로 바꾸시는 것으로 보아 이번의 명령은 잘못된 것이라고 결론을 내릴 수도 있었을 것이다. 하지만 아브라함이 그때까지 체험한 바로는 하나님께서는 절대로 그런 분이 아니셨다. 아들을 얻기 위해 오래 기다리면서 했던 체험에서 그 점을 더욱 잘 알 수 있었다. 아니면, 아브라함은 비록 자기 – 유한하고 죄 많은 사람인 – 에게는 이 어려운 문제를 해결할 능력이 없지만, 하나님께서는 해결할 능력을 갖고 계시며, 때가 되면 그 점을 명확히 보여 주실 것이라고 결론을 내릴 수도 있었다. 이것은 두 가지 해결책 중에서 좀더 받아들이기 어려운 결론이었지만, 아브라함이 지금까지 하나님께 대해서 해온 경험은 이 방향을 가리켰다. 아브라함은 자기가 하나님을 알고 있는 바와 일치하는 방법으로 행동했다. 즉, 이 상황에 하나님의 어떤 목적들이 있든 없든 적어도 하나님께서는 자신의 대적이 되실 수 없다는 결론을 내리고서 그분을 신뢰했다. 하나님께서는 자신의 벗이었다…따라서 아브라함은 하나님을 믿었고, 그 난제에 대한 해답을 이해할 수는 없었지만 명령하신 대로 행동했다.[5]

내가 "그 난제에 대한 해답을 이해할 수는 없었지만"이라고 말했던가? 아마 그 말 그대로였을 것이다. 그러나 그 이야기의 힘은 아브라함이 그 해답을 다소 이해하게 되었다는 데서 나온다. 달리 말해서, 그것은 여러 세기 전에 캔터베리의 안셀무스(Alselm of Canterbury)가 "이해를 추구하는 믿음"이란 말로 표현한 것에 해당하는 경우였다.

일이 이런 식으로 진행되었음이 분명하다. 아브라함은 분명히 다음과 같이 생각했을 것이다. '하나님께서는 거짓말을 모르시는 분이다. 전에 내게 아들을 낳으리라고 말씀하시더니 과연 이렇게 늙은 몸으로 아이를 갖게 되었지. 이삭은 지금 내 곁에 있다. 이 아이가 하나님께서 신실하시다는 증거가 아니고 뭐란 말인가. 그러나 또한 하나님께서는 이삭이 장차 메시야를 낳을 자녀들을 갖게 될 것이라고 하셨다. 이삭은 아직 결혼을 하지 않았다. 자녀들이 없다. 만약 내가 그를 죽이면 하나님의 약속들은 성취될 수 없겠지. 모순이 아닌가? 하지만 하나님께는 모순이 있을 수 없다. 이것은 기본적인 진리이다. 그렇다면 어떻게 결론을 내려야 할까? 내가 이삭을 제물로 바치라는 명령을 받았고, 동시에 하나님께서는 결코 식언을 하실 분이 아니시므로, 나로서는 하나님께서 기적을 일으켜서 죽은 이삭을 도로 살리실 것이라고 믿는 수밖에 없다. 이삭은 반드시 부활할 것이다.'

그러나 아브라함, 온 세계 역사를 들춰봐도 부활이란 건 결코 없었어!

아브라함은 이렇게 대답한다. "그건 큰 문제가 아니다. 부활은 하나님의 본성과 양립 가능한 일이다. 하나님께서는 생명을 지으신 분이시므로 죽은 몸에 생명을 되돌려 주는 일은 하찮은 일이다. 그러나 하나님께서 하실 수 없는 단 한 가지는 거짓말이다. 하나님께서는 반드시 진리를 말씀하신다. 그 약속들을 반드시 지키신다. 그래서 나는 부활을 기대한다."

분명히 아브라함은 부활을 기대했다. 산 기슭에 도착했을 때 종들에게 말하는 내용으로 보아 그 사실을 알 수 있다. "… 너희는 나귀와 함께 여기서 기다리라. 내가 아이와 함께 저기 가서 경배하고 너희에게로 돌아오리라"(창 22 : 5). 달리 말해서, 아브라함은 하나님께 순종하여 자기 아들을 진짜로 바칠 생각이었다. 그러나 하나님께서 이삭을 죽은 자 가운데서 살리사 그 아이와 함께 집으로 돌아가게 될 것이라고 기대했다.

이것이 진실된 믿음이다. 이것이 이해를 추구하는 믿음이다.

초지일관한 믿음

한 가지 사실이 더 있다. 이야기의 말미에, 즉 아브라함이 이삭의 몸을 묶고 칼을 드는 순간 하나님께서 그의 손을 멈추게 하시고 수양을 대신 보내주신 다음, 천사가 아브라함을 칭찬하는 내용이 나온다. 그러나 천사가 아브라함을 칭찬한 이유는 - 이것은 아주 중요한 점이므로 주목해야 한다 - 하나님의 계획을 이해했기 때문도 아니고, "맹목적인 믿음"이라고 할 만한 대단한 행동 때문도 아니었다. 오직 **순종** 때문이었다. 천사가 이 점을 언급하는 것으로 이야기는 끝난다. 천사는 하나님을 대신하여 다음과 같은 내용을 다시 말한다 : "또 네 씨로 말미암아 천하 만민이 복을 얻으리니 이는 네가 나의 말을 준행하였음이니라 하셨다 하라"(창 22 : 18).

이 내용은 이야기가 시작될 때 언급된 내용이기도 하다. 즉, 아브라함이 하나님의 명령에 순종하여 고향을 떠나 가나안을 향해 갈 때 하나님께서 하신 말씀이다. **믿음은 순종과 더불어 시작한다. 그리고 순종과 더불어 끝난다.** 우리가 하나님 앞에 서서 얼굴과 얼굴을 맞대어 볼 때까지, 문제가 되는 것은 처음부터 끝까지 순종이다.

만약 여러분이 아브라함의 노선에 있다면, 만약 여러분이 그의 자취를 따르고 있다면, 모든 일에 하나님께 순종해야 한다. 믿음은 순종을 통해서 자라는 것이다.

● 각주 ●

1. 존 머리는 이렇게 말한다 : " '자취를 따른다' 는 것은 종대로 걷는 것이다. 아브라함은 한 무리의 지도자이며, 우리는 횡대가 아닌 종대로 열을 지어 아브라함이 남긴 발자취를 따라간다"(*The Epistle to the Romans* [Grand Rapids; Wm. B. Eerdmans, 1968], p. 139).

2. Donald Grey Barnhouse, *God's Remedy : Exposition of bible Doctrines Taking the Epistle to the Romans as a Point of Departure*, vol. 3, Romans 3 : 21-4 : 25 (Grand Rapids : Wm. B. Eerdmans, 1954), p. 272.

3. Watchman Nee, *Changed Into His Likeness* (Fort Washington, Pa. : Christian Literature Crusade, 1967), p. 62.

4. Ibid.

5. James Montgomery Boice, *Genesis : An Expositional Commentary*, vol.2, *Genesis 12 : 1-36 : 43* (Grand Rapids : Zondervan, 1985), pp. 219, 220.

56
율법과 무관하게 얻는 구원
로마서 4 : 13-17

아브라함이나 그 후손에게 세상의 후사가 되리라고 하신 언약은 율법으로 말미암은 것이 아니요 오직 믿음의 의로 말미암은 것이니라 만일 율법에 속한 자들이 후사이면 믿음은 헛것이 되고 약속은 폐하여졌느니라 율법은 진노를 이루게 하나니 율법이 없는 곳에는 범함도 없느니라 그러므로 후사가 되는 이것이 은혜에 속하기 위하여 믿음으로 되나니 이는 그 약속을 그 모든 후손에게 굳게 하려 하심이라 율법에 속한 자에게 뿐 아니라 아브라함의 믿음에 속한 자에게도니 아브라함은 하나님 앞에서 우리 모든 사람의 조상이라 기록된 바 내가 너를 많은 민족의 조상으로 세웠다 하심과 같으니 그의 믿은 바 하나님은 죽은 자를 살리시며 없는 것을 있는 것같이 부르시는 이시니라.

나는 학창 시절에 수십 권의 책을 쌓아 놓고서, 각 과목당 매번 과제로 주어지는 분량을 독파하는 데 도움이 되는 한 가지 방법을 개발했다. 이 과목의 필독서로 제시된 15-20권의 책들과 저 과목의 필독서로 제시된 열댓 권의 책들을 마치 전쟁터에서 쏘아 넘어뜨려야만 내가 살아 남을 수 있는 적군들로 간주했다. 한 권을 끝낼 때마다 나는 "또 한 명의 적군을 쓰려뜨렸다" 하고 말했다.

지금 그 이야기를 하는 이유는 사도 바울도 어떤 의미에서는 적군들을 하나씩 쓰러뜨려 가고 있기 때문이다. 로마서 4장에서 그의 전투는 물론 복음을 지키기 위한 것이며, 그와 맞서 싸우도록 파견된 적군들은 가공할 만한 위력을 지닌 상대들이었다. 지금까지 바울은 두 명을 상대했다. 첫째는 "행위(Works)"였다. 이것은 거의 모든 사람들이 믿고 좋아하는 적군이다. 그러나 바울은 창세기 15 : 6이라는 화살로 그를 쏘아 넘어뜨렸다. 즉, 아브라함이 행위들로 의롭다 하심을 받은 것이 아니라 하나님의 약속을 믿음으로써 의롭다 하심을 얻었음을 증명했다. 아브라함은 구약 시대에 의롭다 하심을 받은 경건한 사람들의 전형이었으므로, 그의 체험은 그를 따르는 사람들에게 전형이 된다.

둘째 적군은 "할례(Circumcision)"였다. 이 상대는 유대인들에게 독특한 것이었고, 하나님께서 내리신 복인 것처럼 보였다. 어쨌든 할례를 제정하신 이는 하나님이시기 때문이었다. 바울은 아브라함이 자기와 자기 자손들에게 할례를 행하라는 명령을 받기 여러 해 전에 의롭다 하심을 받은 사실을 제시함으로써 이 강력한 적군을 물리쳤다.

적 진영의 강력한 상대들 가운데 마지막 상대는 "율법(Law)"이다. 바울은 이 편지의 다음 두 문단에서 이 적군마저 쏘아 넘어뜨릴 것이다(13-17절).

덧붙인 논증

그러나 이 문단에서는 바울의 전략이 바뀌었다는 점을 아는 것이 중요하다. 바울은 할례가 구원의 방도가 아니라고 주장할 때, 앞에서 본 것처럼 시순적(時順的)또는 역사적(歷史的)논증을 사용하였다. 아브라함이 85세(참조. 창 15 : 6)에 의롭다 하심을 받았다고 하지만, 할례 의식을 행한 것은 14년 뒤인 99세 때(참조. 창 17장)였다는 점을 드러냈다. 아브라함은 할례를 받기 전에 의롭다 하심을 받았으므로, 할례 의식은 그가 의롭다 하심을 받는 데 기초가 될 수 없었다.

이런 방식의 논증은 이스라엘이 하나님의 율법을 받은 일을 말하는 본문의 마지막 논지에도 사용하려면 얼마든지 사용할 수 있었다. 실제로 갈라디아서의 비슷한 변론에서는 그런 식의 논증을 사용한다. 그 내용을 잠시 살펴 보자. "내가 이것을 말하노니 하나님의 미리 정하신 언약을 사백삼십 년 후에 생긴 율법이 없이 하지 못하여 그 약속을 헛되게 하지 못하리라. 만일 그 유업이 율법에서 난 것이면 약속에서 난 것이 아니니라. 그러나 하나님이 약속으로 말미암아 아브라함에게 은혜로 주신 것이라"(갈 3 : 17-18). 역사적인 논증을 가지고 구원에서 율법의 역할을 부정하는 것은 할례의 역할을 부정하는 것보다 훨씬 더 강력하다. 율법은 아브라함 시대로부터 4세기 뒤에야 비로소 모세를 통해서 전달된 반면에, 할례는 족장이 의롭다 하심을 받은 지 14년 뒤에 시행되었기 때문이다.

그러나 바울은 로마서 4장에서 이런 논증을 사용하지 않는다. 그대신 율법으로 살려고 노력하는 데서 나오는 결과들을 말하면서, 율법은 본질상 믿음과 언약에 정반대되며, 율법이라는 나쁜 대안을 택한 사람들이 피할 수 없이 만나는 결과는 하나님의 진노라는 점을 증명한다.

바울은 왜 이런 방식을 취하였을까? 왜 갈라디아서에서처럼 시순(時順)에 의한 논증 방식을 따르지 않았을까? 그 분명한 이유를 말하기란 불가능할지도 모른다. 그러나 바울이 13-15절에 나오는 **율법**이란 단어에 정관사를 사용하지 않는 것과 정반대로, 갈라디아서에서는 "율법"이란 단어에 정관사를 사용하는 사실에서 실마리를 찾을 수 있다. 갈라디아서의 상황은 유대인 신자들이 이방인들에게 구약 율법을 강요하면서, 할례를 받을 것과 그밖의 유대교의 규례들을 지킬 것을 요구하고 있었던 것이었다고 우리는 기억한다. 그 문맥에서 바울로서는 모세 율법을 염두에 두고서 "그 율법"(The Law)이라고 말하는 것이 옳았다. 로마서에서는 상황이 다르다. 로마서에서 바울은 유대인의 율법을 비록 배제하지는 않지만 구체적으로 그 율법을 생각하는 것이 아니라 일반적인 법을 생각하고 있다. 구체적인 법전이 아니라 원칙으로서의 법을 생각하고 있다. 이 법은 우리가 공통적으로 도덕이라고 부르는 것이다.

이런 차이가 과연 중요한가? 바울이 로마서를 쓸 때 염두에 둔 대상은 우리들 대부분을 포함한 이방인들이다. 바울 당시의 이방인들은 대개 다 구약의 율법을 도덕 지침으로 사용하지 않았다. 오늘날 우리들과 마찬가지로 그들 나름대로 일정한 행동 표준들을 갖고 있었다. 그리고 우리들과 마찬가지로 개인의 능력을 의지하여 구원의 방도인 그 "율법" - 그들의 표준들을 달리 표현하자면 - 을 지키고 싶어했다.

우리는 주변에서 그런 노력들을 쉽게 본다. 그렇지 않은가? 우리들 자신에게서도 그런 경향을 본다. 사람들은 자기들이 최선을 다했으므로 하나님께서 당연히 자기들을 구원하셔야 한다고 말한다. 무슨 표준이 됐든 자기들이 정당하다고 생각한 표준의 일부를 지킨 것을 가리켜 "최선"이라고 하는 것이다. 아니면 자기들이 좋은 사람들이기 때문에 하나님께서 당연히 자기들을 구원하셔야 한다고 말한다. 이 때의 "좋은"이란 의미도 다른 사람들에 비해 어떤 도덕 법규대로 살았다는 뜻이다.

여러분은 로마서 2 : 12-15을 공부할 때 루이스(Lewis)가 지적한 말을 기억할 것이다. 그는 다른 사람들이 표준대로 살지 못한 것에 비해 우리는 표준대로 살았다고 주장하면서 자연스럽게 어떤 표준에 호소한다고 지적했다. 루이스는 그것을 가리켜 자연법이라 하며, 그 배후에는 모든 표준들을 내시하는 하나님께서 반드시 계신다고 한다. 그러나 이런 경향은 우리가 구원에 대해서 자연스럽게 생각하는 방식이기도 하다. 우리는 일정한 도덕 표준에 맞춰 살았다고 생각하고서, 하나님께서 우리에게 무엇을 베푸셔야 한다고 믿는다.

내 견해로는 바울이 세 번째 "적군"에게 다가서는 것은 이러한 보편적인 인간의 오류 때문인 듯하다. 그 적군이 모세 율법으로 무장하고 있다고 보지 않고, 온 인류의 도덕의 옹호자로 자처하고 있다고 보고서 말이다.

개념들은 결론들을 갖고 있다

나는 워싱턴 D.C 에 있는 한 싱크탱크(think tank)로부터 매달 소식지를 받는데, 그 단체는 "개념들은 결론들을 갖고 있기 때문이다"라는 슬로건을 내걸고 있다. 물론 그것은 사실이다. 따라서 나는 그 소식지에서 실마리를 얻어서 바울이 이 문단을 쓰면서 분명히 묻듯이, 나도 묻는다. 만약 하나님께로부터 믿음이나 도덕성에 힘입어 구원을 받으려고 하지 않고, 바울이 말한 대로 율법에 힘입어 구원을 얻으려고 노력을 한다면 어떤 결과를 거두게 될까?

바울은 세 가지 결론을 거두게 된다고 말한다 :

1. **믿음이 가치를 잃게 된다**(14절). 율법의 원칙으로 살 때 믿음이 가치를 잃는 이유는, 믿음과 율법은 서로 대립되는 것으로서 어느 한 쪽을 선택하면 반드시 다른 한 쪽을 배척하게 되기 때문이다. 캔자스에서 캘리포니아와 뉴욕을 향해 동시에 떠나는 게 불가능하듯이, 믿음과 행위로 **동시에** 구원을 받는 것은 불가능하다.

한 가지 예를 들겠다. 내가 섬기고 있는 교회를 담임했던 도널드 그레이 반하우스는 몇

년 전에 "구원의 지리학"(The Geography of Salvation)이란 제목의 전도 영화를 제작했다. 이 영화는 미국 대륙에서 가장 높은 지점(휘트니 산)과 가장 낮은 지점(죽음〈데스〉의 계곡)이 모두 캘리포니아 주에 있다는 사실에 기초했다. 반하우스는 캘리포니아 주(州, state)를 우리 죄인들의 길 잃은 상태(state)에 비유하면서, 아무리 위로 올라가더라도 캘리포니아를 빠져나갈 수 없음을 보였다. 죽음의 계곡에서 출발하여 해면까지 올라간 다음 산을 오르노라면 자신이 괄목할 만한 진보를 이룩했다는 생각과 함께 뿌듯한 느낌이 찾아온다. 그러나 그는 여전히 캘리포니아에 있다. 마찬가지로 구원의 문제에서 우리에게 필요한 것은 도덕 수준이 높아지는 것이 아니라 주(州. 즉, 상태)가 바뀌는 것이다. 하나님의 진노가 위에서 기다리는 길 잃은 상태에서 빠져 나와 구원받은 상태로 옮겨가야 한다. 그것은 위로 올라가는 것과는 다르며, 전혀 다른 방법으로라야 가능하다.

다른 말로 하자면, 율법은 인간을 지향하는 반면에(율법은 인간의 능력을 가리킨다), 믿음은 하나님을 지향한다(믿음은 하나님이 성취해 놓으신 일들을 가리킨다). 따라서 만약 여러분이 사람을 의지함으로써 구원을 받으려고 한다면, 하나님을 의지할 수 없고, 반대로 하나님을 의지하면 사람을 의지할 수가 없다.

2. 언약이 가치를 잃게 된다(14). 율법의 원칙으로 살 때 따라오는 두 번째 결과는 하나님의 언약이 효력을 잃게 되는 것이다. 왜 그러한가? 만약 구원의 언약이 율법의 원칙과 관련되어 있다면, 이것은 그 언약을 받기 위해서 법을 지켜야 한다는 뜻일 수밖에 없다. 물론 하나님께서는 계획을 이런 식으로 만드실 수도 있었다. 그러나 그렇게 하셨더라면 언약은 조건적인 것이 되었을 것이다. 마치 하나님께서 "너희가 만일 이러이러하게 하면 나는 너희를 구원하기로 약속한다" 하고 말씀하신 것과 같았을 것이다. 그러나 만약 그랬더라면 약속은 성취되지 못했을 것이다. 왜냐하면 바울이 로마서 앞 장들에서 이미 증명했듯이 하나님의 율법이 요구하는 것을 이행해 온 사람은 아무도 없기 때문이다. 그뿐 아니라 어느 율법이라도 요구하는 것을 이행해 온 사람은 아무도 없다. "이게 내 표준이다"라고 말할 때마다 그 표준을 세우는 즉시 그것을 어기기 때문이다. 만약 구원이 율법을 성취하는 것에 근거한다면, 사람은 구원을 받지 못할 것이다. 만약 그렇다면 언약이 존재할 수는 있지만 사람을 구원하는 데는 전혀 무가치하게 될 것이다.

마틴 로이드 존스(D. Martyn Lloyd Jones)는 이렇게 말한다. "율법은 실패를 뜻한다. 그러므로 만약 언약이 율법이라는 매체를 통해서 수립되었다면, 하나님께서는 오른손으로 주시는 것을 왼손으로 도로 빼앗아 가셨을 것이다. 언약이란 건 아예 존재하지도 않았을 것이다. 있어봐야 아무 쓸 데가 없었을 것이다."[2]

3. 율법이 진노를 불러온다(15절). 율법의 원칙으로 구원의 신분을 얻으려고 노력할 때 따라오는 세 번째 결과는 구원을 받는 대신 진노를 받게 되는 것이다. 이것은 중요한 점이다. 이미 첫 번째와 두 번째 결과들로 확정된 것을 넘어서는 것이기 때문이다. 그 두 결과들은 율법으로 구원을 얻으려고 하는 사람이 얻는 데 **실패하는 것**을 말한다. 즉, 언약을 얻는 데 실패한다. 반면에 이 세 번째 결과는 그가 실제로 얻는 것이 무엇인지를 말하는데, 그것은 진노이다.

율법은 정죄밖에 하는 일이 없기 때문이다. 그것이 율법의 본질이다. 율법은 이렇게 말한다 : "이것을 하라. 하지 않으면 형벌이 따라온다." 율법은 사람에게 그 요구들을 이행할 수 있게 할 만한 능력이 없다. 그러면 율법이 악하다는 말인가? 바울은 로마서 뒷부분(7장)에서 이 질문을 하면서, "… 그럴 수 없느니라… 율법도 거룩하며 계명도 거룩하며 의로우며 선하도다"(롬 7 : 7,12)라고 대답한다. 거울이 여러분의 얼굴을 깨끗하게 닦아줄 수 없다고 해서 거울에게 결함이 있는 건 아니다. 그건 거울의 기능이 아니다. 거울의 기능은 여러분의 얼굴이 더럽다는 것을 보여줌으로써 비누와 물로 씻도록 하는 데 있다. 마찬가지로 율법이 여러분을 구원할 수 없다고 해서 율법이 악한(결함이 있는) 것은 아니다. 그건 율법의 기능이 아니다. 율법은 그것을 지킴으로써 천국에 들어갈 수 없음을 여러분에게 보여줌으로써 – 여러분에게 그것을 지킬 능력이 없고, 만약 지키려고 할 때는 정죄를 당할 것임을 보여줌으로써 – 여러분을 예수 그리스도께 인도하고 그분께 구원을 받도록 한다.

만약 율법을 그대로 구원의 방법으로 알고서 거기서 돌아서지 않고, 또한 하나님께서 예수 그리스도 안에서 행하신 일을 의지하지 않는다면, 여러분이 의지하는 그 표준으로 여러분은 정죄당할 것이다. 그것을 지키지 않았고 앞으로도 지킬 수 없기 때문이다.

바울이 덧붙여 말하는 "… 율법이 없는 곳에는 범함도 없느니라"(15절)는 구절은 무슨 뜻일까? 만약 율법이 없다면 율법을 범하는 일도 있을 수 없다는 뜻일 수도 있다. 그러나 이 문맥에서는 율법이 없다면 우리가 율법을 범한 자라는 사실조차 모를 것이라는 뜻인 듯하다. 바울은 나중에 이런 취지로 "… 율법으로 말미암지 않고는 내가 죄를 알지 못하였으니…"(롬 7 : 7) 하고 말한다.

그렇다면 율법에는 아무런 잘못이 없는 셈이다. 문제는 우리 안에 있으며, 율법의 유일한 기능은 바로 우리에게 그 진리를 보게 하는 데 있다.

더 나은 결과들

NIV를 주의 깊게 살펴 보면 우리가 공부하고 있는 부분이 두 문단으로 나뉘어 있는 것을 알게 된다. 이것은 올바른 구분이다. 첫째 문단은 우리가 지금까지 살펴온 부분으로서, 어조가 부정적이다. 율법의 원칙으로 구원을 받으려고 노력하는 데 따르는 나쁜 결과들, 즉 믿음의 평가절하, 언약의 무효화, 그리고 진노를 다룬다. 이제 살펴보게 될 둘째 문단은 어조가 긍정적이다. 도덕성이나 율법의 원칙을 근거로 삼지 않고 믿음을 근거로 삼아 하나님께 의롭다 하심을 받으려고 할 때 따르는 다행한 결과들을 보여 준다. 이것은 아브라함이 추구했던 길이다.

율법의 경우와 마찬가지로, 이번에도 세 가지 결과들이 따른다.

1. **믿음이 은혜를 세운다**(16절). 왜 그러한가? 행위와 율법이 본질상 서로 연관되듯이, 믿음과 은혜도 서로 연관되기 때문이다. 행위와 율법의 경우에는 연관성이 더욱 현저히 드러난다. 율법은 우리가 해야 할 일이 무엇인지를 말한다. 행위, 행동, 태도를 지적한다. 요구 조건들 없이 율법을 생각할 수 없다. 마찬가지로 – 비록 대조되는 것이긴 하지만 – 믿음을 생각하면 곧 은혜를 생각하게 되며(은혜를 이해할 경우), 은혜를 생각하면 곧 믿음을 생각하게 된다. 은혜는 하나님께서 인간의 행위들과 무관하게 값없이 내리신 호의며, 단순히 받아들임으로써 – 그것이 믿음이다 – 우리에게 온다.

내가 여러분을 위해 매일 40달러를 받고 일하기로 동의한다고 가정해 보자. 하루 일을 마치면 나는 품삯을 받으러 간다. 여러분은 내게 품삯을 지불했다고 해서 은혜를 베풀었다고 주장할 것인가? 그렇지 않다. 여러분이 품삯을 지불하는 것은 은혜가 아니라 의무이다.

내가 맡은 일을 했다면 여러분은 당연히 내게 품삯을 지불해야 한다. 반면에 내가 병이 들어서 일터에 나가지 못함으로써 경제적인 어려움을 겪고 있는데, 여러분이 와서 40달러를 내게 내밀면, 그것은 은혜다. 내가 한 일이나 앞으로 할 일과 아무런 상관이 없다. 여러분이 내미는 선물을 나는 그냥 받고 감사의 뜻을 표시하면 된다.

믿음은 은혜를 세운다. 그러므로 우리는 믿음을 가져야 한다. 우리에게 필요한 것은 은혜이기 때문이다.

2. **믿음은 구원을 확실하게 만든다**(16절). 이 진리도 대조의 방법으로 살펴볼 수 있다. 구원이 율법을 지킬 수 있는 우리의 능력이나 특정한 도덕 표준을 근거로 삼는다고 가정해 보자. 로버트 벨라(Robert Bellah)가 쓴 미국의 관습 연구서 「마음의 습관들」(Habits of the Heart)이란 책을 읽은 적이 있다. 이 책은 정직을 기본적인 도덕 표준으로 삼은 사람을 중심으로 쓴 책이다.[3] 정직을 시험 기준으로 삼아 보자. 만약 구원이 정직한가의 여부에 달려 있다면, 우리는 어느 정도나 정직해야 구원을 받을 수 있을까? 아주 정직한 사람이 있다고 가정하자. 우리가 그를 천국에 들였다고 가정하자. 그리고 또 한 사람이 있다고 하자. 그는 먼젓번 사람처럼 아주 정직하지만, 그 사람보다 거짓말을 한번 더 했다. 그를 천국으로 들여야 할까? 들여야 한다면, 그 사람보다 한번 더 또는 열 번 더 거짓말을 많이 한 사람은 어떻게 해야 할까? 보통 수준으로 정직한 사람은 어떻게 해야 할까? 아주 부정직한 사람은? 어디에 선을 그어야 할까? 불완전하고 악과 선이 복잡하게 얽혀 있는 세상에서 그런 선을 긋는다는 건 불가능하다. 따라서 행위로 구원을 받고자 하더라도 자기가 구원을 받을 만큼 충분히 행위를 했는지 확신할 길이 없다. 표준이 완전한 의보다 덜할 수 있다고 가정하더라도 – 물론 그릇된 가정이지만 – 마찬가지이다.

정직 말고도 청결, 자족(自足), 정절 등 다른 어떤 도덕적 특성이라 하더라도 다를 바 없다. 얼마나 청결해야 할까? 얼마나 자족해야 할까? 얼마나 관대해야 할까?

만약 구원이 그런 것과는 정반대로 도덕성에 의한 게 아니라 믿음으로 통해서 받는 하나님의 은혜에 의한 것이라면, 구원은 확실하다. 하나님께서는 신실하시고 한번 하신 약속은 흔들리는 법이 없기 때문이다. 하나님께서는 구원에 필요한 일을 그리스도의 죽으심을 통해서 다 해놓으셨다. 완전하고 충족한 사역이다. 더 보탤 것이 없다. 결론적으로, 그 사역을 의지하는 사람은 크게 만족하고 확신을 가질 수 있다.

도널드 그레이 반하우스(Donale Grey Barnhouse)가 이 점을 아주 뛰어난 방식으로 설명하는 말을 들어 보자.

> 율법은 의심의 태이며, 율법이나 그 행위에 고착하는 자는 율법에서 태어난 온갖 의심들에 에워싸이게 된다. 자기 자신에게 눈을 둔 사람은 비참해진다. 율법에 의해 걷는 사람은 밤길을 걷는 것이며, 율법과 함께 따라다니는 어둠이라는 담벼락에 그의 발자국 소리가 반사된다. 이 소리가 그의 귀에 들리게 되며, 수많은 의심의 군화발 소리가 울려퍼지면서 그는 점점 두려움에 잠긴다. 걸음을 멈추면 침묵 속에 죽음의 공포가 내리 깔리며, 빨리 뛰어 도망치려고 하면 발자국 소리가 점점 더 빠른 속도로 그의 속에서 의심으로 울려퍼진다….
>
> 그러나 은혜의 언약을 의지하여 걷는 사람은 환한 대낮을 걷는다. 그의 발자국 소리는 하나님의 언약의 빛에 반사되어 울려 퍼지며, 그는 축복의 천사들이 자기를 둘러 싸고 있다고 느낀다. 그는 힘차게 걸으며 복을 선포하며, 발걸음이 빨라질수록 장차 받을 복들의 메아리도 크게 울려 퍼진다. 걸음을 멈추면 푸른 풀밭 조용한 시냇물 곁에 서 있는 자신을 발견한다. 다시 걷기 시작할 때 그는 의의 길에 서 있다. 그는 황금성을 향해 걸음을 재촉하며, 그 영광스런 앞날을 생각하면서 먼 길을 걷는 데서 오는 피로감을 씻어 버린다. 길이 끝나면 은혜로 매 걸음을 걸었고 마침내 영원한 생명이라는 승리를 얻게 되었다는 사실을 발견한다.[4]

3. **믿음은 모든 이들에게 구원의 문을 열어 준다(16-17절).** 믿음이 구원의 방도로서 주는 마지막 유익은 구약의 율법을 소유한 유대인들이나, 고도의 도덕을 교육받은 소수의 특권층 이방인들에게 뿐만 아니라 모든 사람들에게 구원의 문을 열어 주는데 있다. 이 문은 모든 이들에게 열린다. 모두가 그 문으로 들어갈 수 있다. 누구라도 올 수 있다. 이것은 바울이 이 장 서두에 인용한 로마서 4장 구절들에서 뿐만 아니라 9절부터 사실상 4장 끝에 걸쳐서 특별히 강조하는 점이다.

나는 위와 같이 말할 수 있는 인간의 유익이나 보상이나 약속에 관해서 알지 못한다. 인간이 베푸는 것이란 모두 조건들이 붙어 있고, 따라서 언제나 일부 사람들이 배제되기 때문이다. 미국 시민(또는 다른 나라의 시민)이 되는 데에는 유익한 점들이 있다. 정부가 제공하는 유익들이다. 그러나 시민이 아닌 사람들에게는 그 유익들이 해당되지 않는다. 회사들이 직원들에게 주는 약속들이 있지만, 그 약속들은 그 회사들을 위해서 일하는 사람들을 위한 것일 뿐이다. 노동조합들은 조합원들에게 안전을 제공하지만, 다른 노동자들이나 경영에는 안전을 제공하지 않는다. 어떠한 인간 단체라도 구조적인 제한성을 지니는 것이다.

그러나 하나님께서 그리스도의 사역을 통해서 베푸시는 구원 방법에는 제한이 없다. 그렇기 때문에 여러분이 누구든간에, 여러분이 어떤 일을 했든 하지 않았든 간에 나는 여러분에게 문이 열려 있다고 말할 수 있다. 여러분이 유대인이라면 복음은 여러분을 위한 것이다. 여러분이 이방인이라면 복음은 여러분을 위한 것이다. 복음은 선한 사람들과 악한 사람들 모두를 위한 것이다. 학자들 뿐만 아니라 못 배운 사람들을 위한 것이다. 종교적인 사람들을 위한 것이고, 종교적인 배경을 전혀 갖고 있지 않은 사람들을 위한 것이다. 이런 것들이 그림에 끼어들 수 없다. 왜냐하면 우리 모두가 **구원은 믿음을 통한 하나님의 은혜로 말미암는다**는 동일한 평면에 서 있기 때문이다.

여러분이 배제된다면 그것은 그 열린 문을 통해 들어가기를 거절하기 때문이다. 하나님의 은혜를 받기보다는 자신의 얼룩진 도덕성을 고집하기 때문이다.

여러분에게 그런 일이 일어나지 않게 하라. 은혜를 거절하지 말고, 받아들이고, 하나님께서 베푸시는 구원의 충만한 즐거움으로 들어가라.

여러분이 누구든지 손을 내밀기만 하면 그 구원은 여러분의 것이다.

● 각주 ●

1. C. S. Lewis, *Mere Christianity* (New York : The Macmillan Company, 1958), p. 3.

2. D. M. Lloyd-Jones, *Romans : An Exposition of Chapters 3 : 20-4 : 25, Atonement and Justification* (Grand Rapids : Zondervan, 1970), p. 194.

3. Robert N. Bellah, *Habbits of the Heart* (New York : Harper & Row, 1985). 그는 브라이언 팔머(Brian Palmer)라는 사람으로서, 그 책에 나오는 첫 인물이다.

4. Donald Grey Barnhouse, *God's Remedy : Exposition of bible Doctrines Taking the Epistle to the Romans as a Point of Departure, vol. 3, Romans 3 : 21-4 : 25* (Grand Rapids; Wm. B. Eerdmans, 1954), pp. 296, 297.

57

아브라함이 지녔던 믿음의 본질
로마서 4 : 18-22

아브라함이 바랄 수 없는 중에 바라고 믿었으니 이는 네 후손이 이같으리라 하신 말씀대로 많은 민족의 조상이 되게 하려 하심을 인함이라 그가 백세나 되어 자기 몸의 죽은 것 같음과 사라의 태의 죽은 것 같음을 알고도 믿음이 약하여지지 아니하고 믿음이 없어 하나님의 약속을 의심치 않고 믿음에 견고하여져서 하나님께 영광을 돌리며 약속하신 그것을 또한 능히 이루실 줄을 확신하였으니 그러므로 이것을 저에게 의로 여기셨느니라.

지리상의 여행이든 은유상의 여행이든 여행자는 이정표를 만나면 잠시 쉬어 이미 온 길을 돌아보고, 떠나기에 앞서 지금까지 온 여정에 뿌듯한 심정을 갖는다.

공부를 해오던 우리도 그런 이정표 하나를 만났다. 네 장을 써오는 동안 사도 바울은 로마서라는 히말라야 산맥의 여러 봉우리들 가운데 첫 번째 큰 봉우리에 오르려고 노력해 왔다. 하나님을 반역한 인류의 절망적인 상태를 분석했고, 예수 그리스도에 관한 복음을 가지고 이 절망적인 상태에서 빠져나올 수 있는 해답을 보여 주었다. 복음의 본질을 설명했고, 복음에 대해 제기될 수 있는 모든 반론들에 끈기있게 대답했다. 구약 성서가 믿음으로 받는, 하나님께로서 온 의의 복음을 이미 가르쳤음을 증명하였고, 그 과정에서 아브라함과 다윗의 사례들을 사용하였다. 그리고는 이렇게 결론 내렸다 : "후사가 되는 이것이 은혜에 속하기 위하여 믿음으로 되나니…"(16절). 로마서 처음 네 장은 힘찬 등반이었고, 바울이 등정한 봉우리는 아주 큰 봉우리이다.

사도는 이제 하나님께서 주시는 이 구원의 직접적인 유익들과 그로 말미암는 그리스도인의 삶의 본질을 논하기 시작한다. 그러나 이러한 둘째 번 큰 봉우리에 오르기 전에 그동안 올라온 길을 되돌아 보면서 그 성취를 재검토한다.

그는 이 일을 세 부분으로 나누어 한다. 첫째, 아브라함이 믿음으로 구원 받았음을 (따라서 구원받은 다른 모든 사람들도 그렇게 구원을 받았음을) 증명한 바울은 아브라함을 예로 들어 그 믿음의 본질을 되돌아 본다. (이 부분이 우리가 이 장에서 공부할 내용이다.) 둘째, 참된 성경적 믿음은 그 기초를 하나님께 두는 것이므로, 바울은 하나님의 성품을 되돌아 보면서, 오직 참되신 하나님이라야 믿음의 적절한 기초가 되실 수 있음을 증명한다. (이 내용은 다음 장에서 보게 될 것이다.) 마지막으로, 이 문제들을 구원의 방도에 관해 말할 때 주된 예로 삼아온 아브라함에 비추어 살펴본 바울은, 아브라함에게서 눈을 돌려 예수 그리스도의 죽으심과 부활에 초점을 맞춤으로써 직접 기독교 신앙에 관해서 말한다. (이 신앙에 관한 공부는 로마서 제1권의 마지막 장에서 할 것이다.)

아브라함의 믿음의 본질을 되돌아 보면서, 바울은 가장 독특한 다섯 가지 특성들을 언급한다.

하나님의 약속에 대한 믿음

아브라함의 믿음에 관한 맨 처음 중요한 사항은 그것이 하나님의 약속에 대한 믿음이었다는 것이다. 창세기 15장에서 약속에 관한 표현을 인용하는 18절에서 이 점이 분명하게 드러난다.[1] 그러나 이것은 로마서 4장 후반의 주된 테마이기도 하다. 4장 후반에서만 약속이란 명사가 네 번(13, 14, 16, 20절), 약속하다라는 동사가 한번(21절) 나온다. 하나님께서는 아브라함에게 다양한 면을 지닌 약속을 하셨다. 개인의 복, 땅, 자손, 자손의 복, 장차 오실 구속자가 약속에 포함되었다. 그러므로 아브라함의 믿음에서 첫 번째이자 가장 중요한 특성은 그것이 이 약속에 대한 믿음이었다는 것이다.

이 점을 맨 처음 볼 때는 아브라함이 하나님을 "믿었다"는 사실이 분명해 보일 수가 있고 따라서 그리 중요하지 않게 보일 수가 있다. 그러나 그것은 분명하지도 않고 그리 중요하지 않는 것도 아니다.

그 사실이 분명하지 않은 이유는 믿음에 관한 대부분 사람들의 자연스런 사고가 전혀 다른 범주들에서 움직이기 때문이다. 믿음에 관해 생각할 때 주로 무엇을 생각하는가? 그것을 주관적으로 생각한다. 그렇지 않은가? 어떤 것에 대한 느낌을 생각하며, 그것은 사실상 이 분야에서는 하나님을 중심으로 생각하지 않고 인간을 중심으로 생각한다는 것을 뜻한다.

나는 특정 주제에 관해서 다른 사람들이 뭐라고 말했는지 보고 싶으면 서재에서 인용문들을 엮은 다양한 책들을 찾아 본다. "믿음"이란 항목을 찾으면 이 주제를 아주 기발하게 다루어 놓은 인용문들을 만나게 된다. 「로제츠 국제 동의어 사전」(Roget's International Thesaurus)에 실린 몇 가지 인용문들을 소개한다. 로마 시인 오비드(Ovid, BC 43 - AD 18)는 "믿어서 해로운 것은 더디 믿게 된다"고 말했다. 서사시인 베르길리우스(Virgil, BC 70-19)는 "그들이 무엇을 할 수 있는 것은 그것을 할 수 있다고 생각하기 때문이다" 하고 썼다. 로마의 극작가 테렌스(Terence, BC 185-159)는 "견해란 인간들처럼 다양하다"라고 말했다. 프랑스의 작가 몽테뉴(Montaigne, 1533-1592)는 "우리가 거의 모르는 것만큼 확고하게 믿어진 것은 없다" 하고 외쳤다. 에스파니아 출신 미국 철학자 조지 산타야나(George Santayana, 1863-1952)는 "생명이 지속되는 한 무엇을 믿어야 하는 맹목적인 필연성"에 관해서 말했다. 다음에는 "그것을 가지고 있다고 믿으라. 그러면 가지게 된다"와 "나는 그것이 불가능하기 때문에 믿는다"라는 유명한 말들이 있다.[2]

이런 말들은 믿음이 본질상 사람에게 근거를 두고 있으며 주관적인 성질의 것이라는 뜻에 뿌리를 둔다. 그러나 성경이 가르치는 믿음은 하나님께 근거를 두며, 개인이 하나님을 만나는 데서 솟아나는 것이다.

또한 성경적 믿음은 하나님의 약속이 "그리 중요하지 않은" 것이 아니라는 믿음이다. 오늘날 우리가 아브라함처럼 구원을 받아야 한다는 것은 이런 동일한 노선을 따른 것이기 때문이다. 우리는 주관적인 강한 믿음을 갖고 있기 때문에 구원을 받는 것이 아니라(주관적인 믿음은 문제의 초점을 인간에 맞춘다), 구원에 관한 하나님의 약속들, 즉 성경이 우리에게 가르치는 약속들을 믿기 때문에 구원을 받는다. 달리 말하자면, 기독교의 믿음은 성경적 믿음이다. 또다시 표현을 바꿔 말하자면, 우리는 우리 믿음 때문에 구원을 받는 것이 아니라 하나님의 약속 때문에 구원을 받는다. 참된 믿음은 이 약속들을 받아들이고 하나님의 성품에 근거하여 그 약속들을 믿는 것이다.

오직 하나님의 말씀만

아브라함이 지녔던 믿음의 두 번째 특성은 마틴 로이드존스의 말대로 "다른 것은 관계없이 순전히 하나님의 말씀"[3]에 근거를 둔다는 것이다. 창세기 15장으로 되돌아 가면, 아브라함에게 자녀가 전혀 없을 당시에 하나님께서 그에게 많은 자손(하늘의 별처럼 많은)을 약속하신 것을 보게 된다. 물론 이 때의 상황은 나중처럼 아주 절망적이지는 않았다. 당시 아브라함의 나이는 85세였으나, 여전히 자녀를 낳을 능력이 있었다. 사라의 몸종 하갈을 통해서 아들을 낳은 사실이 그 점을 입증해 준다. 하지만 14년 뒤 이삭을 잉태할 무렵에 아브라함은 육체적으로도 자녀를 낳을 능력이 없었다. 창세기 15장에 묘사된 인생 시점에 이를 때까지 거의 한 세기를 살아온 아브라함은 아직도 자녀가 하나도 없었다. 그와 사라는 자녀를 낳지 못한 채 죽는 듯했다. 그런데도 여기서 하나님께서는 그 부부가 후사를 갖게 될 것뿐만 아니라 결국에는 인간의 능력으로 헤아릴 수 없을 정도로 많은 자손들을 갖게 될 것이라고 약속하고 계셨다.

아브라함은 이 "황당한" 약속을 믿게 해줄 외적인 뒷받침을 어디서 찾을 수 있었을까? 그런 뒷받침은 아무데서도 찾을 수 없었다. 인간의 경험이라는 관점에서 볼 때 상황은 절망적이었다. 그만한 나이에 아이를 낳은 선례라도 있어야 믿을 여지가 있는 것인데, 사정은 그렇지 못했다. 따라서 아브라함이 하나님을 믿은 데에는 그 약속을 하신 이가 하나님이시기 때문이라는 이유밖에 없었다.

오늘날 우리가 구원 문제로 하나님을 의지하는 것과 똑같은 태도이다. 하나님께서는 자기 아들을 죽음에 내어 주신 이유에 대해서 "… 이는 저를 믿는 자마다 멸망치 않고 영생을 얻게 하려 하심이니라"(요 3 : 16) 하고 말씀하신다. 여러분에게 그 약속을 일관되게 믿게 만드는 것은 성경에 기록된 하나님의 말씀밖에는 없다. 하나님의 말씀이 없다면 영생을 얻는 방법은 고사하고 영생에 관해서조차 뭐 하나 제대로 아는 게 없을 것이다. 보이지 않는 세계는 우리에게 가려져 있다. 어떠한 인간이라도 그 세계에 대해서 말해 줄 능력이 없다.

따라서 만약 우리가 구원을 발견한다면, 그것은 순전하고 단순한 하나님의 말씀을 믿어서 되는 일이다.

그것이 하기 어려운 일인가? 어떤 점에서는 그렇다. 그러나 하나님을 믿어서는 안 될 이유가 있는가? 인간들은 우리를 속일 수 있고, 그런 일이 종종 발생한다. 그러나 하나님의 말씀은 그분의 계약이며, 하나님께서는 절대로 마음을 바꾸시지 않는다. 그러므로 우리에게는 하나님을 믿게끔 해주는 외부의 뒷받침이 없지만, 우리는 그런 뒷받침을 필요로 하지 않는다. 오로지 어떤 사람의 말이나 체험 때문에 하나님을 믿는다고 주장한다면, 그것은 사실상 하나님의 인격을 모독하는 짓이 될 것이다. 사람에게 속한 것이 어떻게 영원을 뒷받침할 수 있겠는가? 오히려 정반대이다.

마틴 로이드 존스는 이렇게 쓴다 : "믿음에는 항상 이러한 순수한 요소가 있다. 믿음은 증거들을 요구하지 않고, 그것들을 찾아나서지도 않는다. 어떤 의미에서는 증거들을 필요로 하지 않는다. 믿음은 하나님의 말씀만으로 만족한다. 그분은 하나님이시기 때문이다."[4]

눈 앞의 현실이 정반대로 보이더라도

아브라함이 지닌 믿음의 생명력은 (따라서 모든 참된 믿음의 생명력은) 그 수준을 훨씬 넘어선다. 바울이 로마서 4장을 마무리지으며 지적하듯이, 아브라함은 단지 외적인 뒷받침이 전무한 상태에서 하나님을 믿은 것이 아니라, 오히려 외적 증거들이 사실상 정반대로 보이던 상태에서 하나님을 믿었기 때문이다.

"아브라함이 바랄 수 없는 중에 바라고 믿었으니…"(18절)라는 문장에는 그런 뜻이 함축되어 있다. 인간의 관점에서는 상황이 절망적이었다는 뜻이다. 그러나 하나님께서 말씀하셨기 때문에, 아브라함은 물리적인 증거를 무시하고서라도 하나님을 믿고자 했다. 이 점에서 바울의 생각은 창세기 15장에 기록된 상황을 넘어서서 창세기 17장의 "불가능한" 상황으로 옮겨가는 것이 분명하다. 앞에서 본 대로, 그 때 아브라함의 나이 99세였고, 이렇게 연로한 부부가 아이를 낳을 소망은 더이상 없었다. 조금이라도 젊었더라면 가능했을지도 모른다. 그러나 이제는 그렇지 않았다. 그렇기 때문에 본문은 이렇게 말한다 : "그가 백세나 되어 자기 몸의 죽은 것 같음과 사라의 태의 죽은 것 같음을 알고도 믿음이 약하여지지 아니하고"(19절).

이 구절에는 잠시 언급하고 지나갈 만한 본문상의 흥미로운 변형이 있다. 많은 고대 사본들에는 이 문장 전반에 부정어가 들어 있어서 "그는 고려하지 않았다"라고 번역하게끔 되어 있다. 이것을 따르자면 그 문장은 다음과 같이 된다. "아브라함은 믿음이 참으로 강해서 자기 몸이 죽은 것과 같음을 고려하지 않았다." 부정어는 대개 문장의 의미를 정반대로 만들기 마련이다. 그러나 이 경우에는 이상하게도 어떻게 번역하든 의미는 똑같다. 부정어를 없앨 경우 – 이 점에서 NIV(그리고 한글개역성경)의 번역이 올바른 듯하다 – 그 문장은 다음과 같이 된다. "아브라함은 자기 몸이 죽은 것이나 다름 없다는 사실을 직면하고서도 하나님을 믿었다." KJV의 방식대로 부정어를 남겨 둘 경우 그 문장은 앞에서 소개한 것과 같게 된다. 어느 경우든 아브라함이 절망적인 상황을 알고 있었음을 뜻한다. 그런데도 아브라함은 그런 모든 상황을 무릅쓰고 하나님을 믿었다.[5]

더욱이 이 점은 창세기 자체가 증거한다. 비록 성경 후반부에서 아브라함을 다룰 때는 언급되지 않았으나 – 하나님께서는 언제나 자기 자녀들의 성공 사례들만 기억하고, 실패 사례들은 기억하지 않으시는 듯하다 – 창세기 17 : 17은 아브라함이 나이가 더 들어서 원래의 약속을 다시 받았을 때, 그게 얼마나 상식을 벗어난 일인가를 알고서 처음에는 웃었다고 전한다. "아브라함이 엎드리어 웃으며 심중에 이르되 백 세 된 사람이 어찌 자식을 낳을까. 사라는 구십세니 어찌 생산하리요."

그런데도 상황이 급박해지자 아브라함은 자신의 신체 능력의 한계들을 고려하지 않은 채 하나님을 믿었다. 그리고 다음 해에 약속된 아기가 아브라함과 사라에게서 태어났다.

나는 로마서를 공부하는 동안 스위스 신학자 칼 바르트(Karl Barth)의 증거를 그리 자주 인용하지 않는 편이다. 그러나 바르트는 하나님의 크심과, 그와 정반대로 모든 인간들의 약함과 절망적인 상태를 잘 깨닫고 있다. 탁월하다는 평가를 받는 그의 로마서 주석 이 부분에서 그는 마르틴 루터의 믿음에 관한 강직한 말을 뚜렷한 찬성의 뜻을 담아 인용한다 :

"하나님께서 아브라함에게 하신 말씀보다 비합리적이고 웃음이 나오고, 엉뚱하고 불가능한 일이 있을 수 있었을까?… 더욱이 우리 기독교 신앙의 모든 신조들도 이성적으로 검토해 보면 별 차이 없이 불가능하고 거짓말 같고 터무니 없는 것들이다. 그러나 믿음은 상황과 한치 오차도 없이 나란히 진행한다. 믿음은 이성(理性)의

목을 조르며, 그 짐승을 목졸라 죽인다. 믿음은 온 세상과 그 안에 있는 것들이 할 수 없는 일을 해낸다. 그러나 믿음이 어떻게 그런 일을 할 수 있는가? 하나님의 말씀을 붙잡고, 그것이 아무리 불합리하고 불가능해 보일지라도 바르고 참된 것으로 간주함으로써 그런 일을 할 수 있다. 이런 방법으로 아브라함은 자신의 이성을 감금했다… 믿음의 깊은 경지에 들어간 다른 모든 신자들도 다음과 같이 말하며 이성의 목을 조른다 : "들어라 이성아, 하나님의 일들을 이해하지 못하는 너 청맹과니야! 네 술책과 재잘거림을 그치라. 입을 다물고 조용히 있으라! 더 이상 하나님의 말씀을 비판하려고 대들지 마라. 거기 앉아서 그 말씀을 들으라. 그분을 믿으라. 온 세상이 감히 얻을 수 없는 것을 신자들은 그렇게 해서 얻는다. 그로써 신자들은 우리 주 하나님을 드높이고 현저한 사역을 남긴다."[6]

이 말을 믿음이란 "비합리적인 것"이란 뜻으로 받아들여서는 안 된다. 정반대되는 상황에서도 하나님을 믿는 것만큼 합리적인 것은 없기 때문이다. 위에 인용한 말은 믿음이 언제나 하나님과 그분의 말씀과 나란히 서며, 심지어 그렇게 하는 것이 인간의 관점에 어리석어 보일 때조차 그러하다는 뜻이다.

믿음이 지니는 충분한 확신

아브라함이 지닌 믿음의 네 번째 특성은 확신이다. 바울은 이것을 여러 가지 방식으로 말한다. (1) "믿음이 약하여지지 아니하고"(19절), (2) "믿음이 없어 하나님의 약속을 의심치 않고"(20절), (3) "믿음에 견고하여져서"(20절). 그러나 주된 진술은 21절에 나온다. "약속하신 그것을 또한 능이 이루실 줄을 확신하였으니." 다른 번역성경들이 21절을 어떻게 옮기는지 살펴볼 만한 가치가 있다. RSV는 아브라함이 "충분히 확신했다"(fully convinced)고 옮긴다. NEB(The New English Bible)는 "굳은 확신"(firm conviction)이라고 옮긴다. 필립스(Phillips)는 아브라함이 "절대적으로 확신했다"(absolutely convinced)고 옮긴다. NASB(The New American Standard Bible)는 그가 "충분히 확신했다"(being fully assured)고 옮긴다.

확신이란 중요한 요소이다. 참된 믿음은 언제나 이런 확신을 갖는다.

그러나 육신이 약하고 주변 상황이 언제나 우리보다 강한 현세에서 믿음이 어떻게 이런 확신을 가질 수 있을까? 한 가지 대답밖에 없다. 참된 믿음은 우리 자신을 바라보지도 않고 주변 상황을 바라보지도 않으며, 다만 하나님만 바라보기 때문에 확신을 가질 수 있다. 우리는 약하며, 따라서 우리 자신에게 근거를 둔 믿음은 언제나 약하며 갈수록 더 약하고 흔들리고 미끄러질 것이다. 베드로가 제자들이 탄 작은 배에서 주님께로 걸어가려다가 주님에게서 눈을 떼고 출렁이는 갈릴리 바다 물결을 보았을 때 믿음이 흔들렸던 것과 마찬가지이다(마 14 : 28-31). 하나님의 존재와 성품에 근거를 둔 믿음은 갈수록 힘을 얻는다. 하나님은 신실하신 분이기 때문이다.

행동하는 믿음

아브라함의 믿음에는 우리가 감히 생략해서는 안 될, 그리고 다음 주제로 넘어가기 전에 교훈을 받아야 할 한 가지 특성이 더 있다. 그것은 행동하는 믿음이다. 믿음이란 하나님을 믿는 것이지만, 그것은 또한 단호하게 행동한다. 나는 성경적 믿음을 "하나님을 믿고 그 터에서 행동하는 것"이라 정의한다.

아브라함은 하나님을 믿었는가? 당연히 믿었다. 그는 99세 때 약속의 자손을 낳을 정도로 하나님을 믿었다. 그러나 내가 가끔 말했듯이, 그것보다 훨씬 더 위대한 행동은 이삭을 낳기 전에 자신의 바뀐 이름을 함께 살던 사람들에게 고지한 행동이었다. 여러분도 알다시피, 아브라함의 원래 이름은 아브람이었고, 아브람이란 이름은 "많은 무리의 아비"(문자적으로는 '한 무리의 아비')란 뜻이다. 그것은 아브라함과 사라(원래는 사래)가 많은 자손을 낳을 것이라는 하나님의 약속에 비춰볼 때 부적절한 이름이었다. 그러나 수십 년이 지나도록 그들에게는 자녀가 없었고, 해가 바뀔수록 그 이름은 갈수록 당혹감을 안겨 주었다.

사래였다가 사라로 이름을 고친 아브라함의 아내의 경우도 당혹스럽긴 마찬가지였을 것이다. 사래는 자존심이 센 여성으로서 아이를 낳지 못하는 원인이 자신에게 있는지 남편에게 있는지 한번 확인해 보고 싶었다. 그런 경우를 제외하고 한 여성이 자기 남편을 다른 여성의 품에 맡기는 일이 과연 있을까? 그러나 사래는 남편이 과연 아이를 낳을 수 있는지를 보려고 몸종 하갈을 남편에게 주었으며, 아브람은 하나님께서 정하신 때에 약속된 후사를 주실 것을 의지하고서 한사코 거절했겠지만, 결국 아내의 말을 따른 결과 하갈에게서 이스마엘을 낳았다. 그토록 오랜 세월을 자식 없이 지낸 족장으로서는 이스마엘이 얼마나 자랑스러웠겠는가. 훗날 하나님께서 찾아오사 후사에 대한 약속을 다시 하셨을 때, 아브라함은 "이스마엘이나 하나님 앞에 살기를 원하나이다"(창 17 : 18)라고 말하면서, 이스마엘을 대신 후사로 삼아달라고 간구했다.

그러나 "많은 무리의 아비"라는 이름을 가진 사람에게 여전히 자녀는 한 명밖에 없었다. 족장이 이름 때문에 당한 수모는 매우 참기 어려운 것이었음에 분명하다.

그러나 하나님께서는 아브라함의 1백회 생일이 되기 전에 그를 찾아오사 당신이 약속을 잊은 적이 없었고 그 부부가 내년 이맘때에 아이를 갖게 될 것이라고 말씀하시면서, 아울러 아브람의 이름도 바꾸어 주셨다. 아브라함은 이 이름을 다시 자기가 거느리고 있던 수많은 사람들에게 고지해야 했을 것이다.

아브람이 자기 이름을 바꾸겠노라고 고지할 때 사람들은 얼마나 재미있어 했을까?

"그 양반이 이름을 바꾸신다고?"

"뭣때문에 그러시는지 모르겠어."

"오랜 세월을 많은 사람의 아비 아브람이셨지. 그 이름을 갖고 살기가 퍽 어려우셨을 게야. 아마 이번에는 "한 사람의 아비"로 바꾸시겠지. 그게 실상이니까 말이야."

그런 상황에서 아브라함은 이렇게 고지했다 : "간밤에 하나님께서 내게 나타나셔서 이름을 '많은 무리의 아비' 란 뜻의 아브람에서 '방대한, 아주 방대한 무리의 아비' (문자적으로는 '한 민족의 아비')란 뜻의 아브라함으로 고치라고 하셨으므로 앞으로는 내 이름을 아브라함이라고 한다."

듣고 있던 사람들 틈에서 웃음이 터져 나왔을 것이고, 아브라함 가까이에 있던 사람들만 터져 나오려는 웃음을 간신히 참았을 것이다. 이름을 그렇게 바꾸다니 그보다 더 조롱거리가 어디 있었겠는가? 터무니 없는 소리! 저렇게 어리석을 수가! 그러나 어리석은 짓이 아니었다. 특히 아브라함에게는 더욱 그러했다. 그는 하나님의 약속의 관점에서 사물을 바라보았고, 공식적으로 하나님의 능력, 진리, 신실하심에 대한 확신에 서서 행동할 의지가 분명했기 때문이다. 다음 해에 그는 약속의 아들을 낳았다.

여러분은 어떠한가? 아브라함처럼 믿음에 서서 행동할 의지가 있는가? 예수 그리스도를 통해서 구원의 선물을 주시겠다는 하나님의 약속을 믿고서 믿음으로 발걸음을 내디딜 것인가? 그렇게 하려면 세상으로부터는 아무런 뒷받침도 받지 못할 것이다. 정반대로 세상은 여러분을 비합리적이고 심지어 어리석은 사람으로 생각하고서 여러분을 방해할 것이다. 그러나 진짜 어리석은 것은 누구인가? 하나님을 의지하는 사람들인가? 아니면 오로지 자기들과 세상만을 믿는, 차츰 사라져 가고 있는 것들을 믿는 불신자들인가?

나는 여러분에게 하나님을 의지하고 그 터에서 행동하라고 권한다.

● 각주 ●

1. 창세기 15 : 5. 바울은 아브라함의 칭의에 관한 증거 본문 바로 앞에 나오는 구절을 인용하며, 그 인용문을 가지고 이 장을 시작한다(창 15 : 6. 3절에 인용됨).

2. Roget's *International Thesaurus* (New York : Thomas Y. Crowell, 1953), pp. 323, 324.

3. D. M. Lloyd-Jones, *Romans : An Exposition of Chapters 3 : 20-4 : 25, Atonement and Justification* (Grand Rapids : Zondervan, 1970), p. 211.

4. Ibid.

5. 본문상의 문제와 그것에 함축된 의미들에 관한 논의에 대해서는 다음 책들을 참조하라 : Bruce M. Metzger, *A Textual Commentary on the Greek New Testament* (London and New York : United Bible Societies, 1971), p. 510; Murray, *The Epistle to the Romans* (Grand Rapids; Wm. B. Eerdmans, 1968), pp. 149, 150; F. Godet, *Commentary on St. Paul's Epistle to the Romans,* trans. A. Cusin (Edinburgh : T. & T. Clark, n.d.), vol. 1, pp. 306, 307.

6. Karl Barth, *The Epistle to the Romans*, Trans. Edwyn C. Hoskyns (London, New York and Toronto : Oxford University Press, 1933), pp. 143, 144.

58

아브라함이 지녔던 믿음의 근거

로마서 4 : 18-22

아브라함이 바랄 수 없는 중에 바라고 믿었으니 이는 네 후손이 이같으리라 하신 말씀대로 많은 민족의 조상이 되게 하려 하심을 인함이라 그가 백세나 되어 자기 몸의 죽은 것 같음과 사라의 태의 죽은 것 같음을 알고도 믿음이 약하여지지 아니하고 믿음이 없어 하나님의 약속을 의심치 않고 믿음에 견고하여져서 하나님께 영광을 돌리며 약속하신 그것을 또한 능히 이루실 줄을 확신하였으니 그러므로 이것을 저에게 의로 여기셨느니라.

성경을 공부하다 보면 본문에 쓰인 단어 하나하나를 세밀히 조사해야 할 때가 있다. 이것은 좋은 공부 방법일 뿐만 아니라 항상 좋은 출발점이 되기도 한다. 그러나 때로는 복잡한 분석을 중단하고 문단과 그 문단이 들어 있는 장과, 심지어는 책 전체를 통해서 단어들의 흐름을 관찰하는 것이 유익한 경우도 있다. 로마서 4 : 18-22에 대한 두 번째이자 마지막 공부에서는 나중 방법을 택하고 싶다.

이 구절들은 어떻게 흘러가는가?

아브라함의 생각에는 한 가지 분명한 흐름이 있다. "… 믿음이 약하여지지 아니하고"(19 절)에서 "… 믿음에 견고하여져서…"(20절)로 흐르는 것이다. 단어들에서 눈을 떼고 전체를 바라볼 때 맨 처음 눈에 들어오는 큰 정경이 그것이다. 거기서도 눈을 떼고 좀더 멀리서 바라보면 단락이 시작되면서 거론되던 절망의 개념("바랄 수 없는 중에", 18절)에서 아브라함이 하나님의 약속을 "확신"(21절)하는 데로 진전되는 흐름을 볼 수 있다. 그것으로 끝나지 않는다. 아주 멀리 떨어져서 보면, 몸이 죽은 것과 다름 없던(19절) 아브라함 자신에게서 "약속하신 것을 또한 능히 이루실…"(21절) 능력이 있는 하나님께로 사고가 흘러가는 것을 볼 수 있다. 이것은 앞 장에서 본 것, 즉 아브라함의 믿음이 하나님께만 초점을 두었기 때문에 강했다는 사실을 달리 표현한 것이다.

본문을 다시 읽되, 이번에는 마지막 개념에 중점을 두고서 읽어 보자. "아브라함이 바랄 수 없는 중에 바라고 믿었으니 이는 네 후손이 이같으리라 하신 말씀대로 많은 민족의 조상이 되게 하려 하심을 인함이라. 그가 백세나 되어 자기 몸의 죽은 것 같음과 사라의 태의 죽은 것 같음을 알고도 믿음이 약하여지지 아니하고 믿음이 없어 하나님의 약속을 의심치 않고 믿음에 견고하여져서 하나님께 영광을 돌리며, 약속하신 그것을 또한 능히 이루실 줄을 확신하였으니."

이 단락을 로마서 앞 장들의 흐름 속에 비쳐 보면 한 가지 흥미로운 대조를 발견하게 된다. 로마서 1장에서 우리는 인류가 하나님을 배척하고 하나님께 영광을 돌리지 않으려 한다는 사실을 발견한다(21절). 그러나 로마서 4장에서는 아브라함이 하나님을 믿고 그분께 영광을 돌리는 것을 최고의 관심사로 삼는 것을 발견한다(20절).

하나님께 영광을 돌려야

이런 사항들이 지닌 중요한 의미는 앞 장에서 공부한 대로 아브라함의 위대한 믿음의 비밀을 벗긴다는 데 있다. 앞 장에서 우리는 아브라함이 지닌 믿음의 본질을 생각하면서 그것을 다음과 같이 정의했다 :

1. 하나님의 약속에 대한 믿음.
2. 하나님의 말씀 이외의 것에 기초를 두지 않은 믿음.
3. 정반대로 보이는 많은 상황들을 무릅쓰는 믿음.
4. 충분한 확신이 따르는 믿음.
5. 하나님의 말씀에 순종하여 행동하는 믿음.

그러나 "외적인 뒷받침도 없고 세상도 반대하는 상황에서 아브라함의 믿음이 어떻게 그런 힘과 특성들을 얻을 수 있었는가?" 하고 질문하자마자, 아브라함의 **믿음**이 **하나님께 향**한 것이었기 때문에, 모든 참된 능력과 확신의 유일한 원천이신 하나님께 향한 것이었기 때문에 그런 힘과 특성들을 얻을 수 있었음을 알게 된다.

만약 아브라함의 믿음이 자신(또는 다른 사람들)에게 근거를 두었거나, 아니면 강인한 의지나 깊은 감정에서 힘을 얻었다면, 그의 믿음은 약해지고, 흔들리고, 결국에는 죽고 말았을 것이다. 하지만 그의 믿음은 오히려 강해졌다. 전능하신 하나님만을 향한 믿음이었기 때문이다. 성경은 **우리**의 믿음도 바로 그곳에 근거를 두고 있다고 가르친다. 이를 테면 히브리서 12 : 1-2을 생각해 보자. 구약의 신앙 위인들을 열거한 11장에 바로 이어서 온 이 구절들은 우리도 그들처럼 믿음으로 **하나님을** 바라봐야 한다고 가르친다. "이러므로 우리에게 구름같이 둘러싼 허다한 증인들이 있으니 모든 무거운 것과 얽매이기 쉬운 죄를 벗어버리고 인내로써 우리 앞에 당한 경주를 경주하며 믿음의 주요 또 온전케 하시는 이인 **예수를 바라보자**…"(고딕은 필자의 표기).

히브리서 11장에서는 아브라함이 "터가 있는 성"을 바라보았다고 말한다(히 10 : 11하). 그러나 더 중요한 것은 아브라함이 그 성을 계획하고 건설하실 하나님을 바라보았다는 사실을 아는 것이다. 마치 우리가 충직한 사역의 댓가로 상급을 바라듯이, 아브라함은 그 도시를 바라보았다. 그러나 무엇보다도 아브라함은 하나님을 바라보았고, 그분께 영광을 돌렸다.

아브라함이 하나님 앞에 믿음의 근거를 두었다고 말하는 것은 그가 정신을 하나님께 두었다고 말하는 것과 같다. 이것은 하나님께서 누구신지, 어떤 분이신지를 생각하는 일에 자신을 훈련했다는 뜻이다. 달리 말하자면, 아브라함은 하나님의 속성들을 묵상했다. 하나님께 영광을 돌렸다는 게 그것이 아니고 무엇이겠는가? 하나님께 영광을 돌린다는 것은 그분의 속성들을 마음에 새겨 보고 그것들로 인해 그분을 찬양한다는 뜻이다. 아브라함은 하나님의 어떤 속성들을 생각했을까? 물론 모든 속성들을 생각했다는 것이 정답이다. 아니면 적어도 자기가 알고 있던 하나님의 속성들을 생각했을 것이다.

이 장에서는 본문에 암시된 하나님의 속성들을 주로 공부하고자 한다.

거짓말을 하실 수 없는 하나님

아브라함이 마음에 둔 하나님의 속성들 가운데 첫째 속성은 하나님의 진실성, 즉 하나님이 거짓말을 하실 수 없다는 사실이었다. 훗날 바울은 이 점을 친구이자 동역자인 디도에게 쓰면서, 우리 믿음이 "거짓이 없으신 하나님"(딛 1 : 2)을 향한 것이라고 분명히 말한다. 하나님의 진실성이 로마서 이 부분의 바탕에 깔린 사상이며, 아브라함의 생애 전체가 그 점을 뚜렷이 보여 준다. 하나님의 진실성은 하나님의 언약을 믿는 아브라함의 믿음에 기본적인 것이었다. 만약 하나님께서 진실하시지 않다면, 그 약속은 아브라함에게 무의미했을 것이고, 다른 사람에게도 무의미했을 것이다. 빈말에 지나지 않았을 것이다. 그러나 하나님께서는 진실하시므로 그 약속은 참되며 확고히 믿을 수 있다.

아브라함은 하나님께서 언제나 진실하시다는 확신 위에서 행동하려고 했다. 하나님께서 아브라함(아브람)에게 본토를 떠나 지시하실 땅으로 가라고 말씀하셨을 때, 아브라함은 하나님을 믿고서 하란을 떠났다(창 12 : 4).

하나님께서 아브라함에게 "네 자손이 이와 같으리라" 하시면서 그 자손들이 하늘의 별처럼 많을 것이라고 약속하셨을 때, 아브라함은 하나님을 믿었고, 하나님께서는 이를 그의 의로 여겨 주셨다(창 15 : 5-6; 참조. 롬 4 : 3).

아브라함의 노년에 하나님께서 아들을 주시겠다고 약속하셨을 때, 아브라함은 다시금 하나님을 믿었고, 하나님께서 바꿔 주신 이름을 받아들이고 할례 의식도 행함으로써 믿음을 나타내 보였다(창 17장).

아브라함은 하나님의 진실성을 확신한 데 힘입어서 인생의 중대한 시험에서 승리를 거두었다. 그것은 모리아 산에서 아들을 제물로 바치라는 시험이었다. 아브라함은 하나님께서 이삭을 통해서 허다한 자손을 약속하셨고, 이삭이 아직 결혼을 하지 않았고, 자녀도 없었으므로, 그 말씀에 순종하면 하나님께서 이삭을 죽은 가운데서 다시 살리실 것이라고 생각했다(창 22 : 1-18, 특히 5절; 참조. 히 11 : 17-19). 아브라함은 이 믿음에 서서 일을 진행했고, 실제로 제사를 드리려고 하던 참에 하나님께서 중단시키셨다.

이러한 철저한 확신은 어느 누구에게든지 하나님과의 올바른 관계를 맺는데 아주 중요한 요소이다. 하나님을 믿지 않고는 하나님을 알 수도 없고, 그분께 나올 수도 없고, 기쁘시게 해드릴 수도 없기 때문이다(참조. 히 11 : 6).

하나님께서 우리에게 여러 가지 약속들을 주신 성경을 오늘날 불신자들이 신랄하게 비판하는 이유는 바로 그런 데 있다. 나는 안수받은 성직자가 다음과 같은 말을 서슴 없이 하는 교회 집회들이나 협의회들에 참석한 적이 있다. "나는 성경이 그렇게 말하는 줄을 알지만, 그 말들은 그 시대를 살던 사람들의 제한되고 그릇된 관점의 산물이다. 오늘날 우리는 그런 말들에 제한을 받을 필요가 없다."

때로 그들은 좀더 구체적으로 말한다. "바울이 그렇게 말한 것은 잘못이다."

다른 사람들은 심지어 "예수님이 오해를 했다"고까지 말한다. 이것은 「현대인을 위한 복음」(Good News for Modern Man)의 번역자 로버트 브래처 박사(Dr. Robert G. Bratcher)가 남긴 아주 파괴적인 진술에 포함된 말이다. 그는 사흘 동안 전국 규모로 열린, 남침례회 그리스도인들을 위한 신앙 세미나에서 다음과 같이 강연하였다. "성경이 역사와 문화의 배경을 염두에 두고 말하는 내용을 인용한다는 것은 반드시 적합하거나 유익한 일이 아니다. 오히려 우리가 직면하는 문제들을 대처하고 해결하는 데 방해가 될 수 있다… 심지어 예수께서 제1세기 30년대에 아람어로 하신 뒤 30-50년 뒤에 헬라어로 기록되어 보존된 말들도 오늘날 우리가 반드시 의무적이거나 확고한 권위로 받아들일 필요는 없다."[1] 불신앙을 얼마나 강하게 표현한 말인가! 브래처는 예수님이 했다고 전해지는 말들은 부정확하게 전달되었으므로 그릇되다고 말할 뿐만 아니라, 예수님의 말씀〔아람어로 하신〕 자체마저 그릇될 수도 있다고 말하는 것이다. 그것은 예수님이 오해를 하셨든지 아니면 거짓말을 하셨든지 둘 중의 하나라는 뜻이다.

아브라함은 그런 말을 한 적이 있는가? 그런 적이 없다. 천사들의 믿음이 완강한 불신에서 유래한 것이 아니듯이, 그도 그런 말을 한 적이 없다.

때로 성경을 믿지 않고도 하나님을 믿을 수 있다는 말을 듣게 된다. 그러나 그 허황됨을 아는 데는 구태여 논리 절차가 필요 없다. 만약 하나님의 말씀이기에 온전히 믿어야 할 성경이 하나님 말씀이 아니라면, 하나님께서 도대체 어디에서 우리에게 말씀하신다는 건가? 하나님께서 구원받기에 필요한 내용을 어디에다 알리시는가? 하나님께서 말씀하시는 데가 아무 데도 없다면, 우리가 그분을 믿을 수 있다는 것은 터무니 없는 말이다. 만약 하나님께서 성경 안에서 진지하게 우리에게 말씀하시지 않는다면, 우리는 그분을 믿을래야 믿을 수가 없다.

다음 몇 가지 가능성들을 생각해 보자 :

1. 하나님께서 성경 안에서 우리에게 말씀하셨을 가능성. 이 경우에는 하나님께서 참되시므로 성경도 참되며, 따라서 우리는 확고히 성경의 가르침을 믿을 필요가 있다. 혹은,

2. 하나님께서 아무 데서도 뚜렷하게 말씀하시지 않았을 가능성. 이 경우에는 하나님께서 진실하시다거나 우리가 그분을 믿는다고 말하는 것이 아무런 의미가 없다.

그런 결과를 피할 수 있는 유일한 길 – 불행하게도 그것이 오늘날 이른바 자유주의 신학자들이 취하는 견해이다 – 은 하나님께서 성경 안에서 말씀해 오신 것이 사실이되, 성경 가운데 그러한 신적인, 즉 참된 부분이 인간의 오류와 뒤섞여 있다고 보는 것이다. 만약 그렇다면 누가 과연 성경을 키질하여 인간의 쭉정이로부터 하나님의 밀을 골라낼 수 있을 것인가? 가능한 대답은 (1) 개인이 주관적인 과정으로 그 일을 하거나, 아니면 (2) 학자들이 하는 것이다. 그러나 어느 경우든 "믿음"은 하나님께서 말씀하신 내용에 따라서 신뢰할 수 있는 내용을 결정하는 인간들 – 우리 자신들이든 학자들이든 – 에게 향하게 되며, 하나님께 향하게 되지를 않는다. 그것은 하나님을 믿는 게 아니다. 우리 자신을 믿는 것이다.

하나님의 진실성을 인정하는 사람들은 반드시 성경 계시의 진실성을 인정한다.

주의 성실이 크도소이다

아브라함이 믿음을 견지하는 데 힘 입은 하나님의 두 번째 속성은 하나님의 성실성(신실성)이다. 로마서 본문에는 이 속성에 대한 언급이 없지만, 아브라함이 하나님의 약속을 견지한 태도에 그 속성이 함축되어 있다. 아브라함은 하나님의 약속에 자기 일생을 걸었고, 그렇게 할 수 있었던 것은 하나님께서 거짓말을 하지 않으실 뿐만 아니라 마음을 바꾸지도 않으신다는 확신 때문이었다.

우리는 인간들 편에서 진정한 성실성이라는 것이 무엇인지 아는 바가 거의 없다. 오늘날은 성실보다는 불성실에 관한 이야기가 훨씬 더 흔하다. 사람들은 계약을 교묘히 위반하려고 노력한다. 정혼했던 남녀가 서로를 버린다. 개인들이 무엇을 하겠다고 약속해 놓고는 그

걸 잊어버린다. 하나님께서는 이와 같지 않으시다. 모세는 이스라엘 백성을 향해 이렇게 말했다. "… 하나님 여호와는… 신실하신 하나님이시라. 그를 사랑하고 그 계명을 지키는 자에게는 천대까지 그 언약을 이행하시며 인애를 베푸시되"(신 7 : 9). 바울은 디모데에게 이렇게 썼다. "우리는 미쁨이 없을지라도 주는 일향 미쁘시니 자기를 부인하실 수 없으시리라"(딤후 2 : 13). 아더 핑크(Arthur W. Pink)는 다음과 같이 썼다. "하나님께 관한 것은 모두 위대하고, 방대하고, 비교할 대상이 없다. 하나님께서는 한번 하신 말씀을 결코 잊지 않으시고, 어기지 않으시고, 철회하지 않으시며, 능력이 부족해 못 이루시는 법이 없다. 주님께서는 한번 선포하신 약속 또는 예언은 정확히 이루시고, 모든 계약, 언약, 경고를 반드시 이행하신다. '하나님은 인생이 아니시니 식언치 않으시고 인자가 아니시니 후회가 없으시도다. 어찌 그 말씀하신 바를 행치 않으시며 하신 말씀을 실행치 않으시랴 (민 23 : 19)."[2]

아브라함은 하나님의 성실하심에 믿음의 근거를 두었다. 우리도 그렇게 해야 한다. 특히 약하고, 두렵고, 근심에 빠져 있을 때는 더욱 그리해야 한다. 토저(A.W. Tozer)는 다음과 같이 지혜로운 글을 남겼다. "시험을 받는 자들, 근심에 싸인 자들, 두려워하는 자들, 낙심한 자들은 천부께서 성실하시다는 사실을 알면 새로운 소망과 기쁨을 얻을 수 있다… 언약의 자손들이 그런 것에 무겁게 짓눌려 있다면, 그런 사실을 생각하고서 하나님께서 사람에게서 인애를 거두어 가시지도 않고 그 성실하심을 그치시지도 않으신다는 사실을 확신할 수 있다."[3]

능력이 있으신 하나님

지금까지는 아브라함이 마음에 두었던 하나님의 속성들 가운데 본문에 명시되지 않고 함축된 몇 가지 속성들을 말해 왔다. 그러나 지금 생각할 속성은 그렇지 않다. 그것은 능력이라는 속성이다. "전능"이라고 해야 할 속성이다. 이 속성은 여러 곳에서 거론된다. 로마서 4 : 18-22의 문단에서는 "약속하신 그것을 또한 능히 이루실 줄을 확신하였으니"라는 21절의 "능히"라는 말로 나온다. 바로 앞의 문단에서는 그 속성에 대한 믿음이 "… 죽은 자를 살리시며 없는 것을 있는 것같이 부르시는…"(17절) 하나님께 대한 믿음으로 표현된다.

바로 위의 구절 – "없는 것을 있는 것같이 부르시는" – 은 아브라함이 갖고 있던 사고의 틀을 가리키는 것이기에 특히 흥미롭다. 그것이 무엇을 말하는가? 창조시에 나타난 하나님의 능력을 가리키는 것임을 금방 알 수 있다. 하나님께서 없는 것을 있게끔 부르신 것은 무엇보다도 창조시에 하신 일이기 때문이다.

나는 창조에 관한 공부를 하면서, 우주의 기원에 관한 가능한 설명에는 네 가지밖에 없다고 지적한 바 있다. (1) 우주는 기원이 없고 오히려 영원하다. (2) 만물은 개인의 선한 어떤 것에서 유래했다. (3) 만물은 개인의 악한 어떤 것에서 유래했다. (4) 언제나 이원론이 존재해 왔다.[4] 그러나 이런 가능성들은 (1)과 (2)로 압축할 수 있다. (3)과 (4)는 자세히 분석해 보면 성립하지 않기 때문이다. 이것은 진정한 선택이 물질이 영원하다는 견해와 기독교의 창조관 사이에서 이루어진다는 것을 뜻한다. 그러나 흥미로운 것은 오늘날 비그리스도인들이 또하나의 전혀 비합리적인 견해로 치우치는 경향이 있다는 사실이다. 우주가 존재로 진화했다는 견해가 바로 그것이다.

이런 견해가 어떻게 해서 등장하게 되었는지는 쉽게 알 수 있다. 비록 사람들은 그 견해를 가리켜 "과학적"이라고 하지만, 그것은 도덕적인 근거에서 우주의 기원을 설명하는 기독교적 관점을 배척하기 위해 생긴 것이다. 하나님이 싫으니 그분과 잡았던 손을 놓겠다는 말이다. 그러나 물질이 영원하다는 개념은 과학 자체에 의해서 빅뱅(the Big Bang, 대폭발)이라 불러온 이론을 통해 무너졌다.

증거는 우주에게 하나의 기원이 있었음을 가리킨다. 그러나 그 기원은 정확히 무엇이었는가? 우주는 어떻게 해서 유래했는가? 만약 우주가 하나님에 의해 창조되지 않았다면, 남아 있는 유일한 가능성은 우주가 스스로 창조되었다는 것이고, 이것이 바로 불신자들이 갈수록 더 강력히 내세우는 주장이다. 그러나 앞에서도 말했지만, 이것은 비합리적인 주장이다. 무엇이 스스로를 창조하려면 어떤 것이 전제되어야 할까? 창조를 하려면 먼저 그것 자체가 존재해야 하는데, 그렇다면 그것은 존재하면서도 동시에 아직 존재하지 않는 것이어야 한다는 뜻이다. 이처럼 터무니 없는 주장이 어디 있는가? 그러나 그것이 우리 문화가 갖고 있는 이해 방식이다.

다행스럽게도 아브라함은 바로 알았고, 오늘날 신자들과 마찬가지로 하나님께서 무(無)에서 만물을 창조하셨다고 알았으며, 이렇게 만물을 창조하실 능력이 있는 분이기에 아브라함 자신에게 하신 약속을 지키실 수 있는 분이라고 알았다.

회의론자가 족장 시대에 살았다면 이렇게 말했을 법하다. "아브라함, 하지만 하나님이 당신 같은 노인에게 자녀를 주시려면 기적을 일으키지 않으면 안 될 거요."

아브라함은 이렇게 대답한다. "물론이지요. 하지만 단지 그 능력과 그 입의 말씀을 가지고 무로부터 우주 만물을 이끌어 내신 기적만큼 큰 기적은 필요 없을 거요."

아브라함은 하나님께서 약속하신 것을 이루실 능력이 있는 분이라고 간주했다.

그리스도인들은 누구나 이 사실을 안다. 그렇기 때문에 신자들은 역경 속에서도 하나님을 믿을 수 있었다. 노아는 하나님께서 홍수로 땅을 멸하실 것이라고 믿었다. 그는 오늘날 18,000톤급 선박에 해당하는 배를 만들었다. 기드온은 이스라엘의 군대가 턱 없이 열세였지만 하나님께서 원수들을 몰아내실 것을 믿었다. 그는 하나님의 명령에 순종하여 군인을 불과 300명만 모집했다. 동정녀 마리아는 어땠는가? 마리아는 메시야 곧 세상의 구주를 낳을 것이라는 하나님의 약속을 믿었다. 아직 한 남자도 안 적이 없는 상태에서 말이다. 기적이었는가? 그렇다. 불가능한 일이었는가? 이미 무(無)에서 만물을 지으신 하나님께는 불가능한 일이 아니었다.

그렇다면 여러분이 하나님을 믿는 것이 왜 불가능해야 하는가? 여러분은 기적이 일어나야 믿을 수 있는 상황에 있지도 않다. 여러분에게 필요한 것은 하나님을 믿고 그 믿음 위에 서서 행하는 것이다.

믿음을 성장시키는 방법

여러 해 전 필라델피아 개혁신학대회가 "믿음을 성장시키는 방법"이란 주제로 봄 집회를 열었다. 신학자들이 "믿음의 방도(方途)"라고 부르는 것에 관한 집회였고, 기도, 예배, 성경 공부, 교제, 성례들 같은 주제들을 다루었다. 주말이 되어 가면서 믿음이 성장하는데 가장 중요한, 기초가 되는 방도가 성경 공부라는 점이 점차 분명해졌다.

왜 그러한가? 그것은 우리가 공부하고 있는 바로 그 문제 때문이다. 참된 성경적 믿음은 여러분과 내가 스스로 분발해서 이루어낼 수 있는 어떤 것이 아니다. 에어로빅을 하기로 결정하거나 대학에서 학위를 따려고 하는 방법을 가지고는 믿음의 사람이 될 수 없는 것이다. 믿음은 대상만큼만 강하며, 그러므로 믿음은 하나님에 의해 우리 속에 창조되는 것이고, 우리가 그분을 알아가는 동안 우리 속에 세워진다. 그러나 어떻게 하면 하나님을 알아갈 수 있을까? 그 유일한 방법은 하나님께서 자신을 계시해 놓으신 성경을 알아가고, 배운 것을 우리 생활에 적용하는 방법밖에 없다.

다음은 마틴 로이드 존스(D. Martyn Lloye Jones)가 로마서 3장과 4장 주석의 말미에 기록한 내용이다.

만약 여러분이 강한 믿음을 갖는 방법을 알고 싶어한다면, 여기 그 방법을 소개한다. 그것은 성경을 철저하고도 깊이 알고, 그 방법을 통해 하나님을 알아가는 것이다. 갑자기 어떤 사상을 갖고서 믿음을 얻기 위해 "들어가는" 그런 것이 아니다. 강한 믿음을 갖고 싶으면 성경을 읽으라. 처음부터 끝까지 철저히 읽으라. 하나님께서 자신과 자신의 성격에 관해 해 놓으신 계시를 집중해서 살펴 보라. 특히 예언에도 관심을 기울여 과연 예언들이 어떻게 성취되는가를 살펴 보라. 이것이 믿음을 강하게 만드는 방법이다. 그런 다음 성경의 역사서들을, 성경 위인들의 이야기들을 읽으라. 히브리서 저자는 그런 목적으로 11장에 그 위대한 신앙 위인들의 모습을 나열했다. 그는 말하기를, '이 사람들을 보라. 이들도 원래는 우리와 같은 사람들이었다' 라고 한다. 그들이 어떻게 해서 그런 위인들이 되었는가? 하나님을 알고, 하나님께 영광을 돌리고, 그분과 그분의 말씀에 전적으로 의지했기 때문이다. 이 사실을 마음에 새기고, 항상 기억하고, 묵상하라… 그리고 마지막으로, 그것을 여러분이 살면서 겪게 되는 구체적인 상황들에 적용하라. "[그는] 믿음이 없어 하나님의 약속을 의심치 않고 믿음에 견고하여져서 하나님께 영광을 돌리며." 그것이 믿음의 비밀이다. 우리를 고통에 빠뜨리는 주범은 하나님께 대한 무지이다.[5]

우리 시대는 위대한 믿음의 시대가 아니다. 복음주의적인 교회들에서도 그런 믿음을 찾아보기가 힘들다. 우리는 믿음이 약하며, 믿음이 약한 이유는 성경이 가르치는 하나님을 모르는 데 원인이 있다. 알고 있는 데도 믿음이 약하다면, 알고 있는 바를 실행에 옮기지 않기 때문이다.

● 각주 ●

1. Dan Martin of the Baptist Press(Nashville, Tennessee)가 발행한 소식지에서 인용.

2. Arthur W. Pink, *The Attributes of God* (Grand Rapids : Baker Book House, 1975), p. 52.

3. A. W. Tozer, *The Knowledge of the Holy* (New York : Harper & Row, 1961), p. 87.

4. 참조. James Montgomery Boice, *Foundations of the Christian Faith* (Downer Grove, Ill. : and Leicester, England : InterVarsity Press, 1986), pp. 159-162; *Genesis : An Expositional Commentary*, vol.1, *Genesis 1 : 1-11 : 32*(Grand Rapids : Zondervan, 1982), pp. 31-33. 이 네 가지 사항들은 프란시스 쉐퍼(Francis A. Schaeffer)가 다음 책에서 제시한 것이다 : *Genesis in Space and Time : The Flow of Biblical History* (Downer Grove, Ill. : InterVarsity Press, 1975).

5. D. M. Lloyd-Jones, *Romans : An Exposition of Chapters 3 : 20-4 : 25, Atonement and Justification* (Grand Rapids : Zondervan, 1970), p. 235.

59
기독교 신앙
로마서 4 : 23-25

저에게 의로 여기셨다 기록된 것은 아브라함만 위한 것이 아니요 의로 여기심을 받을 우리도 위함이니 곧 예수 우리 주를 죽은 자 가운데서 살리신 이를 믿는 자니라 예수는 우리 범죄함을 위하여 내어줌이 되고 또한 우리를 의롭다 하심을 위하여 살아나셨느니라.

지난 여러 장을 통해서 우리는 바울이 믿음을 통해 얻는, 은혜로 말미암는 칭의 교리를 구약 성서를 가지고 증명한 내용을 자세히 공부했다. 바울은 구약의 두 가지 사례, 즉 아브라함과 다윗을 예로 들었지만, 주된 예는 아브라함이었다. 로마서 4장 거의 전체가 그에 관한 내용이었다.

그러나 바울은 과거 자체를 사랑하는 골동품 수집가가 아니었다. 현재를 위해 글을 쓰고 있었다. 따라서 로마서 4장의 결말이자 로마서의 첫째 주요부의 결말에 도달함에 따라 맨 처음 다루었던 주제로 되돌아간다. 그러면서 독자들에게는 구약 성서에 기록된 말씀들이 우리를 위해 기록된 것이며, 아브라함의 사례를 가지고 믿음으로 의롭다 함을 받는다는 교리를 증명한 것이 현재 우리의 유익을 위한 일임을 상기시킨다. 그는 다음과 같이 결론을 맺는다. "저에게 의로 여기셨다 기록된 것은 아브라함만 위한 것이 아니요 의로 여기심을 받을 우리도 위함이니 곧 예수 우리 주를 죽은 자 가운데서 살리신 이를 믿는 자니라. 예수는 우리 범죄함을 위하여 내어줌이 되고 또한 우리를 의롭다 하심을 위하여 살아나셨느니라"(23-25절, 고딕은 필자의 표기).

이 단락은 **기독교 복음**을 요약한 것이며, 이 내용을 공부하는 것이 로마서 강해 첫권을 마치는 데 적절한 방법이라는 생각이 든다.

사도적 복음

여러 해 전 도드(C.H. Dodd)라고 하는 영국 케임브리지 대학교 교수가 「사도적 설교와 그 발전 양상들」(The Apostolic Preaching and Its Developments)이라는 책을 썼다. 불과 56쪽밖에 되지 않는 소책자였지만, 성경 신학계에는 상당한 영향을 끼쳤다. 사도적 설교가들이 불신자들에게 복음을 전할 때 예수 그리스도의 생애와 사역에 관해 널리 받아들여지던 핵심 사실들을 전했다는 사실을 설득력 있게 증명하였기 때문이다. 도드는 이 핵심 사실들의 목록을 가리켜 **케리그마**(kerygma)라고 했다. 이 단어는 "선포"(proclamation)라는 뜻의 헬라어로써, 도드는 예수님의 윤리적인 교훈들 및 그밖의 교훈들 – 불신자들에게 선포된 메시지에는 포함되지 않았고, 대신에 개종자들을 가르치기 위해 보존된 – 을 그러한 핵심 사실들과 구분하기 위해서 이 단어를 사용하였다. 도드는 이 부가적인 자료 군(群)을 가리켜 **디다케**(didache), 즉 "교훈"(teachings)이라고 불렀다.

케리그마에 관한 고전적인 진술은 고린도전서 15 : 1-7에 나온다. 거기서 바울은 그것을 자기보다 먼저 믿은 사람들에게서 받은 어떤 것으로 소개한다. 그 본문에서 케리그마는 세 부분으로 이루어져 있는 듯하다 :

1. "성경대로 그리스도께서 우리 죄를 위하여 죽으시고"(3절),
2. "장사 지낸바 되었다가"(4절),
3. "성경대로 사흘만에 다시 살아나사"(4절).

이런 간략한 요약에 이어 부활을 목격한 증인들의 목록이 나온다(5-7절).

사도행전에 기록된 설교들에서도 동일한 형식을 보게 되지만, 사도행전에서는 다음과 같은 항목들이 포함되어 있다 : 세례 요한의 예비 사역, 그리스도의 오심에 관한 구약의 예언들, 예수님께서 기적들로 나타내신 신적 권능, 예수님의 승천, 예수님께서 최후의 심판 때 하실 역할. 때로는 케리그마가 온전하고, 때로는 축약된다. 어느 경우든 중심부에 놓이는 것은 주님께서 십자가에 달리신 일과 부활하신 일에 관한 선포이다.[1]

이 장에서는 이 두 가지 항목이 중요하다. 왜냐하면 로마서 4 : 23-25에는 기본적인 복음 내용이 아주 축약된 형태로 진술되어 있기 때문이다. 마르틴 루터(Martin Luther)는 "이 단락에는 기독교 전체가 내포되어 있다"고 썼다.[2]

하나님께 대한 믿음

바울이 로마서 4장에서 복음을 요약하면서 진술하는 첫째 사항은 도드의 정의대로 하자면 케리그마에 포함되지 않는다. 하지만 그 배후에는 케리그마가 전제되어 있으며, 그 내용은 기독교 신앙에 대한 명확한 진술을 아브라함의 사례와 연관짓는 것이다. 그것은 하나님께 대한 믿음이다. 바울은 이 믿음을 다음과 같은 말로 표현한다. "저에게 의로 여기셨다 기록된 것은 아브라함만 위한 것이 아니요 의로 여기심을 받을 우리도 위함이니 곧 예수 우리 주를 죽은 자 가운데서 살리신 이를 믿는 자니라(23-24절)"

이 문장은 아브라함의 예와의 연속성과 그것을 넘어선 발전을 모두 포함한다. 그 연속성은 그리스도인들이 믿는 하나님께서 아브라함이 믿었던 하나님과 동일한 분이며, 그 하나님을 의지하는 데 내포된 믿음의 본질도 따라서 동일하기 때문에 중요성을 갖는다. 우리가 아브라함의 생애를 우리의 구체적인 생활에 적용할 수 있는 것도 그런 이유 때문이다. 나는 아브라함의 믿음을 논하면서 다음과 같은 특성을 지적한 바 있다.

1. 하나님의 약속에 대한 믿음.
2. 오직 하나님의 말씀에 근거를 둔 믿음.
3. 정반대되는 어려운 상황을 무릅쓴 믿음.
4. 충분히 확신한 믿음.

5. 행동하는 믿음.

우리의 믿음은 정확히 그래야 하며 그렇게 행동해야 한다. 그 이유는 우리의 믿음이 아브라함이 믿었던 하나님께 대한 믿음이기 때문이다. 더욱이 그러한 믿음은 점차 강하게 성장하기 마련이다. 왜냐하면 그 자체에 근거를 두지 않고 하나님께 근거를 두기 때문이다. 아브라함의 믿음은 이런 방식으로 우리의 믿음과 동일하다.

그러나 우리의 믿음은 아브라함의 믿음을 넘어선 발전을 내포하고 있기도 하다. 바울이 쓰는 대로, 우리의 믿음은 "예수 우리 주를 죽은 자 가운데서 살리신 이를 믿는" 믿음이기 때문이다. 물론 이 점에서도 연속성을 지닌 사항들이 있다. 약속에 대한 아브라함의 믿음은 예수님께 대한 기대가 실린 믿음이었다. 약속은 궁극적으로 예수님 안에서 성취될 것이기 때문이다. 또한 아브라함이 "죽은 자 가운데서" 살리시는 하나님을 믿은 사실은 예수님의 부활을 믿는 우리의 믿음과 병행된다. 하지만 계시가 진보하였다는 사실 때문에 아브라함의 믿음과 우리의 믿음 사이에는 차이점들도 있다. 우리는 성육신과 구속의 이편에서 살기 때문에 우리가 믿는 하나님께서 예수님과 동일한 분임을 이해한다. 예수님은 "… 나를 본 자는 아버지를 보았거늘…" 하고 말씀하셨다(요 14 : 9). 더욱이 우리는 하나님에 관한 주된 계시가 십자가와 부활 사건들에서 나타났다는 사실을 알고 있다.

달리 말하자면, 아브라함은 약속을 갖고 있었지만, 우리는 복음, 곧 좋은 소식을 갖고 있다. 아브라함은 하나님께서 장차 하시겠노라고 말씀하신 것을 내다 보았다. 우리는 하나님께서 이미 성취하신 일을 되돌아 본다.

우리 죄를 위해 죽음에 넘겨지심

하나님께서 성취하신 일이란 무엇인가? 이 질문은 다시 케리그마와 로마서 본문에 실린 위대한 선포들 가운데 첫 번째 선포, 즉 "예수는 우리 범죄함을 위하여 내어줌이 되고"라는 선포로 돌아가 생각하게 만든다. 사도행전에 따르면, 베드로도 오순절에 다음과 같이 동일한 선포를 하였다. "그가 하나님의 정하신 뜻과 미리 아신 대로 내어준바 되었거늘 너희가 법 없는 자들의 손을 빌어 못 박아 죽였으나"(행 2 : 23). 같은 책 뒷부분에서 바울은 비시디아 안디옥에서 전도할 때 다음과 같이 선포한다 : "예루살렘에 사는 자들과 저희 관원들이 예수와 및 안식일마다 외우는 바 선지자들의 말을 알지 못하므로 예수를 정죄하여 선지자들의 말을 응하게 하였도다. 죽일 죄를 하나도 찾지 못하였으나 빌라도에게 죽여 달라 하였으니"(행 13 : 27-28).

그리스도의 죽으심에 관한 이런 고전적인 선포들에는 두 가지 중요한 점이 있다.

1. **그리스도의 죽음은 하나님께서 계획하신 것이었다.** RSV는 로마서 4 : 25의 일부를 "예수는… 죽음을 당하셨고"(Jesus… was put to death)라고 옮기지만, 이 번역은 사도가 전하려는 의도를 크게 약화한다. 예수님은 단지 죽음을 당하신 것이, 즉 "처형되신 것"이 아니다. 물론 그 자체는 사실이지만, 엄밀히 말하자면 예수님은 하나님에 의해 죽음에 내어주신 바 되셨다. 사람들은 때로 예수님을 십자가에 못 박은 책임이 누구에게 있느냐 하는 문제를 놓고 논쟁을 벌인다. 예수님을 미워하여 빌라도에게 죽여 달라고 요구한 유대인에게 그 책임이 있었을까? 아니면 실제로 사형을 집행한 로마인들에게 책임이 있었을까? 내가 인용한 구절들은 양측의 죄책을 모두 인정하며, 그외에도 예루살렘의 군중의 죄책도 인정한다. 그러나 그 구절들이 주로 관심을 두는 것은 그 사람들의 죄책이 아니다. 오히려 그것이 하나님의 사역이었음을 강조하며, 하나님께서 그 사건을 통해서 그리스도를 믿을 모든 사람들을 위한 구원을 성취하신 일을 강조한다. 이런 이유에서 다른 구절에서는 예수님을 가리켜 "창세로부터 죽음을 당한 어린 양"이라고 한다(계 13 : 8, NIV. 한글개역성경, "죽임을 당한 어린 양의 생명책에 창세 이후로 녹명되지 못하고…").

주 예수 그리스도를 십자가로 보내신 분은 성부 하나님이셨다. 예수께서 죽으신 일은 우발적 사건이 아니라, 심지어 우주가 창조되기도 전에 이미 계획된 하나님의 구속 계획의 성취였다는 말이다. 예수님은 그런 이유에서 이 땅에 오셨다.

2. **그리스도의 죽음은 다른 사람들을 위한 것이었다.** 이처럼 하나님의 계획에 따른 예수님의 죽음은 다른 사람들을 위한 것이었다. 즉 대속적 또는 희생적 죽음이었다. 바울은 그것이 "우리의 범죄함"을 위한 것이었다고 말한다. 죽음은 죄에 대한 하나님의 형벌이요, 죄의 종국이다. 그러나 예수님은 죄를 짓지 않으셨으므로 죽을 이유가 없으셨다. 그분이 죽으

신 것은 우리의 죄를 대신 지시고 우리를 위해 죽으신 것이다.

도널드 그레이 반하우스(Donale Grey Barnhouse)는 로마서를 "출발점"으로 사용하는 성경 교리에 관한 훌륭한 주석[3]에서 그리스도의 죽음이 지니는 대속적 본질을 바라바의 이야기를 가지고 설명한다. 잘 알다시피 바라바는 강도요 살인자로서 로마인들에게 체포되어 수감되어 있었고, 예수 그리스도가 재판을 받으실 무렵에는 처형될 날만 기다리고 있었다. 빌라도는 바라바에게는 아무런 관심도 없었으나 – 그가 없으면 세상이 더 좋아질 것이므로 – 예수라는 사람은 구하고 싶었다. 그러던 중에 군중에게 두 사람 중 한 사람을 선택하도록 만들어야겠다는 생각을 떠올렸다. 당시에는 유월절 기간 중에 죄수 한 명을 석방하는 관습이 있었다. "둘 중에 누구를 너희에게 놓아 주기를 원하느냐" 하고 빌라도는 군중을 향해 물었다(마 27 : 21).

군중이 "바라바!" 하고 대답하자 그는 깜짝 놀랐다.

반하우스는 그 순간 감옥에 앉아 있던 바라바의 모습을 묘사한다. 그는 잠시 후면 못에 박힐 손을 내려다 보면서, 망치 소리만 들리면 잠시 후에 십자가에 못 박히게 될 것을 생각하고 두려워 진저리를 친다. 그런데 갑자기 감옥 밖에서 군중이 외치는 소리가 들려온다. 분노한 소리다. "그를 십자가에 못 박으라! 그를 십자가에 못 박으라!" 자기를 가리켜 외치는 소리인 줄로 생각한다. 그 순간 간수가 감옥 문을 열고 들어온다. 바라바는 처형의 순간이 다가 왔구나 하고 생각한다. 그런데 간수는 뜻밖에도 자기가 석방되었다고 말한다. 나가보니 군중은 자기를 풀어 주라고 외치고 있었다. 나사렛 예수가 대신 죽게 되었다.

바라바는 어리둥절한 채 갈보리로 이어지는 행렬에 끼어들어 예수님께서 십자가에 못 박히시는 광경을 지켜본다. 망치 소리를 들으면서, 예수님을 거친 나무 십자가에 단단히 결속시킨 그 못들이 원래는 자기에게 박힐 것이라는 것을 안다. 높이 세워진 십자가를 보면서, 원래는 자기가 저곳에 달려 죽어야 한다는 것을 안다.

예수님은 "아버지여 저희를 사하여 주옵소서. 자기의 하는 것을 알지 못함이니이다" 하고 외치신다(눅 23 : 34).

사형 집행을 지휘해온 백부장이 "이 사람은 진실로 하나님의 아들이었도다" 하고 외친다(막 15 : 39).

바라바는 속으로 분명히 이렇게 말하고 있었을 것이다 : "저 이가 내 자리를 차지했구나.

죽어야 할 사람은 바로 난데 말이야. 나는 사형 판결을 받은 살인자고, 저 이는 잘못한 것이 하나도 없어. 나를 위해 죽고 있는 거야."

반하우스는 이렇게 결론짓는다. "바라바는 세상에서 예수 그리스도가 육체적으로 자신의 자리에 대신 섰다고 말할 수 있는 유일한 사람이었다. 그러나 [모든 그리스도인들은] 예수 그리스도가 [자기들의] 영적인 자리에 대신 섰다고 말할 수 있다." 우리가 죄인들이라는 사실은 죽어 마땅하다는 뜻이다. 우리는 불못에서 영원한 형벌을 받아 마땅한 자들이다. 그러나 예수님은 우리의 범죄함을 위하여 내어주신 바 되셨다. 우리가 대속과 대속적 고난을 말하는 것은 그런 이유에서이며, 예수님의 죽음이 복음의 중심이 되는 것도 그런 이유에서이다. 그리스도의 죽음을 간과하는 것은 어떠한 것이라도 복음이 아니다. 반하우스는 이렇게 말한다. "기독교는 다음 세 가지 말로 표현할 수 있다. 나는 지옥에 가야 마땅한 사람이다. 예수님이 내 대신 지옥에 가셨다. 내게 남은 것은 그분의 천국밖에 없다."[4]

우리를 의롭다 하심을 위하여 살아나셨느니라

로마서 본문에 실린 복음의 마지막 부분은 부활이다. 바울은 부활을 두 번에 걸쳐 말한다. (1) (기록된 것은) "… 우리도 위함이니 곧 예수 우리 주를 죽은 자 가운데서 살리신 이를 믿는 자니라"(24절). (2) "예수는… 우리를 의롭다 하심을 위하여 살아나셨느니라"(25절).

바울은 왜 예수님이 "우리를 의롭다 하심을 위하여" 살아나셨다고 말하는가? 얼른 보면 문제가 있는 것처럼 보인다. 왜냐하면 바울이 다른 데서 가르치는 내용에 따르면 하나님께서 죄인들을 의롭다 하시는 근거는 그리스도의 죽음(부활이 아닌)이기 때문이다(롬 5 : 9). 심지어 로마서 3장도 그 점을 말했다. "그리스도 예수 안에 있는 구속으로 말미암아 하나님의 은혜로 값없이 의롭다 하심을 얻은 자 되었느니라"(24절). 구속은 예수님의 죽음과 관련된다. 그 구절에는 부활에 대한 언급이 없다.

"우리를 의롭다 하심을 위하여 살아나셨느니라" 하는 구절의 의미에 대해서는 다양한 설명들이 있지만, 대부분의 주해자들이 제시하는 해석은, 하나님께서 우리의 유익을 위해서 제시하신, 죄에 대한 충분한 보응을 내리셨다는 증거가 부활이라는 것이다.

부활은 다음과 같은 많은 위대한 사실들을 입증한다.

1. 하나님께서는 계시며, 성경에서 말하는 하나님이 참되신 하나님이시다.

2. 예수님께서는 하나님이 보내신 교사이셨다. 가르침에 오류가 없었고, 오직
   하나님의 말씀만 전하셨다.

3. 예수님께서는 하나님의 아들이시다.

4. 장차 올 심판의 날이 있다.

5. 그리스도를 믿는 모든 신자는 모든 죄에서 의롭다 하심을 받는다.

6. 산 믿음으로 그리스도께 연합된 모든 사람들은 장차 다시 살 것이다.

7. 그리스도인들은 죄에 대해서 승리를 쟁취할 것이다.[5]

그러나 무엇보다도 부활은 그리스도 안에 있는 모든 신자가 로마서 4 : 25의 선언대로
모든 죄에서 의롭다 하심을 받는다는 사실을 입증한다. 달리 말하자면, 부활은 예수님이 우
리의 범죄에 대한 형벌을 충분히 치르셨음을 하나님께서 입증하시며 내놓으시는 증거이다.

예수님은 땅에 계실 때 친히 다른 사람들의 죄를 위해서 죽으실 것이라고 말씀하셨다. 십
자가에 달릴 순간이 찾아왔고, 그분은 죽으셨다. 그러나 문제는 남아 있었다. 과연 하나님
께서는 그분의 죽음을 다른 사람들의 죄를 위한 죽음으로 인정하실 것인가? 하나님은 그분
의 속죄를 가납하셨는가? 만약 예수께서 아무리 가벼운 죄라도 범하셨다면 그분의 죽음은
다른 사람들의 죄는 고사하고 자기의 죄조차 속죄할 수 없었을 것이다. 사흘 동안 그 문제
는 아무런 대답 없이 남겨져 있었다. 예수님의 시신은 유대 땅의 차가운 무덤에 누워 있었
다. 그러나 때가 왔다. 하나님의 숨결이 무덤 속으로 들어갔고, 예수님은 다시 살아나사 제
자들에게 보이셨고, 나중에는 하나님의 우편으로 승천하셨다. 이로써 하나님께서는 온 우
주에 대고서 "나는 예수가 치른 구속을 가납했다" 하고 선언하셨다.

루벤 토리(Reuben A. Torrey)는 이렇게 쓴다. "예수님은 죽으실 때 나를 대표해서 죽으
셨고, 따라서 나는 그분 안에서 죽었다. 예수님은 부활하실 때 나를 대표해서 부활하셨고,
따라서 나는 그분 안에서 부활했다… 그리스도의 십자가를 보면서, 나는 내 죄를 위해 대속
이 치러졌음을 안다. 빈 무덤과 부활 승천하신 주님을 보면서, 나는 그 대속이 하나님께 가
납되었음을 안다. 내 죄가 과거에는 아무리 크고 무거웠을지라도, 이제는 내게 손톱만한 죄
도 남아 있지 않다. 과거에 내 죄는 산처럼 높이 쌓을 수 있었지만, 부활에 비추어 볼 때 그

죄들을 덮은 속죄는 하늘에 닿을 만큼 높다. 내 죄가 대양처럼 깊었지만, 부활에 비추어 볼 때 그 죄들을 삼키는 속죄는 영원에 닿을 만큼 깊다."[6]

마틴 로이드존스는 이렇게 말한다. "하나님께서 예수님이 십자가에서 이루신 사역에 충분히 그리고 철저히 만족하신다는 사실을 선포하는 것이 바로 부활이다."[7]

결단의 순간

이제 로마서 4장을 마칠 때가 왔고, 따라서 로마서의 첫째 주요부를 마칠 때가 되었다. 기나긴 여행이었다.

바울은 인간의 길잃은 상태를 분석하면서 편지를 시작한다. 당시와 오늘날의 낙관론자들이 잘못 추정하듯이 인류의 상태가 결코 양호한 것이 아니라고 하며, 하나님께서 자신에 관해 자연 안에 해두신 계시를 받아들이지 않고, 또한 창조에 대해 하나님께 감사하기를 거절하며, 그분을 예배하기 위해 좀더 충분히 찾으려고 하지 않기 때문에 사실상 인류는 하나님의 진노 아래 있다고 한다. 사람들은 진리를 따르는 대신 진리를 억눌렀고, 그 자리에 자기들을 닮은, 심지어 짐승들을 닮은 가상의 신들을 만들어 놓았다. 모든 선의 원천이신 하나님께 등을 돌린 인류는 성적 타락과 그밖의 타락들로 얼룩진 내리막길에 접어들었고, 마침내 선을 악이라 하고 악을 선이라 하는 지경에까지 이르게 되었다.

물론 이런 평가에 순순히 동의할 사람은 아무도 없다. 이렇게 동의하지 않는 것 자체가 진리를 배척하는 행위의 일부이기도 하다. 따라서 바울은 자기들을 이런 범주에서 제외하려는 사람들을 논하는데 시간을 할애한다.

한 부류의 반대자는 도덕적인 사람으로서, 바울의 판단이 다른 사람에게는 옳지만 자기에게는 옳지 않다고 여긴다. 바울은 그가 하나님께 정죄를 받은 자리에 서 있다고 말한다. 그가 하나님의 완전한 의의 표준을 어겼기 때문이기도 하려니와, 자기가 세운 표준 – 그것이 아무리 높든 높지 않든 간에 – 대로 살지도 못했기 때문이라고 말한다.

다른 부류의 반대자는 종교적인 사람으로서, 자기는 종교적인 생활 때문에 바울의 판단에서 제외된다고 여긴다. 바울은 종교 행위의 가치를 무시하지는 않지만, 그런 행위가 마음을 바꿀 수 있다는 주장은 부정하며, 그가 문제를 삼는 것은 바로 그 점이다. 그는 모든 사람이 하나님 앞에 정죄받은 자리에 서 있다는 말로 주장을 일단락한다. "의인은 없나니 하나도 없으며 깨닫는 자도 없고 하나님을 찾는 자도 없고"(롬 3 : 10-11).

마지막으로, 바울은 복음을 제시하면서, 하나님께서 주 예수 그리스도를 통해서 죄인들을 구원하시려고 일해 오셨음을 증명한다. 우리는 스스로를 구원하지 못한다. 구원받을 자격이 우리에게는 없다. 그러나 하나님은 자비로우시며, 그렇기 때문에 주 예수 그리스도를 보내사 우리를 대신하여 죽게 하셨다. 예수님은 그 죽음으로써 하나님의 진노의 방향을 돌려 놓으셨고, 하나님께서 불의한 자들을 의롭다 하실 수 있는 근거를 마련해 놓으셨다. 로마서 4장 말미에서 바울은 그것이 아브라함과 다윗과 같은 구약 성도들이 의롭다 하심을 받은 방법과 동일한 방법임을 증명한 뒤에 다시 그 주제로 돌아간다.

그러나 구약 성서에 기록된 것은 구약의 성도들만을 위한 것이 아니라고 바울은 말한다. 그것은 아브라함과 같은 방법으로 구원을 받게 하시려고, "우리를 위해서도", 즉 이 시대를 사는 사람들을 위해서도 기록되었다.

아브라함은 믿음으로 구원을 받았다. 따라서 우리는 다음과 같은 질문을 받는다. 여러분은 족장과 마찬가지로 하나님과 그분의 약속들을 믿는가? 아브라함은 여러분보다 예수님의 인격과 사역에 대해 아는 바가 적었으나, 그의 믿음은 본질상 여러분의 믿음과 하나도 다르지 않으며, 그런 이유에서 그는 여러분의 모범으로 남아 있다. 우리가 그의 믿음에 관해서 공부한 내용을 기억하는가? 아브라함은 (1) 하나님의 약속들을 믿었고 (2) 오직 하나님의 말씀에 기초해서 믿었고 (3) 역경을 무릅쓰고 믿었고 (4) 하나님께서 한번 하신 약속은 반드시 지키신다는 충분한 확신을 갖고서 믿었으며 (5) 그런 확신의 터 위에서 행동했다.

그것은 여러분이 해야 할 일이기도 하다. 하나님께서는 예수 그리스도의 사역을 통해서 구원을 약속하셨다. 여러분은 비록 현실이 정반대로 흘러가는 것 같을지라도 그 약속을 의지해야 한다. 아브라함은 자신을 둘러보고는 자기 몸이 죽은 것과 다름 없다고 여겼다. 여러분도 영적인 일들에 대해서 죽어 있는 자들이다. 그러나 하나님께서 하시는 말씀을 믿고, 그리스도의 말씀대로 여러분 자신을 그리스도께 드리며, 아브라함의 늙은 몸에 생기를 불어넣으실 때 역사하시던 하나님의 능력이 여러분에게도 생기를 불어 넣으실 것임을 깨달아야 한다.

아브라함은 믿음이 없어 하나님의 약속을 의심치 않고 믿음에 견고하여져서 하나님께 영광을 돌렸다(롬 4 : 20).

여러분의 믿음도 움츠러들 필요가 없다.

그 약속을 받아들이고, 예수 우리 주를 죽은 자 가운데서 살리신 하나님을 믿으라.

● 각주 ●

1. C.H. Dodd, *The Apostolic Preaching and Its Developments* (New York : Harper & Brothers, n.d.). 이 내용은 1935년에 세 번에 걸친 연속 강의에서 발표한 것이다. 신약 성서의 케리그마의 예들을 소개하자면 다음과 같다 : 행 2 : 14-39; 3 : 13-26; 4 : 10-12; 5 : 30-32; 10 : 36-43; 13 : 17-41; 갈 1 : 3-4; 롬 1 : 1-4; 8 : 34; 10 : 8-9. 그러나 도드는 네 복음서들의 기본 골격에서도 케리그마를 본다.

2. D. M. Lloyd-Jones가 다음 책에서 인용함 : *Romans : An Exposition of Chapters 3 : 20-4 : 25, Atonement and Justification* (Grand Rapids : Zondervan, 1970), p. 236.

3. Donald Grey Barnhouse, *God's Remedy : Exposition of bible Doctrines Taking the Epistle to the Romans as a Point of Departure*, vol. 3, *Romans 3 : 21-4 : 25* (Grand Rapids; Wm. B. Eerdmans, 1954).

4. Ibid., p. 378.

5. 이 사항들은 토리(R. A. Torrey)가 다음 책에서 제시한 것들이다 : *The Bible and Its Christ* (New York : Fleming H. Revell, 1904-1906), pp. 101-111.

6. Ibid., pp. 107, 108.

7. LloydJones, *Romans : An Exposition of Chapters 3 : 20-4 : 25*, p. 244.

주제 색인

주 제 색 인

성구색인

성 구 색 인

창세기

2:17	325,384
2:25	320
3:4-5	223
3:5	239,258, 533
3:15	451,526
3:21	324
4:23	246
6:5	408,438, 569
12:1	609
12:1-3,7	608
12:3	451
12:4	609
15:5	641
15:6	578
17:17	633
17:18	636
22:5	616
22:7-8	525
22:18	617
29:35	346
32:28	346
49:8	346
49:10	584

출애굽기

3:6	352
15:1-2,11	218
20:2-6	176
20:3	334,338, 435
20:3-6	332,335
20:4-6	335
20:12	249,269
20:13	269
20:14	332,338, 435
20:15	332,338, 435
22:22-24	172
32:8	215
32:10	177
32:10-12	172
32:11-12	176
32:28	176
32:31-32	177

레위기

17:11	493,522

민수기

23:19	644

신명기

6:4	544
6:7-9	544
6:12	218
7:9	644
12:23	522
18:18	584
19:15	587

룻기

1:16-17	484

사무엘상

16:7	328,338

역대상

16:8	219
29:10-13	193

욥기

38:4-11	185
40:4-5	427
42:6	197

시편

1:1,2,4	301
1:5	301

구절	쪽	구절	쪽	구절	쪽
11:28-29	86	13:2-5	279	7:19	409
11:29	65	14:26	610	8:21	409
12:39	409	17:17-18	219	8:23	409
12:45	409	18:1	120	8:26	138
16:16	51	18:11-12	495,534,	8:29	138
17:20	92,514		570	8:38,44	409
19:14	549	18:13	496	8:47	409
19:16	301	18:14	496,509	8:56	582
19:18	301	22:19-20	601	8:58	51
19:20	301	23:34	654	10:26	409
19:21	301	24:21	479	10:30	51
20:26-28	35	24:25-27	45	12:27	293
22:37,39	243,300			14:9	652
22:43-44	61			15:5	89
25:31-46	302	요한복음		15:23-25	409
27:21	654	1:29	324,528,	17:3	182
28:20	155		585,604	20:28	51,60,
		3:6	366		141,305,
마가복음		3:16	152,315,		517
9:23	92,514		445,631		
10:18	409	3:17-19	449		
15:39	654	3:19	410	사도행전	
		4:22	151,330	1:8	123,150
누가복음		4:23-24	330	2:10	82
1:54-55	568	5:40	409	2:21	152
5:8	197	5:42	409	2:23	652
5:32	273	5:43	409	2:27	452
6:38	119	5:47	409	2:46-47	100
6:46-49	378	6:37	398,547	2:47	101
9:23	378	6:44	392	4:11	44
10:25	302	6:51	398	4:12	441
10:27	302	6:65	392	5:31	62
		7:7	409	8:32-33	43

3:8	376	3:24-26	504	4:25	655
3:9-11	381	3:25	488,511,	5:2	148
3:10-11	265,392,		520	5:8	519
	543,658	3:25-26	499,510	5:9	449,524
3:10,12	536	3:26	511	6:17	74
3:10-12	22,299,	3:27-28	530,535	6:22	450
	430,569	3:29-30	541	6:23	416,526
3:10-18	137,437	3:30	511	7:6	450
3:11	391,537	3:31	460	7:7	624
3:11,18	538	4:1-5	565	7:7,12	623
3:12	85,386,	4:3	568,576,	7:24	41,593
	402,403,		577,598	8:1	449,463
	404,405,	4:6-8	587	8:3-4	149
	408	4:7	592	8:31	164
3:13	415	4:7-8	598	9:4-5	351,151
3:13-18	412,413	4:9-12	597	10:3	74,386
3:19	422	4:11	605	10:8	141
3:19-20	422	4:12	604,607	10:9	59
3:20	432,435,	4:13-17	618	10:9-11	374
	501	4:15	623	10:16	74
3:21	136,138,	4:16	628	11:1	373
	153,445,	4:17	644	11:33-36	24
	451,501,	4:18-22	628,638,	13:8	115
	515		639	15:22	115
3:21-24	445	4:19	632,634,	16:25-27	74
3:21-31	141		638		
3:22	460,511,	4:20	634,638	고린도전서	
	515	4:21	634,638,	1:18-21	387
3:23	392		644	1:20-25	126
3:24	471,477,	4:23-24	651	1:21	149,150
	449,655	4:23-25	649	1:26-29,31	128
3:24-25	489	4:24	655	1:30	148,458

1:17	276
1:18	356,366
2:19	516
4:2	108,117
4:3	118
5:16	108
5:17	118

베드로전서

1:18-19	481,524
1:23	366,515
1:23-25	356
2:24	593

베드로후서

1:20-21	45
1:21	330
3:9	211,284

요한일서

3:12	246
5:4	99

유다서

1:14-15	211

요한계시록

4:8	469
6:15-17	326
13:8	653
22:17	152

로마서 1 믿음으로 의롭다 함(롬 1-4장)

저자 : 제임스 몽고메리 보이스

발행처 : 솔라피데출판사

전화 : (031)955-4421 / 팩스 : (031)955-4431

공급처 : 미스바출판유통

전화 : (031)955-4433 / 팩스 : (031)955-4432

값 25,000원